民事诉讼法学的发展与走向

重点与展望

DEVELOPMENT AND TREND OF
JURISPRUDENCE OF CIVIL PROCEDURE
EMPHASES AND PROSPECTS

中国政法大学民事诉讼法研究所 著

中国政法大学出版社

2018·北京

图书在版编目（ＣＩＰ）数据

民事诉讼法学的发展与走向:重点与展望/中国政法大学民事诉讼法研究所著. —北京:中国政法大学出版社,2018.8

ISBN 978-7-5620-8475-4

Ⅰ.①民… Ⅱ.①中… Ⅲ.①民事诉讼法－法的理论－研究－中国 Ⅳ.①D925.101

中国版本图书馆 CIP 数据核字(2018)第 187846 号

出 版 者	中国政法大学出版社
地　　址	北京市海淀区西土城路 25 号
邮寄地址	北京 100088 信箱 8034 分箱　邮编 100088
网　　址	http://www.cuplpress.com（网络实名：中国政法大学出版社）
电　　话	010-58908586（编辑部）58908334（邮购部）
编辑邮箱	zhengfadch@126.com
承　　印	固安华明印业有限公司
开　　本	720mm×960mm　1/16
印　　张	31
字　　数	500 千字
版　　次	2018 年 8 月第 1 版
印　　次	2018 年 8 月第 1 次印刷
定　　价	99.00 元

编写说明

习近平总书记在党的十九大报告中指出："中国特色社会主义进入新时代，我国社会主要矛盾已经转化为人民日益增长的美好生活需要和不平衡不充分的发展之间的矛盾。"2018 年 3 月 9 日，最高人民法院院长周强在第十三届全国人民代表大会第一次会议上所做的《最高人民法院工作报告》中有一组数字格外引人注目：在过去五年即 2013 年至 2017 年，各级法院审结一审民事案件 3139.7 万件，同比上升 54.1%，审结一审商事案件 1643.8 万件，同比上升 53.9%。可见，民商事案件近年来的增幅是相当惊人的，远远超过了国家 GDP 的增长速度。然而，在这巨额数字的背后有一个不容忽视的问题，我国司法界对于审判质量的要求在标准尺度上，是要让每一个案件的当事人都能感受到司法的公平与正义。在社会正处于转型时期以及现实条件下，这种执着与追求固然具有理想主义色彩，但它留给我们学者的一大命题是，这种司法需求与理论供给之间存在着严重的不平衡性，特别是符合中国国情与各种类型案件多元化需求的诉讼法理论成果远远不能满足现实需求。勤奋、睿智与开拓共为推动学术进步与理论发展的三大引擎。宋代苏轼有言曰："博观而约取，厚积而薄发。"为了有助于将司法界对理想的追求变为现实，我们理论界应当积极贡献学术上的 2.0。法院办案质量的高低，除了考验法院的体制、环境机制以及法官的专业素质以外，实际上也是在考验民事诉讼法学理论供给侧的适时保障能力。为了有效实现这一目标，在教学、科研与实践相结合的基础上，我们组织广大教师积极参与学术理论研究，在各自相对擅长的领域，撰写论文，编辑出版，体现出了鲜明的专题研究特色。不足之处，尚望读者批评指正。

中国政法大学民事诉讼法研究所所长　毕玉谦

2018 年 4 月 8 日

目 录
CONTENTS

001 **诉权论之展望——孙邦清**

001 一、诉权论国内外学说及要点

003 二、我国诉权论之问题及立案登记制下的挑战

005 三、理论改进与展望

015 **当事人制度：实体与程序的分离与统一——史　飚　曹乙木**

015 一、诉讼形态中当事人之基础：当事人能力

019 二、复数当事人的诉讼形态：共同诉讼制度

025 三、群体当事人的诉讼形态：代表人诉讼

029 四、复杂诉讼形态的三方结构：第三人制度

039 结　语

040 **管辖权异议实证研究——郭晓光**

040 一、管辖权异议的主体

047 二、管辖权异议的客体

053 三、受理异议、主管异议、管辖权异议的区别

058 四、管辖权异议案件审理程序

062 **我国民事公益诉讼制度的立法完善**——刘金华
062 一、民事公益诉讼制度基本理论
069 二、域外民事公益诉讼制度之比较
076 三、提起民事公益诉讼的主体
089 四、民事公益诉讼的案件范围
093 五、民事公益诉讼的程序规则

105 **对我国民事诉讼法架构下证据制度的检讨与**
     塑构——毕玉谦
105 引言
106 一、从证据法则的法典化议题谈起
108 二、对我国现行民事诉讼证据制度的反思与整合
110 三、在民事诉讼法架构下设置证据制度的若干疑难问题
115 四、对现行民事诉讼架构下证据制度检讨与塑构的基本思考

137 **"真实"的保障与限度**——我国民事诉讼中当事人
     真实陈述义务之重构——纪格非
137 一、"真实"的起点与困境
139 二、"真实"的路径
143 三、真实义务在我国的困境
147 四、真实义务的内容与功能之再界定
151 五、我国民事诉讼真实义务的具体构建

162　会议型审前程序的实质化——韩　波

162　一、审前程序改革的理论预设

171　二、证据交换表层化问题及其解决

175　三、会议型审前程序的实质化

179　论裁判形成过程之司法公开——杨秀清

179　一、问题的提出

181　二、裁判形成过程公开的理论解读

191　三、裁判形成过程公开的必要性

197　四、裁判形成过程公开需解决之问题

204　简易程序：问题与改革路径——王　娣

205　一、我国民事简易程序适用现状及问题

212　二、我国民事简易程序的法理基础

217　三、域外民事简易程序规定的借鉴

219　四、我国民事简易程序改革的路径

226　我国民事诉讼审级制度及二审程序构建——赵言荣

226　一、民事诉讼审级制度构建的一般原理

230　二、民事审级制度程序构建比较研究

239　三、我国现行两审终审制的基本内容及特点

244　四、我国审级制度的改革与重构

253　我国民事再审程序立法的检讨与展望——李　响

253　一、再审程序成长的烦恼

261　二、再审程序实践的困境

274 三、再审程序发展的展望

282 论我国民事再审制度之缺陷及完善——康万福

282 一、我国民事诉讼再审理论基础缺陷

292 二、我国民事再审制度缺陷

318 三、完善民事再审制度之总体思路

324 四、完善民事再审制度之设想

337 非讼程序理论与制度研讨——刘芝祥

337 一、非讼程序基本概念探讨

343 二、非讼程序基本价值探讨

357 三、非讼程序基本原则探讨

369 执行权、审判权、司法权关系——以强制执行为核心——邱星美

369 一、执行权之性质

378 二、执行权性质理论缘起与价值

382 三、审判权构成与特征

387 四、审判权、执行权与司法权之关系

398 小 结

399 "未成年子女交出请求权"及其司法裁判类型研析——杜 闻

399 一、"未成年子女交出请求权"——"亲权（监护）"的有机组成部分

407 二、涉及"监护"的司法裁判类型

416　结　论

417　论"未成年子女交出请求权"案件中的

　　　执行标的——杜　闻

417　一、"未成年子女交出请求权"为"监护（亲权）"的组成部分

418　二、执行标的的判断取决于"民事法律关系客体"的范围

424　三、"民事（执行）强制措施"适用的对象并非"执行标的"

427　结　论

429　论实现"未成年子女交出请求权"之

　　　"执行保障性措施"——杜　闻

429　一、"执行保障性措施"的含义解析

431　二、在此类案件中，不得对执行债务人的人身实施直接的强制
　　　执行

432　三、不宜对此类案件中的被执行人适用"管收"制度

436　四、债务人拒不履行时，执行法院不宜直接判定相关之怠金及债
　　　不履行所致赔偿金数额

438　五、应对此类案件中的被执行人适用"列入法院执行失信名单"
　　　制度

440　六、可对"交付未成年子女的行为"实施直接的强制执行

442　结　论

445　在新《民事诉讼法》语境下试论涉外民事诉讼

　　　程序——以涉外民事诉讼管辖程序为主——张　弘

446　一、涉外民事诉讼程序概述

451　二、涉外民事诉讼程序相关问题的修订

457　三、我国有关涉外民事诉讼管辖程序的规定

461　四、涉外民诉管辖程序的实施困境

464　五、涉外民诉管辖程序的完善

466　结　论

467　**以司法视角析民事诉讼与仲裁的关系——乔　欣**

467　引　言

468　一、或裁或审制度下的民事诉讼与仲裁

473　二、仲裁司法审查中相关问题探究

479　三、仲裁保全程序与民事诉讼程序的衔接

诉权论之展望

孙邦清[*]

一、诉权论国内外学说及要点

诉权源于罗马法中的"Actio"，但是在罗马时代，它只不过是根据不同性质的案件采取不同的诉讼形式。诉权论由萨维尼等学者倡导，是在与诉讼目的论的联系中展开的。[1]

近现代关于诉权的学说有诉权私权说、公法诉权说，公法诉权说在发展的过程中，又经历了抽象的公法诉权说（抽象诉权说）、具体的公法诉权说（具体诉权说、权利保护请求权说）、本案判决请求权说（纠纷解决请求权说）、司法行为请求权说（诉讼内诉权说）等学说的演变，苏联及我国则主张二元诉权说。私法诉权说认为，诉权是私法上权利的延伸和变形，是一种私权，是私法上权利在审判上行使的过程或手段。公法诉权说认为诉权在性质上不是依据私法上的请求权派生的权利，是一种公法上的权利。抽象诉权说是公法诉权说的最初形态，认为诉权是当事人向法院提起诉讼、请求合法审理和判决的权利。具体诉权说指在个案中原告向法院请求特定内容的胜诉判决（利己判决）的权利，但不能说明被告是否也有该权利。权利保护请求权说认为诉权是个人对国家所享有的通过民事诉讼实现权利保护的要求权，是当事人请求法院作出"有利于自己的判决"的权利。本案判决请求权说主张，诉权是要求法院为本案判决的权利，具体说，就是当事人要求法院就自己的请求是否正当作出判决的权

---

[*] 孙邦清，中国政法大学教授，法学博士。

[1] ［日］新堂幸司：《新民事诉讼法》，林剑锋译，法律出版社2008年版，第175页。

利。司法行为请求权说为德国目前的通说，该说认为，诉权是指请求国家司法机关依实体法和诉讼法审理和裁判的权利，是任何人对于作为国家司法机关的法院得请求作出裁判的公法上权利，它并非是存在于诉讼外的权利，而是诉讼开始后实施诉讼的权能。二元诉权说认为诉权具有程序意义和实体意义两重诉权，程序意义诉权是原告向法院提起诉讼和被告进行答辩的权利，实体意义上的诉权是指原告通过法院向被告提出实体上要求的权利和被告可以通过法院反驳原告请求和反诉的权利。在域外，诉权的研究渐渐不受重视，诉权日益繁杂难懂，由单纯的功能发展到学术上的哲学思维。[1]在大陆法系国家及地区，诉权论随着发展被消解于诉讼要件论中。[2]

我国目前通说持二元诉权论，且对其进行了重新诠释，认为域外诉权理论主要是从单一的实体法的角度或诉讼法角度来进行论证的，带有很大的片面性，并且过分拘泥于抽象理论的研究，脱离了具体制度与民事诉讼的实践。因此，必须从诉讼法与实体法相结合的角度，立足当事人权利保护的立场来构建诉权理论，并实现诉权论的实践化。从这一观点出发，我们认为诉权是当事人基于民事纠纷的发生（即民事权益受到侵犯或与他人发生争议），请求法院行使审判权解决民事纠纷或保护民事权益的权利，其完整内涵包括程序意义和实体意义两个方面。程序涵义是指在程序上向法院请求行使审判权的权利，实体涵义则是指保护民事权益或解决民事纠纷的请求。诉权的内涵应当既包括国民请求实体正当或合宪权益的实体涵义，也包括在程序方面请求法院依法给予诉讼保护的程序涵义。[3]

理论界对侵害诉权的研究主要针对无正当理由拒绝审判、非法增设诉权行使要件、对于受到侵害的"形成中的权利"不予保护、超出或变更诉讼请求进行判决等方面，[4]认为我国对诉权的保护极为薄弱，立法上对诉权的保障极为不周，司法实践中诉权保护不足和侵害诉权的现象也相当严重。其具体体现在：（1）由于宪法的可诉性或司法化问题一直没有得到很好的解决，因而对于公民所享有的民事实体法没有作出具体规定的宪法性权利，在受到行政机关、社会组织或者他人侵犯时，公民无法通过行使诉权的方式请求司法救济，诉权的宪法保障力度因而极为微弱。（2）对于某些民事权利，民事实体法本应作出

---

〔1〕 李木贵：《民事诉讼法》（上），元照出版公司 2010 年版，第 1~25 页。
〔2〕 [日] 新堂幸司：《新民事诉讼法》，林剑锋译，法律出版社 2008 年版，第 176 页。
〔3〕 江伟主编：《民事诉讼法专论》，中国人民大学出版社 2005 年版，第 69 页。
〔4〕 参见江伟、邵明、陈刚：《民事诉权研究》，法律出版社 2002 年版，前言。

规定，但却由于各种原因而未予规定或者规定得不够完善，致使当事人诉权的行使受到了很大阻碍。或者，有些民事实体法虽然规定当事人享有某些特殊的民事权利，但却没有规定相应的法律救济程序和途径，致使当事人难以充分行使其诉权。（3）现行民事诉讼法中的很多规定不利于为当事人充分行使其诉权提供有效保障，表现于诉权行使的条件，诉讼权利平等原则、辩论原则等基本原则，合议制度、回避制度等基本制度，管辖制度、保全制度、证据制度等具体制度以及简易程序的设置等诸多方面都存在缺陷，并且案件受理费和其他诉讼费用等诉讼成本过高，导致当事人对诉权的行使望而却步。（4）司法实践中，法院侵犯诉权的行为也时有发生。例如，非法增加诉权行使或提起诉讼的条件[1]、对于本来具有诉的利益的案件却认为不具有诉的利益而不予受理、以诉讼文书不能送达为由而拒绝受理等。[2]

二、我国诉权论之问题及立案登记制下的挑战

诉权论旨在解决"为什么可以提起诉讼"[3]，而在我国，诉权论旨在解决诉权保障即"起诉难"的问题，并试图将民事诉讼目的或者功能——实体权利之保护——加入到诉权的内核中。二元诉权论是我国民事诉讼法理论的一个特色，尽管是苏联的舶来品。由于此前我国关于诉权的讨论主要集中于诉权的二元性，加大了理解的难度，诉权日益繁杂难懂，即使是专业的学者、法官都难以掌握。[4]此外，依据二元诉权论的逻辑，任何概念都可能具有二元性或者三元性，尽管这种逻辑是合理的，但并非必要，如诉权论的实体内涵完全可以由民事诉讼目的论及民事诉讼之功能涵盖之。并且，诉权论的实体内涵与实体法上的请求权并无二致，也未能合理解释实体意义上的诉权与实体请求权的区别。从此角度而言，实体内涵似乎并无存在的必要性。此外，二元性也会陷入实体诉权不存在而程序诉权存在（一个事物既存在又不存在）的理论解释困境。我国理论界均秉承二元论通说，其背后深层次的原因之一有可能是我国的诉权理论在建立之初就吸收了苏联的二元诉权论观点。学界前辈可能是为保持

---

〔1〕 非法增加诉权行使要件的典型例子是《最高人民法院关于审理证券市场因虚假陈述引发的民事赔偿案件的若干规定》规定投资人以自己受到虚假陈述侵害为由必须提交行政处罚决定或者公告，或者人民法院的刑事裁判文书。

〔2〕 江伟主编：《民事诉讼法》，高等教育出版社 2004 年版，第 17 页。

〔3〕 李木贵：《民事诉讼法》（上），元照出版公司 2010 年版，第 1~25 页。

〔4〕 李木贵：《民事诉讼法》（上），元照出版公司 2010 年版，第 1~25 页。

理论观点的一致性而将民事诉讼的功能或者目的加入到诉权的内涵中，或许是为实体权利之保障而扩展诉权的内涵。因此，二元论诉权的合理性与必要性尚需进一步讨论。当然，学界对二元论的讨论并未使诉权论偏离其重心——诉权的保障。这种聚焦式研究推动了诉权论的推广，使诉权保障理念获得重视，但不利之处是诉权论的内涵很难为立法者和实务者所能够理解。也正是学界先辈对诉权论的孜孜以求，才有了今天立案登记制下"起诉难"之解决，诉权保障也才得以落到实处。[1]

过去的司法实践中，从某种意义上说，立案审查的制度下，公民行使诉权可能会遭遇各种障碍。因为在立案审查阶段某些案件立案"门槛"过高，导致很多纠纷被挡在法院大门之外，失去了司法救济的机会，使当事人的矛盾无法通过司法化解，进而寻求更为极端的方式解决，造成诸如上访、聚众抗议等事件频发。

2015 年《最高人民法院关于人民法院登记立案若干问题的规定》标志着中国司法机关正式实行立案登记制。立案登记制旨在保证当事人诉权、解决民事诉讼中起诉难这一问题，符合社会现实的需要。因为，立案登记制的建立意味着立案时法院不再对起诉的条件进行实质审查，只要诉状符合形式要件进行登记就已经立案。目前，最高人民法院推行的立案登记制要求各级法院做到"有案必立、有诉必理"，这一改革是新中国法制史上的大事，基本解决了诉权保障问题。在我国，诉权论最主要的意义是保障当事人顺利起诉的权利，但在诉权保障已经基本解决的情况下，诉权论的研究方向应作何改变是学界面临的问题。在现代法治国家已经解决起诉权的背景下，诉权论不在其理论研究范围之内也是顺理成章之事。在我国，当前立案登记制下的诉权行使尚有待解决的障碍，以及滥用诉权问题，因此，依然需要赋予诉权论重要的理论价值与实践价值。

此外，诉权论中对通过管辖制度侵害诉权的研究尚处于空白。由于当前对管辖制度的研究大多从权力——管辖权——的角度来研究，忽视从权利——诉权——特别是诉权保障的角度来研究。即使从权利本位型的角度研究，也大多只是从便利当事人诉讼的角度来研究，尚未上升到诉权保障的理论高度。[2]这种权力本位型的研究割裂了管辖制度与诉权的内在联系，其导致的直接后果就

---

〔1〕 江伟教授、陈刚、邵明、单国军、刘敏等学者关于诉权之专著对于诉权保障贡献巨伟。

〔2〕 近年来，学者重视从保障公正审判的角度来研究，将公正审判的保障作为确定管辖的一项基本原则。参见江伟主编：《民事诉讼法》，高等教育出版社 2004 年版，第 62 页。

是，管辖制度对当事人的诉权保障以致诉讼人权保障功能不足，管辖制度缺乏诉权所蕴含的"人文精神"，管辖制度的设置不科学、不公正并导致司法不公[1]，成为损害司法权威的重要制度障碍。因而，管辖制度的具体程序规则涉及诉权的保障，更可以说，公正的管辖法院是诉权的重要构成要素。

三、理论改进与展望

（一）诉权的一元内涵

就字面意思来说，"诉权"是指"可以为诉的权利"。在英美法中，与民事诉权比较相近的术语是"民事救济权（right of civil remedies）""诉诸司法的权利（right of access to courts）"等，即指国民利用诉讼程序处理案件的可能性。[2]无论采何种诉权学说，诉权的概念都包含向法院提起诉讼的权利。如《公民权利和政治权利国际公约》（International Covenant on Civil Political Rights）第 14 条第 1 款规定，法院面前人人平等，在审理被告人的刑事指控或确定当事人的民事权利与义务时，人们有权获得依法设立、有管辖权、独立、公正的法院的公正、公开的审理。国际公约定义的诉权为广义的诉权，包括诉诸法院的权利、获得有管辖权的法院及时公正审判的请求权。其中最基本的程序保障要求是起诉权，深度的程序保障是法院须依法设立、独立、有管辖权，审判须及时、公正。最基本的程序保障即狭义的诉权，即诉诸法院的权利，是当事人基于民事实体权益发生纠纷而请求法院审判的权利，其基本内涵是提起诉讼的权利和应诉的权利。[3]其中，提起诉讼的权利为首要，因为起诉权的行使必然导致对方之应诉权，因此，理论界大多将诉权简化为起诉权。

当然，现代意义诉权尚包括对法院的法治化标准，譬如法院依法设立（不能临时设立）、有管辖权、独立、公正等基本的法治要求，这些标准使得诉权与封建社会的起诉权区别开来。起诉权在封建社会亦存在，如我国古代封建社

---

[1] 司法不公包括实质的不公正与形式上的不公正。管辖制度不公首先导致形式上的不公，但未必导致实质的不公。

[2] 参见[美]彼得·G. 伦斯特洛姆编：《美国法律辞典》，贺卫方等译，中国政法大学出版社1999 年版，第 226 页。

[3] 诉权对于原告与被告而言有不同的含义。如《法国民事诉讼法典》第 30 条规定，对于提出某项请求的人，诉权是指其对该项请求之实体的意见能为法官所听取，以便法官裁判该请求是否有依据的权利；对于他方当事人，诉权是指辩论此项请求是否有依据的权利。

会对于起诉的权利也有充分的保障，如拦轿或者衙门前击鼓告状。[1]但其与法治意义上的诉权相去甚远，根本区别在于法治框架下法院的设置。因此，在我国起诉的障碍基本消除后，诉权论研究的重心应相应迁移。

（二）立案登记制下的诉权法典化

我国民事诉讼法典并未规定直接规定诉权，但在相关条文中规定了诉权行使的审核制。现行民事诉讼法典关于立案的规定于在《民事诉讼法》第119、120、121、123、124条中。上述规定并非无障碍的立案登记制，诉权保障之民事诉讼法典化应予强化。

1. 立法并未厘清起诉要件与诉讼要件

从域外相关规定看，其诉权的保障在于起诉的无障碍登记制，即诉状提交于法院之时，诉讼法律关系即开始，产生起诉的效力，法院即有裁判的权利义务，而非在诉状送达对方时。法院无条件接受诉状，起诉唯一的法定条件是提供符合形式的诉状，这是立案登记制的核心要求——起诉条件。

起诉条件是指提起诉讼的条件，即符合法定形式的诉状。诉状记载的事项分为必要记载事项和任意记载事项。必要记载事项是指诉状必须记载的事项，这些事项包括：当事人及法定代理人、诉讼请求及理由。任意记载事项是指诉状内可以任意记载的事项，包括确定管辖及适用审理程序的理由，审前准备程序的事项包括证据资料等。诉讼要件，又被称为实体判决要件，是法院对当事人的实体请求或实体权利义务争议作出裁决的前提条件。诉讼要件包括形式要件与实质要件。形式要件包括管辖、当事人能力、诉讼能力、代理权等。实质要件包括民事主管、一事不再理、诉之利益、当事人适格等。如果不具备诉讼要件，亦裁定驳回起诉。如果具备诉讼要件，法院应作出实体判决。诉讼要件是在立案之后对案件实体权利义务进行审理后方可能查清楚的要件。

我国民事诉讼法典混淆了起诉条件与诉讼要件，将诉讼要件纳入起诉条件，导致起诉条件扩大化。第119条规定的四个要件中，第1项原告适格和第4项法院民事司法权及管辖权是实质要件，第2项被告明确和第3项诉讼请求和事实理由是形式要件。该条规定的起诉条件不仅包括诉状的必要记载事项，也包括当事人适格、管辖以及主管等诉讼要件。该条将实体判决要件置入起诉条件的做法，与立案登记制的要求相悖。起诉条件与诉讼要件的混淆会导致立案登记制在操作层面出现混乱，为此，今后的立法应当厘清起诉条件与诉讼要

---

〔1〕 瞿同祖：《瞿同祖法学论著集》（第2版），中国政法大学出版社2004年版，第446页。

件，将此二者严格区分开来，删除目前起诉条件中的诉讼要件，并同时增加任意记载事项的内容。其实，《民事诉讼法》第120条和第121条是对起诉要件的规定，现行法对起诉条件与诉讼要件的混淆客观上导致了诉权行使的高门槛化，是"起诉难"的根本成因，与立案登记制的内在要求背道而驰。

2. 现行法典关于不予受理、口头告知性不予立案的规定是诉权的桎梏

根据《民事诉讼法》第123条规定，人民法院对于当事人的起诉如符合前述条件，应予受理；若不符合条件，必须出具书面法律文书裁定，不予受理。立案登记制的实质含义是立案不审查诉讼要件及实体法律关系，必须无条件接收诉状，即使审查也不能影响当事人行使诉权。原先的立案审查改为立案后审查，审查起诉是否符合诉讼的形式要件、实质要件。从字面意思理解，不受理就是不立案，从此角度而言，现行民事诉讼法典规定的不予受理似乎并不符合立案登记制。从法理言之，登记立案后发现不符合起诉条件的，只能是驳回起诉，而非不予受理。因此，不予受理之裁定并不符合诉权保障的基本要求。

《民事诉讼法》第124条第1~5款分别规定了法院对特定类型案件口头告知原告应提起行政诉讼、申请仲裁、向行政机关申请解决、向有管辖权的法院起诉等。上述规定针对行政诉讼案件、由仲裁机构及其他机关主管或管辖的案件、已生效裁判案件等在人民法院民事主管范围之外案件的处理。这种处理并不符合民事诉讼法诉讼要件，而非起诉条件，依照民事诉讼法理，应依法受理并依法驳回起诉。该条规定的口头诉讼处理方式——"告知"——在程序上并不提供任何救济途径，亦不会留下程序痕迹，进而可能被理解为法院无须出具不予受理的裁定，实际上还是"不收材料、不出具法律文书"的老路，是对诉权的严重侵害。

3. 对诉权的限制应最小化

目前，立案登记制并非全面的立案登记[1]，仍有其消极范围。《关于人民法院推行立案登记制改革的意见》规定，立案登记制的排除范围具体包括：违法起诉和不符合起诉条件的，涉及危害国家主权和领土完整、危害国家安全、破坏国家统一和民族团结、破坏国家宗教政策的，以及其他不属于人民法院主管的所诉事项。上述诉权受到限制的案件包括：政治敏感类、政策敏感类、涉及社会突发、热点敏感案件的起诉，无法回避。政治敏感案件，有针对国家领导人等政治人物、特殊党政单位的起诉等；有特殊主体提起的具有政治目的的起诉，如国际组织提起的具有政治目的的起诉；有诉讼内容涉及民族、宗教、

---

[1] 在目前国情背景下，立案登记制已经使目前的诉权保护可能性达到了极致。

国防、外交、意识形态等重大政治敏感因素的起诉，如针对国家宗教、民族政策等基本政治制度的起诉等。政治敏感类案件，有涉及国家重大政策调整或历史遗留问题等的起诉。社会热点、敏感类案件，有涉及国家网监管理行为的案件，如删帖、关闭网站等起诉，如对群体性事件的处置等起诉。实务者认为，这些起诉，如果简单立案登记，极易造成负面政治影响，容易形成连锁反应，影响国家社会安定。人民法院要积极依靠党委政府，做好矛盾化解工作。[1]这一规定基本符合我国当前法院在政治体制中的地位，在当前司法定位下，已经属于对诉权保障的最佳安排。

司法权只有在其有效范围内方可发挥其作用，否则不仅会严重损害司法权威，而且极易引发重大社会问题。因此，司法权应有其消极的边界限制。例如，20世纪五六十年代时的美国随着黑人运动、民权运动愈演愈烈而显露出骚乱危险的征兆时，美国联邦最高法院倾向于司法克制，以免使社会陷于无政府主义的混乱。美国司法界认为，司法若超过其有效范围，不仅注定徒劳无功，也会损害法院的地位。[2]世界普遍的司法规律是，社会纠纷复杂万千，但并非所有的社会问题都适于司法解决。这一司法规律也同样适用于我国，尤其是在转型时期更是如此，譬如对于历次政治运动产生的遗留问题以及政策性非常强的问题就不适宜司法解决。《中共中央关于全面推进依法治国若干重大问题的决定》中也规定立案登记制限于"对人民法院依法应该受理的案件"。当然，我国处于转型期，社会日益多元化、动态化，各种纠纷层出不穷，而纠纷的解决又越来越依赖于司法手段。随着我国法治的推进，司法权威日益彰显，司法介入社会纠纷的范围也必然随之扩大，因此，立案登记的范围具有动态化的特征，会随着法治的推进、社会的发展而做出相应的变化。

（三）诉权滥用

立案登记制的施行在解决"起诉难"的同时，也带来了滥用诉权的新问题。

---

[1] 沈德咏主编：《最高人民法院民事诉讼法司法解释理解与适用》（上），人民法院出版社2015年版，第556页。

[2] 原文："无视本院司法权有效行使的内在限制而介入本质上属于政治力量之间的冲突，……不但注定徒劳无功，而且可能严重损伤本院作为'本国至高法律'最终解释机关之地位，因为诸多必须由本院裁判的法律问题，常与民众的感情紧密相连。本院既不管钱又不握剑，其权威委实深植于民众对本院道德裁判的恒久信赖之上。而此种信赖感须由本院在实然与外表上均完全摆脱政治纠葛，并避免深陷政治决策时政治力量之间的折冲。"Baker v. Carr, 369 U. S. 186, 267（1962）.

滥用诉权包括滥用诉讼权利、诉讼欺诈、恶意诉讼。当事人行使诉权后，即产生了在诉讼过程中的具体的诉讼权利。滥用诉讼权利即指当事人对管辖异议权、回避申请权、上诉权、申请再审权等诉讼权利的滥用。因此，滥用诉权与滥用诉讼权利是两个不同的概念，广义的滥用诉权包括滥用起诉权与滥用诉讼权利。狭义的滥用诉权仅指对起诉权的滥用，诉讼欺诈与恶意诉讼均是对起诉权的不正当使用，故广义的滥用诉权包括诉讼欺诈与恶意诉讼。

诉讼欺诈是指，行为人通过虚构诉讼主体、民事法律关系或事实或者伪造证据，向人民法院提起民事诉讼以损害他人利益或者谋取非法利益的行为。恶意诉讼是明知自己显然没有或者根本没有胜诉的事实理由和法律理由，但为达到非法目的或者侥幸希望或试图使法官错误判定自己有胜诉的事实和法律理由，从而达到非法目的。[1]如民事主体在缺乏事实根据和法律根据基础上对新闻媒体提起诉讼以达到提高知名度的非法目的，或者侵害既判力的重复性诉讼。[2]

针对诉权无障碍保障之滥用诉权弊端，各国均作出了相应的规制。1896年，英国制定了全世界第一部专门规制滥诉的法律——《滥诉法》（Vexatious Actions Act）。该法作为规制滥诉的样本传播到了许多英联邦国家以及深受英国法影响的国家，比如澳大利亚、加拿大、新西兰、南非、爱尔兰以及加利福尼亚、德克萨斯等美国的几个州，均借鉴该法制定了相应的规制滥诉的法律。《英国最高法院诉讼规则》同时规定，如果诉讼文件是骇人听闻的、荒谬的、折磨人的，这种起诉就是不可接受的，构成了滥用诉权。在美国法中，将滥用法律诉讼规定为侵权行为，通过庭前证据开示认定滥诉，滥诉人最终承担相应侵权责任。受损方可以向恶意诉讼人提起侵权之诉，要求其予以补偿。1977年的《美国侵权法重述》（第2次）第682条规定，为了非法的目的滥用诉权要承担因此而产生的损害责任。[3]法国则规定：以拖延诉讼方式或者以滥诉方式进行诉讼者，得科处100法郎至10 000法郎的民事罚款，且不影响有可能要求的损害赔偿。诉权是一种保护各种权利的特权，因此，应当让当事人享有某种豁免权。因此，原先判例认为，一般情况下，故意标准是判断滥用的标准，即当事人有恶意行为或者怀有恶意时，至少只有在构成欺诈的严重错误时，才会

---

〔1〕 参见胡建萍："恶意诉讼构成要件分析"，载《人民法院报》2006年4月17日。
〔2〕 参见汤维建等：《民事诉讼法全面修改专题研究》，北京大学出版社2008年版，第211页。
〔3〕 徐爱国："英美法中滥用诉讼的法律责任"，载《法学家》2000年第2期。

引发赔偿。但现在判例认为，一般的过错行为，可以受到指责的轻率行为，足可构成滥用诉权。

我国 2012 年修订的《民事诉讼法》对于滥用诉权的部分情形进行了规定，如第 112 条中当事人之间恶意串通，企图通过诉讼、调解等方式侵害他人合法权益的，及第 113 条中被执行人与他人串通，通过诉讼、调解等方式逃避履行法律文书确定的义务的，根据情节轻重其请求可能会被驳回，或者承担罚款、拘留等处罚，构成犯罪的还应承担刑事责任。前述规定只解决了恶意串通之滥用诉权的制裁，对于其余的滥用诉权制裁措施缺失的问题，是今后民事诉讼法典应予完善的。

（四）诉权与民事诉讼管辖制度的包容与衔接

无论从诉权的内涵还是从诉权的周边配套制度而言，诉权论的研讨都不能割舍对法院及管辖权的讨论。

1. 法定法官与管辖法定

虽然对诉权存在诸多的分歧，但各种学说均不否认诉权涵盖向法院起诉的权利，这也为各国宪法、人权公约等国际条约所确认并进一步明确。1791 年《法国宪法》首开"法定的（legal）"或"自然的（natural）"法官保障制度之先河。许多国家的宪法都将法定（pre-established）法官或者预先设置的法院作为诉权的内容，有些国家的宪法甚至对一些具体的管辖规则作出规定。如《美国宪法》第 3 条第 2 款规定了联邦法院受理案件的范围，实际上，这是联邦法院与州法院审理民事案件的分工，与我国的级别管辖有一定的相似性。根据联邦宪法，联邦法院要取得对被告的对人管辖权或者财产管辖权，必须有合理的依据与适当的程序，这二者都受宪法和法律的限制。再如，瑞士甚至对被告住所地原则予以宪法保障，《瑞士 1848 年宪法》第 46 条规定，就民事法律，永久性居民受其住所地的法律和法院约束。第 59 条规定，在瑞士有偿债能力的债务人就其个人债务必须在其住所地法院被诉。《公民权利和政治权利国际公约》更是明确将有管辖权的法院为诉权的内容，将依法设立与有管辖权的法院并列提出。从各国及国际条约的规定看，法定法官的要求是诉权的必不可少的内容。[1]

---

〔1〕 这里有必要注意，有些国家和国际条约使用法院的概念，而有些则使用法官的概念，这是否存在什么区别？法院是指依照《法院组织法》所设立、享有民事审判权的司法机关，这是广义的法院。法院又由法官、书记员、执行员、法警等构成。在奉行法官独立的国家，法院是指行使审判权的法官或者合议庭，在西方，法院与法官通常在同一意义上使用。因此，法定法院与法定法官的意义是相同的。当然，法院与法官在我国是有区别的，在我国，审判权由法院独立行使，而非由法官独立行使。

将"自然的"或"法定的"法官作为诉权的要件是源于以自然法理论为基础的评释与制定法传统，基于司法职能的不偏不倚的要求和信念。其主要宗旨在于法官由法律根据合理标准预先设立，而非临时挑选[1]，以避免裁判机关在个案中受到不适当的操纵与干预。在现代社会，法院是国家根据宪法或基本法律的规定而设立的，并且应当受到整个社会的认同或许可。这就是"法院"存在的合法性和正当性。那种随意、秘密设立的"法院或法庭"均是非法的和非理的。[2]

法定法官是指，对在具体个案进行审判的法官应自关于法院组织、诉讼程序规则之法律规定及法官事务分配等一般规范而产生。[3]即在构成法律要件的事实具体化之前，必先为了处理多数案件，而在法律上预先对审判法官作出的一般性的、永久性的规定。[4]具体来说，法定法官包括以下内容：

（1）法定法官的宪法要求对法院的设置要预先以法律规定。如《比利时宪法》（1812年）规定："非由法律不得创设任何法院及任何行政裁判权，并不得以任何名义创设委员会及非常裁判所。"

（2）法定法官要求法律预先规定案件的管辖法院，预先明确规定管辖规则，严禁在案件发生时临时设置管辖法院。

（3）法定法官要求管辖法院独立、公正。法院和法官的独立以及法官之间的平等，主要是基于司法职能的不偏不倚的要求和信念。[5]在西方，法院（法官）的独立由宪法保障，独立是法院成其为法院的前提要件，不独立就不能成其为法院。独立是公正的前提，公正程序请求权是诉权的实质内容，否则诉权对当事人就没有任何意义，法定的管辖法院也就没有意义。

（4）法定法官的宪法要求的适用对象包括所有具有审判权的法官。即具体案件的法官也必须预先固定，如在每个业务年度将法官和将来的诉讼（按照事务领域、当事人的开头字母、空间关系）分配给各个审判组织。需要考虑业务负担的平均分配，并考虑法官的一定的专业领域。这一规定的目的是防止出于

---

〔1〕 ［意］莫诺·卡佩莱蒂：《当事人基本程序保障权与未来的民事诉讼》，徐昕译，法律出版社2000年版，第80页，注116。

〔2〕 江伟、邵明、陈刚：《民事诉权研究》，法律出版社2002年版，第134页。

〔3〕 姜世明：《民事程序法之发展与宪法原则》，元照出版公司2004年版，第12~13页。

〔4〕 江伟、邵明、陈刚：《民事诉权研究》，法律出版社2002年版，第420页。

〔5〕 ［英］詹宁斯：《法与宪法》，龚祥瑞等译，生活·读书·新知三联书店1997年版，第169页。

任何一种原因随时为各个案件指定某个审判组织或者法官，这是违反宪法的法定法官的要求。[1]根据德国宪法法院的判例，不仅管辖法院由法律规定，而且各审判部门和法官的构成也必须预先确定，不允许司法机关根据自己的裁量来决定管辖法院和作出判决的法官。

（5）按照法定法官的要求，禁止随便移送案件。如欧洲国家认为把案件从繁忙的法院转移到案件较少的法院是违反法定法官的宪法要求的。[2]自然法官的保障不仅扩展适用于作为整体的法院，而且也扩展于法院的各类分庭以及法院的个人成员。即不仅法院作为一个整体须由法律预先设立（所谓自然法官保障的外部含义），而且在确定案件分配给法院特定的分庭及实际审理案件的法官时，也必须防止操纵和不必要的自由裁量（即自然法官保障之内部含义）。

由上所述，管辖法定是诉权的重要内容，违反管辖即是侵害诉权，管辖制度不明或者随意自由裁量管辖法院或者任意违反管辖制度都是侵害当事人诉权的表现。

2. 管辖制度的宪法化、国际化与人权化

（1）管辖制度的宪法化与国际化。[3]诉权的宪法化要求管辖制度的宪法化，管辖制度的宪法并不是指宪法对具体的管辖规则予以规定，而是就管辖法院作出原则性的规定，即明确规定管辖法院的预先法定化，从而为法院组织法、民事诉讼法提供立法指针，也使管辖制度拥有宪法上的依据，能够使违反管辖作为违宪对待，以加强诉权保障的广度与深度。

诉权的国际化要求管辖制度的国际化，要求我们在构建管辖制度时要履行国际条约中确立的义务，落实国际条约中对诉权的要求，按照国际条约对管辖法院的要求设置管辖制度。我国已经签署了《公民权利及政治权利公约》，该公约规定人们有权获得依法设立、有管辖权、独立、公正的法院的审理，落实该公约的规定也成了我们必然的选择。[4]

（2）管辖制度的人权蕴涵。随着时代的发展，诉权与自由权、财产权等成

---

〔1〕 ［德］奥特马·尧厄尼希：《民事诉讼法》，周翠译，法律出版社 2003 年版，第 40 页。

〔2〕 但美国的很多法院都存在与此不同的程序，如偏转（deflecting）、引导（channeling），允许把案件从繁忙的法院转移到案件较少的法院。

〔3〕 诉权的宪法化与国际化请参见 ［意］莫诺·卡佩莱蒂：《当事人基本程序保障权与未来的民事诉讼》，徐昕译，法律出版社 2000 年版，第 11~21 页。

〔4〕 我国也是《世界人权宣言》的签署国，但《世界人权宣言》并无国际法约束力。

为人权。[1]从各国的具体规定看，具体的人权包括生存权、平等权、自由权、财产权、安全权、追求幸福权、反抗压迫权以及法律的救济权和嫌疑犯在诉讼程序中的无罪推定等权利。虽然一般认为基本人权是指前四项权利，但是毋庸置疑的是，人权体系已经涵盖了诉权，无诉权即谈不上对人的尊严和价值的保障。正是由于诉权在人权体系中的重要性，日本学者将之视为"确保基本权的基本权"。诉权人权化的标志是国际性人权条约对诉权的规定，联合国人权宪章体系（《世界人权宣言》《公民权利和政治权利国际公约》和《经济、社会、文化权利国际公约》）以及《欧洲人权公约》《非洲人权和民族权宪章》《美洲人权公约》等区域性条约相继对诉权进行确认，诉权已经成为人权不可分割的一部分。诉权的人权归属使得诉权获得人权的外观与内涵，也获得了人权层面的保障。管辖制度也因此具有了人权的价值蕴涵，其设计与运作不再是单纯的诉讼程序制度与程序运作，还涉及人权的保障。从人权保障的角度考量，管辖制度不再是纯粹的程序问题，而是人权保障的重要内容。

因此，认识到诉权与管辖制度的内在联系，通过诉权的宪法化、国际化、人权化实现管辖制度的宪法化、国际化、人权化，以诉权论指导构建科学的管辖制度，在管辖制度层面为当事人提供宪法层次的保障具有重大价值。

（五）我国民事诉讼管辖制度诉权保障缺位

虽然我国《宪法》第 123 条规定，中华人民共和国人民法院是国家的审判机关，第 126 条规定人民法院依法独立行使审判权，但这都是从权力——审判权——的角度规定的，并没有从权利——诉权——的角度规定。由于宪法诉权规定的缺位，诉权在我国的具体贯彻也就失去了根基。我国宪法、法院组织法和民事诉讼法等就法院或法庭的设立、法院的管辖作出了规定，但由于诉权规定的缺失以及理论研究的滞后，使得管辖制度与诉权脱节，管辖立法与管辖实践均不利于诉权保障甚至危害诉权。具体而言：

（1）我国管辖法院虽然预先由法院组织法和民事诉讼法规定，但管辖标准不明确，管辖法院法定化的目标落空。在级别管辖方面，我国虽然预先规定了级别管辖的标准，但级别管辖的标准模糊，实际上并不确定，违反了管辖法院法定原则。地域管辖设置也有待完善，由于管辖标准的模糊，实践中争抢管辖的现象大量存在。

（2）法院的地方化也使管辖制度不能满足法定法官的要求。由于人民法院

---

[1] 左卫民等：《诉讼权研究》，法律出版社 2003 年版，第 22 页。

的产生、法官任免、司法经费等都在同级地方政府控制之下，导致司法权力的地方化。法院的地方化不仅违反法院独立，也实质上使管辖法定毫无意义。

（3）我国管辖法院预先法定并不包括法官预先法定，法官审判业务的分配也未预先法定。我国并未实行像国外那样的法官业务预先分配制，虽然司法实践中很多法院采取改革措施，案件统一由立案庭于审判人员中进行循环平均分配，但这并未形成一种法定的制度，并且就某一案件临时抽调"精干"法官审理的现象并不鲜见。

（4）违反管辖并不会有不利的后果，管辖法定形同虚设。虽然法院组织法和民事诉讼法对管辖作出了规定，但由于违反管辖并不承担不利的程序后果，管辖的无刚性使得管辖法定形同虚设。目前，我国宪法对诉权规定的缺失，也使得宪法中管辖制度的规定缺失，管辖制度也就相应缺乏宪法的保障，管辖无序的矫治也只能采取低效力层次的措施。

当事人制度：实体与程序的分离与统一

史　飚　曹乙木[*]

一、诉讼形态中当事人之基础：当事人能力

作为民事诉讼理论及制度的基础之一，当事人决定着诉讼的开始。一起民事纠纷，须有原告与被告对立两造的存在，方能形成最为单纯的民事诉讼结构。一般情况下，当事人是在特定的民事诉讼中直接承受案件实体权利义务的主体，并因此也负担着诉讼程序上的权利及义务，故其与实体法和诉讼法均存在着天然的联系。然而，并非所有发生纠纷的主体都是当事人，成为民事诉讼意义上的当事人需具有当事人能力，它决定着"何者能诉"以及诉讼是否能被法院受理。

（一）当前研究现状

对于当事人能力，我国较早对其进行研究的著作将其定义为"可以作为民事诉讼当事人的能力或资格"。[1]对这一概念进行拆解分析，我们会发现，用"能力"解释能力犯了循环论证的错误，并不能向我们揭示当事人能力的本质；而"资格"一词在汉语中可被解释为从事某行为所应具有的条件或身份。由此可知，只有具有当事人能力，该主体的行为才具有诉讼法上的意义，值得对其加以法律评价，主体也才享有诉讼权利，承担诉讼义务及诉讼后果。从这一角度出发，当事人能力的具体含义可被总结为：可作为民事诉讼法上的当事人，请求法院对其私法权益加以保护的法律资格。

　＊ 史飚，中国政法大学民事诉讼法研究所副所长，副教授，法学博士；曹乙木，中国政法大学民事诉讼法学硕士研究生。
　〔1〕 肖建华：《民事诉讼当事人研究》，中国政法大学出版社 2001 年版，第 40 页。

大陆法系各国的相关民诉法著作，在论述当事人理论时，往往涵盖当事人的确定、当事人能力、当事人适格与诉讼能力几方面内容，其中所蕴含的司法实践层面的逻辑顺序是：法官首先从实践出发，对复杂的生活纠纷中真正产生纷争的当事人究竟是谁加以辨别，即确定当事人；其次，从法律层面上开始探究，检查从生活事实中脱离出来的纠纷当事人是否具有作为当事人的资格，即是否具备当事人能力；再次，针对具体个案，审查当事人是否对争议的特定实体法律关系具有要求本案判决的资格，即是否为适格的当事人；最后，需判断案件中的当事人能否独立地实施或承受诉讼行为，即是否具备诉讼能力。明确当事人能力在整个过程中的地位，可以使我们更加清楚地认识到其对真正意义上从法律层面开启民事诉讼的重要作用。

如前所述，当事人本身便是一个实体法与诉讼法交织的概念，而决定着"何者能诉"的当事人能力，更是同实体法上的民事权利能力概念呈现出一种既统一又分离的关系。如今，在民法上享有民事权利能力的主体在民事诉讼法上享有诉讼权利能力这一点，已被大陆法系国家及地区在立法上加以确认。[1]学者们对此也并无争议。正如我国台湾地区学者陈计男所说："与私法之权利能力相若，乃得成为诉讼法上各种效果所归属（享受权利负担义务）之主体之一般资格也。"[2]具体而言，我国最新颁布的《民法总则》在第13条和第57条明确规定了自然人及法人具有民事权利能力。与之对应，我国《民事诉讼法》第48条规定了公民、法人可以作为民事诉讼的当事人。当事人能力与民事权利能力之间体现出的这种统一性绝非偶然。早在罗马法时期，便存在诉（actio）的概念，而当时的诉讼本质上是纠纷主体对自身权利从法律上加以保护的手段。"诉讼本身只不过是通过审判要求获得自己应得之物的权利"[3]，只有通过审判，才产生权利，因而，当时自然也无诉讼主体与实体权利主体不一致之虞。尽管如今诉讼法已从实体法中脱离出来，但其并不是同实体法彻底绝缘。法官进行裁判的依据最终仍是实体法规范，判决结果最后的承受主体也是实体法上的利害关系主体，因而，当事人能力与民事权利能力存在着统一性。

尽管如此，我们并不能简单地将当事人能力同民事权利能力画上等号，其

---

〔1〕《德国民事诉讼法》第50条第1款、《日本民事诉讼法》第28条、我国台湾地区"民事诉讼法"第40条第1款均有"有权利能力者，有当事人能力"的表述。

〔2〕陈计男：《民事诉讼法论》（上），三民书局2009年版，第96页。

〔3〕［意］彼德罗·彭梵得：《罗马法教科书》，黄风译，中国政法大学出版社2005年版，第65页。

并非完全以民事权利能力为依据。对于保护死者人格利益的死者继承人或受遗赠人、民事权利能力受限的法人、设立中的公司、非法人组织等主体，同样应赋予当事人资格。这体现了当事人能力与民事权利能力的分离性，而分离的首要原因即在于诉讼法与实体法的分离，从而使诉（actio）分解为实体请求权与诉权。诉讼法从实体法分离出来后成为独立部门，其亦拥有了自身的目的。无论是传统的私权保护说，还是更多地从诉讼法角度思考而推出的法律秩序说、纠纷解决说、程序保障说，乃至多元说，均使作为审判主体的法院在权利保护对象上不能仅仅限于实体法律规范中被赋予了民事权利能力的主体。最后，诉讼担当理论的形成使得实体法律关系以外的第三人有了法律上的依据，能够为他人利益以自己的名义作为当事人参加诉讼，从而更好地保护权利受到侵害者的利益，也因此扩大了拥有当事人能力的主体范围。

此外，当事人能力作为诉讼要件之一，若在诉讼开始时即为欠缺，法院应裁定不予受理或驳回起诉。若当事人能力是在诉讼系属中丧失的，应根据是否存在诉讼继受人裁定诉讼中止或终结。

（二）问题缺陷及完善建议

目前，我国在当事人能力这一方面存在的问题主要体现为立法上的表述不准确及相关规定的缺失。而对于当事人能力与民事权利能力这对概念，笔者认为，在经历了由统一到分离的过程后，二者将在保持其各自独立性的前提下，形成一种良性互动、趋于统一的状态。

1. 自然人

自然人具有当事人能力，其民事权利能力与当事人能力是一致的。自然人的民事权利能力始于出生，终于死亡。但民事权利能力与当事人能力间的这种一致性亦存在例外。过往学说在"始于出生"方面往往会举出胎儿对遗产拥有继承权的例子以证明诉讼权利能力与民事权利能力的分离性，而在"终于死亡"方面则有死者继承人或受遗赠人对其人格利益的保护之情形以作支撑。[1][2]

2017年最新《民法总则》第16条规定："涉及遗产继承、接受赠与等胎儿利益保护的，胎儿视为具有民事权利能力。但是胎儿娩出时为死体的，其民事权利能力自始不存在。"从而确定了胎儿在发生继承、接受赠与等对其有法

---

〔1〕 江伟、肖建国：《民事诉讼法》，中国人民大学出版社2013年版，第117页。

〔2〕 2015年《民诉法司法解释》第69条规定："对侵害死者遗体、遗骨以及姓名、肖像、名誉、荣誉、隐私等行为提起诉讼的，死者的近亲属为当事人。"

律利益的情形时具有民事权利能力，与诉讼法上其在这些情形下具有当事人能力的学说观点一致。由此，分离性已转化成统一性。《民法总则》对胎儿民事权利能力的认可，或许是对《继承法》中相关内容的确定，抑或者是兼采诉讼法观点，考虑给予胎儿一个作为当事人的法律依据。但反观我国《民事诉讼法》的规定，在这一问题上却没有明确的条文作为指引。在当事人能力问题上，《民事诉讼法》仅有一条语焉不详的第 48 条〔1〕，供学者推测探究。与之相反，我国台湾地区"民事诉讼法"第 40 条第 2 款便明确，"胎儿，关于其可享受之利益，有当事人能力"，使得实体法上的权利能力与诉讼法上的当事人能力相统一，这点值得我们思考借鉴。〔2〕

此外，《民事诉讼法》第 48 条并没有使用"自然人"这一称谓，而是用"公民"一词表达了这一含义，与之前的《民法通则》用词相一致。考虑到"公民"一词更大程度上是宪法上的概念，带有更深的政治层面色彩，应将"公民"改为"自然人"，从而与《民法总则》中的称谓相符。从两者的具体内含分析，"公民"往往仅指本国人，而"自然人"则包括本国人、外国人和无国籍人，使用"自然人"一词将更符合此处的语境，避免引起不必要的误会。

2. 非法人组织

与《民法通则》相比，最新的《民法总则》专列一章规定了非法人组织，其不具有法人资格，但能依法以自己的名义从事民事活动。尽管较《民法通则》而言，最新规定对于长期困扰理论与实践中的法人及其他组织的概念及分类问题做出了较大改善，但非法人组织仍未被明确赋予民事权利能力。而《民事诉讼法》则笼统地将该类法律主体统称为其他组织。最新的《民诉法司法解释》则在第 52 条将其他组织定义为"合法成立、有一定的组织机构和财产，但又不具备法人资格的组织"，并在其后罗列出一系列具体的法律主体，承认其具有当事人能力。

应当说，诉讼法赋予这些主体以当事人能力的做法是正确的。无法人格的团体或财产之集合，作为一个统一主体从事着事实上的社会活动，进而难以避免从事一些交易活动，其既然已经作为主体实际从事了社会活动，则为了解决由此产生的问题，直接将该统一体作为诉讼上的当事人，这种做法可以说是一

---

〔1〕《民事诉讼法》第 48 条："公民、法人和其他组织可以作为民事诉讼的当事人。"

〔2〕 我国目前在诉讼法中并没有赋予胎儿相应的当事人能力，而是通过诉讼担当的理论，由胎儿作为当事人以维护其合法的继承权益。

种简洁明了的解决纠纷的方法。[1]但在具体的立法技术上，我国目前适用的条文存在着问题。

在有关"其他组织"的定义中，"合法成立"这一条件的存在使人疑惑。依据《民法总则》第103条之规定，"设立非法人组织，法律、行政法规规定须经有关机关批准的，依照其规定"，似乎使民诉法解释中的各主体找到了其各自具体的设立条件，但除此之外，尚存在更多的非法人组织（如业主委员会、村民小组等），对其设立应当满足的条件往往最终需参照法人的成立条件。而法人制度的出现，其实是立法者基于对社团的不信任，试图通过登记赋予其实体法上的权利能力，从而把控交易风险、维护社会秩序的手段。若将其成立条件引入到非法人组织，则二者之间的本质区别便无从显现。

因此，对于非法人组织，我们应从其本质特征上加以明晰。《民法总则》第102条给出的定义是一个抽象的总括，而从诉讼法角度而言，为使生效判决的执行力落到实处，非法人组织只要具有明确的代表人或管理人以及独立的财产，即应拥有当事人能力，对于其类型也仅需进行抽象性的概括，无需具体罗列。这样的立法模式将不仅与大陆法系国家及地区民事诉讼法的相关规定一致，[2]对于实践中出现的诸如设立中的法人是否具有当事人能力等问题也有了明确的判断标准。

综上所述，在经历了诉讼法与实体法从统一到分离的过程之后，民事诉讼已进入了发展的新阶段，处于如上背景中的当事人能力将与民事权利能力进一步相互影响，为了保护私权主体之利益不受侵害这一共同目的而达到一种平衡的统一。同时，与当事人能力相关的实体及程序制度和理论，如诉的利益、诉讼担当理论及代理制度，亦将得到进一步的发展与完善。

二、复数当事人的诉讼形态：共同诉讼制度

传统"单一原告对单一被告"的诉讼结构是民事诉讼中最为简单和初始的诉讼形态，然而，司法实践中的民事纠纷往往涉及多名民事主体。根据《民事

---

〔1〕[日]新堂幸司:《新民事诉讼法》，林剑锋译，法律出版社2008年版，第100页。

〔2〕《日本民事诉讼法》第29条规定"非法人之社团或财团，设有代表人或管理人者，得以其名义起诉或被诉"；《德国民事诉讼法》第50条第2款规定"无权利能力之社团可以被诉，诉讼中，该社团具有权利能力社团之地位"；我国台湾地区"民事诉讼法"第40条第3款规定"非法人之团体，设有代表人或管理人者，有当事人能力"。

诉讼法》第 52 条的规定，只要当事人一方或双方为两人以上，即只要当事人最少为三个主体时，该诉讼就是共同诉讼。

从历史上来看，早先的罗马法从重视个人私法利益的角度出发，仅承认一对一的单独诉讼，不承认共同诉讼。后裁判者出于诉讼经济的考虑，将关联诉讼合并审理，产生了普通共同诉讼的雏形，并逐渐发展出了必要共同诉讼形态；而日耳曼法中则因有团体的概念，共同诉讼的必要性起初以妨诉抗辩的形式存在，并在接下来演化成诉讼标的不可分、合一实施诉讼的必要等实体法依据，最终形成合一确定的必要这一诉讼法依据。[1]尽管共同诉讼制度在罗马法与日耳曼法中的发展轨迹不同，但最终殊途同归，走向了一致。

如今，共同诉讼制度已在大陆法系各国及地区获得了良好的发展及认可。我国根据诉讼标的是共同的还是同种类的，将共同诉讼划分为必要共同诉讼与普通共同诉讼，这与德国、日本等大陆法系国家的分类标准存在不同。我国目前对这两种共同诉讼形式的亚类关注也尚有不足，有关类似必要共同诉讼等概念的认识上还存在一定模糊之处，从而导致对实践中一些诉讼案件类型的定位不清，给实务工作带来了困难。

（一）当前研究现状

我国目前的《民事诉讼法》将诉讼标的是共同的还是同种类的作为区分两种共同诉讼类型的标准，结合二者的内涵及目的价值，学界多对其作如下理解：

就必要共同诉讼而言，适用该制度的当事人在其私权纠纷上存在着紧密的联系，若允许对案件进行拆分，将给案件的调查带来不必要的麻烦，法院所作出的裁判还可能相互矛盾抵触，有损其自身的权威。因此，该类案件的当事人有着共同诉讼的必要，对其作出的裁判也存在着合一确定的必要，应将其归属至必要共同诉讼的范畴，而此类必要共同诉讼应被更准确地称为固有必要共同诉讼。属于该诉讼形态的典型案件类型包括：将使他人法律关系发生变动的诉讼、由数人共同管理处分财产的诉讼以及有关共同所有形态的纠纷。[2]除此之外，最新《民诉法解释》第 54、59 条等内容仍继承了《民诉意见》中的相关

---

〔1〕 段文波："德日必要共同诉讼'合一确定'概念的嬗变与启示"，载《现代法学》2016 年第 2 期。

〔2〕 [日] 高桥宏志：《重点讲义民事诉讼法》，张卫平、许可译，法律出版社 2007 年版，第 194～196 页。

规定，将一些特定情形归入了进必要共同诉讼。[1]严格来说，其多属于当事人适格的领域，将其作为共同诉讼人，更大程度上是对"诉讼标的共同"进行了扩大解释。

与固有必要共同诉讼相比，普通共同诉讼并不要求"共同诉讼"的必要和"合一确定"的必要，其仅是因为数个诉讼请求的性质类似或纠纷起因是同一个等事实因素而使法院决定对各诉加以合并，典型案件类型如向复数主体催缴欠费、复数受害者向加害者提起侵权赔偿等。在对普通共同诉讼的审理上，法院应遵循共同诉讼人独立原则及共同诉讼人之间证据共通原则。

应当看到，当前的立法将必要共同诉讼与普通共同诉讼的区分标准落于诉讼标的，这在客观上将带来一定的困惑。民事诉讼标的理论本身便有着民事诉讼法学领域的"哥德巴赫猜想"之称，其含义及实质至今仍为学者所争论及探讨[2]，而不同层面的理解，将使一些具体案件类型在选择诉讼形态时出现窘境。目前，对诉讼标的的通说理解仍是旧实体法说，即所争议的实体法律关系。但将其作为诉讼形态的选择标准，似乎又与目前我们所倡导的诉讼法要发挥其独立价值的目标不符。就这一问题，德日等大陆法系国家则是从诉讼法角度出发，以判决是否需对全体共同诉讼人合一确定为标准对两种共同诉讼形式加以划分。在判例和学说上，其整体趋势是缩小固有必要共同诉讼的范围，尽可能给予当事人处分权，并在此基础上发展出了类似必要共同诉讼，日本还存在同时审判申请共同诉讼的诉讼形式。

对于类似必要共同诉讼的原告，其并非必须将被告一并起诉，但只要其选择合并起诉，法院在裁判结果上便须合一确定。简言之，类似必要共同诉讼不要求共同诉讼之必要，但要求合一确定的必要。应当说明的是，德日等国在运用"类似必要共同诉讼"这一称谓时，其所指代的案件类型极其稀少，典型例子为股东派生诉讼。而将这一概念置于我国语境下，有学者则认为不妨将其看作是流动于绝对不可分的固有必要共同诉讼和绝对可分的普通共同诉讼间的一种中间形态，因此其可容纳更多的案件类型，如出借人与保证人、被保证人的

---

[1] 《最高人民法院关于适用〈中华人民共和国民事诉讼法〉的解释》第 54 条规定："以挂靠形式从事民事活动，当事人请求由挂靠人和被挂靠人依法承担民事责任的，该挂靠人和被挂靠人为共同诉讼人"；第 59 条第 2 款规定，个体工商户"营业执照上登记的经营者与实际经营者不一致的，以登记的经营者和实际经营者为共同诉讼人"。

[2] 王亚新："诉讼程序中的实体形成"，载《当代法学》2014 年第 6 期。

三方法律关系，出租人诉承租人和转租户解除租约及腾退房屋等案件。[1]笔者认为，对于这些案件，还是应从其是否具有合一确定的必要角度出发进行判断（即判决效力是否需扩张），不能笼统地将其都归入类似必要共同诉讼。类似必要共同诉讼同样有着明确的构成要件，而不是一个排除了其他两种诉讼形态后的剩余选择。

而日本民事诉讼法中出现的申请同时审判的共同诉讼，则是指若原告对共同被告中各方的诉讼请求不能同时成立，则其可同时提出审判申请，法院不得分离判决。其在本质上是诉的主观预备性合并，而基于对当事人处分权的尊重，其应属于普通共同诉讼之范畴，是"强化普通共同诉讼对特定类型案件的纠纷解决技能的一种立法尝试"。[2]对该种诉讼形态持反对说的学者则认为，这类案件并没有合并审理的必要，次选被告也被迫处于不稳定的状态。

纠缠于必要共同诉讼与普通共同诉讼的区分，不仅是为了对各种案件类型加以定位，更重要的意义在于不同的诉讼形态需适用不同的诉讼规则。就必要共同诉讼而言，在遗漏当事人时，法律规定应对其进行追加，而类似必要共同诉讼和普通共同诉讼中的当事人则具有较大的选择空间。在当事人诉讼行为对其他主体的影响方面，对于必要共同诉讼，任一共同诉讼人单独做出的诉讼行为须得到其他当事人承认方能对其他人有效。若单独做出的诉讼行为未得到其他主体的承认，则需看该行为是否会影响其他共同诉讼人的实体或程序权利，从而区分该行为是完全无效还是仅对行为人有效。与此不同的是，普通共同诉讼中的各当事人原则上均可以自由实施诉讼行为，处分自己的实体权利，共同诉讼人独立原则在此发挥作用。

（二）问题缺陷及完善建议

1. 普通共同诉讼"分""合"审理标准缺失

与必要共同诉讼不同，法院对普通共同诉讼的审理可合可分。《民事诉讼法》第52条"人民法院认为可以合并审理并经当事人同意"的表述似乎表明，就对具体案件的审理是分还是合的处理上，当事人与法院均有话语权。但毫无疑问的是，在这一问题上，最终的决定权仍在法院。法院是审理案件的权威机构，其拥有对审理、程序的决定权自有其正当性，但这种决定是否有着合理稳

---

[1]　王亚新："'主体/客体'相互视角下的共同诉讼"，载《当代法学》2015年第1期。

[2]　[日]三木浩一："日本民事诉讼法共同诉讼制度及理论——兼与中国制度的比较"，张慧敏、臧晶译，载《交大法学》2012年第2期。

定的规则可循才是问题的关键。就司法实践的现状来看，这样一套规则似乎还未建立。

对此，笔者认为，应从普通共同诉讼的特征出发，审视当事人的诉讼主张同证据资料间的共通性及牵连性大小。同时，还需综合考虑诉讼效率、对查明案情的帮助、是否存在阻碍合并审理的程序性因素等方面，形成一套判断对普通共同诉讼案件的审理是"分"是"合"的基本规则。这需要我们对实务中积累大量的案例进行总结，并从学理角度加以更为细致、深入的探讨研究。

2. 多数人之债的诉讼形态选择

如前所述，由于我国目前对两种共同诉讼的划分标准在适用上存在一定问题，使得一些具体案件类型在诉讼形态的选择上出现了争议。其中最受关注的便是有关多数人之债案件的诉讼形态选择。

根据现行的实体法规定，多数人之债大致可分为按份之债、连带之债、不真正连带之债及补充之债四种类型。对于其诉讼形态选择方面的讨论，目前学界多集中于连带责任。

连带之债是这样一种债务承担形式，即债权人对其享有的债权有权请求任一债务人或数债务人履行全部债务，每个债务人都负有全部履行的义务，债务因一次全部履行而消灭。承担了债务的责任人，可根据连带债务人间的内部关系，就超出自己份额的部分债务向其他债务人追偿。该种责任形态的本质属性在于给付的同一性、消灭的整体性以及主体的多数性和平等性。[1]

鉴于连带债务案件在我国司法实践中有着较高频次的出现，学界对该案件类型应采取何种诉讼形式的讨论也一直存在着，主要包括必要共同诉讼说、类似必要共同诉讼说、普通共同诉讼说以及准必要共同诉讼说四种学说。必要共同诉讼说是我国传统民事诉讼理论的观点，其将连带债务案件归入"诉讼标的共同"的范围，认为只有连带债务人共同被诉才满足当事人适格，这样有助于案件真相的查明，并确保所有实体关系争议主体参与诉讼，为判决既判力所及；[2]类似必要共同诉讼说认为，基于实体法上规定债权人可以选择向一个或数个连带债务人起诉，法院应尊重其处分权，并将最终生效判决的效力及于其他债务人，这一观点亦得到了部分学者的支持；[3]准必要共同诉讼说认为在连带债务

---

〔1〕 李永军："论连带责任的性质"，载《中国政法大学学报》2011 年第 2 期。

〔2〕 彭熙海："论连带责任案件的诉讼形式"，载《法学评论》2012 年第 3 期。

〔3〕 王亚新、陈杭平、刘君博：《中国民事诉讼法重点讲义》，高等教育出版社 2017 年版，第 131~134 页。

诉讼中，各共同诉讼人的请求基础是同一的，针对请求的判决在理论上应当合一确定；[1]而普通共同诉讼说则是大陆法系学者的普遍共识，其指出，该类案件的诉讼实际上只是单独诉讼的合并，连带债务人之间在诉讼行为上相互独立，并无"合一确定"之必要。[2]

上述各学说中，必要共同诉讼说尽管有利于查明案件事实，提升诉讼效率，但其与实体法赋予债权人选择权的规定不符，有剥夺当事人处分权之嫌；而由于缺乏"合一确定"的必要，类似必要共同诉讼说自然也不能成立，我国台湾地区曾以此学说为依据形成判例，招致学界批评；准必要共同诉讼说更大程度上仅是域外个别学者的一种探讨，其本质上是必要共同诉讼的特殊形式。笔者认为，对于连带债务案件诉讼形态的选择，应在对实体法上连带责任的性质以及诉讼法上两种共同诉讼的本质区别都有了较清楚深刻的认识后做出判断。实体法上，通说认为，连带之债属复数之债，而连带债务人的自身行为，除事关债权本身是否存在绝对效力事项之外，均只产生相对性效力。因此，对该类案件并无从诉讼法上对其加以判决"合一确定"的必要，故连带债务案件应属于普通共同诉讼。对于有学者表达出采用普通共同诉讼的形式不能良好地体现出连带债务人内部的牵连关系，甚至出现矛盾判决的担忧，[3]应当看到，普通共同诉讼毕竟仍属共同诉讼形态，诉讼之间存在的牵连性并不像人们想象中的那么微弱，且法官在审理案件时受证据共通原则之影响，客观上对案情只能形成一个自由心证，出现矛盾判决的情况完全有理由得到避免。

明确了上述分析思路之后，我们可以将其运用至其他几类有关多数人之债的诉讼形态判断中：不真正连带之债中的债权人同连带之债中的债权人一样，享有向任一债务人或数债务人请求履行全部债务的权利，各债务人也都负有全部履行的义务。两种债务形式仅在对内效力方面是否有终局责任人这一点上存在差异，这对债权人行使诉权的方式并无影响，故不真正连带之债案件在诉讼形态上应属普通共同诉讼；在按份之债中，由于各债务人均按一定份额承担债务，债权人若想债务获得完全清偿，须向所有债务人按比例一并主张其债权，但这并不否认债权人有权利仅向部分债务人主张其所承担份额内的部分债权，

---

〔1〕 ［日］中村英郎：《新民事诉讼法讲义》，陈刚、林剑锋、郭美松译，法律出版社 2001 年版，第 81 页。

〔2〕 卢正敏、齐树洁："连带债务共同诉讼关系之探讨"，载《现代法学》2008 年第 1 期。

〔3〕 尹伟民："连带责任诉讼形态的选择"，载《烟台大学学报（哲学社会科学版）》2010 年第 3 期。

其他债务人的权利义务状态也并不会因此发生变化，案件同样无合一确定之必要，因而按份之债案件亦属于普通共同诉讼范畴。而补充之债则由于债务人在责任承担上存在顺序性，不论债权人怎样起诉，判决结果均会对直接责任人和补充责任人的法律关系产生影响，在诉讼形态上则与类似必要共同诉讼更为贴切。

总体而言，共同诉讼制度的发展同样遵循着诉讼法与实体法由统一到分离的趋势，早先判断是否能够提起共同诉讼所依靠的是实体法依据，至诉讼法成为独立学科部门后，判决是否需"合一确定"的诉讼法依据方得形成。我国目前采用的诉讼标的判断标准，仍属于从实体法出发的思维路径，且由于相关实体概念缺乏程序法层面的考量，实践中对多数人之债案件的诉讼形态判断及后续的相关程序适用出现困难的情况自然在所难免。为解决此问题，笔者认为，将判决是否需合一确定作为必要共同诉讼与普通共同诉讼的区分标准，并从实体法与程序法结合的角度去认识分析各类多数人之债的性质及效力，最终得出的结论将更加合理严谨，也更会与其他大陆法系国家及地区的观点相一致。

三、群体当事人的诉讼形态：代表人诉讼

在共同诉讼的基础上，若一方或双方当事人的人数继续增加，达到"人数众多"的程度时，案件便会呈现出群体诉讼的样态。我国《民事诉讼法》中处理群体性诉讼的法律制度被规定在第53、54条之中，被称为代表人诉讼，最新《民诉法解释》第75~80条对该制度在具体程序实施上亦作出了一定的明确与细化。然而，从当前现状来看，代表人诉讼目前在实践中的适用情况并不尽如人意。究其原因，除去该制度本就缺乏精细化设计的自身原因外，当事人之间、当事人与法院之间乃至法院同政府、社会之间的利益衡量和博弈等外部因素，也都影响着诉讼代表人制度在现实中的运用。

（一）当前研究现状

群体性诉讼是在社会转型时期集团性侵权现象频发的背景下出现的现代社会新型诉讼形态。当一起民事纠纷涉及众多利益相互关联的主体时，群体性诉讼由此产生。而为解决一方当事人人数规模较大、利益牵涉复杂等审判过程中切实存在的困难，诉讼代表人制度便在我国建立了起来。该制度设立的最初目的主要是考虑通过对群体诉讼中多数当事人相同或相似的诉求加以合并审理，从而提高诉讼效率，节约当事人和法院的诉讼及审判成本。同时，通过对美国

集团诉讼制度的借鉴与考察，人们亦希望利用诉讼代表人制度将群体诉讼中作为个体受害人的当事人团结起来，使"分散且稀薄"的利益诉求得到整合，进而与占据强势地位的加害方当事人相抗衡，矫正这种力量对比关系不均衡的现象。

尽管存在着集团性、代表性等独有的特点，代表人诉讼从本质上来说仍属共同诉讼的范畴。就《民事诉讼法》第 53 条规定的人数确定的代表人诉讼而言，其从理论上讲同样可以分为必要共同诉讼与普通共同诉讼两种类型，人数众多一方的当事人也并不限于原告方。但在实践中，还是作为普通共同诉讼且原告方人数众多的代表人诉讼更为常见，这与诉讼代表人制度所蕴含的保护弱势一方当事人的制度理念息息相关。在代表人的产生方式上，根据《民诉法解释》第 76 条的规定并结合司法实践，代表人可能在起诉时就由全体当事人推选出；也可能是法院受理后由法院组织当事人推选；还可能因存在推选不出代表人的当事人的情况而出现"代表人诉讼 + 一般共同诉讼"的模式，具体而言即必要共同诉讼当事人可自己参诉，普通共同诉讼当事人可另行起诉。

与人数确定的代表人诉讼不同，规定在《民事诉讼法》第 54 条的人数不确定的代表人诉讼因起诉时其具体人数或范围尚未确定，因而缺乏合一确定性，故在诉讼类型上只能表现为普通共同诉讼。在程序设计上，人数不确定的代表人诉讼为了找到更多潜在的当事人，增设了法院公示登记环节。而为防止当事人仍存在缺漏并统一裁判尺度，法院在代表人诉讼中所作之判决、裁定可为未参加登记的潜在当事人所援引适用。在确定代表人方面，人数不确定的代表人诉讼同样优先遵从当事人推选，当事人推选不出的，由法院提出人选与当事人协商，协商不成的由法院进行指定。

总体而言，我国代表人诉讼制度以共同诉讼和代理制度为制度基础，以当事人适格的放宽与判决效力主观范围的扩张为理论依据[1]，在整体的制度构建上还较为框架性和粗线条。就目前的司法实践来看，其仅是解决群体诉讼的方式之一，且当事人及法院往往并不会将其作为最优选择加以适用。

（二）问题缺陷及完善建议

当前，有不少学者强调代表人诉讼在解决群体性诉讼方面的作用，并呼吁对该制度进行更好的利用，特别是在诸如消费者侵权诉讼、证券诉讼等常见的

---

[1] 孙婷、吴英姿："代表人诉讼制度的实践困境与对策"，载《山东警察学院学报》2010 年第 5 期。

群体性纠纷领域。以证券诉讼为例，有学者以证券纠纷的群体性、公益性、共通性特征为依据，论述了该类案件适用诉讼代表人制度的可行性，并为了能让该制度更好地运行，提出了厘清案件管辖权、运用证券登记账户等技术手段、豁免证券投资者举证责任等更加具体的程序设计。[1]还有学者从经济学角度出发，认为代表人诉讼是符合博弈论及"集体行动的逻辑"理论的。[2]笔者并不否认这些观点的合理性及研究价值，但从司法实践的现状来看，诉讼代表人制度的前述种种优点及作用似乎并未得到有效的体现和发挥，而对于其适用不力的原因分析是目前更为重要的议题。笔者认为，诉讼代表人制度现阶段的适用尴尬境地，是主客观多方面因素综合作用的结果。

1. 客观方面——制度理念及司法的功能定位同群体诉讼需求相脱节

如前所述，我国的代表人诉讼制度在一定程度上借鉴了美国的集团诉讼制度，而该制度是伴随着美国司法节制主义理念向司法能动主义理念的转变而形成并发展的。其通过"公共政策诉讼"和"大规模侵权诉讼"两大类型推动司法管控大量的社会纠纷，扩大司法的社会管理职能，从而赋予集团诉讼更多公益、民主的现代性诉讼理念。而我国代表人诉讼则更多地侧重于诉讼经济，其片面追求诉讼效率的价值取向并不能很好地满足现代型诉讼结构下的群体诉讼当事人的需求，从而导致该制度并不能很好地为解决群体诉讼所服务。尽管制度理念中也存在团结弱势方群体平衡诉讼力量的因素，但我国尚处于市场经济发展初期，市场乱象丛生、政府的监管能力不足等国情也使代表人诉讼制度建立的社会基础与美国存在差别。

另外，从司法角度讲，其最基础的功能应在于运用法律规则解决具体案件纠纷，而群体性诉讼往往涉及多方主体间的利益博弈，想妥善处理好该类纠纷必然涉及对司法在政策形成、法官造法及引导民众等方面的角色突破，而我国司法本就在对社会控制及约束政治权力方面能力较弱，距离成熟的现代型司法体制尚存在距离，在解决现代社会新型的群体诉讼案件时便显得力不从心，而多方力量博弈的结果也往往使裁判最终带有更多的政治性。[3]

2. 制度构建的框架性与群体诉讼的复杂性相冲突

当前，对代表人诉讼的研究及立法规定均呈现出一种简单化的态势，"共

---

〔1〕 刘云亮："证券民事纠纷代表人诉讼制度的适用性"，载《法治研究》2013年第7期。

〔2〕 蒋玮："'集体行动的逻辑'——对我国代表人诉讼的博弈分析"，载《西部法学评论》2010年第4期。

〔3〕 吴英姿："代表人诉讼制度设计缺陷"，载《法学家》2009年第2期。

同诉讼加代理制度"的制度基础使诉讼代表人制度能够完满地嵌入到传统的司法结构当中，但对其缺乏进一步同实践相联系的深入探索，使得群体纠纷案件的多元复杂化特征难以得到体现。而由于缺少对群体诉讼这些方面的观察与思考，诉讼代表人制度所期望的程序简化目的也无奈落空，因为针对一个具体的群体诉讼案件，采用"分中有合""合中有分"的灵活形态往往最能简化程序，如对其分别立案、合并审理，或采用示范性诉讼等方式。对于人数不确定的代表人诉讼，其特有的公示登记在更大意义上仅是使当事人人数确定的手段，法院在多数情况下并不愿针对这一单一目的启动一个耗费司法资源的程序；而其裁判效力扩张的效果在实践中其实也并非人数不确定的代表人诉讼所独有的。故可以说，代表人诉讼在目前的具体程序制度设计上缺乏对群体诉讼复杂性特征的关照。

3. 主观方面——当事人角度

代表人诉讼并不是解决群体诉讼的唯一诉讼方式，当事人在起诉时有一定的选择权，以其认为最有利的方式去提出诉讼请求。此时，当事人需要考虑进行代表人诉讼的组织成本及谈判成本，若在具体的程序场景下采用诉讼代表人制度的成本较高，退到一般共同诉讼或分别诉讼等无须组织或组织成本不高的状态也是一种很自然的结局。[1]

同时，由于当事人人数众多，各主体之间在实体利益分配上也存在着一定的冲突。通常来讲，若人数众多的一方当事人彼此熟悉或存在信任关系，或者其共同利益较为单纯，案件事实相同、请求一样，当事人能够提出一个概括的请求时，诉讼代表人制度适用的空间也相应较大。相反，若当事人人数多达数百个，地域分布广泛，他们之间相互不认识，对纠纷处理也没有行之有效的沟通时，由于不存在有机团结的因素，诉讼代表人制度也就很难适用。

最后，也由于当事人在起诉方式上所具有的选择权，诉讼代表人制度也易诱发潜在当事人的"搭便车"行为。对于权利人在其他权利人提起代表人诉讼时就已知晓，但没有参与该诉讼，而是等到诉讼终结后再进行登记，由法院对其适用判决的行为，显然会影响到代表人诉讼这一集体行动的进行。但我们也应认识到，"搭便车"是当事人对代表人诉讼风险的一种规避，面对该诉讼的巨大风险和不确定性，其有权选择更利于自己的途径，行使自己的处分权。

---

[1] 王亚新、陈杭平、刘君博：《中国民事诉讼法重点讲义》，高等教育出版社 2017 年版，第 144 页。

4. 法院角度

尽管人数众多的当事人对解决群体纠纷的诉讼方式有选择权，但在最终能否适用代表人诉讼的问题上，法院的态度具有决定性作用。除去前面所提及的当前司法大环境之外，法院在面对具体的群体诉讼案件时，在是否采用诉讼代表人制度时，需要考虑的因素很多，主要包括案件类型、审判成本、是否有利于案件审理和纠纷解决、外部压力、诉讼效率、当事人的诉讼成本、法院内部绩效考核要求等。若法院认为运用代表人诉讼方式处理群体纠纷不一定有利于维护社会稳定，其会更倾向于对整起纠纷各个击破，分案处理。在人数不确定的代表人诉讼当中，法院单纯为人数众多的当事人一方提供组织动员的手段以抗衡另一方，并不一定符合法院及其依靠的政府力图在多重复杂的利益之间实现综合平衡的政策性要求。且由于为增加压力而以"集体闹访"等极端方式主张自身权利的现象屡屡发生，法院对可能引发此类现象的群体纠纷极其敏感，在处理上存在着尽量求稳的心理，从而影响着法院对诉讼代表人制度的运用频率。

总结而言，诉讼代表人制度在自身的制度设计理念、具体程序构建上存在着偏差与不足，我国司法的有限性及软弱性也在客观上不利于代表人诉讼的普遍适用。在主观方面，当事人需考虑进行代表人诉讼所额外花费的组织沟通成本及其对自身实体利益的影响，法院则会出于维护社会稳定和内部绩效考核等因素的考量，不将诉讼代表人制度作为解决群体性诉讼的首选。这种现状在未来较长的一段时间内应该不会有较大的改变。我们能做的更多是在认清代表人诉讼在群体性纠纷解决机制中所处地位的基础上，完善和细化制度的具体内容。同时，还应在完善社会分配和社会保障等预防性制度、降低群体性纠纷发生可能性的同时，尽可能发挥非诉讼纠纷解决机制的功能及作用。毕竟，运用诉讼代表人制度并不是最终目的，能够真正解决群体诉讼背后的根源性冲突才应是理论及实务界关注的重点。

四、复杂诉讼形态的三方结构：第三人制度

不论是单一原告对单一被告的初始诉讼形态，还是一方当事人呈复数的共同诉讼，其在程序结构上仍属原被告两造对立的"双方结构"。然而，在复杂诉讼形态理论及日常的司法实务中，区别于原被告二者的第三人参与进诉讼，从而形成三方诉讼结构的情形也时常出现。为实现纠纷的一次性解决和对案外

人的程序参与权益之保障，第三人制度应运而生。我国现行有关第三人制度的法律依据主要是《民事诉讼法》第56条和《民诉法解释》第81、82条及第十四部分，涉及有独立请求权第三人、无独立请求权第三人和第三人撤销之诉三项制度。总体而言，有关第三人制度的法律条文较少，从而使上述三项制度在概念内涵、设置目的上存在争议，整个制度的规则构建亦不甚完善。

（一）有独立请求权第三人制度

1. 当前研究现状

有独立请求权第三人制度被规定在《民事诉讼法》第56条第1款，具体条文为"对当事人双方的诉讼标的，第三人认为有独立请求权的，有权提起诉讼"。

从中我们可以解读出两层含义：第一，该类第三人在立场上同原被告双方不同，能够提出独立性的权利主张；第二，该权利主张针对当事人双方的诉讼标的，即聚焦于原被告之间的争议实体法律关系。对此，有学者认为，这一以实体请求权为基础的界定标准不仅使民事诉讼法的程序性价值不能得到良好体现，更是限缩了有独立请求权第三人的范围。对于该类第三人的定义应从诉讼法角度出发，认可任何"为保护自身权益而参加本诉，并向本诉当事人提出独立的权利主张以对抗本诉当事人权利主张的人"为有独立请求权第三人。[1]

对于有独立请求权第三人的类型，有学者根据司法实务中的情形将其分为对案件"有全部独立请求权"的第三人和"有部分独立请求权"的第三人，[2]亦有学者从实体法角度出发，对"有独立请求权"概念进一步细化，加以类型化分析，得出有独立请求权第三人可具体分为有救济性请求权和有救济性形成权的案外人。[3]这些有关分类的探讨从不同视角对有独立请求权第三人进行了观察，对我们全面理解这一概念的内涵及外延有着重要意义。

与此同时，我们还应认识到，除去以上讨论的基本形态之外，面对当前我国恶意诉讼、虚假诉讼类案件数量增多的现状，有必要将权益受到这类诉讼之侵害的第三人也纳入到有独立请求权第三人的范畴，即所谓的"诈害诉讼防止

---

〔1〕 张培："重新诠释有独立请求权第三人"，载《海南大学学报（人文社会科学版）》2011年第1期。

〔2〕 王亚新、陈杭平、刘君博：《中国民事诉讼法重点讲义》，高等教育出版社2017年版，第161～162页。

〔3〕 刘东："'有独立请求权'的类型化分析——以《民事诉讼法》第56条第1款为中心的研究"，载《政法论坛》2016年第1期。

参加"。综观大陆法系其他国家及地区，与我国有独立请求权第三人制度相似的域外制度被称为主参加制度或独立当事人参加制度。我国目前有独立请求权第三人的范围与德国的主参加人相似，只包括对他人间的诉讼标的全部或者一部主张自己的权利的情形，即权利主张型参加人。而日本的独立当事人制度则在借鉴学习了德国的主参加制度的同时，引入了法国民事诉讼法中的诈害防止理念，使得参加人类型包括权利主张型和诈害防止型两类。主参加制度与独立当事人制度也因此在诉讼结构、程序规则及审理规则等方面存在差异。就我国而言，《民事诉讼法》第 56 条第 3 款已规定了第三人撤销之诉制度，体现出立法者已认识到权益受虚假诉讼侵害的第三人有获得程序保障之必要，因而将其纳入有独立请求权第三人之范畴，形成诈害防止型有独立请求权第三人与权利主张型有独立请求权第三人两大类是符合制度设置目的的选择。

2. 问题缺陷及完善建议

（1）参诉范围较窄。如前所述，诈害防止型有独立请求权第三人应具有的诉讼地位尚未被我国《民事诉讼法》所明确承认，由此带来对该类第三人权益保护不周的问题。从制度目的来看，有独立请求权第三人制度的设置意义在于对案外人实体及程序权益的保障及纠纷的一次性解决，从而起到避免本诉之原被告再次受诉讼之侵扰、节约司法资源、维护确定判决效力及司法权威的作用。将诈害防止型有独立请求权第三人囊括进来，与制度本身的目的不谋而合，不存在冲突。尽管目前已有第三人撤销之诉、执行异议之诉以及案外人申请再审等多种途径对虚假诉讼的受害人予以救济，但这些制度从性质上讲均属于在前诉判决已生效，对第三人之权益已造成损害的情况下方才产生的事后救济。为使第三人能够在保护自身合法权益时占据更加主动的地位，我国应借鉴日本及台湾地区之规定，承认诈害防止型第三人属于有独立请求权第三人之范畴。

（2）程序规则不健全。尽管我国已规定了有独立请求权第三人制度，但现有条文仅是对参诉的方式以及可以合并审理等程序规则进行了概括性规定，在整体制度的程序构建上尚显粗糙，为使该制度得到更好应用而应具备的相关制度也存在缺位。

首先，法律对有独立请求权第三人的参诉时间并未作出明确规定。学界及司法实践均认为，既然有独立请求权第三人是以相当于原告的起诉地位申请参加诉讼，其应在本诉开始后直至法庭最终辩论结束前都有权申请参加诉讼。且根据《民诉法解释》第 327 条之规定，其也有权利在二审中提出参加，但法院应当进行调解，调解不成的，则撤销原判，发回重审。

其次，在诉讼对象的选择上，理论与实务界普遍认为，有独立请求权第三人必须将本诉中的双方当事人列为共同被告，不能单独起诉一方，因其是对本诉之诉讼标的享有独立请求权，应针对原被告双方。对此，有学者提出质疑这一观点违背了独立诉权及当事人之处分权。[1] 对此，域外大陆法系各国的规定也各不相同。德国的主参加制度规定必须以本诉双方当事人为共同被告，而日本和法国的独立当事人参加制度则允许仅以本诉一方当事人为被告。笔者认为，实践中，有独立请求权第三人不一定与本诉原被告双方均存在争议，其也不一定总是有意愿对本诉双方均行使诉权。法律应尊重第三人对此的处分选择权，不宜"一刀切"地作出必须将本诉原被告拉入参加之诉的规定。

再次，在审理规则上，我国《民事诉讼法》规定，法院可以合并审理第三人提出的诉讼请求，即法院对此有自由裁量权，在是否合并审理上并无强制性规定。若有独立请求权第三人在本诉程序进行的较晚阶段提出参与诉讼之请求，法院可依据其参与会导致程序过于复杂以及诉讼延迟等程序性原因裁定不予受理。而日本则主张对该类诉讼准用必要共同诉讼的规定，我国台湾地区亦是如此，从而避免分别审理及判决后产生的判决结果冲突之情形。应当看到，有独立请求权第三人之所以能够参与进本诉之中，就在于本诉与参加之诉在权利客体方面的同一性及牵连性，从而构成了法官对两诉合并审理的正当性依据，因而在此情形下，有适用强制合并之必要。至于其是否能适用必要共同诉讼之规则，还需我国共同诉讼制度的进一步完善。

最后，目前的有独立请求权第三人制度缺乏与第三人撤销之诉的有机衔接环节，即法院的职权通知程序。司法实践中，法院有时会通过双方当事人提供的证据资料及法庭辩论发现案件的真正权利人为第三人或诉讼的结果会侵犯案外第三人的合法权益，而第三人却不知该诉讼的存在。此时，若没有法院职权通知程序，即法院没有对第三人加以通知的责任，尽管第三人可在事后通过第三人撤销之诉维护其权益，但纠纷一次性解决的制度设置目的并未实现，本诉的当事人两造亦有在未来再受讼累侵扰之虞。相反，设立职权通知程序，不仅能使前述问题得到解决，更能使有独立请求权第三人制度与第三人撤销之诉产生更加良性的互动。法院职权通知第三人，对其并不产生强制性效力，第三人可在衡量利益得失后决定是否参加诉讼。若其选择不参加，则因在事前已给予

---

[1] 哈书菊："有独立请求权第三人制度的缺陷及完善"，载《辽宁科技学院学报》2016 年第 4 期。

其程序保障之机会，其不可在判决作出后再提起第三人撤销之诉，从而在一定程度上避免了对第三人撤销之诉这一事后救济手段的滥用。在通知内容方面，法院应依职权对本诉的诉讼标的、已查明的案件事实以及诉讼进行阶段向第三人加以告知，使第三人尽可能地了解诉讼进展情况，以作出符合其自身利益的选择。

（二）无独立请求权第三人制度

1. 当前研究现状

所谓无独立请求权第三人，是指他人间的案件处理结果对其有法律上利害关系的案外第三人。其因在所参加的案件中不能获得与原告、被告或有独立请求权第三人同等的诉讼地位，而仅具有准当事人的性质。但是，若其被法院判决承担民事责任，其便成了案件的当事人，并具有了相应的诉讼权利义务。在参诉方式上，无独立请求权第三人除主动申请参加外，还可由法院通知参加。

对于无独立请求权第三人的分类，有学者从实体法律关系角度对"有法律上利害关系"加以阐释，认为若第三人对案件处理结果享有一定的实体权利，则该第三人属于权利型无独立请求权第三人；若本案的处理仅仅是使第三人在实体上可能负有义务，则其属于义务型无独立请求权第三人，此时被告往往会希望将其引入诉讼。[1]亦有学者从制度设置目的角度加以分析，认为无独立请求权第三人制度具有维护案外人实体利益及纠纷一次性解决的传统目的，而第三人撤销之诉的设立则会倒逼第三人制度承担起对案外人事前程序保障的职责，从而新增了为第三人提供程序保障的目的。传统目的下的无独立请求权第三人，可能因为案外人有被追偿之可能、前诉后诉存在先决关系以及案外人受他人间确定判决效力之拘束，而与案件处理结果存在法律上之利害关系。而在程序保障目的下，出于使案外人能够了解案件进行情况或为其提供当庭出示证据资料之机会的考虑，同样应承认其与在诉的案件处理结果存在法律上的利害关系，从而扩大无独立请求权第三人的范围。[2]

应当看到，除上述分类外，还有一种重要分类不容忽视，即依据无独立请求权第三人是否需承担民事责任，将其分为被告型无独立请求权第三人和辅助型无独立请求权第三人。其中，被告型无独立请求权第三人由于未被赋予完全

---

[1] 龙翼飞、杨建文："无独立请求权第三人的诉讼地位"，载《法学家》2009年第4期。

[2] 刘东："论无独立请求权第三人的识别与确定——以'有法律上的利害关系'的类型化分析为中心"，载《当代法学》2016年第2期。

的当事人地位，却有承受诉讼不利后果之虞而广受诉病。[1]有学者也因此提出重构我国第三人制度，将第三人划分为权利参加型第三人、义务参加型第三人与辅助参加型第三人，其含义分别与有独立请求权第三人、被告型无独立请求权第三人和辅助型无独立请求权第三人大致相当，只是对义务参加型第三人的制度构建需借鉴美国，引入第三人制度来加以改造。[2]

总的来说，无独立请求权第三人制度在法律规定、理论学说和司法实践之间存在着种种冲突，暴露出了其在制度设计上的一系列问题和矛盾，导致该制度成了我国民事诉讼当事人制度中存在问题最多、争议最大的部分。

2. 问题缺陷及完善建议

（1）诉讼地位定性不清。无独立请求权第三人制度存在的最根本问题在于对该类第三人的诉讼地位定性不清，导致定性不清的原因在于立法使无独立请求权第三人可以承担民事责任。从大陆法系各国及地区来看，与无独立请求权第三人制度作用相当的制度被称为从参加或辅助参加制度。辅助参加人以辅助他人之间诉讼进行为目的而参与进诉讼，同时又需在诉讼进程中保护自己的利益，从属性与独立性兼具。但立法与学说对其的侧重点均是其从属性，对其诉讼权利进行了限制，在这一语境下，我国民事诉讼法却允许其直接承担民事责任，第三人权利与义务严重不对等，规定的合理性有待考察。笔者认为，立法应在明确无独立请求权第三人的辅助性、从属性特征之基础上，认定其辅助参加人的诉讼地位，删除其可被直接判决承担民事责任的规定。

（2）参诉方式存在缺陷。关于无独立请求权第三人如何参与进诉讼，我国《民事诉讼法》规定了第三人申请参加与法院通知其参加两种方式。而法院通知参加，其目的往往在于使无独立请求权第三人承担责任或帮助查明案件真相，法院的职权性彰显无疑。与之相反，德日等国在辅助参加人参诉方式方面规定了辅助参加人自行申请参加和法院依当事人申请而告知参加两种类型。我国台湾地区尽管有法院依职权通知参加的情形，但其目的也是在于保护第三人之程序参与权，防止其在后诉中的被诉风险。因此，笔者建议司法实务者重新考量立法中有关法院通知无独立请求权第三人参与诉讼这一参诉方式的设计目

---

〔1〕 根据《最高人民法院关于适用〈中华人民共和国民事诉讼法〉的解释》第82条的规定，无独立请求权第三人在一审中无权提出管辖权意义，无权放弃、变更诉讼请求或申请撤诉。其只有在被判决承担民事责任时，才有权提起上诉。

〔2〕 蒲一苇：《民事诉讼第三人制度研究》，厦门大学出版社2009年版，第225~250页。

的，转变传统的帮助查清案件真相的认知，将侧重点放在尊重当事人处分权及保护案外人参诉权利方面。

（3）缺乏相关异议程序。该问题同前述法院通知参加程序的缺陷紧密相连。由于目前法院通知无独立请求权第三人参与诉讼的主要目的并不在于赋予其程序保障权，因而该通知往往带有更多的强制性与义务性色彩。对此，并无相关异议程序保障第三人不受多余讼累之侵扰。相反，在无独立请求权第三人申请参诉的情形下，当事人亦无申请驳回参加申请的异议权。无独立请求权第三人是否能够参加诉讼的决定权最终仍归于法院，当事人及第三人在该事项上的活动余地较小。对此，应建立相关异议程序，给予当事人及第三人更多的对法院决定不服时的救济措施，同时也能在一定程度上令法院更为慎重地考虑第三人是否应参与诉讼，以缓解实务中滥列无独立请求权第三人的现状。

（4）判决对第三人效力不明。依照大陆法系的通说，前诉判决生效后对辅助参加人所产生的效力被称为参加效力。而我国由于会使无独立请求权第三人承担民事责任，其在诉讼地位上已属当事人，因而判决会对其产生与既判力相当的效力。参加效力并不禁止辅助参加人就纠纷另行起诉，仅是其不能否认已被本诉判决确认的事实。且在客观范围上，参加效力包括判决理由中对事实及法律的判断；而既判力则禁止当事人就同一纠纷再行诉讼，其客观范围也仅限于判决主文所判断的诉讼标的，不及于判决理由。[1]我国使前诉判决对无独立请求权第三人产生于既判力相当的效力，在理论上面临的最大障碍是其缺乏正当性根据。既判力的正当化根据是程序保障，即法律赋予其当事人地位，使之在程序对等的基础上，对争议的实体法律关系展开辩论。而辅助参加人在诉讼地位上具有从属性，其在被判决承担责任前并不具有当事人地位，未被赋予与当事人对等的攻击防御机会。[2]在这样的情况下令判决对其产生既判力，实有不妥。因而笔者建议引入大陆法系参加效力概念，使判决对无独立请求权第三人产生的效力与其诉讼地位相匹配。

此外，我们还应当认识到，在特定类型案件中，原本只约束原被告双方的判决在既判力上出现扩张，从而使案外人成为无独立请求权第三人，此时判决效力对其具有既判力是合理的。典型情况如代位权诉讼中债务人基于诉讼担当

---

〔1〕 ［日］兼子一、竹下守夫：《民事诉讼法》，白绿铉译，法律出版社 1995 年版，第 202～203 页。

〔2〕 蒲一苇："无独立请求权第三人参加诉讼的判决效力范围"，载《国家检察官学院学报》2016 年第 4 期。

理论为确定判决所约束，成为无独立请求权第三人。但由于《最高人民法院关于适用〈中华人民共和国合同法〉若干问题的解释（一）》第 20 条的规定打破了传统的代位权制度债权保全之性质，诉讼担当理论似乎不能完全作为该种情况下无独立请求权第三人承受既判力之基础。对此，有学者引入大陆法系独立辅助参加制度，从而对该问题加以解释。[1]

（三）第三人撤销之诉

1. 当前研究现状

2012 年修改后的《民事诉讼法》第 56 条第 3 款新增了有关第三人撤销之诉的规定，明确了该制度的适用主体、适用客体、提出原因、时间限制以及法院处理等内容。2016 年《民诉法解释》在这一基础上进一步完善了该制度在受理、审判等方面的程序性规则，细化了"不能归责于本人事由"的情形，并对第三人撤销之诉与再审程序两种特殊救济制度在程序上的衔接作出了规定。

根据《全国人民代表大会法律委员会关于〈中华人民共和国民事诉讼法修正案（草案）〉审议结果的报告》中提出的修改意见，设立第三人撤销之诉的目的在于规制司法实践中频发的恶意诉讼现象，以保障案外人的合法权益。而合法权益，则应包括案外人的实体权益和程序保障。根据既判力的相对性理论，确定判决的效力应只及于原被告双方，若第三人认为案件处理结果侵害其利益，其完全可以另行提起诉讼。然而，由于我国实务界并不承认裁判的相对性效力，生效裁判文书的效力向案外第三人扩张成为常态，此时便需第三人撤销之诉制度发挥维护第三人民事权益的作用。

就第三人撤销之诉的性质而言：首先，从第三人诉求的内容来看，该类诉讼应属形成之诉，第三人是在诉请法院变更或消灭一定法律状态。第三人撤销之诉不同于一般的形成之诉，其依据的是诉讼法上的请求权，这一点与再审之诉相似。其次，以生效判决作出时间为划分标准，第三人撤销之诉属于事后救济程序，与《民事诉讼法》第 56 条第 1、2 款规定的有独立请求权和无独立请求权第三人等诉中程序保障制度相对应。最后，还应认识到，第三人撤销之诉同再审程序一样，均属于特殊的救济程序，二者都是在法的安定性与公平正义之间存有较大冲突时，对已生效且存在错误的裁判予以纠正的程序。考虑到在程序效果上再审之诉以完全推翻原生效裁判为原则，其在适用条件上应较第三人撤销之诉更为严苛。在两种救济程序的适用顺序方面，2016 年《民诉法解

---

[1] 胡震远："辅助型无独立请求权第三人制度的完善"，载《东方法学》2013 年第 3 期。

释》第 301 条作出了规定。[1]亦有学者根据实践中具体案件的类型，提出在提起撤销之诉的第三人实际应为前诉遗漏当事人、确有必要对原审裁判文书涉及财产的内容重新作出整体安排，以及在法院针对第三人撤销之诉仅作出撤销裁判，但又确有必要直接重新安排当事人之间权利义务的场合下，可对第三人撤销之诉裁定终结，由法院对原审裁判文书裁定再审的思路建议，从而将第三人撤销之诉与再审之诉有效衔接。[2]

现行法律明确规定有独立请求权第三人和无独立请求权第三人为第三人撤销之诉的适用主体。对此，有学者认为，有独立请求权第三人本就具有不依附于他人争议的独立诉讼请求，其完全可以依此提出新的诉讼，从而更加彻底地解决问题；而无独立请求权第三人只有在被法院判决承担民事责任时才有被损害权益的可能，此时法院一般已对其进行了参加诉讼的通知，很难说此时的无独立请求权第三人有"非可归责于自己的原因"，从而不满足第三人撤销之诉的提起条件。[3]应当说，这种理论上的分析并没有错，但就目前的实践情况来看，第三人撤销之诉并没有像一些学者预期的那样被束之高阁，实践中该制度仍存在着一定的适用空间。[4]但目前有关该制度能够适用的主体范围较窄则是客观的事实，这一情况需得到改善，从而使更多案外人的民事权益得到维护。

2. 问题缺陷及完善建议

第三人撤销之诉作为最新出台的制度，其在给予案外人更多程序保障和权利救济方面的作用应受到肯定。尽管法律并未明确将受虚假诉讼侵害的案外人纳入该制度的主体范围，但观察实践中之案例，在判决撤销或改变原判的该类诉讼生效裁判中，往往能够发现前诉当事人之间的行为存在违反常理或令人产生疑虑的行为或细节。因此可以说，第三人撤销之诉在间接上还是有发挥遏制虚假诉讼、制约不诚信诉讼行为之功能的。同时，我们也要客观地看到这一制度在现有建构上存在的一些不足与问题。以下仅摘取其中的三个方面，进行简要论述。

---

〔1〕《最高人民法院关于适用〈中华人民共和国民事诉讼法〉的解释》第 301 条规定："第三人撤销之诉案件审理期间，人民法院对生效判决、裁定、调解书裁定再审的，受理第三人撤销之诉的人民法院应当裁定将第三人的诉讼请求并入再审程序。但有证据证明原审当事人之间恶意串通损害第三人合法权益的，人民法院应当先行审理第三人撤销之诉案件，裁定中止再审诉讼。"

〔2〕王亚新："第三人撤销之诉原告适格的再考察"，载《法学研究》2014 年第 6 期。

〔3〕张卫平："中国第三人撤销之诉的制度构成与适用"，载《中外法学》2013 年第 1 期。

〔4〕张艳："我国第三人撤销之诉制度在司法实践中出现的问题与完善对策——以法院已受理的案件为样本的分析"，载《政治与法律》2014 年第 6 期。

（1）提起条件较苛刻。当前《民事诉讼法》在第三人提起撤销之诉的条件上要求满足原生效裁判、调解书存在部分或全部内容错误，损害其民事权益。有学者将这一要件进一步细化，认为其可分为三个层次，即第三人利益受损或未得到程序保障、前诉裁判文书的主文内容可能存在错误和该错误已达到确有撤销之必要的程度。[1]这种较高的条件同该制度给予案外人程序保障的设置目的不符。由于国内实务界对生效判决既判力相对性效力的认识缺位，若裁判中涉及第三人的利益，其往往也会受到判决效力的波及。即使生效判决的内容并不存在错误，其也已客观上侵害了第三人的利益而欠缺合理性。从较早设立第三人撤销诉讼的法国立法例来看，其亦未在制度条件上规定裁判需有错误的要件。[2]因此，我国第三人撤销之诉在提起条件上应加以放宽，删除有关内容错误的要求，第三人在起诉时也无需就此事项提供证据材料。

（2）适用主体范围较窄。如前所述，法律目前明确承认的该制度适用主体仅包括有独立请求权第三人和无独立请求权第三人。尽管立法者在解释关于该制度的立法目的时提及了保护权益受虚假诉讼侵害的案外人，但由于该类主体尚未被明确规定在有独立请求权第三人的范畴，故法律应加以改进，将该类第三人囊括进适用主体范围内。除此之外，2016年《民诉法解释》第296条明确规定了生效裁判、调解书的"内容"是指判决、裁定的主文，调解书中处理第三人民事权利义务的结果部分，有学者认为有所不妥。尽管我国判决理由部分不像日本司法实务中那样具有争点效，但其具有预决事实效力，可作为免证事实，同样有可能侵犯第三人的权益。因此，第三人撤销之诉的适用主体还应包括权益受判决理由中所认定的预决事实所侵害的人。[3]

（3）适用客体存在问题。根据《民事诉讼法》的规定，第三人撤销之诉可撤销的对象包括发生法律效力的判决、裁定和调解书。将生效判决纳入救济范围的正当性自不待言，而我国的法院调解由于也被视为法院审判活动的一种，调解书与判决具有同等效力，因而同样可作为第三人撤销之诉适用的客体。存在问题的是生效裁定这一文书类型。由于裁定往往解决程序性事项，其本身的程序保障程度也较低，且可通过上诉、提出异议或申请复议的方式加以

---

〔1〕 龙翼飞、杨建文："无独立请求权第三人的诉讼地位"，载《法学家》2009年第4期。

〔2〕 巢志雄："法国第三人撤销之诉研究——兼与我国新《民事诉讼法》第56条第3款比较"，载《现代法学》2013年第5期。

〔3〕 肖建国、刘东："第三人撤销之诉的程序适用及制度完善"，载《山东警察学院学报》2014年第2期。

救济，运用第三人撤销之诉制度对其加以撤销则显得并无必要。[1]另外，由于一些案件类型涉及特殊的法律关系，其并不应适用第三人撤销之诉。法国通过立法及司法实践，将离婚诉讼、中间判决、法院行政行为等情形排除在适用第三人撤销诉讼的范围之外。[2]我国《民诉法解释》第297条也规定了不适用第三人撤销之诉的案件类型，包括非讼案件、身份关系案件、代表人案件、公益诉讼案件等情形，这一做法值得肯定。

总的来说，当前我国第三人制度依保护案外人民事权益、促进纠纷一次性解决并赋予第三人程序保障之目的设立，在体系构建上基本与大陆法系主参加及辅助参加制度相当，但在具体的第三人诉讼地位定性、具体类型及程序规则的设置上存在一定缺陷。最新设立的第三人撤销之诉制度赋予案外人更多的事后救济选择，但同样在适用条件、主体、客体等方面需进一步加以完善。而对诸如"有独立请求权""同案件处理结果有法律上利害关系"的阐释，同样离不开从实体法层面先行研究，之后赋予其程序法意义的探寻思路。从这一角度而言，第三人制度同样体现出与实体法的统一与分离。

结　语

纵观当事人制度中的几项主要内容，从民事权利能力与当事人能力的相互发展，到判断构成必要共同诉讼的标准由实体法律关系向"合一确定"之必要的诉讼法依据之演进，再到复杂诉讼形态中对代表人诉讼能够形成的法理基础，对第三人制度中有独立请求权第三人、无独立请求权第三人等概念的理解与阐释，可以明显地感觉到民事诉讼法与实体法间呈现出由统一走向分离的发展趋势。民事诉讼法发展至今，已脱离实体法的框架，形成独立的部门法，拥有其自身的价值及功能。同时，二者之间的关系又正如车之双轮，鸟之两翼，一味强调诉讼法的独立价值而忽略其工具价值并不是一种可取的完备法律体系的构建思路。民事诉讼法与民事实体法由统一走向分离，在相互借鉴内在法理及原则的基础上再有所融合，以减少各自规定的制度间的冲突与矛盾，做到逻辑自洽，当是未来民事法律规范发展的走向，这一点在最新《民法总则》民事权利能力部分的规定中已初见端倪。笔者期待着在将来对民事诉讼法的研究及修订中，这一趋势能得到更多的发展与体现。

---

〔1〕 王福华："第三人撤销之诉适用研究"，载《清华法学》2013年第4期。

〔2〕 胡军辉："案外第三人撤销之诉的程序建构"，载《政治与法律》2009年第1期。

管辖权异议实证研究

郭晓光[*]

《民事诉讼法》第 127 条第 1 款规定："人民法院受理案件后，当事人对管辖权有异议的，应当在提交答辩状期间提出。人民法院对当事人提出的异议，应当审查。异议成立的，裁定将案件移送有管辖权的人民法院；异议不成立的，裁定驳回。"管辖权异议，又称管辖异议，是指人民法院受理案件后，当事人以该院对本案无管辖权为由，提出将该案移送有管辖权的人民法院审理的请求。根据保障诉权、不告不理和"两便"原则，原告在起诉时享有选择受诉法院的权利，为了体现当事人诉讼权利平等原则，就应当赋予被告管辖权异议的权利。管辖权异议是当事人的一项重要诉讼权利，是保障当事人诉讼地位平等的重要手段，有助于保证人民法院正确行使管辖权，有助于维护当事人的管辖利益。

一、管辖权异议的主体

（一）原告可否成为管辖权异议的主体

1. 问题的提出

《民事诉讼法》第 127 条规定"当事人"有权提出管辖权异议。该条规定的"当事人"是否包括原告，即原告可否成为管辖权异议的主体，在诉讼实践中存在争议。通说认为，原告无权提起管辖权异议。因为原告选择向受诉法院起诉，便意味着其认可法院的管辖权，因此再无提出管辖权异议的道理。此外，如果原告在法院受理后发现该院无管辖权，可以通过先撤诉再向其认为有

---

[*] 郭晓光，中国政法大学民商经济法学院副教授、硕士研究生导师。

管辖权的法院起诉的方式纠正，实无提出管辖权异议之必要。笔者认为，在特定情形下，原告也可以成为管辖权异议的主体。

2. 案例情况[1]

（1）原告起诉并提出管辖权异议。一审原告福建省惠建发建设工程有限公司（以下简称"福建惠建发公司"）以建设工程施工合同纠纷为由，向辽宁省沈阳市中级人民法院起诉称：2010年6月，原告福建惠建发公司作为总承包人，被告沈阳坤博益群房地产开发有限公司（以下简称"坤博益群公司"）作为发包人，签订了一份《建设工程施工合同》，合同约定，原告开发沈阳坤博园一期工程。合同签订后，原告依约履行了义务。但是被告未依约足额支付工程款，导致原告工期延长，损害了原告的合法权益。请求法院判令被告支付原告工程款、工程材料款及利息共计3860万元。沈阳市中级人民法院于2013年4月15日以［2013］沈中民二初字第31号案号受理了此案。在诉讼过程中，经双方当事人同意，法院委托鉴定机构对工程造价进行了鉴定。原告根据《工程造价鉴定报告》的鉴定结果，于2013年11月3日将诉讼请求金额变更为人民币5660万元，同年12月6日又将诉讼请求金额变更至13 660万元。原告以诉讼请求标的额超过5000万元，超出了沈阳市中级人民法院普通民事一审案件管辖标准，该院不享有管辖权为由，请求将该案件移送至辽宁省高级人民法院审理。

（2）一审裁定。沈阳市中级人民法院认为，在举证期限届满前，当事人有权增加诉讼请求并提出管辖权异议，原告福建惠建发公司的申请符合相关规定。遂作出［2013］沈中民二初字第31-4号民事裁定，将该案移送辽宁省高级人民法院审理。

（3）被告上诉。被告不服上述裁定，向辽宁省高级人民法院提出上诉称：福建惠建发公司增加、变更诉讼请求的时间超过了举证期限，无权以案件的标的额超过受诉人民法院级别管辖标准为由提出管辖权异议。

（4）二审裁定。辽宁省高级人民法院二审认为，根据《最高人民法院关于民事诉讼证据的若干规定》（以下简称《证据规定》）第34条第3款"当事人增加、变更诉讼请求或者提出反诉的，应当在举证期限届满前提出"的规定，该案于2013年4月12日立案，福建惠建发公司在举证期限内未向一审法院提出延期举证申请，于2013年11月30日方提出增加诉讼请求申请，应视为

---

［1］ 参见最高人民法院［2015］民提字第11号《民事裁定书》。

超出举证期限。另根据《最高人民法院关于执行级别管辖几个问题的批复》"当事人在诉讼中增加诉讼请求从而加大诉讼标的的金额，致使诉讼标的的金额超过受诉法院级别管辖权限的，一般不再变动"的司法解释，作出［2014］辽立一民终字第00036号民事裁定，裁定如下：第一，撤销沈阳市中级人民法院［2013］沈中民二初字第31-4号民事裁定；第二，该案由沈阳市中级人民法院审理。

（5）原告申请再审。一审原告（二审被上诉人）福建惠建发公司向最高人民法院申请再审称：福建惠建发公司变更、增加诉讼请求，没有超过举证期限，二审法院裁定本案由沈阳市中级人民法院审理违反级别管辖规定。请求撤销辽宁省高级人民法院［2014］辽立一民终字第00036号民事裁定，使该案由辽宁省高级人民法院审理。

（6）再审裁定。最高人民法院认为福建惠建发公司的再审申请符合《民事诉讼法》的规定，于2014年11月14日作出［2014］民申字第1225号民事裁定，提审本案，并依法组成合议庭进行了审理。最高人民法院按照第二审程序提审本案后，作出［2015］民提字第11号《民事裁定书》认为：本案的争议焦点为福建惠建发公司变更、增加诉讼请求是否应当改变级别管辖。本案中，在福建惠建发公司将诉讼请求金额变更为人民币5660万元后，一审法院发出了《民事诉讼案件应诉通知书》和《民事诉讼案件举证通知书》，告知的举证期限为"当事人收到应诉通知书的次日起30日内"。根据《最高人民法院关于适用〈中华人民共和国民事诉讼法〉的解释》（以下简称《民事诉讼法解释》）第100条第2款"延长的举证期限适用于其他当事人"的规定，福建惠建发公司也享有30天的举证责任期限。在此期限内，福建惠建发公司要求变更诉讼请求，系在举证期限届满前提出。《民事诉讼法》第127条第2款规定："当事人未提出管辖异议，并应诉答辩的，视为受诉人民法院有管辖权，但违反级别管辖和专属管辖规定的除外。"《最高人民法院关于审理民事级别管辖异议案件若干问题的规定》（以下简称《级别管辖异议规定》）第7条规定："当事人未依法提出管辖权异议，但受诉人民法院发现其没有级别管辖权的，应当将案件移送有管辖权的人民法院审理。"应诉管辖不得违反法律和司法解释关于级别管辖的规定，级别管辖应当由人民法院依职权审查确定。本案中，在原告福建惠建发公司变更诉讼请求后，尽管被告未提出管辖权异议，但作为受诉人民法院的沈阳市中级人民法院，在发现案件存在级别管辖问题后，仍然应当依职权进行审查，依法将案件移送有管辖权的人民法院审理。综上，福建惠建发公司的申请再审理由成立，依照《民事诉讼法》第 207 条、第 154 条第 2 项、第 170 第 2 项之规定，裁定如下：第一，撤销辽宁省高级人民法院［2013］辽立一民终字第 00036 号民事裁定；第二，维持辽宁省沈阳市中级人民法院［2013］沈中民二初字第 31-4 号民事裁定。

3. 法理分析

（1）最高人民法院裁定书的矛盾之处。关于本案一审法院作出的"沈阳市中级人民法院［2013］沈中民二初字第 31-4 号民事裁定"的性质如何认定，最高人民法院裁定书有矛盾之处：在裁判理由部分，最高人民法院认为一审法院的裁定是依据《民事诉讼法》关于移送管辖的规定作出的。而在裁判依据部分，最高人民法院引用的则是《民事诉讼法》第 154 条第 2 项"裁定适用于下列范围：对管辖权有异议的"的规定，即该裁定是针对一审原告提出的管辖权异议作出的。很明显，最高人民法院的裁判理由和裁判依据是矛盾的。以下逐项分析：

其一，最高人民法院认为，应诉管辖不得违反法律和司法解释关于级别管辖的规定，级别管辖应当由人民法院依职权审查确定。本案中，在原告福建惠建发公司变更诉讼请求后，尽管被告未提出管辖权异议，但作为受诉人民法院的沈阳市中级人民法院，在发现案件存在级别管辖问题后，仍然应当依职权进行审查，依法将案件移送有管辖权的人民法院审理。据此可以推断，最高人民法院认为沈阳市中级人民法院作出的将案件移送辽宁省高级人民法院的裁定，不是对原告提出的管辖权异议的回应，而是按照《民事诉讼法》关于移送管辖的规定，依职权主动移送的结果。如前所述，移送管辖是裁定管辖的一种，规定在《民事诉讼法》第 36 条，即"人民法院发现受理的案件不属于本院管辖的，应当移送有管辖权的人民法院，受移送的人民法院应当受理。受移送的人民法院认为受移送的案件依照规定不属于本院管辖的，应当报请上级人民法院指定管辖，不得再自行移送"。对于人民法院依据《民事诉讼法》第 36 条作出的移送管辖裁定，当事人不得提起上诉。而本案被告不服沈阳市中级人民法院的一审裁定，向辽宁省高级人民法院提起了上诉。最高人民法院既然按照第二审程序再审了本案，就应当以被告对一审裁定无权上诉为由，驳回被告的上诉，并撤销辽宁省高级人民法院的二审裁定。

其二，最高人民法院在裁判依据部分，引用的是《民事诉讼法》第 154 条第 2 项的规定。《民事诉讼法》第 154 条共分 3 款，第 1 款专门规定裁定适用的范围，其中第 2 项"对管辖权有异议的"便是裁定适用的范围之一。该条第

2 款规定了哪些裁定可以上诉，明确规定对第 2 项裁定即管辖权异议裁定可以上诉。由此可知，最高人民法院再审后的裁定，是依据《民事诉讼法》第 154 条第 1 款第 2 项作出的，该裁定便是管辖权异议裁定，是允许上诉的裁定。由此我们不难看出，最高人民法院对一审法院的裁定的认识是矛盾的，在裁判理由部分认为该裁定是一审法院依职权作出的、不允许上诉的移送管辖裁定；而在裁判依据部分又认为该裁定是针对当事人提出的管辖权异议作出的管辖异议裁定。裁判理由与裁判依据相脱节、相矛盾。

（2）原告可否增加诉讼请求。原告可以增加诉讼请求的法理依据是，原告作为民事实体权利的主张人和民事诉讼的发起人，其对自己的实体权利和诉讼权利拥有处分权。因此，原告可以根据自身情况和诉讼形态的变化调整诉讼请求，主要是在已经提出的诉讼请求不足以满足自己的主张时，增加新的诉讼请求，当然也可能放弃原来的诉讼请求，而主张新的诉讼请求，或者是减少自己的诉讼请求。如果原告提出新的诉讼请求与原诉讼请求基于同一事实发生，合并审理可以简化诉讼程序，为了全面解决纠纷，充分保护当事人的合法权益，法院可以将新的诉讼请求与原诉讼请求合并审理。[1]《民事诉讼法》第 140 条规定："原告增加诉讼请求，被告提出反诉，第三人提出与本案有关的诉讼请求，可以合并审理。"最高人民法院《证据规定》第 34 条规定，当事人增加、变更诉讼请求应当在举证期限届满前提出。《民事诉讼法解释》第 232 条规定，在案件受理后，法庭辩论结束前，原告增加诉讼请求，可以合并审理的，人民法院应当合并审理。由此可见，无论是《民事诉讼法》还是相关的司法解释，均允许当事人增加诉讼请求。本案原告在一审诉讼中，根据新的证据，在举证期限内提出增加诉讼请求的主张，不但符合《民事诉讼法解释》关于在法庭辩论结束前提出的要求，也符合《证据规定》关于在举证期限届满前提出的要求。

（3）本案是否构成应诉管辖。对于原告增加诉讼请求致使案件标的额超过受诉法院级别管辖标准的行为，被告有权提出管辖权异议并要求将案件移送上级法院，但本案被告并未行使该权利，而是认可一审法院的管辖权。被告的应诉行为并不能产生"视为受诉人民法院有管辖权"的效果。因为《民事诉讼法》规定，当事人的应诉管辖不得违反级别管辖和专属管辖的规定。本案被告的应诉行为显然违反了级别管辖的规定，因此受诉法院不应当由此取得应诉管

---

〔1〕 江必新主编：《新民事诉讼法理解适用与实务指南》（修订版），法律出版社 2015 年版，第561 页。

辖权。

（4）本案是否适用管辖恒定原则。二审法院根据的是 1996 年《最高人民法院关于执行级别管辖几个问题的批复》第 2 条的规定："当事人在诉讼中增加诉讼请求从而加大诉讼标的金额，致使诉讼标的金额超过受诉法院级别管辖权限的，一般不再变动。但是当事人故意规避有关级别管辖等规定的除外。"这条规定的法理基础是管辖恒定原则，即法院对某一案件是否拥有级别管辖权，以立案时为准。如果立案时符合受诉法院级别管辖的标准，根据管辖恒定的原则，不因立案后据以确定级别管辖的因素发生变化而改变级别管辖。但是为了克服级别管辖中的地方保护主义，维护当事人的级别管辖利益，最高人民法院于 2009 年出台了新的司法解释，即《级别管辖异议规定》。在这个规定中，最高人民法院对于级别管辖如何适用管辖恒定原则作出了新的解释，即第 3 条"提交答辩状期间届满后，原告增加诉讼请求金额致使案件标的额超过受诉人民法院级别管辖标准，被告提出管辖权异议，请求由上级人民法院管辖的，人民法院应当按照本规定第 1 条审查并作出裁定"。这意味着因原告增加诉讼请求金额致使案件标的额超过受诉人民法院级别管辖标准的，不再适用管辖恒定的原则。根据新法优于旧法的原则，1996 年《最高人民法院关于执行级别管辖几个问题的批复》第 2 条的规定不再适用。而二审法院辽宁省高级人民法院在其 2013 年作出的二审民事裁定中，依然以"当事人在诉讼中增加诉讼请求从而加大诉讼标的的金额，致使诉讼标的的金额超过受诉法院级别管辖权限的，一般不再变动"这一旧的司法解释作为裁判依据，裁定该案由沈阳市中级人民法院审理，其裁判理由和裁决结果显然是错误的。

（5）原告可否成为管辖权异议的主体。有一种观点认为，提出管辖权异议的主体只能是被告，不包括原告。这是因为：原告是向受诉法院主动提起诉讼的当事人，就意味着选择了本诉的管辖法院。如果原告认为起诉不当，可以撤诉后另行起诉。此外，即使受诉法院认为自己对原告的起诉无管辖权而依职权将案件移送其他法院，原告对法院的移送裁定有意见也不应提出异议。[1]笔者对此持不同意见，认为原告也有权提出管辖权异议。第一，《民事诉讼法》第127 条规定："人民法院受理案件后，当事人对管辖权有异议的，应当在提交答辩状期间提出。"该条关于管辖权异议的主体使用的是"当事人"，而非"被告"。由此可知，《民事诉讼法》并没有把原告排除在管辖权异议的主体之外。

---

〔1〕 宋朝武主编：《民事诉讼法学》（第 4 版），中国政法大学出版社 2015 年版，第 160 页。

第二，那种认为原告可以通过先撤诉再另行起诉的方式纠正管辖错误，而无提出管辖权异议之必要的观点也站不住脚。根据《诉讼费用交纳办法》的规定，原告撤诉的，法院只退还原告已预交的案件受理费的一半，原告在经济上是有损失的。第三，在特殊情况下，应当承认原告有提出管辖权异议的权利。例如，在必要共同诉讼中被追加的原告，应当有权提出管辖权异议；在一审程序中，原告增加诉讼请求致使标的额超过受诉法院级别管辖标准，而被告未提出级别管辖异议的，原告应当有权提出管辖权异议。本案中，原告主张的诉讼标的额超过亿元，案件受理费绝不是小数目，如果先撤诉后再另行起诉，其预交的案件受理费只能退回一半，经济损失是显而易见的。第四，如果先撤诉后再向其认为有管辖权的上级法院起诉，原告将再次面临受诉法院的立案审查，该上级法院是否同意立案，是否同意合并受理，都将成为问题，这些不确定性因素为原告增加了诉讼风险。倘若按照管辖权异议的程序处理此案，就会避免这些风险。因为根据《民事诉讼法》的规定，如果当事人的管辖权异议的请求成立，法院应当裁定将案件移送给有管辖权的法院，受移送的法院不得拒绝。综上，原告可以先撤诉再另行起诉的理由不能成为否定原告享有管辖异议权的合理根据。因此，笔者认为原告也有权提出管辖权异议。

（二）变更后的被告可否提出管辖权异议

《最高人民法院经济审判庭关于法院应原告变更被告之请求而恢复诉讼，变更后的被告是否有权提出管辖异议问题的答复》（法经［1993］97号）规定，人民法院对原中止诉讼的案件应原告之请求，变更被告，恢复诉讼后，变更后的被告应享有法律规定的一切诉讼权利，包括在答辩期内向人民法院提出管辖权异议。对此，人民法院应当根据1991年《民事诉讼法》第140条（序号已变更为2012年《民事诉讼法》第154条）第1款第2项的规定予以裁定，不能以回函形式处理被告所提出的管辖权异议。

（三）第三人可否提出管辖权异议

有独立请求权的第三人不享有管辖异议权，原因在于：有独立请求权的第三人如果不认同受理本诉法院的管辖权，可以选择向其认为有管辖权的法院另行起诉，而不必非得以第三人的身份参加到本诉中来。"有独立请求权的第三人主动参加他人已开始的诉讼，应视为承认和接受了受诉法院的管辖，因而不发生对管辖权提出异议的问题；如果是受诉法院依职权通知他参加诉讼，则他有权选择是以有独立请求权的第三人的身份参加诉讼，还是以原告身份向其他有管辖权的法院另行起诉。"[1]无独立请求权的第三人也不享有管辖异议权，原因在于："无独立请求的第三人参加他人已开始的诉讼，是通过支持一方当事人的主张，维护自己的利益。由于他在诉讼中始终辅助一方当事人，并以一方当事人的主张为转移，所以，他无权对受诉法院的管辖权提出异议。"[2]《民事诉讼法解释》第82条规定，在一审诉讼中，无独立请求权的第三人无权提出管辖异议。

二、管辖权异议的客体

（一）对级别管辖的异议

当事人认为受诉法院无地域管辖权的，有权提出管辖权异议。这一认识，无论在立法领域还是在司法领域均无分歧。而关于当事人能否对级别管辖错误提出管辖权异议，立法者和学术界在认识上则经历了一个由分歧到统一的过程。《最高人民法院关于当事人就级别管辖提出异议应如何处理问题的函》（法函〔1995〕95号）认为："级别管辖是上下级法院之间就一审案件审理方面的分工。各高级人民法院根据经济纠纷案件诉讼标的金额分级确定管辖法院的规定，虽不是法律规定和司法解释，但一经我院批准，即应当认真执行。当事人就级别管辖权提出管辖异议的，受诉法院应认真审查，确无管辖权的，应将案件移送有管辖权的法院，并告知当事人，但不作裁定。受诉法院拒不移送，当事人向其上级法院反映情况并就此提出异议的，上级法院应当调查了解，认真研究，并作出相应的决定，如情况属实确有必要移送的，应当通知下级法院将案件移送有管辖权的法院；对下级法院拒不移送，作出实体判决的，上级法院应当以程序违法为由撤销下级法院的判决，并将案件移送有管辖权的法院。同时还应以违反审判纪律对有关人员作出严肃处理。"该复函反映了最高人民法院早期对级别管辖异议的态度，即将当事人对于级别管辖提出的异议视为帮助法院发现级别管辖错误的线索和途径，而不认为是当事人的一项诉讼权利，因此受诉法院无须作出裁定，而是以"通知"的形式向当事人反馈，当事人如果不服，也无权对此提出上诉。

---

〔1〕《最高人民法院关于第三人能否对管辖权提出异议问题的批复》（法〔经〕复〔1990〕9号）第1条。

〔2〕《最高人民法院关于第三人能否对管辖权提出异议问题的批复》（法〔经〕复〔1990〕9号）第2条。

即便是进入了 21 世纪，最高人民法院的观点依然没有变化。在"何荣兰诉海科公司等清偿债务纠纷案"中，最高人民法院认为，海科公司在上诉主张中就本案级别管辖问题提出异议，因级别管辖是上下级法院之间就一审案件审理方面的分工，当事人就级别管辖提出管辖异议的，受诉法院应认真审查，确无管辖权的，应将案件移送有管辖权的法院，并告知当事人，但不作裁定。当事人虽然就级别管辖问题有权提出异议，但就异议不具有诉权。当事人不得以级别管辖异议为由提起诉讼主张，对异议被驳回后亦不具有上诉的权利。海科公司向一审法院提出的级别管辖异议，已经一审法院予以答复，且在一审卷宗中有所记载。海科公司就级别管辖问题提出的上诉请求，超出了当事人提起上诉的请求范围，故不应支持。[1]

随着人们对当事人级别管辖利益认识的深化，最高人民法院也开始转变态度。《级别管辖异议规定》第 1 条规定："被告在提交答辩状期间提出管辖权异议，认为受诉人民法院违反级别管辖规定，案件应当由上级人民法院或者下级人民法院管辖的，受诉人民法院应当审查，并在受理异议之日起 15 日内作出裁定。"第 8 条规定："对人民法院就级别管辖异议作出的裁定，当事人不服提起上诉的，第二审人民法院应当依法审理并作出裁定。"由此可见，《级别管辖异议规定》对当事人的级别管辖异议进行了诉权化改造，视其为与当事人的地域管辖异议权等量齐观的诉讼权利。

（二）裁定管辖能否成为管辖权异议的客体

裁定管辖是指法院通过依职权作出裁定的方式确定管辖法院的诉讼行为。包括移送管辖；指定管辖和管辖权转移。移送管辖是指受理案件的法院认为本院无管辖权而将案件移送有管辖权法院的诉讼行为。移送管辖应当作出裁定，该裁定一经作出即发生法律效力，当事人不得上诉，受移送的法院必须受理。指定管辖是指有管辖权的法院不便行使管辖权，或者法院之间发生管辖权争议，由上级法院指定管辖该案件法院的诉讼行为。上级法院应当以裁定的方式作出指定，该裁定一经作出便发生法律效力，当事人不得上诉，请求指定和受指定的法院必须遵守。管辖权转移是指管辖权在上下级法院之间移转，包括管辖权的上提、下放和上交。上级法院有权审理下级法院管辖的第一审民事案件，这是管辖权的上提。上级法院决定提级审理下级法院管辖的第一审民事案

---

[1] "最高人民法院［2003］民一终字第 46 号《民事判决书》"，载《中华人民共和国最高人民法院公报》2004 年第 4 期。

件时，应当作出裁定，该裁定一经作出便发生法律效力，当事人不得上诉，下级法院必须执行。下级法院认为本院管辖的第一审民事案件需要由上级法院审理的，可以报请上级法院审理，这是管辖权的上交。上级法院同意下级法院的上交申请的，应当作出裁定，该裁定一经作出便发生法律效力，当事人不得上诉。经报请上级法院批准，法院可以将本院管辖的第一审民事案件交下级法院审理，这是管辖权的下放。上级法院批准后，法院应当以裁定的形式将案件交下级法院审理。当事人对该裁定不服的，有权提起上诉。综上，裁定管辖，原则上不能成为管辖权异议的客体。原因在于，裁定管辖是法院依职权纠正管辖错误、明确管辖法院和变通级别管辖的职权行为，以维护管辖秩序和追求诉讼效率为首要目标，不同于以维护当事人管辖权益为首要目标的管辖权异议制度，二者互为补充，共同构成管辖救济制度。如果允许当事人对裁定管辖提起管辖权异议，势必消耗额外的司法资源，降低诉讼效率。需要说明的是，鉴于管辖权转移中的下放移转容易成为级别管辖中地方保护主义的工具，最高人民法院《级别管辖异议规定》赋予了当事人对下放管辖权裁定不服时的上诉权，相当于赋予了当事人对下放式管辖权转移的管辖异议权，这是裁定管辖成为管辖权异议客体的特例。

（三）诉的合并能否成为管辖权异议的客体

1. 问题的提出

在诉讼实践中，常常发生原告出于诉讼经济和方便诉讼的考虑，将若干个各自独立的诉合并之后一并向法院起诉，被告则提出管辖权异议，认为不应当合并审理。在这种情况下，法院面临的首要问题是：诉的合并能否成为管辖权异议的客体？

2. 案例情况[1]

（1）原告起诉。一审原告天津首方投资管理有限公司（以下简称"首方公司"）以借款合同纠纷为由，向河北省高级人民法院起诉，要求河北长天集团公司（以下简称"长天集团"）等四被告归还六笔借款本金及利息。

（2）被告提出管辖权异议。被告之一长天集团提出管辖权异议，认为本案涉及6个独立的借款担保合同，不属于民事诉讼法规定可以合并审理的情形，也不属于必要共同诉讼，案件应移送保定市中级人民法院分别审理。

（3）一审裁定。河北省高级人民法院认为，四被告为紧密关联公司。本案

---

[1] 最高人民法院［2011］民二终字第42号《民事裁定书》。

首方公司起诉六笔借款债权的本息金额符合河北省高级人民法院级别管辖标准，且借款人均为被告之一河北刘伶醉酿酒有限公司（以下简称"刘伶醉公司"）。为了方便当事人诉讼和案件审理，本案合并审理并无不当。遂作出〔2011〕冀立民初字第 2 号民事裁定，驳回长天集团对本案管辖权提出的异议。

（4）被告上诉。长天集团不服一审法院的裁定，向最高人民法院提起上诉，认为不应当合并审理，要求将案件移送保定市中级人民法院。

（5）二审裁定。最高人民法院审理后认为，诉的客体合并是指相同原、被告间基于不同法律关系所提出的诉讼请求，人民法院均有管辖权，将各个独立又彼此联系的诉合并在同一个诉讼程序中审理。本案首方公司起诉的第一组、第二组、第四组合同纠纷中，诉的主体完全相同，原告为债权人首方公司，两被告分别为债务人刘伶醉公司和保证人长天集团，诉讼标的为不同的《人民币资金借款合同》及其从属的《保证合同》，属于诉的客体合并的范畴，人民法院决定合并审理，不违反法律规定。2008 年《民事诉讼法》第 53 条[1]规定："当事人一方或者双方为 2 人以上，其诉讼标的是共同的，或者诉讼标的是同一种类、人民法院认为可以合并审理并经当事人同意的，为共同诉讼。"其中，当事人一方或者双方为 2 人以上，诉讼标的为同一种类的，称为普通共同诉讼，普通共同诉讼经当事人同意后，可以合并审理。第三组、第五组、第六组合同中的担保人和担保方式不同，诉讼标的为同一种类但各自独立的借款合同和担保合同，如果合并审理，属于普通共同诉讼，应当征得当事人同意。本案中，长天集团不同意案件合并审理，因此不符合可以合并审理的条件，应由有管辖权的法院分别审理。首方公司将六组借款合同纠纷合并向人民法院提起诉讼，但六组借款合同纠纷不完全符合合并审理的条件，且不便于移送管辖，故应驳回首方公司起诉，由首方公司向有管辖权的人民法院分别起诉。遂作出最高人民法院〔2011〕民二终字第 42 号《民事裁定书》，撤销河北省高级人民法院〔2011〕冀立民初字第 2 号民事裁定；驳回天津首方投资管理有限公司的起诉。

3. 法理评析

（1）关于诉的合并。诉的合并是指将两个或两个以上有一定联系的诉合并在同一诉讼程序中审理和裁判的诉讼形式。诉的合并的意义在于减轻当事人的诉讼负担，节省司法资源，提高诉讼效率，避免矛盾裁判，有利于纠纷的一次

---

〔1〕 序号变更为现行《民事诉讼法》第 52 条。

性解决。诉的不当合并反而会给当事人带来不便，造成诉讼复杂化，导致诉讼拖延。为避免上述不利后果，防止当事人滥用诉权，诉的合并需要进行一定的条件限制。诉的合并分为诉的主体合并、诉的客体合并和诉的主客体合并。诉的主体合并，即当事人为复数的合并，必要共同诉讼即属此类。《民事诉讼法》第52条第1款规定："当事人一方或者双方为2人以上，其诉讼标的是共同的，或者诉讼标的是同一种类、人民法院认为可以合并审理并经当事人同意的，为共同诉讼。"该条是关于必要共同诉讼和普通共同诉讼的规定。必要共同诉讼是指当事人一方或双方为2人以上，其诉讼标的是共同的，人民法院合并审理并作出裁判的诉讼形式。必要共同诉讼是单纯的诉的主体合并，因其诉讼标的是同一的，所以不存在诉的客体合并的情形。由于必要共同诉讼是诉讼标的不可分之诉，因此《民事诉讼法》规定必须合并审理，属于诉的主体的强制合并，无须征得当事人的同意。

诉的客体合并是指当事人相同而诉讼标的为多数的合并。诉的客体合并应当具备以下条件：①同一原告向同一被告提出数个相互独立并有一定联系的诉。这里的"同一原告"和"同一被告"，并非指只能是一个原告和一个被告，而是指数个诉的原告和被告是相同的，即使原告或被告的数量超过两个，只要数个诉的原告和被告均相同，即符合这一条件。②数个诉的标的中甚少有一个属于受诉法院管辖。③数个诉的标的中属于其他法院专属管辖的不能合并。④数个诉的标的适用同一诉讼程序。⑤数个标的合并后其标的额符合受诉法院级别管辖的标准。如果合并后标的额超过了受诉法院级别管辖的标准，则不应当合并。反之，如果合并后标的额达不到受诉法院级别管辖的标准，也不应当受理，告知原告向下级法院起诉。以上五个条件同时具备，人民法院才能合并审理。

诉的主客体合并，又称诉的混合合并，是指诉的主体和诉的客体同时合并。具体又分为：①反诉与本诉的合并。反诉是指本诉的被告向本诉的原告提出的反请求。尽管反诉与本诉的当事人未变，但各自的诉讼地位却发生了变化，本诉的被告成为反诉的原告，本诉的原告成为反诉的被告。而且，反诉是独立于本诉的诉。因此，反诉与本诉的合并，既是诉的主体的合并，同时也是诉的客体的合并，属于诉的主客体合并。《民事诉讼法解释》第233条规定："反诉的当事人应当限于本诉的当事人的范围。反诉与本诉的诉讼请求基于相同法律关系、诉讼请求之间具有因果关系，或者反诉与本诉的诉讼请求基于相同事实的，人民法院应当合并审理。反诉应由其他人民法院专属管辖，或者与本诉的诉讼标的及诉讼请求所依据的事实、理由无关联的，裁定不予受理，告知另行起诉。"据此，反诉应当具备以下条件：其一，反诉的当事人与本诉的当事人范围一致。其二，反诉与本诉具有牵连性，表现为反诉与本诉的诉讼请求基于相同法律关系、诉讼请求之间具有因果关系，或者反诉与本诉的诉讼请求基于相同事实。其三，反诉不属于其他人民法院专属管辖。其四，反诉应当在法庭辩论结束前提出。以上四个条件同时具备的，人民法院应当合并审理。②第三人参加之诉与本诉的合并。《民事诉讼法》第 56 条第 1 款规定："对当事人双方的诉讼标的，第三人认为有独立请求权的，有权提起诉讼。"第三人参加之诉，是指有独立请求权的第三人，在本诉进行中，以本诉的当事人为共同被告，向受理本诉的法院提起的独立的诉。第三人参加之诉与本诉合并，既是诉的主体的合并，同时也是诉的客体的合并。根据《民事诉讼法解释》第 232 条的规定，在案件受理后，法庭辩论结束前，第三人提出与本案有关的诉讼请求，可以合并审理的，人民法院应当合并审理。③普通共同诉讼。是指当事人一方或双方为 2 人以上，其诉讼标的属于同一种类，人民法院认为可以合并审理并经当事人同意的共同诉讼。普通共同诉讼的诉讼标的是多个，只不过因其属于同一种类，故在法院和当事人一致同意的前提下，可以合并审理。这种合并，既是诉的主体的合并，同时也是诉的客体的合并，属于诉的主客体合并。普通共同诉讼是诉讼标的可分可合之诉。合并审理的前提是法院和当事人均同意合并审理。法院如果打算合并审理，应事先征得当事人的同意。

（2）诉的合并能否成为管辖权异议的客体。诉的合并涉及三个方面的后果。第一，级别管辖。在法院同意将数个诉合并审理的情况下，意味着案件的标的额增加，如果由此侵害了被告的级别管辖利益，应当赋予被告管辖异议权。第二，法院主管。如果法院合并审理的数个诉，其中有的超出了法院主管辖的范围，例如，属于行政诉讼受案范围，当事人达成书面仲裁协议，争议应当由其他机关处理等，在这种情况下，如果被告认为人民法院不应当合并审理，要求人民法院将原告超出法院主管范围的起诉予以驳回的，法院应当支持。不过，此时被告提出的异议不属于管辖权异议，而是法院主管异议。第三，法院受理。如果法院决定合并审理的数个诉，其中有的属于法院不应当受理的情形，例如，《民事诉讼法》第 124 条规定的：对判决、裁定、调解书已经发生法律效力的案件，当事人又起诉的；依照法律规定，在一定期限内不得起诉的案件，在不得起诉的期限内起诉的；等等。这些案件尽管属于法院主管，但因不具备受理条件，法院根本就不该受理，遑论合并审理。因此，对于被告要求人民法院驳回起诉、不予合并审理的请求，人民法院应当支持。不过，此时被告提出的异议不属于管辖权异议，而是法院受理异议。总而言之，关于合并审理能否成为管辖权异议的客体，不能一概而论。如果被告对合并审理提出异议，同时要求受诉法院将案件移送有管辖权法院的，该异议即属于管辖权异议。

（3）本案应当如何处理。具体到本案中，一审法院受理了原告提起的六组合同纠纷。其中，第一组、第二组、第四组合同纠纷中，诉的主体完全相同，原告为债权人首方公司，两被告分别为债务人刘伶醉公司和保证人长天集团，诉讼标的为不同的《人民币资金借款合同》及其从属的《保证合同》，属于单纯的诉的客体合并的范畴，法院将各个独立又彼此联系的诉合并在同一个诉讼程序中审理，不违反法律规定。第三组、第五组、第六组合同中的担保人和担保方式不同，诉讼标的为同一种类但各自独立的借款合同和担保合同，如果合并审理，属于普通共同诉讼，应当征得当事人同意。本案中，长天集团不同意案件合并审理，因此不符合可以合并审理的条件，应由有管辖权的法院分别审理。

（4）二审法院的处理结果。二审法院对本案的处理结果是：撤销一审裁定；驳回原告起诉。笔者对此持不同意见。对于第三组、第五组、第六组合同纠纷的合并审理属于普通共同诉讼，应当征得被告的同意。鉴于本案被告长天集团不同意合并审理，意味着法院对这三组合同纠纷不应当受理，故应当裁定驳回起诉。而对于第一组、第二组、第四组合同纠纷，法院可以合并审理。如果这三组合同纠纷的标的额之和达到了一审法院的级别管辖标准，则应当由一审法院继续审理。如果标的额之和达不到一审法院的级别管辖的标准，则应当裁定移送有管辖权的下级法院审理，而不应当统统一驳了之。因为根据《民事诉讼法》的规定，裁定驳回起诉适用于两种情形：其一，不属于法院主管而法院受理了；其二，属于法院主管，但不符合起诉的条件而法院受理了。对于法院受理之后发现不属于本院管辖的，《民事诉讼法》要求受诉法院将案件移送给有管辖权的法院，而不得驳回原告起诉。

三、受理异议、主管异议、管辖权异议的区别

（一）受理异议、主管异议、管辖权异议的含义

1. 受理异议

原告的起诉必须符合人民法院的受理条件法院才能够受理。受理异议，是

指被告认为原告的起诉不符合《民事诉讼法》第119条规定的起诉条件，或者认为原告的起诉属于《民事诉讼法》第124条规定的情形，向受诉法院提出异议，请求法院驳回原告起诉的诉讼行为。《民事诉讼法》第119条〔1〕和第124条〔2〕从正反两个方面规定了人民法院受理民事案件的条件。只有正反两个方面的条件同时具备，法院才能够受理。《民事诉讼法解释》第208条第1款规定："人民法院接到当事人提交的民事起诉状时，对符合民事诉讼法第119条的规定，且不属于第124条规定情形的，应当登记立案。"该条第3款规定："立案后发现不符合起诉条件或者属于《民事诉讼法》第124条规定情形的，裁定驳回起诉。"由此可知，受理异议是被告针对原告的起诉不符合人民法院的受理条件而提出的，其目的是要求法院驳回原告的起诉，将原告的起诉挡在法院大门之外，不予审理和裁判。

2. 主管异议

提交法院审判的事项必须是法院享有司法权的事项，否则法院无权受理。主管异议，是指被告认为原告的起诉不属于民事诉讼主管范围，向受诉法院提出异议，请求法院驳回原告起诉的诉讼行为。根据《民事诉讼法》第119条的规定，原告的起诉必须同时符合四个条件，其中就包括"属于人民法院受理民事诉讼的范围"，即属于法院主管范围。民事诉讼主管，又称法院主管，是指人民法院与其他国家机关、社会团体之间解决民商事纠纷的分工与权限。当事人向法院寻求民事司法救济的事项，必须是法律规定由法院管辖的事项，否则法院无权受理。《民事诉讼法》第124条第1、2、3项列举了不属于法院主管的情形：依照行政诉讼法的规定，属于行政诉讼受案范围的，告知原告提起行政诉讼；依照法律规定，双方当事人达成书面仲裁协议申请仲裁、不得向人民

---

〔1〕《民事诉讼法》第119条规定："起诉必须符合下列条件：（一）原告是与本案有直接利害关系的公民、法人和其他组织；（二）有明确的被告；（三）有具体的诉讼请求和事实、理由；（四）属于人民法院受理民事诉讼的范围和受诉人民法院管辖。"

〔2〕《民事诉讼法》第124条规定："人民法院对下列起诉，分别情形，予以处理：（一）依照行政诉讼法的规定，属于行政诉讼受案范围的，告知原告提起行政诉讼；（二）依照法律规定，双方当事人达成书面仲裁协议申请仲裁、不得向人民法院起诉的，告知原告向仲裁机构申请仲裁；（三）依照法律规定，应当由其他机关处理的争议，告知原告向有关机关申请解决；（四）对不属于本院管辖的案件，告知原告向有管辖权的人民法院起诉；（五）对判决、裁定、调解书已经发生法律效力的案件，当事人又起诉的，告知原告申请再审，但人民法院准许撤诉的裁定除外；（六）依照法律规定，在一定期限内不得起诉的案件，在不得起诉的期限内起诉的，不予受理；（七）判决不准离婚和调解和好的离婚案件，判决、调解维持收养关系的案件，没有新情况、新理由，原告在六个月内又起诉的，不予受理。"

法院起诉的，告知原告向仲裁机构申请仲裁；依照法律规定，应当由其他机关处理的争议，告知原告向有关机关申请解决。主管异议是被告针对原告的起诉不属于法院的主管辖范围而提出的，其目的也是要求法院驳回原告的起诉，将原告的起诉挡在法院大门之外，不予审理和裁判。

3. 管辖权异议

管辖是指同级人民法院之间以及上下级人民法院之间受理第一审民事案件的分工与权限。当事人向法院寻求民事司法救济的事项，不但要属于法院主管的事项，还必须由符合管辖权规定的特定法院受理和审判该案。管辖权异议，是指被告认为受诉法院受理了其无管辖权的案件，向该法院提出异议，请求法院将案件移送给有管辖权法院的诉讼行为。管辖错误表现为法院违反地域管辖、级别管辖、专属管辖、专门管辖的规定而受理的行为。管辖权异议是被告针对法院对无管辖权案件的受理行为提出的，其目的是要求受诉法院将案件移送给有管辖权的法院，排除受诉法院对本案的审理和裁判。

（二）受理异议、主管异议、管辖权异议的区别

被告针对法院管辖提出的异议不能等同于管辖权异议。管辖权异议特指被告认为受诉法院对案件无管辖权，要求其将案件移送给有管辖权的法院。而被告针对法院管辖提出的异议请求通常包括三种情形：其一，认为原、被告之间的纠纷受诉法院无管辖权，请求将案件移送有管辖权的法院，这种异议就是管辖权异议。其二，认为原、被告之间的纠纷不属于民事诉讼主管辖范围，请求法院驳回原告起诉，这种异议就是主管辖异议。其三，认可原、被告之间的纠纷归法院主管，但认为原告的起诉不具备法院受理其他条件（例如属于重复起诉[1]，处于特殊案件禁诉期间[2]等），请求法院驳回原告起诉，就种异议就是受理异议。由此可见，被告针对法院管辖提出的异议，上述三种情况都可能出现，到底属于哪一种异议，应当结合被告异议所针对的对象，以及向法院提出的请求内容进行判断。

[1]《民事诉讼法》第124条第5项规定的"对判决、裁定、调解书已经发生法律效力的案件，当事人又起诉的，告知原告申请再审，但人民法院准许撤诉的裁定除外"。
[2]《民事诉讼法》第124条第6、7项规定的"依照法律规定，在一定期限内不得起诉的案件，在不得起诉的期限内起诉的，不予受理；判决不准离婚和调解和好的离婚案件，判决、调解维持收养关系的案件，没有新情况、新理由，原告在六个月内又起诉的，不予受理"。

·055·

（三）受理异议、主管异议、管辖权异议的不同处理

1. 管辖权异议的处理

根据《民事诉讼法》第 127 条第 1 款的规定，人民法院对当事人提出的管辖权异议，应当审查。异议成立的，裁定将案件移送有管辖权的人民法院；异议不成立的，裁定驳回。由此可知，对管辖权异议的处理结果只有两个：要么裁定将案件移送有管辖权的人民法院，要么裁定驳回管辖权异议。特殊情况下也可能出现第三种结果，即《最高人民法院关于适用〈中华人民共和国合同法〉若干问题的解释（一）》（以下简称《合同法解释（一）》）第 30 条规定的驳回原告起诉。[1]

2. 主管异议的处理

法院如果支持被告的主管异议请求，应当裁定驳回原告的起诉。对于法院如果不支持被告的主管异议请求应当如何处理，《民事诉讼法》没有明确的规定。诉讼实践中，法院的做法不一。有的法院把主管异议等同于管辖权异议，如果不支持被告的主管异议请求，便以裁定的方式驳回被告的主管异议。有的法院则以通知或谈话笔录的方式告知被告。笔者认为，以处理管辖权异议的方式处理主管异议的做法是错误的。法院如果以裁定的方式驳回被告的主管异议，意味着被告如果不服该裁定有权向上级法院提起上诉，而按照《民事诉讼法》的规定，被告只能对驳回管辖权异议的裁定不服才能提起上诉，没有规定被告对驳回主管异议的裁定不服也可以上诉。主管异议与管辖权异议是完全不同的两种程序性异议，不能相互混淆。为了在审判实践中将二者区分开来，有的省市的高级人民法院专门制订了相关的规范。例如，《北京市高级人民法院管辖权异议上诉案件审理工作规范（试行）》第 2 条规定："当事人以双方订有仲裁协议（条款）或其他案件不属于法院主管的情形为由，提出管辖权异议，一审法院不应以管辖权异议审理。"

笔者也不赞成以通知或谈话笔录的方式告知被告驳回主管异议的结果。毕竟主管异议是当事人的一项重要诉讼权利，对于纠正法院错误受理案件具有重要意义，以通知或谈话笔录的方式向被告告知主管异议的结果，既不严肃也不正规，有忽视当事人诉讼权利之嫌。因此，笔者建议以裁定的方式驳回被告的

---

〔1〕《最高人民法院关于适用〈中华人民共和国合同法〉若干问题的解释（一）》第 30 条规定："债权人依照《合同法》第 122 条的规定向人民法院起诉时作出选择后，在一审开庭以前又变更诉讼请求的，人民法院应当准许。对方当事人提出管辖权异议，经审查异议成立的，人民法院应当驳回起诉。"

主管异议，但同时应当明确告知被告，此裁定一经送达即发生法律效力，不得上诉。

3. 受理异议的处理

对于被告提出的受理异议请求，如果法院认为合理，应当以裁定的方式驳回原告的起诉。如果法院认为被告提出的受理异议的请求不合理，应当如何处理，《民事诉讼法》没有作出规定，诉讼实践中法院的做法也不统一。笔者建议法院应当以裁定的方式驳回被告的受理异议，同时告知被告该裁定一经作出便发生效力，不得上诉。理由同上，笔者不再赘述。

（四）受理异议、主管异议、管辖权异议的救济

1. 管辖权异议的救济

人民法院对当事人提出的管辖权异议，应当审查。异议成立的，裁定将案件移送有管辖权的人民法院；异议不成立的，裁定驳回。根据《民事诉讼法》第154条的规定，当事人对管辖权异议裁定不服的可以上诉。因此，对于法院的移送管辖裁定，原告如果不服，有权向上级法院提起上诉。如果被告认为法院裁定移送的法院不是自己请求移送的法院，对该裁定不服的，也有权提起上诉。如果被告对驳回其管辖权异议的裁定不服，有权提起上诉。

2. 主管异议的救济

如果法院支持被告提出的主管异议请求，应当裁定驳回原告起诉。根据《民事诉讼法》第154条的规定，驳回起诉的裁定是允许上诉的裁定，据此，如果原告不服驳回起诉的裁定，有权向上级法院提起上诉。如果法院不支持被告提出的主管异议请求，认为该案件属于法院主管的，无论是以裁定还是以通知或谈话笔录的方式驳回被告的主管异议，被告均不得对此提出上诉，因为《民事诉讼法》规定，当事人对法院作出的判决、裁定以外的裁判文书不服，不得通过上诉的途径救济。对于法院作出的裁定，也只允许对不予受理、管辖权异议和驳回起诉这三种裁定通过上诉的途径进行救济。驳回主管异议的裁定不在可上诉裁定之列。

3. 受理异议的救济

对于被告的受理异议，如果法院认为理由成立，应当裁定驳回原告的起诉。原告如果不服，有权提起上诉。如果法院认为被告提出的受理异议的理由不成立，认为本院受理该案正确的，应当驳回被告的受理异议。被告如果对此结果不服，无权通过上诉的途径救济。理由同上，不再赘述。

四、管辖权异议案件审理程序

管辖权异议案件因其门槛低、成本低（异议成立不收取案件受理收费，上诉不收取案件受理费），而且能够成为当事人延缓诉讼进程的合法手段，以致成为民事司法实践中的多发案件。但是《民事诉讼法》及《民事诉讼法解释》未对管辖权异议一审案件的审理程序作出规定，导致法院审理这类案件无章可循。

（一）管辖权异议的条件

（1）管辖权异议的主体是当事人。根据《民事诉讼法》第127条的规定，提出管辖权异议的主体只能是本案的当事人，通常情况下仅限于被告。

（2）管辖权异议的客体既包括地域管辖也包括级别管辖。

（3）提出管辖权异议的时间是答辩期内。根据《民事诉讼法》第127条的规定，当事人对管辖权有异议的，应当在提交答辩状期间提出。逾期提出管辖权异议的，人民法院不予审议。

（4）管辖权异议不得在二审案件、发回重审案件和按第一审程序再审的案件中提出。

（二）管辖权异议案件的审理期限

1. 管辖权异议一审案件的审理期限

《民事诉讼法》第127条第1款规定："人民法院受理案件后，当事人对管辖权有异议的，应当在提交答辩状期间提出。人民法院对当事人提出的异议，应当审查。异议成立的，裁定将案件移送有管辖权的人民法院；异议不成立的，裁定驳回。"但是并未规定办理管辖异议的期限。有关办理管辖权异议一审案件的程序性规定散见于个别司法解释中，但不够系统和全面。

1994年，最高人民法院出台的《最高人民法院关于在经济审判工作中严格执行〈中华人民共和国民事诉讼法〉的若干规定》第5条规定："人民法院对当事人在法定期限内提出管辖权异议的，应当认真进行审查，并在15日内作出异议是否成立的书面裁定。"2001年，最高人民法院出台的《最高人民法院案件审限管理规定》第11条规定："办理管辖争议案件的期限为两个月；有特殊情况需要延长的，经院长批准，可以延长两个月。"但此规定针对的是法院之间的"管辖争议"，而不是被告提出的管辖权异议，且只适用于最高人民法院。2009年，最高人民法院出台的《级别管辖异议规定》第1条规定："被告在提交答辩状期间提出管辖权异议，认为受诉人民法院违反级别管辖规定，案件应当由上级人民法院或者下级人民法院管辖的，受诉人民法院应当审查，并在受理异议之日起 15 日内作出裁定。"

从以上规定可以看出，一审法院审理管辖权异议案件的审限是 15 日，即应当在受理管辖权异议之日起 15 日内作出裁定。

2. 管辖权异议二审案件的审理期限

管辖权异议二审案件的审理程序适用《民事诉讼法》关于对裁定不服提起的上诉案件的审理程序，相关规定是明确的。对于一审法院作出的管辖权异议裁定当事人不服的，有权在裁定书送达之日起 10 日内向上级法院提起上诉。二审法院审理对裁定的上诉案件，应当在第二审立案之日起 30 日内作出终审裁定。

（三）管辖权异议一审案件的审理方式

应当以何种方式审理管辖权异议一审案件，是开庭审理还是不开庭审理，是正式审理还是非正式审理，是在程序上进行审理还是基于事实进行审理，《民事诉讼法》没有明确的规定。笔者认为，管辖问题毕竟是程序问题，不宜像对待实体问题一样投入太多的司法资源。因此，在审理方式上，以不开庭审理（非正式审理）为原则，以开庭审理（正式审理）为例外。在审理内容上，以形式审查为原则，以实体审理为例外。

（四）管辖权异议的处理

（1）处理的结果。处理的结果包括：裁定移送管辖；裁定驳回管辖权异议；裁定驳回起诉三种。《民事诉讼法》第 127 条规定，人民法院对当事人提出的异议，应当审查。异议成立的，裁定将案件移送有管辖权的人民法院；异议不成立的，裁定驳回。最高人民法院《合同法解释（一）》第 30 条规定，债权人依照《合同法》第 122 条的规定向人民法院起诉时作出选择后，在一审开庭以前又变更诉讼请求的，人民法院应当准许。对方当事人提出管辖权异议，经审查异议成立的，人民法院应当驳回起诉。

（2）对裁定不服的上诉。根据《民事诉讼法》第 154 条的规定，可以上诉的裁定包括三种：不予受理裁定；管辖权异议裁定；驳回起诉裁定。意味着当事人对管辖权异议裁定和驳回起诉裁定不服的，可以向上级法院提起上诉。上诉期为裁定书送达之日起 10 日内。但当事人对小额诉讼案件提出管辖权异议的，法院作出的裁定为生效裁定，不允许上诉。需要说明的是，提起上诉的主体，既包括被告，也包括原告。如果被告对驳回管辖权异议的裁定不服，可以提起上诉。如果原告对移送管辖的裁定不服，认为不应当移送的，也可以提起上诉。如果原告对法院依据《合同法解释（一）》第30条规定作出的驳回起诉的裁定不服，也可以提起上诉。

（五）未提出管辖权异议的其他被告能否对管辖权异议裁定提起上诉

1. 管辖权异议案件当事人的称谓问题

能否对管辖权异议裁定提起上诉，与当事人的地位和称谓密切相关。有一种观点认为：在最高人民法院于1993年印发的诉讼文书样式中，管辖权异议裁定书首部当事人的称谓为"原告""被告"，并且需要列明本案全部当事人。这一做法不妥。首先，被告在答辩期间提出管辖权异议申请，是针对原告选择受诉法院而言，争议发生在提出管辖权异议的被告与原告之间，与本案其他当事人无关，将其他当事人纳入裁定书纯属画蛇添足。其次，将未提出管辖权异议的被告列为当事人之一，就意味着赋予了其提起上诉的权利，这显然是有违一般的法律和逻辑。综上，1993年诉讼文书样式对管辖权异议裁定书的设定，既不符合管辖权异议处理程序的自身特性，又违反一般的诉讼法理。因此，在制作管辖权异议裁定书时，应将当事人称谓确定为"申请人"和"被申请人"，其中提出管辖权异议申请的被告为申请人，原告为被申请人，未提出管辖权异议的被告无需在裁定书首部列明。[1]需要说明的是，最高人民法院于2016年重新印发了《民事诉讼文书样式》，其中管辖部分所列诉讼文书样式1——《民事裁定书》（对管辖权提出异议用）——是专供法院审理管辖权异议案件使用的。从该裁定书的样式来看，其首部当事人的称谓依然为"原告""被告"，并且需要列明本案全部当事人，要求当事人及其他诉讼参加人的列项和基本情况的写法与一审民事判决书样式相同。可见，2016年的裁定书样式与1993年的样式一致。

2. 未提出管辖权异议的其他被告能否对管辖权异议裁定提起上诉

笔者不同意上述将管辖权异议裁定书当事人的称谓由原告、被告改为申请人和被申请人的观点。管辖权异议看似是发生在原告与提出管辖权异议的被告之间的争议，但其结果其实与其他当事人密切相关。原告的起诉被法院受理后，被告在答辩期内享有提出管辖权异议的权利。共同被告中提出管辖权异议的，意味着其不认可受诉法院的管辖权；共同被告中未提出管辖权异议的，意味着其认可受诉法院的管辖权。如果受诉法院支持了提出管辖权异议的被告的

---

〔1〕 陈华伟："民事诉讼管辖权异议办理中的几个问题"，载中国法院网：https://www.chinacourt.org/artide/detail/2012/08/id/542192.shtml，访问时间：2012年8月22日。

请求，裁定将案件移送其他有管辖权的法院，很可能会违背其他未提出管辖权异议的被告的意志，因此应当赋予未提出管辖权异议的被告以上诉权，这并不违背一般的法律和逻辑。

（六）生效的管辖权异议裁定确有错误应当如何救济

1. 不得通过再审程序救济

《民事诉讼法解释》第381条规定："当事人认为发生法律效力的不予受理、驳回起诉的裁定错误的，可以申请再审。"由此可知，管辖权异议裁定错误的，当事人不得申请再审。

2. 作出生效判决前上级法院可依职权撤销

上级人民法院在原审法院驳回当事人管辖异议裁定已发生法律效力但未作出生效判决前，发现原审法院确无地域管辖权，可以依职权裁定撤销该错误裁定并将案件移送有管辖权的人民法院审理。[1]

3. 管辖错误判决正确的不再变动

《最高人民法院关于经济纠纷案件当事人向受诉法院提出管辖权异议的期限问题的批复》（法〔经〕复〔1990〕10号）第4条规定："法院对案件作出的判决发生法律效力后，如果当事人对驳回管辖权异议的裁定和判决一并申诉的，法院经过复查，发现管辖虽有错误，但判决正确的，应当不再变动；如经复查，认为管辖和判决均确有错误，应按审判监督程序处理。经过再审或者提审，原判决和裁定均被撤销的，应将案件移送有管辖权的人民法院审理。"[2]

---

〔1〕 参见《最高人民法院关于原审法院驳回当事人管辖异议裁定已发生法律效力但尚未作出生效判决前发现原审法院确无地域管辖权应如何处理问题的复函》（〔2003〕民他字第19号）。

〔2〕 尽管该《批复》已被《最高人民法院关于废止1980年1月1日至1997年6月30日期间发布的部分司法解释和司法解释性质文件（第九批）的决定》（法释〔2013〕2号）废止（理由是"已被民事诉讼法代替"），但笔者仍认为该条内容与《民事诉讼法》并不矛盾，而且是对《民事诉讼法》所缺内容的补充。其精神值得肯定。

我国民事公益诉讼制度的立法完善

刘金华[*]

随着我国经济的快速发展，社会发展呈现多元化的趋势，民事侵权案件日益增多，民事公益诉讼逐渐成为司法实践和理论研究的热门话题。长期以来，受我国民事诉讼法规定的起诉条件的限制，在公共利益受到侵害的案件发生后，常常会出现没有直接利害关系的人不能提起诉讼的情形，从而使得我国对公共利益的保护一直游离于司法程序之外。2012年新修改的《民事诉讼法》增加规定了公益诉讼制度，但是法律条文规定得比较原则，没有形成配套施行的制度体系，与公益诉讼相关的诸多问题还存在争议。

为了增强民事公益诉讼制度的适用性，2015年最高人民法发布《最高人民法院关于适用〈中华人民共和国民事诉讼法〉的解释》（以下简称《民诉法司法解释》）对民事公益诉讼制度作了进一步规定，应当说是一大进步。但是，司法实践表明，该项法律制度在具体运用中仍然存在一些问题需要解决。因此，有必要进一步对公益诉讼制度的核心问题进行深入研究，包括公益诉讼制度设置的模式、主体资格、范围、适用程序等问题，以期进一步完善立法，指导司法实践，更好地通过公益诉讼维护社会公共利益。

一、民事公益诉讼制度基本理论

（一）公共利益含义界定

公益诉讼是相对于私益诉讼而言，是指特定的主体根据法律的授权，就违反法律规定，侵犯国家利益、社会公共利益或不特定多数人利益的行为，向法

---

[*] 刘金华，中国政法大学教授，法学博士。

院提起诉讼，由法院追究违法者法律责任的活动。

要探讨公益诉讼，需要首先明确公共利益的含义。从汉语构成上看，公共利益包含"公共"和"利益"两方面内容。根据《辞源》的解释，公共，是指公众共同也。"利益"，是指"好处"。《牛津法律大辞典》将"利益"解释为："个人或个人的集团寻求得到满足和保护的权利请求、要求、愿望或需求。"

关于公共利益的含义，《牛津高阶英汉双解辞典》将"公共利益"解释为："公众的、与公众有关的或为公众的、公用的利益。"〔1〕目前，关于公共利益的界定主要存在以下几种学说：一是个人利益总和说。该学说认为，社会公共利益，就是这个社会中所有人的个人利益之和。〔2〕二是共同利益说。该学说强调利益的某种公共性，认为公共利益是一种假定为全体公民共同享有的利益。〔3〕三是共同价值说。该学说认为，公共利益是一定的社会群体存在和发展所必需的，并能为他们中不确定多数人所认可和享有的内容广泛的价值体。〔4〕除上述几种主要学说外，对公共利益的认识还存在多种观点，学者们仁者见仁，智者见智，从目前情况看，很难提出一个能够为社会各界普遍接受的具有客观性的公共利益的定义。因此，最好的方式是通过公共利益特征的描述和分析，理解和认识公共利益。

在我国，以公共利益特点为视角理解和界定公共利益，学者之间也存在不同的意见。有学者认为，对公共利益的界定应把握以下几点：第一，公共利益不是某一地区或团体的共同利益；第二，公共利益不是法律所限制的，公共利益本身应当是具体的，看得见、摸得着，代表最广大人民群众的意志，这样才容易取得公众的认同；第三，公共利益不是经营性的利益；第四，公共利益不等同于国家利益。〔5〕也有学者认为，公共利益是指一定社会条件下或特定范围内，不特定多数主体利益相一致的方面，它不同于国家利益和集团（体）利益，也不同于社会利益和共同利益，其具有主体数量的不确定性、实体上的共

〔1〕　［英］霍恩比：《牛津高阶英汉双解辞典》，李兆达译，商务印书馆1997年版，第1196页。

〔2〕　边沁认为，"公共利益"绝不是什么独立于个人利益的特殊利益。共同体是个虚构体，由那些被认为可以说构成其成员的个人组成。那么，共同体的利益是什么呢？是组成共同体的若干成员的利益的总和？不理解什么是个人利益，谈共同体的利益便毫无意义。［英］边沁：《道德与立法原理导论》，时殷弘译，商务印书馆2000年版，第58页。

〔3〕　朱晓飞："公益诉讼语境下的'公益'涵义理解"，载《环球法律评论》2008年第3期。

〔4〕　王太高："公共利益范畴研究"，载《南京社会科学》2005年第7期。

〔5〕　王令："我国私有财产征收制度的立法初探——由违法拆迁案反弹切入"，载《中国民商法实务论坛论文集》，2005年。

享性等特征。[1]

从国外公共利益含义的界定看，以美国为例，美国的民主政治在本质上不强调公共利益问题，尽管它也并不排除公共利益这个概念。在美国，公共利益的判断和界定要通过适当的途径和程序来确定，而不是仅仅凭借主观的认识。在美国政治中，民主作为公民参与决策的一种程序和途径，个人或集团在参与民主时，完全而且应该追求他们自己的利益，他们利用民主的程序表达一己私利，通过各种利益相互作用、讨价还价、妥协、折衷的过程，以求在某些重大问题上达成共识，从而取得意见一致。民主政体有利于制定折衷的政策，这类政策往往调和了各个利益团体和权力中心之间的分歧，代表了利害相关集团之间分歧最小的意见。正如达尔所言："民主的基础是妥协。"而这种妥协不仅有利于解决利益矛盾，同时也使公共利益通过合法的程序和途径得以界定。[2]

笔者认为，公共利益是一个弹性较大的名词。伴随着社会的发展，公共利益的含义会不断发生变化。但是，公共利益是肯定存在的，公共利益的主要特点是公共性和不可分性。如果某种利益的存在是共同的、不可分的，这些利益的生成势必会引致其他利益的得失，正是公共物品的现实性，决定了公共利益是现实的而不是抽象的。

（二）公益诉讼与民事公益诉讼

公益诉讼起源于古罗马时期，以保护社会公共利益为目的，在当时的社会条件下，除法律有特别规定外，凡市民均可提起公益诉讼。[3]罗马法上的公益诉讼至少包括以下四个要素：一是以维护公共利益为目的；二是无论其自身利益是否受损，凡市民均可提起公益诉讼；三是原告胜诉后，可以得到奖励，而不是赔偿；四是公益诉讼的产生与维护公共利益力量不足是相联系的，当公共权力机构不足以维护社会公益时，市民根据法律授权可以起诉违反公益的行为。[4]由此可见，罗马法上之所以产生公益诉讼，是因为罗马当时的政权机构还没有现代官僚体制的健全和周密，仅依靠官吏的力量来维护公共利益是不够的，故授权市民代表社会集体直接起诉，以补救其不足。[5]

---

〔1〕 参见"公共利益"，载百度百科：https://baike.baidu.com，访问日期：2018 年 3 月 7 日。

〔2〕 张旺："美国的民主政治与决策效率"，载《河南师范大学学报（哲学社会科学版）》2001年第 6 期，转引自谢云东："浅析'公共利益'的理解与界定"，载《人民法院报》2006 年 10 月 19 日。

〔3〕 周枏：《罗马法原理》，商务印书馆 1996 年版，第 886 页。

〔4〕 潘申明：《比较法视野下的民事公益诉讼》，法律出版社 2011 年版，第 23 页。

〔5〕 周枏：《罗马法原论》，商务印书馆 1994 年版，第 888 页。

虽然在古罗马时期就存在公益诉讼制度，但是直到近现代社会公益诉讼制度才引起广泛关注。在我国，公益诉讼于近年来才成为一个热门话题，受到诉讼法学界的普遍关注。根据违法行为的性质不同，公益诉讼分为民事公益诉讼、行政公益诉讼和刑事公益诉讼几种类型，本文主要围绕民事公益诉讼进行论述。

民事公益诉讼，是指在民商事法律活动中，特定主体根据法律的授权，就违反法律规定，侵犯国家利益、社会公共利益或不特定多数人利益的行为，向法院提起诉讼，由法院追究违法者法律责任的活动。与传统的私益诉讼相比，公益诉讼主要具有以下几个特征：

第一，诉讼目的的公益性。随着社会经济的发展和法治建设的不断推进，司法实践中涉及国家利益和社会公共利益的案件日益增多，立法者、司法者以及民事诉讼法学研究者越来越意识到确立和完善民事公益诉讼制度的重要性。建立公益诉讼制度主要是为了维护国家利益和社会公共利益，制止个别组织和个人滥用权力或权利实施危害国家和社会的行为，保障社会每个成员的共同利益都得以实现，以形成良好的社会秩序。从这一角度看，公益诉讼与私益诉讼存在明显的区别，私益诉讼主要是维护当事人自身受到不法侵害的合法权益。

第二，诉讼主体的多元性。由于公益诉讼维护的是国家利益和社会公共利益，而在整个社会发展中，国家、社会和公民个人的利益具有一致性，侵害国家利益、社会公共利益，必然会使个人的合法权益受到侵害，维护国家利益和社会公共利益，实际上也就是维护公民的个人利益。因此，只要特定的组织和个人认为行为人的行为侵犯了国家利益和社会公共利益，均有权向人民法院提起诉讼，并且不以与案件有一定的利害关系为前提条件，这实际上是对传统的当事人适格理论的一种挑战。[1]

第三，损害事实的预防性。涉及民事公益诉讼，被告往往都是社会的强势群体，即经济实力强大的组织、从事公共事业的团体，甚至是政府机关。原告可能是权益受到侵害的多数当事人，在表面的利益主体背后隐藏着实质利益主体，利益的共通性使这些主体相互结合，以通过诉讼获得公正的裁判。公益诉讼不应被简单地定位为事后的救济手段，防患于未然才是公益诉讼的最佳策略。因为一旦公共利益受到损害，不仅违法者难以有足够的财产弥补损失，而且很多损失是无法弥补的。例如，人的生命、健康等。以环境污染为例，一旦

---

〔1〕 廖中洪主编：《民事诉讼改革热点问题研究综述》，中国检察出版社2006年版，第206页。

受到致命的打击，往往几十年都无法修复，甚至留有永远的遗憾。因此，公益诉讼不应以财产和人身损害实际发生为要件，只要某种行为可能导致损害发生的风险，就可以提起公益诉讼，这正体现了公益诉讼的预防性功能。[1]

（三）确立民事公益诉讼制度的必要性

在西方发达国家的司法制度中，民事公益诉讼作为诉讼法律制度的重要组成部分被广泛接纳和采用。在我国，2012年新修改的《民事诉讼法》才刚刚对民事公益诉讼制度作出规定。需要注意的是，尽管我国法律对该项法律制度规定得较晚，但在司法实践中，以保护公共利益为目的的诉讼却早有发生。在法律已经出台的今天，重申确立公益诉讼制度的必要性，目的是期望制度设置能够引起司法者的足够重视，得到切实贯彻落实，而不被闲置。

1. 确立民事公益诉讼制度必要性的理论争议

对于我国立法是否应当设置公益诉讼制度，即确立公益诉讼制度的必要性问题，在理论研究中主要存在三种观点，即赞成说、反对说、缓行说。

赞成说认为："中国亟须公益诉讼理念和制度"；"无论从什么意义上讲，现行法律中没有公益诉讼的一席之地都是令人遗憾的"；"专家、学者、司法人员对公益诉讼的各种解释和定义，赞扬或否定，似乎并不是最重要的。需要关注的是，倘若没有这类诉讼，他们所涉及的问题，诉讼所指向的社会矛盾，在社会现代矛盾解决机制里是难以解决的"。[2]

反对说认为，涉及公益侵害及保护的纠纷，完全可以利用现行的民事诉讼、行政诉讼方式解决，因而没有必要创立公益诉讼制度。如果实行公益诉讼制度，允许非官方主体（特别是公民）就与本人无直接利害关系的问题提起诉讼，可能会导致"诉累"和"滥诉"。[3]

缓行说认为，由于公益诉讼目前在我国名不正言不顺，检察机关和公民个人提起公益诉讼面临着尴尬的境地。因此，当务之急是对公益诉讼加以完善和具体化。在公益诉讼援助制度尚未建立的前提下，从经济角度讲，对于公民个人和国家有限的司法资源来说，都是极大的浪费，毫无疑义，公益诉讼应当缓

---

〔1〕 林峰："民事公益诉讼若干问题研究——以无锡太湖蓝藻污染事件为视角"，复旦大学2008年硕士学位论文，第28页。

〔2〕 颜运秋：《公益诉讼理念研究》，中国检察出版社2002年版，第386~387页。

〔3〕 叶明："公益诉讼的局限及其发展困难——对建立新型经济诉讼的几点思考"，载《现代法学》2003年第5期。

行。[1]

2. 确立民事公益诉讼制度的必要性分析

从我国目前的实际情况看，随着社会经济的发展和法制建设的不断推进，涉及国家和社会公共利益的案件日益增多，因此有必要建立公益诉讼机制以适应现实需要。在我国通过立法设置公益诉讼机制，其必要性主要体现在以下几个方面：

第一，构建和谐社会的要求。我国十六大提出了建设社会主义和谐社会的理论，党的十七大首次把"构建社会主义和谐社会"正式写入党章。和谐社会的理念早已深入人心。按照和谐社会的总要求，要把我国社会建设成为民主法治、公平正义、诚信友爱、充满活力、安定有序、人与自然和谐相处的社会。对公共利益的保护，是"以人为本"理念的贯彻落实，社会的和谐在一定程度上依靠公共治理才能实现，如果公共治理不到位，诸多的侵害公共利益的行为没有受到法律制裁，承担相应的法律责任，民主法治就得不到体现，公平正义就难以实现，和谐社会就难以构建。由此可见，实现公共治理，必须注重公共利益的保护。因此，构建民事公益诉讼制度是非常必要的。

第二，市场经济发展的需要。随着经济体制改革的不断深入，我国早已由计划经济转入市场经济社会。经济的转型导致社会发展过程中出现了诸多新矛盾、新问题，诸如假冒伪劣商品、欺诈等侵害消费者权益的案件时有发生。如果受害者以个人的身份对生产者或销售者提起诉讼，根据现行民事诉讼法的规定，法院只能针对生产者或销售者对消费者个人造成的损害作出赔偿裁判，难以有效地对损害行为作出惩罚，遏制、根治这种行为。此外，在社会转型中，国有资产流失的现象也相当严重。据有关资料显示，改革开放后的十几年中，国有资产流失大约 5000 多亿元，即以每天一个亿的速度流失。如何保护国有资产，防止其流失已经成为我国的一个重大问题。从我国现行的诉讼法律制度规定看，诉讼主体缺位，提起诉讼出现了盲区。因此，设置民事公益诉讼制度，由法律规定的特定民事主体提起公益诉讼，可以有效地解决上述问题。

第三，诉讼法治化的必然结果。法治包含两重基本含义，即制定法本身是良好的；法律得到了社会普遍的服从和认可。在法律的施行过程中，制定的实体法需要程序法保证实施，通过公正的程序保证使违法者受到制裁，法律的正义得到实现，这才是法治的应有之意。公益诉讼制度的设置，弥补了传统私益

---

[1] 王健："公益诉讼：缓行还是推行"，载《法律与生活》2002 年第 11 期。

诉讼只能由与损害后果有直接利害关系的诉讼主体提起的不足，促进了实体法律制度的充分适用，通过法定的正当程序，使实施了侵害国家利益和社会公共利益的行为人受到应有的制裁，既维护了法律的尊严，也符合司法救济原则。同时，其也是推进法治建设的进程，诉讼法治化的必然结果。

（四）确立民事公益诉讼制度的可行性

确立民事公益诉讼制度不仅必要，而且可行。对此，主要从以下三个方面加以分析：

第一，公共利益与私人利益之间具有相通性。确立公益诉讼制度的目的，是为了保护公民个人所享有的社会利益和公共利益不受侵犯。实际上，公共利益与私人利益之间是具有相通性的，当某种个人利益具有社会普遍性时，就不再仅仅是个人利益，而是转变为了公共利益。因为国家的一切权力都来源于人民，人民是国家的真正主人，人民可以在法律允许的范围内，通过一切正当途径和形式参加、管理国家事务。公益诉讼制度的确立，恰好为人们参加、管理国家事务提供了新的途径，也为人们权利的行使提供了司法保障。因此，可以说，公共利益与私人利益是可以相互转化的。但是，需要注意的是，公共利益并不是个人利益的简单相加，只有当某种个人利益具有社会普遍性时，才能成为公共利益。[1]

第二，确立公益诉讼制度存在充分的理论基础。现代法治社会里，权利的尊重、保护、救济已经成为时代的命题。在民事诉讼领域，公益诉讼正当性的核心理论基础应当是诉权理论。在权利的视角下，公益诉讼作为一种权利救济的重要途径，应当是以一定的权利保护与救济为前提的。从公益诉讼的内涵分析，公益诉讼不仅包括实体权利，也包括程序权利；从价值上看，公益诉讼不仅指向秩序，还包括社会正义；从结果上看，公益诉权的实现不仅保护公益，而且同时兼顾相关私人的利益。[2]可以说，公益诉讼拥有特定的权利基础和前提。任何制度的合理性安排都离不开理论的支持，公益诉讼依赖司法的能动主义，要求对司法权的介入和运行作出理论阐述和制度落实。公益诉讼的权利基础和前提决定，公益诉讼制度在诉讼目的、当事人、诉讼法律关系等方面具有特殊性，在具体程序设置中需要作出合理的制度安排。由于涉及公益诉讼的案件，原告方大多是因为被告方实施不法行为受到侵害或侵害危险的不特定多数

---

〔1〕 孙笑侠："论法律与社会利益"，载《中国法学》1995 年第 4 期。

〔2〕 郑晨："有关民事公益诉讼的法律思考"，载《科技创业月刊》2009 年第 1 期。

人，具有集团型和扩散性的特点，被告方往往是在社会上具有一定影响力的大企业或公共团体，诉讼两造的实力极其不均衡。因此，构建合理的公益诉讼制度，是使权利得到救济的根本保障。

第三，确立公益诉讼制度符合现实需要。随着市场经济的蓬勃发展、社会的转型和变革，传统的诉讼明显不能完全容纳所有的纠纷，诉讼过程中法的空间与制度的需求矛盾彰显。为了克服单一诉讼的弊端，迎合不特定多数人诉讼的需要，公益诉讼应运而生。近年来，理论界对公益诉讼制度设置的原则、制度进行了比较深入的讨论，司法实践中也进行了有益的尝试。然而，诸多的公益诉讼案件，要么法院裁定不予受理，要么法院裁定驳回。

从当前的实际情况看，一方面，随着经济的发展和工业化、城镇化的推进，现代型纠纷已经大量涌现，公害案件、小额多数案件不断增多，国家利益、社会公共利益和不特定多数人利益遭受侵害后，经常会面临投诉无门的困境；另一方面，1991年《民事诉讼法》的规定又难以与公益诉讼制度顺利对接，受传统民事诉讼主体理论的局限，诸多间接受害者因与案件没有直接的利害关系，无法独立提起诉讼，被无情地挡在司法救济的大门之外，无法获得救济。[1] 这与和谐社会的追求显然不相符。因此，民事公益诉讼制度的确立有利于解除法律困境，理顺法律关系，解决司法实践中存在的问题。

二、域外民事公益诉讼制度之比较

随着科学技术的快速发展，人们的生产生活日益社会化，社会公害问题日益凸显，与之相适应，公共利益的保护越来越受社会各界的关注和重视，由此，完善民事公益诉讼制度成为当务之急。从国外情况看，许多国家为了维护社会公共利益，先后都建立了民事公益诉讼制度。虽然不同国家的公益诉讼制度存在较大差异，但都各成体系。为了充分借鉴国外的有效做法和经验，健全和完善我的民事公益诉讼制度，很有必要对外国民事公益诉讼立法和实践进行分析研究。

（一）英美法系国家公益诉讼制度的特点

英美法系国家的民事公益诉讼制度，以美国和英国较为典型。

---

〔1〕 公益诉讼是为了保护公共利益而引发的诉讼，提起诉讼的原告与案件并不一定存在直接的利害关系。我国1991年《民事诉讼法》第108条规定，提起诉讼的原告必须是与案件有直接利害关系的公民、法人和其他组织，排除了与案件无利害关系者的诉权，从法律上排除了提起公益诉讼的可能性，使得公益诉讼的提起虽然受到社会各界的普遍关注，但是却得不到法律的明确支持。

1. 美国

美国是世界上公益诉讼最发达的国家。在美国，民事诉讼是一项重要的法律实施机制，特别是在商业活动的管理方面，商业活动受到一大批规制型规范的支配。许多规制型规范通过民事诉讼加以实施，以追索金钱或寻求救济，这类诉讼被称为公共诉讼，由政府机构或私人原告像普通私人诉讼那样在普通法院提起，寻求追索金钱作为民事惩罚，或寻求一项禁令，命令被告停止继续违反所适用的规章。[1]美国的公益诉讼制度主要具有以下三个特点：

第一，通过实体法规定公益诉讼制度。美国公益诉讼制度最突出的特点是，较早地直接在一些实体法律中明确规定民事公益诉讼。早在 1863 年的《反欺骗政府法》、1890 年的《谢尔曼反托拉斯法》、1914 年的《克莱顿法》，以及后来的《环境保护法》中都明确规定，政府机关、个人可以提起民事公益诉讼。[2]

第二，民众诉讼是公益诉讼的一种重要类型。美国的民众诉讼可以说是美国民事公益诉讼的另一个特色。在这种诉讼机制下，公民被视为"私人检察官"，即在公益诉讼中，公民可以像检察官一样采取行动。1986 年修订的《反欺骗政府法》规定，各种身份的个人与团体均有权提起公益代位诉讼。告发人享有分配 15%~30%政府受偿金的权利，并具有获得律师费用和诉讼费用的权利。[3]任何公民均可以依法就企业违反法定环境保护义务、污染环境的行为或主管机关没有履行法定职责的行为提起诉讼，要求被诉者按照国家规定的排放标准排污、赔偿污染造成的损失或者履行法定义务。公民诉讼是美国环境保护法中一套完备而又颇具特色的公益诉讼制度。

第三，民事诉讼法对有关程序问题的规定解决了当事人适格的问题。《美国联邦地区民事诉讼规则》第 17 条规定："在法定情况下，保护别人利益的案件也可以用美利坚合众国的名义提起。"根据该项法律规定，经过法律授权的

---

〔1〕 邓承立："构建我国民事公益诉讼制度初探"，苏州大学 2004 年硕士学位论文，第 9 页。

〔2〕《美国 1890 年谢尔曼反托拉斯法》规定："检察官可以根据司法部长的指示，以民事诉讼的形式，禁止和限制违反谢尔曼反托拉斯法的行为。"由此，美国的民事检察制度得以产生。1914 年美国又制定《克莱顿法》，以弥补《谢尔曼法》的不足。该法规定："州司法长官作为政府监护人代表其州内自然人的利益，可以本州的名义，向被告有司法管辖权的美国区法院提起民事诉讼，以确保其自然人因他人违反谢尔曼法所获得的金钱救济。对违反反托拉斯法造成的威胁性损失或损害，任何人、商号、公司、联合会都可向对当事人有管辖权的法院起诉和获得禁止性救济。"阮大强："论在我国建立经济公益诉讼制度的根据"，载《天津师范大学学报》2001 年第 4 期。

〔3〕 高小田："美国实施反欺骗政府法"，载《法制日报》1990 年 4 月 20 日。

当事人，可以为未参加诉讼的诉讼受益人的权利，以自己的名义起诉。在法律另有规定时，为他人行使权力或者为他人权利的诉讼可以以美国的名义提起。[1]在美国，只要是多数人的利益受到侵害或者将要受到侵害，检察机关以及符合法律规定的团体、集团、个人，都可以提起民事公益诉讼。

显然，在美国，有权提起民事公益诉讼的原告是比较广泛的，检察机关、有关团体、个人均有权提起公益诉讼。为了避免原告资格范围扩大导致滥诉，美国的相关法律也规定了一些特殊的程序，对原告的资格进行限制。例如，法律规定，原告必须在 60 日的通告期后提起诉讼，同时在 60 日通告期内侵权人可以对错误进行改正。[2]

2. 英国

英国的公益诉讼制度与美国有相似之处，其公益诉讼较为普遍。具体来说，英国的公益诉讼主要具有以下两个特点：

第一，检察官诉讼是公益诉讼的常用方式。按照英国法律制度，英国的检察长是公共利益的保护人，为了保护公益利益，检察长有权代表国家提起诉讼，并且在法庭上代表社会公众。检察长在民事诉讼中代表国家直接起诉或应诉，或者，也可能依其职权或依私人的请求允许告发人提起诉讼。私人不能直接提起阻止公共性不正当行为的诉讼，只能请求检察长的同意，以检察长的名义提起。[3]只有在不当行为已经直接使自身利益受损或者很可能受损的情况下，私人才可以寻求救助。此外，如果涉及公益性的问题应当引起检察长的注意，但是检察长却拒绝行使其职权，在这种情况下，公民可以请求检察长允许公民以检察长的名义提起民事诉讼。[4]

第二，法律赋予某些政府机关和一些社会组织提起公益诉讼的权利。为了更好地维护社会公共利益，英国法律进一步规定，地方政府机关在没有检察长的同意，也没有使用告发人诉讼的情况下，也有权以自己的名义提起与保护、

---

〔1〕 ［美］哈泽德、米歇尔·塔鲁伊：《美国民事诉讼法导论》，张茂译，中国政法大学出版社1998 年版，第 2 页。

〔2〕 张文慧："国外民事公益诉讼制度的分析"，载《法制博览》2015 年第 7 期。

〔3〕 ［意］莫诺·卡佩莱蒂：《福利国家与接近正义》，刘俊祥等译，法律出版社2000 年版，第 83页。

〔4〕 这种诉讼被称为"告发人诉讼"或"检举人诉讼"，其目的在于宣告或禁止下列情况：危害公共利益；法人超越法律授予的合法权利，有可能损害公共利益而必须加以遏制；为防止某一法定罪行重复触犯，而必须发出告诫。苏文卿："诉讼法发展的新动向——国外公益诉讼制度鸟瞰"，载《探索》2003 年第 5 期。

促进本地区居民利益有关的诉讼。[1]同时，依据相关法律规定，一些社会组织也具有提起公益诉讼的权利。例如，法律分别赋予平等机会委员会、种族平等委员会等团体，在各自范围内代表一部分人进行性别歧视、种族歧视等的诉讼权利。[2]不过，与美国相比，英国对提起公益诉讼的原告资格的范围限制得比较严格，同时也根据具体情况作出了许多变通性的规定。[3]

（二）大陆法系国家公益诉讼制度的特点

大陆法系国家的公益诉讼制度，以德国、法国和日本较为典型。

1. 德国

就法律制度来说，德国可以说是大陆法系国家的主要代表。概括而言，德国的公益诉讼制度主要具有以下两个显著特点：

第一，通过宪法诉讼维护社会公共利益。在德国，凡是公民因宪法赋予的基本权利和其他权利受到某项法律的侵犯，即可向宪法法院提起诉讼，要求并宣布该法律因违宪而无效。这种权利的行使，不以侵犯案件的实际发生为限，也不论是否涉及本人利益，有学者称之为民众诉讼。[4]这种直接由公民提起的宪法诉讼，可以达到维护公共利益的效果。

第二，团体诉讼是有效维护社会公共利益的诉讼方式。在德国，团体诉讼的立足点是保护团体的公益，因此，这种救济请求只能由团体向法院提起，团体的会员无权提起该类公益诉讼。例如，消费者个人无权代表消费者提起公益诉讼。[5]同时，为了防止团体诉讼被滥用，德国还通过多部实体法对提起公益诉讼的社团资质加以限制。公民个人因自身合法权益受到侵害提起诉讼的，属于私权救济，不属于公益诉讼的范畴。

2. 法国

法国是第一个在法律上明确规定民事公益诉讼的主体包括检察机关的国家。法国早在1804年制定的《拿破仑法典》里，就明确地赋予检察机关提起民事公益诉讼的权利，即检察院可以为了社会公益而就人的身份证明、结婚、离婚、收养、禁止产等民事活动进行干预，以制止不法行为。1806年法国又制定了《民事诉讼法典》，进一步明确规定检察机关具有对民事诉讼活动进行干

---

[1] 赵慧：“国外公益诉讼制度比较与启示”，载《政法论丛》2002年第5期。

[2] 张卫平：《诉讼构架的程式——民事诉讼法理分析》，清华大学出版社2000年版，第329页。

[3] 张文慧：“国外民事公益诉讼制度的分析”，载《法制博览》2015年第7期。

[4] 胡锦光、韩大元：《当代人权保障制度》，中国政法大学出版社1993年版，第275页。

[5] 赵欣：“各国民事公益诉讼制度比较研究”，载《前沿》2010年第6期。

预的职权，明确了在关系到国家安全或与政府有关、与国家公用土地、房地产有关的案件中，检察官有权参与。从目前情况看，法国的民事公益诉讼主要具有以下两个显著特点：

第一，明确赋予检察机关提起民事公益诉讼的主体资格。法国新《民事诉讼法》第 421 条规定："检察院作为主当事人进行诉讼，或者作为从当事人参加诉讼；在法律规定的情形，检察院代表社会。"第 422 条规定："在法律有特别规定之情形下，检察院依职权进行诉讼。"[1]第 423 条规定："除法律有特别规定情形外，在事实妨碍公共秩序时，检察院得为维护公共秩序进行诉讼。"[2]

第二，法律直接赋予特定的团体提起民事公益诉讼的权利。根据相关法律规定，工会、禁酒同盟等团体享有该项权利。同时，为了防止这些团体滥用该项诉讼权利，法国的有关法律还对团体诉讼的资格进行了限制，只有那些确实为公共利益服务，并且具备实际工作能力的团体或者集团，才能享有此项诉讼资格。[3]

3. 日本

在日本，民事公益诉讼分为两种类型，即民众诉讼和检察机关诉讼。相应地，日本的民事公益诉讼制度主要具有以下两个特点：

第一，检察机关可以作为公益代表人，为维护社会公共利益提起民事诉讼。日本的检察制度是大陆法系与英美法系的混合体，根据《日本民事诉讼法》的规定："对于婚姻、收养、亲子案件，检察机关可以作为当事人提起诉讼，检察官行使其权力在于维护国家的法律命令和社会的利益。"[4]有关检察官提起公益诉讼的范围，主要体现在实体法中。根据《日本民法典》的规定，检察机关享有下列权利：禁治产宣告请求权及撤销权；关于不在人财产管理的

---

〔1〕 根据《法国民事诉讼法》的相关规定，下列案件应当通报检察院：①涉及亲子关系、未成年人监护安排、成年人监护的设置与变更的案件。②先行中止追诉程序、集体复查负债程序、个人破产程序或其他制裁；涉及法人时，裁判清理或财产清算程序，裁判清算与裁判重整程序以及有关公司负责人金钱性责任的案件；对法律规定检察院应当提出其意见的所有案件，检察院均应得到案件的通报。检察院可以了解其认为应当参加诉讼的其他案件。法官得依职权决定向检察院通报某一案件。向检察院通报案件由法官负责进行，有特别规定者除外。在已经通报案件的情况下，检察院应得到开庭日期的通知。参见《法国民事诉讼法典》第 421~429 条的规定。

〔2〕《法国新民事诉讼法典》，罗结珍译，中国法制出版社 1999 年版，第 85 页。

〔3〕 赵欣："各国民事公益诉讼制度比较研究"，载《前沿》2010 年第 6 期。

〔4〕 唐伟源、谢志强："民事检察制度比较研究"，载《河北法学》2009 年第 2 期。

处分请求权及撤销请求权；不在人财产管理人改任请求权；法人的临时理事、特别代理人、清算人选任请求权；不合法婚姻的撤销请求权；亲权丧失的宣告请求权等。

第二，民众诉讼在一定程度上起到了保护公益的作用。所谓民众诉讼，是指请求纠正国家或公共团体机关不符合法规行为的诉讼。原告以选举人的资格或其他与自己法律上利益无关的资格提起诉讼。1948 年《日本地方自治法》规定，原告得以不涉及自己法律上利益的资格提起诉讼。这样规定的目的不是为了直接保护、救济国民的利益，而是为了确认行政法规被客观、正当地适用，以确保对国家和社会利益的维护。[1] 20 世纪 90 年代，日本又兴起了以纳税人身份提起的诉讼。在该类诉讼中，享有原告资格的人可以是任何一个纳税人，为了维护公共利益，他们可以要求政府公开公费支出的情况。

（三）两大法系国家民事公益诉讼制度之比较

从上述几个典型国家的立法看，不同国家确立公益诉讼制度的目的基本相同，都是为了处理现代型群体纠纷，维护国家利益和社会公共利益。为此，世界各国大都确立了民事公益诉讼制度。目前，主要存在两种诉讼模式，即大陆法系模式和英美法系模式。大陆法系模式的主要特点是，以成文法的方式规定检察机关作为公益代表人可以对涉及公共利益的特定案件提起和参加诉讼，或者以团体诉讼的方式保护公共利益。英美法系模式的主要特点是，以判例的形式形成和发展公益诉讼的具体机制，并以适当的法律规定加以健全和完善。[2]

纵观两大法系主要国家的民事公益诉讼制度，主要具有以下共同点：

第一，检察机关逐渐介入民事公益诉讼范畴。从世界各国的法律规定看，检察机关作为国家的代表提起民事公益诉讼成了一种普遍的形式。例如，在英美法系，无论是英国还是美国，都规定检察机关有权提起民事公益诉讼；大陆法系的法国和日本也规定，检察机关可以提起民事公益诉讼。不过，需要注意的是，根据这些国家的法律规定，检察机关并不是在任何情况下都可以提起民事公益诉讼。相反，只有对涉及重大国家利益和社会公共利益的案件，检察机

---

〔1〕［日］室井力主编：《日本现代行政法》，吴微译，中国政法大学出版社 1995 年版，第 252 页。

〔2〕赵欣："各国民事公益诉讼制度比较研究"，载《前沿》2010 年第 6 期。

关才享有提起公益诉讼的权利。

第二，可以提起民事公益诉讼的客体范围不断拓宽。民事公益诉讼制度的确立，突破了传统的民事诉讼受案范围，从一些国家的法律规定看，可以提起民事公益诉讼的客体范围呈不断拓宽的趋势。例如，美国的民事公益诉讼受案范围极具开放性，从过去常见的反垄断诉讼、环境保护诉讼，发展到税务案件、学校消除种族歧视等案件，可以较好地防止损害公共利益的行为逃脱法律的制裁。类似地，英国的公益诉讼范围也不断扩大，目前已经先后出现了要求减少公害、禁止电视公司放映被认为有违社会大众情感的节目、提出审查地方行政的合法性等公益诉讼案件。[1]在美国，民事赔偿案件基本上都是要求损失和所得保持平衡，无论是药品危害还是消费者受害，都可以不被特别理解为公益诉讼，美国有关公益诉讼的理论和司法实践，之所以将上述类型的案件归入公益诉讼的范围，是从一般的法律形式意义上而言的，是以该类诉讼所要维护和实现的利益以及行为效果为标准所作的划分，其主要出发点是利用当事人和律师对私益的关心，寄希望于在法律援引的结果上具有公益的效果。[2]在日本，上述类型的案件无疑都属于现代型诉讼案件，从形式和实质上说，都应当纳入公益诉讼的范围。因环境诉讼和消费者权益保护问题而引发的诉讼，既是推动公益诉讼向前发展的强大动力，又是影响公益诉讼制度本质与特征的深刻内涵。

第三，日益注重公民个人作用的发挥。随着各国保护社会公共利益意识的增强，提起民事公益诉讼主体资格也不断放宽，一些国家开始赋予公民提起民事公益诉讼主体资格。例如，美国允许公民个人提起民事公益诉讼，德国和法国也积极借鉴美国的经验，进行因地制宜的大胆尝试。从世界各国的发展趋势看，强调社会公众的任何成员都可以作为社会公共利益的代表提起民事公益诉讼，可能是未来公益诉讼的发展趋势，目的是使更多的人参加到民事公益诉讼中来，更好地维护国家利益和社会公共利益。同时需要注意，为了防止公益诉讼制度被滥用，还应当建立配套的防止当事人滥诉的制度。

第四，注重为民事公益诉讼确立相应的配套制度。为了使民事公益诉讼制度真正得到落实，一些国家都比较重视为民事公益诉讼确立相应的配套制度。

---

〔1〕 赵欣："各国民事公益诉讼制度比较研究"，载《前沿》2010年第6期。

〔2〕 〔日〕棚濑孝雄：《现代日本的法和秩序》，易平译，中国政法大学出版社2002年版，第201页。

例如，为了降低诉讼风险，减轻起诉人的负担，美国法律规定，为了实现正义所必需，律师费用的一部分算入诉讼费用，由败诉的当事人负担。德国的《诉讼费用援助法》规定，只要原告预先证明没有经济实力承担对方的诉讼费用，就可以向法院提出将数额设定在比实际争议额低得多的水平上。按照上述法律规定，作为公益诉讼的原告如果胜诉，可以向被告收取以实际争议额为基础计算的诉讼费和律师费；如果败诉，原告只根据降低了的数额计算比例承担对方的诉讼费用。[1]

三、提起民事公益诉讼的主体

在我国，究竟哪些主体可以提起公益诉讼，是目前争议比较大的问题之一。对此，主要存在"广义说"和"狭义说"两种学说。广义说认为，结合我国的国情看，检察机关、公益组织（或公益法人）和具有一定专业知识、社会阅历与社会正义公信度的自然人均可成为公益诉讼的提起主体。[2]狭义说认为，公益诉讼是为了维护国家利益和社会公共利益而提起的诉讼，因此，它的主体只能是国家机关，在我国就是人民检察院，即由检察院作为公共利益和国家利益的代表提起，公民个人和相关组织无权提起。[3]

2012年我国新修改的《民事诉讼法》将提起公益诉讼的主体规定为法律规定的机关和有关组织，其中明显不包括公民，而且，法律规定的机关和相关组织究竟是指哪些机关和组织，也比较模糊。[4]

笔者认为，我国法律确定民事公益诉讼的主体，不仅应当明确赋予检察机关提起民事公益诉讼的主体资格，同时也应当赋予法定组织和公民提起公益诉讼的主体资格。这样规定，一方面明确了检察机关作为法定机关提起民事公益诉讼，另一方面也可以适当地扩大提起公益诉讼的主体范围，更有利于公共利益的保护。

---

〔1〕 赵欣："各国民事公益诉讼制度比较研究"，载《前沿》2010年第6期。

〔2〕 韩志红、阮大强：《新型诉讼——经济公益诉讼的理论与实践》，法律出版社1999年版，第27页。

〔3〕 马守敏："公益诉讼亟待开放"，载《人民法院报》2001年6月15日。

〔4〕 根据法律规定，截至2017年《民事诉讼法》修改前，可以依法提起民事公益诉讼的机关仅限于海洋环境监督管理机关。我国《海洋环境保护法》第90条第2款规定："对破坏海洋生态、海洋水产资源、海洋保护区，给国家造成重大损失的，由依照本法规定行使海洋环境监督管理权的部门代表国家对责任者提出损害赔偿要求。"

（一）检察机关

如前所述，在法治比较成熟的国家，检察机关实质上都是作为政府组成部门（行政机关）的一部分。[1]前文对国外民事公益诉讼的比较分析已经指出，由检察机关提起民事公益诉讼，可以说是两大法系国家的普遍做法，法国、美国、英国和日本等国家，都赋予检察机关提起民事公益诉讼的权力。

从我国 2012 年修订的《民事诉讼法》规定看，对检察机关在民事诉讼中的地位和作用，法律规定得比较笼统。《民事诉讼法》第 14 条规定："人民检察院有权对法院的民事诉讼实行法律监督。"第 208～213 条规定了检察机关的抗诉权。第 235 条规定了检察机关的执行监督权。[2]对于检察机关是否属于《民事诉讼法》第 55 条规定的法律规定的国家机关的范围，并没有作出明确规定。据此，严格来说，不能理解为法律已经赋予检察机关提起民事公益诉讼的主体资格。

而且，相关的理论研究也存在对赋予检察机关提起民事公益诉讼主体资格的质疑。质疑的理由主要是：①国家设置检察机关的主要任务是惩罚犯罪、保障人权。如果让检察机关过多地介入民事公益诉讼，会弱化检察机关自身的力量和职能。公共利益需要保护，但并不是必须要赋予检察机关提起民事公益诉讼的权力，可以通过加大行政机关的执法力度来保护公共利益。[3]②私权自治

---

〔1〕 肖建华、唐玉富："论公益诉讼的理论基础与程序建构"，载《河南省政法管理干部学院学报》2008 年第 1 期。

〔2〕《民事诉讼法》第 208 条规定："最高人民检察院对各级人民法院已经发生法律效力的判决、裁定，上级人民检察院对下级人民法院已经发生法律效力的判决、裁定，发现有本法第二百条规定情形之一的，或者发现调解书损害国家利益、社会公共利益的，应当提出抗诉。地方各级人民检察院对同级人民法院已经发生法律效力的判决、裁定，发现有本法第二百条规定情形之一的，或者发现调解书损害国家利益、社会公共利益的，可以向同级人民法院提出检察建议，并报上级人民检察院备案；也可以提请上级人民检察院向同级人民法院提出抗诉。各级人民检察院对审判监督程序以外的其他审判程序中审判人员的违法行为，有权向同级人民法院提出建议。"第 209 条规定："有下列情形之一的，当事人可以向人民检察院申请检察建议或者抗诉：（一）人民法院驳回再审申请的；（二）人民法院逾期未对再审申请走出裁定的；（三）再审判决、裁定有明显错误的。人民检察院对当事人的申请应当在三个月内进行审查，作出提出或者不予提出检察建议或者抗诉的决定。当事人不得再次向人民检察院申请检察建议或者抗诉。"第 211 条规定："人民检察院提出抗诉的案件，接受抗诉的人民法院应当自收到抗诉书之日起三十日内作出再审的裁定；有本法第二百条第（一）项至第（五）项规定情形之一的，可以交下一级人民法院再审，但经过下一级人民法院再审的除外。"第 212 条规定："人民检察院决定对人民法院的判决、裁定、调解书提出抗诉的，应当制作抗诉书。"第 213 条规定："人民检察院提出抗诉的案件，人民法院再审时，应当通知人民检察院派员出席。"第 235 条规定："人民检察院有权对民事执行活动实行法律监督。"

〔3〕 陈兴生等："民事公诉制度质疑"，载《国家检察官学院学报》2001 年第 3 期。

是民商事法律的灵魂，在民事诉讼中尊重当事人的处分权，使当事人按照自己的意志处分诉讼权利，正是这一基本原则的集中体现。检察机关作为公权机关，以自己的名义作为原告提起民事公益诉讼，存在着不当干涉私权之虞。[1]③社会公共利益理应由政府机构来维护，公益诉讼的原告只能由有权代表社会公共利益的政府行政机关来担任。因此，作为法律监督者的我国检察机关提起民事公益诉讼实有名不正、言不顺之感。[2]④我国《宪法》第129条规定："中华人民共和国检察院是国家的法律监督机关。"如果由检察院作为民事公益诉讼的原告，直接提起诉讼和参加诉讼，法院在案件审理中就难以保持中立。另外，检察机关强势的公权背景，也会导致当事人之间的诉讼地位失衡，权利义务不对等，从而影响案件结果的公正性。[3]

从相关法律规定发展演变的过程看，1991年《民事诉讼法》没有规定公益诉讼制度。2011年10月29日公开征求意见的《民事诉讼法（修正案草案）》（以下简称《民诉法修正草案》）规定："对环境污染、侵害众多消费者合法权益等损害社会公共利益的行为，有关机关、社会团体可以向人民法院提起诉讼。"有学者认为，有关机关包括行政机关，而行政机关不宜被赋予公益诉权，应当把草案中的"有关机关"用"人民检察院"取而代之。[4]事实上，在司法实践中，检察机关作为原告提起公益诉讼的案件已经为数不少，并取得了较大的成效。2012年新修订的《民事诉讼法》第55条规定："对污染环境、侵害众多消费者合法权益等损害社会公共利益的行为，法律规定的机关和有关组织可以向人民法院提起诉讼。"从这一规定看，新修改的民事诉讼法并没有明确检察机关作为提起公益诉讼主体的法律地位。同时，所谓"法律规定的机关"不仅模糊，而且缺乏可操作性。2017年6月27日，第十二届全国人民代表大会常务委员会第二十八次会议审议通过了关于修改《中华人民共和国民事诉讼法》的决定，对《民事诉讼法》作出了修改，即在第55条增加一款，作为第2款规定：人民检察院在履行职责中发现破坏生态环境和资源保护、食品药品安全领域侵害众多消费者合法权益等损害社会公共利益的行为，在没有前

---

〔1〕 王福华："我国检察机关介入民事诉讼之角色困顿"，载《政治与法律》2003年第5期。

〔2〕 杨秀清："我国检察机关提起公益诉讼的正当性质疑"，载《南京师大学报（社会科学版）》2006年第6期。

〔3〕 王福华："我国检察机关介入民事诉讼之角色困顿"，载《政治与法律》2003年第5期。

〔4〕 汤维建教授认为，行政机关不宜被赋予公益诉权。李湘宁、唐丹妮："'审慎'公益诉讼"，载《财经》2011年第27期。

款规定的机关和组织提起诉讼的情况下，可以向人民法院提起诉讼。前款规定的机关或者组织提起诉讼的，人民检察院可以支持起诉。该决定自 2017 年 7 月 1 日起施行。从上述法律修改情况看，虽然没有将"法律规定的机关"替换为"人民检察院"，但是明确赋予了检察机关提起民事公益诉讼的主体资格，应当说是立法的一大进步。检察机关提起公益诉讼主体资格的确立，对公共利益的保护必将起到较大的作用。

结合我国实际情况，借鉴国外立法经验，笔者认为，应当将"法律规定的机关"替换为"人民检察院"，明确赋予检察机关提起民事公益诉讼的主体资格。[1]具体理由如下：①检察机关提起民事公益诉讼与惩罚犯罪、保护人权的职责并不矛盾。检察机关是国家公权力机关，拥有法定的法律监督权，在相应的人力、物力、财力等权力行使方面，以及资源利用等方面，具有绝对的优势，例如，拥有的调查取证权等。因此，能够更好地维护公共利益。近年来，检察机关在不少案件里已经开展了民事公益诉讼的探索，并且取得了良好的成效，积累了一定的经验。实践表明，民事公益诉讼权的行使，不会妨碍检察机关惩罚犯罪、保护人权职责的履行。②检察机关提起民事公益诉讼不违反私权自治原则。私权自治虽然是民商事法律的基本原则，但是并不意味着当事人依法享有的自治权不受任何限制。在权利行使过程中，民事主体对自己私权的处分应当以不损害国家利益、社会公共利益和他人合法权益为前提。如果公民、法人或者其他组织行使民事权利或诉讼权利时，损害了国家利益或者社会公共利益，国家就应当予以干预，这种干预并不是对处分原则的反叛，恰是处分原则使然。[2]因此，检察机关作为国家利益的代表，在国家利益或者社会公共利

〔1〕 2017 年 6 月 27 日，全国人民代表大会常务委员会对《中华人民共和国民事诉讼法》作出了修改后，2017 年 6 月 30 日上午，最高人民检察院召开新闻发布会，解读《全国人大常委会关于修改民事诉讼法和行政诉讼法的决定》精神，介绍检察机关两年来开展公益诉讼试点工作主要情况和经验成效，并回答了记者提问。最高人民检察院民事行政检察厅厅长胡卫列介绍，截至 2017 年 6 月，各试点地区检察机关在生态环境和资源保护、食品药品安全、国有资产保护、国有土地使用权出让等领域，共办理公益诉讼案件 9053 件，其中诉前程序案件 7903 件、提起诉讼案件 1150 件。诉前程序案件中，行政机关主动纠正违法 5162 件，相关社会组织提起诉讼 35 件。起诉案件中，人民法院判决结案 437 件，全部支持了检察机关的诉讼请求。参见郭士玉："检察机关提起公益诉讼制度全面实施"，载《人民日报》2017 年 7 月 3 日。

〔2〕 张晋红、郑斌峰："论民事检察监督权的完善及检察机关民事诉权之理论基础"，载《国家检察官学院学报》2001 年第 3 期。

益遭受损害时，无疑最适合作为诉讼主体，代表国家提起民事公益诉讼。[1]
③检察机关提起民事公益诉讼与行使法律监督权并不冲突。从现行法律规定
看，检察机关依法行使法律监督权的方式主要是提出检察建议和抗诉，不论是
提出检察建议还是提出抗诉，针对的都是已经发生法律效力的判决、裁定。由
此可见，我国检察机关的检察监督属于"事后监督"。在民事公益诉讼中，检
察机关行使法律监督权也是如此。在公益诉讼案件审理过程中，检察机关属于
案件当事人，行使当事人的权利，履行当事人的义务。在案件裁决作出后，如
果检察机关认为人民法院作出的已经生效的裁决存在《民事诉讼法》第 200 条
规定的情形，可以依法行使法律监督权，对案件进行抗诉或者提出检察建议。
因此，检察机关提起民事公益诉讼，公益诉权的行使与检察监督权的行使并不
矛盾。检察机关介入民事公益诉讼不仅保护了公共利益不受非法侵害，而且还
为检察监督权的行使提供了制度上的保障，因为检察机关参与整个公益案件的
审理过程，更容易发现人民法院作出裁决的错误之处。而且，这样明确检察机
关提起诉讼的权利，很好地解决了现行法律规定中的"法律规定的机关"指代
不明的问题，有利于公益诉讼制度的有效实施。

从司法实践看，自 1997 年以来，检察机关参与民事公益诉讼的实践活动
一直未间断。例如，1997 年，河南方城检察院以原告身份直接起诉"县工商
局、汤卫东买卖合同无效案"，结果以检察院的胜诉而告终，首开我国民事公
益诉讼的先河，为日后各地检察机关参与民事公益诉讼提供了重要参考。又
如，2008 年，江西省新余市渝水区检察院作为原告，针对花园山庄污染仙女
湖、危害公众饮水安全的行为，提起了江西首例公益诉讼案，并以调解结案。
再如，2014 年，在"泰州市环保联合会与江苏常隆农化有限公司、泰兴锦汇化
工有限公司等环境污染责任纠纷案"，检察机关以支持起诉的方式出庭参与。
上述检察机关提起和参与民事公益诉讼活动的有益尝试，为检察机关介入民事
公益诉讼积累了经验、奠定了基础。

在此基础上，2014 年，党的十八届四中全会提出司法体制改革，探索建立
检察机关提起公益诉讼制度。2015 年 7 月，十二届全国人大常委会第十五次会
议通过决定，授权最高人民检察院在北京等 13 个省、自治区、直辖市开展为
期 2 年的提起公益诉讼试点。2015 年 12 月 16 日，最高人民检察院第 12 届检

---

〔1〕 章武生："论人民检察院发动再审权和对其他民事审判活动的监督权"，载《人大报刊复印资
料·诉讼法学、司法制度》2004 年第 5 期。

察委员会第 45 次会议通过了《人民检察院提起公益诉讼试点工作实施办法》（以下简称《检察院公益诉讼试点办法》），并于 2016 年 1 月 7 日发布施行。2016 年 2 月 22 日，最高人民法院审判委员会第 1679 次会议通过了《人民法院审理人民检察院提起公益诉讼案件试点工作实施办法》（以下简称《法院公益诉讼试点办法》），并于 2016 年 3 月 1 日起施行。这两个试点办法的出台实施，对于人民检察院提起公益诉讼试点工作的开展具有重大意义。[1]但是，从两个试点办法的具体内容看，对于检察机关提起民事公益诉讼的主体地位的确定，两者还存在差异。

《公益诉讼检察院试点办法》第 15 条规定："人民检察院以公益诉讼人身份提起民事公益诉讼。民事公益诉讼的被告是实施损害社会公共利益行为的公民、法人或者其他组织。"《公益诉讼法院试点办法》第 4 条规定："人民检察院以公益诉讼人身份提起民事公益诉讼，诉讼权利义务参照民事诉讼法关于原告诉讼权利义务的规定。"民事公益诉讼的被告是被诉实施损害社会公共利益行为的公民、法人或者其他组织。虽然从字面含义看，两者都把检察机关在民事公益诉讼中的地位确定为"公益诉讼人"。但是，经过仔细分析，两者规定的主体地位还是存在差异的。《公益诉讼法院试点办法》不仅明确了人民检察院以公益诉讼人身份提起民事公益诉讼，同时还规定，公益诉讼人的诉讼权利义务参照民事诉讼法关于原告诉讼权利义务的规定。该项规定表明，检察机关在民事公益诉讼中的地位类似于原告，实质上是弱化了检察机关的公权力性质。对照来看，《公益诉讼检察院试点办法》的相应条款只是规定，人民检察院以公益诉讼人的身份提起民事公益诉讼，对于公益诉讼人权利义务的行使，未作出进一步规定。结合《公益诉讼检察院试点办法》第 25 条的规定，检察机关可以针对未生效的裁判进行抗诉，实质上是将公益诉讼人定位为集监督者

---

[1] 2017 年 1 月 14 日，最高人民检察院检察长曹建明在全国检察长会议上表示，检察机关深入推进提起公益诉讼试点工作，2015 年 7 月以来，13 个省市试点检察院已向法院提起公益诉讼 495 件。自党中央决定和全国人大常委会授权，检察机关提起公益诉讼试点工作启动以来，这项旨在充分发挥检察机关法律监督职能作用，促进依法行政、严格执法，维护宪法法律权威，维护社会公平正义，维护国家和社会公共利益的重大制度改革，正在不断规范和创新中稳步推进。据统计，到 2016 年初，检察机关提起公益诉讼 12 件，截至 2016 年 12 月底，各试点地区检察机关共办理公益诉讼案件 4378 件，其中诉前程序案件 3883 件，提起诉讼案件 495 件。在提起诉讼的 495 件案件中，有民事公益诉讼 57 件、行政公益诉讼 437 件、行政附带民事公益诉讼 1 件。参见王地："检察机关提起公益诉讼案件数量'井喷'的背后"，载《检察日报》2017 年 2 月 26 日。

与公诉人于一身，公权力色彩比较浓厚。[1] 笔者认为，从目前情况看，赋予检察机关提起民事公益诉讼主体资格是必要的，但同时也应当注意防止公权力侵害私权利，防止检察机关权力滥用和权力扩张。因此，笔者赞同《公益诉讼法院试点办法》的相关规定，即适当地弱化"公益诉讼人"的公权力，将检察机关在民事公益诉讼中的地位确定为当事人，并且是实体权利处分权的行使受到限制的特殊原告。[2] 2018 年 2 月 23 日最高人民法院审判委员会第 1734 次会议、2018 年 2 月 11 日最高人民检察院第十二届检察委员会第 73 次会议通过，自 2018 年 3 月 2 日起施行的《最高人民法院最高人民检察院关于检察公益诉

---

〔1〕《公益诉讼检察院试点办法》第 25 条规定："地方各级人民检察院认为同级人民法院未生效的第一审判决、裁定确有错误，应当向上一级人民法院提出抗诉。"2017 年 6 月 27 日，第十二届全国人民代表大会常务委员会第二十八次会议审议通过了修改《民事诉讼法》的决定，确立了检察机关提起民事公益诉讼的主体资格，2017 年 6 月 30 日，最高人民检察院召开新闻发布会，解读《全国人大常委会关于修改民事诉讼法和行政诉讼法的决定》精神，回答记者的提问。最高人民检察院民事行政检察厅厅长胡卫列称，提起公益诉讼和诉讼监督，都是检察机关的法定职责，也是检察机关履行法定监督两种不同的方式。因为检察机关按照宪法规定是国家的法律监督机关，这两种职责都是基于检察机关的法律定位而产生的，在职能上应当说并不矛盾。检察机关在提起公益诉讼、依法启动诉讼程序、追究违法行为人、违法的行政主体的民事或者行政责任，是检察机关提起公益诉讼当中承担的职责，但检察机关作为诉讼监督机关，依法还应对民事和行政诉讼活动进行全程的法律监督，这两项职责在两个诉讼法当中都有明确的规定。为了这两种检察职能的履行，最高人民检察院在两个诉讼监督规则当中对如何履行这两项职责也都分别作了规定。在中央深改组审议通过的检察机关提起公益诉讼试点方案中明确了检察机关公益诉讼人的身份。在试点过程中，"两高"也针对这一不同于普通原告的身份分别制定了两个实施办法，经过试点实践证明，这两个实施办法也是切实可行的。这次修法做了比较原则的规定，有关程序的问题还需要通过"两高"的司法解释进一步明确。检察机关在提起诉讼和案件审理的过程中，既要对诉讼的违法行为进行监督，也要尊重和服从法院的诉讼引导，不会影响案件的正常审理。比如检察人员在发现庭审活动中法院有违法行为或者情形的，应当待休庭或者庭审结束之后，以人民检察院的名义提出检察建议，不存在当庭对庭审进行影响的行为。

〔2〕 具体主要体现在以下两个方面：一是在诉讼过程中，检察机关权力过大会使诉讼双方当事人地位失去平衡。因此，对于检察机关提起民事公益诉讼，一方面应当明确地将检察机关的诉讼地位确定为诉讼参与人；另一方面还应当规定，与普通当事人相比，检察机关诉讼权利的行使应当受到一定的限制，即检察机关对实体权利不享有完全处分权，这也是检察机关在公益诉讼中作为原告身份的特殊之处。二是在公益诉讼中，检察机关具有原告与监督者双重身份，会造成角色冲突，影响审判独立。因此，在民事公益诉讼案件审理中，检察机关一旦进入案件审判程序，法律监督权便只能通过诉权的行使来实现，此时，检察机关的当事人身份凸显，法律监督者身份褪去，与对方当事人形成平等对抗的关系，在诉讼中享有当事人的地位和权利义务。例如，可以提供证据、进行案件陈述、进行法庭辩论、提出处理建议等，由法院依法对案件作出裁决，以保证审判独立，保证案件审理的公正性。当案件的裁决作出后，检察机关的法律监督者地位凸显，如果检察机关认为法院作出的生效裁判存在错误，检察机关可以提出抗诉。如果检察机关发现法院审判公益诉讼案件存在程序违法现象，检察院可以提出检察建议。冯秋菊："论检察机关提起民事公益诉讼制度"，中国政法大学 2016 年硕士学位论文，第 24 页。

讼案件适用法律若干问题的解释》（以下简称《两高检察公益诉讼解释》）第4条规定："人民检察院以公益诉讼起诉人身份提起公益诉讼，依照民事诉讼法、行政诉讼法享有相应的诉讼权利，履行相应的诉讼义务，但法律、司法解释另有规定的除外。"根据上述法律规定，结合《两高检察公益诉讼解释》第10条的规定，即"人民检察院不服人民法院第一审判决、裁定的，可以向上一级人民法院提起上诉"。人民检察院在民事公益诉讼中的法律地位，应当是民事诉讼当事人。[1]

（二）其他组织和公民个人

其他组织，是指合法成立、有一定的组织机构和财产，但又不具备法人资格的组织。我国《民法通则》没有规定其他组织，为了确保这些客观存在但又不是法人的社会组织的合法利益，我国《民事诉讼法》规定，其他组织可以作为民事诉讼的当事人。其他组织进行民事诉讼活动，由其主要负责人为代表人。

在司法实践中，其他组织的形式多种多样，主要有以下几种：①依法登记领取营业执照的私营独资企业、合伙组织；②依法登记领取营业执照的合伙型联营企业；③依法登记领取我国营业执照的中外合作经营企业、外资企业；④经民政部门核准登记领取社会团体登记证的社会团体；⑤法人依法设立并领取营业执照的分支机构（例如，领取营业执照的证券公司营业部可以作为民事诉讼当事人）；⑥中国人民银行、各专业银行设在各地的分支机构；⑦中国人民保险公司设在各地的分支机构；⑧经核准登记领取营业执照的乡镇、街道、村办企业；⑨符合规定条件的其他组织。

对于其他组织作为民事公益诉讼的主体，有两点需要特别注意：①"其他组织"包括经民政部门核准登记、领取社会团体登记证的社会团体；②"其他组织"并非都有权提起公益诉讼，有权提起公益诉讼的，应当是指法律明确授予诉讼实施权的特定组织，法律没有明确授权的"其他组织"，不能提起公益诉讼。

在《民事诉讼法》的修改过程中，有学者提出，应当赋予社会团体提起民事公益诉讼主体资格。主要理由是，现在社会关系错综复杂，各种新型社会关

---

[1] 最高检办公厅主任兼新闻办主任王松苗表示，办理公益诉讼案件是检察机关履行法律监督职责的职权行为，因此检察机关的诉讼地位具有特殊性，《两高检察公益诉讼解释》更加合理、明确地界定了检察机关提起诉讼的身份。参见倪伟："'两高'发司法解释明确检察院'公益诉讼起诉人'身份政解"，载《新京报》2018年3月2日。

系层出不穷，政府作为公共事务的管理机构，不可能对社会生活实施面面俱到、事无巨细的管理。因此，国家通过法律法规将政府公共利益的管理职权部分地分离出来，由社会中介力量来承担以弥补国家力量的不足已成为必然。[1]鉴于此，在民事公益诉讼中，有权提起诉讼的另一类重要主体是社会团体。由于社会团体依法成立，具有团体的章程，具有个人不可比拟的良好组织性、法律性，由社会团体作为原告提起公益诉讼具有较大的优势。社会团体成为公益诉讼的原告，概括起来主要有两种情况：①该社会团体为目的性法人组织，其设立就是为了保护某种特定的公共利益，或者其章程中就有以保护某一公共利益为宗旨之一，当该利益受到侵害时，该社会团体就可依法以原告资格起诉；②该社会团体虽然不具备法定的公益诉讼原告的资格，但是根据权利主体的授权，以协议方式取得了原告资格。[2]

对于社会团体作为民事公益诉讼的原告，法学理论界也有学者持反对意见，其主要理由是，我国的社会团体尚不够成熟，存在发展滞后、职责定性不清、独立性和自主性不强等问题，很多社会团体都是依附于行政机关而设立的，在经费等问题上受制于行政机关。在诉讼中为维护公共利益，社会团体很可能会与行政机关或者实力雄厚的公司企业对簿公堂，而这些被告可能是社会团体的"衣食父母"，谁又能期望社会团体在这种情形下依然能够全力以赴地进行诉讼呢？由于法律并未赋予社会团体公权力，社会团体享有的权力极其有限，我们能够想象的是，在相关案件中，社会组织会因为缺乏相关权力而无法进行调查取证，因而有可能丧失整个案件的胜诉机会。因此，由社会团体提起公益诉讼，不利于公共利益的维护。[3]

我国 2011 年的《民事诉讼法（修正案）》曾提出赋予社会团体提起公益诉讼的主体资格，但是，对社会团体的范围没有作出明确界定。2012 年新修订的《民事诉讼法》第 55 条规定："对污染环境、侵害众多消费者合法权益等损害社会公共利益的行为，法律规定的机关和有关组织可以向人民法院提起诉讼。"全国人大办公厅有关负责人在新闻发布会上回答有关记者提问时，针对公益诉讼主体的修改作了如下解释：民事诉讼法修改的三审稿还将公益诉讼的主体规定为"法律规定的机关和有关社会团体"，正式通过的民事诉讼法修改

---

〔1〕 刘改新："民事公益诉讼若干问题研究"，南阳理工学院 2005 年硕士学位论文，第 14 页。

〔2〕 宋朝武："论公益诉讼的十大基本问题"，载《中国政法大学学报》2010 年第 1 期。

〔3〕 郝霞："公益诉讼原告资格初探"，中国政法大学 2010 年硕士学位论文，第 14 页。

决定将诉讼主体表述为"法律规定的机关和有关组织",主要是考虑到,对于社会团体的概念,不论是专家还是社会公众都有不同的认识。主要分歧在于,社会团体是一个大概念还是一个窄概念,如果是大概念,可能把很多组织都包括进去,但是实际上我国民政部门登记的社会团体只是社会组织的一部分,2011年在民政部门登记的社会组织大约是46.2万个,其中25万左右的名称叫"社会团体",还有20万左右叫"民办非企业单位",此外还有2000多个是基金会。考虑到上述情况,经过慎重研究,把原来的"有关社会团体"改为"有关组织"。哪些组织适宜提起民事公益诉讼,可以在制订相关法律时进一步明确规定。[1]

笔者认为,从目前情况看,新修订的《民事诉讼法》将"法律规定的有关组织"规定为提起民事公益诉讼的主体,符合我国的实际情况。主要理由是:①对于其他组织的范围,法律的规定比较明确、具体,便于了解和掌握;②规定其他组织作为民事公益诉讼主体,并不排斥赋予经民政部核准登记的社会团体提起民事公益诉讼的主体资格。有些社会团体在相关领域具有专业性,每个专业性的社会团体中都有较多的专家,这些专家对涉及本领域的案件认知程度比较高,法律保护意识也比较强,其不仅具有参与诉讼的能力、信息、精力,而且由于其成员的特殊性、职责的确定性,更具有参与相关活动的动力。[2]以上特点决定了,这些社会团体可以为其代表的群体利益进行诉讼。同时,它们在日常业务活动中积累了大量实践经验,这些社会团体能够更有力地对抗损害社会公共利益的不法行为,更好地维护公共利益。③其他组织中的哪些组织享有提起民事公益诉讼主体资格,由法律另行作出规定,可以较好地防止公益诉讼权的滥用。④其他组织中包含的社会团体并非都有权提起公益诉讼,能够提起公益诉讼的应当仅限于法律明确授予诉讼实施权的团体。具体来说,法律授予诉讼实施权的主体,应当是具有相当数量的成员,在本行业具有较高的认知度,具有一定代表性的团体。

为了进一步贯彻落实《民事诉讼法》确立的公益诉讼制度,相关的法律进一步明确了提起公益诉讼的主体。2014年3月15日,我国新修订施行的《消费者权益保护法》授权符合法定条件的消费者组织可以提起公益诉讼。该法第

---

〔1〕 邓永胜:"全国人大法工委官员介绍公益诉讼主体修改的原因",载中国新闻网:http://www.chinanews.com,访问日期:2018年3月7日。

〔2〕 颜运秋:《公益诉讼理念研究》,中国检察出版社2003年版,第187页。

47 条规定："对侵害众多消费者合法权益的行为，中国消费者协会以及在省、自治区、直辖市设立的消费者协会，可以向人民法院提起诉讼。"2016 年 2 月 1 日，最高人民法院审判委员会通过了《关于审理消费民事公益诉讼案件适用法律若干问题的解释》（以下简称《消费公益诉讼司法解释》），并于 2016 年 5 月 1 日起施行。《消费公益诉讼司法解释》第 1 条规定："除中国消费者协会以及在省、自治区、直辖市设立的消费者协会外，法律规定或者全国人大及其常委会授权的机关和社会组织也具有起诉主体资格。"这些规定，事实上扩大了可以提起消费公益诉讼的主体范围。

类似地，2015 年 1 月 1 日施行的新修订的《环境保护法》进一步明确，符合法定条件的环境保护组织可以提起民事公益诉讼。该法第 58 条规定："对污染环境、破坏生态，损害社会公共利益的行为，符合下列条件的社会组织可以向人民法院提起诉讼：（一）依法在设区的市级以上人民政府民政部门登记；（二）专门从事环境保护公益活动连续五年以上且无违法记录。符合前款规定的社会组织向人民法院提起诉讼，人民法院应当依法受理。提起诉讼的社会组织不得通过诉讼牟取经济利益。"2014 年 12 月 8 日，最高人民法院审判委员会通过了《关于审理环境民事公益诉讼案件适用法律若干问题的解释》（以下简称《环境公益诉讼司法解释》），并于 2015 年 1 月 7 日起施行。

《消费公益诉讼司法解释》和《环境公益诉讼司法解释》对消费公益诉讼、环境公益诉讼的主体、范围、程序等问题作出了明确的规定。为正确实施新《民事诉讼法》《环境保护法》，落实环境公益诉讼制度，2014 年 12 月 6 日，最高人民法院、民政部、环境保护部发布了《关于贯彻实施环境民事公益诉讼制度的通知》（以下简称《环境公益诉讼通知》），针对贯彻实施环境民事公益诉讼制度的有关事项作出了明确规定。

根据《环境公益诉讼司法解释》和《环境公益诉讼通知》的规定，在设区的市级以上民政部门登记的社会团体、民办非企业单位，以及基金会等社会组织可依法提起环境公益诉讼。其中，设区的市级以上人民政府民政部门是指"设区的市，自治州、盟、地区，不设区的地级市，直辖市的区以上人民政府民政部门"；专门从事环境保护公益活动是指"社会组织章程确定的宗旨和主要业务范围是维护社会公共利益，且从事环境保护公益活动"；无违法记录是指"社会组织在提起诉讼前 5 年内未因从事业务活动违反法律、法规的规定受过行政、刑事处罚"。损害社会公共利益或者具有损害社会公共利益重大风险的污染环境、破坏生态的行为属于提起环境公益诉讼的范围。[1]

从《消费者权益保护法》和《环境保护法》的施行情况看，符合条件、有意愿、有能力提起环境公益诉讼的组织可能很少。以环境保护公益诉讼为例，根据我国《环境保护法》的前述规定，全国符合诉讼资格的公益诉讼主体共有 300 余家，即每个省、自治区、直辖市平均 10 家左右。这 300 余家社会组织中有相当一部分是官办的社会组织，例如，各省的环境科学学会、环保产业协会、环保基金会，还有一些省的环保联合会、生态文明研究会、林业协会等。在这些组织中，除了中华环保联合会有提起环境公益诉讼的经历和意愿外，其他机构尚未见有提起环境公益诉讼实践的报道。另一类是民间环保组织，例如，辽宁省盘锦市黑嘴鸥保护协会、绿色汉江、阿拉善 SEE 生态协会等。这类组织，有的可能没有提起公益诉讼的意愿，例如阿拉善 SEE 生态协会，其成员多是知名企业，如果提起公益诉讼，可能有利益冲突；有的可能缺乏法务人员或提起公益诉讼所需的费用，例如辽宁省盘锦市黑嘴鸥保护协会。这样看来，真正能够提起环境公益诉讼的组织可能非常之少。[2]因此，涉及有关组织提起公益诉讼的情形，一方面需要不断完善法律，拓展可以提起公益诉

---

[1] 环境公益诉讼主体范围的立法确定经历了曲折的过程。2012 年 8 月 31 日，全国人大常委会法工委公布《环境保护法修正案（草案）》征求社会公众意见，这是《环境保护法》实施 23 年以来的首次修改，但是，广受社会关注的环保公益诉讼、排污许可、环境污染责任保险等重要问题却未被写入草案，引起部分学者和环保组织的不满。对此，时任全国人大环资委主任委员汪光焘在介绍相关情况时说明，环保公益诉讼之所以未入法，一方面缘于现行环保法和相关单项法律均未涉及；另一方面，有关部门没有形成一致意见。同年 10 月 31 日，环保部公开了向全国人大常委会法工委提交的关于《环境保护法修正案（草案）》的主要意见，建议根据新修订的《民事诉讼法》，明确规定有关环保机关和社会组织针对损害环境公共利益的行为，提起环境公益诉讼的资格。参见"公益诉讼限定主体被指不妥"，载《京华时报》2013 年 7 月 8 日。一般而言，法律修改草案经全国人大常委会三次审议后提交表决，但是首次修改环保法则经历四次审议，持续近三年时间，两次公开征求意见并数易其稿。一波三折的背后，争论的难点正是公益诉讼的主体范围。2013 年 6 月，在环境保护法修正案草案二审稿中，环境公益诉讼的主体是"中华环保联合会以及在省、自治区、直辖市设立的环保联合会"，因主体过窄引发争议。到 2013 年 10 月的三审稿，公益诉讼的主体从"中华环保联合会"扩展到"全国性社会组织"，众多草根民间组织被排除在诉讼主体之外，令大众对环境公益诉讼主体资格过窄的争议持续发酵。2014 年 4 月 24 日，十二届全国人大常委会第八次会议通过了新修订的《环境保护法》，首次对环境公益诉讼作出了规定。根据新修订的《环境保护法》第 58 条的规定，提起公益诉讼的主体修改为依法在设区的市级以上人民政府民政部门登记、能够专门从事环境保护公益活动连续 5 年以上且无违法记录的社会组织。由此，符合诉讼资格的公益诉讼主体已经从最初方案的一两家，扩大至超过 300 余家。参见杨烨、林远："新环保法'开闸'环境公益诉讼"，载《经济参考报》2014 年 4 月 25 日。

[2] 王灿发、程多威："新环境保护法下环境公益诉讼面临的困境及破解"，载《法律适用》2014 年第 8 期。

讼的组织范围；另一方面需要不断完善配套措施，以保证公益诉讼制度的切实施行。

按照人民主权理论，人民是一切公共权力或国家权力的所有者，但人民一般不直接行使国家权力，而委托给国家机关及具体的工作人员去行使，人民则保持监督权及在特定条件下直接管理国家事务的权利。这些专门的国家机关及其工作人员在行使国家公共权力时，必须反映和体现人民的意志，否则人民可以启动相应的救济权。具体程序是，先由民选的代议机构制定反映民意的法律，然后由相应的国家机关和公职人员具体执行法律，在相关国家机关及工作人员官僚主义、执法不严、违法不究，不能体现和反映民意的情况下，人民可以放弃对他们的委托，直接对违法行为提起诉讼，委托司法机关利用司法审判权来执行法律。同时，国家机关无论如何健全和调整，仅依靠相关机关及公务员来维护社会公共利益是不够的。因此法律应授权公民和社会团体来维护社会公共利益以弥补其不足。[1]

有学者认为，由于公益诉讼涉案人数比较多并且具有复杂性，如果允许所有公民都不受限制地提起诉讼，可能导致诉讼拖延、效率低下，甚至使原告在诉讼过程中感到力不从心、进退两难。但是，另一方面，如果对公民提起公益诉讼施加一些条件和限制，又很容易剥夺公民的诉权，造成不公，甚至减弱公民保护公共利益的热情和积极性。[2]我国新修改的《民事诉讼法》排除了公民作为公益诉讼主体的资格，实质上是剥夺了公民接近司法的权利。

笔者认为，从目前我国的实际情况看，应当赋予公民个人提起民事公益诉讼的主体资格。具体理由是：公民个人涉及的范围广泛，对自身的权益也最关心，当利益受损时，应当是最先发觉、最为敏感的，只有具有切身之痛者，才更具有诉讼需求，才能积极参加诉讼，维护自身的合法权益与社会公共利益。现代社会里，公民作为最基本、最有力的社会监督者，充分运用法律赋予的权利维护公共利益，是名正言顺的。公益诉讼的目的在于保护或者恢复受到侵害的公共利益，根据公共利益的特点，公共利益是与不特定的多数人相关的，因而不得限制人们维护公共利益的权利，不能阻断通向正义之路。因此，立法应当规定："凡我国公民，在公共利益受到侵害时，均有权以原告的身份提起诉讼。"

---

〔1〕 郭道晖："论公民权与公权力"，载《政治与法律》2005 年第 6 期。

〔2〕 廖中洪主编：《民事诉讼改革热点问题研究综述》，中国检察出版社 2006 年版，第 213 页。

需要注意的是，赋予公民个人提起公益诉讼的权利是一把"双刃剑"，既可以防止国家公权力的肆意，也可能鼓励公民为牟取一己之私利而滥用公益诉权。因此，在健全和完善公益诉讼制度的过程中应当对此加以防范，并确立相应的制约制度。例如，对不同的民事公益诉讼纠纷设置适当的前置程序，设立滥诉的侵权责任制度等。

四、民事公益诉讼的案件范围

（一）民事公益诉讼的立法模式

目前，通过立法形式确立公益诉讼制度，已经成为大多数学者的共识。但是，采用什么样的立法模式确立公益诉讼制度，法学理论界还存在争议。主要形成了以下三种观点：

第一，在民事诉讼法中规定公益诉讼制度。主要理由是：行政公益诉讼问题可以通过行政复议解决，也可以通过对抽象行政行为提起诉讼，或者建立违宪审查制度等方法解决。公益诉讼可以通过提起民事诉讼的方式予以解决，民事诉讼领域内的诉讼形态最能体现公益诉讼的特点。

第二，在行政诉讼法中规定公益诉讼制度。主要理由是：公共利益的保护完全可以通过确认诉讼、变更诉讼、撤销诉讼、履行义务诉讼、给付诉讼和执行诉讼六种行政诉讼形态实现，只要在立法上拓展原告人的资格即可。[1]

第三，制定单独的公益诉讼法。主要理由是：要从根本上解决公益诉讼问题，只能建立一种行之有效的新型诉讼制度，即制定单独的公益诉讼法，使一切组织和个人都可以根据法律、法规的授权，对侵犯国家及社会公共利益的违法行为有权向人民法院提起诉讼，由人民法院通过审判程序对违法者给予必要的法律制裁。[2]

从公益诉讼的总体状况看，公益诉讼是依托社会正义的概念，分为行政公益诉讼和民事公益诉讼两种形态，其特点是超越了个人利益的代表，倡导寻求法律的改变或者适用，从而影响全社会。公益诉讼是在民事诉讼框架内，以目的为导向的概念，从某种意义上说，是为了保护传统三大诉讼未能有效保护的利益而产生的。由于行政诉讼制度溯源于民事诉讼制度，两者遵循共同的诉讼

---

〔1〕 李桂英："关于是否设立公益诉讼类型问题的思考"，载《齐齐哈尔大学学报》2003年第4期。

〔2〕 舒迪："公益诉讼困境待解"，载《人民政协报》2005年7月26日。

法理和程序，而且民事诉讼程序更加细化、完善。[1]当行政公共利益受到侵犯，但是行政诉讼法律未予以规定时，完全可以借助民事诉讼法的规定使公共利益得以维护。因此，仅需要在民事诉讼法之中规定公益诉讼制度即可。[2]我国新修改的民事诉讼法规定了民事公益诉讼制度。

（二）公益诉讼的司法实践

公益诉讼，是指为了保护公共利益，由法院根据当事人的请求进行审判的制度。公共利益是一种介于国家利益和私人利益之间的权利和秩序，是一个历史性的概念，需要根据不同的语义背景具体考量。

目前，从相关报道看，我国民事公益诉讼主要集中在环境保护领域，比较典型的案例包括：“广州石榴岗河污染公益诉讼案”“塔斯曼海油轮海洋环境污染案”“贵州‘两湖一库’管理局诉贵州天峰化工有限公司环境污染纠纷案”“北京海淀区华清嘉园小区绿地环境公益诉讼案”，北大教授代表松花江受污染的鱼向中石油吉林分公司双苯厂提起的诉讼，以及“中华环保联合会诉江苏江阴港集装箱有限公司环境污染侵权纠纷案”等。

据中国人民大学肖建国教授的统计，2011年我国已经有40多个环保法庭，从2002年起开始受理第一起环境公益诉讼案件。[3]有关资料显示，自2015年1月1日新修订的《环境保护法》施行以来，全国法院共受理环境公益诉讼案件48件，其中民事公益诉讼45件，审结17件；行政公益诉讼3件，审结2件。比较而言，在2007年~2014年的8年中，我国法院受理环境民事公益诉讼案件的数量仅为57件，行政公益诉讼为8件。最高法环境资源审判庭副庭长王旭光介绍，环境民事公益诉讼案件的审理周期要比一般的民事案件长。而法院为生态环境修复的需要，所做的协调工作、沟通工作，周期也比较长。王旭光还表示，环境民事公益诉讼原告的基本诉求包括两个方面：一是要求法院判定被告赔偿因污染或破坏生态的行为所造成的环境服务功能的损失；二是要求法院判定被告限期修复被破坏的生态环境，如果被告拒绝修复或不能够执

---

[1] 《最高人民法院关于执行〈中华人民共和国行政诉讼法〉若干问题的解释》第97条明确规定：“人民法院审理行政案件，即可依照行政诉讼法和行政司法解释，也可以参照民事诉讼法的有关规定。”

[2] 肖建华、唐玉富：“论公益诉讼的理论基础与程序构建”，载《河南政法管理干部学院学报》2008年第1期。

[3] 李湘宁、唐丹妮：“‘审慎’公益诉讼”，载《财经》2011年第27期。

行，同时要判定被告承担相应数额的赔偿费用，由第三方代为修复。[1]

近年来，一些地方出现了一些"新型"的诉讼案件。例如，"3角钱"入厕费用官司，因春运期间票价上浮的合法性而提起的诉讼，起诉电信局擅自收取代理费的案件等。这些案件之所以被称为"新"，是因为当事人在提起诉讼维护自身权益的同时，也涉及"公共利益"，或者，有些原告提起诉讼请求保护的权益、维护的利益，与自己没有直接的关联关系，是基于对公共利益的保护。这类案件在社会上引起轰动，也引起了媒体和社会各界的广泛关注，以一种新型公益诉讼的形式展现在我们面前。

（三）我国公益案件范围的界定

关于民事公益诉讼的范围，各国的法律规定各不相同。有些国家规定得比较宽泛，有些国家则规定得比较狭窄。我国有关公益诉讼范围的规定应当符合我国国情，规定得过窄不利于公共利益的维护，规定得过宽则可能导致国家对民事案件干预过多，关键是要寻求公益保护范围的合理性。从立法技术来看，应当采取列举式，将能够确定的民事公益诉讼案件确定下来，目前不能确定的先不予规定，待时机成熟时可通过司法解释适当增加。我国2012年新修改的《民事诉讼法》规定的公益诉讼案件范围，包括环境污染和侵害众多消费者合法权益案件等。有学者认为，案件范围规定过窄。对此，立法机关的同志解释指出，此次法律修改确立了公益诉讼制度，对公益诉讼的范围和主体作出了规定，立案范围规定的是环境污染、侵害众多消费者合法权益等损害社会公共利益的行为。这个"等"的意思是先等着，是有余地、是法律上的发展空间。社会公共利益应当作宽泛解释，包括国家利益。[2]2017年修改的《民事诉讼法》将检察机关提起民事公益诉讼的范围规定为：破坏生态环境和资源保护、食品卫生领域侵害众多消费者合法权益等损害社会公共利益的行为。2018年3月2日起施行的《最高人民法院、最高人民检察院关于检察公益诉讼案件适用法律若干问题的解释》第13条第1款规定："人民检察院在履行职责中发现破坏生态环境和资源保护、食品药品安全领域侵害众多消费者合法权益等损害社会公共利益的行为，拟提起公益诉讼的，应当依法公告，公告期间为30日。"上述法律规定，对检察机关提起民事公益诉讼的案件范围，做了列举性的规定。

基于现实情况和公益诉讼的发展趋势，应当明确以下几类案件属于公益诉

---

〔1〕 张伟："全国法院今年共受理环境公益诉讼48件"，载《北京青年报》2015年12月30日。

〔2〕 李湘宁、唐丹妮："'审慎'公益诉讼"，载《财经》2011年第27期。

讼案件范围：

第一，国有资产流失案件。国有资产流失，是指采取非法手段将国有资产据为己有或故意加以毁坏，或者滥用职权、玩忽职守，致使国有资产受到重大损失的行为。主要包括：未经法定程序低价变卖国有资产；转制过程中使国有资产大量流失；未经法定程序破产；利用无效合同造成国有资产流失等。据有关部门统计，改革开放以来到1994年的16年间，国有资产流失大约5000个亿元。换言之，在此期间，国有资产以每天1亿元的速度流失。[1]从我国现行的法律规定看，我国对国有资产流失案件仍力不从心，亟须建立相应的法律救济机制，对侵害国有资产的行为人进行制裁，让其承担法律责任。目前，最好的办法是将其纳入公益诉讼的范畴。司法实践中，检察机关对这类案件提起公益诉讼已有成功经验可以借鉴。

第二，垄断及不正当竞争案件。随着市场竞争的激烈，行业和行政垄断现象屡禁不止，不正当竞争行为也愈演愈烈。主要表现为，公共事业单位利用其垄断地位，订立格式条款或者强制搭售附加产品；联合限制价格等。然而，长期以来，我国实行的是计划经济的行政管理单轨运行机制，通过各级政府的经济管理部门以国家名义和法律形式，行使对经济的监督和管理职能。这种单凭行政管理排斥公民参与的运行机制，导致我国的垄断问题愈演愈烈。因此，应当畅通民事公益诉讼渠道，建立能够吸收社会公众参与市场竞争秩序管理的反垄断公益诉讼机制。

第三，环境污染案件。近年来，环境污染案件逐渐增多，一些企业为了短期利益在生产过程中污染环境，使人类生存环境日益恶化。当地行政机关为本地的经济发展、财政收入，往往对环境污染行为泰然处之，甚至滥用职权、玩忽职守、徇私舞弊。在这种情况下，受害人可能基于诉讼不经济，或基于相互依赖，或感觉胜诉希望渺茫，最终无人起诉，使环境污染情况越来越严重。主要原因是我国现行法律规定的权利主体偏离了社会现实的需要。

第四，侵害众多消费者合法权益的案件。侵犯消费者合法权益的案件多种多样，包括产品质量有瑕疵、价格欺骗等。从侵害形式看，包括已经造成侵权事实和尚未造成侵权事实两种情况。商家的行为已经使消费者蒙受某种损失的，属于已经造成的侵权事实。商家的某些行为在目前还没有给消费者带来损害，但是存在某种隐患，有可能在将来危及消费者利益和安全的，属于尚未造

---

〔1〕 熊乙麟："民事公益诉讼制度探讨"，载《法制与经济》2008年第4期。

成的侵权事实。由于我国市场经济发展尚未成熟，国家对市场监管不到位，侵害众多消费者合法权益的案件大量滋生。这类案件受害者人数众多，由单个消费者起诉得不偿失，应当根据我国的现实情况，赋予消费者权益保护协会和消费者个人提起公益诉讼的权利，以切实维护众多消费者的合法权益。[1]

此外，也有学者提出，将确定婚姻无效案件、亲子关系案件、隐私权案件、禁治产案件等也规定为公益诉讼案件范围内。笔者认为，这些案件涉及亲情、友情等因素较多，造成损害的情况通常比较复杂，从目前情况看，检察机关不宜干涉过多，应当尊重当事人的意志，尊重当事人的诉权，由当事人在法定范围内对自身享有的权利进行处分。

五、民事公益诉讼的程序规则

（一）诉前程序

确立公益诉讼制度实际上是一把"双刃剑"，一方面有利于更有效地保护公共利益，另一方面也可能导致一些人滥诉。为防止滥诉，有必要设置一套诉前前置程序，对公益诉讼案件进行过滤。如果能够通过诉前程序使案件得以解决，就没有必要启动公益诉讼的繁杂程序。

具体来说，诉前程序可以设置如下：在起诉前，提起诉讼的检察机关、其他组织或公民个人对损害国家利益和社会公共利益的行为，认为属于行政机关管辖范围的，应当首先向行政机关进行投诉或者提出处理建议，行政机关接到投诉或者处理建议后，应当立即采取行动，行使行政权力。检察机关、其他组织或公民个人对行政机关处理非法行为的活动可以进行监督。当行政机关拒绝接受检察机关、其他组织或公民个人的意见或建议，不履行职权对违法行为进

---

〔1〕 姚晓霞："浅议市场经济体制下我国民事公益诉讼制度的构建"，载《科技情报开发与经济》2008年第35期。《消费公益诉讼司法解释》对可以提起消费者公益诉讼的范围作了列举性规定。其第2条规定："经营者提供的商品或者服务具有下列情形之一的，适用《消费者权益保护法》第47条的规定：（一）提供的商品或者服务存在缺陷，侵害众多不特定消费者合法权益的；（二）提供的商品或者服务可能危及消费者人身、财产安全，未作出真实的说明和明确的警示，未标明正确使用商品或者接受服务的方法以及防止危害发生方法的；对提供的商品或者服务质量、性能、用途、有效期限等信息作虚假或引人误解宣传的；（三）宾馆、商场、餐馆、银行、机场、车站、港口、影剧院、景区、娱乐场所等经营场所存在危及消费者人身、财产安全危险的；（四）以格式条款、通知、声明、店堂告示等方式，作出排除或者限制消费者权利、减轻或者免除经营者责任、加重消费者责任等对消费者不公平、不合理规定的；（五）其他侵害众多不特定消费者合法权益或者具有危及消费者人身、财产安全危险等损害社会公共利益的行为。"

行处罚，或者处罚不利时，检察机关、其他组织或公民个人可以向人民法院提起民事公益诉讼。如果违法行为不属于行政机关的主管范围或者主管机关不明确，检察机关、其他组织或公民个人可以直接向人民法院提起公益诉讼。

从制度的具体运作看，设置公益诉讼的诉前程序，即诉前向行政机关提出建议，一方面是为了解决当事人范围的扩大可能带来的滥诉和司法成本过大问题，强调穷尽行政救济；另一方面，可以调动行政机关的能动性，督促和监督行政机关依法履行行政职责，充分利用行政资源，通过行政途径解决纠纷，避免行政机关以公益诉讼为由，怠于行使职权，以此给行政机关一定的缓冲时间，由国家机关利用职权纠正违法行为。

从现行法律规定看，我国《民诉法司法解释》第 286 条、《环境公益诉讼解释》第 12 条和《消费公益诉讼司法解释》第 6 条对公益诉讼的通知程序作了规定。《民诉法司法解释》第 286 条规定："人民法院受理公益诉讼案件后，应当在 10 日内书面告知相关行政主管部门。"《环境公益诉讼解释》第 12 条规定："人民法院受理环境民事公益诉讼后，应当在 10 日内通报对被告行为负有监督管理职责的环境保护主管部门。环境保护主管部门收到人民法院受理环境民事公益诉讼案件线索后，可以根据案件线索开展核查；发现被告行为构成环境行政违法的，应当依法予以处理，并将处理结果通报人民法院。"《消费公益诉讼司法解释》第 6 条规定："人民法院受理消费民事公益诉讼案件后，应当公告案件受理情况，并在立案之日起 10 日内书面告知相关行政主管部门。"这些规定虽然类似前述公益诉讼的诉前程序，但是与诉前程序存在较大区别。一是从时间上看，诉前程序，是指在公益诉讼的主体提起公益诉讼前，拟提起公益诉讼的主体向行政机关提出处理建议，目的是督促和监督行政机关依法行使行政权力，履行行政职责；而上述规定确定的通知程序，是公益诉讼案件已经诉至法院后，法院将案件受理情况书面告知相关行政主管部门。二是从主体看，诉前程序建议主体是法定可以提起民事公益诉讼的机关、组织和个人，而上述规定的通知主体是人民法院。

如前所述，设置诉前程序的目的是督促和监督行政机关依法履行行政职责，使问题在诉前解决，避免浪费司法资源。案件诉至法院后再进行告知，明显有违设置诉前程序的初衷，虽然也有利于督促和监督行政机关依法履行行政职责，但是显然不能达到节约司法成本的目的。鉴于此，建议修改相关法律制度，为民事公益诉讼案件的受理设置诉讼前程序，只有当行政机关拒绝接受检察机关、其他组织或公民个人的意见或建议，不履行职权对违法行为进行处罚，或者处罚不利时，检察机关、其他组织或公民个人向人民法院提起民事公益诉讼，人民法院才予以受理。[1]

（二）诉讼的提起方式和管辖

各国提起公益诉讼的方式主要有三种，即单独提起、参与提起和共同提起。单独提起，是指检察机关、其他组织或者公民个人以原告的身份提起公益诉讼。例如，法国、日本、美国法律都规定，检察院（检察官）有权依法提起民事公益诉讼。参与提起，是指检察机关、其他组织或者公民个人作为从当事人支持原告提起诉讼。法国、日本的法律都有相关的规定。例如，《日本人事诉讼程序法》第5条第1款规定："检察官应列席婚姻案件的辩论并发表意见。"第2款规定："检察官可列席受命法官或受托法官的审问并发表意见。"[2]共同提起，是指检察机关、其他组织或者公民个人与其他当事人一起以原告的身份提起诉讼。我国要进一步健全和完善公益诉讼制度，上述三种方式都应当以法定形式加以规定，因为诉讼主体的广泛性决定起诉方式的多样性。公共利益关系重大，设置立体化、多元化的救济方式有利于使受损害的公共利益快速恢复原状。[3]

涉及民事公益诉讼提起方式的法律规范，除现行《民事诉讼法》以外，还

---

[1] 关于诉前程序，2017年6月30日，最高人民检察院召开新闻发布会，解读《全国人大常委会关于修改民事诉讼法和行政诉讼法的决定》精神，介绍检察机关两年来开展公益诉讼试点工作主要情况和经验成效，并回答了记者提问。最高人民检察院民事行政检察厅厅长胡卫列介绍，根据公益诉讼试点方案，诉前程序是检察机关提起公益诉讼的必经程序。检察机关在提起公益诉讼之前，应当建议法律规定的机关或者组织提起民事公益诉讼，或者在行政公益诉讼之前应当督促相关行政机关纠正行政违法行为或者依法履职。只有在相关机关或者社会组织没有提起民事公益诉讼，或者相关的行政机关拒不纠正违法行为，又不完全履职的情况下，检察机关才提起民事公益诉讼或者行政公益诉讼。设立诉前程序的目的是为了提高检察监督的效力，发挥行政机关主动履职的能动性，节约司法资源。截止到2017年5月，各试点地区检察机关共办理诉前程序案件6952件，占全部公益案件的88%以上，其中行政公益诉讼诉前程序案件6774件，除了未到一个月回复期的有935件外，行政机关纠正违法或者主动履行职责的4358件，占75%。也就是说，3/4的行政机关在行政公益诉讼的诉前程序当中纠正了违法行为，履行了法定的职责。参见"最高检：检察机关通过公益诉讼挽回经济损失89亿余元"，载中国新闻网：http://www.chinanews.com，访问日期：2017年7月28日。2018年3月2日起施行的《两高检察公益诉讼解释》第13条规定了诉前程序，即人民检察院在履行职责中发现破坏生态环境和资源保护、食品药品安全领域侵害众多消费者合法权益等损害社会公共利益的行为，拟提起公益诉讼的，应当依法公告，公告期间为30日。公告期满，法律规定的机关和有关组织不提起诉讼的，人民检察院可以向人民法院提起诉讼。

[2] 《日本新民事诉讼法》，白绿铉译，中国法制出版社2000年版，第145页。

[3] 肖建华、唐玉富："论公益诉讼的理论基础与程序构建"，载《河南政法管理干部学院学报》2008年第1期。

有《环境公益诉讼解释》《消费者公益诉讼司法解释》。以环境公益诉讼为例，《环境公益诉讼司法解释》第 10 条规定："人民法院受理环境民事公益诉讼后，应当在立案之日起 5 日内将起诉状副本发送被告，并公告案件受理情况。有权提起诉讼的其他机关和社会组织在公告之日起 30 日内申请参加诉讼，经审查符合法定条件的，人民法院应当将其列为共同原告；逾期申请的，不予准许。"公民、法人和其他组织以人身、财产受到损害为由申请参加诉讼的，告知其另行起诉。该司法解释第 10 条规定：检察机关、负有环境保护监督管理职责的部门及其他机关、社会组织、企业事业单位依据《民事诉讼法》第 15 条的规定，可以通过提供法律咨询、提交书面意见、协助调查取证等方式支持社会组织依法提起环境民事公益诉讼。[1]从上述法律规定可以看出，为了保护社会公共利益，我国法律规定公益诉讼的提起方式是多样的，不足之处在于，从我国目前的法律规定看，没有赋予公民单独提起民事公益诉讼的主体资格，这是法律规定需要完善的。

关于民事公益诉讼的管辖，我国《民诉法司法解释》《环境公益诉讼司法解释》和《消费者公益诉讼司法解释》都有规定。《民诉法司法解释》第 285 条规定：公益诉讼案件由侵权行为地或者被告住所地中级人民法院管辖，但法律、司法解释另有规定的除外。因污染海洋环境提起的公益诉讼，由污染发生地、损害结果地或者采取预防污染措施地海事法院管辖。对同一侵权行为分别向两个以上人民法院提起公益诉讼的，由最先立案的人民法院管辖，必要时由它们的共同上级人民法院指定管辖。《环境公益诉讼解释》第 6 条规定：第一审环境民事公益诉讼案件由污染环境、破坏生态行为发生地、损害结果地或者被告住所地的中级以上人民法院管辖。中级人民法院认为确有必要的，可以在

---

〔1〕《消费者公益诉讼解释》第 4 条规定："提起消费民事公益诉讼应当提交下列材料：（一）符合民事诉讼法第一百二十一条规定的起诉状，并按照被告人数提交副本；（二）被告的行为侵害众多不特定消费者合法权益或者具有危及消费者人身、财产安全危险等损害社会公共利益的初步证据；（三）消费者组织就涉诉事项已按照消费者权益保护法第三十七条第四项或者第五项的规定履行公益性职责的证明材料。"第 5 条规定："人民法院认为原告提出的诉讼请求不足以保护社会公共利益的，可以向其释明变更或者增加停止侵害等诉讼请求。"第 6 条规定："人民法院受理消费民事公益诉讼案件后，应当公告案件受理情况，并在立案之日起十日内书面告知相关行政主管部门。"第 7 条规定："人民法院受理消费民事公益诉讼案件后，依法可以提起诉讼的其他机关或者社会组织，可以在一审开庭前向人民法院申请参加诉讼。人民法院准许参加诉讼的，列为共同原告；逾期申请的，不予准许。"第 9 条规定："人民法院受理消费民事公益诉讼案件后，因同一侵权行为受到损害的消费者申请参加诉讼的，人民法院应当告知其根据民事诉讼法第一百一十九条规定主张权利。"

报请高级人民法院批准后，裁定将本院管辖的第一审环境民事公益诉讼案件交由基层人民法院审理。同一原告或者不同原告对同一污染环境、破坏生态行为分别向两个以上有管辖权的人民法院提起环境民事公益诉讼的，由最先立案的人民法院管辖，必要时由共同上级人民法院指定管辖。第7条还规定：经最高人民法院批准，高级人民法院可以根据本辖区环境和生态保护的实际情况，在辖区内确定部分中级人民法院受理第一审环境民事公益诉讼案件。中级人民法院管辖环境民事公益诉讼案件的区域由高级人民法院确定。《消费者公益诉讼解释》第3条规定：消费民事公益诉讼案件管辖适用《最高人民法院关于适用〈中华人民共和国民事诉讼法〉的解释》第285条的有关规定。经最高人民法院批准，高级人民法院可以根据本辖区实际情况，在辖区内确定部分中级人民法院受理第一审消费民事公益诉讼案件。

从上述规定看，关于地域管辖的规定应当说是适当的，当事人有选择权，原告可以自己根据案件的利益衡量选择法院起诉，从而有利于避免地方保护主义。[1]关于级别管辖，法律规定涉及公益诉讼的案件由中级人民法院管辖较为适当，但是《环境公益诉讼司法解释》规定，中级人民法院认为确有必要的，可以在报请高级人民法院批准后，裁定将本院管辖的第一审环境民事公益诉讼案件交由基层人民法院审理。这样规定似乎不妥，因为环境公益诉讼案件大多涉及面广，影响范围大，社会关注程度高，案情较为复杂，审理和执行都比较难，正是基于上述考虑，法律规定由中级人民法院管辖。从审级制度的设置看，相对基层法院而言，高一级法院的法官素质应当更高一些，涉及公益诉讼的案件，保护的是国家利益和社会公共利益，关系重大，适合由高一级法院审理，规定有些案件由基层人民法院审理，与审级制度的设置目的和案件性质都不相符，显然有失公允。[2]

---

[1] 为解决生态环境的整体性与保护的分散性之间的矛盾，克服地方保护主义，有必要按流域和生态区域实行跨行政区划集中管辖。据此，《环境公益诉讼司法解释》第7条规定："经最高人民法院批准，高级人民法院可以根据本辖区环境和生态保护的实际情况，在辖区内确定部分中级人民法院受理第一审环境民事公益诉讼案件。中级人民法院管辖环境民事公益诉讼案件的区域由高级人民法院确定。"刚刚成立的北京市第四中级人民法院的受案范围就包括北京市范围内跨行政区划的环境保护案件。这一规定实现了环境民事公益诉讼案件的跨行政区划管辖，有利于克服地方保护主义。参见王尔德："最高法：环境公益诉讼可跨区域管辖"，载《21世纪经济报道》2015年1月7日。

[2] 2018年3月2日起施行的《两高检察公益诉讼解释》第5条规定："市（分、州）人民检察院提起的第一审民事公益诉讼案件，由侵权行为地或者被告住所地中级人民法院管辖。"

（三）证明责任分配

民事诉讼的证明责任一般实行"谁主张，谁举证"，即当事人对自己提出的主张有提供证据加以证明的责任，否则将承担不利的诉讼后果。在一般证明责任之外，法律还规定了证明责任倒置规则，即法律将属于原告承担的证明责任规定由被告承担。但是，证明责任倒置规则不能随意适用，只有法律规定的情形，才能实行证明责任倒置。

我国完善公益诉讼制度，确定证明责任的分配，应当根据不同的诉讼主体情况，确定不同的证明责任分配规则。检察机关作为原告提起民事公益诉讼的，考虑到检察机关具有公诉的职能，享有法定的权力，在收集证据上处于有利地位。因此，证明责任的承担应当遵循"谁主张，谁举证"的原则，由检察机关为对方当事人侵犯公共利益行为的违法性承担举证责任。其他组织或者公民个人作为原告提起公益诉讼的，考虑到违法行为实施方在社会中往往处于强势地位，原告方收集证据的力量明显不足，为了保障诉讼的公平与公正，证明责任承担应当实行证明责任倒置，即由被告方承担证明责任。但是，对民事权益受到损害的事实，原告仍然需要承担证明责任。

从目前我国有关的法律规定看，无论是消费者组织还是环保组织提起民事公益诉讼，法律都没有对证明责任分配作出特殊规定。以消费者组织提起公益诉讼为例，消费者组织提起公益诉讼的积极性大都不高，因为消费者组织不仅要考虑消费者权益保护问题，同时还要考虑地方经济发展问题、投资环境问题，特别是考虑生产经营企业与消费者之间权利义务的平衡问题。说到底，消费者权益的保护，表面看来看似乎只是保护消费者个人利益的问题，但是消费者的范围十分广泛，每一个公民都是消费者，因此，消费公益诉讼案件往往涉及方方面面的利益，案件会产生巨大的社会影响。正因为如此，消费者组织提起公益诉讼难免会投鼠忌器，必须充分考虑消费公益诉讼可能产生的社会后果。

除了考虑经营者的利益、地方经济发展问题之外，消费者组织还担负着非常大的举证责任。虽然在我国民事诉讼法的修改过程中有些学者提出，在保护消费者权益方面可以实行举证责任倒置原则，甚至可以直接引进美国的"严格责任制度"，但是，从目前情况来看，我国《民事诉讼法》以及修改后的《消费者权益保护法》为了平衡各方面利益，在举证责任方面以及产品质量技术鉴定方面并没有作出实质性改变，这就使得消费者组织在公益诉讼过程中不得不花费大量人力、物力、财力，对案件涉及的消费品是否存在质量问题申请权威机构作出鉴定。对于绝大多数消费者组织而言，这几乎是无法承受的负担。[1]《环境公益诉讼司法解释》虽然在证据收集和质证方面作出了规定，但是并没有从根本上解决环保组织在提起公益诉讼过程中的举证难问题。[2]

从民事公益诉讼的司法实践和长远发展看，涉及法定组织和公民个人提起的公益诉讼，由于原被告双方往往在经济和社会地位方面力量悬殊，相比之下，原告的举证能力明显处于弱势地位，特别是在一些涉及工业环境污染的案件中，大部分证据都由被告掌握，并且证据大都具有较强的技术性和专业性，原告如果没有相关的技术知识和专业知识，向对方收集证据比较困难。在这种情况下，如果坚持"谁主张，谁举证"的证明责任分配原则，会导致原告在公益诉讼案件中举证困难，胜诉的概率降低。由于收集证据、提供证据比较困难，法定组织和公民个人可能怠于提起民事公益诉讼，导致制度闲置。因此，建议修改相关法律规定，明确在其他组织或者公民个人提起民事公益诉讼时，实行证明责任倒置原则。

（四）撤诉与和解

公益诉讼的目的是维护国家利益和社会公共利益。因此，与通常的民事诉讼程序适用相比，当事人的自由处分权会受到较多的限制。例如，撤诉、和解等。撤诉，是人民法院受理案件后至宣告判决前，原告自愿要求撤回自己诉讼请求的行为。申请撤诉是当事人行使处分权的体现，法律规定当事人应当依法行使处分权，不得损害国家、集体和公民的利益，否则，人民法院将代表国家进行干涉。原告提起公益诉讼后提出撤诉，人民法院应当对原告的撤诉行为进行干涉，除因证据不足，或者被告承认错误并接受处罚外，凡是被告的违法行为事实清楚、证据确实充分，侵犯了国家利益、社会公共利益，扰乱了社会秩序，人民法院应当不允许其撤诉。诉讼上的和解，是指当事人双方在诉讼中达成的以终结诉讼为目的的协议。涉及公益诉讼案件，原、被告之间进行和解应当允许，但是应当符合法律规定的条件，并且应当在被告受处罚的幅度范围内

---

〔1〕 乔新生："消费公益诉讼真正落地"，载《民生》2016年2月26日。

〔2〕《环境公益诉讼司法解释》第14条规定："对于审理环境民事公益诉讼案件需要的证据，人民法院认为必要的，应当调查收集。对于应当由原告承担举证责任且为维护社会公共利益所必要的专门性问题，人民法院可以委托具备资格的鉴定人进行鉴定。"第15条规定："当事人申请通知有专门知识的人出庭，就鉴定人作出的鉴定意见或者因果关系、生态环境修复方式、生态环境修复费用以及生态环境受到损害至恢复原状期间服务功能的损失等专门性问题提出意见的，人民法院可以准许。前款规定的专家意见经质证，可以作为认定事实的根据。"

进行和解。

我国的相关司法解释对公益诉讼的撤诉与和解制度作了规定。2015年《民诉法司法解释》第289条规定：对公益诉讼案件，当事人可以和解，人民法院可以调解。当事人达成和解或者调解协议后，人民法院应当将和解或者调解协议进行公告。公告期间不得少于30日。公告期满后，人民法院经审查，和解或者调解协议不违反社会公共利益的，应当出具调解书；和解或者调解协议违反社会公共利益的，不予出具调解书，继续对案件进行审理并依法作出裁判。第290条规定：公益诉讼案件的原告在法庭辩论终结后申请撤诉的，人民法院不予准许。《环境公益诉讼司法解释》第25条规定，环境民事公益诉讼当事人达成调解协议或者自行达成和解协议后，人民法院应当将协议内容公告，公告期间不少于30日。公告期满后，人民法院审查认为调解协议或者和解协议的内容不损害社会公共利益的，应当出具调解书。当事人以达成和解协议为由申请撤诉的，不予准许。调解书应当写明诉讼请求、案件的基本事实和协议内容，并应当公开。第26条规定，负有环境保护监督管理职责的部门依法履行监管职责而使原告诉讼请求全部实现，原告申请撤诉的，人民法院应予准许。第27条规定，法庭辩论终结后，原告申请撤诉的，人民法院不予准许，但本解释第26条规定的情形除外。

从上述规定可以看出，对于公益诉讼案件的审理，法律并不排斥撤诉制度的具体运用，体现了对当事人处分权的尊重。但是，当事人撤诉是有限制的，主要体现在以下两个方面：一是原告在法庭辩论终结后申请撤诉的，人民法院不予准许。这与通常案件审理撤诉制度的规定是一致的。二是当事人以达成和解协议为由申请撤诉的，不予准许。这一规定与一般案件审理撤诉制度的规定存在差异，一般诉讼中，当事人双方达成和解协议的，可以采取两种方式终结诉讼程序，即撤诉和申请法院制作调解书。原告在法庭辩论终结后申请撤诉，人民法院应予准许的情形，限于负有环境保护监督管理职责的部门依法履行监管职责而使原告诉讼请求全部实现。但是，对于在法庭辩论终结前，原告申请撤诉的适用情形，法律并没有做出明确的规定。[1] 2018年3月2日起施行的《最高人民法院、最高人民检察院关于检察公益诉讼案件适用法律若干问题的解释》第19条规定："民事公益诉讼案件审理过程中，人民检察院诉讼请求全部实现而撤回起诉的，人民法院应予准许。"

---

〔1〕《消费者公益诉讼司法解释》对撤诉和和解没有作出规定。

笔者认为，公益诉讼的提起不同于私益诉讼，对于私益诉讼，法律应当赋予当事人充分的处分权，但是，公益诉讼原告的某些权利的处分，应当受到严格的限制。例如，撤诉权的行使。因为公益诉讼涉及公共利益，一旦提起诉讼，被告的行为是否损害了公共利益就必须查明。况且，在公益诉讼提起前已经经过了诉前程序，如果允许原告随意撤诉，会助长被告买通原告损害公共利益行为的产生。因此，为了切实维护国家利益和社会公共利益，建议法律进一步明确规定，审理民事公益诉讼案件，原告撤诉限于两种情形：一是证据不足，不能证明被告的行为损害了国家利益和社会公共利益；二是被告承认错误并接受处罚。除此之外，不允许原告撤诉。

关于和解制度的具体运用，从上述规定看，公益诉讼案件的审理并不排斥调解与和解制度的具体运用，体现了法律对当事人处分权的尊重。但是，法律规定当事人达成和解协议后，原告不能申请撤诉，只能通过制作调解书的方式结案似有不妥。因为如果被告承认错误并接受处罚，原告申请撤诉也未尝不可，在这种情况下，公共利益已经得到维护，诉讼再进行下去已经没有必要。如果担心原告撤诉后，被告不履行和解协议，由于和解协议的内容已经进行了公告，法律可以规定赋予公告过的和解协议具有申请强制执行的效力。

（五）判决既判力范围的扩张

既判力是大陆法系民事诉讼法学的基本理论研究范畴，是指民事判决实质上的确定力，即确定判决对当事人和法院的约束力。既判力的效力对象是后诉，后诉必须尊重和受制于前诉，判决确定的权利或法律关系是当事人和法院必须遵守的内容，当事人和法院不得提出相异的主张或者作出矛盾的判决。公益诉讼从保护公共利益出发，具有判决既判力扩张的特点。

对于公益诉讼裁判的效力，《民诉法司法解释》第291条规定，公益诉讼案件的裁判发生法律效力后，其他依法具有原告资格的机关和有关组织就同一侵权行为另行提起公益诉讼的，人民法院裁定不予受理，但法律、司法解释另有规定的除外。第288条规定，人民法院受理公益诉讼案件，不影响同一侵权行为的受害人根据《民事诉讼法》第119条规定提起诉讼。《环境公益诉讼司法解释》第29条规定，法律规定的机关和社会组织提起环境民事公益诉讼的，不影响因同一污染环境、破坏生态行为受到人身、财产损害的公民、法人和其他组织依据《民事诉讼法》第119条的规定提起诉讼。第30条规定，已为环境民事公益诉讼生效裁判认定的事实，因同一污染环境、破坏生态行为依据《民事诉讼法》第119条规定提起诉讼的原告、被告均无需举证证明，但原告对该事实有异议并有相反证据足以推翻的除外。对于环境民事公益诉讼生效裁判就被告是否存在法律规定的不承担责任或者减轻责任的情形、行为与损害之间是否存在因果关系、被告承担责任的大小等所作的认定，因同一污染环境、破坏生态行为依据《民事诉讼法》第119条规定提起诉讼的原告主张适用的，人民法院应予支持，但被告有相反证据足以推翻的除外。被告主张直接适用对其有利的认定的，人民法院不予支持，被告仍应举证证明。《消费公益诉讼司法解释》第15条规定：消费民事公益诉讼案件的裁判发生法律效力后，其他依法具有原告资格的机关或者社会组织就同一侵权行为另行提起消费民事公益诉讼的，人民法院不予受理。第16条规定：已为消费民事公益诉讼生效裁判认定的事实，因同一侵权行为受到损害的消费者根据《民事诉讼法》第119条规定提起的诉讼，原告、被告均无需举证证明，但当事人对该事实有异议并有相反证据足以推翻的除外。消费民事公益诉讼生效裁判认定经营者存在不法行为，因同一侵权行为受到损害的消费者根据《民事诉讼法》第119条规定提起的诉讼，原告主张适用的，人民法院可予支持，但被告有相反证据足以推翻的除外。被告主张直接适用对其有利认定的，人民法院不予支持，被告仍应承担相应举证证明责任。

从上述规定看，为了提高私益诉讼的审判效率，同时防止作出相互矛盾的裁判，法律允许私益诉讼原告"搭便车"，即民事公益诉讼生效判决的认定有利于私益诉讼原告的，可以在私益诉讼中主张适用。这样规定有利于协调公益诉讼与私益诉讼的关系，也有利于维护权益受到不法损害的当事人的合法权益，是一大进步。同时，《民诉法司法解释》第291条亦规定了"一事不再理"的案件审理原则，但是并没有对判决既判力范围的扩张作出进一步明确具体的规定。针对此种情形，笔者提出如下完善建议：对于检察机关单独提起的民事公益诉讼，判决的既判力及于未参加诉讼的人；对于其他组织基于法律授权提起的公益诉讼，法院判决的效力及于公益团体和授权的团体成员；对于公民个人提起的公益诉讼，当事人未在法定公告期内向法院主张退出公益诉讼的，法院判决对所有利害关系人产生法律效力。

（六）诉讼费用的承担

诉讼费用的含义有广义和狭义之分。广义的诉讼费用，是指当事人进行民事诉讼所支出的一切费用。狭义的诉讼费用，是指当事人进行民事诉讼向法院交纳和支付的费用。本文所称诉讼费用是指狭义的诉讼费用。

对于民事公益诉讼的诉讼费用，《民诉法司法解释》没有明确规定。《环境公益诉讼司法解释》第 33 条规定：原告交纳诉讼费用确有困难，依法申请缓交的，人民法院应予准许。败诉或者部分败诉的原告申请减交或者免交诉讼费用的，人民法院应当依照《诉讼费用交纳办法》的规定，视原告的经济状况和案件的审理情况决定是否准许。第 34 条规定：社会组织有通过诉讼违法收受财物等牟取经济利益行为的，人民法院可以根据情节轻重依法收缴其非法所得、予以罚款；涉嫌犯罪的，依法移送有关机关处理。社会组织通过诉讼牟取经济利益的，人民法院应当向登记管理机关或者有关机关发送司法建议，由其依法处理。

根据上述法律规定，对于民事公益诉讼案件的诉讼费用的承担，法律并没有做出特殊规定。从目前的情况看，法定组织提起公益诉讼，特别是环境公益诉讼，大都面临取证难、费用高等问题，不少法定组织怠于提起民事公益诉讼，客观上影响了公益诉讼制度作用的发挥。从司法实践看，民事公益诉讼案件大多涉及面广，案件金额相对较高，提起公益诉讼涉及的诉讼费用也比较高。同时，由于获得证据的信息不对称，原告在提起公益诉讼时可能并没有十足的把握，加之面临诉讼费用过高问题，导致符合条件的诉讼主体放弃公益诉讼。针对上述问题，笔者认为，应当从以下两个方面采取措施，完善相关的法律制度：

第一，公益诉讼实行特殊的费用收取制度。公益诉讼的特殊性决定，其诉讼费用的承担也应当区别于普通民事诉讼。涉及民事公益诉讼案件，虽然涉及较高的诉讼金额，但是，为了鼓励法定主体提起公益诉讼，更好地保护公共利益，应当改革诉讼费用收取制度，采用特殊的诉讼费用收取办法：检察机关作为原告提起公益诉讼本属于检察机关的法定职责，目的是维护国家利益和社会公共利益，因而，检察机关提起公益诉讼花费的费用，包括诉讼费用，应当由国库支出。[1]其他法定组织和公民个人提起公益诉讼，因公益诉讼具有复杂性，涉及的费用比较高，诉讼费用的数额也相对比较大，往往是法定组织和公民个人难以承受的。如果因为诉讼费用导致相关的法定组织和公民个人丧失提起公益诉讼的积极性，无疑会使法律规定付之东流。因此，其他组织和公民个人提起民事公益诉讼的，诉讼费用的承担应当作出特殊规定，即原告可以暂不

〔1〕 国外亦有诉讼费用由国家承担的法律规定。《日本人事诉讼程序法》第 17 条规定："在检察机关败诉的情况下，诉讼费用由国库承担。"参见《日本新民事诉讼法》，白绿铉译，中国法制出版社2000 年版，第 147 页。

• 103 •

预交诉讼费用，案件审结后，原告胜诉的，诉讼费用由被告承担[1]；原告败诉的，诉讼费用可以用公益诉讼基金支付。

第二，建立公益诉讼基金制度。在美国，联邦法院对公益诉讼案件都是按件收费，而且诉讼费用非常低，不会对公益诉讼人造成任何经济上的压力。此外，国外还有关于诉讼保险制度的相关规定，即将原告的诉讼风险转嫁给保险机构，由保险机构承担败诉的风险，诉讼风险的承保对象和承保范围一般包括诉讼费用和律师费用。[2]从我国目前的情况看，建立公益诉讼基金制度可能更加可行。通过建立公益诉讼基金，用于支付有关的诉讼费用，同时使奖励基金得到落实。具体办法可以是，法定的公益诉讼主体提起公益诉讼胜诉后获得的款项，除支付相应的修复、赔偿费用外，所余款项可以用来建立公益诉讼基金，一方面用于支付相关诉讼费用，另一方面用于奖励在公益诉讼中作出贡献的法定组织和公民，激励更多的法定主体提起民事公益诉讼。此外，为了防止有人恶意提起公益诉讼，对于恶意提起公益诉讼者，应当给予严厉惩罚。

---

[1] 《消费公益诉讼司法解释》第 17 条规定："原告为停止侵害、排除妨碍、消除危险采取合理预防、处置措施而发生的费用，请求被告承担的，人民法院可予支持。"第 18 条规定："原告及其诉讼代理人对侵权行为进行调查、取证的合理费用、鉴定费用、合理的律师代理费用，人民法院可根据实际情况予以相应支持。"这些规定，显然有利于鼓励公益诉讼主体提起民事公益诉讼。

[2] 钟著："民事公益诉讼制度之研究"，山东大学 2011 年硕士学位论文，第 36 页。

对我国民事诉讼法架构下证据制度的检讨与塑构

毕玉谦[*]

引 言

我国民事诉讼证据制度主要由《民事诉讼法》、有关民商事实体法及其最高法院有关司法解释所构成。2002 年 4 月 1 日起实施的《最高人民法院关于民事证据的若干规定》（以下简称：《民事证据规则》）虽然是以最高法院司法解释的形式颁行的，但是在立法意义上，它具有民事证据法典化的雏形。这与在当时的历史背景条件下在法学界和立法界被广为热议的是否应制定专门的证据法典这一话题不无关系。当时，随着审判方式改革不断走向深入，各地法院纷纷自立门户，推出仅适用于所管辖区域内的证据规则，在法院之间就一些重要的证据适用程序与规则出现了大相径庭的尴尬局面，从而使得来自不同地区涉诉的当事人或律师感到无所适从，难以应对。针对此种窘况，最高人民法院在总结审判方式改革成果以及评估各地法院证据规则的基础之上颁布实施了《民事证据规则》，从而结束了"诸侯割据"的局面。这一司法解释具有以下特点：第一，是对在此之前有关民事证据制度立法及其司法解释的补充与完善，其中不乏体现与此前相关立法规定有相互冲突之处，但更为突出反映的是后者对前者的修订功能与替补功能；第二，设定了一些新的证据适用程序与证据适用规则，较为突出的当推举证时限制度与证据交换制度；第三，虽然该司法解释从总体上仍偏重于设定证据法的程序规范，但是其中的若干规定毕竟已经开始显现出证据法的技术规范之特征，在一定程度上反映了立法技术上的渐

* 毕玉谦，中国政法大学民事诉讼法研究所所长，教授，博士生导师，法学博士。

进与提高；第四，尽管表现得不尽充分，但还是从不同的角度和层面上显现和反映了一些基本证据规则，例如意见证据规则、补强证据规则、非法证据排除规则、原始证据及例外规则等。随着有关证据理论学说热潮的兴起以及《民事证据规则》的实施，人们在司法过程当中的证据意识大为加强，极大地推动了程序正义的司法理念的勃兴，促进了司法改革和程序革命不断走向深入发展的轨道。在《民事证据规则》实施十年之后，2012 年经修改的《民事诉讼法》以及 2015 年 2 月 4 日最高人民法院公布并实施的《关于适用〈中华人民共和国民事诉讼法〉的解释》（以下简称《民诉法解释》）有关证据制度的内容，系在对《民事证据规则》实施过程中不断总结经验、修正谬误、推陈出新基础上的产物和结晶。在《民事证据规则》没有被废止以及仍在发挥其余热的实践过程中，如何协调《民事诉讼法》《民诉法解释》以及《民事证据规则》三者之间的关系乃成为一种亟待解决的问题，而解决这一问题的实质就在于，如何在现行民事诉讼法架构下对我国民事证据制度进行整合、归纳和检讨。对此，笔者将从以下诸面分述个人的一管之见。

一、从证据法则的法典化议题谈起

通常而言，证据制度与证据法典可视为一个问题的两个不同侧重点。其中，在某一诉讼法的立法框架内，在程序规范层面与技术规范层面，证据制度呈现出与有关诉讼法律规范相互协调、互为契合的统一体之形态，在此，证据制度构成有关诉讼法的有机组成部分。在此形态内部，由于诉讼法的整体属性所使然，证据制度的内部有机构成处于从属地位，同时，其自身结构的发育与条文规模的膨胀受到诉讼法统一性的严重制约。因此，只有被迫游离于诉讼法在整体结构上的设计与证据制度在局部上的适应性之间的权衡，才能寻求证据规则的应然的空间。可见，在诉讼法体建之下，其优点莫过于助长证据法程序规范的膨胀与发达，其弊端在于抑制证据法技术规范的生成空间，进而损害证据法的有机构成。为了适应程序化的需要，一些具有内在属性的制度或规则有可能被人为地割裂在不同的章节之中，例如，大陆法系的《法国民事诉讼法》《德国民事诉讼法》等有关举证及向法院提交证据规则、证人制度与规则、书证规则等。

就证据法典化与证据法的表现形式而言，二者之间体现的是实质内容与表现方式之间的关系。证据法的法律规范之分类，除了技术规范、程序规范之外，还有实体法规范。基于在有关实体法的内存结构与逻辑特征之间存在某种程度上的关联性，使得实体法规范自身相应地孕育或派生出一些证据法的实体规范。例如，《法国民法典》第 2230 条有关占有权的规定："在任何情况下，均推定占有人系以所有人之身份为其本人占有，但如能证明占有人已开始为他人占有者，不在此限。"《瑞士民法典》第 248 条有关夫妻财产分离的规定："凡宣称某特定财产系配偶之一方或他方所有的，须为此提供证据。无法提供该证据的，推定其为配偶双方共同所有。"这些都属于证据法的实体规范。另外，一些大陆法系国家在民法典中设有专门的章节，对有关证据制度与规则加以设置，但是，除了少部分证据法的实体规范之外，在这类体建下所涉及的内容大多是属于证据法的技术规范。其主要原因在于，大陆法系国家通常没有独立的证据法典，但是出于使实体法本身具有可操作性的需要，在传统的民法典等实体法当中设立专门的章节，亦是立法技术上的一种权宜之举。例如，《法国民法典》在第三卷"取得财产各种方式"中的"有关契约或约定之债的一般规定"当中，就"债的证明与清偿的证明"分别对书证、人证、推定、当事人的自认及宣誓等规则加以尽悉规定，从而构成民事证据制度的特别规则。另外，《意大利民法典》在"权利的保护"一编中对证据加以专章规定，其中包括证据的一般规定、书证、证人证言、推定、当事人的承认、宣誓。

从我国目前的立法上看，证据制度的表现形态呈放射状，即除了三大诉讼法均规定有相应的证据制度之外，甚至在民商法、刑法中也有相关的设置，司法解释中有关证据制度的篇幅甚至比立法中的篇幅有过之而无不及。谈及证据的法典化，一些学者往往以英美法的立法模式而论之。从目前来看，证据法典化在我国应当包含两种含义：其一，理论研究意义上的法典化，即从系统论的角度在整体上对证据制度的法律属性与基本特征以及内在的规律性加以研究，而不问其在现有立法形态上的显现归属，其直接目的是在条件成熟时推动立法形态上的法典化，其功利性目的在于全面推动包括程序法和实体法在内的证据制度不断走向成熟，不断加以完善。目前，在此方面已经取得有实质性进展与学术成果。其二，立法意义上的法典化。应当看到，证据法典化符合未来的发展方向，这是社会分工以及立法技术不断提升的必然结果，限于经济发展、政治体制、传统意识、法律文化、立法负荷过重等原因，使得当前证据法典化的进程存在一些实际障碍，但是随着理论上的准备日臻完备，非法典化的弊端更为显露，实务界的呼唤更为迫切，证据制度的法典化似有终将水到渠成的趋态。

二、对我国现行民事诉讼证据制度的反思与整合

我国现行《民事诉讼法》在"总则"编中设专章以 19 个条款的篇幅，对证据制度作出规定，主要涉及证据的种类、举证责任的一般性原则、法院对证据的调查收集与审查核实、举证期限、质证、证人作证、书证及物证的提交、对视听资料及当事人陈述的审查判断、对鉴定意见和勘验笔录的运用以及证据保全等。除此之外，《民事诉讼法》还在其他篇章涉及证据制度的有关内容，例如，法庭调查所涉及有关证据的宣读或出示、当事人向各种人证的发问以及对申请进行证据调查等。上述这些规定主要有以下缺陷：第一，条款规定的过于简陋，在审判实践当中缺乏可操作性。例如，《民事诉讼法》第 64 条第 2 款规定："当事人及其诉讼代理人因客观原因不能自行收集的证据，或者人民法院认为审理案件需要的证据，人民法院应当调查收集。"但是，其中何为"客观原因"以及具体表现在哪些情形，该法并未作出明确规定，以至于在实践当中使法院无所适从。第二，有关条款以证据制度当中的程序规范为主，比较缺乏体现证据规则的技术规范。例如，《民事诉讼法》第 66、74、80、81 条等。第三，民事诉讼在基本形态上可以分为民事诉讼、商事诉讼、人事诉讼、民事公益诉讼、知识产权诉讼等，这些各种类型诉讼因其性质和特点不同，对审判模式即司法的能动性和当事人在推进程序上的作为有不同的要求。而《民事诉讼法》则不能够适应这种多元化的诉讼形态的基本要求，反而基于具有较为浓烈的职权主义色彩作出概括性的规定。例如，《民事诉讼法》第 138 条所规定的由法庭宣读未到庭的证人证言、鉴定意见和勘验笔录。《民事诉讼法》第 139 条所规定的当事人向证人、鉴定人、勘验人发问，必须事先征得法庭许可。也就是说，即使在商事诉讼这种具有强烈当事人主义诉讼形态当中也概莫能外。第四，一些条款的规定在本质上就违背证据法的基本原理，不符合证据规则的实质内涵和科学属性。例如，《民事诉讼法》第 68 条规定："证据应当在法庭上出示，并由当事人相互质证。"《民诉法解释》第 103 条第 1 款又补充规定："证据应当在法庭上出示，由当事人相互质证。未经当事人质证的证据，不得作为认定案件事实的根据。"而根据《民事诉讼法》第 63 条规定，证据包括当事人的陈述、书证、物证、视听资料、电子数据、证人证言、鉴定意见、勘验笔录。在庭审活动中，我国证据制度所规定的质证只能适用于书证、物证、视听资料、电子数据这些实物性证据（real evidence），而对诸如当事人的陈述、

证人证言、鉴定意见、勘验笔录这些人证（personal evidence）特征为表现形式的证据则缺乏实用性和可操作性。再如，书证、视听资料、电子数据的规定，也缺乏科学性，因为这三种类型的证据不能仅仅以其载体不同而划分为三种类型，这种分类方式恐怕在世界范围内也是绝无仅有的。

从整体上来看，2012 年对《民事诉讼法》的修改显得较为仓促，这一点表现在证据制度上尤为明显。《民事诉讼法》所贯穿的证据制度本身亦不可能完全绕开或抛开现行的一些基本规定，特别是那些经审判实践证明属于具有特定积极、合理、可取因素的证据制度与适用规则。但该法对 2002 年实施的《民事证据规则》鲜见加以吸收或归纳提炼，以便将有关成熟的、被证明是行之有效的内容上及时升为法律。在今天看来，无论在具体内容上还是在表现形式上，现行《民事诉讼法》有关证据制度的规定都显得过于简陋、不尽科学，甚至有违证据法的基本原理和规则，根本无法满足现实司法实践的需要。无论在条文的篇幅上还是在适用层面上，业已颁行的与民事证据制度有关的司法解释都远远超过了《民事诉讼法》有关证据制度的规定，以至于在现实生活上则造成了有关民事证据制度司法解释的功能性作用远远大于《民事诉讼法》有关证据制度规定的局面。最高人民法院在其 2015 年颁行的《民诉法解释》中对证据制度的规定似乎显得大刀阔斧，在一定程度上体现的是对《民事证据规则》的修补、扩充与完善。坦率言之，与最高人民法院于 1992 年 7 月 14 日发布的《关于适用〈中华人民共和国民事诉讼法〉若干问题的意见》相比较，该司法解释虽然涉及证据制度的内容有所增加，在证据的具体运用规则上也有所细化，但是一些内容基于审判方式改革的考虑而片面侧重于在程序上设置一些权宜之计，未能从民事诉讼总体架构的基础性角度来审慎地创设相应的证据规则，在一定程度抑或以牺牲证据法的基本原理为代价，在实践中恐发某种误导性，对此，实务界已有不同程度的反响，因此，对民事诉讼法架构下的有关证据制度进行检讨与塑构的必要性和重要性是显而易见的。

对现行民事证据制度进行必要的整合包括结构上的重组、表现形式上的变动、内容上的增减与修改、逻辑上的协调、语言上的进一步规范等。在修改《民事诉讼法》之际，应当考虑到对现行立法和司法解释业已存在的证据制度与适用规则上的技术性整合，因为，在经过 2012 年《民事诉讼法》的修改及最高人民法院于 2015 年颁行《民诉法解释》之后，2002 年实施的《民事证据规则》并未被废止，而作为《民诉法解释》附则的第 552 条规定，本解释公布实施后，最高人民法院以前发布的司法解释与本解释不一致的，不再适用。事实上，《民诉法解释》第四部分专门涉及证据规则的内容有 34 条。与《民事证据规则》相比较，其中主要涉及三种基本内容：其一，对《民事证据规则》有关内容的修订与完善。例如，鉴于《民事诉讼法》对当事人证明责任的规定过于原则、操作性较弱的特点，《民事证据规则》将当事人的证明责任分为主观证明责任和客观证明责任。为了便于在实践当中的运用，《民诉法解释》将大陆法系学理上的通说即规范说加以具体引用。再如，对于非法证据排除规则进行修订、补充与完善。其二，对《民事诉讼法》中有关证据规则的内容加以明确化和具体化。例如，对该法第 64 条第 2 款规定的当事人及其诉讼代理人因客观原因不能自行收集的证据作出进一步的解释。再如，对于《民事诉讼法》第 70 条规定的提交书证原件确有困难的情形予以进一步细化。其三，对《民事证据规则》有关内容进行修改。例如，将《民事证据规则》第 75 条证明妨碍行为所涉及的证据类型加以限制，即仅涉及书证，并对该规则所适用的条件和证明妨碍行为人所应当承担的法律后果进行修改。其四，增加新的内容。例如，对于当事人本人到庭接受询问以及证人出庭作证应承担签署保证书的义务作出规定等。

三、在民事诉讼法架构下设置证据制度的若干疑难问题

对民事诉讼法架构下证据制度的设置，应当充分地反映社会发展对司法公正的要求，充分体现近年来理论界所推出的新的学术成就，充分展示近年来我国实务界在审判方式改革当中所总结出的经验与成果，充分借鉴国外那些经过多年实践而被视为行之有效的立法先例与司法先例。因此，从发展的角度来看，未来对《民事诉讼法》的修订涉及证据制度的内容应力求在条款的篇幅上有成倍增加，将成熟及被证明是行之有效的有关司法解释的内容上升为立法。在立法的技术上争取有新的突破。鉴于对《民事诉讼法》的修订属于一项系统工程，对其证据制度本身的修订，实质上是对这种制度的一次重构或创新，为此，应当充分认识到在立法技术上所面临的一些疑难问题：

（一）三大诉讼法有关证据制度之间的协调问题

在技术层面上，民事诉讼与刑事诉讼、行政诉讼当中所涉及的证据制度之间在基本原则、证据能力、证明价值、证据种类、证据方式、证据保全以及对证据的审查判断等方面存在诸多共同或者相同之处，尽管它们之间在证明主体、证明对象、证明标准、证明责任等方面存在一些差异。基于未来发展的战

略规划与考虑，《民事诉讼法》《刑事诉讼法》《行政诉讼法》都将面临不断修订、更新与完善的持续演变过程，并且这三大诉讼法当中所涉及的证据制度也都面临着全面调整、重新塑造、大幅度增加条文篇幅的情势，以改变目前情况下的立法远远滞后于现实需要，以及在司法实践中实际上是以司法解释的运用为中心而以立法的应用为辅助的窘况。

要想提升和保证立法质量，节约立法资源，避免内容上的重复交叠，就必然要解决相互之间的协调问题。例如，尽管书证被广泛地应用于民事诉讼当中，而物证与鉴定意见、勘验笔录被更广泛地应用于刑事诉讼，但是，书证适用规则中涉及的有关基本分类、证据资格、证明价值以及对书证的审查判断规则同样适用于刑事诉讼、行政诉讼。虽然在证据的来源、取证的方式上有所不同，但是在物证、鉴定意见与勘验笔录这些证据材料的表现形式、证据资格、证明价值以及对它们审查判断的适用规则上，民事诉讼与刑事诉讼、行政诉讼之间存在着相同或近似的情形。三大诉讼法修订的启动时间与终结时间不同，修订过程长短不一，立法者对特定诉讼法在社会政治生活、经济生活以及适用领域的广泛性等方面所产生的认识也不同，这些都有可能对相互协调的最终结果产生一定影响。

（二）非法典化证据制度所应考虑的一些技术问题

证据法的规范在性质上可以被界定为技术规范、程序规范与实体规范三种类型，而技术规范则是其核心规范，或者被称为基本规范；相对于基本规范的程序规范和实体规范，可被称为特别规范。在证据法典化意义上，其基本规范主要有两种来源：其一，依靠自身的机能和内在规律所产生的适用规则。例如，证据法的传闻规则、最佳证据规则、自认规则、补强规则、意见规则等。其二，在由程序法和实体法上派生出来的一些证据法规范的基础上，依据特定的标准抽象出来的且具有普遍适用意义的那些规范。例如，证人履行被强迫作证义务规范、对推定行使抗辩权规范、询问证人规范、侵权诉讼证明责任的有关要件事实的倒置规范等。

相对于证据法典化而言，任何考虑在程序法和实体法当中设立的证据法规范，都可被称为非法典化证据制度。在设计和修订《民事诉讼法》有关证据制度的过程中，在多大范围内以及在何种程度上设定证据法的程序规范与技术规范，也在相当程度上决定着立法是否可以给证据法典化留下空间以及留下多大空间，这属于一种技术性的设计与构思。在现实意义上，这种设计与构思的最终定论，主要取决于现行的立法体制、立法者的主导思想与倾向、学术界的主流动向、实务界的反馈信息、现有立法技术与学术水准的客观可能性等诸种因素的综合交映。

（三）证据制度本身所涉及的程序法与实体法之间的设置问题

相对于证据法的基本规范即技术规范而言，证据法的程序规范与实体规范居于特殊规范之地位。在设计、规划和修订《民事诉讼法》的证据制度时，立法者有可能在相关内容上触及证据法的实体规范。例如，作为实体法的《意大利民法典》第 2052 条规定："动物的所有权人或在利用动物期间对其进行管理之人，无论动物是在其保管下，还是遗失或逃走，都要对动物所致伤害承担责任，除非证明损害是意外事件所致。"该法第 2053 条规定："建筑物或其他工作物的所有权人，对因这些物的倒塌所致损害要承担责任，但是，证明倒塌不可能由维修或建筑物的瑕疵所致的除外。"而《民事证据规则》第 4 条第 4 项和第 5 项分别规定："建筑物或者其他设施以及建筑物上的搁置物、悬挂物发生倒塌、脱落、坠落致人损害的侵权诉讼，由所有人或者管理人对其无过错承担举证责任"，"饲养动物致人损害的侵权诉讼，由动物饲养人或者管理人就受害人有过错或者第三人有过错承担举证责任"。我国《侵权责任法》第 78 条规定："饲养的动物造成他人损害的，动物饲养人或者管理人应当承担侵权责任，但能够证明损害是因被侵权人故意或者重大过失造成的，可以不承担或者减轻责任。"该法第 85 条规定："建筑物、构筑物或者其他设施及其搁置物、悬挂物发生脱落、坠落造成他人损害，所有人、管理人或者使用人不能证明自己没有过错的，应当承担侵权责任。所有人、管理人或者使用人赔偿后，有其他责任人的，有权向其他责任人追偿。"另外，该法第 87 条还规定："从建筑物中抛掷物品或者从建筑物上坠落的物品造成他人损害，难以确定具体侵权人的，除能够证明自己不是侵权人的外，由可能加害的建筑物使用人给予补偿。"可见，从立法的意义上，一些证据法实体规范与程序规范的相互转化是不乏先例的。再例如，关于人格权的保护，《瑞士民法典》第 28 条 d 规定："法官应给予申请对方当事人陈述的机会。因急迫危险而不能事先听取申请对方当事人陈述时，法官可以根据提交的申请责令采取临时性措施，除非申请人明显延误申请的。"这表明，基于立法上便捷性的考虑，证据法的实体规范与程序规范之间具有互换性，这种互换性的范畴与程度属于立法者据情考量的问题。

在设计、规划和修订《民事诉讼法》所涉及的证据制度时，将证据法的实体规范转化为程序规范甚至技术规范的内容，通常涉及特殊侵权诉讼的举证责任，根据有关民事权利或民事行为、交易习惯所产生的推定等。当然，由于民商事实体法规范的功能在于调整和处理各种民商事行为、权利义务构造类型条件下的具体情形，因此，大量的、具体的证据法实体规范与程序规范被归入相关的民商事法律是一种立法设计和技术性安排的结果。在通常情况下，《民事诉讼法》所涉及的证据制度主要考虑的是能够超越各个具体民商事法律规范，而被抽象出来的一般性规范以及那些与民事诉讼程序具有更加密切关系的技术性规范。

（四）诉讼法的整体结构与证据制度的自身内容之间相互协调问题

诉讼法的整体结构与证据制度自身内容之间的关系，属于在立法结构、逻辑关系等方面所体现出来的一种相互协调关系。在处理诉讼法的整体结构与证据制度的自身内容之间关系上，各国大致有以下几种模式：其一，在第一审程序涉及的有关篇章中就证据制度较为集中地作出规定，并辅之以按照诉讼程序发展的进程对证据制度作出的相关规定，这种模式可被称为主从式。例如，《德国民事诉讼法》的立法模式等。其二，有关证据制度及证据规则散见于具体的诉讼程序规范之中，这种模式可被称为松散式。例如，《法国民事诉讼法》《俄罗斯民事诉讼法》的立法模式。其三，采用相对独立的"章节"结构体系集中就证据制度加以规定，这种模式可被称为集中式。例如，《日本民事诉讼法》、我国台湾地区"民事诉讼法"的立法模式。"主从式"与"松散式"两者的共同特点是，更倾向于强调诉讼法与证据制度在程序法框架结构内的统一性，尽量弱化证据制度的独立个性；而"集中式"的特点是，在不损害诉讼法的整体结构与严谨性的同时，并不排斥证据制度本身所具有的独立个性与内在规律性，有助于促进证据法律规范系统内部的自身发育与成长。

我国现行《民事诉讼法》从体例结构上应当归属于"集中式"这一模式，只是由于规定过于简陋，未能形成较为完整的体系而已。笔者认为，在未来考虑设计与修订《民事诉讼法》时，应当继续沿用这种"集中式"的立法体例，强化证据制度的基本功能，正确、妥当地处理诉讼法的整体结构与证据制度的自身内容之间的相互关系，即除了采用专章就证据制度集中加以规定外，也不能排除按照诉讼发展的进程适当设置一些有关证据制度的程序规范，最终产生证据制度的相对独立性与诉讼法的整体结构浑然一体的有机统一之效果。

（五）涉及证据法的程序规范与技术规范之间的关系定位与协调问题

证据制度是民事诉讼法的整体架构中必要的组成部分，主要有两种表现形式：其一为证据法的技术规范，这些规范主要或者尽量应当专章集中放置在一定的结构范围内，形成相对独立系统的骨干部分，例如，举证责任及例外规则，传闻规则，自认规则，司法认知、推定、证据补强规则，证据保全规则等；其二为证据法的程序规范，除了按照特定的逻辑结构，将其中的一大部分放置在证据制度的专章结构以外，还有一些规范例如举证时限，证据交换，在开庭审理阶段的法庭调查和法庭辩论当中有关证据的出示，当事人或法庭向证人、鉴定人、勘验人的询问顺序，简易程序中有关提出证据和进行证据辩论的方式，在上诉审程序中有关证据提出及证据辩论的规范等，均可按照诉讼发展的阶段性，与诉讼法的程序规范相互结合，一并作出规定。

在法律的总体属性上，由于《民事诉讼法》是以诉讼程序法为表征，因此，即使在证据制度的专章结构内部，在证据法的程序规范与技术规范的比例上，也应当以其中的程序规范为主，以其中的技术规范为辅，以免损害诉讼法的整体性与统一性。当然，其具体比例应当如何加以确定，仍属于可供进一步讨论的议题。

（六）修订法的前瞻性与现实国情的局限性之间的衡平问题

无论是一部新制定的法律还是一部经修订的法律，都难免会涉及在应对现实问题上的适度超前性，为此，应当对未来的社会发展方向和可能遇到的问题作出预期评估，并将这种预期评估的结果作为决策依据，然后才能决定这种法律适当超前的范围与程度。

诸如司法审判活动，本应是一种使人肃然起敬的国家行为，它在法律的效力上具有排他性，即在法定的范围内，任何单位或个人的言行举止都应当遵从司法审判活动可能对其权利（或权力）造成的约束与限定。例如，在立法上，对于当事人之间所涉及的财产纠纷案件，如果过于强调审理法官应直接向有关单位或个人调查、收集证据，既不利于其恪守中立地位，也不利于其正常地行使审判职权，更不利于塑造司法权威。在实践中，即使法官亲自出面收集、调查证据，有关单位或个人拒不协助、拒不配合的情形也时有发生。这说明，如果不从司法权的角度出发，即使采取某种权宜对策，也无法从根本上解决实际问题。由于我国幅员辽阔，各地经济发展状况、文化教育水平、法治观念与证据意识参差不齐、极不平衡，即使在设计和修订《民事诉讼法》时对法院调查收集证据、证人出庭作证等作出规定，也应在程序上针对个别地区的一些特殊情形作出例外规定。因此，立法上的适度超前是非常必要的，而采用一些例外规则则有助于使立法上的适度超前与我国现实国情条件下多元化格局相适应。

四、对现行民事诉讼架构下证据制度检讨与塑构的基本思考

对《民事诉讼法》进行设计、规划与修订，证据制度无疑是其中的核心内容，它应当包括的主要内容有：证据的种类及证据方式、当事人的举证责任、免证事实、法院调查收集证据、证明妨碍、举证时限、证人作证、鉴定制度、证明标准、证据的审查判断、证据保全等。因本文篇幅所限，以下仅就其中若干问题加以探讨。

（一）关于举证时限制度所涉及的主要问题

1. 现行法的缺陷

根据现行《民事诉讼法》规定，当事人在一审开庭审理过程中应当向法庭提供证据并且可以提出"新的证据"，但是，对在一审程序中哪些阶段能够提供证据没有作出明确限定，以至于其实际上被理解为在一审程序终结前均可提供证据，因此，实质上没有举证期限的限制。《民诉法解释》第231条规定："当事人在法庭上提出新的证据的，人民法院应当依照民事诉讼法第六十五条第二款规定和本司法解释相关规定处理。"而根据《民事诉讼法》第65条第2款规定："当事人逾期提供证据的，人民法院应当责令其说明理由；拒不说明理由或者理由不成立的，人民法院根据不同情形可以不予采纳该证据，或者采纳该证据予以训诫、罚款。"另外，根据《民诉法解释》第101条第2款的规定，当事人因客观原因逾期提供证据的，人民法院可以采纳。而根据《民诉法解释》第102条的规定："当事人因故意或者重大过失逾期提供的证据，人民法院不予采纳。但该证据与案件基本事实有关的，人民法院应当采纳，并依照民事诉讼法第六十五条、第一百一十五条第一款的规定予以训诫、罚款。（第1款——笔者注）当事人非因故意或者重大过失逾期提供的证据，人民法院应当采纳，并对当事人予以训诫、罚款。（第2款——笔者注）"可见，该条司法解释主要是针对举证人逾期举证，根据其主观过错的不同情形而作出的相应处罚规定，其中的第2款所涉及的情形，包括在主观上存在一般过失或轻微过失等，但无论如何，只要有关证据与案件的基本事实存在关联性，就不会存在失权问题。因此，我国现行《民事诉讼法》相关司法解释实行的是一种证据随时提出主义与处罚并重主义相结合的模式，而并非是一种真正意义上的证据适时提出主义。这种程序模式是以追求实体真实为主要目的，以丧失程序正当程序与诉讼价值为代价的，是一种重实体轻程序的必然反映。多年以来的实践证

明，尽管我们在诉讼上执着地追求所谓的客观真实，但是结果却往往事与愿违，不仅造成大量案件积压、诉讼拖延，严重影响了诉讼效力，而且即使按照二审终审制结案的案件，由于人们片面追求实体真实，往往会对已决案件提出种种质疑，导致争讼当事人利用审判监督程序反复对已决案件纠缠不休，有的案件在历经多次再审程序后，人们仍然会对案件是否查明真实感到疑窦重重。可见，这种程序模式的最大危害性在于，它严重损害了司法权威在社会公众心目中的公信度，并且，还有可能促使当事人利用法律上的空档借机拖延诉讼或者玩弄诉讼技巧，进而严重削弱程序的正当性对实体公正的保障功能。而真正意义上的证据适时提出主义，应当以举证人在程序上承担失权后果为依托，而并不会顾及有关证据是否与案件基本事实具有关联性。在实务上，我国现行法所实行的证据随时提出主义与处罚并重主义相结合的模式，无疑会促使当事人在诉讼上产生机会主义的考量与算计。因为就算被认定为故意逾期提供证据，只要该证据与案件的基本事实具有关联性，对于个人而言，其罚款金额仅为人民币 10 万元以下；对单位而言，其罚款的金额仅为人民币 5 万元以上 100 万元以下，如果有关案件的诉讼标的远远超过罚款金额的话，其所遭受的经济损失基本上是可以忽略不计的。如果实行真正意义上的证据适时提出主义，那么举证人一旦因故意或者重大过失逾期提交证据，即使该证据对案件事实的认定具有举足轻重的价值，该证据也将不为法院所采纳。这样的处罚效果是逾期举证的一方当事人所难以承受的，因此也是最为有效的。

2. 在现行立法及司法解释的语境下如何看待我国的程序设计与立法建言

在现行立法及司法解释的语境下，审前准备程序虽然经有关司法解释的补充规定而加以完善，并且有了一些能够促使当事人发挥积极作用的空间和领域，但是，由于现行立法整体框架的基础性作用，导致审前准备程序在现有条件下依然主要发挥为庭审的开展进行准备的从属性功能，其预期目的是保障几乎所有的案件在经过审前准备程序之后都可以进入正式庭审程序，使得诉讼终结的结果至少要由正式庭审来决定。

相较而言，在德国，审前程序与审理程序以及披露证据与提供证据之间并不存在明显的不同。如果需要的话，诉讼活动可以由数次"庭审"（hearings）构成，因此证据的提交并不局限于其中的某一个场合。审理活动不只是一个单纯持续进行的过程。并且，只要是客观条件允许，法官就可以尽可能多地通过一系列的庭审活动收集和评价证据。[1]尽管法院会为当事人提交文件材料指定一个期限，但是，这些指定期限会基于当事人以存在合理情形为由提出的申请而延期。[2]可见，大陆法系会通过持续不断的庭审活动收集与评估证据并以之作为形成最终判决的基础，由此便决定了即使在庭审活动中法院也不能够禁止当事人提出新的证据，只是在该阶段的后期才有必要对提交证据进行相应的限制。由此便决定了两大法系在界定举证时限上的差异。

而在属于英美法系的美国，提出证据的合理期限，是在审前会议上由法院与双方当事人的律师共同协商确定的。根据《美国联邦民事诉讼规则》第16条第3款"有关审前会议上所确定的审议事项"，法院可以就准许在合理的期限内提出证据发出命令。该项规定授予了法庭在庭审过程中享有就当事人提出证据的范围加以限制的权力。[3]根据美国联邦有关民事咨询委员会的解释，这种限制依据的是《联邦证据规则》第403条和第611（a）条在庭审过程当中可能会引发的那种特定效果。[4]在审前会议上就庭审所涉及的范围加以限制能够为当事人提供一个更好的机会，以便促使当事人优先选择在庭审前就提出证据而不至于等到庭审过程中在受到限制的情形下才这样做。[5]审前裁定作出之后当事人将无法提出新的证据，除非得到法院的许可。庭审活动在客观上杜绝了当事人提出新的证据的可能性。

笔者认为，建立科学、严谨、有效的举证时限制度离不开对于诉讼程序的阶段性与整体化设计，同时也离不开对于案件类型化基础上的分类管控与处理机制。

为了应对诉讼不断激增的严重事态，本着务实、高效、节约成本的考虑，有必要对我国目前的审前准备程序在功能上进行强化性的调整，使其具有终结

---

〔1〕 Michael Adams, "The Conflicts of Jurisdictions——An Economic Analysis of Pre-trial Discovery, Fact Gathering and Cost Shifting Rules in the United States and Germany, European Review of Private Law 3: 53-93", *Kluwer Law International*, 1995.

〔2〕 Harald Koch and Frank Diedrich, "Civil Procedure in Germany", *Kluwer Law International*, 1998, p. 82.

〔3〕 Larry L. Teply and Ralph U. Whitten, *Civil Procedure*, Second Edtion, Foundation Press, 2000, p. 801.

〔4〕 根据《美国联邦证据规则》第403条的规定，证据虽然具有关联性，但考虑到该种证据的提出导致过分拖延、浪费时间时，也可以不予采纳。该规则第611（a）条规定，在举证的方式上，法庭应避免过分拖延时间。

〔5〕 *Federal Rules of Civil Procedure and Selected Other Procedural Provisions*, Foundation Press 2001, p. 452.

诉讼的特定功能。为此，应当在立法上明确规定以下内容：第一，设定独立的审前准备程序，以改变目前这种将审理前的准备阶段作为一审程序附属部分的局面。这种独立的审前准备程序，主要适用于特定范围的普通程序案件和部分简易程序案件。其具体适用标准取决于案件本身是否具有特殊情形、法律关系是否复杂、当事人在事实认定和法律适用上的争议是否较大、证据数量是否较多等。第二，在审前准备程序中，应当强化当事人之间就诉讼请求和抗辩主张的整理与交换、相关证据的交换。第三，在审前准备程序中，应加强法院对于程序的监督和管理，赋予法官据情发布各种程序命令的权力，以促使双方当事人积极参与审前准备活动。第四，为了切实、充分地发挥当事人的积极性、主动性以及有效地节约司法资源，应当为当事人收集、提出证据提供必要的方式与手段。第五，为了增加当事人在审前达成和解的可能性，对于那些有可能达成和解的案件，应为其量身定制特定的程序并委派和解法官参与其中；第六，应采用庭前会议制度的形式，及时组织双方当事人对案件的争议焦点进行讨论，由法院最终确定审理范围。第七，在确定案件争点即审理范围的基础上，法院应与当事人就提供证据的类型和方法进行协商，并就举证期限作出决定。[1]

上述程序性设计与规划将有助于促使举证期限制度在审前程序中发挥应有的作用，以保障庭审活动尽可能在一次集中审理之后便能够终结诉讼。

考虑到我国国情复杂，各地区社会发展不平衡，有关民商事案件在性质上可以分为民事案件、商事案件、家事案件、公益诉讼案件、知识产权案件等以及在程序上可分为普通程序案件、简易程序案件、小额诉讼案件等，为了提高诉讼效率、节约司法资源和当事人的诉讼成本，独立的审前准备程序并非适用于所有类型的案件。因此，在整体程序布局上，为了提高诉讼的实效，出于对于那些案情复杂、证据较多、当事人需要更为充分准备的案件，如果适用独立的审前准备程序将导致司法资源紧张或人力、物力、诉讼成本大幅攀升等考虑，亦可选择采用证据交换制度这一"略式"的审前准备程序。

举证时限与证据交换属于证据法的程序规范，与诉讼程序本身具有密切的联系。为了使得举证时限与证据交换制度更加富有成效，应当考虑规定，首先在当事人之间相互交换诉状，以便为法院确定争点、构筑预期的诉讼框架提供必要的前提。举证时限既可由双方当事人协商确定并经法庭批准，也可以由法

---

〔1〕 上述七项内容当中的第 4 项至第 7 项可一并列入审前会制度当中。

庭依职权据情确定。当一方当事人申请延期举证时，应当在程序上赋予相对一方当事人抗辩权。就个案而言，是否采用证据交换，既可由一方当事人提出申请，也可由法院依职权决定。如果案情并非复杂或者证据数量较少，且双方均已有所把握，也可不必采用证据交换，以便节约诉讼成本与时间。另外，在最后一次证据交换结束之前实行"证据关门"似应更为妥当。因为，证据交换的过程就是双方当事人相互了解、摸底的过程，在第二次证据交换中交换彼此在第一次交换当中所没有提交的证据，这是第一次证据交换所带来一种预期后果，是双方当事人就争议的主要问题逐步缩小差距的必要前提。另外，笔者建议，在庭前由法院组织进行证据交换时，一方当事人不提出延期申请，或虽提出延期申请但法院不予准许而不到场的，法院可根据该方当事人所提出的诉状以及在此之前向法院提供的证据进行证据交换。在此之后，法院如果认为有必要（主要是基于出席证据交换的一方当事人是否认为有必要提出相应证据），可组织第二次证据交换，同时再次通知第一次未到场进行证据交换的当事人。如果第一次未到场的当事人在第二次证据交换时到场，而该方当事人要求进行再次证据交换以提出相应的证据时，由法官据情确定。即使法官认为确有必要再次进行证据交换且不至于拖延诉讼，亦应判令由该方当事人承担对方当事人因再次进行证据交换而增加的诉讼成本。如果第一次未到场进行证据交换的当事人在接到第二次证据交换的通知后仍未到场，法院可根据未到场一方当事人提交的诉状和证据，以及到场一方当事人的诉状及提出的诉讼主张和证据，确定双方当事人争议的焦点问题。在结束审前准备程序并将案件交由正式庭审时，审判庭不得以其中一方当事人未参加审前证据交换为由在正式庭审中再次进行证据交换，并且，除非发现有重大错误，否则法院不得任意变更通过审前证据交换所确定的争点。这主要是一种对未遵守程序规则的一方当事人所作出的程序制裁。

3. 如何确定举证时限制度

从各国的立法、法理及诉讼实务来看，举证时限制度在具体表现形态上主要有法定举证期限、法院指定举证期限以及当事人参与的议定举证期限。其中最常见的为法院指定举证期限，它便于法院据情判定。这些表现形态各异的举证时限具有不同的程序功能与价值取向。在立法上，对于举证时限的规定也属于期间制度的总体范畴，而从期间制度上而言，虽然各国在许多情况下对于举证时限的规定都是倾向于采用由法院指定期间的模式，但是也不乏法定期间的规定。例如，在英国，作为一种规范的时间表，对证据的披露限定在自发出指令之日起 4 周以内，证人证言的交换被限定在自指示发出指令之日起 10 周之内，专家鉴定报告的交换被限定在自发出指令之日起 14 周以内。[1]再如，在西班牙，通常的做法是，一方当事人在收到法院所发出的要求其对有关证据是否认可予以表态所发布的命令的 20 日之内，必须作出相应的答复并提供证据，或者在此后的 30 日内必须对证据进行整理和准备（practice of evidence）。这些期限可以根据需要由法官决定予以延期，特别是当证据在西班牙境外的其他欧洲国家时一般允许延长至 3 个月用以提供证据，而在证据的收集和提供需要到其他欧洲以外的国家进行时，则允许 4 个月的期限。要求对方当事人对有关证据加以承认的一方当事人有责任收集和提供这些证据。[2]

　　法定举证时限的设计通常基于两种考虑：其一，审前程序与庭审程序的相互独立性以及审前程序本身所具有的裁判功能的可替代性，决定了法定举证时限应当确立为在审前程序结束之前。例如，美国法的模式及其相关规定。其二，为了提高诉讼效率与防止当事人故意拖延诉讼的进程，利用期间制度就某一特定的程序阶段对当事人提供证据设置限制性的要求。例如，英国法和西班牙法的模式及其相关规定。与法定举证期限、当事人协定举证期限相比较，法院指定期限具有更为广泛的适用性。因为立法者无法预先设想到某一特定的诉讼案件将会发生的具体情形，当事人之间的攻击与防御以及法院对事实争执点和案件事实的查明与确定本身都具有动态性，有时甚至会出现富有戏剧性的演变。特别是在大陆法系诉讼模式下，还应当考虑到在进入正式庭审阶段后，案件的复杂性有可能导致诉讼争执点的转移或者需要重新确定争执点，那么在程序上就需要当事人重新提供证据来促使法官心证的形成。另外，当事人确因客观上的实际障碍而未能事先提供有关的证据，在遇有上述诸种情形时，就需要法官据情加以自由裁量，以便确定在个案的特定情形下准许当事人提出证据需要的具体时间。例如，按照德国法的规定，法院有权命令当事人在适当的期限内于口头听审前提交其诉讼请求和抗辩主张以及支持这些诉讼请求和抗辩主张的证据。[3]在同属大陆法系的法、德等国，强化职权的功能作用体现在法院据情指定举证期限的强制性效力上，即便基于强调查明案件真实，也不放弃对程序正当性的遵从。在缺乏正当理由或者易造成诉讼迟延的情形下，法官将拒绝

---

　　[1]　S. H. Bailey et al. , *Bailey and Gunn on The Modern English Legal System*, Fourth Edition, Sweet and Maxwell Limited. , 2002, p. 737.

　　[2]　Elena Merino-Blannco, *The Spanish Leagal System*, Sweet and Maxwell Limited, 1996, p. 141.

　　[3]　Harald Koch and Frank Diedrich, "Civil Procedure in Germany", *Kluwer Law International*, 1998, p. 77.

接受任何超过举证时限而提出的证据材料。[1]

当事人议定举证期限是指，在诉讼过程中根据程序推进的需要，由当事人采取共同商议的方式确定特定的举证行为所需要的具体时限。其设计意图在于：其一，在确定举证时限这个对于双方当事人具有同等利益的问题上，赋予当事人商议权，使当事人在程序上能够平等地在一定程度上实现意思自治；其二，由当事人共同协商确定提出证据所需要的时间，是侧重于诉讼效率的考虑。并且为了保证这一初衷的实现，由当事人自行协商确定的举证期限须经法院认可后方可有效。《民诉法解释》第99条第1款对此有相关规定。

笔者认为，在举证时限制度设计上，应当考虑以下几方面的内容：

（1）应就法定举证期限、法院指定举证期限以及当事人议定举证期限分别据情作出相应规定。即在原则上，应在普遍意义上采用法院据情指定举证期限的模式，兼采允许由双方当事人共同协商议定举证时限的模式。另外，在特别情形下，辅之以就特定情形或者特定类型的证据设定法定举证期限。例如，基于交换证据制度的适用，在确定争点和审理范围的基础上，确立相应的法定举证时限制度。

（2）应当根据诉讼的某一阶段允许当事人增加或变更诉讼请求、提出反诉或因为客观上的原因导致争点的转移等情形，作为不受原有举证期限限制的特别例外。

（3）为了强调程序正义和维护司法的权威性，当事人因故意或者重大过失逾期提供的证据，即使与案件的基本事实具有关联性，法院也可不予采纳。

（4）可以借鉴国外的一些有益经验，基于司法公正的要求，如果当事人虽然逾期提出证据，但是，能够作出必要、合理的解释或者提供证据证明其遭遇了客观上的实际障碍，并且接受该方当事人所逾期提出的证据并不必然导致对方当事人有必要提供反证而引起诉讼的过分迟延，则可以授予法官据情决定是否予以接受或采纳的权力。

（5）从我国目前的立法和司法实践来看，其举证时限制度主要偏重于实物性证据（real evidence），如我国现行法中所规定的书证、物证、视听资料、电子数据这些证据类型，而忽略了对于人证（personal evidence）的适用，如我国现行法中所规定的当事人的陈述、证人证言、鉴定意见、勘验笔录这些证据类型，对此应当加以注意。为此，在立法上和实践中，也应当将一方申请对方当

---

〔1〕 参见毕玉谦：《民事证据原理与实务研究》，人民法院出版社2003年版，第305页。

事人出庭接受法庭询问、申请证人出庭作证、申请鉴定或者勘验等作为证据方法纳入举证及举证时限的范围之中。

（二）关于证人出庭作证涉及的主要问题

1. 证人资格

证人资格又称证人的适格性（competence）或证人能力。实质上，证人是诉讼上的特定概念，它是指某一社会个体成员为立法者预先设定在特定情形下具有权利义务关系的资格和能力。一般而论，各国法律当今大都不过多地对证人的资格予以限定，也就是说，几乎所有的人都可被假定为具有作证能力，除非法律有特殊的例外规定，或者有相反的确切情况能证明某人在证明事实问题上存在客观障碍。证人是凭借感官感知案件事实的诉讼当事人以外的自然人，他在通过感知案件事实的一部分或全部过程之后，接受法院传唤到法庭就争议的事实部分进行证述，这就要求证人须具备一定的感知能力、记忆能力、陈述能力，以便真实、清晰地表达自己所感知的案件事实。

许多国家都从法律上规定了证人资格的普遍性原则。例如，根据《美国联邦证据法》第601条的规定，除本法另外有规定外，每一个人都有资格作为证人。英国的判例法并不对人的年龄加以限制，其作证的能力取决于对客观事物的理解程度，法官对未成年人是否拥有对案件事实的必要智力和适当的理解享有判断的权利。另外，法院认为不能完全理解宣誓的意义和后果的未成年人不得作证。根据澳大利亚的判例，证人因其精神状态不佳（如患有精神疾病，反应迟钝，大脑受损等原因），以至于不能真实理智地理解其作证的内容和后果的，构成对其作证能力的挑战。[1]西班牙的民法典将因生理上的缺陷，作为证人资格具有普遍性的一种例外。它规定，精神病患者或精神异常者，以及涉及必须借助人的视觉或听觉来判断事物的案件中的盲人和聋哑人无作证资格。[2]

关于证人出庭作证的资格，我国《民事诉讼法》第72条规定："凡是知道案件情况的单位和个人，都有义务出庭作证。有关单位的负责人应当支持证人出庭作证。不能正确表达意思的人，不能作证。"在我国，根据《民法总则》的规定，8周岁以上的未成年人为限制民事行为能力人，可以独立实施纯获利

---

〔1〕 See Peter Gillies, *Law of Evidence in Australia*, Legal Books International Business Communication Pty Ltd, 1991, pp. 233~243.

〔2〕 See Bernardo M. Cremades and Eduardo G. Cabiedes, *Litigating in Spain*, p. 252.

益的民事法律行为或者与其年龄、智力相适应的民事法律行为。不满 8 周岁的未成年人或 8 周岁以上的未成年人不能辨认自己行为的，为无民事行为能力人。不能辨认自己行为的成年人为无民事行为能力人。不能完全辨认自己行为的成年人为限制民事行为能力人，可以独立实施纯获利益的民事法律行为或者与其智力、精神健康状况相适应的民事法律行为。从原则上来讲，在我国，不满 8 周岁的未成年人和不能辨认自己行为的精神病人一般被视为不能正确表达意思的人。在法庭上，这些人不具有证人资格。

但是，审判实践中各种案情的纷繁性和解决社会纠纷的迫切性决定了这一证人资格原则并不排斥在特定情形下，其中某些未成年人的证言具有某种程度上的证明效力或参考价值。对于这种特定证据的效力究竟如何，怎样取舍，要取决于法官就个案的具体情形来决定。为了解决实践中对现行《民事诉讼法》相关规定的僵化理解以及由因赋予"单位"证人资格带来的困惑，2002 年实施的《民事证据规则》第 53 条将证人资格进一步明确规定为："不能正确表达意志的人，不能作为证人。待证事实与其年龄、智力状况或者精神健康状况相适应的无民事行为能力人和限制民事行为能力人，可以作为证人。"这就要求，对于证人作证资格的认定，应当根据案件的复杂程度、作证能力对证人智力发育的要求程度，并结合有关证人的生理、心理、性格、习惯、受教育的条件和程度，以及证言形成的客观环境因素，据情加以裁量。

为此，笔者建议，在对待证人资格的问题上，可继续沿用《民事证据规则》第 53 条的内容，为了进一步强化该规定的可操作性。还应考虑规定，在以下情形下，证人将丧失其作证资格：①不能就有关事实表达自己的感知、体验，以至于不能被他人所理解。这种理解或是直接为他人所知晓，或是通过理解他的人传达、翻译。②不能正常理解证人说真话的义务。

另外，笔者还建议，在实务上，某一证人的年龄、智力状况是否与待证事实相适应，或者其精神健康状况是否妨碍其作证能力，这些都应由当事人作为辩论的议题。也就是说，对证人证言的质证涉及两个方面：其一，该证人在主体上的适格性；其二，该证人证言在内容上的可信度。在当事人主义与诉讼辩论主义的架构下，对于一个出庭作证的证人而言，如果申请该证人的相对一方当事人对该证人在主体上的适格性不提出质疑，便很有可能被法院推定对方当事人在此问题上不持异议。但是，当相对一方当事人对该证人就涉及证人的年龄、智力状况或者精神健康状况等有关适格性问题提出质疑时，法院可根据双方当事人就此问题所进行的辩论的效果或有关当事人为此而提供的证据进行审查判断。

2. 强制证人出庭作证

证人的适格性与强迫证人出庭作证是相辅相成的。倘若证人不出庭作证而仅以提交书面证言来履行作证义务，那么在大陆法中实行的接受法官询问，以及在英美法中接受双方当事人交叉询问的审理方式就无法正常开展。因为，"假如任何证人都有权利来掩盖事实真相的，那么由于未能设法使案件真相呈现在法庭上而给整个社会造成的损害是基于任何社会价值理念而应当赋予证人这种权利，但因未能赋予造成的损害所无法比拟的"。[1]在英国法中，作为一种总体原则，所有的证人都同时具有作证能力和具有被迫作证性（compellability），证人作证的资格与作证义务密切相关。但是，由于一些特殊的原因，如精神错乱或饮酒而导致丧失理智的人也会丧失证人的适格性，除非上述原因消失，否则其适格性将无法恢复。另外，凡是不具有作证资格的人，均不具有被迫作证的可能性。按照澳大利亚的有关法律规定，凡是具有作证资格（或能力）的人都应当出庭作证，如果他们拒绝作证，将受到强制性措施对待，其中包括以蔑视法庭为由受到指控，甚至被判罪监禁。英国南德克萨斯法学院教授彼得·莫菲（Peter Murphy）认为，一个人如果具有作证能力就负有被强制作证的义务，如果证人经法庭合法传唤而拒绝出庭作证，将被视为藐视法庭而理应受到刑罚制裁。[2]澳大利亚学者彼德·吉利斯（Peter Gillies）认为，作为普通法的一项基本原则，任何一个有资格作证的人都同时负有出庭作证的义务，这种作证义务具有法律上的强制性，也就是说，如果证人拒不出庭作证，他将被指控犯有藐视法庭罪而受到监禁。[3]可见，公民依法出庭作证已远远超出了社会道德与伦理范畴所设定的界限，它更多地涉及国家的法律尊严和正常审判秩序这样的公法范畴，为此，各国都毫无例外地将这一问题作为公权力对待之。

我国现行立法虽将证人证言作为法定证据种类来加以规定，但是，并未规定证人负有出庭作证的义务。例如，我国《民事诉讼法》第 70 条规定："凡是知道案件情况的单位和个人，都有义务出庭作证。"但是，法律并未规定证人

---

〔1〕 Charles Fredrick Chamberlayne（1908），"The Modern Law of Evidence and its Purposes"，*American Law Review*，42，p. 770.

〔2〕 Peter Murphy，*A Practical Approach to Evidence*，Black stone Press Limited，1992，p. 416.

〔3〕 Peter Gillies，*Law of Evidence in Australia*，Legal Books International Business Communication Pty Ltd，1991，p. 219.

在既无合理原因又拒不出庭作证的情形下应承担何种责任。从两大法系对证人无合法理由拒不出庭作证的情形所作出的处罚规定来看，法律为证人所设定的是一种公法上义务，对其进行必要的法律制裁，是因为证人无合法理由拒不出庭作证系在经法院合法传唤后所产生的法律后果，因为这种行为在事实上妨害了法院为查明案件事实所作出的努力，所以在法律上要么被认为属于妨害司法的行为，要么被认为属于藐视法庭的行为。

为了保障司法的权威性以及有助于查明案件事实真相，笔者建议我国在立法上应当设定证人负有被强迫出庭作证义务。为此，可考虑设立如下处罚性条款，即："经适当方式传唤的证人无正当理由而没有出庭时，审理法院或者受托法院可以裁定的形式要求该证人承担因不出庭而引起的诉讼费用。同时在另定期日后再行通知，将处以罚款的裁定及新确定的期日的传票一并送达。当证人已受到罚款裁定，经再次传唤后仍不到庭的，人民法院除了再次处以罚款或者拘留外，可以一并作出对其拘传到庭的处罚"。"对以上裁定，证人可以即时提出异议。在对异议作出答复前，应当停止执行有关裁定。如果证人在接受传唤后无正当理由而不到庭，人民法院可以裁定令其负担因不出庭而引起的费用，并且可以对其作出罚款或者拘留的裁定。""对证人采用拘传可准用刑事诉讼法有关拘传的规定。"这些条款虽然有助于强制证人出庭作证，但在我国，影响证人出庭作证的原因和背景是十分复杂的，最终解决这一问题还有待于社会的进步以及整个国家法治化的不断推进。这一问题应当被循序渐进地解决，但是，这种循序渐进并不意味着在目前会无所作为，而应当是有所为、有所不为。对此，笔者建议，在立法上可考虑规定："对无合法理由拒绝出庭作证的人，可处以二百元以上、五千元以下的罚款。"而在具体何种情况下应处以何种处罚，应由法院据情决定。这至少是立法所传达的一个明确信息。考虑到证人不能按时出庭在目前国情条件下有多种原因，因此，为了保护其权益，有必要在立法上同时规定："能够证明自己在确定的庭审期日因有合理原因而不能出庭作证的人，可免予处罚。"在内涵上，在此所说的"合理原因"远比"合法原因"要宽泛得多。

在借鉴其他国家或地区立法例的基础上，结合我国具体国情，笔者认为，在对现行《民事诉讼法》进行修改时，应当赋予证人在一定情形下享有拒绝作证的特权，以作为其申请拒绝作证的正当理由。这种特权主要包括职业特权和亲属特权。关于职业特权，笔者认为，在下列情形下，证人可以拒绝作证：①国家公务员或者曾任国家公务员的人作为证人而就其职务上的秘密接受法庭询问时，人民法院应征得其主管机关的许可。②医师、药剂师、律师、公证员、宗教人士，或者曾经从事此类职务的人在职务上知悉的应当保密的事实接受法庭询问时。③基于其他职务、职业、身份上的原因，而知悉一定事项，从该事项的性质上判断或者依法律规定应当属于保密特权的内容，就此当接受法庭询问时。另外，当证人被免除上述保密义务时，不适用上述规定。

关于亲属特权，笔者认为，当提供证言足以使证人或者下列人带来不利益的，或者使这些人的名誉受到不当损害的，证人可以拒绝作证：①证人的配偶、四亲等内的血亲或者三亲等内的姻亲或者与证人曾有此等亲属关系的；②证人提供证言，对于证人或者与证人有前款关系的人足以在财产上造成直接损害的；③证人的监护人或者受证人监护的人。另外，如果某人会因其出庭作证而受到法律追究，则不能强迫其作证。

3. 证人宣誓制度

宣誓作为一种古老的预防法则，旨在借用宗教上的神明威严来加重证人担保其如实作证的心理负担。但是，由于受到不同宗教信仰的影响，特别是对于无神论者而言，采用宣誓的方式或不合其皈依信仰的理念，或因在观念上并不笃信何种神明的存在而难以产生相应的心灵唤觉，因此，单一的宣誓往往无济于原来设立预防法则的本旨。[1]西方国家所采用的证人出庭作证与证人宣誓制度具有不可分割性。但是，随着历史的变迁，"当今对于一个可能被传唤出庭的证人来讲，无论他是否享有某种宗教信仰，对是否采用宣誓借以担保其证言的可靠性并无影响，而只是涉及其是选择采用宣誓还是确约（affirmation）的形式而已"。[2]采用这种"确约"主要是基于某些证人限于宗教信仰的不同而不宜采用宣誓的形式。这种"确约"，按照我国台湾学者李学灯先生的观点，可翻译为台湾地区法律上所适用的"具结"。[3]现代社会由于神权思想日趋淡薄，取而代之的是以法律制裁对违背誓言者加以惩处。即使作为崇奉基督教的美国，也已允许采用非基督教的宣誓方法。[4]在立法上以及学理上或采用"确约"，或采用"具结"或其他宣誓方式等称谓不过都表达了相同的涵义，即与宣誓相类似的方式。

---

〔1〕 参见毕玉谦：《民事证据原理与实务研究》，人民法院出版社 2003 年版，第 170 页。

〔2〕 J. A. Andrewsand and D. M. Hirst, *Criminal Evidence*, Sweet & Maxwell Ltd, 1992, p. 214.

〔3〕 参见李学灯：《证据法比较研究》，五南图书出版公司 1992 年版，第 501 页。

〔4〕 参见毕玉谦、郑旭、刘善春：《中国证据法草案建议稿及论证》，法律出版社 2003 年版，第 390~391 页。

我国现行《民事诉讼法》对证人宣誓制度均未做出规定，虽然《民诉法解释》第 119 条和第 120 条为证人作证规定有签署保证书制度，但是明显缺乏具体的操作程序。鉴于此，笔者认为，可作出如下补充性规定："除了对 8 周岁以下的未成年人或者理解能力差不能充分理解宣誓意义的人，法庭可据情只要求其承诺说真话外，每个证人在作证前都应当签署保证书。""法庭在证人签署保证书前，应当告知其履行保证义务即如作伪证将受到罚金、拘留的处罚或者监禁的刑罚；对于依法不经签署保证书即可作证的人，应告知其有相同的义务。""证人应朗读保证书中的誓文；凡因客观原因不能朗读的，由书记员代为朗读，并说明誓文的意义。保证书应由证人签名；凡不能签名的，由书记员代写姓名并注明事由，由证人盖章或者按指印。""证人签署保证书中的誓文应当表达基于良心如实陈述，毫无隐瞒、毫无添饰的内容。"

4. 作证方式

在通常情况下，由当事人一方传唤到庭的证人出庭作证，其证言都会对该方当事人产生有利的效果，这样，双方当事人的对抗在证人出庭作证时势必演变成为双方证人之间的对抗，这种对抗机制在庭审过程中是十分必要的。当事人之间的对抗主要是因为双方的事实主张的不同，其本质上是利害关系在起作用，而双方提供证人之间的对抗必然是围绕当事人之间的利害关系进行的。对证人证言这种证据方式进行质证或辩论的主体是双方当事人，在当事人主义和证据辩论主义架构下，对证人证言的质证主要是由申请证人的一方当事人进行主询问和相对一方当事人对该证人的证言进行反询问两部分所构成，尽管这两部分的构成在大陆法系的许多国家并不十分明显。但无论如何，对证人进行询问都应当作为当事人的一项当然权利，而不能随意予以剥夺，这是保障法官中立地位的程序机制所决定的。

我国《民事诉讼法》第 139 条规定，当事人经法庭许可，可以向证人发问。可见，根据这一规定，如果当事人认为需要向证人发问，必须首先经法庭的准许方可为之，有剥夺当事人对证人进行询问权利之嫌。针对这一弊端，《民事证据规则》作出了相应调整。该司法解释第 55 条规定，证人应当出庭接受当事人的质询。但是，该司法解释第 60 条又重复了《民事诉讼法》的缺陷，也就是说，如果未经法庭许可，当事人就不能向证人发问。这一规定与该司法解释第 55 条规定相冲突，实际上是对当事人诉讼权利的不当限制。另外，《民事证据规则》第 58 条规定："审判人员和当事人可以对证人进行询问。"该条没有明确审判人员可以询问的内容。对此，笔者认为，对证人进行询问主要应由当事人来进行，这是由当事人的质证主体地位所决定的。而法官所进行的询问是一种补充询问，这种询问应仅限于当事人的主询问与反询问所涉及的范围。由于考虑到在当事人一方或者双方未进行律师代理的情形下无法正常地开展这种交叉询问，在此情形下，不得不由法官的询问在相当程度上替代当事人的询问（这一特点在大陆法系国家表现得尤为明显），但尽管如此，法官的询问也应当仅限于与待证事实有关的范围。

在理论研究和实证的基础上，笔者认为，关于对证人的询问方式，应当确定如下内容："当事人有权采取为法律所不禁止的方式对证人进行询问。法庭可以询问证人。询问证人时，其他证人不得在场。法庭认为有必要的，可以让证人进行对质。""当证人不能完全地回忆起被询问的事项，并且有关的提问或者其他唤起记忆的方式，将有助于唤起他的记忆而不至于促使他误入歧途或者作虚假陈述时，当事人可以就任何问题向证人提问或者借助任何书证、物证等来唤起其记忆。对方当事人有权检查任何可由证人借以唤起记忆的证据，并就该证据对证人进行反询问，有权引用向证人提交的证据具有关联性的部分。""当对证人的询问的事项与待证事实无关，或者容易产生误导、混乱，或者造成不必要的拖延、浪费时间或者重复赘述时，或者使证人处于极度难堪，以及有伤社会风化时，法庭应当及时予以限制或者制止。"

（三）法院依职权调查收集证据

《民诉法解释》第96条规定："民事诉讼法第六十四条第二款规定的人民法院认为审理案件需要的证据包括：（一）涉及可能损害国家利益、社会公共利益的；（二）涉及身份关系的；（三）涉及民事诉讼法第五十五条规定诉讼的；（四）当事人有恶意串通损害他人合法权益可能的；（五）涉及依职权追加当事人、中止诉讼、终结诉讼、回避等程序性事项的。除前款规定外，人民法院调查收集证据，应当依照当事人的申请进行。"这是对我国现行《民事诉讼法》第64条第2款所规定的法院依职权所任意行使的调查收集证据权力加以限定的结果。

英美法系实行较为彻底的当事人主义，因此，无论是在立法上还是在实务上几乎都未给法官依职权调查收集证据留下任何空间。大陆法系职权主义的一些特点决定了其除了一些立法例对于涉及身份关系的案件规定法院应当依职权调查收集证据之外，仅在一些特定有限的情形下才授予法官类似的职权。比如，关于依职权讯问当事人，《德国民事诉讼法》第448条规定，当言词辩论的结果和已经进行的调查证据的结果对于应证事实的真实与否不能提供足够的心证时，法院也可以在当事人一方并未提出申请时，不论举证责任的归属，而命令就该事实讯问一方或者双方当事人。德国自 2002 年 1 月 1 日起加强和扩大了对于勘验证据和鉴定证据依职权收集的可能性。[1]有的学者甚至还认为："只要辩论主义所及，法院就有权依职权收集证据（Beweiserhebung）。"依职权收集证据并不意味着收集证据是法院的义务，[2]因为法院并非是负担证明责任的主体，由法院依职权收集证据要么是出于一种公共政策的考虑，要么是出于慎重起见对于当事人所提供的证据证明的事实予以核实。至于查明事实的责任，德国民事诉讼原则上反映的是由当事人主导，相对的原则是由法官进行调查，即由法官依职权主动查明相应的事实，这一原则仅仅适用因家事法而产生的纠纷或者有关法律涉及某一当事人的人身权益的情形。[3]

法国新民事诉讼法为法院和当事人收集证据提供了四种审前准备措施，其中包括由法官亲自查验（personal verification）。[4]法官亲自查验主要是指，当某一查验物属于某一土地或房屋具有较大争议而需要查明时，如果法官认为有必要由一名专家当场或随后协助并且可以当场听取当事人或其他人就其掌握的证据揭示事实真相的情形。[5]

笔者认为，在我国现实国情条件下，我们只能够从立法、司法的角度来使当事人的证明责任与法官调查收集证据的职能相互加以平衡，一旦这种平衡被打破，就会使民事诉讼正常的运行机制走向破局。如果一味在法官依职权调查收集证据上寻找扩充的空间，就会使当事人放弃依靠自己的能力和智慧收集和提供证据的努力，这势必在相当程度上使得法官成为实际上的举证主体，势必将本来应居有中立、消极裁判者地位的法院卷入当事人诉讼对抗的漩涡，使法院不能够超脱于当事人之间的利害冲突，使得法院最终所作出的裁判结果距离实体公正与程序公正更为遥远。因此，我们不能够从一个极端走向另外一个极端，在未能摆脱旧有矛盾纠葛之前，又被迫坠入一种新的矛盾状态之中。

---

〔1〕 参见 [德] 奥特马·尧厄尼希：《民事诉讼法》，周翠译，法律出版社 2003 年版，第 276 页。

〔2〕 参见 [德] 奥特马·尧厄尼希：《民事诉讼法》，周翠译，法律出版社 2003 年版，第 275 ~ 276 页。

〔3〕 Harald Koch and Frank Diedrich, "Civil Procedure in Germany", *Kluwer Law International*, 1998, p. 28.

〔4〕 See John Bell, Sophie Boyron and Simon Whittaker, *Principles of French Law*, Oxford University Press, 1998, p. 96.

〔5〕 See John Bell, Sophie Boyron and Simon Whittaker, *Principles of French Law*, Oxford University Press, 1998, p. 98.

对一般财产案件的审理，按照诉讼机理的要求，诉讼当事人对其事实主张负担证明责任，国家通常采取不干预的原则。婚姻家庭案件等涉及身份关系的案件并非一般财产纠纷案件，大陆法系的许多国家对于涉及婚姻家庭等涉及身份关系案件中的事实认定，并不完全取决于证明责任规则的适用。除了要求当事人对其事实主张负有证明责任之外，不排除采取国家干预的原则，即法院对有关案件事实的查明，除了要求当事人提供证据加以证明之外，还可据情不受当事人所提供的证据的限制，而依职权主动收集调查有关证据。对这类案件，法院依职权主动调查收集相关的证据，是基于国家对于人身权利的特殊保护以及对于双方当事人中处于明显弱者地位一方的一种公力救济的必然要求。这是在诉讼证明上由当事人负担证明责任的一种例外，与诉讼上的证明责任无关。

笔者认为，《民诉法解释》第96条将其所规定的法院依职权调查收集证据的范围扩大至涉及身份关系案件中的证据。也就是，对这种特殊的民事案件，除了要求当事人对其诉讼主张负有证明责任外，法官可据情依职权主动收集调查证据，即对案件事实的认定不应仅限于通过当事人的举证所提供的证据材料。但是，从总体而言，我国《民事诉讼法》以及《民诉法解释》并未对包括婚姻家庭关系案件在内的有关身份关系的案件[1]设置一些必要的、显著有别于财产纠纷案件的诉讼证明原则，以至于将财产关系案件与人身关系案件相互混淆，不利于我国在目前条件下婚姻关系家庭关系的健康发展，甚至使人身关系财产化、商品化、庸俗化，不利于家庭社会关系的安宁与稳定。与财产权益的保护相比较，各国无论在立法上还是在司法上，对于人身权利的保护均有更为严格的要求，体现了对于人权的一种特别关注，是一种社会高度文明的体现。

《民诉法解释》第96条将涉及可能有损国家利益、社会公共利益的事实作为法院依职权调查收集证据的范畴。对此，笔者认为，该项规定不尽妥当。因为对于这类事实可采取由法院通知相关权利人或者关系人到法庭作证的形式加以解决，而大可不必动辄要求法院依职权调查收集相关证据。因为，在市场经济条件下，任何抽象的国家利益或者社会公共利益都应当或者能够转化为以某种表现形式体现的民事法律主体，由这些民事主体以利害关系人的身份参与诉

---

　　[1]　根据《民事证据规则》第8条第1款之规定："诉讼过程中，一方当事人对另一方当事人陈述的案件事实明确表示承认的，另一方当事人无需举证。但涉及身份关系的案件除外。"这一规定体现了当事人所作出的明确自认只适用于财产关系案件而不适用于身份关系案件，这对于保护人身权益具有重要意义。但是，从整体诉讼证明责任格局来看，采用国家干预主义对于查明事实真相，使人身权益能够加以特别保护具有更为重要的价值与功能。

讼，更加有利于维护国家利益或者社会公共利益，节约司法资源，维护法律的公平与正义。

（四）诉讼外第三人提供证据问题

在许多大陆法系国家，如果涉及对书证、物证等这些证据以及鉴定、勘验等证据方法加以使用，而这些证据或者证据方法为诉讼外第三人所掌控，法律便应当赋予当事人向法院申请证据的权利，即由法院向有关诉讼外第三人发出提交证据的命令。所谓诉讼外第三人既包括公民，也包括社会组织或机构，前者应当包括在官方机构供职的公民，后者理应包括官方机构。

相对而言，在法官的这种命令效力之下，诉讼外的任何第三人履行这种义务都只能针对法官的这种命令权力，而并非针对诉讼中当事人的那种诉讼权利。因此，诉讼外的第三人一旦拒不履行这种义务，就将受到法律的制裁。[1]许多国家或地区都在法律上规定，当诉讼外第三人持有或者控制的证据（主要指书证）与某一诉讼事件具有关联性时，该诉讼外第三人负有披露或提供相关证据的义务。法官可以就那些并非在当事人掌控之下的文件证据或者对那些虽然并非由当事人所签署，但是对证明案情确有作用的文件发出提交的命令。[2]从各国立法来看，对有关证人或者有关机构和个人调查收集证据是一种国家专门机关的一种权力，而不能再简单地赋予涉诉的一方当事人及其诉讼代理人此种诉讼权利。

对诉讼外第三人拒不服从法院要求其提供有关证据的命令，各国或地区的立法例主要规定有如下制裁措施：其一，以财产处罚为主。其二，除了采用财产处罚以外，据情还可采用限制人身自由的处罚手段和措施。例如，根据《英国民事诉讼规则》第31.17条的规定，经当事人申请，法院可发出要求诉讼外第三人披露在其控制之下的书证的命令。对于不遵守证据披露命令的当事人或诉讼外第三人，法院可裁决其藐视法庭，处以罚金或拘留。[3]另外，有学者指出，如果第三人拒不遵从作证或提供文件证据的命令，日本法官也会对其进行罚款或者将其投入监狱。[4]

〔1〕 参见毕玉谦：《民事证据原理与实务研究》，人民法院出版社 2003 年版，第 476 页。

〔2〕 Cathrine Elliott and Catherine Vernon, *Fench Legal System*, Pearson Education Limited, 2000, p. 129.

〔3〕 参见徐昕：《英国民事诉讼与民事司法改革》，中国政法大学出版社 2002 年版，第 313 页。

〔4〕 See J. Mark Ramseyer and Minoru Nakazato, *Japanese Law: An Economic Approach*, The University of Chicago Press, 1998, p. 142.

在许多国家，对于法院调查证据的理解与我国现行立法与司法实践中的理解存在重大差异。例如，我国《民事诉讼法》第 67 条规定："人民法院有权向有关单位和个人调查取证，有关单位和个人不得拒绝。"我国《民事诉讼法》第 64 条第 2 款规定："当事人及其诉讼代理人因客观原因不能自行收集的证据，或者人民法院认为审理案件需要的证据，人民法院应当调查收集。"《民诉法解释》第 94、95 条和第 96 条的规定均涉及就我国目前司法审判实践中，对法院依职权调查收集证据，和由当事人及其诉讼代理人依据法定条件申请法院调查收集证据的两种法定情形。

笔者建议，为了查明案件事实，我国在立法上可考虑规定：经当事人主动申请，法院可依法向诉讼外的第三人发出提供证据的命令。凡被指令提供证据的人拒不履行这种命令，将会按妨碍司法活动或藐视法庭的过错予以制裁。法院的这一职能是司法权威和司法强制性的必然体现，而并非是站在某一当事人的立场上为其举证提供必要的帮助。在此，当事人的举证与法院对案件事实的调查并无必然的联系，因为，法院发出命令的这种职能行为是基于公法上的要求，当事人这种向法院提出申请的权利属于一种诉讼权利，这种诉讼权利只能由当事人向法院提出，在无法律规定的前提下，这种诉讼权利不可能发生使任何诉讼外的第三人成为承受这种权利的义务人的法律效力。相对而言，在法院的这种命令效力之下，诉讼外的任何第三人履行这种义务只能针对法院的这种命令权力，而并非针对诉讼中当事人的那种诉讼权利。因此，一旦诉讼外的第三人拒不履行这种义务，便将受到法律的制裁。

（五）关于证明标准问题

所谓证明标准，是指法院基于认定案件事实的需要借助证据以及有关证明方式在内心深处所获得的确信程度或定案尺度。在民事审判实践中，对于优势证明标准的适用是较为普遍的。从法理上，所谓优势证据标准，也是一种就确定案件事实的盖然性而言，其中一方当事人所提供的证据在法官的内心深处所呈现的可能性要大于另一方当事人所提供的证据所能够支持的可能性，即可在诉讼上形成一种优势的证明状态。在理论上，这种优势证明状态的体现是，51% 的可能性大于 49% 的不可能性即可构成这种优势证明状态的最低标准，而99% 的可能性大于 1% 的不可能性可视为构成这种证明优势状态的最高标准。这种最低证明标准又被称为简单的优势证明标准，在英美法系国家由陪审团审理的案件当中得以采用这种标准。民事案件中的绝大多数事实争点都可适用"盖然性占优势"标准加以解决。"民事法庭上审理欺诈案所要求的盖然性当然会高过于过失案件。"[1]

按照早期的英国判例，即使是在民事案件中提出的犯罪行为也应达到按情理无可置疑的程度，但现在英国判例法改为只要求达到盖然性占优势的程度。再则，对于那些具有特殊性质的民事案件，比如口头信托，口头遗嘱，以过错或欺诈为由请求更正文件等，英美法系则确立了比普通民事案件所要求的更高的证明标准，即有关当事人必须就其所主张的事实以其明确且使人信服的证据加以证明。[2]在英国，甚至仍有个别的民事案件要求事实主张的证明标准，应达到排除一切合理怀疑的程度，例如，在诉讼中发生的藐视法院的行为就是其中的一个，这是因为，藐视法院被视为准犯罪行为。[3]

我国《民事诉讼法》虽然没有明确民事诉讼的证明标准，但是，我国《民事诉讼法》第63、64条有关对七种类型的法定证据"必须查证属实，才能作为认定事实根据"，以及法院"应当按照法定程序，全面地，客观地审查核实证据"的规定，可视为是立法对证明标准的要求，那就是"客观真实"的标准模式，从中表现出来的对证明标准的确定与法官的职权密切相关，这与英美法系各国证据法中表现的证明标准与当事人证明责任密切联系形成了鲜明的对照。《民诉法解释》第108条和第109条借鉴了其他国家的有益经验，分别确立了"高度盖然性占优势"和"排除合理怀疑"的证明标准。笔者认为，在立法上应当考虑到，在我国目前的国情条件下，普通类型民事诉讼的证明标准应当确定为具有高度的盖然性。这种标准的实质内涵就在于，它在形式上是主观的，即存在于法官的内心和主观之上，但它在内容上则是客观的，即是主观对客观的能动反映、形式与内容的有机统一。在价值取向上，这一标准体现了只有通过正当程序才能发现实体真实的理念。这种"法律真实"在内心确信的程度上必须达到足以令人信服的高度盖然率；对于涉及身份关系案件的事实认定并不完全取决于证明责任规则的适用，法官可据情依职权主动对案件事实进行调查。在证明标准上，对于婚姻家庭案件的事实认定一般应高于或者远远高于对一般财产纠纷案件的事实认定，这主要是因为婚姻家庭案件涉及一种极为特殊的民事法律关系，涉及对人的身份权利的实质保障。另外，诸如民事欺诈案件涉及人的主观上是否达到必要的恶意程度，这涉及人的内心世界，因此，

---

[1] See Jack H. Friendenthal and Michael Singer, *The Law of Evidence*, The Foundation Press Inc., 1985, pp. 267~268.

[2] Peter Murphy, *A Practical Approach to Evidence*, Black stone Press Limited, 1992, pp. 111~112.

[3] Hornal v. Neuberger Products Ltd (1957) 1 Q B 24.

单纯凭借客观上的表面证据难以对此进行准确的定位，如果在证明标准上不严格限定其应达到接近排除合理怀疑的程度，难免在实践中鼓励当事人以对方违反诚信原则为理由而任意主张无效民事行为，危及正常民事交易活动的安定性。从实证的角度来看，对于一些诸如民事欺诈以及婚姻、继承等与人身权益密切相关的特殊类型案件，在法官的内心确信上应适用更高的证明标准，即内心确定的分量应达到更高的可信度。为此，笔者建议，关于证明标准，立法上可规定："涉及财产纠纷案件的证明标准为具有相当高度的盖然性。涉及身份关系纠纷案件的证明标准，至少应当明显高于涉及财产纠纷诉讼的证明标准，直至接近或者达到排除合理怀疑的程度。"

（六）关于民事诉讼证明妨碍问题

传统意义上的证明责任分配法则仅有助于解决当事人的主张责任与证明责任之间的相互协调问题，从而塑造出"谁主张，谁举证"的基本诉讼架构。但是，在实务上，鉴于有关事实及证据材料的分布极不均匀，导致在个案当中常常会出现事实和证据材料集中于非举证人一方，并使非举证人沦为证明妨碍人的情形。在当今社会飞速发展的历史条件下，肇因于证明责任分配法则内在机制的疏漏导致证明妨碍情形无时不有、无所不在，这使得人们愈加意识到，仅仅依靠证明责任分配法则并不能从根本上解决司法裁判的公平与正义问题。因此，创设诉讼证明妨碍制度并将其作为一项系统工程，以此建立起法院与当事人之间以及当事人相互之间的新型诉讼法律关系，已经成为重要的历史性选项。

近几十年以来，一些先进的法治国家通过对传统辩论主义的改造，在借鉴早期经验的基础上相继创设了现代意义上的证明妨碍制度，在相当程度上弥补了证明责任分配法则的内在缺失。在普通法系国家，法院遭遇因证据灭失所带来的问题最早可以追溯到 1617 年。[1]几个世纪以来，证明妨碍已成为法院所关注的焦点问题。[2]随着时代的变迁，早期有关证明妨碍制度所发挥的恢复公平这种单一的功能已经进化为多元化的体系。这种政策性的目标主要表现在，当出现证明妨碍情形时，法院通常会基于补救（remediation）、处罚以及防阻

---

〔1〕 See Rex v. Arundel, 80 Eng. Rep. 258, 258（K. B. 1617）（dealing with spoliation of property deed）.

〔2〕 Bart S. Wilhoit, "Comment, Spoliation of Evidence: The Viability of Four Emerging Torts", 46 U. C. L. A. L. Rev. 638（1998）.

(deterrence) 三个目标来作为适用的救济措施。[1]

从整体而言，在我国审判实践中，证明妨碍行为早已普遍存在并有继续蔓延的趋势，但终因我国理论界对此现象未加以应有的重视，而导致立法上的严重滞后以及大量空白出现，实务界对此也缺乏必要的理性认识，未能从对举证妨碍人产生相应不利法律后果上来实现程序上的公平与正义，使受妨碍人不能得到应有的救济。

《民事证据规则》第 75 条规定："有证据证明一方当事人持有证据无正当理由拒不提供，如果对方当事人主张该证据的内容不利于证据持有人，可以推定该主张成立。"该项内容并未从大陆法系传统的角度，即以举证人为标准，来界定实施证明妨碍的具体行为人，而是以证据持有人为标识，作为界定证明妨碍行为中妨碍人的基准。按照这一基准，能够作为具体实施证明妨碍的行为人，既可包括对某一要件事实负担证明责任的一方当事人，即提出本证的一方当事人，也可包括对此提出抗辩主张的一方当事人，即提出反证的一方当事人。可见，上述该司法解释的相关内容系有关证明妨碍制度的原则性规定，可适用于非负证明责任一方当事人从事证明妨碍行为的情形。鉴于证明妨碍制度的重要性，在未来对《民事诉讼法》进行修订时，我国应当及时将其提升至立法层面。另外，上述司法解释仅适用于证明妨碍人处于主观故意状态下的情形，而对于证明妨碍人在主观上处于过失状态，尤其是重大过失状态，并未作出相关规定，立法对此应当持有何种态度，在对《民事诉讼法》进行修订时，应当一并加以酌定。

书证属于我国《民事诉讼法》第 63 条所规定的七种法定证据类型之一，它是我国民事诉讼当中最为常见、最为广泛使用的证据种类。为了填补我国相关立法上的空白，结合有关国家或地区对当事人文书提出协力义务制度的立法经验，可考虑在立法上规定如下内容：第一，为非负证明责任一方当事人设定近乎一般化的文书提出协力义务的原则性规定。其在立法上可表述为："除法律有明文规定或者经法院准许之外，凡与本案有关的事项所制作的书证，举证人的相对一方当事人均负有提出协助义务。"第二，除了上述原则性的规定之外，为了增加实务上的可操作性，可作出相关列举性规定，其具体内容可包

---

[1] See, e. g., Shaffer v. RWP Group, Inc., 169 F. R. D. 19, 25 (E. D. N. Y. 1996) ("An adverse inference charge serves the dual purposes of remediation and punishment."); Turner v. Hudson Transit Lines, Inc., 142 F. R. D. 68, 75 n. 3 (S. D. N. Y. 1991).

括：其一，一方当事人对其在诉讼上曾经引用的书证，该方当事人负有提出义务；其二，一方当事人根据法律规定可请求对方交付或者阅览的书证，该对方当事人负有提出义务；其三，一方当事人为对方当事人的利益所制作的书证，该方当事人负有提出义务；其四，基于双方当事人之间的法律关系所制作的文书，当该文书为其中一方当事人所持有的，该方当事人负有提出义务。第三，为了增加文书提出义务制度的可操作性及加强法院对此制度具体实施的监管力度与责任，在我国民事诉讼上应设立文书提出命令制度。即当举证人与非负证明责任一方当事人对于有关书证是否属于书证提出义务的范围发生争执时，由举证人向法院提出申请，以便法院在经过司法审查之后向对方当事人发出提出书证的命令。另外，应当指出的是，设置文书提出命令制度的本旨主要是针对在举证人向法院申请要求命令文书持有人提交有关文书的情形下，对文书持有人拒绝提交文书所主张的除外事由或者其他正当理由进行审查判断，以便确定为文书持有人主张的除外事由或者其他正当理由所涉及的情形是否属于文书提出义务范围之外的例外情形。

"真实"的保障与限度

——我国民事诉讼中当事人真实陈述义务之重构

纪格非*

一、"真实"的起点与困境

（一）当事人真实义务的起点

当事人在诉讼中是否应当承担真实陈述的义务，在理论与立法上经历了由否定到肯定的变化。19 世纪之前的学者以辩论主义为基本立足点，他们认为，在诉讼中，当事人可以使用法律所允许的一切手段实现自己的利益，这样做并不与任何法律原则相抵触。当事人可以做出有利于自己的诉讼状态，并不对任何人负有诉讼法上、公法上或私法上的诚信义务。[1]

在大陆法系对当事人在诉讼中真实义务的要求是伴随协同主义诉讼观的兴起而出现的。最典型的例子是《德国民事诉讼法》第 138 条第 1 款规定，当事人应就事实状况为完全而真实的陈述。[2]作为一项具体的义务，而非对于当事人的道德要求，当事人的真实义务要求当事人不得主张其已知不真实或认为不真实的事实，同时对对方当事人所主张为其所知或认为真实的事实不得争执。[3]广义的真实义务，还包括完全义务，该义务要求当事人就诉或抗辩之基

---

* 纪格非，中国政法大学民事诉讼法研究所副所长、教授、博士生导师，法学博士。

〔1〕 蔡章麟："民事诉讼法上诚实信用原则"，载杨建华主编：《民事诉讼法论文选集》（上册），五南图书出版公司 1984 年版，第 10 页。

〔2〕《德意志联邦共和国民事诉讼法》，谢怀栻译，中国法制出版社 2001 年版，第 36 页。

〔3〕［日］山牧户克己：《辩论主义法构造》，转引自雷万来等："诉讼上自认之法理及其效力"，载"民事诉讼法研究会"：《民事诉讼法之研讨（九）》，三民书局 2000 年版，第 130 页。

础事实关系，在其知晓的范围内，不问利与不利，应为完全之陈述。

在协同主义的指引下，当事人在诉讼中的真实义务具有以下两方面的特征：一方面，真实义务为诉讼双方当事人共同负担之义务，不受举证责任分配之基本原则的限制。法官在诉讼过程中可以询问双方当事人，即使是不承担证明责任的当事人，在接受法官询问的过程中也同样负担真实陈述之义务。另一方面，真实义务对法官询问当事人的范围并没有作出明确的限制，不受制于当事人已经提出的诉讼资料的范围。法官可以根据认定事实的实际需要，对于当事人证据资料之外的事实，通过询问的方式获得认识。

在协同主义框架下的真实义务的实现需要来自具体制度的支撑。一方面，真实义务的实现以当事人在诉讼过程中的"一般事案阐明义务"为前提。该义务人以保障当事人"对事实证据的平等接近"为目标。认为民事诉讼程序应肯定和保障当事人取得相关事证的"证明权"。因此，"当事人对于事实厘清负有对于相关有利及不利事实之陈述（说明）义务，及为厘清事实而提出的相关证据资料（文书、勘验物等）或忍受勘验之义务"。[1]另一方面，在协同主义的框架下，真实义务的实现还有赖于法官在诉讼中的释明权。该权利的行使有助于法官积极主动地介入到当事人的证明活动中，使当事人明确表述其主张、请求，澄清事实，启发、提醒当事人充分提供相关证据，从而便于法官查明案件事实，使案件的裁判更接近客观真实，实现实体公正。[2]在民事诉讼中，当事人的"一般事案解明义务"和法官的"释明权"可谓落实真实义务的两大利器，直接决定了"真实"理想的实现程度和实现范围。

（二）辩论主义对真实义务的抑制

真实义务的存在，要求当事人抛开自身利益，径直陈述事实。这样的要求，不仅可能因违背民事诉讼的本质而在贯彻的过程中遇到极大的阻力，而且更重要的是，真实义务的实现严重依赖协同主义诉讼模式，失去协同主义的支持，真实义务极易沦为一个空洞的诉讼理想。

虽然学界关于协同主义的探索已经进行到相当深入的程度，协同主义的诉讼模式也不缺乏坚定的拥趸。[3]但是到目前为止，我们难以找到一个协同主义民事诉讼程序的典型例证。即便在德国，自 20 世纪 70 年代开始的斯图加特模

---

〔1〕 姜世明：《举证责任与真实义务》，新学林出版社 2006 年版，第 110 页。

〔2〕 骆永家等："阐明权"，载杨建华主编：《民事诉讼法之研讨（四）》，三民书局 1993 年版，第 219 页。

〔3〕 参见邱联恭：《程序制度机能论》，三民书局 1996 年版，第 43~47 页。

式以及以此为基础进行的 1976 年民事诉讼简化和加快改革也始终恪守辩论主义的基本价值判断和根本要求。协动主义从未取代辩论主义的地位。如果说当代德国法学依旧存在协动主义这一概念的话，它也正像贝特曼所主张的一样，是作为辩论主义的修正形式存在的。[1] 在协同主义的理想并没有得到立法的全面支持的背景下，真实义务不得不对辩论主义做出妥协，接受辩论主义的约束和限制。主要表现在，在大陆法系国家，学界对真实义务的理解始终以辩论主义为依托，并努力避免由于对真实义务的扩大性解读而给辩论主义造成的威胁。学界通常认为，真实义务并非要求当事人陈述真实的积极性义务，而仅仅具有禁止当事人在不知的前提下，提出主张或做出否认的消极内容。

很显然，辩论原则对真实义务范围的限定虽在某种程度上协调了两者之间的关系，但是也使得真实义务完全没有如立法者所期望的那样，在民事诉讼中发挥核心性的作用。加之以司法人员长期秉持的中立、消极的司法理念，并不习惯于超越证明责任分配的一般规则，强求不承担证明责任的当事人承担真实陈述的义务。以上两方面的因素都使得真实义务在民事诉讼中的价值与地位受到了极大的影响。在较早确立真实义务的德国的司法实践中，法官援引真实义务的规定，对当事人的虚假陈述行为进行制裁的案例也并不常见。凡是对当事人的真实义务做出规定的国家，其民事诉讼程序一直试图在真实义务与辩论原则的对立与协调中寻求平衡。

二、"真实"的路径

当事人真实陈述的义务是否属于一种真正意义上的"义务"，抑或仅仅是对当事人诚信意识的一种道德层面的倡导，仍然存在着广泛的争议。但是，所有规定了真实义务的国家，都为"诚实"这一法律理想的实现作出了具体的制度设计与安排。从而使得当事人的真实义务虽然出发于法律的理想，却没有止步于理想。总体而言，对当事人真实陈述的促进，得益于以下几个方面的努力：

（一）"真实"的根本：制度的促进

1. 当事人在诉讼中被赋予广泛的调查取证权是实现真实义务的关键

在诉讼中要求处于对立关系的当事人真实陈述的难度不仅来自于利益的诱

---

〔1〕 任重："民事诉讼协动主义的风险及批判——兼论当代德国民事诉讼基本走向"，载《当代法学》2014 年第 4 期。

惑，同时也缘于当事人基于侥幸心理认为即使他们违背了真实义务，也很可能不会被准确地识别。因此，诉讼程序唯有赋予当事人双方广泛地接触证据、了解事实的权利，才能将真相尽可能全面地展现于审理者面前，当事人通过虚假陈述谋取利益的可能性才能被最大程度地缩减。在英美法系国家，证据的开示制度使得当事人有机会大范围地接触到有关于案件事实的信息。在英国，民事诉讼规则甚至将可以从反面影响到当事人书证以及支持对方当事人的书证列入开示的范围。美国的证据开示范围更是以广泛著称。大陆法系国家在传统上并没有为当事人提供英美法上的证据开示渠道。但是近年制度发展的方向亦是试图扩大当事人从对方当事人处了解事实、接触证据的机会。在 2002 年前，德国民事诉讼实务中大量文书的强制提出义务主要依据实体法的资讯请求权。于2002 年开始施行的德国民事诉讼修正法明确了对不负证明责任的一方当事人与诉讼外第三人课以诉讼法上的文书提出义务的规定，从而使文书提出义务摆脱了实体法的束缚，成了诉讼法上的一项正式的权利。与此类似，日本民事诉讼法也通过当事人照会和律师照会制度，使得当事人获得了接触他方掌握的证据的机会。[1]

上述不同国家的证据收集制度虽在具体内容上存在较大差异，但是在功能上都具有使当事人接触到更多的事实与信息的作用。这就意味着，诉讼中做出不真实陈述的当事人必将承担更多的谎言败露的风险。可见，通过增加当事人说谎的风险的方式抑制谎言，促进真实义务的落实，乃是各国通常的选择。

2. 强化当事人的出庭义务与陈述义务是落实真实义务的基础

现代国家的民事诉讼基于效率的考虑，均强调当事人的诉讼促进义务。当事人出庭参加法庭审理、积极进行争执是法官了解案件事实的重要途径。在德国，原告如果缺席法庭审理，法院可以依据被告申请，驳回原告的诉讼请求；被告缺席时，法院拟制被告自认原告主张的事实，可以对被告作出缺席判决。英美法系国家应对当事人不到庭的立法在性质上具有一定的惩罚性。在美国，如果针对原告的起诉，被告从未到庭或者从未对原告的诉讼中提出任何答辩，法院可以应原告的请求作出不利于被告而有利于原告的判定。[2]而英国的法律则规定，在被告未提出送达认收书或答辩状时，法院可以不经开庭审理径行作

---

〔1〕〔日〕高桥宏志：《重点讲义民事诉讼法》，张卫平、许可译，法律出版社 2006 年版，第 57 页。

〔2〕Mary Kay Kane, *Civil Procedure in a Nutshell*, West Publication Co., 2003, p. 167.

出缺席判决。[1]

如果当事人到庭，但是没有积极做出陈述或争执，也可能引发一定的不利后果。在德国和日本民事诉讼中，如果当事人没有积极地对对方当事人所主张的事实进行争执时，即会被视为对该事实已经自认。不仅如此，依据《德国民事诉讼法》第 138 条第 4 款的规定，只有当涉及他人行为或他人感觉时才允许当事人做出不知陈述，对自己的行为和感受作这样的表示是不合法的。[2]

上述对当事人到庭、陈述义务的强化对于真实原则的实现具有重要的意义。一方面，当事人的真实义务在当事人陈述义务之上，就当事人陈述的内容提出了更高的要求。因此，如果允许当事人随意不到庭、不积极陈述，同时不需要承担任何不利后果或者诉讼上的风险，则当事人就会为了避免承担真实义务而不到庭陈述，真实义务就会因立法规定与制度衔接中的漏洞而无法得到真正落实；另一方面，在制度的衔接上。真实义务与当事人到庭、陈述义务关系密切。真实义务不仅要求当事人对于依其确信为非真实者不得主张，还要求明知对方之主张符合真实或认为其符合真实也不得争执，因此，必须于立法上对于当事人的不争执行为的效力予以认定，对事人可以为不知陈述或保持沉默的事项的范围作出明确的规定。

（二）"真实"的限度：不因"真实"而过分加重当事人的诉讼负担

民事诉讼以当事人之间的竞争与对抗为基本特征，真实义务的存在不仅与当事人逐利的本能相悖，同时亦可能成为当事人从事诉讼活动的负担。因此，必须采取必要的措施，将真实义务可能导致的负面影响限定在可控的范围内。

1. 坚持主观真实标准

在大陆法系国家，对于当事人是否履行真实义务的判断标准，德国理论界曾有过真实义务"无限说"与真实义务"有限说"的争议。前者认为《德国民事诉讼法》第 138 条第 1 款不仅包含消极的禁止性规定，即禁止有意的不真实，同时还要求当事人对主张的真实性进行仔细详尽的调查。[3]目前通说采用真实义务有限说的观点，也称主观真实说，即不允许当事人为加重对方负担而主张自己明知不真实或不确信的事实；不允许他辩驳对方当事人的主张，如果他知道或者确信该主张是正确的。当事人可以主张他不知道的事实，只要不是

明知其为不真实；当事人即使相信对方主张可能是真实的也可以辩驳。[1]在英美法系国家，理论界与实务界对于当事人做出虚假陈述时应当给予何种程度的制裁长期争论不止，但是从现有的判例中可以发现，法官对于当事人虚假陈述的态度相当宽容。几乎所有的法官都认为只有当事人多次的、明显故意实施的虚假陈述，才会被追究责任。当事人基于错误认识而作的不实陈述，不会受到制裁。[2]主观真实标准使得对当事人的真实的要求，更多地停留在"善意""诚信"这一层面，避免由于这一义务使得当事人承担过重的探明事实的责任，也可使当事人的诉讼利益得到最大程度的保护。

2. 缔造不受真实义务影响的灵活的诉讼空间

在诉讼中，当事人很可能因履行真实义务而向对方当事人透露其原本不掌握的信息，泄漏自己的诉讼立场和对于事实的主要观点。因此履行义务方必须充分预见其对事实主张的陈述对其权利可能产生的实质性影响，并有针对性地制定诉讼策略。同时，依据民事诉讼中的禁反言原则，当事人除了应当真实陈述事实外，还应当保证自己诉讼行为或主张的一致性。因此，真实义务与禁反言原则相结合，限制了诉讼中当事人选择攻防策略的自由。为了缓和这一压力，各国的民事诉讼程序中采取了不同的应对措施。比如，《美国联邦民事诉讼规则》第8条d第2项明确允许当事人提出两项或两项以上可替换的或猜测型的事实主张。[3]大陆法系国家则通过预备诉的合并制度，明确赋予当事人在同一程序中提出替代性事实主张的权利。《德国民事诉讼法》允许当事人在不变更诉的原因的前提下，补充或更正事实主张。[4]而在日本，口头辩论一体化的构造使得每一次审理期日当事人的主张都具有同质化的属性，对于法院最终的裁判而言都具有同等的价值。[5]日本则在实务中亦允许当事人提出假定性的主张。比如允许原告提出"自己对于某物所有权的取得是基于买卖关系，假定不是依据买卖而取得所有权，那么就是依据时效而取得所有权"。法院在审理

〔1〕 邱联恭："当事人本人供述之功能——着重于阐论其思想背景之变迁"，载"民事诉讼法研究会"：《民事诉讼法之研讨（三）》，三民书局1990年版，第636~638页。

〔2〕 Andrews, *Andrews on Civil Process*, Intersentia, 2013, pp. 104, 106.

〔3〕 Stephen C. Yeazell, *Federal Civil Judicial Procedure and Rules*, New York: Thomson Reuters, 2010, pp. 82~83.

〔4〕《德意志联邦共和国民事诉讼法》，谢怀栻译，中国法制出版社2001年版，第36页。

〔5〕 段文波："一体化与集中化——口头审理方式的现状与未来"，载《中国法学》2012年第6期。

假定性主张时，不必依据主张在实体法上的逻辑顺序，而可以采用其中易于审理或易于形成判决的主张来做出判决。[1]因此，在日本的立法上，即便当事人的预备性主张是矛盾的，也不能视为当事人违反了真实义务。真实义务给当事人在诉讼中造成的不便利甚至不利影响有效控制在了最小的范围内。

3. 有条件地免除真实义务

真实义务的立法目的在于禁止诉讼欺诈及保障当事人之正当权益，具有公益性。一般认为真实陈述的义务以不致使陈述人遭受到重大不利益为限。具体体现在通过规定"任何人具有不自我归责特权"，使特定情况下的当事人免除真实陈述的义务。比如，英国《1968年民事证据法》第14条第1款a项的规定："在民事诉讼中，如果一个人回答任何问题或提供任何文书、物证将可能导致此人面临犯罪指控，此人不自我归罪的权利仅在此类犯罪为英国法律所规定时方可使用。"[2]不仅如此，对于面临可能导致没收财产风险的情形也属于免于陈述的范围，《英国1968年民事证据法》第16条第1款a项规定："在任何法律诉讼中，如果强迫一个人回答任何问题或者提供文书或者物品，将使其面临没收财产的处罚，则不得强迫此人回答任何问题或者提供文书或者物品的规则。"[3]在德国，《德国民事诉讼法》第384条规定："对于某些问题的回答，将会对证人或是证人的配偶、未婚配偶、前配偶以及与证人现在或曾经是直系亲属或直系姻亲，或三亲等以内的旁系血亲或二亲等以内的旁系姻亲的亲属，直接发生的财产权上的损害或引起不名誉或使其因犯罪或违警行为而有受追诉的危险的情形下，可以拒绝作证。"[4]不自我归责特权的规定使得当事人在特定情况下可以不承担真实义务，从而缓解了真实义务与当事人个人利益之间的矛盾，使得真实义务的规定更具人性色彩。

三、真实义务在我国的困境

我国民事诉讼法一直将当事人陈述作为一种独立的证据形式，但是在2012年之前，立法并没有对当事人陈述的真实性在立法层面提出要求。2012年修订

〔1〕[日]高桥宏志：《民事诉讼法——制度与理论的深层分析》，林剑锋译，法律出版2003年版，第375~376页。

〔2〕《外国证据法选译》（增补卷），何家弘译，人民法院出版社2002年版，第344页。

〔3〕《外国证据法选译》（增补卷），何家弘译，人民法院出版社2002年版，第345页。

〔4〕《德意志联邦共和国民事诉讼法》，谢怀栻译，中国法制出版社2001年版，第95页。

后的《民事诉讼法》明确将诚实信用原则作我国民事诉讼的基本原则。以此为契机，2015年《最高院关于适用〈中华人民共和国民事诉讼法〉的解释》（以下简称《民诉法解释》），明确对当事人真实陈述的义务做出了规定。该解释第110条第1款规定："人民法院认为有必要的，可以要求当事人本人到庭，就案件有关事实接受询问。在询问当事人之前，可以要求其签署保证书。作为对当事人真实陈述义务的保障。"该条第2、3款同时规定："保证书应当载明据实陈述、如有虚假陈述愿意接受处罚等内容。当事人应当在保证书上签名或者捺印。""负有举证证明责任的当事人拒绝到庭、拒绝接受询问或者拒绝签署保证书，待证事实又欠缺其他证据证明的，人民法院对其主张的事实不予认定。"由上述规定可见，在我国民事诉讼中，已经初步构筑了包含有"真实性要求"与"不利后果"两部分构成的当事人的真实义务的规则框架。然而一项法律制度是否能够或在多大程度上能够转化为司法实践中的现实，除了立法依据外，还取决于该制度是否可以与其所处的立法体系中的基本原则和其他制度紧密衔接密切配合，以及该制度本身的设计是否有助于实现立法的目标。以此角度观察，不难发现，真实义务在我国的实现，还面临着以下的问题：

（一）真实义务与辩论原则的关系不明确

在民事诉讼中真实义务的出现受到协同主义诉讼观的直接影响，无限的真实义务必将导致协同主义的确立和辩论主义的终结。因此，如何处理真实义务与辩论原则的关系，真实义务是否应当受到辩论原则的约束，直接关系到当事人承担真实义务的界限与范围。

在我国现行的民事诉讼制度中，辩论原则和协同原则都有一定程度的体现。《民事诉讼法》及相关司法解释对自认的规定、对法院调查收集证据权力的限制均体现了在我国民事诉讼中当事人对于待证事实和证据资料的处分权，是辩论原则的核心内容。如果在此框架下解释当事人的真实义务，则法院不能超越当事人提出的事实和证据的范围询问当事人，当事人对于超出双方已经提出的争议事项和证据事项的事实，不承担真实义务。

然而，协同主义在我国民事诉讼中也有一定程度的体现，我国《最高人民法院关于民事诉讼证据的若干规定》（以下简称《民事证据规定》）第75条规定，有证据证明一方当事人持有证据无正当理由拒不提供，如果对方当事人主张该证据的内容不利于证据持有人可以推定该主张成立。该规定不以举证责任的负担为前提，一般性地规定了当事人在诉讼中协力解明案情的义务。在《民诉法解释》规定了当事人的真实义务后，如果不负证明责任的当事人拒绝签署保证书、拒绝陈述，是否可以依据《民事证据规定》第 75 条做出相反推定，《民诉法解释》并没有作出清楚的说明。但是最高人民法院在《民诉法解释》颁布后的相关解释中给出了肯定的回答，认为"在审判实践中如果出现不负举证责任的当事人拒绝接受询问的，人民法院可以根据案件的具体情况，将其拒绝接受询问的行为视为妨碍举证的行为，根据《民事证据规定》第 75 条的规定处理"。[1] 这种理解显然将真实义务纳入协同主义的框架之下，并可由此推导出法官可以不受辩论主义原则、举证责任分配规则的限制，要求当事人承担真实陈述的义务。

由上可见，如何协调真实义务与辩论主义的关系，关系到对真实义务内容的解读，也关系到在民事诉讼中当事人承担真实义务的界限和范围。如果立法不对此问题予以明确，必将造成对真实义务在理解和操作过程中的混乱。

（二）过分倚重于制裁，制度的促进与保障不足

由于长期受到当事人不诚信行为的困扰，我国自 2012 年《民事诉讼法》修订后，就一直致力于强化当事人在诉讼中的诚信义务、真实义务。《民事诉讼法》及相关司法解释赋予了法官对不诚信行为采取强制措施的权力。同时，对真实义务的强调随着《中华人民共和国刑法修正案（九）》（以下简称《刑法第九修正案》）的颁布达到高潮。根据该修正案，当事人捏造事实进行诉讼的，将有可能被追究刑事责任。上述立法的完善固然有进步意义。但是，完全倚重于惩罚性的规定实现真实义务的思路是否可行，尚需更充分、审慎的论证。当事人违背真实义务所应当承受的责罚的轻重，或承担不利后果的严重程度与当事人能够接触的证据的范围的大小有直接的关系。一般而言，法律赋予了当事人越多的接触、获得证据的权利，当事人就应当承担更多的真实义务，同时，违背该义务所应承担的法律责任也应当越严苛。这也是为何在英美法系国家，对当事人虚假陈述行为的法律制裁较大陆法系国家更为严格的原因所在。

因此，当事人在诉讼中真实义务的落实不仅仅取决于立法是否对违反真实义务的当事人给予制裁，而在于是否能够以制度化手段促进、保障当事人在诉讼中的真实陈述，使其不得不"真实陈述"，同时亦不会因"真实陈述"而过分加重其负担。然而，在我国目前立法的状况是，对当事人真实陈述的制度保障与促进措施明显滞后，严重依赖惩罚机制实现"真实"，表现在：

---

[1] 沈德咏主编：《最高人民法院民事诉讼法司法解释理解与适用》，人民法院出版社 2015 年版，第 365 页。

第一，当事人的资讯请求权没有得到切实的保障。从前述内容可知，当事人在诉讼中承担真实义务的程度与范围与当事人在诉讼中对证据资料的获得权呈正相关的关系。对当事人的资讯请求权保障得越充分，当事人的取证渠道越畅通，对当事人的真实义务要求就越严格。但是，我国民事诉讼法赋予的当事人调查收集证据的手段极为有限，加之当事人调查取证能力较弱，公众对当事人之取证行为配合程度较低，极大影响了当事人在诉讼中能够接触的事实与证据范围，也影响了当事人对案件事实形成正确认识的范围与程度。如若不能保障当事人对事实的一定范围与程度的获知权，则对当事人真实义务的要求将成为无源之水。此外更为重要的是，由于证据收集手段有限，虚假陈述被揭穿的可能性也随之降低，从而使得一部分当事人在利益的驱使下敢于铤而走险，虚构事实。

第二，真实义务可能会加重当事人负担，压缩当事人自由诉讼的空间。在我国，《民事诉讼法》赋予的原告的自由诉讼的空间极为有限。诉的预备合并制度尚未得到立法与司法实践的认同；对于原告在起诉状中提出的假定性的主张，在实务中也很有可能被以"请求不明确"为由驳回；对于原告修改起诉状内容的时间与程序，《民事诉讼法》亦未做出具体规定，仅在最高人民法院《民事证据规定》中规定，当事人申请变更诉讼请求的，应当在举证期间届满前提出申请；真实义务与诚实信用原则中的禁反言原则结合，也可能影响当事人灵活地选择诉讼策略的权利。这样，真实义务很可能束缚当事人在诉讼中的竞争行为，使承担真实义务的当事人在诉讼中举步维艰。

（三）惩罚性措施与职权主义相结合，易导致真实义务的异化

在我国，辩论主义在民事诉讼立法中虽有一定程度的体现，但是在司法实践中辩论主义并没成为严格约束法官行为的准则。由于《民诉法解释》没有对法官询问当事人的范围作出明确的限制性规定，因此可以推知只要法官认为需要即可行使询问权。这样，我国当事人的真实义务事实上包含了完全性义务。如果允许超出辩论主义的框架解读完全性义务，则我国民事诉讼中当事人的真实义务将很有可能直接导致诉讼模式向职权主义倒退。同时值得注意的是，在司法实践中，我国的法官素有在非正式开庭的场合，通过询问方式向当事人了解案情的做法。立法对法官在庭外询问当事人的程序缺乏必要的规范，直接导致了法官询问当事人的失范。[1]虽然《民诉法解释》明确规定对当事人进行

---

[1] 王福华："直接言词原则与民事案件审理样式"，载《中国法学》2004年第1期。

询问，应当在通知当事人"到庭"后进行，在询问过程中当事人承担真实义务。然而该司法解释也并没有明确禁止法官于庭外询问当事人。因此笔者担心，《民诉法解释》对当事人真实义务的规定很有可能被扩张性地适用于庭外对当事人的询问过程中，这种趋势很容易促使法官更加依赖通过非正式开庭的方式询问当事人，并围绕询问当事人的成果而展开事实调查的审案思路，届时，不仅我国固有的职权主义倾向将被进一步强化，而且我们通过多年努力构建起的证明责任制度的基本体系也将受到严重挑战。

四、真实义务的内容与功能之再界定

(一) 真实义务的两种面孔

从国外立法对当事人真实义务的理解来看，虽然总体而言，当事人在诉讼过程中所进行的所有类型的陈述均应符合真实性的要求。但是，根据当事人真实义务规范的客体的不同，可以将当事人真实义务区分为作用于事实主张的真实义务与作用于证据的真实义务。这两种不同类型的真实义务分别通过不同的程序设计与制度安排，致力于防止轻率的诉讼的功能和协助法官形成正确的事实认识的功能。

1. 作用于事实主张的真实义务：排除轻率的诉讼

在英美法系国家，对当事人事实主张的"真实性"的要求主要的功能在于排除轻率起诉的案件。这一功能在诉讼程序的启动阶段就已经有所体现。英国民事诉讼法要求当事人提交给法院的诉讼材料（其中最主要的是案情申明）必须经过当事人签署的真实陈述书确认。该陈述书的主要内容为，提出案情声明的人相信文书中陈述的事实为真实。真实陈述书的主要功能并非在于提供一种事实证明的途径，而在于敦促当事人不要提出他明确知道为虚假的事实，或没有证据支持的事实，并寄希望于在诉讼的过程中出现有力的证据。[1]美国民事诉讼中也有类似禁止提交进行骚扰性或者恶意伤害的虚假的诉辩文书的规定。在美国很多州的法院，诉辩规则要求每份诉辩文书均被律师或当事人签署，并借此减少无意义的诉求和答辩来提高诉讼程序的效率。律师通过签署诉辩文书确认，他已经检查了此诉辩文书，并认为存在支持它的充分理由，而且该诉辩文书并非基于拖延的目的而提出。如果签署诉辩文书的目的在于使该规则的目

---

〔1〕 Zuckerman, *Zuckerman on Civil Procedure*, Oxford University Press, 2013, pp. 337~338.

的落空，那么该诉辩文书可以被视为恶意虚假，且可命令案件继续进行而此诉辩文书好似未被提出。[1]对诉辩文书的上述要求，并不具有保障事实认定真实性的作用，而是服务于通过诉答程序筛选适合进入诉讼程序的案件的需要。[2]

大陆法系并没有英美法意义上真正的诉答程序，起诉状的主要作用在于特定审理对象，提示攻击重点，而非帮助法官选择适宜进入准备程序的案件。按照德国主流的学说及判例，真实义务并不禁止当事人作推测性的陈述，故一方当事人试图经由证据调查获悉与证据有关的事实以便将其作为新的陈述的基础并不违法。[3]因此，虽然大陆法系国家的多数学者都主张当事人的真实陈述义务同时及于当事人对主张的陈述和当事人的证据性陈述，同时，对于当事人的真实义务的理解在上述两个方面并没有区别，但是由于诉答程序的缺失，法官无法在此阶段排除轻率的案件。同时更重要的是，在诉讼的开始阶段即能发现当事人做出虚假陈述的可能性非常之小，在此背景下，大陆法系各国对当事人诉讼主张真实性的要求很难在诉讼的开始阶段通过具体的制度得以体现和保障。

2. 作用于证据的真实义务：案件事实认定方面的功能

当事人在民事诉讼中真实义务的另外一种功能在于帮助法官形成对案件事实的正确认识。当事人是案件的亲身经历者，是最熟悉案件真实情况的人，当事人关于案件事实的客观陈述对于法院正确认定案件事实意义重大。在英美法系国家，当事人可以作为证人出庭作证，对其证言的使用规则与普通的证人相同。而在大陆法系国家，当事人陈述并不是一种独立的证据形式，为了使法官得以借助当事人形成对案件事实的正确认识，立法规定可以通过询问当事人的方式，获得对事实的印象。奥地利是最先将询问当事人制度引入民事诉讼的国家，1873 年的《奥地利民事诉讼法》还仅将询问当事人作为一种补充性的证据方法，只有在通过其他证据方法不能对案件的待证事实获得完全的证明或足够的心证时，才可询问当事人。1983 年奥地利在修改《民事诉讼法》时，废除了询问当事人的补充性原则，使得询问当事人成了一种独立的证据方法。[4]在德国法上，对当事人的询问可以依当事人的申请、依据对方当事人的同意，

---

〔1〕［美］杰克·H. 弗兰德泰尔：《民事诉讼法》，夏峻峰等译，中国政法大学出版社 2009 年版，第 243~244 页。

〔2〕参见纪格非："论我国民事起诉状的功能转型与内容再造"，载《现代法学》2013 年第 6 期。

〔3〕参见占善刚："主张的具体化研究"，载《法学研究》2010 年第 2 期。

〔4〕Walter H. Rechberger, *Civil Procedure in Austria*, Walters Kluwer, 2011, pp. 82, 84.

或者依据法院的职权进行。基于对当事人陈述的真实性的怀疑，德国民事诉讼法将询问当事人作为一种补充性的证据方法，认为"尽管当事人最了解待证事实，但他们与案件裁判结果具有最大的利益，因此在一般情况下，最好不要让当事人作为自己案件的证人，争议事实尽可能运用书证、证人等证据方法去证明，但有些案件却根本找不到别的证据，而在此情况下又不应当直接判决寻求法律救济的当事人败诉，与其排除询问当事人直接判决当事人败诉，还不如把通过询问获得的当事人陈述作为证据方法"。[1]日本在询问当事人方面，原与德国保持一致，采用补充性原则。但是 1996 年《民事诉讼法》有意弱化了询问当事人的补充性规定。根据该法第 207 条，法院根据职权或根据申请，可以询问当事人。[2]即赋予了法院依据事实认定的需要，灵活地询问当事人的权力。

大陆法系国家将询问当事人作为法官获得对事实认识的方法，必然会对当事人在询问过程中的配合义务以及真实义务做出要求，并从证据法的角度规定当事人拒绝接受询问或做虚假陈述可能产生的证据法上的后果。《德国民事诉讼法》《日本民事诉讼法》以及《意大利民事诉讼法》都有当事人拒绝陈述或者不真实陈述的，法官可就事实做出不利于其的推定的规定。

在英美法系国家，当事人和证人一样具有作证的能力。对当事人证言的使用与排除规则皆与证人相同。当事人如果在作证的过程中提供虚假的证言，将被视为是妨害诉讼的行为，有可能被追究藐视法庭的责任。以此为依据，对当事人真实义务的要求同样具有帮助法官形成对案件事实正确认识的作用。

（二）真实义务在我国的内容与功能

虽然我国民事诉讼法及司法解释已经对当事人真实义务做出明确的规定，但是对于真实义务功能的理解依然重要。如前所述，在辩论主义和协同主义不同的背景下，当事人的真实义务将被赋予完全不同的内容。当前，在我国的立法和司法解释中，辩论主义和协同主义均能找到条文依据。因此很难从立法和司法解释自身的逻辑中推演出我国当事人真实义务的具体功能。

笔者认为，在立法与司法解释已经对当事人的真实义务作出明确规定的前提下，对真实义务功能的界定不应当仅是法律理想的宣示，而应当有助于最大程度地使真实义务与民事诉讼程序中的其他制度和规则融合，减少制度之间的矛盾与冲突，起到规则整合与协调的作用。

---

〔1〕 转引自李浩："当事人陈述：比较、借鉴与重构"，载《现代法学》2005 年第 3 期。

〔2〕 《日本新民事诉讼法》，白绿铉译，中国法制出版社 2000 年版，第 84 页。

1. 真实义务不具有排除轻率案件与抑制诉讼欺诈的功能

我国民事诉讼程序与大陆法系国家具有相似的结构，这就决定了对当事人诉讼主张的真实性的要求很难在功能上体现为排除轻率的案件。然而，真实义务是否可以用于抑制或打击虚假诉讼呢？根据《刑法第九修正案》，以捏造的事实提起民事诉讼，妨害司法秩序或者严重侵害他人合法权益的，将以犯罪论处。同时，根据我国《民事诉讼法》第112条的规定，当事人之间恶意串通，企图通过诉讼、调解等方式侵害他人合法权益的，人民法院应当驳回其诉讼请求，并根据情节轻重采取强制措施，直至追究刑事责任。上述两款规定是否可以视为真实义务在我国立法中的具体体现？笔者认为，答案是否定的。从司法实践的角度看，诉讼欺诈包括当事人单方捏造事实及双方恶意串通进行欺诈两种情形。在单方捏造事实提起诉讼的案件中，当事人在提出虚假的事实主张的同时，往往会伪造证据对相关事实予以证明。在此种情况下，对法官心证产生直接影响并最终决定判决结果的并非当事人对于事实主张的虚假陈述，而是当事人提交的虚假证据。《刑法第九修正案》中所称的"捏造事实"实则指捏造用于证明事实的证据。对于此种现象在民事诉讼中更适宜通过规定藐视法庭的责任而进行制裁，而非通过当事人真实义务规范之。对于双方恶意串通进行虚假诉讼的情况，双方当事人在此类案件中对于主要事实往往有一致的陈述，此时应当依据"法官不受虚假自认之限制"的一般原理，排除虚假陈述对于法官的制约。我国《民事诉讼法》中虽有诚实信用原则的规定，然而应对诉讼欺诈需要更为具体的条文依据和更为有力的规范措施。如果赋予当事人真实义务以抑制诉讼欺诈的功能：一方面，扩大化的解释会扭曲当事人真实义务的本意，另一方面，也将制约对诉讼欺诈行为的制裁措施的发展。

2. 真实义务的主要功能——不得妨碍法官形成正确的事实认识

真实义务在我国的功能应当主要体现在事实认定的领域。如前所述，大陆法系国家从协同主义的立场出发，将当事人真实义务的功能界定为帮助法官形成对于事实的正确认识。这一功能的实现依赖于当事人一般化的事案解明义务与法官的释明义务。从真实义务与诉讼程序中其他制度融合的可能性看，我国的当事人真实义务的功能应与大陆法系国家有所区别。从我国民诉法立法和司法解释中看，我国现阶段的民事诉讼法并不强调当事人应当通过出庭并积极争辩的方式促进法官对事实形成正确的认识。根据《民事诉讼法》及相关司法解释的规定，被告不提出答辩状的，不影响人民法院审理。在被告缺席的情况下，法院应当对到庭的当事人诉讼请求、双方的诉辩理由以及已经提交的证据及其他诉讼材料进行审理后，进行缺席判决。由上述规定可见，在我国民事诉讼中当事人并不会因其不出庭、不积极争辩的行为而直接承担诉讼上的不利益。在此背景下，如果认为规定当事人真实义务的作用在于帮助法官正确认定案件事实，知情者拒绝真实陈述可以按照《民事证据规定》第75条的规定，作出对当事人不利的事实推定。无疑意味着出庭的当事人将比不出庭的当事人承担更多的诉讼风险。由此可能导致的直接后果是，当事人为了规避出庭陈述的真实义务，将更倾向于选择不出庭。这样，设定当事人真实义务的初衷——帮助法官正确认定事实——更将无从实现。

因此，从我国现有的诉讼规范提供的可能性出发，应当将我国当事人真实义务的功能设定为"当事人不得妨碍法官形成正确的事实认识"。做出此种功能定位的原因一方面在于，从学界对真实义务的通常理解上看，真实义务并非要求当事人据实陈述，而仅仅是不允许当事人主张自己明知不真实或不确信的事实；不允许他辩驳对方当事人的主张，如果他知道或者确信该主张是正确的。[1]因此，真实义务并不具有积极的成就法官心证的功能，而仅具有不妨碍法官心证的消极功能；另一方面，从《民诉法解释》第110条的既有规定看，司法解释并没有明确规定不负证明责任的当事人拒绝到庭，拒绝接受询问或者拒绝签署保证书的责任。负有举证责任的当事人拒绝到庭，拒绝接受询问或者拒绝签署保证书，同时待证事实缺乏其他证据证明时，法院才能认定其主张不成立。上述规定与当事人不承担"促进法官形成对事实的正确认识"的逻辑是一致的。所以，在当前情况下将当事人真实义务的功能设定为"任何人不得妨碍法官形成正确的事实认识"，更有助于整合真实义务与民事诉讼中的其他规范，避免立法的矛盾与冲突。

五、我国民事诉讼真实义务的具体构建

(一) 真实义务的起点与界限：辩论主义

与协同主义对当事人真实义务的功能设定不同，我国民事诉讼中当事人真实义务的功能并非在于帮助法官形成对事实的正确认识，而仅在于使得任何当事人都不得阻碍法官对事实的认识。这种对真实义务的功能界定为辩论主义发挥监护作用提供了机会与可能。笔者认为，我国民事诉讼法对当事人真实义务

---

[1] 邱联恭："当事人本人供述之功能——着重于阐论其思想背景之变迁"，载"民事诉讼法研讨会"：《民事诉讼法之研讨（三）》，三民书局1990年版，第636~638页。

的理解与运用，应当始终以辩论主义为界限，体现在以下几个方面：

1. 以询问当事人制度的构建为契机，明确法官询问当事人的范围和当事人承担真实义务的范围

我国民事诉讼法将当事人陈述作为一种独立的证据形式，然而在司法实践中，由于对当事人的不信任，法院采纳当事人陈述作为定案根据的现象十分罕见。因此，如何充分利用当事人陈述的证明价值，同时又避免虚假的当事人陈述对事实认定产生的不良影响，成为理论研究中的热点问题。

我国《民诉法解释》虽然规定法院可以根据审理案件的需要，询问当事人。但是，对于法院依职权询问当事人的条件和范围，《民诉法解释》的规定相当笼统。根据该规定，法院在认为"有必要时"可以询问当事人，至于询问所针对的事实的范围，司法解释没有做出明确规定。法律规定的不明确极易导致法官询问当事人行为的失范以及当事人真实义务的不恰当扩张。因此，必须在明确法官询问当事人的范围和条件的基础上，对当事人承担真实义务的范围做出限制性规定。对此笔者认为，询问当事人制度的构建必须严格遵循辩论原则。在司法实践中，法官依职权询问当事人往往基于两种可能的目的：其一，澄清法官对于当事人已经提出的事实主张、已经提交的证据的模糊认识，帮助法官形成心证，在此种情况下法官询问当事人是法官事实认定权的必要组成部分，只要法官认为有必要，就可以询问，当事人应当接受询问，如实陈述。但是，法官的询问应当限于当事人已经提出的事实主张或证据资料的范围内。法官不能超越当事人对诉讼资料的处分权而询问当事人。其二，法官将当事人作为证据调查的对象而主动进行询问，此种情况下的询问当事人将等同于法官主动依职权调查取证。因此，应当满足《民诉法解释》第96条对于法官依职权调查取证权的要求，即属于以下案件范围：①涉及可能损害国家利益、社会公共利益的；②涉及身份关系的；③涉及《民事诉讼法》第55条规定诉讼的；④当事人有恶意串通损害他人合法权益可能的；⑤涉及依职权追加当事人、中止诉讼、终结诉讼、回避等程序性事项的。只有就符合上述询问条件和询问范围要求的事实，法院才能依职权询问当事人，当事人也才有真实陈述的义务。所谓的当事人真实陈述的义务，实则指当事人在接受法院询问过程中的真实义务，而非泛指当事人在民事诉讼过程中所有言词、书面陈述的真实义务。

在确立、完善询问当事人制度的基础上，《民事诉讼法》应当进一步规定，可以作为证据采纳的当事人陈述是指法院在询问当事人的过程中，当事人所作

的陈述。这一规定看似缩小了作为证据的当事人陈述的范围，实则通过法院职权的介入，规范了当事人陈述的取得程序，并通过真实义务的要求，提高了当事人陈述的证据价值，是一种比较务实的选择。

2. 坚持询问当事人的补充性

关于是否应当贯彻询问当事人的补充性原则，不同国家的民事诉讼制度做出了不同的回答。德国是当今大陆法系少数坚持询问当事人的补充性原则的国家。学界一般认为，只有某种事实主张存在一定的"起始盖然性"，到目前为止还没有得到完全证明以及其他认知渠道不能够再使用时，才能询问当事人，也才能要求当事人真实地陈述事实。[1]《日本民事诉讼法》和我国台湾地区的"民事诉讼法"原本采补充性原则，但是近来由于受到协同主义诉讼观的影响，已经逐次缓和或放弃该原则，允许法官享有广泛的询问权。但是对于此变化，学界并非没有争议。质疑非补充性原则的主要理由在于，当事人受到自身利益的局限，其陈述的可靠性较弱，放弃补充性原则，鼓励法官询问当事人，对于提高事实认定的客观性并无助益。[2]笔者认为，我国民事诉讼法之所以应当坚持当事人询问的补充性，主要原因在于，我国民事诉讼法虽然将当事人陈述作为一种独立的证据形式，但是立法同时规定，当事人对自己的主张，只有本人陈述而不能提出其他相关证据的，其主张不予支持。根据这一规定，在没有其他证据的情况下，当事人的陈述是不能作为定案根据的。据此，即使立法放弃询问当事人的补充性原则，允许法官在没有其他证据的情况下询问当事人，询问的结果也不能单独成为定案根据，法官事实上也不会有询问当事人的积极性。相反，通过对询问当事人补充性的要求，可以将当事人真实义务限定在特定的范围内，避免当事人承担过重的诉讼负担。

3. 主观真实为标准以及对完全义务的内化

在大陆法系国家，对于当事人是否履行真实义务的判断，目前通说采用真实义务有限说的观点，也称主观真实说。我国民事诉讼法在此问题上也应当坚持同样的观点。对当事人真实义务的规定应当以防止当事人故意的虚假陈述为目的，是否真实应当以"主观真实"为衡量标准，不应苛刻地要求当事人仔细

---

〔1〕〔德〕罗森贝克等：《德国民事诉讼法》（下），李大雪译，中国法制出版社 2009 年版，第928~929 页。

〔2〕对立观点参见姚光瑞：《民事诉讼法论》，中国政法大学出版社 2010 年版，第 333~336 页；邱联恭："当事人本人供述之功能——着重于阐论其思想背景之变迁"，载"民事诉讼法研究会"：《民事诉讼法之研讨（三）》，三民书局 1990 年版，第 648 页。

审核其陈述，以确保其陈述的客观性。同时，对于当事人是否违反真实义务的证明，应当根据追责主体的不同，分别由法院或对方当事人承担证明责任。

真实义务中的完全义务要求当事人必须将对事实的认识全部提供给法院，不能有所隐瞒和保留，因此完全性义务与建立在当事人对诉讼资料的控制权的基础之上的辩论原则产生直接的矛盾。对此，虽有学者主张承认这种矛盾，而将完全义务作为对辩论主义的修正。但是，多数学者的观点是淡化完全义务的效力，使其成为真实义务的一个部分。只有当事人基于隐瞒部分事实而做出的不完全陈述从整体上看违反主观真实时，才会禁止进行这样的陈述。相反，如果当事人刻意隐瞒某一事实，但是缺乏该事实并不影响法官对整个事实的认识时，不能认定当事人违背了真实义务。[1]不难看出，这种理解弱化了完全义务在真实义务中的作用，可以在最大限度上协调真实义务与辩论原则的关系，并试图使真实义务在现行法的框架下获得更大的存在空间。笔者完全赞同这种务实的态度。我国民事诉讼法在处理完全陈述义务与真实义务的关系时，也应当保持相同的立场，当事人故意所为的不完全陈述只在违背主观真实标准，并且有可能危及法官对事实的正确理解时，才会被视为违法。

综上，以辩论主义为起点和界限，对于真实义务做出限缩性的解释虽然在某种程度上会抑制真实义务在民事诉讼中的作用范围与强度。但是从国外立法的经验看，对真实义务的强调程度与当事人对证据的接近与控制的程度成正相关的关系。而我国目前的情况是当事人对程序的控制权不足，诉讼的职权色彩浓厚，因此必须对真实义务在民事诉讼中应作出理性、务实的理解，过于超前的解读将会导致规则之间的矛盾与摩擦，无助于制度在实务中的操作与落实。

（二）以促进和保障为核心的"真实"

虽然基于与现行规则融合的可能性及我国司法的实际状况的考虑，笔者认为应当适当限缩真实义务在民事诉讼中的作用。但是，笔者也赞同通过促进和保障机制的完善，逐步强化当事人在诉讼中的真实义务。对此，我国的民事诉讼法应做以下几个方面的努力：

1. 丰富当事人的资讯获得手段

如前所述，我国目前立法赋予的当事人的调查取证权极为有效。立法的缺失恶化了实践中当事人取证难的困境。在此背景下，当事人虚假陈述的行为被

---

〔1〕［日］高桥宏志：《民事诉讼法——制度与理论的深层分析》，林剑锋译，法律出版 2003 年版，第 375～376 页。

证实的机会大大降低，从而使得当事人敢于在诉讼中违反真实义务。因此，当务之急在于丰富当事人获得证据的手段与途径。《民诉法解释》在此方面做出了有益的尝试，明确规定了当事人的文书提出义务。然而目前的规定将承担提出文书义务的主体限定于当事人的范围内，如果该书证由案外人持有，则当事人应当通过何种渠道获得该书证，司法解释并没有涉及。此外，当事人对于书证之外的其他的证据的调取权，也需要通过更为细致、具体的立法予以体现。

2. 强化当事人的出庭义务和陈述义务

如前所述，凡是规定了当事人真实陈述义务的国家，无不以强化当事人的出庭义务为前提，落实当事人的真实义务。强化当事人出庭义务的目的在于，敦促当事人积极地配合法院的审理行为，协助法官推进程序。只有在当事人出庭、积极陈述事实的基础上，才有可能对当事人陈述的内容提出"真实"的要求，否则当事人的真实陈述义务将成为"无源之水，无本之木"。反观我国，立法对当事人拒绝出庭，或虽然出庭但是不积极进行辩论的行为相当宽容。当事人不会因缺席行为本身而遭受直接的不利益。要改变此种状况，一方面，立法应当规定，如果被告缺席，且在开庭前没有进行任何有效的辩论，可以推定被告对于原告的事实陈述做出了自认。另一方面，民事诉讼程序应当致力于促进当事人的积极辩论。《民事证据规定》第 8 条通过对默示自认的规定，抑制了当事人在诉讼中的消极行为。除此之外，还有必要对当事人进行不知陈述的效力做出规定。不知陈述是介于承认和否认之间的一种表达方式，为了体现当事人的诉讼促进义务，应当规定仅对于"非当事人本身所为行为"和"非当事人自身感知的对象"才可以为不知陈述。从当事人陈述角度来讲，上述规定显然加重了当事人的陈述义务，使得对争议事实不负举证责任和说明义务的当事人不可随意为不知陈述。对于符合上述条件的不知陈述，应当视为当事人对事实的争辩；反之，对自己的行为和感受作不知陈述则应当被认为是不合法的，并因而被看作是不争辩，即自认。通过上述规定，当事人在诉讼中通过积极陈述而推动程序的义务得到了体现，以此为前提，强调当事人不得故意为虚假陈述才有意义。

3. 不因"真实"而压制当事人灵活诉讼的空间

当事人在诉讼中的真实义务要求当事人在诉讼中不得违反主观认识对事实做出主张或加以争执。然而，当事人对案件的主观认识有可能随着诉讼程序的推进而发生变化，此时是否允许当事人修改之前的陈述，或可以在多大范围内修改之前的陈述是我们必须思考的问题。从真实义务的角度看，既然真实与否以当事人的主观认识为标准，所以自然应当允许当事人基于主观认识的变化而修改陈述。但是，如果放任当事人在诉讼中前后不一致的主张，却有可能给程序的安定性造成影响，也与民事诉讼中的禁反言原则发生冲突。因此，较为明智的解决办法是通过立法，对当事人可以修改自己的陈述或做出矛盾陈述的范围和条件做出明确规定。比如，英国民事诉讼中允许当事人在对案件的理解发生错误时，修正诉讼文书。只要这种修正经过全体当事人同意，或者在案情陈述向另一方当事人送达之前修正，或经法院许可并支付修正引起的诉讼费用。[1]《德国民事诉讼法》则允许当事人在不变更诉的原因的前提下，补充或更正事实主张。[2]参考国外立法的规定，可以考虑允许我国当事人在法庭辩论终结前，在不改变基础事实的前提下修改当事人对案件事实的陈述。同时，立法应当允许当事人在起诉时可以允许提出替代性请求，并不得以替代性的请求之间存在矛盾而认定当事人违背了真实义务。

（三）惩罚机制的理性构建与作用弱化

1. 多元化惩罚机制的构建

为了保障真实义务的落实，凡规定当事人真实陈述义务的国家，均规定当事人在不履行该义务的情况下，承担一定的不利后果。主要包括以下几个方面：

（1）相应诉讼行为无效，或案件被法院排除。此种观点认为，应负主张责任的当事人违反真实义务所提出的主张，不发生主张的效果，[3]法院可以对此主张不予审理。这种惩罚性的规定针对的是违反针对主张的真实义务。比如，《英国民事诉讼规则》第3.4条规定，如果法官认为案情声明滥用法院诉讼程序，或者可能阻碍诉讼程序的公正进行的，则可以撤销案情声明。撤销案情声明意味着法院将不对案件进行任何实体上的裁判。根据英国判例，如果当事人在案情声明中虚构事实，法院既可以在诉讼开始的阶段撤销案情申明，也可以在诉讼进行的最后阶段撤销案情声明。[4]英国也有学者认为，法院在此种情况下排除案情声明并不是对当事人的惩罚，而是基于一般的程序原则，公正的审

---

〔1〕 沈达明、冀宗儒：《1999年英国〈民事诉讼规则〉诠释》，中国法制出版社2005年版，第172~173页。

〔2〕《德意志联邦共和国民事诉讼法》，谢怀栻译，中国法制出版社2001年版，第63页。

〔3〕 姜世明：《举证责任与真实义务》，新学林出版社2013年版，第546页。

〔4〕 Zuckerman，"Court Protection from Abuse of Process——the Means are There But not the Will"，*Civil Justice Quarterly*，2012，31（4）.

理程序必须以一定的客观条件为依据，其中就包括当事人遵循程序中的具体规则，当事人遵守这些规则是参加程序的前提条件。如果拒绝遵守规则，就不能利用该程序。[1]

（2）在事实认定方面的影响。当事人在诉讼过程中提供的虚假证言，一经发现将被排除，不能作为认定案件事实的依据，自不待言。除此之外，多数大陆法系国家在立法上规定，允许法官自由评价当事人虚假陈述事实的行为。[2] 在大陆法系国家的民事诉讼中，受诉法院认定事实不仅需要斟酌证据调查的结果，而且也要考虑言词辩论的全部意旨。它通常作为与证据调查的结果并列的法官自由心证之结果。言词辩论的全部意旨不仅包括当事人的事实陈述本身，也包括当事人在案件审理中的所有作为与不作为，以及当事人及其诉讼代理人在言词辩论程序中留给法官的个人印象。当事人的沉默、拒绝作具体化陈述、不真实的或相互矛盾的陈述，甚至当事人事实陈述的时机、对事实主张的变更、证据声明的撤回等，均可视为言词辩论的全意旨。[3]

（3）视为妨害民事诉讼的行为，予以罚款或要求负担诉讼费用。对当事人虚假陈述的行为给予经济上的制裁是各国通行的做法。对当事人予以经济上的制裁将当事人虚假陈述的行为视为妨害民事诉讼的行为，实施制裁的前提在于当事人的虚假行为给诉讼程序造成了实际的影响，并且当事人的行为是基于主观上的故意。因此，法官在此过程中承担着较重的调查责任和证明责任。

（4）承担民事赔偿责任。根据某些国家法律的规定，在诉讼程序中，当事人实施的恶意的诉讼行为，如果符合侵权行为的构成要件，受害方可以要求加害方赔偿。比如按照《德国民法典》第826条的规定，以违反善良风俗的方式故意对他人施加损害的人，对他人负有损害赔偿的义务。[4] 德国现有的学说和判例认为，该规定可以作为对诉讼行为提起侵权诉讼的依据。已有的判例显示，如果当事人通过恶意误导法院，包括隐瞒真相或违反真实义务、欺诈、与对方当事人共谋等方式获得，同时如果判决所支持的权利是不存在的而当事人

---

[1] Zuckerman, "Must a Fraudulent Litigant be Allowed to Think：If the Fraud is Successful, I will Gain Much；If it is not, I will Still Recover My Legitimate Claim?", *Civil Justice Quarterly*, 2011, 30（1）.

[2] ［德］汉斯-约阿希姆·穆泽拉克：《德国民事诉讼法基础教程》，周翠译，中国政法大学出版社2005年版，第265页。

[3] 占善刚："言词辩论的全部意旨研究——德国、日本的判例、学说之考察及其启示"，载《现代法学》2012年第3期。

[4] 《德国民法典》，郑冲、贾红梅译，法律出版社2001年版，第205页。

存在欺诈的故意，则对方当事人可以要求侵权方赔偿。[1]对违反真实义务的当事人的民事责任的规定可以借助实体法领域对侵权行为的规定实现，具有立法方面的便利性，同时，民事的救济是通过当事人另诉的方式解决的，不会对原有民事案件的审理造成影响，减轻了法院的工作负担，也最大限度地保证了当事人的权利。

（5）承担刑事责任。为维护司法权威，保障法官的职业权益，许多国家将哄闹法庭、辱骂、威胁、殴打法官、干扰审判等行为纳入藐视法庭罪的制裁范围。藐视法庭罪来源于普通法，犯罪行为方式比较广泛，如辱骂、威胁、殴打法官、扰乱法庭秩序、拒不出庭作证、发布法院禁止发布的消息等皆可入罪。当事人虚假陈述的行为可能成为公正审判的障碍，因此，根据一些国家的法律，对当事人的该种行为可以追究刑事责任。总体而言，英美法系国家对于当事人虚假陈述构成犯罪的规定更加明确、具体。英国1981年的《藐视法庭法》甚至对该罪规定了严格责任，即不要求控方证明被告有影响司法公正的意图，只需证明其行为有影响司法公正的客观危险即可。对违反真实义务的当事人课以刑事责任，是所有制裁措施中最严厉，也是耗用司法资源最多的。同时，由于刑事责任对当事人的利益将产生重大影响，各国司法机关均持谨慎态度，除非确有必要，一般不会启动追诉程序。

对比国外立法不难发现，我国目前对于违反真实义务的惩罚机制还存在惩罚手段单一，各种惩罚机制之间的衔接不顺畅的问题。此外，我国当前将违反真实陈述的行为视为妨碍诉讼的行为，是否能够起到足够的威慑作用也不无疑问。笔者认为有必要从诉讼法与实体法两个方面完善对违反真实义务行为的法律规制。

首先，《刑法第九修正案》已经通过明确的刑事立法，将捏造事实进行诉讼，且情节比较严重的行为纳入到刑事法律调整的范围内，是立法的一大进步。然而根据这一修正案，纳入刑法调整范围的当事人违反真实义务的行为仅限于"捏造事实进行诉讼"的情况，对于在诉讼过程中实施的严重的虚假陈述的行为，也有必要在刑法中通过增加藐视法庭罪的方式，使相关当事人承担刑事责任。这种变化不仅丰富了对当事人违反真实义务的制裁措施，而且通过刑事诉讼程序追究责任，避免了审理民事案件的法官直接追责可能产生的权力界

---

[1] Michele Taruffo, "Abuse of Procedural Rights: Comparative Standards of Procedural Fairness", *Kluwer Law International*, 1999, pp. 170, 175.

限不清、角色混淆的问题，不失为一种比较理性的选择。

其次，仅从公法角度对当事人的虚假陈述行为进行制裁涉及司法权运作的成本问题，有一定的局限性。从实体法角度看，我国侵权责任法虽然没有将当事人在诉讼程序中的虚假陈述行为作为一种单独的侵权行为的类型。但是根据《侵权责任法》第6条，行为人因过错侵害他人民事权益，应当承担侵权责任。根据这一规定，如果当事人在诉讼中的虚假陈述行为造成他人损害的，应当属于《侵权责任法》规定的侵权行为的范畴，受到损害的当事人可以要求对方赔偿损失。

最后，在民事诉讼惩罚机制的完善方面，虽然我国《民诉法解释》规定了当事人应当签署真实陈述保证书，但是并没有对当事人违反真实义务应当承担的责任做出明确规定，对此，笔者认为应当增加相关内容的规定。同时，也许更为重要的是，应当允许法官自由评价当事人虚假陈述的行为，法官可以在通盘考虑全案的所有证据的基础上，结合当事人拒绝陈述、虚假陈述的行为，对案件事实做出认定。允许法官将当事人虚假陈述的行为纳入心证的范围，就意味着当事人违背真实义务的行为可能对案件的事实认定产生直接的负面影响，并由此对当事人的虚假陈述产生直接的抑制作用。

2. 惩罚措施的局限

惩罚性规定作为保证当事人履行义务的最后一道屏障，以威慑的方式发挥作用，在一定程度上可以抑制当事人在诉讼中的虚假陈述行为。但是惩罚性规定并非保障真实义务的根本，制度的促进与激励才是实现"真实"的关键。在真实义务实现的过程中，惩罚有以下几个方面的局限：

第一，效果具有不确定性。以经济惩罚为例，当事人虚假陈述的主要动机在于逐利，然而各国关于罚款的数额往往规定有明确的上限，对对方当事人的经济赔偿也会以对方实际受到的诉讼费用的损失为限，在涉及当事人重大利益的案件中，有限的经济赔偿责任或罚款是否足以抑制当事人的逐利冲动是值得怀疑的。

第二，对当事人的虚假陈述行为的惩罚过程，也会耗费一定的司法资源。比如，罚款或追究刑事责任的程序，都是以国家为主导的制裁程序，其实施的主要目的在于维护司法机关的审判秩序和司法权威。在实施制裁的过程中，司法机关应当依职权调查证据，证明当事人实施妨碍行为的主观过错、妨碍诉讼的客观后果等要件。法院在查证和追责过程中投入的司法资源可能会成为抑制法院采取制裁措施的因素，这都可能对当事人真实陈述义务的落实产生实际的影响。[1]

第三，受制于法官的司法理念，实际的实施与立法初衷之间存在差距。在英美法系国家，出于对强当事人主义的弊端的反思，民事诉讼法对当事人违反真实义务的行为规定了比较严厉的制裁措施。然而，实践中的实际情况是，法官在行使法律赋予的制裁权时相对谨慎和保守，一般而言，只有整个案件都是虚假的，或者当事人的虚假行为导致法官无法认定案件事实，法官才会排除整个案件。这种谨慎的态度与英美法系一直秉持的法官中立、消极的司法理念不无关系。在我国，笔者颇为担心的是，对惩罚性措施的强化将与职权主义的痼疾结合，不仅会影响当事人在诉讼中主体地位的实现，更可能阻碍我国民事诉讼模式的顺利转型。

3. 惩罚措施的弱化使用

如前所述，通过惩罚性规定保障真实义务的实现有着不可避免的局限性，因此不宜过分强调与依赖。从国外的立法与司法经验看，虽然要求当事人对其虚假陈述承担一定的不利益是各国立法的共同选择，但是在追究虚假陈述的法律责任的过程中，国外司法机关的态度相对保守，法官通常认为当事人在诉讼中的对立关系决定了对当事人做出过高的诚信要求是不现实的。这正是为何在英美法国家，法律虽然对当事人违反真实义务的责任做出了比较严厉的规定，但在实务中法官并不会十分积极地适用这些规定的原因。[2]在我国民事诉讼法对当事人的取证权保护不充分，当事人对抗能力较弱的背景下，法官在对违反真实义务的当事人作出处罚时，更应当充分考虑当事人做出虚假陈述的原因、虚假陈述使诉讼程序受到影响的程度、消除影响的可能性与成本、对方当事人的利益保护等多方面的因素，决定当事人的责任形式与责任范围。如果当事人做出了虚假陈述，但是在后续的诉讼中愿意纠正自己的错误行为，并且没有给诉讼程序或对方当事人造成实际的损害，此时，制裁本身消耗的司法成本将使制裁的意义大打折扣。总体而言笔者认为，对以下几种情形下的虚假陈述行为不使用或慎重使用强制措施：

第一，当事人虽有虚假陈述的行为，但是并未同时实施其他伪证行为的，

---

〔1〕 Ul-Haq v Shah〔2009〕EWCA Civ 542；〔2010〕1 W. L. R. 616，http://international. westlaw. com/Find/Default. wl？rs＝WLIN1. 0&vr＝2. 0&FindType＝Y&SerialNum＝0018942021，访问日期：2016 年 7 月 28 日。

〔2〕 Zuckerman，"Must a Fraudulent Litigant be Allowed to Think：If the Fraud is Successful, I Will Gain much；If It is not, I Will Still Recover My Legitimate Claim？"，*Civil Justice Quarterly*，2011，30（1）。

应当慎重使用制裁措施。在司法实践中，多数当事人在进行虚假陈述的过程中，会同时出示虚假的证据。因为根据《民事诉讼法》及相关司法解释的规定，某一事实仅有当事人的陈述，没有其他证据支持的，法院不能认定该事实存在。同样，在反驳对方提出的证据与事实时，如果仅有本人陈述，没有其他证据，法院也不能认定反驳事实成立。这样，虚假陈述的行为往往会与诉讼中其他的伪证行为联系在一起。同时，在一般情况下，当事人做出了与事实不符的陈述，同时伴有其他伪证行为，就基本可以认定当事人的虚假陈述具有主观的恶意，法院在此基础上对其采取强制措施是适合的。反之，如果当事人仅有虚假陈述的行为，但是并没有同时实施其他的虚假作证的行为，法院在认定其主观恶意的过程中必将遇到一定的困难，而且在此种情况下，由于当事人本人的陈述也不能单独成为认定案件事实的依据，虚假陈述给案件审理造成的妨碍也相对有限，因此不应当成为制裁措施的重点针对对象。

第二，不应使当事人因承担真实义务而遭受利益的重大损失。在现代社会的民事诉讼中，立法者基于实体公正的考量，对当事人提出真实义务的要求。然而实体公正并非法律的唯一价值追求，真实义务的贯彻，必须与诉讼中的其他价值相互协调，才能取得更好的法律效果和社会效果。从国外立法经验看，如果真实陈述可能导致当事人承担刑事责任或使当事人蒙受财产、名誉的损失，则当事人可以免除真实的义务。由于我国民事诉讼法没有对当事人免予承担真实义务的特殊情形做出明确规定，因此如果当事人基于前述事由而没有做出真实陈述的，法院应考虑对于免予处罚，以免过分加重当事人的负担。

第三，对虚假陈述的惩罚并非目的，排除由于虚假陈述给诉讼造成的影响才是惩罚性规定的意义所在。比如，《日本民事诉讼法》第209条第3款规定，如果作出虚假陈述的当事人在诉讼系属中承认该陈述是虚假的，法院可以撤销罚款裁定。我国台湾和英国的立法中也有类似的规定。我国的民事诉讼法也有必要对此作出类似规定。这是因为，在我国民事诉讼中，法院对当事人采取强制措施的前提之一是，当事人故意实施的某一诉讼行为妨碍了诉讼程序的正常进行。但是，如果当事人能够及时撤回、修改自己的虚假陈述，消除对诉讼程序的妨碍，此时适用惩戒性措施的意义将大打折扣。

会议型审前程序的实质化

韩 波[*]

经过民事诉讼法的修改及后续司法解释的制定，我国确立了审前会议型审前程序。这是我国民事诉讼制度建设不容忽视的进阶。毋庸讳言，审前会议型审前程序建构过程中受到了英美法系"分体式"诉讼结构（审前程序与审判程序保持相对独立性的诉讼结构）的影响。我国大陆地区和澳门特别行政区都具有民法法系的基本特征，成文法为主的裁判依据特征以及法律关系分析法或法律要件分析法为基础的法律适用方法、积极介入型法官行为模式与普通法法系国家或地区判例法为主的裁判依据体系以及类比分析法为基础的法律适用方法、有限介入型法官行为模式形成较大差别。在此前提下，审前会议型审前程序的法律规范究竟能产生怎样的诉讼实践？在当下制度进阶上，我国审前程序如何寻求更大的进步？

一、审前程序改革的理论预设

20世纪90年代末，学界、实务界开始对民事审前程序展开相对集中的学术研究。近二十年来，对民事审前程序的研究成果涉及对我国民事诉讼中审理前准备制度的审视与定位、审前程序的价值分析、审前程序的功能分析、审前程序的建构路径与方案设想。

（一）对我国审理前准备制度的审视与定位

有学者指出，直到20世纪90年代末，开庭审理实际上仍没有得到充分的重视，法官办案的主要精力放在了开庭之外询问当事人、调查取证以及背对背

或面对面的反复调解等活动上。开庭审理本身实际上发挥的作用十分有限，从而被置于无足轻重的位置，以开庭作为前提，只是为这种审理作准备的程序自然也失去了重要性。[1]另有学者将 1991 年《民事诉讼法》规定的民事诉讼审前准备活动制度归纳为：一是审前准备程序只是第一审普通程序的一个阶段，完全依附于庭审程序，不具有确定争点、固定证据的功能；二是审前准备活动、基本由庭审法官依职权包揽，当事人及其诉讼代理人基本上不介入，只有法官是审前准备活动的唯一积极的诉讼主体，忽视了当事人的作用；三是目的单一，审前准备仅仅是为了使法官了解案情和广泛收集证据，在庭审之前做到心中有数，并非通过审前准备形成对庭审范围有约束力的事实、主张和证据；四是形式上不公开，法官对案件书面材料的审查是封闭的，并无当事人参加；五是规定过于简单，缺乏可操作性，法官的行为往往扩展了法律的简单规定，如法官在审前准备活动中确定裁判方案，就会使开庭审理等诉讼程序空洞化。[2]还有学者犀利地提出改"审理前的准备阶段"为"审理前的诉讼程序"的改革主张。[3]这一改革主张的提出与学者对我国民事诉讼审前准备制度缺陷的认知是密不可分的。这些缺陷包括：其一，缺少当事人的参与；其二，功能不足，诉讼程序疏导纠纷、排解纠纷的功能受到制约，相应地，庭审的质量不可避免地也受到了影响；其三，缺乏内容上的针对性和效力上的制约性。[4]总而言之，在 2012 年《民事诉讼法》修改前，有代表性的学术观点中的多数意见是，我国《民事诉讼法》在普通程序章节中规定的审理前准备制度缺乏自足性或独立性，尚未形成体现特有价值并能发挥专门功能的审前程序。2012 年对《民事诉讼法》的修改力图改变这一状况。

（二）审前程序的价值分析

有法官认为，既然审前程序只是庭审前完成各项辅助性准备的阶段，其价值取向必须是在这一阶段作为诉讼程序主体的人民法院和当事人之间，形成一定的价值关系，即为满足并服务于当事人达到诉讼目的，服务于当事人客观、

〔1〕 王亚新："民事诉讼准备程序研究"，载《中外法学》2000 年第 2 期。
〔2〕 邓辉辉："论民事诉讼审前准备程序的改革"，载《湘潭工学院学报（社会科学版）》2003 年第 5 期。
〔3〕 汤维建："论构建我国民事诉讼中的自足性审前程序——审前程序和庭审程序并立的改革观"，载《政法论坛》2004 年第 4 期。
〔4〕 汤维建："论民事诉讼审前程序的模式转变"，载《河南省政法管理干部学院学报》2005 年第 4 期。

公正地进行诉讼的一种关系。审前程序改革的价值取向非常明确，就是要达到既经济、高效，又能保证程序公正。[1]有学者认为充实审前准备工作的"大立案"模式强化立案、审前准备职能，有助于实现司法者的中立性；其强调程序当事人的平等地位，有助于实现程序的公平性；其强调保障当事人知情权的实现，有助于实现程序的公开性；其符合当事人意思自治原则的要求，有助于实现程序的自治性；其有助于发现实体真实，有助于实现司法的实体公正。在追求司法公正性的同时，"大立案"模式也追求司法效率价值。[2]有学者认为，从价值的角度上讲，民事审前程序的设置主要还是要体现程序独立的价值和意义：一方面是诉讼效率的要求，明确纷争，固定证据，从而推进审判程序的顺利进行；另一方面，还是在保证效率的基础上，通过降低成本，节约司法资源，扩大纠纷解决机制的方式和手段，从程序上最大限度地保障实体权益的实现，从而通过这种实现来达到程序正义的要求。[3]有学者指出，审前准备程序的兴起反映了民事诉讼程序正当化机制的转变。在传统民事审判方式下，无论是大多数以调解结案的一般案件，还是未能调解结案而上报到上级领导最后以集体决策方式决定的案件，都有一个共同的特征，那就是开庭审理过程被架空或者说被形式化。因为在这两种结案方式中，纠纷处理结果的正当性都不是来自于当庭的举证、辩论和判决。从理论上说，前一种结案方式的正当性主要来自当事人对调解意见的同意，后一种结案方式的正当性则来自法院内部的民主决策。而事实上，这两种正当化机制都是以对裁判者的高度信任为前提的。随着这种信任的不复存在，原有的正当化策略难以为继，于是人们对庭审过程投入了越来越多的关注。表面上看，改革审判方式、充实庭审过程，这只是一种审理技术的改造，但究其深层原因，它反映了人们对一种新的正当化机制的追求。[4]有学者认为审前程序应当能够实现诉讼民主的最大化、实现审判权最大化、发现案件的客观真实最大化、实现诉讼公正的最大化、实现诉讼效率的最大化、实现诉讼效益的最大化。[5]有学者指出，与国外的审前程序相比，我

---

〔1〕 韩庆解、廖朝平："民事审判方式改革中之审前程序结构模式研究"，载《法学评论》2001年第6期。

〔2〕 郭志远："'大立案'模式价值理念与我国民事诉讼审前程序的重建"，载《宿州师专学报》2003年第1期。

〔3〕 肖辉："民事审前程序的概念界定与模式选择"，载《河北法学》2005年第1期。

〔4〕 吴泽勇："民事诉讼审前准备程序的正当化"，载《法学》2005年第1期。

〔5〕 陈希："民事诉讼审前程序的独立地位———兼议审前程序的目的、任务与功能"，载《法学杂志》2006年第5期。

国的审前程序突出开庭审理的准备功能，对于庭审效率的提高，其功能效果不突出。这种功能上的差异主要源于我国民事诉讼传统上轻视庭审的观念，有这种观念是因为对程序的轻视，结果导致庭审非中心化。在人们逐渐重视程序正义，强调以审判为中心的意识之下，庭审必然成为诉讼和审判的中心。在这一背景下，提高庭审效率也必然成为重要的价值追求。由此，庭前准备程序的充实与完善也就成为诉讼制度的一项重要任务。[1]综上所述，从学界对建构完善的审前程序的讨论到民事诉讼法修改中对"审理前准备"部分条文的增改，对审前程序的价值认知是重要的意识推动力。2007年修法侧重通过审判监督程序与执行程序来强化审判的公正性与权威性，结合案件分流的整体谋划方向看，2012年修改《民事诉讼法》的主要是为了应对我国民事诉讼正在遭遇的"效率危机"。因此，提升诉讼效率构成民事诉讼审前程序最明显的价值"亮点"。以效率价值取向出发的审前程序建构，最可能的路径设计局限就是对审前程序公正性的关注不够、对程序整体性运行的正当性考虑不足。比如，对提升当事人及其律师证据收集力的制度支撑的忽视，都与这种路径设计局限有直接关系。

（三）审前程序的功能分析

有律师认为，审前程序的设定更多的应该成为民事诉讼的当事人获得和收集证据的主要途径和手段，使诉讼当事人能更加充分地了解和分析对方的诉讼依据。[2]有学者从审前程序目的与意义的角度阐释了民事诉讼的功能：一是确定争点，理清并简化开庭审理的内容，保证案件的集中审理和诉讼效率；二是防止诉讼突袭，保持双方平等公平对抗；三是促进诉讼和解，提高诉讼效率并降低诉讼成本，平息社会冲突。[3]有学者认为审前准备程序本身固有功能包括以下两点：第一，明确争执的焦点，形成争点本身，使当事人双方掌握彼此对案情的认识；第二，便于当事人收集证据，使开庭审理时双方的攻击防御建立在充实材料的基础上，防止庭审时的"突然袭击"。[4]有学者将审前程序描述为一个过滤程序，并认为只有复杂的案件才必须走完整个程序。基于此种认识，审前程序的目标有两个：一是使案件达到适合审理状态以促进诉讼，一是

〔1〕 张卫平：《民事诉讼法》（第4版），法律出版社2016年版，第305页。

〔2〕 罗力彦："民事诉讼庭前准备程序的重构"，载《当代法学》2000年第5期。

〔3〕 刘晴辉、陈红莹："关于我国民事诉讼审前准备程序的思考"，载《四川大学学报（哲学社会科学版）》2000年第6期。

〔4〕 田红梅："论我国民事诉讼审前准备程序"，载《法学杂志》2002年第4期。

寻求替代性纠纷解决（ADR）的可能。前者要求审前程序具有整理争点和证据的功能（即促进审理集中化），后者则以促进和解功能为典型。[1]有观点认为，传统的审前程序是为庭审作准备而存在的，其工具性价值成为唯一的功利追求，审前程序的功能因此而受到限制。这种功能观也制约了审前程序的模式设置，我国审前程序的过分职权化的倾向与审前程序功能单一化期待有密切联系，其结果便造成了审前程序的可有可无及其机能萎缩。我国民事诉讼程序结构应当改变绝对的庭审中心主义，要彰显审前程序所具有的化解纠纷和分流讼源的功能，将法院实体审判权前移，使之贯穿始终，只要案件处在成熟的可审判状态，法院均应相机行使实体审判权，从而化解纠纷。[2]我国的民事审前准备程序，除了需要实现效率的目标外，还需要满足公正的目标。除了应当具备整理和固定争点、收集和交换证据、促进当事人和解这些一般功能外，还应当具备防止先定后审、单方接触、强制调解、先入为主的特殊功能。[3]有学者认为，审前程序的功能包括：第一，事实展示功能；第二，争点确认功能；第三，案件过渡功能；第四，促进纠纷的合意解决功能。[4]有学者指出审前程序与审前准备程序是有区别的，审前准备顾名思义就是要为庭审做准备，其最高目的是完全达到庭审的要求；而审前程序则不同，其制度设计目的应是充分实现诉讼的目的，体现诉讼应有价值，解决纠纷，维护法律秩序，保护主体权利。其实际已经成了一种无须开庭审理而解决纠纷的途径。[5]有专家认为，审前程序是与庭审程序对应的独立程序，其应该具有固定诉讼要素、整理争议焦点、多元化解矛盾的程序与实体双重价值与功能，如此才能更好地促进案件公正高效的实质化审理、解决案多人少压力和提高司法公信力。[6]审前程序的功能预设与程序性质认知存在密切关联。将审前程序定位成为庭审做准备的程序，其最直接的理论基础就是经扩张解释的公开审判原则。如果对公开审判原

---

〔1〕 齐树洁："构建我国民事审前程序的思考"，载《厦门大学学报（哲学社会科学版）》2003年第1期。

〔2〕 汤维建："论构建我国民事诉讼中的自足性审前程序——审前程序和庭审程序并立的改革观"，载《政法论坛》2004年第4期。

〔3〕 李浩："民事审前准备程序：目标、功能与模式"，载《政法论坛》2004年第4期。

〔4〕 熊跃敏："我国民事诉讼准备程序改革：模式及其评析"，载陈光中、江伟主编：《诉讼法论丛》（第10卷），法律出版社2005年版。

〔5〕 许尚豪、蔡卫忠："对审前程序几个问题的再认识"，载《浙江工商大学学报》2004年第6期。

〔6〕 陈雅凌、孙普："充分发挥民事审前程序的作用"，载《人民法院报》2016年11月27日。

则进行扩张解释，凡诉讼案件都应该经过公开审理，未经公开审理不得判决。那么，为开庭审理进行准备的程序不能发挥纠纷解决的功能。同时，审前准备的充分程度也以庭审法官的认知为准。庭审法官完全可以不顾及当事人及律师对案件准备程度是否充分的意见。因此，将审前程序定位成为庭审做准备的程序，在程序运作中首先是排斥纠纷解决功能的；其次，难以发挥摈弃先定后审、强制调解弊端的功能，因为既然是为了庭审法官更好地庭审进行准备，最佳路径就是由庭审法官来指挥、组织准备程序；最后，出于庭审法官对于庭审会被过分推迟的顾虑，证据收集与争点整理程序的功能很可能会受到限制。相比较而言，将审前程序作为独立程序，审前程序与庭审程序以分体式结构存在并运行，对公开审判原则进行目的性限缩解释，当事人及其律师的作用才能充分发挥出来，从证据收集、争点整理到纠纷解决、程序保障的各项功能才能得以充分发挥。

（四）审前程序的建构路径与方案设想

十几年来，学界与实务界在审前程序建构的以下关键方面提出建言并形成较强的"对垒"与争鸣：

1. 哪种诉讼参与者应具有程序主导地位

有学者在比较美国、德国审前准备程序的优劣得失的基础上，提出如下几点改革我国审前程序的具体设想。（1）审前准备程序并非每一个案件的必经程序，是否进行，可由当事人申请，法院决定，也可由人民法院依职权进行。（2）审前准备程序的内容包括三方面：①设立文书提出命令制度；②证据审前交换制度；③设置审前会议。（3）改革我国目前审前程序中以法官为主导的做法，合理确定当事人与法官在审前准备程序中的权利和地位。当事人在审前准备程序中应占有主导地位，证据的提出和争点的确定由当事人来决定，法官享有程序上的指挥、监督权，但不得拥有对争点和证据的否决权，不得介入实体性准备，更不得单方接触当事人。为排除当事人对主审法官"先入为主"的怀疑，可由书记员主持召开审前会议，将记录交审判人员阅读，以便了解案件争点等有关情况。[1]有研究者认为，建构审前程序，应当从以下三方面着手：①改革我国目前以法官为主导的审前准备活动；②从法律上规定举证时限制度；③从

---

〔1〕 熊跃敏、刘芙："民事诉讼审前准备程序的两种模式探析"，载《沈阳师范学院学报（社会科学版）》2000 年第 5 期。

立法上规定证据失权制度。[1]有学者力主庭前准备程序的诉讼权利配置宜向当事人倾斜，民事诉讼法应当增加当事人在此阶段的诉讼权利和诉讼义务，合理确定法官在审前会议中的职权范围。审前会议中的职权应为控制权，具体表现为指挥权、监督权和制裁权。[2]不少实务工作者与学者提出类似的主张。[3]也有律师将两大法系民事审前程序中的法官角色分为消极被动型与积极指挥型两种模式，并认为由于国民的法律意识普遍淡漠，法律知识掌握薄弱，在我国法官在诉讼中仍然应该发挥积极的作用。可以对我国民事审前程序中法官角色之定位作以下修正：首先，应依不同情况（区分程序问题与实体问题）对法官在审前程序中的诉讼指挥权进行加强或削弱。其次，应规定具体的措施办法以保证法官的中立性（如阐明裁决理由）。[4]笔者对就此问题的建言，选引了以上观点，总体上看，认为应当在审前程序中由当事人主导的观点属于有力说。

2. 是否设立与审判法官相分离的审前程序法官

最初，是一位法官提出设置准备程序法官的建议，主张由准备程序法官专门负责指挥和监督审前程序，排除预断，促进审判公正；合理配置审前程序中法官和当事人的权利和义务，必须加强当事人审前权利和义务；具体做法可考虑由立案法官和案件书记员组织双方当事人及其诉讼代理人参加审前会议。[5]有学者认为应该借鉴法国民事诉讼审前程序，首先，在民事诉讼审前程序中，应削弱法官的职权，赋予当事人更多参与审前程序的机会和更大的空间。将审前程序大部分权利义务归属于当事人及其诉讼代理人，由他们承担诸如送达文书、书证等具体工作。其次，设立专门负责审前程序的法官，他不参与庭审。最后，建立适合我国现状的审前证据交换制度。[6]另有实务工作者（检察官）认为重构我国民事诉讼审前程序应建立审前会议制度，设立审前程序法官。[7]

---

[1] 田红梅："论我国民事诉讼审前准备程序"，载《当代法学》2001年第11期。

[2] 张晋红、余明永："庭前准备程序研究——兼评《广东省人民法院民事、经济纠纷案件庭前交换证据暂行规则》"，载《广东社会科学》2001年第2期。

[3] 黄国新："我国民事审前程序存在问题及对策研究"，载《法制与社会发展》2000年第4期；徐黎娟、孙青平："论民事审判方式改革的核心——民事诉讼审前程序"，载《甘肃政法成人教育学院学报》2001年第4期。

[4] 梁晨："论民事审前程序中法官的角色定位"，载《天府新论》2005年第4期。

[5] 黄国新："我国民事审前程序存在问题及对策研究"，载《法制与社会发展》2000年第4期。

[6] 屈广清、郭明文："法国民事诉讼审前程序评介及对我国的启示"，载《当代法学》2001年第7期。

[7] 徐黎娟、孙青平："论民事审判方式改革的核心——民事诉讼审前程序"，载《甘肃政法成人教育学院学报》2001年第4期。

有研究者明确主张在立案庭中任命审前程序法官，负责案件在审前准备程序阶段的一切事宜，把庭审法官从审前准备工作中脱离出来。审前法官负责召集当事人召开审前会议。[1]有学者指出，我国目前实行的审前准备模式有审判法官型、法官助理型、预审法官型三种。预审法官型是一种相对优越的模式，该模式既有利于效率与公正的目标的实现，又能够全面发挥审前准备程序的各项功能。[2]也有观点认为，我国民事诉讼改革过程中形成的审前程序模式可概括为预审法官准备型与法官助理准备型两种，将国外民事诉讼审前模式概括为分离型（美国与法国）、融入型（德国与日本）并分析了各代表性国家民事诉讼审前程序的共性，基于这些分析提出负责审前程序的法官与负责案件审理的法官相分离的意见；提出借鉴美国、法国的"审前命令""终结命令"的命令形式，考虑采用何种方式保证审前程序的内容能够完整、有效地进入审理程序；考虑律师在审前程序中的重要作用及积极进行案件分流等建议。[3]后续也不断有研究者认为应该设立独立的审前准备程序法官。[4]个别律师则主张建立由主审法官主持、由双方当事人及其律师参加的审前会议制度。[5]有法官结合各地试点情况及中国国情，主张由法官助理承担审前程序的管理任务并发挥组织引导和协调和解的作用。[6]有学者不赞成准备法官与庭审法官的分离，主张由庭审法官负责准备程序，但并不排斥庭前准备的某些事项可以由庭审法官以外的审判人员来进行（例如法官助理）。例如诉讼文书的送达；按照庭审法官的要求，负责依职权或依当事人申请进行证据的收集等。这样安排的目的，主要是为了减轻庭审法官的负担，同时也是为了避免法官与当事人的过多接触以及频繁的调查取证所可能导致的先入为主。但即便是前述活动，也应在庭审法官的指导下进行。[7]总体上看，无论是实务工作者还是学者都更倾向于法国审前程序模式中设立独立审前程序的借鉴思路。减轻庭审法官的工作压力、避免庭审法官

〔1〕 许赞："试论我国民事审前程序的模式"，载《理论界》2003年第5期。
〔2〕 李浩："民事审前准备程序：目标、功能与模式"，载《政法论坛》2004年第4期。
〔3〕 谢素珺："从审前程序与审理程序关系看我国民事审前程序的改革"，载《甘肃政法成人教育学院学报》2005年第4期。
〔4〕 参见樊惠平、卢文安："建立我国民事诉讼审前准备程序的必要与建议"，载《河北法学》2005年第10期。
〔5〕 罗力彦："民事诉讼庭前准备程序的重构"，载《当代法学》2000年第5期。
〔6〕 王越飞："民事审前程序改革的理论与实践"，载《河北法学》2005年第6期。
〔7〕 熊跃敏："我国民事诉讼准备程序改革：模式及其评析"，载陈光中、江伟主编：《诉讼法论丛》（第10卷），法律出版社2005年版。

主持调解带来的心理强制效应、解构先入为主的"拼图式"审判思维与技术等可感知、可推演出的程序优势使这种借鉴思路具有很强的吸引力。

3. 审前准备模式选择

有学者提出构建自足性民事诉讼审前程序的建议，并指出要着重注意以下几个方面：①建立互动性的诉答程序；②完善时效性的证据交换，应当规定所有的案件都必须进行证据交换，不论其是简单还是复杂；③构建协同性的审前主体，当事人和法院作为民事诉讼的主体，对于诉讼程序的运行和开展共同发挥作用；④建构化解纠纷的多重机制。〔1〕该学者还强调，民事审前程序的改革是势在必行的，改革应当贯穿当事人主义和集中审理主义两项基本原则。同时应当确立证据交换、争点整理、审前会议等各项制度和程序。〔2〕另有观点认为，由审理法官主持证据交换，不仅有利于提高诉讼效率，而且更有利于程序公正和实体公正的实现，因而应当采行"合一制"，而不是审前法官与审判法官分离的"分离制"。"合一制"下的审理法官首先要尊重当事人的主体地位；另外，审前程序中的许多活动可以由其他主体代为完成或协助完成，比如由书记官接受证据交换，并将所交换的证据材料送达给双方当事人，然后将交换的证据整理后交给审理法官，由审理法官审阅证据材料后提出意见，书面告知双方当事人。这样的证据交换，主持者实质上仍然是审理法官。〔3〕自足式审前程序很容易被认为是美国审前模式的"翻版"。也有论文结合外国证据发现制度的相关规定，从完善民事诉讼证据制度的角度提出完善审前程序的建议。〔4〕有论文论及，审前程序因其各项主要内容之间形成的别致构造而产生了纠纷解决功能。国内对和解及仲裁程序的重新选择等鲜有讨论，应充分发掘审前程序的纠纷解决功能。〔5〕这些观点成立的预设是审前程序应该是自足程序。有学者曾指出设立审前程序并不是一个孤立的问题，其与庭审程序的构建具有直接的关

〔1〕 汤维建："论构建我国民事诉讼中的自足性审前程序——审前程序和庭审程序并立的改革观"，载《政法论坛》2004 年第 4 期。

〔2〕 汤维建："论民事诉讼审前程序的模式转变"，载《河南省政法管理干部学院学报》2005 年第 4 期。

〔3〕 邱雅婧："审前程序的独立建构———民事诉讼法修改的一个视角"，载《法学论坛》2005 年第 3 期。

〔4〕 欧阳巍林："民事审前程序改革——构建证据发现制度"，载《法制与社会》2011 年第 12 期。

〔5〕 张牧遥："论民事审前程序的纠纷解决功能"，载《中国石油大学学报（社会科学版）》2011 年第 5 期。

系。移植美国式的审前程序与我国诉讼实践中形成的"多方询问"庭审询问方式不协调。但不移植并不意味着不可以借鉴。[1]笔者认为,如果审前程序与审判程序呈现分体式结构,而审前程序是自足型程序,则不存在审前模式必须与庭审模式相协调的问题。

历经十几年的研究、争鸣,整合有共识的大多数观点,能绘制出的我国民事诉讼审前程序模式"蓝图"是当事人主导的、独立于庭审法官的审前法官主持的、自足型审前程序。

笔者认同 20 世纪 90 年代以来以审前程序为主题的学术研究成果中形成的共识,2007 年、2012 年、2015 年我国《民事诉讼法》进行过三次修改,然而,我国审前程序仍然距离其"蓝图"甚远。结合当下的法律规范内容与诉讼实践运行的实际状况,笔者认为,当下应该优先解决证据交换表层化的问题,着力促进会议型审前程序的实质化。

二、证据交换表层化问题及其解决

(一) 关于证据交换的规范分析

1. 证据交换规范的文义分析

(1) 证据交换的基本功能是明确事实争点。我国《民事诉讼法》第 133 条规定了民事诉讼中的案件分流机制,明确规定对于需要开庭审理的民事诉讼案件,要通过要求当事人交换证据等方式,明确争议焦点。最高人民法院《民诉解释》第 224 条规定:"依照民事诉讼法第一百三十三条第四项规定,人民法院可以在答辩期届满后,通过组织证据交换、召集庭前会议等方式,作好审理前的准备。"该解释第 226 条进一步规定,人民法院应当根据当事人的诉讼请求、答辩意见以及证据交换的情况,归纳争议焦点。从上述规定看,证据交换是归纳争议焦点的关键一环。在相对宽松的诉答机制内,双方当事人在证据交换过程中提交的证据都可能游离于自己的诉讼主张之外。双方当事人及其代理人诉讼认知过程具有渐进性,证据收集与交换的过程是诉讼主张趋近争议真实状态以及当事人诉讼主张趋近其利益最大化状态的过程。如是观之,证据交换之后是归纳争议焦点的最佳时机。我国民事诉讼法以及《民诉法解释》将归纳争议焦点作为民事诉讼证据交换制度的基本功能是合理的。

---

[1] 张晋红:"完善民事诉讼审前程序与几个基本关系的定位",载《广东商学院学报》2003 年第 5 期。

（2）证据交换运行采取职权推进模式。根据《最高人民法院关于民事诉讼证据的若干规定》（以下简称《民事证据规定》），启动证据交换有依申请与依职权两种方式，即便当事人申请证据交换，在法官认为没有必要的情形下，证据交换仍无从启动。证据交换由审判人员主持，必须在法院进行。这些规定足以表明，在我国民事诉讼中，证据交换采职权推进模式而非当事人自助模式。

（3）证据交换不能充分固定证据。《民事证据规定》第 39 条规定，在证据交换的过程中，审判人员对当事人无异议的事实、证据应当记录在卷；对有异议的证据，按照需要证明的事实分类记录在卷，并记载异议的理由。通过证据交换，确定双方当事人争议的主要问题。该司法解释第 47 条规定，当事人在证据交换过程中认可并记录在卷的证据，经审判人员在庭审中说明后，可以作为认定案件事实的依据。通过上述规定中"记录在卷"、庭审质证中"认定"的方式，证据交换能起到一定的证据固定的功能。但是，还需注意到的是，因为 2015 年最高人民法院颁行的《民诉解释》确定了非常宽松的逾期举证惩戒规则，无法避免证据交换之后新证据的出现。根据《民诉解释》第 101 条的规定："当事人逾期提供证据的，人民法院应当责令其说明理由，必要时可以要求其提供相应的证据。当事人因客观原因逾期提供证据，或者对方当事人对逾期提供证据未提出异议的，视为未逾期。"该解释第 102 条规定："当事人因故意或者重大过失逾期提供的证据，人民法院不予采纳。但该证据与案件基本事实有关的，人民法院应当采纳，并依照《民事诉讼法》第 65 条、第 115 条第 1 款的规定予以训诫、罚款。当事人非因故意或者重大过失逾期提供的证据，人民法院应当采纳，并对当事人予以训诫。"上述规定确立的最关键的法官行为模式是只要是与案件基本事实有关的证据，即便逾期、即便举证方故意为之，法官也得采纳。新证据出现的随机性使得证据交换制度难以充分发挥证据固定功能。

2. 证据交换规范的比较分析

《民事证据规定》最早规定了民事诉讼中的证据交换制度。毋庸讳言，在 21 世纪初，最高人民法院制定该司法解释时受到了美国证据开示制度的启发。证据交换制度比较接近美国民事诉讼证据开示制度中的自动开示制度（亦即主动披露制度）。美国证据开示制度中主动披露的自动开示制度与请求型开示制度呈联动状态。自动开示的是当事人在诉讼中必须提交的证据，主要是依证明责任原理证明己方事实主张的证据。自动开示之后，各方当事人都有权利要求对方提供证据，具体形式包括录取证言、提交文件、勘验实物、检查身体等方式。通常而言，经过证据开示阶段，庭审需要的证据基本上是被"挖掘"殆尽了。证据开示之后，也不再允许当事人提交新的证据。经过证据开示阶段，美国民事诉讼中的当事人不再有对令人惊奇的"意外证据"的期待。正是在这样的联动机制下，证据开示制度发挥着很充分的固定证据、明确争点、促进和解的功能。反观我国的证据交换规范，不难发现我国的证据交换与证据收集行为是割裂的。证据交换规范缺乏确切的内容要求、缺乏不交换的不利后果等规范缺失在举证时限宽松化的规范空间中被放大。这种状况进一步被证据交换与证据收集行为的割裂状态恶化。如果当事人证据收集能力本身非常弱，证据收集过程的间断性、随机性就会很强。这种间断性与随机性会不断冲击证据交换的证据固定的功能。如果将我国的证据交换制度与美国的证据开示制度做一个整体性比较，可以说二者最大的区别是美国的证据开示制度创设了将真实发现能力扩张至极致的证据准备机制，而我国的证据交换制度仅仅是当事人现有证据的展示机制。

（二）证据交换表层化问题的症结及其破解

因为证据交换制度仅仅是当事人现有证据的展示机制，同时，我国民事诉讼中当事人的取证能力不高，在其运行中证据交换制度不可避免地会出现表层化问题。民事诉讼中归纳争议焦点的前提是当事人诉讼主张已经明确、证据已经收集齐备且证据范围已经固定。这需要具有穷尽证据收集行为的制度能力的证据准备制度。显然，当下的证据交换制度还不具备这样的制度能力。证据交换能解决部分案件中当事人初步收集的证据的汇集与展示的问题，其制度能力局限于表层化的证据准备层面，难以应对证据收集行为的间断性与随机性给其基本功能带来的冲击。

证据交换表层化问题的症结有三个方面：

第一，当下，我国证据交换制度运行表层化问题也常常表现为形式主义的"走过场"的诉讼现象。无从判断这样的活动究竟对正式的庭审有何意义。比较实在的意义似乎是能帮助主审法官熟悉案情。这其中很重要的一个原因是，案件压力增大，在一些大城市，抽调有较充裕时间的工作人员来组织证据交换也存在一定困难。职权推进模式下法院包揽证据交换全部活动是症结所在。就此，应该注意到不仅仅在英美法系民事诉讼中律师的工作支撑着证据开示制度运行的整个过程，在德国、法国等大陆法系国家的民事诉讼中也日益重视发挥律师在审前证据准备过程中的作用。《德国民事诉讼法》第166条规定，除另有规定外，依法或者依法院裁定送达的书状应依职权送达。与之并行的是关于律师向律师送达的规定。该法第195条规定，双方当事人都由律师代理时，书状的送达可以由律师将书状转交给另一方律师（律师向律师送达）。受送达的律师出具的载有签名和日期的受领证书，可证明送达。应受领人的要求，实施送达的律师应当对送达出具反证明。[1]该法第135条还规定了律师间文书交换的制度，律师之间可以凭收据自由交换文书。[2]与上述制度安排有异曲同工之妙的是，《法国民事诉讼法》第761条也规定了审判长确定律师之间相互传达书证必要期限的制度。[3]这种基于法律职业共同体的信赖，由律师自主、自助开展证据准备活动的制度安排，无论从诉讼过程的经济性看，还是从诉讼结果的公正性看，都是极好的。我国也有必要展开这方面的试点工作。

第二，目前的证据交换制度运行中具有比较强的盲目性，交换的证据范围不明确，交换证据的消极法律效果不明确。所谓消极法律效果就是指一份证据没有经过证据交换却在庭审中出现时应受的不利评价。交换证据与限期内举证是不同性质的行为。后者是为前者进行的准备与铺垫，前者对当事人的诚信要求更高，因为其是相对方进行相应的诉讼攻击与防御的直接信息源。当事人在民事诉讼中既享有权利又要履行义务，辩论权是当事人基本的诉讼权利，证据交换就是当事人行使辩论权的重要行为。在当事人享有辩论权的同时也要履行诚信辩论的义务。证据交换时应穷尽庭审中举示证据是当事人履行诚信辩论义务的必然要求。有鉴于此，应该变证据交换为证据披露，以突出此行为履行诚信义务的侧面。

第三，取证难的现实困境。2017年8月、9月，先后发生两起引起社会关注的因不履行协助法院调查义务而被罚款的案件。这两起案件被采取罚款的强制措施的相对方都是移动通讯公司。[4]对单位罚款金额都高达50万元。在法院依职权调查取证的过程中，居然会遭遇直接而强烈的抵触，只能通过巨额罚款的方式来推进。当事人与律师在调查收集证据过程中的难度，更可想而知。尽管这两个案件有其特殊的制度背景，它们还是能展现当下我国民事诉讼中取证难的真实一面。我国民事诉讼中提高证据收集能力的制度安排有证据的职权

---

〔1〕《德国民事诉讼法》，丁启明译，厦门大学出版社2016年版，第43、50页。

〔2〕《德国民事诉讼法》，丁启明译，厦门大学出版社2016年版，第35页。

〔3〕《法国新民事诉讼典》（下册），罗杰珍译，法律出版社2008年版，第775页。

〔4〕守一："中国移动利川分公司拒绝法院调查取证，被罚款50万元"，载IT之家网站：https://www.ithome.com/html/it/319167.htm，访问日期：2017年8月3日；另据"山东省青州市人民法院罚款决定书（给中国移动通信集团山东有限公司青州分公司的罚款决定书，2017年9月12日）"，载搜狐网：http://www.sohu.com/a/191876262_99929782，访问日期：2018年1月6日。

调取制度、证明妨害推定制度、书证提出命令制度，在诉讼实践中越来越多的法院在试行调查令制度。据笔者在民事诉讼实务中的观察，因为法院人力资源的相对紧张，依职权调查收集证据与依申请调查收集证据的频率在下降，幅度在收缩；因为对审判责任的惧怕，法官很少敢应用证明妨害推定来认定案件事实。"南京彭宇案"之后，这种现象更为明显。文书提出命令制度是两大法系目前通行的文书类证据的收集制度。我国最高人民法院颁行的《民诉法解释》第112条规定，书证在对方当事人控制之下的，承担举证证明责任的当事人可以在举证期限届满前书面申请人民法院责令对方当事人提交。申请理由成立的，人民法院应当责令对方当事人提交，因提交书证所产生的费用，由申请人负担。对方当事人无正当理由拒不提交的，人民法院可以认定申请人所主张的书证内容为真实。据此规定，我国民事诉讼中确立了书证提出命令制度。应该说，这一制度对于提高当事人的证据收集能力有积极的进步意义，不过，现在看来这一制度运行中至少有两方面问题，一方面是可由法院命令提交的证据较为局限，视听资料与电子数据不能通过这一制度收集。另一方面，推定文书内容真实的法律效果设定与证明妨害排除制度一样会使此制度遭遇法官"惧用"的问题。调查令制度在试行过程中大大增强了当事人及其律师的取证能力，也暴露出一些问题。这一制度需要在理论与制度的深度碰撞后加以规范化方可充分释放其潜能。总之，证据收集能力的提高是证据交换制度功能充分发挥的必要前提，我们还要为之做出更多的努力。

三、会议型审前程序的实质化

大陆法系国家多采用准庭审模式或准庭审模式与书面准备模式相结合的审前程序运行模式，如德国；英美法系国家常采用会议型审前程序运行模式。与准庭审模式相比较，会议型审前程序模式，具有更明显的亲和性、服务性、自助性、平等性、协商性、便捷性。在确立审前程序运行机制时，我国选择了会议型审前程序模式。据《民诉法解释》第225条的规定，根据案件具体情况，庭前会议可以包括下列内容：明确原告的诉讼请求和被告的答辩意见；审查处理当事人增加、变更诉讼请求的申请和提出的反诉，以及第三人提出的与本案有关的诉讼请求；根据当事人的申请决定调查收集证据，委托鉴定，要求当事人提供证据，进行勘验，进行证据保全；组织交换证据；归纳争议焦点；进行调解。此解释第226条规定，人民法院应当根据当事人的诉讼请求、答辩意见以及证据交换的情况，归纳争议焦点，并就归纳的争议焦点征求当事人的意见。

（一）关于庭前会议的规范分析

1. 庭前会议规范的文义分析

（1）庭前会议的主体条件不明。《民诉法解释》中的庭前会议条文仅规定了通过庭前会议要开展的活动，对组织庭前会议的主体条件、参加者的条件（如是否应为律师或者至少是有代理人）都没有规定。究竟是由立案庭或者诉讼服务中心工作人员组织庭前会议还是由审判庭工作人员组织庭前会议，在诉讼实践中不免发生争议。从行为性质看，庭前会议属于审理前的准备活动，由立案庭或者诉讼服务中心工作人员组织庭前会议与庭前会议的性质是一致的。在诉讼实践中，通常会由审理本案的审判人员负责本案的审理前准备活动。这种做法的最直接的理由是，本案审判人员认为由立案庭或者诉讼服务中心工作人员组织庭前会议以及其他审理前准备活动，可能因为对法律理解的不同而给审判工作带来困扰，比如，应不应该追加第三人、应否委托鉴定等问题。需要注意的是，就现有的法规范来看，并不能得出庭前会议要由审理本案的审判人员负责的解释结论。

（2）庭前会议的时间条件不明。从目前的法规范中无从判断，庭前会议何时开始、何时结束。具体到各项庭前会议应该完成的活动，也难以形成有序进行的时间线索。

（3）庭前会议的行为模式不明。概而言之，庭前会议的功能不外明确且固定当事人诉讼主张、证据准备、归纳争议焦点、调解四项。如何实现这些功能？如何以会议形式将这些功能整合起来？如果庭前会议仅仅是在举证时限届满之际在法院开一次会，委托鉴定或者依申请调查收集证据等证据准备活动究竟是会议事项还是会上事项？如果这些活动是会上事项，只要它们被提出，其他事项就得暂停讨论，因为其他事项的确定取决于当事人的证据准备情况。凡此种种问题，在当下的法规范中并无获得解决的可能。

（4）庭前会议法规范的法律后果不明。从法规范体系层面看，原告在法庭辩论结束前都可以变更诉讼请求，那么，在庭前会议上明确下来的当事人的诉讼主张（含原告的诉讼请求与被告的答辩意见）意义何在？只要是与基本事实有关的证据，逾期提交仍可被采纳，那么，在庭前会议上进行的证据固定工作意义何在？尽管诉讼认知过程具有渐进性，尽管不宜将诉讼主张与证据固定绝对化，可是庭前会议法规范中对该制度的法律后果无片言只语，显然会导致该制度的空洞化。

2. 庭前会议规范的比较分析

《美国联邦民事诉讼规则》第16条对审前会议、日程安排及管理方式作出规定。这一条规则也是诉答程序与动议一章的最后一个条文。据此规定，审前会议制度有五大目标：第一，加快案件的处理进程；第二，建立对案件早期和持续的控制避免因缺乏管理而导致的诉讼迟延；第三，遏制浪费诉讼资源的审前活动；第四，通过更全面的准备提高庭审质量；第五，便于和解。在接到当事人的证据开示报告后或者在审前会议上征询当事人的意见后，法官必须尽快发布一份日程命令。此令必备内容是其他当事人加入、修改诉达书状、完成证据开示、提出动议的时间界限。与证据开示运行的细节性问题相关的内容也可以出现在命令上。只有出于善意而且法官也同意，才可以修改日程命令中确定的日程。对于参加审前会议的代理人，要有承认事实、进行和解的权利。审前会议上应考虑的事项包括：第一，明确并且简化争点，消除琐碎、无意义的请求与抗辩；第二，如果确有必要或者当事人特别希望修改诉答文书则进行修改；第三，接受自认以及达成关于事实与文件的约定来避免不必要的证据，提前对证据可采性问题进行规制；第四，避免不必要的证据和累积性证据，限制《联邦证据规则》第702条规定的证言的适用；第五，决定按照《联邦民事诉讼规则》第56条规则作出简易裁决的适当性与时机；第六，控制整个证据开示过程并为之安排日程；第七，识别证人与文件，计划归档以及交换审前阶段的简短声明，确定后续会议以及庭审的时间；第八，向治安官请教；第九，和解或者用法律允许的其他方式解决纠纷；第十，决定审前命令的形式与内容；第十一，处理动议；第十二，在涉及复杂争点、多方当事人、艰难的法律问题、不同寻常的证据问题时可以采用特殊的管理程序；第十三，命令为《联邦民事诉讼规则》42（b）中的请求、反请求、第三方请求安排独立的审判；第十四，命令提交证据；第十五，确定允许提交证据的合理的期限；第十六，促进更公正、快速、低成本的纠纷解决方法。这一条文还规定了最后的审前会议的任务以及制裁形式与事项。[1]

尽管上述《美国联邦民事诉讼规则》关于审前会议的条文并非臻于完美，但是，从法解释的分析路径看，上述规定具有比较完整的逻辑构造，目的、条件、行为模式、后果要素一应俱全，可以纳入完全性法条之列。与之相较，我

---

[1] "Federal Rules of Civil Procedure"，载 https://www.law.cornell.edu/rules/frcp，访问日期：2018年1月6日。

国民事诉讼法及其司法解释中的审前会议法规范存在条件（主体条件、时间条件）缺失、行为模式模糊的问题，其中最为重要的是缺乏法律效果的明确内容，这将使审前会议制度的运行过程中充斥随意性、不确定性因素，甚至蜕变为过场化的空洞的程序。

（二）会议型审前程序实质化的路径

美国式的会议型审前程序以审前会议的组织形式统合诉答程序、证据开示程序形成具有独立程序意义的审前程序架构。应当事人的申请，就审前程序中的具体状况，法院可以通过简易判决的方式结束诉讼。从民事诉讼法修改中使用"庭前会议"这一术语的变化来看，在立法理念上，我国民事诉讼法在修法过程中更倾向于从亲和性、服务性、自助性、平等性、协商性、便捷性更明显的会议型审前程序模式中有所借鉴。从法律适用技术上看，我国诉讼中采用的主要是成文法的法律推理技术；从诉讼运行机制看，目前我国民事诉讼属于职权推进型而非当事人互动推进型。会议型审前程序理念的实现，也需要参考大陆法系国家比较成熟的制度安排。笔者设想的具体改革路径如下：

（1）主体条件的设定。美国民事诉讼的诉讼机制是当事人互动推进型的，当事人及其律师在整个诉讼过程中发挥着主导性作用，在审前程序中法官是中立的程序管理者。因此，美国民事诉讼中没有明确的规定要求审前法官与审判法官分离。我国民事诉讼目前的运行机制是职权推进型的，如果要让审前程序充分发挥庭审准备与纠纷解决的功能，专门设置审前准备法官的法国民事诉讼中的制度安排更值得借鉴。参加庭前会议的当事人一方，要么是当事人自己要么是有特别授权的代理人。

（2）时间条件的设定。要通过庭前会议统合全部审前活动，首先需要从起诉与答辩阶段开始介入，前述消极答辩行为应对机制也应由庭前会议实施。因此，应该在案件受理后就确定庭前会议的人员构成并通过首次会议确定审前准备日程安排、发现问题并提出解决方案。

（3）行为模式的设定。庭前会议中的审前法官负责催告答辩并就消极答辩行为作出裁决、接收参加诉讼申请、确定当事人地位、接收证据调查申请、签发调查令、合并与分离诉讼请求、组织调解，可以裁定驳回起诉、裁定移送管辖。如果案件符合进入审理阶段的条件，需出具审前准备情况报告。

（4）程序后果的设定。依据民事诉讼中的诚信原则，在庭前会议上明确的当事人地位、诉讼请求、答辩意见、争点、证据材料，一经审前准备报告确定，无充分的正当理由不能改变。

论裁判形成过程之司法公开

杨秀清[*]

一、问题的提出

2012 年，党的十八大会议报告提出，要建立健全权力运行制约和监督体系，在司法公开方面要求推进权力运行公开化、规范化，完善党务公开、政务公开以及司法公开和各领域办事公开的制度。随后，2013 年党的十八届三中全会又通过了《中共中央关于全面深化改革若干重大问题的决定》，明确提出要推进审判公开，录制并保存全程庭审资料，要让司法权力在阳光下运行，保障公众对于司法公正的知情权，增强有效监督，促进司法公正，提高人民群众对司法工作的满意度。2014 年，党的十八届四中全会又明确了举世瞩目的"全面推进依法治国"的重大任务，提出要公正司法、提高司法公信力，同时首次提出了构建"开放、动态、透明、便民"的阳光司法机制的要求。自此，无论是法学界还是社会各界，对司法公开的关注都达到了空前的高度。

然而，司法公开在我国并非是一个新兴的时髦话题，我国宪法中就有相应的规定。我国《宪法》第 125 条规定："人民法院审理案件除法律规定的特别情况外，一律公开进行。"虽然宪法对于司法公开的规定仅泛泛地针对审理案件的公开，但是，这不仅反映了我国根本大法确立了司法公开的理念，而且也反映了立法者早在当时就已经开始了对司法公开的探索。除此之外，司法公开的具体法律规则也一直持续出现在三大诉讼法的规定中。但要论及对司法公开制度体系化的建设历程，主要还是体现在最高人民法院在近二十年间出台的几

---

* 杨秀清，中国政法大学民商经济法学院副院长，教授，博士生导师，法学博士。

份改革纲要中。1999 年最高人民法院出台的《人民法院第一个五年纲要（1999~2003 年）》针对人民法院提出了严格执行审判公开、提高当庭宣判率要求，强调了进一步落实公开审判制度，拉开了司法公开体系化之帷幕。《人民法院第二个五年纲要（2004~2008 年）》中，最高人民法院除了提出进一步落实公开审判之外，首次提出要进行"司法公开"的理念，自此"司法公开"的概念正式进入了公众的脑海之中。同时，该纲要还提出要"确定案件运转过程中相关环节的公开范围和方式，为社会全面了解法院的职能、活动提供各种渠道，提高人民法院审判工作、执行工作和其他工作的透明度"。可见，在这次纲要中，最高人民法院相比之前更进了一步，明确了司法公开的目的，即司法公开是为了提升公众对于司法公正的知情程序，加强司法的透明度。而在五年之后的《人民法院第三个五年纲要（2008~2014 年）》中，继续推进审判和执行公开制度的重要性被再次予以强调。除此之外，最高人民法院在该纲要中还首次提出了要对庭审公开的规定，即完善庭审旁听制度，规范庭审直播和转播——这也是全面的司法公开时期的开端，由此可见，最高人民法院对司法公开的关注范围开始进一步扩大，开始涉及对裁判形成过程中的庭审公开的制度性设计。2014 年，最高人民法院又出台了《人民法院第四个五年纲要（2014~2018 年）》，再度强调推进审判流程公开平台、裁判文书公开平台与执行信息公开平台建设的重要性，对裁判形成过程方面的公开，也再次提出要完善庭审公开制度。此外，此次纲要还提出了要使当事人可在线获取审判流程节点信息的新要求。由此可见，最高人民法院作为司法改革尤其是司法公开的顶层设计者，在对最新五年的规划中，将对裁判流程的公开作为司法公开活动的重点，可谓是巨大进步。当然，除了最高人民法院对司法公开的反复强调，在新近出台的各种法律法规文件甚至是政策中，涉及司法公开的规定也越来越多，由此，司法公开进入了一个黄金时代。

然而，在司法公开引起了高度关注与讨论之后，经审慎思考，我们不难发现，现有的对于司法公开的关注与讨论，大都集中于裁判文书与执行的公开，而作为裁判文书质量保障基础的裁判形成过程，除了对其中庭审公开有所关注之外，对裁判形成过程的其他环节则几乎无人问津，这不能不说是一大遗憾。因为没有一个合理的裁判形成过程，就无法保障裁判文书的质量，从而势必影响执行的有序进行。此外，在对司法公开的理论研究上，几乎所有的研究都立足于监督视角，以监督保障司法活动的正当性，从而认为，社会公众对于司法活动应该享有足够的知情权，以便司法能够"阳光"地运行；在实践中，裁判文书的公开也被提到前所未有的高度。然而，对于民事诉讼而言，裁判文书与执行仅是裁判结果的外化表现以及裁判文书所确定当事人实体权利的实现，而事关当事人实体权利义务争议解决的裁判形成过程则是民事诉讼的内涵所在。此外，就裁判形成过程而言，庭审程序也只是其外在体现而非真正的内涵所在，因此，反观多年来司法公开在保障司法权威、实现司法公信力方面的效果，其不尽如人意之处不言而喻。究其根源，其中一个重要原因在于，我国在司法公开的内容方面只是关注了对作为司法活动终点的裁判文书以及执行的公开，而忽略了对作为合理走向终点的裁判形成过程的关注。当然，也忽略了对反映民事诉讼内在属性的司法公开对象的深入研究，即基于民事诉讼作为解决当事人之间私权纠纷的公力救济制度这一内生属性，在民事诉讼过程中更应当侧重于对当事人的司法公开，而非对社会的司法公开。

二、裁判形成过程公开的理论解读

（一）裁判形成过程的结构解读

现代社会关系的复杂以及民众权利观念的勃兴，使得现代社会司法所面临的民事纠纷，无论是在复杂化还是在多样化方面都达到了前所未有的高峰，不仅要解决当事人基于现行实体法所确立的既存权利而产生的民事纠纷，而且还需要解决当事人基于无现行实体法依据的权利而产生的民事纠纷，这就必然要求人们在对待民事诉讼时，不仅要注重对裁判结果及其实现的关注，更应当注重对裁判形成过程本身的关注，司法公开制度的合理构建也不例外。

裁判形成过程的司法公开，是指将裁判形成动态过程中的关键环节予以公开的制度。欲构建合理的裁判形成过程的公开制度，就离不开对裁判形成过程的结构解读。

解读民事裁判形成过程的结构应当从民事裁判行为本身入手。所谓民事裁判行为，可以理解为裁判者依法对民事诉讼当事人诉诸司法的诉讼请求是否应当受到保护以及在何种程度上受到司法保护给予判断的行为。由此可见，民事裁判的形成过程实质上是裁判者对当事人的诉讼请求是否应当受到司法保护以及在何种程度上受到司法保护的一个认识过程，该过程本质上是一种心理过程，与日常生活中人们对某一事物属性或者某一行为特质的认识过程的思维路径并无二致。

心理学的哲学基础是理性主义与经验主义。在理性主义者看来，通往真理的唯一道路是理性思考；在经验主义者看来，通往真理的唯一道路是细心观察。像其他学科一样，认知心理学既依赖理性主义研究，也依赖经验主义研究。[1]作为一门以研究人类对某一事物或者行为认识心理过程或者内在心理过程为己任的学科，认知心理学以人的认识过程为研究对象，其核心在于研究人类认识的信息加工过程，解释人类认识过程中信息加工的心理机制，即信息的获得、存储、加工、提取和运用。按照当代认知心理学的基本观点，人类认识获得过程不是一个被动接受或者加工信息、符号和解决问题的过程，而是一个主动、积极地加工和处理输入信息、符号与解决问题的动态系统。从认知心理学的视角观察裁判的形成过程，不难看出，这一过程实质上是一个裁判者主动、积极地加工和处理案件信息和解决当事人的诉讼请求能否得到司法保护以及在何种程度上受到司法保护的内在动态心理过程。[2]具体而言，民事裁判的形成过程是裁判者在获取并认定作为裁判基础的案件事实之后，适用法律或者原理，运用裁判方法进行逻辑论证，最终对当事人的诉讼请求作出裁判的过程。其中，案件事实的获得可以看作是案件信息的输入环节，案件事实的认定与选择、适用法律或者填补法律漏洞可以看作是案件信息的加工环节，运用裁判方法进行逻辑论证作出裁判可以看作是民事裁判的输出环节。因此，裁判形成过程的公开就是这三个环节的公开，由此可见，裁判的输出环节的核心是裁判者运用裁判方法进行逻辑论证的过程，该过程的公开主要体现在裁判文书之中。裁判文书是裁判形成过程的外化形式，而案件信息的输入与加工是形成公正合理裁判的核心所在。

（二）案件信息的输入及其公开

自当事人提起诉讼开始，裁判者就会获得当事人希望其知晓的与案件有关的大量事实，或者称为生活事实；一般来说，这类事实都与引起该纠纷的案件存在或多或少的联系。裁判者并非当事人争议案件的亲身经历者，其只能通过当事人对案件事实的主观陈述以及提供与案件事实有关的证据材料这种间接渠道获得案件事实。而当事人基于诉讼地位的对立、趋利避害的人性以及法律知识的熟知程度与诉讼能力的不同，陈述或者呈现给裁判者的案件事实可能是相对片面、不甚完整的，所提供的证据材料可能与解决民事纠纷有关，也可能无

---

〔1〕 ［美］Robert J. Sternberg：《认知心理学》，杨炳钧、陈燕、邹枝玲译，黄希庭校，中国轻工业出版社 2006 年版，第 3 页。

〔2〕 杨秀清：《民事裁判过程论》，法律出版社 2011 年版，第 56~57 页。

关，还可能遗漏与解决纠纷有关的案件事实与证据材料，如果不确定相应的案件信息的输入原则，部分关涉民事纠纷解决而被忽略的案件事实和证据材料可能无法进入诉讼。因此，裁判者在这个环节中获得的事实，很可能并不完整并带着浓厚的当事人主观性。对于这一点，拉伦茨曾在其著作中写道："判断法律事件的法律家大都以'未经加工的案件事实'作工作的起点……裁判者考量之后，也会将之排除于最终（作为陈述的）案件事实之外。"[1]其中，拉伦茨在未经加工的案件事实这个词语上加上了引号。这就意味着，尽管相对于之后的诉讼来说，此时呈现给裁判者的事实往往处于"未经加工"状态，要依赖裁判者之后的筛选和判断进行依法加工方可为最终适用法律作出裁判所用，但对于客观已经发生的案件来说，在这些事实经由当事人以口头方式或者书面方式所表达、陈述于裁判者的那一刻起，这些事实就已经是被当事人经过主观加工了的事实。

不仅如此，当事人所陈述的案件事实与提供的证据材料可能还具有真实性存疑的问题，主要原因有二。首先，时间具有不可逆性。在司法实践中，从当事人之间现实生活中的民事纠纷到发生诉讼而成为需要裁判者裁判的民事纠纷往往具有一定的时间距离，时间的不可逆性使得在这段时间内，双方当事人受记忆、情绪、外在环境等多种因素的影响，可能会对案件事实的陈述以及相关证据材料的提供产生偏差，甚至可能遗忘部分事实与证据材料，这就可能导致案件事实与证据材料真性的存疑。其次，趋利避害是当事人之人性使然。在民事诉讼中，双方当事人作为民事纠纷的对立双方，受趋利避害之人性驱使，当事人向裁判者陈述案件事实与提供证据材料时往往会选择有利于己的部分，而回避不利于己的部分，甚至可能会捏造于己有利的案件事实与证据材料，这也会导致案件事实与证据材料真实性的存疑。尽管"一套旨在最大化纠纷解决目标的程序不可能同时试图最大化准确地发现事实"，"这种程序不会把事实发现的准确性作为一个独立于纠纷解决的目标来实现，即使是在当事人所界定的事实争点的狭小范围内"[2]，但是对于裁判者来讲，获得相对接近真实的案件事实及其相关证据材料显然是关乎他们能否更好地秉承正义解决纠纷的重要保障，也是最终作出正当裁判的必要条件。因此，当事人对于案件事实的陈述与

---

〔1〕 ［德］卡尔·拉伦茨：《法学方法论》，陈爱娥译，商务印书馆2015年版，第161页。

〔2〕 ［美］米尔伊安·R.达玛什卡：《司法和国家权力的多种面孔：比较视野中的法律程序》，郑戈译，中国政法大学出版社2015年版，第160页。

证据材料的提供会影响裁判者。

如果说以上两种因素对裁判者获取案件事实的影响是基于诉讼活动本身的特性而产生，且属于具体范畴的内容，那么另一个不仅难以调和，且更具抽象性特色的因素同样对裁判者获取案件事实的真实性发生着很大影响，该因素就是当事人的语言构造与裁判者的语言构造之差异带来的偏差。众所周知，观念需要通过语言去表达，对案情事实的陈述也不例外。对于同样的案件事实，当事人作为非法律职业的表达者与裁判者作为法律职业者在获取案件事实时可能会产生一些偏差，甚至是非常明显的偏差。考夫曼认为，专业语言与日常语言是存在差异的；法律语言并非是一种科学的语言，并没有明确的规则，相较于日常语言，法律语言更加抽象，形式严格[1]，而当事人在进行案件事实的陈述时，往往不仅包含了巨大的信息，并且是琐碎的、不具逻辑严谨性的，这种语言模式上的差异，也会使得裁判者在接受当事人传递的案件事实时发生偏差。如果当事人的语言构造与裁判者的大相径庭，裁判者就无法准确地了解当事人描述的案件事实，甚至可能因语言构造的差异而导致对于整个案件事实的认知偏差。由此可见，案件事实获取这一环节看似简单，实则不仅复杂而且至关重要，甚至会对最终的裁判产生不可逆转的影响。由于裁判者所获取的案件事实会成为此后认定事实与适用法律作出裁判的基础，因此，明确获取哪些案件事实就至关重要了，这实际上就是裁判形成过程的初始阶段，即案件信息的输入环节。

由于裁判形成过程实际上是对当事人诉诸司法的诉讼请求是否应当受到司法保护以及在何种程度上受到司法保护予以判断的过程，这就要求诉讼对象的范围以及作为裁判基础的事实和证据材料，由当事人决定和提出，未经当事人请求的事项不得成为审理与裁判的对象，未经当事人提出并经过辩论的事实和证据不得作为裁判的依据。由此可见，在案件信息的输入环节，主要涉及诉讼对象和证据材料的输入。诉讼对象是指，在诉讼中应当被实现的实体权利的主体，也被称为"诉讼上的请求"。[2]在民事诉讼中，诉讼对象是诉讼的支柱，直接决定裁判者的审理与裁判范围，在此范围内，当事人可以提出攻击与防御的方法，因此，裁判形成的过程也可以被理解为当事人输入的诉讼对象在民事

---

〔1〕 〔德〕阿图尔·考夫曼：《法律哲学》（第 2 版），刘幸义译，法律出版社 2011 年版，第 137 页。

〔2〕 〔日〕中村英郎：《新民事诉讼法讲义》，陈刚、林剑锋译，常怡审校，法律出版社 2001 年版，第 10 页。

诉讼中得到裁判者何种法律评价以及何种程度的法律评价的问题。由于当事人诉讼技能的欠缺，以及当事人在诉讼开始阶段对对方当事人的诉讼立场及其所拥有的诉讼资料的不甚了解，诉讼对象经常是伴随着争议案件审理的进行，案件的性质以及案件中的法律构成要件事实才逐渐清晰并最终得以确定，因此，赋予当事人在诉讼进行过程中变更诉讼对象的权利就成为必要。[1]此外，证据材料的输入也是不可缺少的。由于当事人诉诸司法解决的民事权利义务争议案件是发生在诉讼开始之前的裁判者无法亲自感知的时空中的一个具体事件，而裁判者作出裁判所依据的案件事实只能是通过诉讼程序规则与证据规则所再现的历史事实，因此，如果不设置相应的过滤性制度，而让当事人提供的全部证据材料都进入诉讼程序，不仅会增加当事人收集与提供证据材料的负担，而且还可能影响裁判者对争议案件事实的正确认定，进而影响民事裁判的公正作出，证据能力正是这一有效的过滤性制度。换言之，输入诉讼程序的证据材料应当是具有证据能力的资料。[2]

日本学者棚濑孝雄认为："审判的本质要素在于，一方面，当事者必须有公平的机会来举出根据和说明为什么自己的主张才是应该得到承认的；另一方面，法官作出的判断必须建立在合理和客观的事实和规范基础上，而这两方面结合在一起，就意味着当事者从事的辩论活动对于法官判断的形成具有决定意义。"[3]在界定案件信息输入内容的基础上，为保障所输入的案件信息具有合理性，有必要明确案件信息的输入原则。民事诉讼所解决的民事权利义务争议所具有的私权性质决定了，在民事裁判形成过程的开端，即案件信息的输入环节，应当坚持以当事人为主的原则，裁判者则通常处于消极中立的位置，因此，最后的裁判结果从某种程度上可以说是由当事人自己博弈和推导出来的，这也是确保裁判者所作出的裁判具有公信力的需要。正如日本学者谷口安平所指出的："人们对裁判所的信任在很大程度上正是以司法的消极性或自我抑制性为前提的。"[4]此外，在案件信息的输入方面确立以当事人主义为主的原则充分体现了民事诉讼所具有的私权处分性，然后，当事人的知识背景、经济能

---

[1] 杨秀清：《民事裁判过程论》，法律出版社2011年版，第116页。

[2] 杨秀清：《民事裁判过程论》，法律出版社2011年版，第122~123页。

[3] ［日］棚濑孝雄：《纠纷的解决与审判制度》，王亚新译，中国政法大学出版社1994年版，第256页。

[4] ［日］谷口安平：《程序的正义与诉讼》，王亚新、刘荣军译，中国政法大学出版社1996年版，第9页。

力以及对争议案件的分析能力多有不同，导致当事人的诉讼能力存在一定的差异，有必要确立以裁判者释明为辅的原则，从而保障当事人公平对抗，获得有利于自己的合理裁判。

从上述分析可知，在案件信息输入阶段司法公开的对象只能是当事人，公开的内容只能是诉讼对象与证据材料，也就是说，裁判者需根据当事人输入的诉讼对象与证据材料的情况，通过释明权的行使促使当事人将有利于争议解决的诉讼对象与证据材料输入诉讼程序，以保障当事人在诉讼程序中的公平对抗。

（三）案件信息的加工及其公开

案件信息的加工过程，就是裁判者对通过案件信息输入环节所获取的案件信息进行处理与加工的具体过程。为了发现当事人的诉讼请求应否得到司法保护以及在何种程度上受到司法保护的裁判方案的，裁判者应当对通过案件信息输入环节所获取的案件信息进行主动、积极的处理与加工。因此，对这一环节的合理规制与公开，无论是对准确、合理地形成民事裁判，还是对防止感情司法都是至关重要的。就民事裁判的形成过程而言，案件信息的加工过程实质上包括以下两个具体环节：

1. 通过对实体法事实与证据资料的裁剪最终对形成裁判所依据的案件事实予以筛选并认定的过程

即围绕诉讼对象对当事人输入诉讼过程的庞杂的案件事实与证据材料进行筛选、分类和排除，不仅可以排除无益于争议案件解决的案件事实与证据材料，而且还可以避免司法资源的浪费。然而，裁判者在对案件事实进行判断与筛选时，其"注意力"可能会受到各种内部因素与外部因素的影响，导致其对案件事实的采信与排除的处理有所不同。拉伦茨在其著作中概括了几种影响裁判者进行事实判断、筛选的因素，即基于感知之预断、基于对人类行为解释的猜想、其他社会经验判断与价值判断。[1]其中，前两者大多是裁判者作为一个社会的自然人主体而进行的常识判断，而基于其他社会经验的判断，特别是在对案件事实通过价值判断进行筛选与排除时，更需要借助于裁判者自身的专业水平与经验积累，因为对案件事实进行价值判断属于裁判者的内心理性思维活动，往往无规则可循，且具有更大的自由裁量空间。除了以上几个被学界广泛讨论并反复论证的因素，还有一个不易为人察觉，但却可能影响案件事实判断

---

〔1〕 ［德］卡尔·拉伦茨：《法学方法论》，陈爱娥译，商务印书馆 2003 年版，第 165~174 页。

与筛选的因素，即裁判者进行案件情况接收时的即时反应，即裁判者在当事人向其陈述案件情况时，根据陈述者陈述的内容产生的一种即时的、快速的预断。这种预断，来源于当事人对于案件事实描述的内容、方式，甚至还包括一定的渲染、烘托等修辞手段。在这个环节内有学者认为，在诉讼中，司法意见的确立当然需要依靠法律自身，但在很多情形下它还常常依靠"周边语境陈述的协作支持"，即当事人对于案情的陈述内容以及陈述模式。[1]由此可见，对案件事实的筛选实质上是裁判者围绕当事人的诉讼请求行使审判权对案件事实予以判断与选择的行为。

当裁判者完成了对案件事实的筛选工作后，一些相对"核心"的案件事实便进入到了认定事实环节。所谓认定案件事实，是指裁判者对经过筛选的案件事实，运用法定的方法对当事人之间争议的案件事实予以认定的裁判行为。因为裁判者认定的事实需要与法律适用结合起来形成裁判，因而经裁判者认定的事实可以被概括为一种有别于生活事实的法律事实。梁治平先生对此概括道："所谓法律事实并不是自然生成的……他们是根据证据法规则、法庭规则、判例汇编传统、辩护技巧、法官雄辩能力以及法律教育等如此类的事务而构设出来的，是社会的产物。"[2]可见，法律事实相比普遍意义上的事实来讲具有更少的天然属性，而具有更多的法律属性。认定事实之所以会成为裁判形成过程中极其重要的环节，是因为在裁判者确定双方权利与义务的过程中，居于核心地位的许多价值和原则往往力图作用于事实认定的程序，并由此而影响事实审判之真相的本质。[3]

然而，对筛选的案件事实依照诉讼规则与证据规则予以认定的过程不是一步到位的过程，需要分如下几个具体的步骤进行：首先，裁剪主要事实。所谓主要事实，又被称为直接事实，是指在判断出现权利发生、变更或消灭之法律效果中直接且必要的事实；换言之，是与作为法条构成要件被列举的事实（要件事实）相对应的事实。[4]其次，裁剪证明主要事实的证据事实以及辅助事

---

〔1〕 参见刘星："司法决疑与'故事文学'利用——以《威尼斯商人》为样本"，载《清华法学》2008年第2期。

〔2〕 梁治平：《法律的文化解释》，生活·读书·新知三联书店1994年版，第80页。

〔3〕 ［英］阿德利安·朱克曼："Adrian A. S. Zuckerman：法律、事实抑或司法"，吴小军译，载《研究生法学》2004年第3期。

〔4〕 ［日］高桥宏志：《民事诉讼法：制度与理论的深层次分析》，林剑锋译，法律出版社2003年版，第340页。

实。所谓辅助事实，是指用以明确证据能力或证据力（证明能力）的事实。[1]该过程主要涉及裁判者对证据能力规则以及证据的证明力规则的理解与适用。再次，裁剪与主要事实相关的间接事实。所谓间接事实，是指运用经验法则推断主要事实是否存在的事实。在民事诉讼中，当主要事实难以直接运用所裁剪的证据加以证明时，可能涉及推定方法的适用，即依据间接事实来推定主要事实存在与否或者真实与否，这就不仅要求作为推定基础的间接事实与作为推定结果的主要事实之间的关系是符合逻辑的，更重要的是要求作为推定基础的间接事实是真实的。因此，裁剪与主要事实相关的间接事实就非常重要。[2]复次，裁剪证明间接事实的证据事实以及辅助事实。最后，运用法定方法认定案件事实。在经过前述裁剪案件事实的相关步骤之后，裁判者有必要对所裁剪出的实体法事实进行分类。对于当事人之间无争议的实体法事实，直接予以认定；对于当事人有争议的实体法事实，则通常依据裁剪出的证据运用证据规则予以认定，特殊情况下运用诉讼自认、推定的特殊事实认定方法予以认定。由此可见，认定事实的过程是一个裁判者的眼光往返流转于诉讼当事人之间，运用证据规则、逻辑推理、经验法则等对证据去伪存真，最终运用认定事实的方法对案件事实予以认定的过程。因此，在作为非知情人的裁判者裁判案件事实的诉讼制度下，受事实发现方法、发现能力、发现成本有限性以及诉讼价值的选择与衡平有限性的影响，裁判者认定的事实具有相对性。

　　上述裁剪与认定事实的五个具体阶段，实际上可以看作两个大的阶段，由于两大阶段所要求的程序不同，因此，对司法公开的要求也有所不同。第一个大的阶段是案件事实与证据事实及其辅助事实的裁剪阶段，即前述五个具体阶段中的前四个阶段。在这一阶段，裁判者的行为既离不开当事人的诉讼行为，也离不开裁判者对诉讼规则以及证据规则的理解及适用，因此，为了保障裁判者行为的正当性，司法公开不可缺少，具体要求主要有两个方面：一方面，以证据开示程序作为当事人充分行使其诉讼权利的程序保障，从而保障可供裁判者裁剪的证据事实及其辅助事实的充足；另一方面，以直接言词原则作为对裁判者裁剪行为的外部制约制度，从而防止裁判者权利的滥用。直接言词原则是直接审理原则与言词审理原则的合称。第二个大的阶段是认定事实阶段，即上

---

〔1〕 ［日］高桥宏志：《民事诉讼法：制度与理论的深层次分析》，林剑锋译，法律出版社 2003 年版，第 340 页。

〔2〕 杨秀清：《民事裁判过程论》，法律出版社 2011 年版，第 168~169 页。

述五个具体阶段的最后一个阶段。在这一阶段，除了当事人自认认定事实无需裁判者的判断以外，无论是适用推定的特殊方法认定事实，还是适用依据证据的通常方法认定事实，都离不开裁判者的判断，特别是在裁判者对证据能力以及证据的证明力形成内心确信以及依据经验法则基于间接事实推定主要事实的过程中，都离不开裁判者的自由裁量权的运用。因此，有必要通过司法公开制度保障裁判者正当行使其自由裁量权，即裁判者在裁判文书中公开其心证过程。

2. 发现、选择法律与续造法律的过程

裁判者欲合理地解决民事纠纷，离不开以认定的事实为基础去适用法律，即发现法律、选择法律，甚至续造法律以填补法律的漏洞。现代民事诉讼所解决的纠纷以及法律制度的复杂化，使得法律适用过程不再是一个简单的输入案件事实即自动输出所需要适用法律的过程，而是一个发现法律、选择法律，甚至续造法律以填补法律漏洞的复杂认知过程。这一过程通常可以分为三个递进的步骤。第一，根据认定的案件事实发现一个作出民事裁判时明确可以适用的具体的法律规范。经过案件事实认定环节后，如果裁判者发现需要裁判的当事人诉讼请求所依据的实体权利是现行实体法所明确规定的既存权利，而且所认定的案件事实也符合实体法律规范的要件事实，此时只是一个发现法律的过程，在这一过程中仅仅涉及裁判者对具体法律规范的理解与解释。第二，根据认定的案件事实选择适用相关的法律规范。实体法律规范的精细化以及社会关系的复杂化，可能使得法律制度所调整的社会关系出现交叉甚至重叠，或者所认定的案件事实难以与某一法律规范的要件事实完全匹配的状况，此时的裁判形成可能会涉及对有关实体法律规范的选择适用，可见，选择法律的过程实际上体现出了裁判者本身对于法律的理解程度。第三，根据认定的案件事实续造法律以填补法律的漏洞。虽然法律适用过程是裁判者的主观思维过程，并且在理解与解释法律规范、运用利益衡量与价值判断时赋予裁判者一定的自由裁量权，但是，在绝大多数情况下，裁判者仍能够在相对限定的范围内发现或者选择适用恰当的法律。现实情况总是更为复杂多变，无论一国设置了怎样严格的立法程序，无论立法者多么具有智慧与前瞻性，并经过了多么周密的思考与论证，人的思维与生俱来的局限性必然决定了由立法者所制定的法律制度均无法做到事实上的完美无缺，而且，制定法所具有的相对稳定性也决定了已有的制定法律规范也可能面临环境、伦理道德观念变迁的挑战。当裁判者发现形成裁判缺乏可以适用的实体法律规范时，就会面临续造法律以填补法律漏洞的现实需求。显然，裁判者如何把握需要进行法律续造的案件的难度相对于那些直接可以通过发现或者选择适用法律的案件来说大了许多。所谓法律续造，是指法官在裁判过程中"填补漏洞""创造法律"的行为，首先表现为一种法律解释的扩大适用：当裁判者第一次对一个概念进行法律解释时，本质上其就是在创造法律——因为首次对某个概念进行解释实际上已经超越了现有的解释范围，此时，法律解释就质变成了法律续造[1]，这种续造也被称为法的内在续造。可见，从这个角度出发，法律续造就其性质而言本身其实与法律解释并未有任何不同，其都属于对现有的法律概念或者适用范围作出的扩张与创设。而这一方面的法律续造，也逐渐地将裁判者有具体的规则而弃之不用却援引法律原则来裁决案件的情况囊括其中，我国轰动一时的"泸州遗赠案"根据公序良俗原则排除了遗赠的法定适用即是如此。这个案件中的裁判者，是在存在一个具体的、明晰的法律规则的情况下排除其适用而直接适用法律原则的情形下作出最终裁判的。在这种情况下，法律续造的呈现形式就相对比较特殊，虽然裁判者并未直接"创设"法律，但因其抛弃了法律适用时规则优先于原则的处理模式，直接适用了相对模糊的法律原则，其实就是一种对法律的续造，属于"对法律漏洞进行填补"的模式。事实上，不论是法律续造还是法律解释抑或弃规则而用原则，都必须在严格的范围之内进行：这个范围最大的边界是法的评价空间，最小的则是要适用于本案件的事实情况。可见，续造法律相较于发现与选择法律而言，赋予了裁判者更大的自由裁量空间，为了防止裁判者进行法律续造时滥用其自由裁量权，有必要加以规制。对此，我国2015年的《立法法》第104条第1款规定："最高人民法院、最高人民检察院作出的属于审判、检察工作中具体应用法律的解释，应当主要针对具体的法律条文，并符合立法的目的、原则和原意。遇有本法第45条第2款规定情况的，应当向全国人民代表大会常务委员会提出法律解释的要求或者提出制定、修改有关法律的议案。"该条第2款还规定："最高人民法院、最高人民检察院作出的属于审判、检察工作中具体应用法律的解释，应当自公布之日起30日内报全国人民代表大会常务委员会备案。"从立法法的规定可以看出，司法实践中，对于法律续造活动我国还是以法律解释的方式进行，并且将这种解释限定在了严格的范围之内。同时，从法条的表述可以推出立法者的意图是仍将目前司法过程中法律续

---

[1] 参见［德］卡尔·拉伦茨：《法学方法论》，陈爱娥译，商务印书馆2003年版，第246~247页。

造的本质视为一种"准立法行为",将裁判者进行法律解释的行为解释为对现有立法的适用过程,而并未将法律续造的行为视为真正意义上的法律续造。《立法法》将裁判者进行续造的方式严格限制在了"具体应用法律"上,只允许适用现有的解释,并没有赋予其真正意义上的法律续造权利。法律续造的过程同样离不开裁判者对法律规范本身的理解与解释以及对各种利益的衡量与价值判断。[1]

由此可见,法律的适用过程并不是一蹴而就的,而是一个螺旋迂回的思维探寻和尝试过程,通过这一过程裁判者最终对案件的法律适用产生一个明晰的方向与结论。因此,法律适用具有抽象性,正如恩吉施概括所言,法律人在对案件的法律进行适用时,是目光在大前提与生活之间的往返流转,是一种思想的过程。[2]在这一过程中,无论是裁判者对法律规范的解释,还是在选择法律甚至续造法律时所涉及的各种利益衡量以及价值判断,都属于裁判者的主观思维活动,为防止裁判者滥用法律适用权,有必要设置内外部司法公开机制。就内部司法公开机制而言,裁判者应当就法律适用向当事人进行释明。在民事诉讼中,如何适用法律会直接影响到当事人之间民事纠纷的解决,当事人有权就法律适用问题进行主张与辩论。虽然发现、选择法律,甚至续造法律作出裁判是裁判者的应有权利,可以不受当事人辩论的制约,但是,在裁判者发现、选择、续造的法律超出当事人主张与辩论的法律适用范围时,为了防止法律适用的裁判突袭,裁判者可就该法律适用向当事人进行释明,当事人可就是否应适用该法律进行辩论,有利于保障当事人充分参与诉讼程序的权利。就外部司法公开机制而言,裁判者应当在裁判文书中就其发现、选择、续造法律作出裁判的理由予以阐明,从而提高裁判的公信力。

三、裁判形成过程公开的必要性

(一)裁判形成过程公开之理论必要性

1. 公开裁判形成过程是程序正义的体现

对"程序正义"的追求是民事诉讼价值之体现。过去,我国因为历史、社

---

〔1〕 该部分关于三个步骤的概念参考了杨秀清:《民事裁判过程论》,法律出版社 2011 年版,第214~216 页。

〔2〕 参见〔德〕卡尔·拉伦茨:《法学方法论》,陈爱娥译,商务印书馆 2003 年版,第 162~163页。

会环境等原因，在"重实体、轻程序"观念的影响下，民事诉讼自身的价值被忽略。随着社会的进步以及民事诉讼的发展，工具主义程序理论逐渐被程序本位主义理论所取代，民事诉讼自身的程序正义价值在诉讼活动中越来越被重视。公开裁判形成过程不仅与程序正义理论在法理上一脉相承，同时，其在具体案件中的实施也是程序正义理论具体内涵的体现。因为程序正当的要义之一是保障当事人的程序参与权，使当事人充分知晓解决其民事权利义务争议的裁判是如何形成的。正如谷口安平所言，当事人在进行诉讼中的程序参与时，如果不考虑参加后能做什么或者参加后应该做些什么，那么这里的程序正义就会成为没有实际意义的口号[1]。换言之，当事人只有参与诉讼程序，充分利用自己在诉讼中的地位以及享有的权利来实现自己的诉求，程序正义在个案诉讼中才能得到最大程度的发挥，而公开裁判形成过程，正是保障当事人程序参与权实现的重要措施。

2. 公开裁判形成过程是实现民事诉讼目的之保障

不同的社会环境对民事诉讼有着不同的需要，关于民事诉讼的目的，在不同时期也就产生了不同的学说，其中较为主流的学说包括权利保护说、秩序维护说、纠纷解决说、程序保障说与多元说。权利保护说主张民事诉讼的目的是依据实体法的规定对当事人的实体权利进行保护，以解决禁止当事人进行私力救济产生的相应问题；秩序维护说则认为，民事诉讼存在的意义就是为了保障实体法的实施，而这种制度又是由国家所建立的，因此，民事诉讼的目的就是保障国家实体法所建立的秩序能够正常运转；纠纷解决说顾名思义即是认为民事诉讼的存在意义是为了解决民商事纠纷，因此民事诉讼的目的显然应是纠纷解决；而程序保障说则从程序正义的相关理论出发，认为民事诉讼的正当与否要看程序是否正当，只有为当事人提供了程序保障，民事诉讼才有赖以存在的意义，因此，民事诉讼程序本身就是民事诉讼的目的；多元说的观点融合了以上学说的特点，认为民事诉讼应该保护当事人之权利，保障程序之正当，并通过解决纠纷来维护社会秩序、维护社会稳定。[2]而正当关于民事诉讼目的学说存在颇多争议时，新堂幸司却提出了另一种观点。他认为，讨论民事诉讼的目的是为了能使之发挥实际作用、产生实际意义，民事诉讼制度应该以实现这种

---

[1] [日]谷口安平：《程序的正义与诉讼》，王亚新、刘荣军译，中国政法大学出版社 2002 年版，第 14 页。

[2] 参见江伟主编：《民事诉讼法专论》，中国人民大学出版社 2005 年版，第 61~63 页。

最高价值作为解释论以及立法论的指向标。[1]根据这种思想不难发现，以上几种关于民事诉讼目的的学说都将民事诉讼的最高价值追求唯一化了，但在实践中，要将民事诉讼的最高价值抽象为唯一性的一种追求显然是不可能的。据此，高桥宏志在研究了新堂幸司学说后，进一步对其思想总结道："如果欲让具体性法解释与权利保护、司法秩序维护、纠纷解决的价值三者中任何一者进行连接，那么都是可以进行这种结合的，无论从哪一个价值出发都可以对法解释作出论证，因此这些价值并不是直接规定具体性解释论进而可以使该解释论获得正当化的根据。"[2]在此，且不论民事诉讼目的之争是否必要，民事诉讼目的无用论是否正确，最起码，新堂教授的理论为研究民事诉讼制度设计提供了一种新的思路。

新堂教授这一理论的重心在于，其认为在民事诉讼中一种理论体系之所以有存在的必要，是因为这种理论体系为民事诉讼实现其最高价值指引了方向，如若这种方向的指引不是唯一的，则这种理论也没有能力排斥其他的学说而独占鳌头。这就意味着——换个角度来看——如果说有一种具体的制度，其不论是从权利保护角度、秩序维护角度抑或是纠纷解决的角度来看都能够有助于实现民事诉讼的最高价值，可以与这三种学说中的任何一个进行连接，还能同时从这三个角度出发去解释立法、论证立法，那么，这样一种制度显然具有获得正当化的理由。而反观公开裁判的形成过程，不论从何种角度来说其对实现民事诉讼最高价值都是有益的。在权利保护说的视野下，公开裁判形成过程有助于当事人的权利保障，因为民事诉讼作为对当事人权利予以司法保护的最后一道救济机制，公开裁判形成过程能够使得民事诉讼过程更加公开、透明。如果秩序维护是民事诉讼的最终目的，则公开裁判形成过程有助于诉讼中的当事人在一个统一的程序下有序进行，因为公开裁判形成过程有利于民事诉讼监督体系之发展与完善，最终达到保障实体法实施与秩序维护的目的。而对于纠纷解决说来讲，公开裁判形成过程无疑有利于其诉讼目的的实现，因为一旦要求公开裁判的形成过程，则有利于促使原本可能不为当事人所知的程序更加清晰地呈现在当事人面前，使当事人能够相对及时地知晓诉讼程序是否正义，提高裁

---

〔1〕 [日] 高桥宏志：《民事诉讼法：制度与理论的深层分析》，林剑锋译，法律出版社 2004 年版，第 9 页。

〔2〕 [日] 高桥宏志：《民事诉讼法：制度与理论的深层分析》，林剑锋译，法律出版社 2004 年版，第 9~10 页。

判结果的可接受性，从而达到解决纠纷的目的。

可见，关于民事诉讼目的的几种主要学说都能通过公开裁判形成过程这一制度的设定来实现，因此，不论民事诉讼目的论自身有用与否，公开裁判形成过程这一制度显然能够有助于实现民事诉讼的目的与最高价值，从而使得民事诉讼活动能够更加完善地进行。

（二）裁判形成过程公开之现实必要性

1. 公开裁判形成过程有助于提升司法公信力

司法公信力，指的是社会公众对于司法的集合性的判断与评价，[1]可见，司法公信力并不由个人对司法的评断产生，而是一种判断与评价的总和。在我国，对司法公信力的研究与讨论长久以来主要集中于如何提升司法公信力，对此，有学者经过对司法公信力的实证分析，指出我国目前在司法公信力建设方面存在以下主要问题：其一是部分案件办案质量低下，处理有失公允；其二是部分案件程序违法，程序公正没有得到保障；其三在于案件纠错机制缺失，有错必纠难度较大；其四是部分案件裁判效率低下，技术不够；其五则是部分司法运作作风不良，存在司法腐败现象。[2]

提高司法公信力作为深化人民法院改革的重要目标，理应设置相应的诉讼程序制度作为其实现的保障，而对裁判形成过程进行公开，可以在一定程度上缓解民众对于司法的不信任。首先，将裁判形成过程予以公开有利于监督民事诉讼中裁判者的行为，提高审判活动的规范性，提升案件当事人对于诉讼程序的知情程度，促进审判活动更加透明与公正。如果裁判者在裁判过程中对于个别问题的处理产生了偏差，当事人就可以在知情之后立即提出异议，从而督促裁判者更为公平公正地处理案件；而对社会公众，则可以采取开放公开庭审以及裁判文书等方式，加强其对司法活动的了解程度，使公众在了解的基础上产生对司法的信任，提高司法公信力。其次，公开裁判形成过程有利于预防司法腐败。面对司法体制中滋生的部分腐败问题，除了通过法律与党纪党规进行约束之外，以司法公开作为另一种监督的方式会起到一定程度的监督作用。而公

---

〔1〕 See Kenneth Dowler, "Media Consumption and Public Attitudes towards Crime and Justice: The Relationship between Fear of Crime, Punitive Attitudes, and Perceived Police Effectiveness", *Journal of Criminal Justice and Popular Culture*, Vol. 10, No. 2, 2003, pp. 109~126, 转引自胡铭："司法公信力的理性解释与建构"，载《中国社会科学》2015年第4期。

〔2〕 参见龙宗智："影响司法公正及司法公信力的现实因素及其对策"，载《当代法学》2015年第3期。

开裁判形成过程不仅可以保障当事人充分参与诉讼的全部过程，保障社会公众参与庭审程序，而且也可以通过公开裁判者的心证形成过程以及裁判文书的网上公开，提高司法公开的程度，从而使得社会公众与当事人对司法的判断与评价得到一定程度的提升。这将对提升司法公信力，改善目前我国民众对司法信任不足的状态。

2. 公开裁判形成过程有助于提高裁判的可接受性

在民事诉讼中，追求民事裁判的绝对正确性在司法实践中几乎是不可能的，严格的逻辑推理，即精确的三段论式的推理在民事裁判的发现过程中是难以做到的，因为法律的发现、争议案件的事实认定以及将作为小前提的案件事实涵摄于作为大前提的法律规范的过程均离不开裁判者的理解、判断甚至猜测。[1]虽然就民事诉讼所承担的解决民事纠纷的社会职能而言，无论是当事人还是社会公众都希望裁判者能够对民事纠纷作出一个正确的裁判，然而，对裁判结果"正确性"的评价标准也并非自然科学意义上的"主观符合客观"的标准。在民事裁判的形成过程中，只要裁判者借助于正当的诉讼程序，充分保障当事人诉讼权利的行使，能够为当事人和社会公众提供一种具有合理的可接受性的裁判，该裁判便理应被认为属于具有正确性的裁判。

尽管司法机关作为国家的公权力机关作出的裁判具有权威性的特点，然而，这种权威性却无法顺理成章地提高民事裁判的可接受性。对于这一点，曾有学者提出过相对极端却又现实的论述——尼桑认为，所谓裁判的过程，实际上只不过是一场戏剧，公众往往会从中吸收信息，并希望参与其中；而在这个过程中我们会发现，公众在很多时候关注的并非是案件事实的准确性，他们关注案件，大多数时候只是为了获得裁判事实的可接受性。[2]尽管尼桑的论述带给我们的似乎是一个并不符合法律价值的残酷事实，但这样的事实很可能是由人类的自然天性所造成的。因为对于人类这个群体来说，他们并不会因为得到食物、住所以及能够繁衍后代便心满意足。除此之外，人类还热衷于参加某种他们认为有价值的事业，在这种事业中，他们能够贡献出自己的特殊才能，而不论这种才能是何种性质，又有多么强大。[3]可见，当事人尤其是社会公众对

---

〔1〕 杨秀清：《民事裁判过程论》，法律出版社 2011 年版，第 276 页。

〔2〕 易延友："证据法学的理论基础——以裁判事实的可接受性为中心"，载《法学研究》2004年第 1 期。

〔3〕 参见［美］E. 博登海默：《法理学——法律哲学与法律方法》，邓正来译，中国政法大学出版社 2004 年版，第 407 页。

司法机关作出的裁判进行思考与质疑，契合了人类对发挥自身价值的需要。因为当社会公众质疑案件的裁判结果时，他们就会通过各种方式抒发自己的思考结果与怀疑，当这种质疑强大到一定程度时，司法机关面对这种质疑的呼声就自然会产生压力，由此在对类似案件作出裁判时，就可能会或多或少地受到外在舆论的影响。因此，当事人与社会公众对裁判结果可接受性的程度，可能会引起学界对"裁判可接受性"标准的思考。

在司法实践中，受"裁判可接受性"的影响，裁判者在对民事案件进行裁判时，除了考虑案件的事实问题与法律适用问题外，还将公众对案件裁判结果的心理预期也纳入了裁判时需要考虑的因素中，这种解决民事纠纷的方式，无疑是对民事诉讼活动公正性与权威性的损害。然而，在我国法治发展的现阶段，完全不考虑社会公众对于裁判结果的接受程度，似乎又是不切合实际的理想状态。因此，公开裁判的形成过程显然是一种有助于提高裁判可接受性的合理方式。换言之，如何让当事人与社会公众相信在民事裁判的形成过程中，裁判者在受到诸如经验、利益衡量、价值判断等非理性因素影响的情况下，对当事人争议案件的民事裁判不是一种随意性活动，而是人类活动中对需要说理的要求最为强烈的一项公权活动，不仅要求裁判者将其裁判的形成过程以保障当事人程序参与权，向当事人公开的方式提高裁判对当事人的可接受性，而且还需要以强化裁判文书说理，向当事人与社会公众公开裁判者心证的方式提高裁判对社会公众的可接受性。由此可见，公开裁判形成过程，既有助于保障当事人程序参与权的实现，又能满足社会公众对于裁判活动的好奇心理，看似在表面上降低了司法在社会公众心中的神秘感，实际上却有助于提高裁判的可接受性。

3. 公开裁判形成过程有利于促进司法制度的规范化

从目前来看，尽管我们对于公开裁判过程能够在司法改革中起到什么作用还无从知晓，但是，公开裁判形成过程可以对司法制度的规范运行起到一定的促进作用却是毋庸置疑的。由于诉讼这种纠纷解决机制功能的有效实现主要依赖于裁判者，也就是法官对案件的处理，因此，法官在处理个案作出裁判时一旦出现过失或者行为失当，其对案件当事人权利义务产生的负面影响便可能是难以挽回的。对此，丹宁勋爵曾经说道："法官不是完人，他们可能错判，从而造成冤案……在许多案件里，错判可以通过上诉得到纠正，不过，有些错判则不能。造成这些错判的原因可能是由于无知、无能、偏见甚至是由于恶意。这些可能使诉讼当事人增加负担、担惊受怕和遭受损害……难道法官不该自己保证或者由政府保证他不作出错判吗?"〔1〕因此，有必要考虑设置诉讼中对错判的预防性机制，而公开裁判形成过程可谓是一种很好的预防性机制。通过公开裁判形成过程对司法活动进行监督，实际上属于一种权利型的监督模式，即一种以权利与权利的关系为基础，恰当配置权利之间的制约关系，以使其能起到限制、遏制权利滥用作用的模式。在这种权利型监督模式之中，一旦当事人认为其应有的诉讼权利未受到应有的保护，便会主动、直接寻求法律赋予的救济。因此，裁判形成过程的公开在一定程度上会促进裁判者行使审判权的规范化。另一方面，就裁判者处理案件而言，对其裁判形成过程予以公开，有助于约束法官，促使其更加严谨、细致和负责地做出行为。因为当裁判者确信自己对于裁判形成的过程（如对案件事实的裁剪与认定以及对法律适用的具体细节）无需为当事人与社会公众所知晓，其工作不过是输出一份外观上符合逻辑的裁判文书时，裁判者对解决民事纠纷的程序规范性的自律要求可能会降低。而一旦需要公开，那么裁判者势必会持更加审慎的态度去规范解决纠纷的程序过程。因此，不论是从权利监督的视角，还是从错误裁判的预防视角，公开裁判形成过程中的关键环节对进一步规范司法制度都有着不可替代的作用。

四、裁判形成过程公开需解决之问题

苏力先生曾在其著作中提出，作为一种制度的现代法治，不可能靠"变法"或者移植来建立，而必须从中国的本土资源中演化创作出来，而适合一个国家的法治并非一套抽象的、无背景的原则与规则，这些都出于一个地方性的知识体系中，〔2〕因此，根据一个国家与地方本身既有的知识体系来进行法律制度的设计才能更为有效地解决现实问题。从现实来看，我国的司法公开在过去很长一段时间内之所以未能得到应有的重视，在很大程度上源于没有与之相匹配的司法环境与适用土壤。就目前的情况来看，我国的司法环境虽然尚未发生实质性的变革，但随着全面推进依法治国方略的深入落实，无论是裁判者的程序正当意识，还是当事人的权利意识都有了很大的变化，司法公开相比之前已经有了赖以适用的土壤。据此，要推进裁判形成过程中的司法公开、建构适合现阶段司法环境的公开模式，需要理清一些与裁判形成过程公开有关的理论问

---

〔1〕 ［英］丹宁：《法律的正当程序》（第3版），李克强、杨百揆译，法律出版社2015年版，第66页。

〔2〕 苏力：《法治及其本土资源》（第3版），北京大学出版社2015年版，第19页。

题，只有明晰了这些理论问题，才能构建一套既具有理论依据，又具有实践可行性的裁判形成过程的公开制度。

1. 理清司法公开的对象

近年来，司法公开这项活动无论是在理论界还是在司法实践领域都得到了极大的关注，这种热度在党的十八届四中全会《全面推进依法治国若干重大问题的决定》提出要加快司法公开进程之后达到了高峰，研究司法公开相关理论与实际情况几乎成了显学，一时间众说纷纭、百花齐放。然而，通过对学界大量的文献资料以及实务界实际做法的研究，我们不难发现，这些资料与论述中的绝大多数都强调了司法公开、司法透明的重要性，同时提出了对司法公开之意见与建议，以及如何通过阳光化司法保障社会公众对于司法的知情权，但恰恰未涉及如何通过司法公开保障当事人的诉讼权利，换言之，现有研究忽略了对司法公开对象范围这样一个基础性问题的研究。可以说，司法公开是民事诉讼法所确立的公开审判制度的一种延伸，为了实现司法公正，现有理论对于司法公开抑或是公开审判制度的研究均将主要注意力集中于如何通过外在监督防止司法不公上，而对于如何通过诉讼程序制度的内在权利制约机制的构建防止司法不公则几乎未予以关注，之所以出现这种状态，与学术界对公开审判制度中公开对象的范围有着一定的联系。公开审判制度，是指人民法院审理民事案件，除法律规定的特殊情形外，审判过程和结果应当向社会公开。[1]由此可见，学术界将公开审判制度中公开的对象定位于社会公众。在目前社会公众对司法不公多有微词的社会环境与背景之下，受对公开审判制度理解的影响，司法公开被缩小内涵也在所难免，所谓司法公开，就是指司法对公众的公开，而不包括对当事人的公开，因为当事人是案件的利害关系人，经历了所有的诉讼程序，无需纳入司法公开的对象范围中。为此，当前对司法公开的大量研究也将其精力集中于司法对社会公众的公开上，而对当事人的公开则几乎被忽略。然而，审慎思考则不难发现，如果说裁判文书与执行向社会公众公开，通过社会公众的监督反过来促进公正裁判以及生效法律文书所确定的当事人权利实现尚且有理可寻，那么在裁判形成过程中将其具体案件事实向社会公众公开，其理论依据何在？是否有违民事诉讼解决私权纠纷本身的应有属性？但如若对这些具体情况不予公开，则当事人在民事诉讼中应有的程序参与权又如何保障？因此，有必要理清裁判形成过程中司法公开的对象范围。

---

〔1〕 江伟主编：《民事诉讼法学》（第2版），北京大学出版社2014年版，第73页。

理论界对司法公开之对象进行划分的传统由来已久，可见对审判公开对象进行区分并非空穴来风。对这些理论上的划分，较为主流的主要有半公开和完全公开、形式公开和实质公开、法院内部公开和对系统外公开以及对当事人公开和对社会公开等[1]，而目前的理论研究、立法指引和实践情况似乎全部集中于对社会公开上。然而，在裁判形成的过程中，有必要将当事人和社会公众作为公开对象加以区分，民事诉讼作为解决当事人之间民事纠纷的公力救济机制，是为了保障当事人在民事诉讼中的程序参与权，从而对裁判形成过程所涉及的事实认定与法律适用在及时知情的基础上通过行使诉讼权利，以维护其民事权利，有必要将裁判形成过程的各个具体环节向当事人公开，而在这一过程中，对于庭审程序以外的环节，在裁判文书作出之前无需向社会公众公开。由此可见，就裁判形成过程而言，由于当事人是最终裁判结果的承受者，诉讼程序公正的要求之一就是保障当事人充分参与诉讼程序，因此，裁判者有职责保障当事人对裁判形成过程的知情权。社会公众则与当事人完全不同，其与当事人之间的争议案件没有任何利害关系，无权参与案件的诉讼程序，即使目前推行庭审公开与裁判文书公开制度，该制度实行的目的也并不是为了保障社会公众的知情权，而是接受社会对审判以及裁判结果的监督，从而反过来促进司法公正。如果从知情的视角来看，在民事诉讼中，社会公众并非知情权的主体，而只是拥有对公开的庭审活动的知情自由。因此，就裁判的形成过程而言，能够向社会公众公开的也只是庭审过程。由此可见，现今理论研究都将司法公开的重心放在对社会公众的公开方面，不能不说是舍本逐末。按照现在司法公开对象混同不予区分的现状，由于对当事人司法公开的理论研究被忽视，致使司法实践中未形成对当事人司法公开的独立的并有别于社会公众的范围，因此，往往参照对社会公众公开的标准，将当事人对裁判形成过程的知情权等同于社会公众应有的知情权，这显然是有违诉讼公正的基本要求的。这是因为，当事人作为本案件权利义务关系的实质影响对象，试图通过行使诉权的方式来解决纠纷。而对于这种诉权的保障，除了健全当事人诉讼权利体系之外，还包括构建诉权对审判权的制约机制，在具体的案件中，其通过对程序的发动、选择与处分、对程序的异议以及行使公正裁判行为请求权等方式来实现[2]。而当当事人在裁判形成过程中对某些需要公开的程序环节产生异议时，当事人有权行

---

[1]　分类参见江必新、程琥："司法程序公开研究"，载《法律适用》2014年第1期。
[2]　吴英姿："论诉权的人权属性"，载《中国社会科学》2015年第6期。

使其程序异议权，要求公开相关异议内容以保障自己诉权的实现并得到公正的裁判。

当事人在民事诉讼中基于诉权所享有的具体诉讼权利，社会公众显然并不享有。就具体的个案诉讼而言，社会公众作为与案件所涉法律关系无关的人，无权参与诉讼程序。对于裁判形成过程中所涉及的事实问题与法律问题的处理，因其涉及当事人的私权利益，社会公众更无权知晓，只是对于公开的庭审活动，社会公众拥有知情的自由。当然，即使为了实现阳光司法制度的目的，有必要设置司法对社会公众的公开，这也只是意味着通过司法公开接受社会公众的监督，从而保障司法公正。因此，我国现行司法实践中混同司法对当事人公开与对社会公开的状况，甚至忽视裁判形成过程对当事人的公开而重视对社会公开的做法，显然是需要改进的。

2. 形式公开与实质公开并重

在目前的司法公开实践中，对于裁判形成过程的公开最为突出的问题在于对公开的具体内容存在较大的偏失，因为目前与裁判形成过程有关的公开仅涉及庭审公开。因此，该过程的司法公开仅仅停留在形式公开的层面上，而未触及真正影响裁判形成的事实认定与法律适用这些实质内容的公开。所谓形式公开，是指按照法律法规的规定对司法程序的运行步骤、阶段、过程、时间与结果等向当事人以及社会公开；而实质公开，是指将司法程序中有关事实和法律问题的判断过程对当事人以及社会公开。[1] 如前文所分析的，我国现有的几类指导性文件以及民事诉讼法及相关司法解释，对裁判形成过程公开的规定，仅仅框架性地规定了立案公开与庭审公开，而对于立案与庭审公开的具体内容的规定也相对模糊。可见，现行规定是对于司法程序的步骤与过程进行公开，而不是对影响裁判结果产生的事实问题与法律问题进行公开，是典型的形式层面的司法公开。

对于这种以庭审公开为表象的对裁判形成过程的形式公开，就连最高人民法院的法官也认为，许多法院在实践中仍旧在庭审公开中饱受批评，是因为"一些法院对于群众不关心的案件很公开，对社会普遍关注的案子反而不公开"，"有的法院对公众或媒体关注的案子，要么宣称席位已满，要么故意选只

---

〔1〕 江必新、程琥："司法程序公开研究"，载《法律适用》2014年第1期。

有几个座位的小法庭"[1]。这样的形式主义公开与选择性公开的方式显然是与庭审公开的制度设置初衷相悖的。可见，庭审公开作为形式上的司法公开在许多地方尚流于形式，因而要实现对实质性事项与问题的司法公开显然困难重重。

实践中，致使司法公开流于形式的重要原因在于整体司法环境的影响。在过去相当一段时间内，我国要求对个案的审判需追求法律效果与社会效果的统一，诚然，如果一个案件的裁判结果能够两者兼容，实现两者的有机统一当然是理想的，但遗憾的是，在司法实践中，并非每个案件的裁判都能达到两者统一的境界，在相当一部分案件的处理中，法律效果与社会效果往往会产生冲突，形成不可兼得的状况。当两种效果发生冲突之时，司法机关往往更侧重于追求社会效果，这就会导致其在进行司法公开时，为了更好地实现社会效果而注重对社会的形式公开，甚至连形式公开本身也异化为另一种形式与躯壳，更不用说实现实质事项上的公开了。要实现裁判形成过程在真正意义上的司法公开，显然要扭转以追求社会效果为最高目标的司法观念，真正从法律角度设置适合我国国情与现状的司法公开制度，确定真正可以公开司法程序中有关于事实和法律问题的判断过程的公开方式，做到形式公开与实质公开兼而有之，从仅仅达到形式公开的阶段过渡到外在有形式公开为依托，内在有实质公开为内涵的制度阶段。

3. 司法公开方式与当事人私权利益之平衡

诉讼作为一种国家设置的以公权力解决民事纠纷的制度，其解决民事纠纷的私权性决定了当事人享有处分权。在推行司法公开的过程中，目前较多关注的是从外在监督保障司法公正的视角来设置司法公开制度，这就必然会涉及当事人的私权处分与司法公开方式之间的平衡问题。

在司法实践中，鉴于裁判形成过程中所涉及的案件事实往往非常具体，对这些事实问题以及所涉及的法律适用问题进行处理时往往需要裁判者根据多种因素综合考量，无论是裁判者认定案件事实，还是适用法律均涉及当事人之间的民事权利义务关系的具体内容，有些案件事实甚至涉及当事人的商业秘密。因此，除了庭审程序之外，对于裁判形成过程中的其他具体环节，社会公众无权知晓。虽然社会公众对司法进行外在监督有利于促进裁判形成过程的正当与

---

[1] 评价举例引自2013年12月何帆在浙江法院阳光司法指数新闻发布会暨司法公开研讨会上的发言稿。

保障司法公正，但是，民事诉讼所解决的民事纠纷毕竟涉及当事人的私权利益，这就不可避免地会涉及司法公开的方式与当事人私权利益之间的平衡问题。因此，区分对当事人司法公开的范围与对社会公众司法公开的范围是非常必要的，否则势必会打破司法公开的方式与当事人私权利益之间的平衡，从而导致对当事人私权处分的不当干预。现行相关规定已经规定了社会公众参与公开庭审、查阅公开的裁判文书以及知悉案件执行情况的权利，已经能够实现社会公众通过监督司法，以保障司法公正的社会职能，而社会公众对于裁判形成过程中裁判者处理事实问题与法律适用问题之具体环节予以知晓则欠缺理论正当性。

4. 案件事实查明与民事诉讼目的之协调

查明案件事实是裁判者在形成裁判过程中需要处理的首要问题，也是影响裁判结果的关键因素。在司法实践中，长期以来对查明案件事实的要求有过之而无不及，这一点，无论是"以事实为依据、以法律为准绳"的基本原则还是相关诉讼的具体规定均有明显的体现。比如，《民事诉讼法》第 2 条就规定："中华人民共和国民事诉讼法的任务，是保护当事人行使诉讼权利，保证人民法院查明事实，分清是非，正确适用法律……保障社会主义建设事业顺利进行。"可见，《民事诉讼法》是将查明事实、分明是非作为其任务加以规定的。此外，我国民事诉讼法还对查明事实设置了高标准要求，具体体现在对证据的相关规定上，《民事诉讼法》第 63 条第 2 款规定："证据必须查证属实，才能作为认定事实的根据。"由此可见，对作为认定案件事实依据的证据要求查证属实，很明显与证据裁判主义，即在证据能力以及证据证明力方面裁判者拥有自由裁量权的理论是存在冲突的。

上述有关查明事实的相关规定显示出了还原事实的司法理念，有学者将其归纳为事实探知绝对化理念，即人们普遍认为，法院或者法官在诉讼中必须要彻底查明事实真相，才能继续对争议的纠纷作出裁判结果。[1]这种严格要求查明事实的理念至今仍然影响着裁判者对于诉讼活动的认知，而在司法实践中，还原事实却受到诸多因素的影响，就主观因素而言，不仅存在裁判者自身的道德素养、专业素养与司法经验的影响，还存在当事人的记忆甚至恶意不诚信行为的影响；就客观因素而言，存在诉讼案件本身的时间与空间因素的影响，这些因素都极大地制约着裁判者还原案件事实的活动，也导致对裁判形成过程中

---

〔1〕 黄松有："事实认定权：模式的选择与建构"，载《法学研究》2003 年第 4 期。

裁判者所查明的事实予以公开存在很大的难度。

然而，我国为了还原案件事实对裁判者查明事实的高标准要求，却忽略了查明事实与民事诉讼目的之间的协调问题。尽管有关民事诉讼目的的学说众说纷纭，但是，无论如何理解民事诉讼目的，都离不开民事诉讼所承担的解决纠纷这一社会功能的实现。如前文所述，无论裁判者如何睿智，具有多么高的道德素养与专业素养，其都并非是案件事实的亲历者，这使得其接触案件事实的途径具有间接性。因此，裁判者对案件事实的还原只能借助于合理的诉讼程序与法定的方法，正因如此，现今世界上的大多数国家，对民事诉讼中事实的证明标准通常都采用高度盖然性的标准，只要当事人对其主张的事实能够证明到高度盖然性的程度即可。由此可见，高度盖然性证明标准的确立实际上赋予了裁判者在认定事实方面拥有一定的自由裁量权。

由上述分析可知，裁判形成过程中任何环节的设置都应该有助于解决当事人之间的民事纠纷，作为裁判者适用法律前提的事实问题的处理更是如此，因为其本身处理方式的不同必然会影响到裁判者所认定的案件事实，进而直接对裁判结果产生实质影响。因此，为了实现司法公正，有必要对裁判形成过程中的事实问题的处理进行公开。

司法公开是一个极其重要的问题，然而，如果对司法公开的关注仅限于诸如立案公开、裁判文书的公开以及执行公开，而忽略对裁判形成过程的实质公开，势必会影响司法公开功能的实现。

简易程序：问题与改革路径

王　娣[*]

　　简易程序，是指基层人民法院及其派出法庭审理简单的民事案件，以及非简单之民事案件的当事人基于程序选择权所适用的简便易行的诉讼程序。[1]简易程序并非是普通程序的简化，而是一种与普通程序并存的独立的审判程序。作为一种独立的程序，简易程序有独立的程序价值和功能取向。

　　近年来，伴随着我国经济社会的快速发展，新的社会转型期下各种矛盾和纠纷凸显，相应的民事案件的数量持续增长，新的案件类型不断涌现，法院受理的民事案件数量也在不断攀升，大量的案件累积意味着昂贵的诉讼成本和大量的司法资源投入。在这种背景下，简易程序快捷、简便、低成本等的优势逐渐凸显出来。从司法适用上来说，与普通程序相比，简易程序结案量大、审结时间短、诉讼效率高、调解率高、自动履行率高。简易程序的适用，对于保障和便利当事人、减轻当事人诉累，对于减少人民法院案件累积、保证及时审理案件、提高案件审理效率，都有很重要的积极意义。同时，在民事诉讼中，根据各类民事案件的不同特点来进行繁简分流有利于实现司法资源的优化配置。但简易程序的立法和适用也面临很多问题，现行立法规定过于粗疏和笼统，又缺乏相应的配套措施，容易造成简易程序在司法实践中的混乱，严重损害简易程序制度的适用和司法的权威性。为了充分发挥简易程序的功能，实现简易程序的制度价值，有必要对现行简易程序进行探讨和改革完善。

---

　　* 王娣，中国政法大学教授，法学博士。
　　[1]　宋朝武主编：《民事诉讼法学》，厦门大学出版社 2008 年版，第 340 页。

一、我国民事简易程序适用现状及问题

（一）我国民事简易程序适用现状

自产生开始，基于其"两便"原则，简易程序便在各地法院在审结的案件中，占有相当的比例，[1]法院将简易程序作为减少案件审理工作量的一种方式，存在滥用简易程序的倾向，而且，由于有些审判人员对简易程序的理解片面，造成了在审判实践中适用的随意性。[2]学界的态度是，防止法院随意扩大适用简易程序而致民事案件的质量难以保证。

随着我国市场经济的发展，民事案件的不断增长，以及西方国家乃至整个世界民事诉讼制度改革的背景，即第二次世界大战后社会的迅速发展，导致了诉讼数量和新诉讼类型的与日俱增，原有的诉讼制度已无法有效满足新的社会需求，面对堆积如山的未结案件和高昂的诉讼成本，世界各国特别是发达国家纷纷采取对策来解决这一矛盾。[3]我国民事诉讼对简易程序的态度也有所变化，程序的独立价值和功能也不断被提及。

尤其是自人民法院于 2015 年 5 月 1 日实行立案登记制改革以来，案件数量大幅增加。立案登记制实行以来的第二年即 2016 年，全国法院共登记立案16 302 994件，同比增长 12.48%，当场登记立案率达到 95%。[4]为此，各地普遍简化立案程序，依托信息化手段，完善网上立案平台，探索推行跨域立案，提升立案工作效率和便民程度。据统计，2016 年，全国地方法院共受理案件 2305 万件，同比增加 18%。所受理的案件 80% 集中在基层法院，其中 90%都是民事案件，这些案件中适用简易程序审理的占 70% 左右。[5]简易程序的高适用率不仅体现在全国的数据统计中，在各省的适用率也很高，比如 2017 年上半年，河南省全省民事案件简易程序的适用率就高达 66.16% 之多。[6]

可以说，简易程序案件的审理效果在很大程度上影响着整个人民法院的审

---

[1]　如，1992 年，吕小武在《论简易程序的开庭审判》中指出：审判实践中，我国每年发生的数以十万计的民事案件，70% 以上是按照简易程序审结的，个别地方甚至高达 90% 以上。类似的观点还有很多。

[2]　于广群："把握特点，正确适用简易程序"，载《人民司法》1992 年第 15 期。

[3]　章武生："简易、小额诉讼程序与替代性程序之重塑"，载《法学研究》2000 年第 4 期。

[4]　参考最高人民法院《中国法院的司法改革（2013~2016 年）》（白皮书）。

[5]　参考"最高人民法院《2016 年全国法院司法统计公报》"，载《中华人民共和国最高人民法院公报》2017 年第 1 期。

[6]　周青莎："民事案件简易程序适用率近七成"，载《河南日报》2017 年第 9 期。

判质量和效果，特别是自我国推行法官员额制以来法官员额制的目的在于实现法官精英化，让入员额的法官真正到办案一线去。但是，对法官员额制的改革难免会带来一系列影响：员额法官相较于原来法官的数量而言大幅度减少，改革的目标是将员额制法官的数量降到原来法官数量的 1/3。比如，2015 年，我国法官人数是 19.6 万人，约占全国法院总人数的 58%。而按照中央有关部门的要求，法官员额应当控制在中央政法专项编制的 39% 以下。[1]其带来的结果就是，法官的数量与案件数极不成比例，进一步加剧了案多人少的紧张关系。在这种背景下，简易程序的适用和发展成了法院面对案件累积、提高诉讼效率、防止诉讼拖延、减少当事人诉累的重要举措。

简易程序最早是 1982 年颁行的《民事诉讼法（试行）》在总结长期以来民事审判工作经验的基础上专章规定的。1991 年正式颁行的《民事诉讼法》及相关司法解释又对简易程序作了若干补充。[2]2003 年 7 月 4 日，最高人民法院公布的《关于适用简易程序审理民事案件的若干规定》进一步完善了简易程序的具体规定。[3]2013 年施行的新修订的《民事诉讼法》第 157～163 条有 7 个条文对简易程序作出规定，包括起诉方式、传唤方式、送达方式、审理方式、审理期限、小额诉讼等内容，其他方面仍然参照适用普通程序的规定。2015 年最新的《民事诉讼法》司法解释对简易程序及小额诉讼程序进行了进一步细化，对审理期限、开庭方式、裁判文书等方面作出了新的规定。

根据我国现有的法律及司法解释规定，现行民事简易程序的特点是：第一，起诉和立案程序简便，原告可以口头起诉，可以采取简便的立案程序；第二，传唤方式灵活，可以用捎口信、电话、短信、传真等便捷方式传唤当事人和证人、送达诉讼文书、审理案件，但应当保障当事人陈述意见的权利；第三，审理组织上实行独任制，由审判员独任审理；第四，审理前准备简化，可以以简便方式进行审理前的准备；第五，开庭审理程序简化，法官审理简易程序案件可以不按法定顺序进行，适用简易程序可以不受法庭调查和法庭辩论顺序的规定，可以将二者合并或者穿插进行；第五，审理期限较短，普通程序的审理期限一般为 6 个月，而简易程序应当在立案之日起 3 个月内审结，审理期

---

〔1〕 余文唐："法官员额制推行与人案矛盾化解"，载《人民法院报》2015 年第 5 期。

〔2〕 最高人民法院在 1992 年 7 月 14 日发布的《关于贯彻适用〈中华人民共和国民事诉讼法〉若干问题的意见》（第 168～175 条）和 1993 年 11 月 16 日发布的《关于经济纠纷案件适用简易程序开庭审理的若干规定》中分别用 8 个条文和 25 个条文对这一程序的具体适用作出了司法解释。

〔3〕 该司法解释共 34 个条文，对起诉、答辩、送达等各个方面都作出了更为灵活的规定。

限到期之后，双方当事人同意继续适用简易程序的，由本院院长批准，可以延长，但延长后的审理期限累计不得超过 6 个月。

为适应对简易程序运用的需要，各地法院在法律和有关司法解释的基础上，根据司法实践经验，颁布了各地关于简易程序的细则，并不断探索新的内容。近年来比较突出的探索有：

第一，在庭审笔录上的简化。如浙江法院对于适用简易程序的案件实施零庭审笔录，全部采用录音录像取代庭审笔录，以解放书记员，提高审判效率。[1]但这种尝试也遭到了很多人的质疑，如果没有庭审笔录，如何解决当事人确认庭审记录的合法性的问题？此外，事后法官翻阅庭审记录也更加复杂，不利于法官作出正确的判断，但这种探索可以给我们进一步简化简易程序的庭审笔录提供启发。另外就是苏州市中级人民法院借助科大讯飞的智能语音转写技术，合作研发出庭审机器人，庭审记录会随着法官、当事人以及其他诉讼参与人说话自动生成，事后书记员仅需要修改若干标点符号即可。这样既保留了庭审笔录，又提高了记录的效率。[2]苏州市中级人民法院庭审语音识别的尝试具有很大的借鉴意义，这种系统经过优化后可以彻底解决多人说话难以分离的难题，实现了识别结果与说话人的身份绑定，同时，系统还采用自动文本处理技术对时间、金额、日期等常用语去口语化，识别结果自动纠错、自动排版，减轻了书记员的工作强度。经过庭审应用，庭审笔录的完整度达到 100%，确保了记录的客观性和规范性。带有口音的普通话语音识别正确率达到 90%，因书记员输入效率低导致的庭审暂停现象基本消除，法庭调查、法庭辩论等环节庭审流畅度显著提升。庭审时间平均缩短 20%～30%，复杂庭审时间缩短超过 50%，庭审效率得到了明显提高。

第二，信息化和网络的发展给简易程序带来的便利。从全国范围来说，很多地方法院都实现了网上立案、网上开庭、网上支付，减轻了当事人的往返诉累。比如 2015 年 6 月，吉林电子法院开通上线，标志着国内首家"全业务覆盖、全天候诉讼、全流程公开、全方位融合"的电子法院建成。吉林电子法院集网上立案、网上审理、网上执行、网上拍卖、网上信访、网上阅卷、网上公开、网上办公等多钟功能于一身，把大量诉讼活动由线下移到线上，真正实现

---

[1] 孟焕良、葛东方："庭审记录走上'信息高速公路'，浙江'试水'以录音录像代替书记员笔录改革"，载《中国审判》2015 年第 11 期。

[2] 林子彬："审判如何'智慧'，苏州这样装'科技大脑'"，载《人民法院报》2016 年 12 月25 日。

了以网络和数据便利当事人的效果。[1]2015 年 11 月，浙江省高院与阿里巴巴集团签署了战略合作框架协议，借助阿里互联网平台的云计算能力和用户数据，建立"审务云"平台，力求实现当事人协查信息共享、文书送达、电子商务纠纷网上化解、金融犯罪预测预防等"互联网+"功能。[2]天津市高级人民法院行政庭作为试点打造了信息化打印室，围绕"一组数据跑到底"的理念，利用已经录入法综系统的数据，自动生成传票、送达回证和 EMS 单据、卷皮等，通过打印终端，实现文书、材料自动生成、一键打印。福建、浙江法院建立了"跨域、连锁、直通式"诉讼服务平台，已在全省范围内实现异地立案，方便人民群众在"家门口打官司"。上海市浦东区人民法院开发了"二维码"自助立案系统，每个案件平均立案时间只有 15 分钟。[3]

第三，完善送达制度。比如，上海法院推出的 12368 短信平台，既节约了邮寄的成本，又能够更迅速、便捷地通知到当事人，是一举两得的有效方法。除此之外，一些地方法院还实现了诉前送达地址确认的推广。诉前送达地址确认是指各方当事人在诉前约定明确地址作为诉讼文书送达地址，承诺如果因发生争议进入诉讼程序，该地址即作为人民法院送达各类法律文书的确认地址，人民法院向该地址送达法律文书被拒收、退回的，视为送达，无需另行公告。其最早是由 2007 年广东佛山南海区法院针对道路交通事故案件推出的。[4]2011 年，上海市高级人民法院出台的《关于审理信用卡纠纷案件的若干指导意见》规定，如信用卡领用合约中明确约定诉讼期间送达地址，并约定受诉法院邮寄到该地址即视为送达的，该约定应属有效。[5]2016 年，北京市第四中级人民法院率先发出《关于有效维护金融债权解决"送达难"在合同中约定送达地址的司法建议》，建议银行、金融机构以合同约定送达地址、明确法律责任

---

〔1〕 孙兵、王洁瑜："互联网+吉林电子法院"，载吉林法院网：http://jlfy. chinacourt. org/article/detail/2015/11/id/1739710. shtml，访问日期：2017 年 10 月 25 日。

〔2〕 孔令泉、张兴平："'智慧法院'之浙江实践"，载民主与法制时报网：http://e. mzyfz. com/paper/paper_ 7729_ 2783. html，访问日期：2017 年 10 月 25 日。

〔3〕 参考最高人民法院《中国法院的司法改革（2013~2016）年》（白皮书）。

〔4〕 陆璋、戴少雄、郑有培："民商事纠纷诉前送达地址确认制度之构建"，载《人民法院报》2012 年第 12 期。

〔5〕 上海市高级人民法院 2011 年《关于审理信用卡纠纷案件的若干指导意见》（沪高法〔2011〕24 号）。

的方式解决"送达难"问题，[1]同时该院还制作了规范化、模板化的合同建议条款，促进合同当事人履行诚信义务。

在新形势下，在现在信息技术发展的背景下，在总结各地实务经验的基础上，2016 年 2 月，最高人民法院研究通过了《人民法院信息化建设五年发展规划（2016~2020 年）》和《最高人民法院信息化建设五年发展规划（2016~2020 年）》，对今后 5 年人民法院的信息化建设提出了进一步规划："未来五年，按需建设科技法庭，满足每庭必录"，并不断开发数字化法庭功能。2016 年 9 月，最高人民法院发布了《关于进一步推进案件繁简分流优化司法资源配置的若干意见》，指导各级人民法院发挥特别程序、督促程序、小额诉讼程序、速裁程序、简易程序等多层次诉讼制度体系功能，推行诉前地址确认、庭前会议、要素式庭审、令状式文书、示范性诉讼、专业化审判、审判辅助事务集中管理等举措。2017 年，最高人民法院发布的《关于人民法院庭审录音录像的若干规定》（法释〔2017〕5 号）第 8 条规定："适用简易程序审理民事案件的庭审录音录像，经当事人同意的，可以替代法庭笔录。"这些司法解释的内容是在总结各地司法实务经验的基础上得来的，很好地利用了现代信息化建设的成果，很好地促进了简易程序的快捷运行、司法公正与效率的统一。

（二）我国民事简易程序存在的问题

结合我国简易程序制度的立法与实践，其仍然有很多不足之处，主要包括以下几个方面：

第一，简易程序的重要性在立法上未能得到完全体现：简易程序缺少独立程序规划、适用范围狭窄而不明确、与普通程序界限不清、程序转换随意性大：

首先，简易程序缺少独立的程序规划。我国民诉法对简易程序遵循"宜粗不宜细"的立法指导思想，《民事诉讼法》虽然对简易程序进行了专章规定，但规定条文过少且内容粗疏。为了应对实践中对简易程序的应用，最高人民法院增加了大量的司法解释，这在一定程度上弥补了立法的不足，但司法解释过多导致的立法结构失衡不利于简易程序制度的长期发展。简易程序作为独立的一审程序，其本身应具有独立完整的体系结构。

其次，简易程序的适用范围狭窄而且并不明确。《民事诉讼法》第 157 条

---

〔1〕　赵春艳："北京市四中院发出司法建议 约定送达地址，解决'送达难'"，载《民主与法制时报》2016 年第 93 期。

对简易程序的适用范围作出了规定，即"基层人民法院和它派出的法庭审理事实清楚、权利义务关系明确、争议不大的简单的民事案件"以及当事人双方"约定适用简易程序"的案件。《民事诉讼法》"事实清楚、权利义务明确、争议不大"的条文定义内容很抽象。因为不同的案件对于"事实清楚""权利义务明确""争议不大"在审理要件上本就具有不同的标准，有很多案件对此需要经过开庭审理才能确定。而且，是简单的案件还是一般或重大、复杂的案件，都是相对而言的，出于法官的个人能力和认识不同，不同法官得出的结论也可能各异。法律创设的意义不仅在于原则的指导，更在于具体司法业务的规制。这种标准是不利于简易程序的广泛适用的，不明确的界定标准很容易导致适用简易程序的混乱，造成司法不严谨和不公正，与实践上的宽松适用相矛盾的结果就是本质上扩大了适用时的自由裁量权，也削弱了司法的权威。2015年的《民事诉讼法解释》第257条列明了不适用简易程序的案件，包括：第一，起诉时被告下落不明的；第二，发回重审的；第三，当事人一方人数众多的；第四，适用审判监督程序的；第五，涉及国家利益、社会公共利益的；第六，第三人起诉请求改变或者撤销生效判决、裁定、调解书的；第七，其他不宜适用简易程序的案件。其中，对被告下落不明的案件是否适用简易程序的规定存在争议，司法解释的规定也未将"第三人参加诉讼""被告提起反诉"等复杂的情形排除在简易程序的适用范围之外。在审级上，只有基层人民法院及其派出法庭才可用简易程序审理案件，而中级、高级人民法院遇到此类案件时不得适用简易程序也会造成简易程序适用的狭窄。另外，对于当事人可以选择适用的简易程序，法律并未明确进行选择的范围和方式等内容，在实务中应用的也很少。

再次，简易程序与普通程序的界定不清。《民事诉讼法》对于简易程序本身的特征规定得并不明确，在配套制度上也未与普通程序相区分，简易程序的重要性和优势并未凸显，从而导致最初设立简易程序的立法原意未能充分实现。在司法实践中，同一法官需要同时承担审理普通程序和简易程序案件的双重任务，简易程序普通程序化和普通程序简易程序化的现象并存。部分法官漠视二者的区别，将简易程序理解为普通程序的附庸。[1]面对巨大的工作量和案件的累积，很多法官将简易程序和普通程序混用，这便造成了案件质量良莠不齐。

---

[1] 刘国华："论法理学教学理念的转向"，载《黑龙江高教研究》2009年第12期。

最后，由简易程序向普通程序的转换随意性大。对于简易程序转化为普通程序的规定，集中在《民事诉讼法》第 163 条，即"人民法院在审理过程中，发现案件不宜适用简易程序的，裁定转为普通程序"。该条规定较为原则，对于案件到底在什么情况下应该由简易程序转化为普通程序法律并未予以规定，转化情况也由法官自由裁量。这本来是为在简易程序适用时发现存在不适合适用简易程序的情况下设立的灵活应对机制，在实务中，却往往会成为避免简易程序案件超期审理的借口。立法模糊的后果之一是，很多法院不论案件繁简，一律适用简易程序审理，待发现案情复杂，再转为适用普通程序进行审理；有的法院法官办案拖延或者因为各种突发状况，等到 3 个月未能审结就将简易程序转为普通程序。因此，简易程序的价值和功能并未得到体现，而是成了法官减少工作量的一个工具。另外，总的来说，简易程序的职权主义色彩十分明显，对当事人的选择权缺乏应有的尊重。简易程序的设置应当是出于简化诉讼程序、消除诉讼拖延、减少诉讼成本、提高诉讼效率的考虑，目的在于以牺牲一定限度内的公正为代价，促进人们对于司法的接近和更好的利用，以当事人对程序的利用和效果为核心。因此，适用简易程序，应当赋予当事人以选择权。但现行立法并未对此予以足够的重视，在我国民事诉讼中，简易程序向普通程序的转换忽视了当事人的自主性，显示出了以法官职权为主的偏向。

第二，简易程序之"简"未细化，法律规定少、模糊而不具可操作性，大部分规定参照适用普通程序。法律及司法解释对于简易程序中程序之简化，主要体现在：起诉方式、审理方式、审理期限、传唤方式、审判组织形式等不同于普通诉讼程序，但缺乏系统化。在实际操作中，基于法律规定和法官观念的影响，简易程序与普通程序的步骤基本无异，没有实质化的简化措施，致使简易程序未能起到简化审理之目的。大多数法官在使用简易程序审理案件时，仍然习惯于按照一般普通程序的规定操作，庭审仍然按照法条调查、举证质证、法条辩论等分步骤进行，庭审过程相对僵化，体现不出简易程序的快捷、简便之优势。

第三，缺乏相配套的机构和人员，致使简易程序的实际运行有很多掣肘，实际运行效果不佳。法律业务的职业化、诉讼业务的分工专业化是现代诉讼的发展趋势。西方国家的司法实践已经证明，只有设立独立的审判机构，配备专门的审判人员，才能保障一个独立的程序充分发挥其固有的优势。而按照我国《民事诉讼法》的规定，基层人民法院及其派出机构作为民事诉讼一审法院，既可以适用简易程序审理案件，也可以适用普通程序审理案件。同一机构可以适用两种程序的结果是，很容易因规定不明而导致两种程序运用的混乱和滥用，甚至成为法官逃避审限的方式。一方面，基层法院没有设置专门适用简易程序的法庭；另一方面，简易程序的适用也没有专门的人员配备。由于缺乏相应的配套机制，简易程序的现有规定在实际中的适用效果也不明显。比如，我国《民事诉讼法》规定了简易程序的起诉方式可以是书面，也可以是口头，但由于法院缺乏对应的辅助人员，实践中口头起诉的应用很少，这在一定程度上弱化了简易程序的功能。

总的来说，我国民事简易程序的适用呈现出随意化倾向，面对日益激增的案件，法院司法资源有限、不堪重负的情形，简易程序更多地成了司法中提高效率、加快审理进度的便捷通道，当事人的很多程序权益遭到了忽视。因此，必须从简易程序设置的法理基础出发重新界定清楚简易程序的目标和发展的方向。

二、我国民事简易程序的法理基础

（一）坚持诉讼公正与诉讼效率的协调

"一个时代需要一个主题，人民法院在 21 世纪的主题——公正与效率。要把确保司法公正、提高司法效率作为新世纪人民法院工作的出发点和落脚点，作为审判工作的灵魂和生命。"公正和效率是诉讼制度的两大基本价值目标。其中，公正是民事诉讼活动追求的终极目标，是法的最高价值，也是评价国家法制化的重要标准。广义的公正包括效率。效率是经济学上的概念，特指投入与产出或者成本与收益的比值，效率用在民事诉讼法领域，是指投入尽可能小的司法成本以取得最公正的审判结果。长期以来，诉讼公正的重要性一直为我国司法领域所强调，随着社会的发展和诉讼爆炸的到来，越来越多的学者开始意识到"迟来的正义为非正义"。[1]如果一个简单的案件需要耗费大量的资源、时间才能得以解决，对于当事人而言，即使得到了公平公正的结果，也难谓正义。反之，如果一味追求效率而忽视公正，那么诉讼过程也将是毫无意义的。随着民事纠纷案件数量的猛增，司法资源的有限性和优化配置也逐渐进入人们研究的视野和研究的领域中。司法公正是每一个民事案件的追求，但如何实现这种公正、如何在保证不侵害当事人其他合法权益的条件下实现这种公

---

〔1〕 赵咏梅："我国民事简易程序的现状与完善"，载《太原理工大学学报（社会科学版）》2011 年第 3 期。

正，是程序设置时需要考虑的问题。日本法学家曾指出："无论审判能够怎样完美地实现正义，如果付出的代价过于昂贵，则人们往往只能放弃审判。"[1]真正的正义必须兼顾到效率问题。

简易程序在降低诉讼成本、提高诉讼效率方面的作用十分明显。在运用简易程序审理的案件中，诉讼活动所耗费的司法资源相对较少，诉讼成本也趋于最小化。简易程序相对而言具有更好的性价比，能够实现更大的经济效益。需要考虑的问题是这种提高效率的过程是否会减损公正。这就要求，简易程序对程序的局部减损必须在可以接受的范围之内，必须符合一套诉讼程序的完整原理，也符合一套程序的运作机制，而非随意、粗糙的简化。简易程序的运作必须遵循科学的设计，通过其自身的制度设计，应当满足在保证公正的基础上提高效率的要求。

需要强调的是，简易程序与普通程序的划分并非以公正与效率的价值冲突为基础，程序的简化也并非必然以牺牲公正为代价。[2]民事简易程序的价值取向应该是诉讼公正和诉讼效率的协调。简易程序的设置应当以满足当事人的程序利益为出发点，而非以缓解法院的案件压力为出发点。如果以效率为简易程序的唯一价值取向，简易程序便成了一种法院应对案件累积而强制适用的程序，进而可能损害、牺牲简易程序应当具有的其他价值和功能。简易程序的设置应当强调以多元的程序满足不同价值取向的社会需求，并维护司法正当化。以当事人的程序选择权为核心要素，简易程序最重要和最终的目标应当是满足当事人基于不同案件特点的不同价值需求，同时旨在节省当事人的诉讼成本、减轻当事人的诉累。也就是说，当事人的程序权益保障是首要的，法院减轻案件的工作量则是附加的价值，如果将二者颠倒，则必然导致简易程序设置的定位出现问题，这种司法效率下的盲目改革与20世纪90年代以来推行的以程序正当化为目标的改革明显是相违背的。

（二）平等接近正义的追求

"平等接近正义"的改革发端于20世纪60年代，西方世界进入诉讼爆炸时代，引发了人们对一系列司法问题——如诉讼成本高昂、诉讼迟延、当事人诉讼能力不平衡、诉讼制度烦琐和难于理解以及诉讼结果的不确定性等问题——

---

［1］［日］棚濑孝雄：《纠纷的解决与审判制度》，王亚新译，中国政法大学出版社2004年版，第266页。

［2］傅郁林："简易程序的价值取向"，载《法制日报》2002年第1期。

的不满。对此，意大利著名法学家莫诺·卡佩莱蒂（Mauro Cappelletti）首先提出了"接近正义"（Access to Justice）这一司法改革的新理念，并在全球范围内推动了一场影响深远的"接近正义"司法改革运动。其核心目标就是使司法具有高度民主性，成为真正贴近民众诉求、满足社会需求的权利救济机制，以保证所有人拥有平等分享司法资源、平等进入法院的机会。[1]

平等接近正义，概言之，是指在司法制度中，赋予所有案件的当事人，无论地位高低、富贵贫贱，均有平等地接近法院，接近司法裁判的机会。它是简易程序设立的重要法理基础。[2]正如莫诺·卡佩莱迪所说的："如果只有富人才能付得起钱利用这种制度，那么即使其用公式精心保障的司法制度也基本上没有什么价值可言。"

随着社会经济的快速发展，民事纠纷案件不断增加，人们的法律意识不断增强，人们运用法律的武器维护自己合法权益的现象也越来越普遍。从宪法意义上来说，公民有通过诉讼获得国家审判保护的基本权利。体现在民事诉讼上，就是指从人权保障和当事人利益保护的原则出发构建多元化的救济机制。而普通诉讼程序是一种严格、专业、复杂的程序，其设置旨在追求公平正义，并为整个社会维护或形成一种秩序或规则，但其往往意味着需要花费大量的诉讼成本、漫长的诉讼进程以及需要专业的技能辅助。这对于案情复杂、涉及利益较多的案件有很大的作用，但对于很多案情简单、数额不大的案件，则会造成拖累。在社会生活中，大部分的争议可能都是属于这种争议不大、数额较小、零星而不复杂的案件。正如我国台湾地区学者邱联恭教授说的："社会上每一个人均为消费者，其因商品之品质或瑕疵之关系，多少会遭遇零星权利有否受到侵害之纷争问题。此种问题实占整个社会问题之绝大部分，因为一个人一辈子很难得有机会打几百万元的官司，但每个人每天都多少有可能遇到自己所买的东西或所交易的事物有无瑕疵之问题。"[3]该类纠纷频繁而广泛，但其处理又可能涉及人们的很多日常生活，如果都适用普通程序，对于当事人而言，纠纷可能得到了解决，但付出的成本却远远超出了可获得的收益，那么当事人的权益仍然受到了损害。现代法治国家禁止自力救济滥用，就需要保障人们可以得到有效的公力救济，对此，国家有义务完善纠纷解决机制，帮助人们

---

〔1〕 王荔："司法'接近正义'之实践逻辑转向"，载《学术前沿》2017 年第 97 期。

〔2〕 马登科："论民事简易程序的基本法理"，载《西南民族大学学报（人文社科版）》2006 年第 1 期。

〔3〕 邱联恭：《司法之现代化与秩序》，三民书局 1992 年版，第 262 页。

获得平等接近司法救济的机会。因此，设置与此类纠纷相对应的司法纠纷解决方式是帮助人民"平等接近正义"的重要举措。这一程序设置的目标是，使得当事人可以根据自己的需要，减少普通程序带来的程序繁琐和巨大成本，通过适宜的程序享有接受司法裁判权这一宪法规定的基本权利。

（三）诉讼成本与诉讼收益的平衡

"作为人类特定实践的诉讼，无论在客观上，还是在冲突主体以及统治者的主观认识中，都是一项能够产生一定效果，同时又需要支付一定代价的行为。"[1]这种代价和效果就是诉讼成本和诉讼收益。对诉讼成本和收益的重视一方面源于"当事人自由主义"的受限。民事诉讼的目的开始转向社会层面，司法系统的运作必须面向整个社会，法院在行使诉讼指挥权时，也必须要考虑到公共利益和对整个社会的影响；另一方面，当事人在行使诉权时占用了相应的司法资源，不能因为一个简单的案件而耗费更多的司法资源。

诉讼成本不仅包括当事人负担的成本即经济成本、时间成本、人力成本、机会成本、伦理成本、错误成本等，还包括法院负担的成本。诉讼收益是指通过司法诉讼可以产生的有益效果，这种收益除了当事人通过司法诉讼而实现的不同程度的权利救济，还包括社会收益，即通过解决纠纷带来社会秩序的稳定、国家法律的尊严和法治信仰的确立、社会公正的实现、对纠纷的预防和抑制等内容。[2]人们在进行程序设计和程序选择的时候，必然会考虑到成本和收益的比较。一个理性的人不会单纯为了诉讼而诉讼，选择诉讼与否往往取决于人们对诉讼途径是否经济的合理评估，而评估的标准，往往就是对诉讼成本与收益的核算。对于国家而言，诉讼制度的设置必须使得诉讼成本与诉讼收益相适应，这样才更能节约国家的司法运行成本，从而更好地使诉讼发挥其应有的制度价值和功能。而法院作为国家权力机关，在行使诉讼指挥权时也必须考虑到公共利益的需求、司法资源的有限性等问题。

诉讼成本与诉讼收益相适应在程序选择中的表现就是根据案件的不同标的额选择适用不同的程序。对于很多案件标的额小、涉及的当事人利益较小的案件，应当考虑投入更少的诉讼成本才不违背当事人诉诸司法解决纠纷的本意。法官对待当事人的诉讼权利不能像在普通程序中那样，而应该对当事人的一部分诉讼权利加以限制，这对于国家和当事人而言都是相对合理的。

---

〔1〕 柴发邦：《体制改革与完善诉讼制度》，中国人民公安大学出版社 1991 年版，第 72 页。

〔2〕 张丽红："司法诉讼的成本收益分析"，载《知识经济》2008 年第 72 期。

（四）协同型诉讼模式的应用

关于我国民事诉讼模式的选择问题，可谓"仁者见仁，智者见智"。有人主张建立当事人主义诉讼模式，有人主张建立混合主义诉讼模式，还有人主张建立当事人对抗式诉讼模式，更有人认为不应当争论建立什么模式，而应当研究民事诉讼的具体制度的设计问题，等等。一般来说，大陆法系的代表性模式是法官职权主义模式，英美法系则是当事人主义模式，但随着民事诉讼制度的发展，两大法系之间开始相互借鉴。我国的民事诉讼法最开始是仿照苏联式的超职权主义模式。为了改变这一模式的弊端，学界在很长一段时间里一直主张应当建立当事人主义模式。改革的路径是从超职权主义模式向当事人主义模式转变。但随着当事人主义模式弊端的显现，以及在第一次世界大战之后，人们普遍意识到民事诉讼除了解决私人纠纷、维护私人利益之外，还具备着公益性的特点，尤其是在面对我国当前当事人诉讼能力参差不齐、在实现司法裁判的社会正当性等方面都捉襟见肘的情况下，根据我国的国情，建立一种协同型的民事诉讼模式或许是更好的选择。我国应将法院与当事人从"对立"的关系中解脱出来，建立二者之间的协同合作机制，增加必要的"沟通"与"对话"。

协同型民事诉讼模式是一种在民事诉讼中应最大限度地发挥法官与当事人的主观能动性及其作用，使法官与当事人协同推进民事诉讼程序的诉讼模式。[1]其需要的是法官与当事人两方的共同推动，而不是各自为战。它是一种在充分尊重当事人辩论权和处分权的前提下，针对因诉讼程序复杂化和专业化所造成的当事人行使诉讼权利的困难和不便以及因主体滥用程序权而导致的诉讼迟延和高成本等弊端，为促进案件事实的发现，为节约有限的司法资源，而确定法官与当事人必须协同行使诉讼权利和履行诉讼义务的诉讼模式，力图寻求一种法院与当事人之间可行的协商合作机制，从而达到更好的诉讼结果。

具体到简易程序上，就是指简易程序的设置一方面要扩大法官的自由裁量权限，另一方面要保障当事人的合法权益。扩大法官自由裁量权限的目的在于抑制滥用和误用诉讼制度，避免诉讼迟延和减少诉讼成本，而不是侵害当事人的合法权益。扩大法官自由裁量权限的重要表现就是加大简易程序中法官释明权的应用。保障当事人的合法权益需要明确规定当事人必须享有最基本的权利，调动诉讼主体的主动性。[2]简易程序的适用不能侵害原被告一些最基本的

---

〔1〕 田平安、刘春梅："试论协同型民事诉讼模式的建立"，载《现代法学》2003 年第 1 期。

〔2〕 陈清、鲁永波："简易程序中的正义观"，载《河北法学》1999 年第 4 期。

权利，如获知证据的权利。

这种协同型诉讼模式的推进对于打击民事诉讼中的虚假诉讼也是有益的。近年来，我国民事诉讼中的虚假诉讼频发，对司法公正造成了严重的损害，已经成了我国社会生活中备受关注的法律现象。2012 年修订的《民事诉讼法》对这一问题作出了立法规制，条文主要将"当事人之间恶意串通""被执行人与他人恶意串通"作为构成虚假诉讼的必要条件。在司法实务中，大量的虚假诉讼通过简易程序进行，因为简易程序相较于普通程序往往意味着更少的争议和更简单的审理过程。协同性的诉讼模式强调在尊重当事人权利的同时，发挥法官的司法能动性，这对于减少当事人滥用诉权、恶意串通的问题有积极作用。

三、域外民事简易程序规定的借鉴

（一）英美法系国家

1. 英国的快速程序

英国是最早适用简易程序的国家之一。改革前的英国民事司法存在诉讼迟延、诉讼费用昂贵等弊端。1994 年 3 月，针对英国民事司法中存在的诉讼拖延、诉讼程序繁琐、诉讼成本过高、诉讼累积等问题，英国司法大臣委任上诉法院法官沃尔夫勋爵对英格兰和威尔士民事诉讼制度进行了调查研究，"毅然抛弃了在司法制度中沿袭几个世纪的原有哲学基础，显示了英国改革者超人的改革决心与非凡的改革魄力"。[1]法院根据当事人诉讼标的额，同时考虑案件的性质、当事人数量、案件的复杂程度、社会影响等问题，决定将案件的审理程序分为小额程序、快速程序与多极程序。快速程序的特点体现在时间和程序上。

英国的民事诉讼程序还有一个特点就是审前程序占有很重要的地位，审前程序不需要开庭审理，审前程序可以帮助过滤掉很多不需要开庭审理的案件，节约司法资源。这一机制类似于我国的诉调机制和审前准备程序，但诉调机制的重要性远不及英国的审前程序，也未经过详细、专门的立法，在实践中运用起来也受到很多诟病，而审前准备程序被认为在原则上不宜适用于简易程序。

2. 美国的小额诉讼程序

美国是英美法系中另一个具有代表性的国家。诉讼迟延和诉讼费用昂贵也

---

〔1〕 齐树洁："接近正义：英国民事司法改革述评"，载《中国诉讼法律》2002 年第 11 期。

是美国民事司法的两大弊端。

美国在诉讼程序的简化上值得学习的是小额诉讼程序，而且随着社会现实的需要，美国的小额诉讼得到了长足的发展，受案范围也从最初的几十美元不断提高到几千美元，小额诉讼程序也在不断优化。比较有特色的是：根据各个州的经济条件限定小额诉讼案件的标的；在小额诉讼中，原告方不被赋予上诉权，被告则被赋予上诉权利；为了便利日间因工作关系无法到庭的当事人，很多州还增设了夜间小额法庭；调解程序前置；采用表格化形式达到审判结果的清晰化，当事人的基本情况和判决所主张的基本诉讼请求（给付金额等）一目了然。另外值得注意的是，美国同时还大力推广使用替代性争议解决办法。美国是当代 ADR 发展最快的国家，从 1990 年的《民事司法改革法》开始，其就对改革民事司法程序和推广 ADR 作了明确的规定。ADR 的推广目的在于采用多元化的纠纷解决方式促进当事人之间以更好的方式实现案结事了，其也是法院尽量避免开庭审理并迅速解决纠纷的一种重要手段。

（二）大陆法系国家及地区

1. 德国初级法院

德国是大陆法系的重要代表国家，也是民事诉讼制度运行得比较好的国家，在当前世界范围民事诉讼制度改革的浪潮中，德国的改革为许多国家所关注，借鉴德国的规定和改革，对我国民事简易程序的改革也有很大益处。

德国的普通法院分为四级：初级法院、州法院、州高等法院和联邦法院。初级法院是作为专门的简易法院适用简易程序审理第一审民事案件的法院，其在审理小额案件时，法官在程序方面有特殊处置权。德国诉讼程序的简化主要体现在以下几个方面：第一，书状的提出方式可以是以口头方式提出，替代诉状、答辩状；第二，判决书内容可以不附事实，在判决要求的主要内容已载于记录中的情况下也可不写判决理由；第三，审理方式简化，可以以书面形式辩论，且书面审理的范围有扩大的趋势。

德国简易程序的优势还在于其适用范围。德国将可以适用独任法官审理的案件限定为：案件在事实以及法律上都没有特殊困难的，并且诉讼案件不涉及原则问题的。其适用范围要比我国《民事诉讼法》规定的范围广得多。近年来，德国法院还在不断提高初级法院管辖标的额的上限，并新增了很多关于用表格或机械方法审理案件、不经言辞辩论书面审的规定。

2. 日本初审法院

日本的民事诉讼在大陆法系国家中也是走在前列的，我国的很多民事诉讼的思想和改革也都借鉴了日本。

日本的法院体系分成了五种：最高法院、高等法院、地方法院、家庭法院以及简易法院，其中，简易法院和地方法院是民事案件的初审法院，审理轻微的民事案件。日本的简化程序主要体现在：无需书面准备、书面材料可以作为辩论的陈述内容以及判决书记载事项可以简化。另外，日本的民事诉讼注重公正与迅速的关系，并注重法官释明权的发挥。

3. 我国台湾地区的简易程序

我国台湾地区的民事诉讼制度和我国大陆地区的民事诉讼制度存在很多共通之处，对我国的民事诉讼制度改革也有很大的借鉴意义。

我国台湾地区的简易程序适用范围主要包括：一是依诉讼标的的金额；二是依诉讼事件的性质；三是依当事人的合意选择。可见，我国台湾地区简易程序适用的范围相较我国大陆地区要更为明确。从程序方面看，我国台湾地区的简易程序的特点在于：简化起诉方式、证人或鉴定人的通知及陈述方法，期间的缩短，简化判决书的制作等。可见，我国台湾地区的简化程序规定得更为细致，这也有利于司法实践的贯彻和遵循。

（三）不同法域间民事简易程序规定的共性

从不同法域间民事诉讼法的发展来看，将民事案件按照一定标准进行分流是一致的发展路径。[1]不同法域的简易程序有很多共同点，表现在：第一，追求诉讼公正与诉讼效率的协调是简易程序设置的共同理论基础；第二，从简易程序的审理组织来看，大多数国家及地区都在初审法庭设置专门的简易法院或者简易法庭处理简易案件；第三，从简易程序和普通程序的划分标准来看，大多数国家及地区都以争议标的的数额为划分的标准，有些还明确规定一些适用简易程序的案件类型；第四，从简易程序规定的内容看，大多数国家及地区的简易程序都至少包括以下内容：起诉方式、证据运用、律师的强制代理与否、审理组织形式、庭审方式、判决内容等的简化。

四、我国民事简易程序改革的路径

（一）完善立法，明确和扩大简易程序的适用范围

简易程序的适用率和作用日益扩大，它不仅可以适用于基层人民法院及其

---

[1] 章武生："民事简易程序比较研究"，载《现代法学》2003 年第 1 期。

派出法庭，还可以适用于中级、高级人民法院，从而形成自己的独立系统。鉴于简易程序的重要性和立法的不足，各地高院纷纷出台了各自的关于简易程序适用的具体意见。考虑到法律适用的统一性，可以对简易程序建立一套完整独立的民事简易程序法规，这样既体现简易程序的重要性，又可以让法院在适用简易程序审理案件时真正做到有法可依，而且还是一套独立统一的法律标准。

简易程序的适用范围的明确和扩大包括两个方面：案件范围与法院范围。一方面，要明确并扩大简易程序的案件范围。借鉴德国、日本民事诉讼的立法，结合我国的司法实践，可以从以下几个方面完善简易程序适用范围的规定。

（1）对于纯粹财产性质的争议案件，以案件的诉讼标的额为标准。规定诉讼标的额在一定数额以下的案件一律适用简易程序。诉讼标的额的规定明确直观，易于适用。关于确定适用简易程序案件的数额标准，应当遵循以下几个原则：第一是需要适当扩大简易程序的适用范围；第二是需要考虑到不同地区的经济发展水平；第三是最高人民法院在必要时可以对相关金额进行调整。例如，日本设立的简易法院审理数额在 30 万日元以下的第一审民事案件。结合实际，我国可以根据每个地方的发展水平和经济条件有针对性地规定适用简易程序的适用标准，比如可以以各省、自治区、直辖市上年度就业人员年平均工资的一定百分比为标准，或者可以由各省、自治区、直辖市高级人民法院根据本地域的具体情况划定。

（2）对于非财产性纠纷，可以按照案件性质、类别和复杂程度来确定简易程序的适用范围。具体方式可以有三种：一是列举式，即列举出一些案件类型适用简易程序，主要包括追索赡养费、抚养费、抚育费案件；确认和变更收养、抚养关系等涉及身份关系的案件；责任明确的损害赔偿案件等案件；案件事实不存在真正争点的案件；一方当事人没有胜诉可能的案件；仅对案件法律适用上有争议而案件事实不存在争议的案件等。二是排除式，即明确规定哪几类案件不得适用简易程序，如：在辖区内有重大影响的案件；因当事人变更诉讼请求和反诉等使案件诉讼标的金额超过规定或使案情复杂化的案件；代表人诉讼案件；起诉时被告下落不明的案件；发回重审或再审的案件；其他事实不明或法律关系复杂，人民法院认为不宜适用简易程序进行审理的案件。三是列举加排除式。采用这种列明的方式明确规定简易程序的适用范围，还可以限制法官的自由裁量权。

（3）由双方当事人合意选择是否适用简易程序，需要保障当事人的自由选择权。程序选择权是当事人在法律规定的范围内选择纠纷解决方式，在诉讼过程中选择有关程序及与程序有关事项的权利。民事程序选择权作为一项程序权利，是立法充分尊重当事人意思自由的重要体现。2012 年《民事诉讼法》在修改时赋予了当事人一定程度的程序选择权，但并没有规定行使这项权利的具体内容，在司法实践中，当事人对这项权利的适用也很少。如果仅仅单纯地通过立法宣告当事人拥有一定的权利，那么对当事人权益的保护将是远远不足的，立法也就失去了意义。为完善这项规定，法律需要明确：①当事人对适用简易程序案件可以选择的范围；②当事人提出选择权的期限和方式，当事人应当在起诉前或者起诉时提出适用简易程序的合意，可以以书面或者口头方式提出；③当事人合意选择简易程序的后果，当事人提出适用简易程序的合意，需要经过人民法院的审查，并不得随意更改，以避免当事人滥用诉讼权利、妨碍诉讼秩序。

（4）法官的自由裁量是否适用。法官的自由裁量权需要建立在尊重当事人的基础之上，即在不符合特定标准，当事人之间又未能达成选择简易程序的合意的情形下，如果案件确实符合适用简易程序的条件，法官可依职权决定是否适用简易程序，但不得随意滥用这一权力。

另一方面，要明确和扩大简易程序适用的法院范围。我国将简易程序的适用限定在一审中，且只能是基层人民法院及其派出法庭。可以相应地扩大当事人选择的权利，如果在二审中，当事人合意选择适用简易程序，法院可以根据案件具体情况予以考虑。

（二）完善简易程序具体程序

简易程序的优势就在于其能便捷、高效地解决纠纷，只有将简易程序精简化，与普通程序区别开来才能保障这一优势的实现。

第一，在起诉方式上简化。首先，需要落实口头起诉的方式以便利当事人。考虑到我国简易程序适用的实际，很多简易程序的当事人由于文化水平和经济条件等原因无法书写起诉状，也没有经济能力委托他人代写诉状，因此确保当事人口头起诉的权利更能发挥简易程序的功用。另外，可以通过制作表格的方式将起诉状需要列明的内容简单化，以方便当事人用填表的方式起诉。随着网络的发展，各地法院可以将简易程序适用的起诉表格及填写说明上传至法院的官网上以供下载，以节省当事人诉讼的时间，也可以给民众提供监督的平台。

第二，简化审理程序。就简易程序案件而言，由于案件纠纷不大，双方争点较为明确，适用简易程序没有必要严格按照法庭调查、法庭辩论、法庭调解等步骤进行，可以根据案件特点不拘泥于每个阶段的先后顺序，甚至可以合并或者穿插进行。审理的时间也可以不拘泥于工作日的白天，可将其扩展到休息日和夜晚以达到充分便民、利民的目的。另外，适用简易程序的案件应当尽量通过一次开庭解决纠纷，以一次期日辩论终结为原则。为实现这一目标，法院在开庭通知书中就应该表明适用简易程序，并要求当事人于期日携带与本案有关的证据材料等到庭，以免拖延。一方当事人缺席审理时，简易程序应当从速审结，可以规定法院可依职权缺席判决。在审理的具体操作上，可以借鉴推广广东省深圳市中级人民法院的"门诊式庭审"[1]和"要素式庭审"[2]。在审理过程中，可以加强人民法院对当事人程序选择权的告知、释明作用，并充分保障当事人自愿选择并提出异议的权利。文书上也可以进一步简化，判决文书以当庭作出为原则，推广使用格式化文书。

第三，规范简易程序向普通程序的转换。《民事诉讼法》第163条规定："人民法院在审理过程中，发现案件不宜适用简易程序的，裁定转为普通程序。"2015年《最高人民法院关于适用〈民事诉讼法〉的解释》第258条规定："适用简易程序审理的案件，审理期限到期后，双方当事人同意继续适用简易程序的，由本院院长批准，可以延长审理期限。延长后的审理期限累计不得超过六个月。人民法院发现案情复杂，需要转为普通程序审理的，应当在审理期限届满前作出裁定并将合议庭组成人员及相关事项书面通知双方当事人。案件转为普通程序审理的，审理期限自人民法院立案之日计算。"这是关于简易程序向普通程序转圜的规定，这些规定虽然为确为复杂的案件留有转换余

---

〔1〕"门诊式庭审"是指庭前由法官助理集中对一定数量的当事人进行宣布法庭纪律、核对当事人、告知诉讼权利义务、征求回避意见等程序性工作，法官则围绕诉讼请求直接进行实质性庭审，不拘泥于法庭调查和法庭辩论的顺序，庭审结束后原则上当庭宣判、当庭制作令状式判决、当庭送达判决书。法官能够像门诊医生一样集中时间对批量的简易案件进行快速审理。为提高当庭宣判的效率和质量，法院还统一设计了常见案件规范化当庭宣判模板，法官只需针对个案对模板略作修改，便可当庭认定事实，快速、高质地出具裁判文书。

〔2〕"要素式庭审"是指根据案件相关要素并结合诉讼请求确定庭审顺序，围绕争议要素同步进行调查和辩论的庭审模式。根据类型化案件的特点，法院设计了要素表，要求当事人庭前填写。庭审时，法官会按照要素表的争议要素依次组织举证、质证和认证。当事人已于开庭审理前填写要素表的，法院在开庭审理时对双方无争议的要素予以确认并记入庭审笔录；对于双方有争议的要素应当重点审查，引导当事人举证和质证。当事人未在开庭审理前填写要素表的，法院开庭审理时可以要素表的基本要素为线索，逐项当庭征询各方当事人的意见，对双方无争议的要素予以确认并记入笔录，并引导当事人围绕争议要素进行举证和质证。

地，但在实践中却成了法官任意转换程序的捷径。因此，需要建立相应的监督机制，对于法定应当转换的可以转换，对于属于法官自由裁量范围内的转换案件，应设立一定的转化条件。有学者提出，可以规定简易程序转换为普通程序的需要经过相应审委会或更高层级的批准，以避免法官滥用其自由裁量权。但这种方法在操作上过于复杂，而且也违背了我国司法体制改革的方向，即法官责任制。

从现有的规定来看，仅有的"案情复杂"的规定过于宽泛和模糊，在审判实践中缺乏可操作性，容易成为法官滥用司法自由裁量权的通道。简易程序向普通程序转换的规范，需要从以下几个方面进行完善：①明确转换程序的启动方式，可以规定由当事人提出转换申请或异议以及由法院依职权转换两种方式；②简易程序向普通程序的转换需要满足一定的条件或者规定相应的监督机制；③明确规定简易程序向普通程序转换后的审理法官及相应衔接机制，由原审法官继续进行审理可以避免对当事人造成程序上的不利和重复性工作；④在简易程序审理期限届至时，可以询问当事人的意见以确认是否继续适用简易程序，如果双方当事人达成合意愿意继续适用简易程序，则可适当延长简易程序审限，这样可以在保护当事人诉讼权利的前提下节省司法审判资源，避免简易程序向普通程序的随意转换；⑤规定简易程序与普通程序转换的方式和具体时间。

第四，简化送达程序和送达方式。其中，电子送达是未来送达的主要方式，建立统一的电子送达平台意义重大。目前，一些地方法院已经开始设置平台，而开发全国性的电子送达平台则能够实现跨区域使用，且更为规范。该平台应该实现以下功能：一是保存送达内容；二是不得任意修改和删除；三是系统提供短信提醒功能、邮件提醒功能；四是对传送的文件进行加密处理，并在文书签收时支持签收回执、认证签收行为。另外，诉前送达地址确认是一项新的做法，实践效果较好，应予以推广。

（三）完善简易程序配套机制

简易程序在很多国家和地区被视为是一种独立类型的案件，实行专业化审理。[1]在我国司法实践中，简易程序与普通程序共用一套组织机构，审判人员既要处理简易程序，又要审理普通程序，这就导致了我国普通程序不规范、简

---

〔1〕 有设立一级法院专门审理简单民事案件的例子，如德国设地方法院，日本设简易法院，法国设小审法院；也有在基层法院设立简易庭的例子，如我国台湾地区。

易程序普通化的乱象。纵观日本、法国等国家，其简易程序与普通程序相互分离，但主要模式分为两种：一为单一式，即建立简易法院，独立于基层法院之外，有一套专门的组织机构与人员只审理简易程序案件。这种模式可以发挥简易法院的集体效应，提升简易程序的应用质量，发挥其独特的程序价值。二为混合式，一个法院内同时设有普通庭和简易庭。该模式的优点有：基层法院既能审理部分普通案件，也能兼顾简易案件，节约资源，便利当事人。从我国现有司法体制和组织形式看，选择以简易庭为主、普通庭为辅的混合法院是比较好的选择。在现有的司法环境下，设置单独法院来审理简易程序不切合实际，因此，可以将基层法院改造成以简易庭为主、普通庭为辅的混合法院，或者至少针对简易程序的特点为其审理配备相应的人员和辅助机制。比如，配备专门的法官，专职处理简易程序案件，这些专门法官的选择不能完全以案情的简单为考量的基础，而应该更多地考虑简易程序案件的特点和案件的共性来进行选择。另外，对于从法院中选取合适的法官、书记员等专门进行简易程序案件的审理的人员，为提高简易程序的司法效率，可以对这些专门人员进行定期的培训，这样既有利于保证简易程序功能的发挥、提高案件审理的效率，也有利于减少简易程序案件的出错率、保证案件审理的质量。

（四）其他制度建设

第一，发挥庭前会议功能。目前，庭前会议的整体适用率不高，而且主要适用于复杂案件，但是，一些地方法院对此进行了积极的探索，有利于提高审判质效和利用审判资源，值得推广。例如，湖南省长沙市长沙县人民法院由法官助理主持庭前会议，并将庭前会议适用于简单案件审理，尽量在庭前会议之后就开庭，大大减轻了法官的庭审负担。再如，辽宁省沈阳市中级人民法院率先在一审建筑工程案件中试行庭前会议，适用范围逐步扩大，民事庭前会议由法官或法官助理主持，将庭审中的权利义务告知、回避申请等程序性工作前置，明确诉辩意见，固定无争议事实，归纳争议焦点并促使当事人围绕焦点举证。对于案情简单清晰、争议不大的案件可提前实现调解结案，而对于案情疑难复杂、争议较大的案件来说，其有助于法官理清庭审思路，实现庭审提速。

第二，多元化纠纷解决机制的适用多元化纠纷解决机制对简易程序的辅助可以从两个方面出发：一是诉讼内的调解制度，二是诉讼外的纠纷解决机制的适用。

调解制度对解决我国社会的纠纷具有明显的实用价值。调解与判决相比，花费的诉讼成本和诉讼时间更少，当事人对于调解的结果也相对更愿意执行，有利于案件的最终解决。适用简易程序的案件，当事人之间的纠纷通常都不大，庭前调解的有效进行对促进双方当事人以调解方式解决案件纠纷有很大的促进作用，可以节约当事人的诉讼成本、免去开庭等繁琐程序。

另外，随着案件数量的增加，审判机关不堪重负，尽管很多案件可以适用简易程序解决，节约了法院很多司法资源，但仍然存在案多人少、诉讼拖延的现实问题。与简易程序相比，诉讼外纠纷解决机制在操作上更加简便易行，有的纠纷甚至可能更适合用诉讼外纠纷解决方式处理。比如，在很多家事案件中，双方不存在实质正义，适用诉讼外的调解更有利于家庭和谐和矛盾的解决。加强诉讼外纠纷解决机制的适用，还可以减轻法院简易程序的负担，有利于简易程序在实质上从以减轻法院案件积压的功能为主向以保障当事人程序利益为主转变。建立诉讼内和诉讼外相配合、全方位的纠纷解决机制，将使得司法改革的成效更明显，法治的运行更为顺利，法律解决纠纷的作用获得更好的发挥。

我国民事诉讼审级制度及二审程序构建

赵言荣[*]

二审程序的设置和审级制度息息相关。世界上绝大多数的司法制度在诉讼架构上都不是一审终审的，而是分为一审和上诉审。具体到民事诉讼中，民事诉讼的审级制度，是指民事诉讼法律规定的审判机关在组织体系上设置的等级，当事人可以上诉几次，一个普通案件经过数级法院审判后，判决、裁定即发生法律效力的一种诉讼制度。[1]具体而言，从国家审判权配置而言，民事审级制度的构建是国家在民事案件的审判上在法院层级上分配司法资源的一种方式；对当事人而言，民事审级制度又决定了当事人诉权行使能够得到几级法院的保障，或者说在初审法院的判决发生错误的情况下，当事人能够得到几次司法救济机会的问题。因此，审级制度是一国司法制度的重要内容。而不同的审级制度的构建，体现着一个国家程序制度的基本理念，发挥着不同的功能。

一、民事诉讼审级制度构建的一般原理

司法审判作为民事纠纷解决的最后一种途径，其作出的裁判结果以国家强制力为后盾，具有实现裁判效力的强制性。因此如果诉讼程序不能为错误的裁判结果设置纠错程序，那么当事人也就失去了通过司法外途径获得救济的机会和可能性。因此，在诉讼程序的设计上，除了设置完备的一审诉讼程序外，为保证诉讼正义的实现，世界各国都设置了审级制度。虽然具体程序设置各不相同，但基本上都发挥着以下几种功能：

---

* 赵言荣，中国政法大学讲师，诉讼法学博士、国际政治学博士。

〔1〕 章亚梅："我国民事案件审级制度剖析"，载《社会科学家》2007年第5期。

（一）民事审级制度的功能

"功能概念是指属于总体活动一部分的某种活动对总体活动所作的贡献。一种活动之所以持续下来，是因为它对整体生存是必需的。"〔1〕不同国家审级制度的具体构建各不相同，但比较研究发现，在功能设置上，"各国审级制度的建构思路以立法者对于司法统一性、正确性、正当性、终局性、权威性等价值目标的认同为基础"。〔2〕而在具体程序设计上，则与各国一审诉讼程序的特点相适应，通过不同的技术规范设定了既有共性，又各具特色的审级制度及上诉审程序。

1. 保障司法的正确性

民事诉讼的首要目标是追求案件事实的发现及法律的正确适用，从而保证审判结果的正义性。"努力让人民群众在每一个司法案件中感受到公平正义"体现了国家对当事人诉权实现的承诺。民事诉讼裁决结果的做出虽然有严格的诉讼程序的保障，但随着自由心证制度的确立，案件事实的发现及法律的适用最终还要依赖法官作出。因此，根据现代民事诉讼理论，正义的实现不仅仅要求国家配置公正的诉讼程序，同时还要求国家有义务为法院配置"称职的""独立的"法官，从而保障公正判决的实现。但法官毕竟不是圣人，其作为自然人的利益诉求以及广泛存在的各种外部因素导致法官很难保证在审判过程中百分百地保持中立，而司法公正对于法官的理智与技能的依赖导致裁判错误难以避免。在这种现状下，不论是英美法系还是大陆法系国家都试图通过审级制度的设立，达到尽可能保障司法判决客观上的正确性的首要目的。例如，在德国，上诉审程序的设置目的首先是对一审案件中涉及的争议事实提供再次审查的机会。〔3〕同样的，以"错误令状"为传统形成的美国上诉制度也被认为是一种纠错机制。〔4〕

通过上诉审程序的设置实现纠错功能首先是在认识论的基础上为法官设置的一种纠错程序。根据辩证唯物主义认识论，人的认识能力是无限的，但对事

---

〔1〕　［美］J. 威尔逊、罗述单："功能分析介绍"，载《国外社会科学》1986 年第 10 期。

〔2〕　傅郁林："审级制度的建构原理——从民事程序视角的比较分析"，载《中国社会科学》2002 年第 4 期。

〔3〕　Peter L. Murray and R. Stürner, *German Civil Justice*, Carolina Acad Press, 2004, p. 366.

〔4〕　傅郁林："审级制度的建构原理——从民事程序视角的比较分析"，载《中国社会科学》2002 年第 4 期。

物的正确认识又不是一次完成的，存在一个往复进行的过程。[1]反映在诉讼过程中，即使排除外部影响因素，法官对案件的正确认识也受到法官能力、主观偏好等很多因素的影响，因此，对案件的一次性认识有可能是错误的。而上诉审程序设立的基本原理在于设置更高层级的法院，招募素质更高的法官，设计科学的上诉审程序，从而赋予案件在上诉审程序中再次被审查的机会，补救下级法官对案件认识的不足和错误。其次，从当事人角度而言，上诉审程序的设置也给予了当事人对案件再次提起诉讼的机会，使诉讼案件经过不同级别的审判机关审理，查明案件事实，纠正下级法院的判决、裁定中可能发生的错误，保证正确适用法律，切实保护当事人实体和诉讼上的权利。最后，上诉程序之所以能够纠正错误，不只因为它给当事人多提供了一次机会，更因为它的存在本身构成了对一审程序的监督机制，通过给审判者设立审判者，通过不同等级法院法官之间的监督制衡关系对法官的偏私进行约束和控制，从而降低一审判决出现错误的概率。

设置上诉程序在增加司法判决客观正确性的基础上，还能增加法院裁判在主观上的正当性。由于裁判结果与当事人的利益直接相关，导致当事人尤其是败诉的当事人很容易将败诉结果归咎于主审法官的偏私。因此，在程序设计上，通过上诉审程序的设置，可以满足当事人主观上的合理要求，通过"程序的复杂性、法官人数的增加、审判者司法等级上的权威性"等使当事人感觉到法院审判权行使的慎重性，从而化解或缓解当事人的不满情绪，提高判决、裁定的说服力，有助于强化司法在主观上的正当性。

2. 保障司法的统一性

无论是就个案进行重新审判以纠正错案，还是着眼于法律在整个司法系统中的适用，司法的统一性在各国司法制度价值目标中都占有重要位置，而司法统一性的实现则依赖于良好的审级制度的设置。审级制度的设立使得在级别较低的法院进行的一审案件，通过当事人的上诉可以上诉到较高级别的法院，而通过法院辖区较大的上级法院的上诉审作出的裁判对下级法院具有示范作用。特别是上级法院的法律审能够在其较大的法院辖区内起到示范解释和适用法律的作用，从而保障司法的统一性。因此，良好的审级制度的设置首先通过对个案的重新审查使法律能够被公平、公正地适用于个案中的原告与被告。其次，上级法院的法律审还能够保证法律在整个管辖权范围内"平等、公正、统一、

---

〔1〕 刘建明等：《宣传舆论学大辞典》，经济日报出版社 1992 年版。

一致地适用于每一个人",从而保证了"法律面前人人平等"的法治理想的有效实现。[1]

3. 确定司法的终局性

司法的终局性是审级制度的另一项基本内容。审级制度在通过设置不同审级的法院来纠正错误,保障司法统一性的同时,还具有确定司法终局性的功能。不论是实行两审终审制还是三审终审制,在当事人穷尽审级制度所提供的所有层级的程序保障后,终审法院所作的裁决即成为终审判决,发挥判决的既判力作用。

不仅如此,科学的审级制度还蕴含及体现着程序公正的诉讼价值理论,反映了对当事人(特别是认为遭受不利裁判的当事人)诉讼主体地位的尊重。可以说,审级制度的建立与运作效果直接影响审判的公正性和权威性。[2]

(二)民事审级制度程序构建的机理

1. 保障当事人平等是民事诉讼程序最基本的要求

人类设计的诉讼程序不可能完美。任何诉讼程序都可能导致错误的出现。因此"假如总是冒错误的风险,那么司法正义就会要求这种风险在不同的当事人之间平等分配"。平等从而成了民事诉讼程序最基本的要求。[3] 那么,在诉讼程序设置中要如何保障平等呢?"平等对待当事人的要求意味着没有任何一个当事人受到程序方面的歧视,意味着没有任何一个当事人受到相比较他人而言的优待,意味着一个当事人不会受到相比较他人而言更高的错误风险。简言之,意味着在程序规则不会扭曲正确地将法律适用于真实的事实以偏向一方当事人这个意义上,法律面前人人平等。"[4]

2. 诉讼效率是程序设置的重要的价值选择

提高诉讼效率并不必然损害诉讼公正,反而有助于案件真实的发现。因为诉讼拖延可能导致证据灭失或篡改而导致判决的错误。"于是,程序制度必须

---

〔1〕 傅郁林:"审级制度的建构原理——从民事程序视角的比较分析",载《中国社会科学》2002年第4期。

〔2〕 章亚梅:"我国民事案件审级制度剖析",载《社会科学家》2007年第5期。

〔3〕 〔英〕阿德里安·A.S. 朱克曼:《危机中的民事司法——民事诉讼程序的比较视角》,傅郁林等译,中国政法大学出版社2005年版,第3页。

〔4〕 〔英〕阿德里安·A.S. 朱克曼:《危机中的民事司法——民事诉讼程序的比较视角》,傅郁林等译,中国政法大学出版社2005年版,第3页。

将错误的风险降低到最小，必须保障审判在证据仍然鲜活的时候进行。"[1]并且，"在匆忙之间作出判决，没有为收集证据和准备辩论提供充分时间，也会冒错误的风险"。[2]其次，时间会侵蚀判决的效用，无论判决正确与否。"对正义的迟延即为对正义的拒绝（justice delayed is justice denied）。"

3. 程序的可咨利用性也是衡量程序设计好坏的重要因素

衡量一个制度的好坏还要看此制度是否能为人们所利用。"民事程序的目的是保护和实现法律权利，因此所有权利受到威胁或侵害的公民都有权获得法院的保护和帮助。也就是说，一个制度只是努力达到判决的正确性是不够的，它还必须使那些希望实现或保护自己权利的所有人都有机会。因此，获得正义、进入司法是所有文明社会所承认的民权或宪法权利。"[3]

从以上关于公正、效率和可利用性的辩证关系上我们可以看出，衡量程序是否满足了实现正义的要求需要进行复杂的判断，但是仅仅考虑此制度是否能够产生正确的判决是不够的，还要看这个判决能不能被及时获得。同时，程序的设置也必须考虑诉讼的成本，成本会影响获得司法救济的可能性，并且，高昂的诉讼成本还有可能让在经济上占优势的当事人在诉讼中获得程序上的优势。而在具体衡量这三个维度的重要性时，体现在事实发现上的公正是设计民事诉讼制度时的首要考虑目标，而诉讼的高效率运行在一定程度上能够保障案件事实的发现。在一个还无法为司法做无限投入的司法体系中，应该在司法投入和获得理想判决中寻找最佳点。

二、民事审级制度程序构建比较研究

为实现审级制度的功能，在具体程序构建上审级制度主要包含五个方面的内容：一是在纵向上的上下级法院设置问题；二是当事人行使上诉权启动上诉审的条件设置；三是案件经历几级审判得以终审；四是上诉审法院的审理权限问题；五则涉及上诉审法院的审理模式。对于以上审级制度的主要内容，西方国家在程序设置上各有异同，通过比较性的研究，可以给我国审级制度的设置

---

〔1〕［英］阿德里安·A.S.朱克曼：《危机中的民事司法——民事诉讼程序的比较视角》，傅郁林等译，中国政法大学出版社2005年版，第6页。

〔2〕［英］阿德里安·A.S.朱克曼：《危机中的民事司法——民事诉讼程序的比较视角》，傅郁林等译，中国政法大学出版社2005年版，第6页。

〔3〕［英］阿德里安·A.S.朱克曼：《危机中的民事司法——民事诉讼程序的比较视角》，傅郁林等译，中国政法大学出版社2005年版，第6页。

提供有益的借鉴。

（一）上诉审层级设置——普遍的三审终审制的设立

横观西方国家的审级制度，在层级设置上主要以三审终审制为主，且三审法院分别由初审法院、上诉法院和终审法院构成，并根据不同审级的设置目的分别行使不同的职能。其中，一审和二审均为事实和法律审，从而达到改正个案错误，保证个案公正的目的。三审则主要为法律审，从而达到统一法律适用的目的。这种普遍的三审终审制模式的建立体现了对于追求案件审判质量与统一法律适用的平衡选择。

审级制度最重要的目的是保证裁决的正确性。因此，上诉审程序设计首先应该保证上诉审的审判质量。那么，该如何设计程序以保障上诉审审判质量呢？对于这个问题，有学者指出："作为制度整体运作结果的正确的判决的水平取决于用于决定事实和决定法律的程序的充分性，程序在实现这些目标方面设计得越好，判决的正确率可能越高。因此我们可以说，判决的正确性是其所采用的程序的质量的作用。"[1]因此，程序的质量在一定程度上取决于在司法中资源投入的数量。同时，数量众多的法官、优秀充足的律师群体的帮助、在收集证据方面充分的资源投入不仅能保障案件的事实发现，也有助于诉讼效率的提高，从而提高裁判的质量。当然，正如学者所言："影响判决正确性的还有其他因素，比如程序的合理性和法官的清正廉洁，然而在其他条件相同的情况下，我们向程序设置中投入的资源越多，则程序的质量可能越高，程序对于判决的正确性的贡献越大。"[2]反映到审级制度设计上，审级越多应该越能够保证正义的裁判结果的实现。

但是向司法投入无限资源是大部分国家都难以做到的。"一个还不能向司法管理提供无限投资的国家必须达成一种妥协，使得投入于程序的资源是有能力支付的，同时又足以达到合理程度的质量……所有的程序制度都必须在可获得的资源与乐观的正确性理想之间进行平衡。"[3]司法资源的有限性决定了并不是所有的案件都可以进入上诉审程序，也不是所有案件都能进入更高审级的

---

〔1〕　［英］阿德里安·A.S.朱克曼：《危机中的民事司法——民事诉讼程序的比较视角》，傅郁林等译，中国政法大学出版社 2005 年版，第 7 页。

〔2〕　［英］阿德里安·A.S.朱克曼：《危机中的民事司法——民事诉讼程序的比较视角》，傅郁林等译，中国政法大学出版社 2005 年版，第 3 页。

〔3〕　［英］阿德里安·A.S.朱克曼：《危机中的民事司法——民事诉讼程序的比较视角》，傅郁林等译，中国政法大学出版社 2005 年版，第 8 页。

法院。因此，西方国家在审级制度的设计上，首先赋予了绝大多数案件进入二审的权利进行再次事实和法律审的机会，从而保证了案件审判指令，并且使大多数案件能够在较低审级的法院进行审判并得到终局性的裁决。其次，只有极少数在法律适用上具有原则性意义的案件才可以进入最高审级法院进行法律审，以保障法律的统一适用。

（二）上诉审开启程序——权利性二审与许可性三审的程序设置

基于追求案件裁判正确性与司法资源有限性的平衡选择，两大法系的代表国家——美国和德国——都建立了权利性二审与许可性三审的上诉审开启程序。以美国联邦法院体系为例，其审级制度的改革和发展体现了美国在解决当事人上诉权保障与司法资源有限性之间的矛盾上的理念变迁。在建国之初，联邦司法系统仅有两级法院并实行两审终审制。在普通法"给予当事人一次上诉权利"的司法理念的指导下，当事人享有法定上诉权可以开启二审程序，无论是地区法院还是巡回法院裁判的初审案件当事人均可以向联邦最高法院提起权利性上诉，联邦高院必须受理并进行审判。[1] 但是，由于在审判组织设置上，作为美国联邦"唯一"的最高裁判结构，联邦最高法院的所有法官都要全部出席所有受理的案件的审理，因此，随着南北战争后上诉案件量的剧增，人案矛盾导致最高法院的司法能力达至极限，并因此造成了严重的司法拖延。为解决这一严重的矛盾，1891 年美国国会通过了新的《司法法》（The Evarts Act），创设了"巡回上诉法院"作为审理由地区法院和巡回法院上诉案件的专门法院，从而在保障当事人一次上诉权行使的同时减轻了最高院的司法压力。[2] 新的《司法法》通过之后，最高法院便从二审案件全面事实审和法律审的审理中解脱出来，只对巡回上诉法院的部分判决具有第三审上诉管辖权。虽然法律还赋予了不服二审判决的当事人不同的上诉至三审的渠道，但是随着司法实践的发展，联邦最高法院的大法官们通过历次司法改革不断谋求摆脱对裁量受理的束缚。直至 1988 年，国会几乎彻底取消了最高法院的强制管辖权。如今，几乎所有的三审案件的管辖都由最高法院的大法官自由裁量。

在程序理念与程序设置上与美国存在很多不同的德国也实行三审终审制。在德国，二审程序对事实和法律进行审查，三审程序则为对法律和程序事项的

[1] 陈杭平："比较法视野中的中国民事审级制度改革"，载《华东政法大学学报》2012 年第 4 期。
[2] 陈杭平："比较法视野中的中国民事审级制度改革"，载《华东政法大学学报》2012 年第 4 期。

审查程序。一般来讲，绝大多数一审民事案件都可以上诉至二审法院。而三审程序则被限定为对程序事项和法律适用的审查，只能在联邦最高法院进行。州地区法院一审的民事案件可以上诉至州上诉审法院进行二审，然后当事人可以上诉至联邦最高法院进行三审。而地方法院一审的案件可以上诉至州地区法院进行二审，然后也有可能上诉至联邦最高法院进行第三审。[1]

在二审程序的开启条件上，德国民事诉讼法规定了更为严苛的标准。二审法院的上诉管辖限定于声明不服的标的金额超过 600 欧元的上诉案件；而对低于 600 欧元争议金额的案件则需要由一审法院审查决定，其衡量标准在于案件所涉问题是否具有原则性意义，或者是否为了"法律的发展或者统一案例法的适用"的需要而应该进行上诉审裁判。[2]

并且随着 2001 年德国对民事诉讼法的修改，对二审上诉案件规定了更加严格的启动条件。根据修改后的《德国民事诉讼法》第 520 条的规定，上诉状必须明确提出对一审裁判的不服之处，同时明确提出希望通过二审程序所达到的改判请求。上诉状还要列明一审中存在的法律适用和程序上的错误以及这些错误导致的对一审裁判的影响程度。上诉状同时应当指出对上诉的诉讼标的具有诉的利益。[3]二审法庭有义务审查上诉人提出的上诉状以确定上诉系在法定期限内提起，上诉满足形式性要求，以及具有上诉的必要性。如果这些前提条件不能满足，法庭可以驳回上诉。[4]

传统上，很多上诉审法庭都通过对上诉状的审查来确定当事人是否有上诉的必要。如果法官发现上诉完全没有任何胜诉的希望，主审法官可以将法庭的审前意见告知上诉人，从而给予上诉人撤回上诉的机会以便节约律师和诉讼费用。当然，这种行为受到了一些学者的批评，认为法院的这种行为侵犯了当事人的法定听审权。[5]

2001 年 7 月的民事诉讼法改革也设置了一种新的程序赋予法院通过简易的方式处理明显的非实质性上诉的权力。在上诉审查程序中，如果上诉法庭一致认为：①上诉没有任何胜诉的可能；②相关法律问题没有重要意义；③法律的发展或者统一案例法的适用不需要上诉审的裁判，法庭可以以上诉缺乏法律依

〔1〕 Peter L. Murray and R. Stürner, *German Civil Justice*, Carolina Acad Press, 2004, p. 370.
〔2〕 ZPO 511（4）.
〔3〕 ZPO 520（4）（2），526.
〔4〕 ZPO 522.
〔5〕 Peter L. Murray and R. Stürner, *German Civil Justice*, Carolina Acad Press, 2004, p. 378.

据为由驳回上诉。在作出此种驳回时，法庭或者主审法官必须向上诉人进行告知并解释据以驳回上诉的理由，并赋予上诉人提出书面意见的时间。对一致同意的上诉的驳回是终局性的。[1]

相较于二审程序对事实发现和法律适用的全面审查，第三审程序限定于对法律适用及程序问题的审查。第三审程序的设置主旨不在于确保个案公正，而是根据法官对于上诉事项重要性的判断以及对整个司法制度正义性的考虑，致力于统一及合理化整个联邦民事司法系统。《民事诉讼法》的修改致力于促使联邦最高法院将其主要力量集中于完成其最根本任务：对德国法律提供权威建设、解释及统一适用。[2]

在三审启动的具体法律规定上，当事人提出的三审请求由二审法院审查决定。二审法院通过衡量第三审上诉案件是否具有"重要意义"，或者"法律的发展或者法律的统一适用需要最高院作出三审裁决"，从而决定是否接受当事人的三审请求，其决定对联邦最高法院具有拘束力。[3]一般而言，二审法院的三审决定会在二审裁判中直接写明。如果二审判决没有载明，当事人可以申请二审法院完善或者修改二审判决。如果二审判决中载明允许三审，提起三审请求的当事人应当在接收到二审判决之日起 1 个月内递交三审诉状，在任何情况下都不得迟于判决书送达后的 5 个月内。[4]

综上可见，以美国和德国的民事审级制度为代表，虽然程序设计各有不同，但在保障当事人上诉权实现的基础上，各国为了实现有限司法资源的合理分配和利用，均对上诉审开启条件进行了合理限制以实现对上诉启动的制约。

（三）上诉审审判范围——上诉审模式选择

在如何通过审级制度的设置保障裁判的正确性问题上，当今世界主要存在三种二审模式以实现审级制度的纠错功能，即复审制、事后审制及续审制。[5]复审制即通过二审程序对案件进行再一次的审理，因此，当事人可以在二审中重新提出新的事实资料，法院可以根据新的证据进行裁判。通过二审法院对事实认定和法律适用的全面重新审理，复审制理论上有利于对案件的正确裁判。但是在复审制模式下，上诉审与第一审完全独立，第二审实质上是对第一审案

---

〔1〕 ZPO 522（3）.

〔2〕 Peter L. Murray and R. Stürner, *German Civil Justice*, Carolina Acad Press, 2004, p.387.

〔3〕 ZPO 543（1）.

〔4〕 ZPO 548.

〔5〕 宋朝武主编：《民事诉讼法学》（第 4 版），中国政法大学出版社 2015 年版，第 331 页。

件的重新审理。因此，纯粹的复审制不仅会严重损害司法的效率，而且会完全否定一审程序的法律效力，损害一审的权威，同时也没有体现当事人主义对法官审判权的限制。因此，现代各国在民事诉讼中已很少采纳此种上诉审模式了。

与复审制完全相反，在事后审制模式中，当事人在二审中不得提出新的诉讼资料，二审原则上只对一审中已经审查过的证据进行审查，以确定一审判决是否妥当。美国在二审中主要适用事后审查模式，其理念在于"上诉法庭的职能是纠正错误而不是制造错误"。[1]因此，美国的二审程序不接受任何新事实与新证据，在事实审查方面仅限于在初审中认定过的事实和提出过的问题。同时，其上诉审方式原则上是书面审，根据下级法院的初审记录和下级法院提交的证据进行审查，受初审法院的卷宗、书证和法庭记录的拘束，一般不干预初审法院对证据可信性的评价。上诉法官经过审查，如果认为案件事实与初审记录所反映的情况不符，有必要纠正和重新审理，则应把案件发回一审法院重审。这种做法的理论依据在于如果允许当事人在上诉中提出新的主张或事实，上诉法官就可能制造新的错误。[2]通过对二审范围的严格限制，事后审模式促使当事人在一审中即尽可能提出所有争议，从而有利于保障诉讼的终局性，从根本上减少上诉率。该模式将审判的重点放在一审也有利于实现司法效率。但事后审模式严格限制新证据的提出和认定，在一定程度上会导致对案件事实发现的损害，因此要求一审程序为事实发现提供更为周延的程序保障。美国对事后审模式的选择与其陪审制的存在密切相关，其完备的审前准备程序以及充分的直接言辞原则的适用则保证了在一审程序中更好地发现事实。如果一审中没有给当事人提供充分的机会，二审就很难选择事后审模式，而只能作为一审的继续，允许当事人提供非因自己的过错而未能在一审中提供的"新证据"。

续审制以一审言辞辩论时的状态为前提进行继续审理，允许当事人在二审中提出新的诉讼资料，有学者将其称为复审制和事后审制的折衷形式。[3]基于二审审理时不仅要审查一审的全部诉讼资料，而且允许当事人提出新的诉讼资料的程序设置，在续审制审判模式下，二审不是对一审的重复，而是对一审的

---

〔1〕 Peter E. Herzog, D. Karlen and M. Cappelletti, *Attacks on Judicial Decisions*, J. C. B. Mohr, M. Nijhoff, 1982, p. 29.

〔2〕 傅郁林："审级制度的建构原理——从民事程序视角的比较分析"，载《中国社会科学》2002年第4期。

〔3〕 刘敏："论我国民事诉讼二审程序的完善"，载《法商研究》2001年第6期。

继续和补充。

德国的二审程序被认为是续审制模式的代表。在德国，传统意义上，对事实和法律适用的上诉"并不仅仅是纠正下级法院在事实认定和法律适用上的错误，而是在一审基础上，可以基于新的证据全面地对双方的争点作出新的裁断"。[1]当事人可以在二审程序中向法院提出一审结束后新发现的证据。从传统上来看，上诉审法庭可以自由地进行与一审裁断不同的新的事实发现和认定。

但是，如果无限制地承认当事人在二审中更新辩论的权利，很可能导致事实审理的重点逐渐由一审程序转至二审程序，从而导致一审程序的虚化。因此，随着民事诉讼理论的发展，《德国民事诉讼法》对二审的范围和二审法院认定新事实、新理论的权力逐渐进行限制，将二审程序逐渐限定为对一审程序的补充性审理。根据现今的理论，二审法院"只要没有对于一审事实认定的正确性和全面性的明确怀疑从而导致新的事实认定"，就应当接受一审法院的事实认定。[2]同时，在裁断事项上，二审法院不再对没有重大争议的事项或者不可能出现不同裁决的事项进行重新认定，而只是在上诉能够对下级法院的事实认定提出有价值的怀疑时才对事实进行重新认定，在必要的时候可以接受下级法院重新提交的证据甚至一审中没有认定的新证据。因此，经过2001年《民事诉讼法》的修改，德国二审模式已经不再是传统定位上"重新审理"的模式，而被认为是加入了欧洲"防止二审进行广泛的事实审"的改革运动。[3]

（四）二审程序审理模式——扩大二审程序中独任制审判的适用范围

也是基于诉讼公正与诉讼效率之间的平衡考虑，德国通过2001年《民事诉讼法》的改革扩大了独任制审判的范围。根据改革后的《德国民事诉讼法》的规定，在满足以下条件的前提下，二审法庭可以决定将二审案件交由独任法官进行案件的审判：①案件在一审程序中即由独任法官审理；②案件并不存在复杂的事实认定或法律适用问题；③案件中的法律争议不具备根本性重要意义；④口头听审还未举行。[4]法庭作出的由独任法官进行审判的决定是终局性决定，不可对此决定提起上诉。[5]

---

〔1〕 Peter L. Murray and R. Stürner, *German Civil Justice*, Carolina Acad Press, 2004, p. 373.

〔2〕 ZPO 513（1）and 529（1）（1）.

〔3〕 杨瑞："民事审级制约机制研究"，武汉大学2009年博士学位论文，第44页。

〔4〕 ZPO 526（1）.

〔5〕 ZPO 526（3）.

即使案件不是由一名审判员独任审理，不同的准备程序也可以由一名"准备程序法官"进行。[1]在普通案件中，合议庭的任意一名法官都可以作为"准备程序法官"。在经济案件中，主审法官是当然的"准备程序法官"。[2]准备程序法官的任务在于将案件准备到使案件经过一次庭审就可以解决的程度。准备程序法官甚至可以认定口头证言以及其他证据，从而简化二审程序。

当然，在具体程序设计上，独任制与合议制适用的标准在于案件是属于简单案件还是属于复杂案件，而案件的难易程度有些需要在法官具体审理之后才能确定，因此在程序设置上应设计独任制与合议制的合理转化程序。《德国民事诉讼法》即规定了独任制审判向合议制审判转化的情形。如果案件被分配给一名独任审判员进行审判，而独任审判员在审理过程中发现此案件的确存在确定事实和适用法律上的困难，或者案件所涉法律问题具备原则性重要意义，此独任法官便可以建议二审法院将案件交由三名审判员组成的合议庭进行审判。如果法院支持了法官的建议，案件便会被转入合议庭进行审理；双方当事人也可以一致请求适用合议庭审理，但是否同意由二审法院决定。由独任制转为合议制是不可逆的，一旦案件转入合议庭审理，就不会再转为独任审理。[3]这种根据案件实际的难易程度以及在尊重当事人合意的基础上确定的由独任制向合议制转化的程序设计可咨为我国借鉴。

（五）上诉审裁判范围——不利益变更禁止原则的适用

如上所述，诉讼程序的可咨利用性也是判断一个程序设置是否合理的指标之一。因此，一般而言，在上诉审程序中，很多国家在二审程序中都设置了不利益变更禁止原则以保障当事人对上诉审程序的利用。所谓"不利益变更禁止原则"是指当事人不能在二审获得比一审更不利的裁判。此原则可保证当事人不因担心上诉审中的更不利判决而害怕上诉，从而有利于实现上诉目的。《德国民事诉讼法》第528条体现了此原则。同时，确立不利益变更禁止原则也是对当事人处分权的尊重，使得法院在当事人上诉请求的范围内进行裁决，而不能在当事人请求范围以外对当事人作出更不利的判决。

但这一原则的适用并不意味着上诉审法庭不能够改变一审判决的理由。并且，如果一方当事人就一审法院基于程序理由驳回诉讼请求的判决提起上诉，

---

[1] ZPO 527 (1).

[2] ZPO 527 (1) (2).

[3] ZPO 526 (2) (4).

而上诉审法庭发现驳回判决的理由不充分，可以确认驳回判决缺乏实质理由。

在上诉审程序中，"不利益变更禁止原则"在保障提起上诉的当事人利益的同时，也意味着对方当事人不能够通过上诉审获得新的利益。例如，如果一审法院支持了原告的某一诉讼请求，但判决结果比原告诉讼请求的数额要小。一审判决后，被告提起上诉，在"不利益变更禁止原则"的支配下，在这种情况下，除非原告也提起上诉，否则原告不能要求上诉审法院判决满足他比一审更多的诉讼利益。因此，此原则导致当事人在对方当事人提起上诉的情况下，为保护自己的利益一般也会提出一个独立的上诉。为减少独立上诉的提出，使双方当事人的争议能够尽量在一个二审程序中解决，《德国民事诉讼程序法典》设置了交叉上诉程序，允许未上诉的一方当事人在收到对方当事人上诉状副本后1个月内的任何时间提出交叉上诉。如果当事人超过1个月的期限提起交叉上诉，当对方当事人撤回上诉时其交叉上诉被视为自动撤回；如果当事人在1个月的时间限制内提起交叉上诉，则在对方当事人撤回上诉时，其交叉上诉作为一个独立的上诉而存在，诉讼继续进行。[1]

（六）二审裁判方式——限制发回重审的适用

在大陆法系国家，由于二审即第一次上诉审是对事实认定及法律适用的全面审查，因此，在民事上诉案件的裁判方式上，二审法院完全可以在自己查清案件事实的基础上不发回重审，直接改判。

德国以二审判决是否与一审判决结果相同为标准，制定了三种不同的裁判方式：驳回上诉人上诉请求，变更裁判及例外情况下的撤销原裁判，发回重审。如果二审法院经过审理，当事人没能够证明一审判决存在错误，法院会作出驳回当事人上诉请求，维持原审裁判的裁决结果。如果当事人通过二审程序证明一审裁判存在错误，二审法院可以自行改判，也可以通过向一审法院发出指示的方式发回重审，要求一审法院予以改判。但是通过2001年《民事诉讼法》的改革，二审法院原则上，会对一审错误的裁判直接改判，越来越少适用发回一审法院重审的裁决方式。这种改革趋势反映了德国人精简诉讼程序，期望案件通过上诉审即告终结，而不是再次发回重审的努力。

但是在例外情况下，当一方当事人提出申请要求发回重审时，二审法院可以将案件发回一审法院重审。例如，如果二审法院发现一审在诉讼程序适用上存在重大问题，导致需要将案件发回一审法院以"全面、细致的收集和审查证

---

〔1〕 ZPO 524.

据"时，二审法院可以发回重审；[1]或者二审法院审查法院一审缺席判决完全不合法，或者一审判决没有对案件事实予以认定时，二审法院也可以将案件发回一审法院重审。[2]总之，发回重审一般是在一审法庭没有对相关事实予以审查认定的情况下，通过发回重审重新进行事实认定更有利于提高诉讼效率，并作出让当事人更能接受的裁决。如果案件在一审程序中已经通过完备的程序对案件事实予以了认定，二审法院应当予以直接改判，以避免在诉讼上的延误。

在美国，由于采用事后审审理模式，因此"上诉审查一般只限于程序方面和法律解释方面的问题。当上诉法院发现初审法院有错并影响到案件的最终结果时，上诉法院的做法是，连同自己在法律上的意见将案件发回初审法院重审，而不是自己重新对事实进行认定"。[3]如果一审是法官审判，当法官认定的事实存在明显错误时，上诉法院会推翻一审判决；如果一审由陪审团认定事实，则上诉法院会更加尊重陪审团的事实认定。此外，对于是否发回重审法律没有明确的条文规定，而是更多地依赖法官对于具体个案的裁量。[4]

在具体程序上，在英美法系国家，二审法院如果决定发回重审，必须在判决书中明确说明上诉审法庭认定的一审判决在事实认定和法律适用方面存在的具体错误，明确指出哪一事实认定是错误的或不清楚的。这一指示对下级法院具有法律上的拘束力。通过公开上诉法庭意见的方式，可以限定一审重审的范围，也有助于减少当事人再次上诉。[5]

美国和德国在发回重审制度的规定上存在不同的主要原因在于二者的二审审理范围不同。共同点是均对二审发回重审事由进行有效限制，主要限定于在证据认定上的不足。同时，以程序理由发回重审时，尊重当事人的程序选择权。

三、我国现行两审终审制的基本内容及特点

与世界各国普遍采用在三审终审制基础上构建多元化的审级制度相比，我国民事诉讼法虽经多次修改，但在审级制度上依然坚持两审终审制。

---

[1] ZPO 538 (2) (1).

[2] ZPO 538 (2).

[3] 宋冰编：《读本：美国和德国的司法制度及司法程序》，中国政法大学出版社 1998 年版，第 412 页。

[4] 杨瑞："民事审级制约机制研究"，武汉大学 2009 年博士学位论文，第 113 页。

[5] 杨瑞："民事审级制约机制研究"，武汉大学 2009 年博士学位论文，第 114 页。

（一）我国现行的两审终审制基本内容

我国现今的两审终审制源于 1954 年的《法院组织法》。在此之前，我国的审级制度是以两审终审为原则，以一审终审和三审终审为例外，对个别特殊案件允许对二审裁判上诉至最高人民法院。[1]最终取消三审终审是从我国地域辽阔、人口众多、经济落后、交通不便等实际情况出发作出的决定。我国通过在层级结构上设置与行政区划相一致的法院层级，使得当事人距离法院较近，既方便群众诉讼，又方便法院审判，从而避免因诉讼拖延而造成民事法律关系长期处于不确定状态。同时，根据当时对三审程序利用率的估计，中国并不需要建立三审制度。[2] 1979 年、1983 年先后修改公布的《人民法院组织法》沿用了两审终审的规定并适用至今。

我国两审终审制的实行，对于减少当事人的讼累，提高诉讼效益，的确起到过积极的作用。但是随着经济体制和政治体制改革的不断推进，社会结构和社会关系的日趋变化，两审终审制在司法实践中的弊端日渐突出。近年来，我国对民事审级制度也有所改革和完善，特别是小额诉讼程序在民事诉讼中的引入，终结了我国对所有案件均适用两审终审制的状况。与民事审级制度密切相关的再审程序也在历次民事诉讼法的修改中得到了多次修改。但是，我国现行的审级制度仍存在很多问题。

（二）我国现行两审终审制存在的问题

1. 我国现行的审级制度缺乏职能分层

与大多数国家存在的"金字塔"形的审级设计不同，我国现行的四级两审终审制被学者称为一种"柱形结构"的司法等级制。[3]我国法院在层级上分为四级：基层人民法院、中级人民法院、高级人民法院和最高人民法院。与大多数国家基层和中级人民法院负责一审，高级人民法院负责二审，最高法院负责三审不同，根据我国《民事诉讼法》的规定，我国法院在层级设计上没有初审法院、上诉法院和终审法院之分，而是四级法院对一审案件都有相应的管辖权，同时，中级人民法院、高级人民法院和最高人民法院根据不同的初审法院的级别都拥有相应案件的上诉审判权。这样的一审和二审案件管辖权的设置，导致各级人民法院的审判职能除了案件争议金额导致的案件重要性的区别之外

---

〔1〕 宋朝武主编：《民事诉讼法学》（第 4 版），中国政法大学出版社 2015 年版，第 331 页。

〔2〕 宋朝武主编：《民事诉讼法学》（第 4 版），中国政法大学出版社 2015 年版，第 331 页。

〔3〕 傅郁林："审级制度的建构原理——从民事程序视角的比较分析"，载《中国社会科学》2002年第 4 期。

并无其他区别。因此，在我国"柱形结构"的司法等级设置上，正如学者所言："自塔基至塔顶，各级法院的价值目标、职能配置及运作方式几乎没有区别，每一级法院都可以受理一审案件，同时都可以作为终审法院；每一级法院、每一级程序都追求同一个目标，即个案的实质公正；当事人在不同审级享有几乎完全相同的程序权利；每一级法院、每一级程序都全面审理事实问题和法律问题，有权直接传唤当事人和证据并重新调查事实，有权根据自己查明的事实作出判决。因此，在我国，这种司法等级制没有职能分层，已经失去程序结构意义上的'审级'价值，多一级法院只是增加一层行政级别而已。"[1]

2. 地方保护主义影响了审级制度保障司法正确性功能的发挥

根据我国现有的审级制度体系，多数上诉案件的审判都在中级人民法院进行。而我国法院在层级设计上与行政区划一致，从而导致承担一审任务的基层人民法院和承担二审任务的中级人民法院与地方政府密切相连。因此，地方保护主义导致地方政府成了影响法院独立审判的重要外部因素，一定程度上影响了我国通过二审程序纠正一审错判的功能的发挥。

3. 上级法院无法发挥统一法律适用的功能

我国《宪法》第5条规定："国家维护社会主义法制的统一和尊严。"虽然宪法或其他法律没有明确具体由哪一机构承担"维护法制统一"的任务，但法院作为法律适用机关，由最高法院承担维护司法机关制定法律的统一适用是大多数国家共同趋势。然而，如上所述，我国现有审级制度对法院层级及各个法院的职责的设置，导致最高人民法院很难发挥"统一法律适用"的功能。

首先，根据我国现行的两审终审制，上诉审法院既对事实认定又对法律适用进行全面审查，没有设置对法律问题进行专门审查的法院层级。因此，我国在法院层级设置上的"柱形结构"使得我国的最高人民法院也要承担一定的一审和二审工作，很难发挥如西方国家金子塔尖的最高层级法院一般的专门负责法律统一适用的职能。

其次，按照我国现有的级别管辖的规定，大多数案件均由基层人民法院进行一审，从而导致多数案件的终审权集中于中级人民法院。因此，在我国，绝大多数案件都不能上诉到最高人民法院或高级人民法院。相应的，最高人民法院和高级人民法院也就失去了对大多数一审案件进行法律审查和监督的渠道。

---

[1] 傅郁林："审级制度的建构原理——从民事程序视角的比较分析"，载《中国社会科学》2002年第4期。

而与行政区划相匹配的法院层级设置使得承担二审案件审判业务最多的中级人民法院面对的管辖范围很小，不能够承担法律在全国或至少全省范围内的正确适用的职责。因此，我国现行的"依赖行政权实现司法统一的审级制度如今反成为司法权分化和滋生地方保护主义的温床"。[1]

4. 我国二审启动条件过于宽泛

与世界多数国家类似，在我国上诉也是当事人的权利之一。但是，根据现有《民事诉讼法》的规定，我国对二审启动条件规定得非常宽泛。根据我国《民事诉讼法》的规定，除小额程序一审终审外，对于所有的判决及可以上诉的裁定当事人均可以提起上诉。同时，在形式要件上，只要求主体合格、在法定期间内提起上诉、应当提交上诉状并交纳上诉费。因此，我国对于当事人提起上诉的条件规定得非常宽泛，几乎没有做任何实质性的限制。这意味着，在我国，上诉权是一种绝对的权利，只要一方当事人在法定期限内提交上诉状就能够开启二审程序，没有关于诉讼标的额、涉及事由的重要性及案情复杂度的任何限制。

这种宽泛的二审启动条件的规定当然保障了当事人上诉权的行使，也最大限度地保证了通过上诉审对下级法院的监督。但过于宽泛的上诉条件的规定也导致了当事人滥用上诉权。在司法实践中，当事人对于一审判决并没有实质性不服但利用上诉程序达到非法目的的案件屡见不鲜。有的当事人试图利用上诉程序侥幸获得有利的判决；有的当事人则希望利用上诉程序达到拖延时间、转移财产、逃避债务等非法目的。一些非常简单的案件也会由于一方当事人的上诉而不能及时审结。这些现象一方面会导致稀缺的司法资源被无端浪费，另一方面也会致使二审法院案件数量过多，严重影响二审法院上诉功能的正常发挥。

5. 上诉程序比较僵化，欠缺针对性和灵活性

如前所述，我国二审法院在审理事项上不区分事实审或法律审，而是全面审查事实发现和法律适用问题。同时，在上诉程序设计上，我国《民事诉讼法》规定所有的案件，无论是涉及对事实认定的争议还是法律适用的争议，无论案件是涉及重大还是非重大问题，都只能向一审法院的上一级法院提起上诉，不允许越级上诉。另外，除2012年《民事诉讼法》规定新设的小额诉讼程序适用一审终审外，对其他所有的一审案件均适用两审终审制，导致审级制

---

[1] 傅郁林："审级制度的建构原理——从民事程序视角的比较分析"，载《中国社会科学》2002年第4期。

度比较单一。

6. 现行两审终审制无法保证案件的终局性

中国建立两审终审制的初衷包括了对司法终局性的考虑。但由于我国存在司法体制性问题，导致司法判决遭受了多种内外部因素的影响，严重影响了司法判决的客观中立性，从而导致司法权威性不足，当事人对司法正确性的质疑也较多。而我国现行的两审终审制只赋予当事人一次上诉权，无法满足一些当事人的要求。在追求客观公正的目标的指引下，为弥补两审终审制的不足，我国在正常的两级审判的主体结构之外，"设置了多种'边道'通往再审程序，以救济两级审判中发生的司法错误"。[1]因此，正如学者所言："我国这种两审终审制主体结构建立在对再审程序依赖的基础上，审判监督程序作为三审程序的替代物设立，并掩盖对三审程序的需求。"[2]

这种现行的两审终审配合再审程序以实现案件客观公正的程序设置，导致在民事司法实践中"终审不终""同案不同判"的现象频繁发生。《人民法院报》于2012年1月6日公布的统计报告显示：1994~1998年五年间全国法院一审案件上诉率约为每年6.05%，但是二审结案后提起再审的比率平均约为25.82%。如此高的再审申请率显示出我国二审程序未能很好地发挥保证案件正确审判，定纷止争的功能，导致再审程序成了一种普遍的民事救济方式。

7. 发回重审裁判方式适用频繁

发回重审意味着二审法院对一审裁判审理后，否认原判决并决定由一审法院重新对案件进行审理。其直接后果是导致原已审理完结的诉讼活动归于无效，使案件还原为没有审判的状态。发回重审作为上级法院监督下级法院审判工作的重要方式，在我国司法实践中却并没有发挥其预期的目的，反而成了二审法院推卸责任、行政化随意发回重审案件的渠道，造成审级制度的虚化。

在2012年《民事诉讼法》被修改之前，发回重审适用于二审法院认为原判决认定事实错误，或认定事实不清、证据不足的情况；或者第二审人民法院认为原判决违反法定程序，可能影响案件正确判决的情况。因此，只要一审案件存在问题，二审法院都可以自由裁量发回重审。虽然《关于适用〈中华人民共和国民事诉讼法〉若干问题的意见》通过细化的方式试图限制发回重审的适

---

〔1〕 傅郁林："审级制度的建构原理——从民事程序视角的比较分析"，载《中国社会科学》2002年第4期。

〔2〕 傅郁林："审级制度的建构原理——从民事程序视角的比较分析"，载《中国社会科学》2002年第4期。

用，但其在第 181 条第 4 款仍规定了"其他严重违反法定程序"的兜底条款。由于立法和司法解释的规定宽泛且含糊，导致在司法实践中发回重审的案件完全由二审法院法官自由裁量。而在积案压力、审判压力等因素的影响下，利益驱动使得二审法官倾向于对一些疑难案件或者舆论等外部压力大的案件通过发回重审的方式推卸二审的审判责任。

同时，由于法院考核对于一审案件发回重审率的负面评价，导致一审法官为减少二审改判率和发回重审率，而在一审中会通过请示等方式在裁判上极力与上级法院的判断保持一致，因此导致了一审法院及法官在审级中的不独立，最终导致以审判监督为目标的发回重审制度无法发挥审级制度的功能。

四、我国审级制度的改革与重构

（一）上诉审开启程序——权利性二审与许可性三审的程序设置

如前所述，由于我国二审程序开启条件规定得过于宽泛，导致当事人滥用上诉权，从而造成司法资源的严重浪费和上诉审功能的弱化，因此，有必要对二审启动程序进行改革与完善，从而达到保护当事人正当权利与实现上诉审功能的和谐统一。

为克服现行上诉审开启程序的弊端，可以适当借鉴《德国民事诉讼法》的规定，对当事人开启二审程序予以适当的限制。当事人提起上诉，除须具备现行《民事诉讼法》规定的条件外，还应当将当事人具有上诉利益作为提起上诉的实质性条件。上诉状必须明确提出对一审裁判的不服之处，同时明确提出希望通过二审程序所达到的改判请求。上诉状还要列明一审中存在的实体法和诉讼程序中的错误以及这些错误导致的对一审裁判的影响程度。二审法庭有义务审查上诉人提出的上诉状以确定上诉在法定期限内提起，上诉满足形式性要求，以及具有上诉的必要性。如果这些前提条件不能满足，法庭可以驳回上诉。

（二）上诉审审判范围——理顺一审与二审的关系

我国最初的二审审判范围实行的是全面的复审制。1982 年《民事诉讼法（试行）》第 149 条明确规定："二审法院应当对案件进行全面审查，不受当事人上诉请求的限制。"这种全面的复审制与当时对案件客观真实的追求相配合，二审是对第一审的重复审。这种上诉审审理结构客观上造成了一审功能的虚化，当事人可以完全"不打一审打二审"，从而使司法效率得不到保证。1991

年《民事诉讼法》的修法仍然延续了 1982 年《民事诉讼法（试行）》对二审程序的主要规定，但是限制了二审审理的范围，要求人民法院"对上诉请求有关事实和适用法律进行审查"。[1]也就是说，二审在审查范围上应当以当事人请求的范围为限，从而实质上将我国的二审程序定位为对一审的事后审，体现了当事人主义的现代主义诉讼理念。但是，1992 年《最高人民法院关于适用〈中华人民共和国民事诉讼法〉若干问题的意见》（以下简称 1992 年《意见》）第 180 条中又规定："第二审人民法院依照民事诉讼法第 151 条的规定，对上诉人上诉请求的有关事实和适用法律进行审查时，如果发现在上诉请求以外原审确有错误的，也应予以纠正。"这一条司法解释在实质上又把二审审理模式推回了全面审查的老路。同时，司法实践的惯性使得很多法院的法官在二审程序中仍然忽视当事人诉讼请求对二审审理范围的限制，对二审仍然依职权实行全面审查，既侵犯了当事人的处分权，又拖延了诉讼。

随着司法改革对当事人处分权的强调，1998 年《最高人民法院关于民事经济审判方式改革问题的若干规定》（以下简称《审改规定》）第 35 条规定："第二审案件的审理应当围绕当事人上诉请求的范围进行，当事人没有提出请求的，不予审查。但判决违反法律禁止性规定、侵害社会公共利益或者他人利益的除外。"此条规定的出台意味着最高院重新规定了二审的审理范围，明确了"当事人没有提出请求的，二审法院将不予审查"。

2012 年修改的《民事诉讼法》第 168 条规定："第二审人民法院应当对上诉请求的有关事实和适用法律进行审查。"但由于司法解释对上诉审审查范围规定的模糊和反复，导致对如何理解和适用"上诉请求有关的事实和适用法律"存在很多争议，反映到审判实践中则经常发生违背当事人意愿、扩大民事诉讼二审审理范围的情形，既影响了二审程序功能的发挥也损害了当事人的权益。基于此，2015 年最高人民法院在制定司法解释时将二审审理范围作为二审程序修改的主要内容之一。[2]在此次解释起草调研过程中，各方普遍认为一审和二审的审理范围既有联系又有分工，而续审制克服了两审中诉讼行为互相孤立、诉讼操作重复的问题，符合我国审判实际和当今世界民事审判方式的发展趋势，且续审制已经深入到我国审判方式中，因而主张将续审制明确作为我

---

[1] 1991 年《中华人民共和国民事诉讼法》第 151 条。
[2] 李相波："关于《民事诉讼法》司法解释第二审程序修改内容的理解与适用"，载《法律适用》2015 年第 4 期。

国的二审审理模式。[1]因此，该解释吸收了《最高人民法院关于民事经济审判方式改革问题的若干规定》的合理内容，对 1992 年《意见》第 180 条进行了修改和完善。其第 323 条规定："第二审人民法院应当围绕当事人的上诉请求进行审理。当事人没有提出请求的，不予审理，但一审判决违反法律禁止性规定，或者损害国家利益、社会公共利益、他人合法权益的除外。"此项规定，既尊重了当事人的处分权，也在例外情况下（如一审判决违反法律禁止性规定，或者损害国家利益、社会公共利益、他人合法权益的），确定了二审人民法院应当依职权予以纠正，以确保法律的贯彻执行，实现二审程序的纠错功能，也防止和纠正了因规定不明而导致的随意确定二审审理范围问题。

（三）在二审程序中引入独任制审理方式

独任制与合议制是我国民事审判中最基本的审判组织形式。我国《民事诉讼法》规定，与一审简易程序适用独任法官审理不同，二审民事案件只能适用合议制。[2]但是在司法实践中，与严格的法律规定相背，审判实践中存在大量的"形合实独"现象。也就是说，虽然在二审案件的审判中存在一个名义上的合议庭，但是绝大部分程序性和实质性审理活动都是由某一具体的承办法官进行的，案件的裁判也主要根据案件承办人的意思作出，名义上的合议庭完全只是为了满足所谓的"合法性"需要。[3]这种"形合实独"现象意味着在司法实践中二审合议制审判遭到了很大程度上的虚化。

"形合实独"现象的出现最重要的根源在于司法实践中案件数量多而审判力量小的现实。"人案矛盾"不仅在基层人民法院普遍存在，在中级人民法院也同样存在。特别是立案登记制改革以来，随着一审案件数量的激增，上诉案件的绝对数量也相应激增。例如在 Z 市中院，在 2015 年 5 月 1 日实行立案登记制前的 5 个月内，二审民事受案数为 988 件；而一年后即 2016 年 1 月～5 月，二审民事案件受案数激增至 1784 件，同比增幅高达 80.57%。而同时进行的法官员额制改革却致使入额法官只占原法官人数的半数左右。[4]合议庭所占用的

---

[1] 李相波："关于《民事诉讼法》司法解释第二审程序修改内容的理解与适用"，载《法律适用》2015 年第 4 期。

[2] 2012 年《中华人民共和国民事诉讼法》第 169 条。

[3] 荣明潇："二审民事案件适用独任制审理的理性逻辑与进路探索"，载《法律适用》2017 年第 9 期。

[4] 荣明潇："二审民事案件适用独任制审理的理性逻辑与进路探索"，载《法律适用》2017 年第 9 期。

法官资源至少是独任庭的 3 倍。如果对上诉案件都适用实质意义上的合议制，在不改变法官编制的前提下，法院处理纠纷的能力就会降低 2/3。在这种现状下，严重的"人案矛盾"导致在二审程序中变相采用独任制审理成了比较普遍的现象。

对于司法实践中存在的"形合实独"现象，很多学者持理解的态度，认为"形合实独"在不违反现行法的前提下在一定程度上缓解了减少法庭人员配备与确保审判受普通程序控制之间的矛盾，有其长期存在的合理性；同时认为实践中二审适用合议制的案件在"形合实独"的运作下依然能够圆满结案并服判息讼，表明相关案件采用独任制审理并非不可行。[1]

对于二审程序适用独任制审判的担忧主要来源于认为合议制更能保障案件正确性的认识。但有学者指出，一般而言，简单或一般案件通常由一名法官即可作出符合法律规律的正确判断，只有复杂疑难的案件才需要相对多的审判人员共同决策以保证正确判断的作出。因此，应根据案件是简单案件还是复杂案件来确定适用独任制或者合议制，而不应以案件的审级作为判断标准。[2]从司法实践中案件的难易程度来看，重大疑难案件毕竟只是少数，因此一审中简单和一般案件占多数，二审也是如此。因此，适用独任制的案件必然应当多于适用合议制的案件。

也有学者研究指出，合议制与独任制在保证案件裁判正确性方面实际上各有优势。[3]合议制审判作为一种群体决策模式，其优势在于集思广益，并通过纠正个体偏差来保证决策的正确性。但是集体决策也存在责任分散、权责不清的特点，如果集体决策的法官不合理使用自己的权力，反而会加剧集体决策的风险；同时集体决策在审判效益方面具有天然劣势。而独任制作为个体决策模式则具有相对高效的特点，其在正确性方面的争议则可以通过高素质法官的设置予以避免。而高素质法官的遴选则正契合我国正在进行的法官员额制改革。作为关系到司法体制改革成败的法官员额制改革的目的即在于提高法官素质，建设一支专业化、精英化的审判队伍。与之相配套，在员额制改革完成之后，在提高精英化法官队伍的工资水平的基础上，强调法官对审判责任的承担，从而从根本上保证公正裁判的实现。因此，员额制的实行意味着法官数量的减少

---

〔1〕 傅郁林："繁简分流与程序保障"，载《法学研究》2003 年第 1 期。

〔2〕 张晋红、赵虎："民事诉讼独任制适用范围研究"，载《广东社会科学》2004 年第 4 期。

〔3〕 荣明潇："二审民事案件适用独任制审理的理性逻辑与进路探索"，载《法律适用》2017 年第 9 期。

以及个体法官素质的提高，可以弱化二审扩大独任法官审判范围对司法正确性影响的担心。

在以上认知的基础上，扩大二审程序中独任制审判的范围已经成为国际社会二审程序改革的潮流。如前所述，德国民事诉讼法也通过司法改革扩大了二审程序中独任法官的适用范围。因此，在我国正在进行的"员额制"改革的基础上，应以独任制与"员额制""团队制"和"责任制"的结合为重点对中、高级人民法院的二审独任审判组织进行合理建构。"独任制法官无从像在合议庭中那样可以将责任推脱给其他法官，不仅责任的载体明确、监督成本较低，而且很容易培养和提高法官的责任意识，自然达到提高审判质量于无形监督——自律之中的效果。"[1]

（四）明确确立不利益变更禁止原则

我国《民事诉讼法》规定在二审程序中，在一定情况下，法院可以依法改判，但是对于如何改判民事诉讼法则没有作出更具体的规定。对于二审法院改判能否作出比原判决更不利于上诉人的判决的问题，尽管"不利益变更禁止"在很多国家作为原则指导着二审程序的判决，但是我国无论是理论界还是实务界对此都没有予以相应的重视。虽然我国存在得更多的是上诉权滥用的问题，但在通过相应程序改革（例如严格上诉条件）的同时，为了保证真正需要上诉的当事人不会因对上诉程序的惧怕而不敢提出上诉，我国也应该明确确立"不利益变更禁止原则"，从而保障当事人正当上诉权的行使，更好地实现二审程序设置的目的。

（五）设置附带上诉制度

如果我国二审程序确立了"不利益变更禁止原则"，那么与之相配套，也应该设置附带上诉制度。所谓附带上诉制度，指的是在一方当事人提起上诉后，被上诉人在已开始的上诉程序中提出的上诉。[2]

根据我国现行《民事诉讼法》的规定，当事人双方可以在收到判决书之日起15日内提起上诉。一方当事人如果上诉而另一方没有提起上诉，法院应当在当事人诉讼请求的范围内进行审理。但是"不利益变更禁止原则"会导致未上诉一方当事人的诉讼请求得不到法院的平等保护。因此，通过附带上诉制度，可以保障未主动提起上诉一方当事人的合法权利。在具体程序设计上，提

---

〔1〕 周军："独任制审判组织适用范围的适度扩张"，载《人民法院报》2007年11月21日。

〔2〕 刘敏："论我国民事诉讼二审程序的完善"，载《法商研究》2001年第6期。

起附带上诉应具备以下条件：附带上诉只能针对上诉人提出；附带上诉在上诉人的上诉期间届满，言辞辩论终结前或判决作出前提出；提出附带上诉应当向上诉法院提交附带上诉状，并在附带上诉状中载明上诉的理由。被上诉人提起附带上诉后，法院应当将其同上诉人的上诉一并审理。

（六）限制发回重审裁判方式

1. 对驳回上诉，维持原判的适用

根据我国《民事诉讼法》的规定，第二审人民法院对于不服一审判决的上诉案件，根据案件的不同情况，可以作出三种类型的裁判：判决驳回上诉，维持原判；依法改判；发回重审。

现行《民事诉讼法》第 170 条第 1 款第 1 项规定："原判决、裁定认定事实清楚、适用法律正确的，二审法院以判决、裁定的方式驳回上诉、维持原判决或裁定。"根据此项规定，"维持原判决或裁定"适用于一审判决、裁定"认定事实清楚、适用法律正确"的案件。但是，在司法实践中如何具体适用《民事诉讼法》第 170 条第 1 款第 1 项则存在争议，因为司法实践中经常会出现原判决、裁定结果正确但认定事实或适用法律错误，或者原判决、裁定结果正确但认定事实与适用法律有瑕疵的情形。有学者认为，即使原判决、裁定结果正确，但在事实认定或者适用法律上错误或有瑕疵也意味着原判决、裁定有错，因此，在二审程序中，应该对事实认定或法律适用进行修改。但另有学者认为，《民事诉讼法》第 170 条第 1 款第 1 项规定的"维持原判决、裁定"应指对裁判结果即判决主文的维持，即使一审在事实认定和适用法律上均有误，但如果二审判决、裁定结果与一审结果相同，就应当维持原判。[1]

对此争议，最高人民法院在 2015 年制定的《关于适用〈中华人民共和国民事诉讼法〉的解释》（以下简称 2015 年《解释》）中予以明确："原判决、裁定认定事实或者适用法律虽有瑕疵，但裁判结果错误的，第二审人民法院可以在判决、裁定中纠正瑕疵后，依照民事诉讼法第一百七十条第一款第一项予以维持。"[2]此项规定在一定程度上支持了维持原判决、裁定应是对裁判结果及裁判主文的维持。其理由首先在于对建立在自由心证制度基础上的法官在裁判上的不同的价值判断的承认。不同的法官由于对作为人类社会伦理基础的价

---

〔1〕 李相波："法官视角下的《民事诉讼法》修改"，载《国家检察官学院学报》2011 年第 5 期。

〔2〕《最高人民法院关于适用〈中华人民共和国民事诉讼法〉的解释》（法释〔2015〕5 号）第 334 条。

值判断存在不同，可能导致在司法裁判上从不同的途径达至相同结果的可能。因此，"一个正确的判决理由可以导致正确的结果，但存在瑕疵的判决并不一定导致错误的结果"。[1]其次，司法解释的制定者还认为裁判的既判力及于裁判结果部分，"认定事实、适用法律包括阐述理由都属于裁判理由"。[2]而二审裁判所作的维持原判决、裁定的裁断所维持的是原裁判的结果。因此，一审裁判在事实认定和适用法律方面如果存在瑕疵，则"仅仅是削弱了裁判结果正当性的基础，而不一定是推翻原裁判结果"。

另外，实证研究发现，在二审案件的处理结果中，维持原判的判决大多数是在纠正"原判决、裁定"的瑕疵后作出的，从而减少司法资源的浪费和当事人的诉讼成本。基于以上理由，1995年《解释》第344条作了如上规定。[3]

2. 对依法改判及撤销原判，发回重审的适用

针对司法实践中存在的对发回重审的滥用问题，2012年在对《民事诉讼法》进行修改时，对发回重审适用的条件进行了重新界定，规定二审法院经过审理，"认定原判决、裁定认定事实错误或者适用法律错误的，以判决、裁定方式依法改判、撤销或者变更"。[4]原判决认定基本事实不清的，可以在查清事实后改判。对于原判决认定事实不清的，二审法院可以在查清事实后改判，也可以撤销原判，发回重审。此次修改改变了之前对原判决、裁定认定事实错误或适用法律错误的案件也可以发回重审的规定，将发回重审的适用范围仅限定于"原判决认定事实不清"或者"存在遗漏当事人或违反缺席判决等严重违反法定程序的情形"。[5]最高人民法院在制定2015年《解释》时，通过第335条的规定进一步明确了何谓"基本事实"不清，何谓"严重违反法定程序"的情形，[6]从而进一步明确和限定了发回重审的适用范围。

但相较于西方国家普遍适用的上诉审法院在发回重审的同时公开自己对一

---

〔1〕 江必新：《最高人民法院关于适用民事诉讼法审判监督程序司法解释理解与适用》，人民法院出版社2008年版，第293页。

〔2〕 李相波："关于《民事诉讼法》司法解释第二审程序修改内容的理解与适用"，载《法律适用》2015年第4期。

〔3〕 李相波："关于《民事诉讼法》司法解释第二审程序修改内容的理解与适用"，载《法律适用》2015年第4期。

〔4〕 2012年《中华人民共和国民事诉讼法》第170条第1款第1项。

〔5〕 2012年《中华人民共和国民事诉讼法》第170条第1款第3、4项。

〔6〕 《最高人民法院关于适用〈中华人民共和国民事诉讼法〉的解释》（法释〔2015〕5号），第335条。

审的法律观点，并且其法律观点对一审具有拘束力的规定，我国在 2012 年对《民事诉讼法》的修改及 2015 年《解释》中均未对二审公开法律观点并约束发回重审案件的审判进行规定，而是在司法实践中通过向原审法院发出《重审意见函》的方式详细说明发回重审的理由，并在其中提出具体指导意见。[1]由于二审法院发出的《重审意见函》不向当事人公开，当事人无法知晓二审法院的处理依据和发回重审的具体理由；同时，以行政化方式发出的《重审意见函》，在审级不独立的背景下，极易导致重审法院以《重审意见函》为标尺作出重审判决，进一步干扰下级法院的审判独立。

因此，对于我国的发回重审制度，在现行修法限制其适用范围的基础上，我国最好参照《德国民事诉讼法》的发回重审制度进行进一步的完善。首先，在特定情况下尊重当事人的程序选择权，在一方当事人申请发回重审时，对一审未全面调查认定事实的案件可以发回重审；同时在具体程序设置上，为避免二审程序的浪费及更好地发挥上诉审法院的监督功能，应规定二审法院发回重审理由向当事人公开、向下级法院公开的制度。通过向当事人公开，可以利用当事人的处分权和辩论权的行使来约束重审法院既受上诉审法院意见的指导，又不会完全复制上诉审法院的指导意见，而应在事实审查的基础上作出合理的裁断。

（七）实行有限的三审终审制

基于西方国家普遍存在的三审终审制的启示，以及我国现有的审级制度无法发挥统一法律适用的功能的缺陷，可以实行有限的三审终审制，赋予不服二审裁判的当事人"再次上诉"的机会，从而部分缓解申请再审及信访的压力。三审的目的应限定于实现司法统一的"法律审"，即只审理法律问题并作出可供下级法院参考适用的指导性判决，而非纠正下级裁判的事实认定错误。因此，第三审法院只受理法律解释、适用的争议，当事人对事实认定有争议的，只能通过审判监督程序解决。第三审应当实行裁量受理，由三审法院对当事人提起的上诉进行审查甄别，挑选具有普遍意义或者公共价值的案件进行三审。

与三审制相配套，还应该建立"飞跃上诉"制度。当事人在一审判决之后，如果认为一审裁判在事实认定上没有问题，而是在法律适用上有问题，可以向原审法院提出直接上诉至三审法院的申请。原审法院在接收申请后如果认

---

〔1〕 杨瑞："民事审级制约机制研究"，武汉大学 2009 年博士学位论文，第 113 页。

定该案涉及重大、新颖、疑难法律问题或者该法律问题具有普遍意义的，应当在审查申请理由的基础上及时作出裁定，并将当事人的申请书等诉讼材料一并转交三审法院。如果原审法院没有同意当事人的申请，则当事人可以直接向三审法院提起"飞跃上诉"，由三审法院直接裁量。

  总之，审级制度作为一国司法制度的重要组成部分，其合理设置可以实现保证司法正确性、法律在全国的统一适用及保障司法终局性的目的。我国的审级制度在多年保持两审终审制的基础上，通过历次改革对具体程序进行了多次修改，日趋完善，但仍然有许多需要进一步完善的地方。通过对审级制度理论的再探讨，在比较研究的基础上，通过司法改革对我国审级制度进行改革和完善必定有利于我国整体司法制度的完善。

我国民事再审程序立法的检讨与展望

李 响*

如果把我国民事诉讼法比作一位女士，那么其虽然在社会主义法律体系大家庭中向来不如刑法或民法这样的长兄长姐般受宠，却也自诩为大家闺秀且颇有爱美之心。但她在长大成人的过程中总对自己五官中的一处颇不满意，不仅在平时想尽办法涂脂抹粉想要加以修饰，而且还在近些年来接连做了两次整形手术以期彻底改观，只是至于最终效果如何就见仁见智了。

不难猜到，这处自新中国成立以来便改动频频的五官就是再审程序，作为整部民事诉讼法当中最饱含原创精神的部分，学界的评价可谓两极分化，喜好者赞之为保证裁判公正、维护合法权益的国之干城，而厌恶者则斥之为搅乱审级秩序、动摇司法权威的罪魁祸首，但双方却也难得地一致认为：再审程序立法目前远未达到令人满意的程度。本文将以长线视角，通过回溯我国再审程序在几次关键修法节点的表现，来检讨再审程序在试图用理想照进现实过程中的不尽如人意之处，并对其将来的改革路径提出些许展望。

一、再审程序成长的烦恼

（一）迷惘的概念

再审程序，是指法院基于一定的事由，对判决、裁定和调解书已经发生法律效力的案件再一次进行审理并作出裁判所适用的审判程序。[1]究其本质而言，因为再审程序最终呈现的法律效果是有可能将法院终审作出的生效裁判"推倒重来"，所以应定位为对法律上本应已经解决的民事纠纷重新进行审查、

---

* 李响，中国政法大学副教授，法学博士。

[1] 《民事诉讼法学》编写组编：《民事诉讼法学》，高等教育出版社 2017 年版，第 310 页。

审判的一种"非常规的"救济程序。[1]

在我国，再审程序作为一项特殊的权利救济程序，不仅关系到生效裁判案件当事人甚至是案外人的利益，而且还牵涉到人民法院和检察机关的角色定位与关系平衡，因此，民事诉讼法将其规定在了"审判监督程序"一章。但对于再审程序与审判监督程序之间的关系，理论界向来众说纷纭，常见的主要有以下四种不同的看法，尚未形成具有统治力的通说：

第一种是"等同说"，即认为审判监督程序就是再审制度，是为了保证法院生效裁判的公正，对已经发生法律效力的确有错误的判决、裁定和违反自愿原则或者内容违法的调解书再次进行审理的程序制度。[2]

第二种是"审判监督程序大概念说"，即认为审判监督程序包括再审程序。再审程序仅指对已经发生法律效力的裁判再次进行审理的程序；而审判监督程序还包括启动程序以及法院决定是否提起再审等制度规定。[3]

第三种是"并行说"，即认为审判监督程序是启动再审程序的前置程序；再审程序是审判监督程序的后续程序。[4]

第四种是"再审程序大概念说"，即认为再审程序包括审判监督程序，审判监督程序只是启动再审程序的方式。[5]

从法教义学的立场来看，我国除当事人申请之外，还有法院启动和检察机关启动两种再审启动方式，体现了公权力从诉讼的内部和外部分别实施"审判监督"的作用，由此可见，民事再审程序与审判监督程序在启动再审的主体、目的和法律效力上的确存在很大区别，实在不应混为一谈。[6]但由于实务界在具体适用过程中通常对这两个概念并不刻意加以区分，而且出于不同部门法之间协调统一的考虑，立者也在《民事诉讼法》当中不假思索地沿用了《人民法院组织法》《人民检察院组织法》以及《刑事诉讼法》等法律采用的将"审判监督程序"作为章节统称的做法，因此，基于现行法的规定，我们只能对"审判监督程序"的内涵作扩大化解释，它既包含传统上的审判监督意义，也

---

〔1〕 王亚新："民事再审：程序的发展及其解释适用"，载《北方法学》2016年第5期。
〔2〕 章武生："再审程序若干问题研究"，载《法学研究》1995年第1期。
〔3〕 张卫平："民事再审事由审查程序的法定化"，载《法学》2000年第2期。
〔4〕 江伟：《民事诉讼法原理》，中国人民大学出版社1999年版，第668页。
〔5〕 江伟：《民事诉讼法》，北京大学出版社2000年版，第294页。
〔6〕 王亚新："'再审之诉'的再辨析"，载《法商研究》2006年第4期。

包括现代意义上的再审含义。[1]

尽管我们在理论当中可以容忍一定限度的求同存异，将审判监督程序基本等同于再审程序，然而真正值得警惕的却是潜伏在妥协论调背后的思想根源。这样一种叠床架屋的立法体例实际上体现了，我国民事再审程序原初的设计理念正是以当年苏维埃俄国为蓝本，属于权力形成型的再审程序，与大陆法系权利保障型或英美法系程序救济型均有所不同，其以国家职权干预为信条、以审判监督权力为基础，反映出了强职权主义诉讼模式的典型特征。稍加梳理不难发现，我国民事再审程序立法五十多年来的进化演变，在很大程度上就是一部与这种与生俱来的强权主义基因相抗衡，逐步在符合中国国情前提下向当事人主义靠拢的历史，是中国特色社会主义法治理论和司法实践不断丰富并科学化的过程。

我国民事再审程序中的某些具体制度设计，与民事诉讼法基本原则之间会否形成紧张关系，也一直都是学者们所关心的问题。例如，受苏联法律监督理论的影响，检察院在我国被定位为法律监督机关，在民事诉讼中享有广泛的个案监督权，起到的不仅仅是对重大公益案件的"兜底"作用，对于其他抗诉事由，都可以依职权进行审判监督。由此可见，检察机关在民事再审程序中扮演了重要角色，尤其是 2012 年对《民事诉讼法》的修改又大大拓宽了检察监督的方式、范围和手段：检察机关可以采取抗诉、再审检察建议等方式；检察监督的范围中增加了可以对损害国家利益、社会公共利益的民事调解书予以监督的规定；检察机关在开展法律监督活动时有向当事人或案外人调查核实相关情况的权力。然而，检察机关通过抗诉启动再审程序是否会在事实上破坏法院依法独立审判的原则，却时常引起争论。

有观点认为，审判独立原则并不当然排除检察机关对民事诉讼活动的监督。该观点主要是从价值位阶角度论证的：因为在民事诉讼中规定检察机关对民事诉讼活动的监督是为了实现司法公正，司法公正是比审判独立更高的价值取向。[2]因此，应当肯定检察机关监督民事诉讼活动的权力，其并不与法院依法独立审判原则相冲突。另一种观点认为，检察机关对民事诉讼活动的介入是对法官独立行使审判权、自由裁量权的破坏，尤其是现行《民事诉讼法》在实际上加强了检察院检查监督权，却没有规定具体的行使方式和限制，使得检察

---

[1] 王亚新："民事再审：程序的发展及其解释适用"，载《北方法学》2016 年第 5 期。

[2] 徐汉明等：《中国民事法律监督程序研究》，知识产权出版社 2009 年版，第 96~97 页。

院的抗诉权更具有一定的随意性。而且现行《民事诉讼法》对检察机关在再审诉讼中，特别是再审庭审阶段的职责定位并不明确。如果检察机关提起抗诉启动了审判监督程序后，又作为该程序的监督者而存在的话，那么难免会出现"既是运动员又是裁判员"的荒唐结果。[1]

此外，对于检察机关启动再审程序和当事人处分权之间的关系，在理论界也一向不乏争议。考虑到民事纠纷的私权属性和当事人处分原则的要求，在国外，再审程序的启动一般都掌握在当事人的手中。例如，美国的再审程序规定，当事人可以在法定时间内向原审法院就判决的事实问题或法律问题提出重新审理的动议；逾期没有提出动议的，可以在符合法定事由的情况下申请再审。德国的再审之诉分为取消之诉和恢复原状之诉，当事人可以在法定时间内提出再审之诉，要求重新审判，推翻原判。日本的再审制度启动方式与德国类似，当事人可以在法定情形之下对于生效的终局判决提出再审之诉。由此可以看出，这些国家的再审程序是由当事人主动行使处分权而启动的，若当事人认可裁判的结果，便意味着本案诉讼程序结束，不会继续使得相关身份关系和财产关系处于不稳定的状态；若当事人认为该具有终局效力的判决存在实体上或程序上的缺陷，则可以通过提出再审申请或者再审之诉请求有关法院予以撤销。而在我国的再审程序中，最高人民检察院或者上级人民检察院可以依照法定程序提出抗诉，且提出的抗诉可以直接启动再审程序，法律监督权的扩张显然造成了与当事人对其民事诉讼权利和诉讼权利的处分权之间的冲突。正因为如此，针对检察机关依职权启动再审的合理性和必要性，理论界向来存在否定说、强化说和折衷说。[2]折衷说在过去长时间占据主导地位，即认为检察机关抗诉监督在现阶段不能取消，而应当因势利导，要求检察监督只能限于涉及国家利益和社会公共利益的范围内。但在2012年以后，主流观点由折衷说渐渐转为强化说，即主张完善和加强民事检察监督，而又由于法律不可能对民事检察监督和当事人处分权之间的关系进行穷尽式规定，因此也就需要法院和检察院在个案中遵循法律原则，以司法公正、人民福祉为导向进行具体操作。

（二）纠结的功能

民事诉讼法是国家的基本法律，是民事诉讼活动必须遵守的程序规范，为

---

〔1〕 江必新、孙祥壮、王朝辉：《新民事诉讼法审判监督程序讲座》，法律出版社2012年版，第138页。

〔2〕 江必新、孙祥壮、王朝辉：《新民事诉讼法审判监督程序讲座》，法律出版社2012年版，第139~140页。

实体法律的公正实现保驾护航，而再审程序因为具有以生效的法律文书为对象，在符合法定的情形下能够"刺破"既判力束缚的特点，历来是民事诉讼修法的重点与难点。具体而言，由于再审程序向来都是一种非通常性、非普适性、事后性的特殊救济渠道，其既非民事案件审理必经的程序环节，亦不同于三审终审制中的独立审级，甚至容易对在民事诉讼法中受到普遍遵从的裁判确定性、程序安定性、司法终局性、程序高效性等价值观念构成直接伤害，因而始终扮演着"紧急出口"和"消防通道"的角色。[1]但是对于这样一种重要且边缘的法律制度，如何把握好它在民事诉讼舞台上的登场时间与角色戏份，让它能够做到"场下安之若素，场上力挽狂澜"，同时又极力避免"平时喧宾夺主，用时漏洞百出"，其中微妙尺度拿捏，着实考验着立法者的智慧。

纵览再审程序在新中国立法史上留下的几个重要时刻，不难发现它与整个民事诉讼法律体系几乎是同步成长起来的，自 1950 年颁布《中华人民共和国诉讼程序试行通则（草案）》确立民事审判监督程序以来，其就一直作为非常态救济程序存在于我国民事诉讼程序中，尤其是历次《民事诉讼法》修订都少不了它的身影。

其中，1982 年《民事诉讼法（试行）》第 14 章采用 4 个条文规定了再审程序，规定得较为粗糙。[2]根据这些条文，当时我国民事诉讼制度上只存在一种启动再审程序的途径，即法院依职权提起再审。[3]另外，该法第 158 条还规定了当事人可以向原审法院或上级法院对生效判决提起申诉，即再审程序呈现出"申诉（信访）+依职权再审"的结构。在这种结构下，诉讼外的申诉与诉讼程序混合在一起，导致了沈德咏大法官所总结的"五个不限"的混乱现象，即申诉理由无限制、审级无限、时间及次数无限、案件的范围无限、申诉的主体资格无限等。[4]在追求客观现实、无限纠错的理念之下，对再审的错误定位使得其成了法院内部的纠错工具。这里，"申诉权"也并非严格意义上的诉讼

---

[1] 傅郁林："审级制度的建构原理——从民事程序视角的比较分析"，载《中国社会科学》2002年第 4 期。

[2] 刘洋、宋冰、李斌英：《我国民事审判监督程序的反思与重构》，知识产权出版社 2008 年版，第 17 页。

[3] 原文："各级人民法院院长对本院已经发生法律效力的判决、裁定，发现确有错误，需要再审的，提交审判委员会讨论决定。最高人民法院对地方各级人民法院已经发生法律效力的判决、裁定，上级人民法院对下级人民法院已经发生法律效力的判决、裁定，发现确有错误的，有权提审或者指令下级人民法院再审。"

[4] 沈德咏："审判监督工作改革若干问题"，载《人民司法》2001 年第 8 期。

权利，只是一种民主权利，缺乏与之配合的诉讼程序和诉讼的制度保障。

作为我国第一部正式的《民事诉讼法》，1991 年《民事诉讼法》第 16 章采用 12 个条文规定了再审程序。1991 年《民事诉讼法》保留了法院依职权启动再审的规定，新增了上一级检察机关对生效法律裁判提出抗诉这一启动再审的途径，并将当事人提出"申诉"修改为提出"再审申请"，表明了立法机关的理念开始发生转变。但此时的"再审申请"本质上与"申诉权"是如出一辙的，对于范围和效果的规定还受到了更多的限制。[1]同时，该法规定了申请再审期限、再审事由等程序性事项，在一定程度上体现出了再审程序的特殊性。但由于相关规定较为粗略和简易，再加上审理范围过宽、程序不独立等问题仍未解决，该法并没有从根本上改变"申诉（信访）+依职权再审"的结构和"诉访不分"的情况。

2007 年 10 月 28 日，第十届全国人大常委会第十三次会议作出《关于修改〈中华人民共和国民事诉讼法〉的决定》，对 1991 年《民事诉讼法》中再审程序的修改一共涉及 7 个条文，囊括了申请再审事由、申请再审的审查程序和审查期限、检察机关实施法律监督等内容。[2]这次修改强调了保障当事人获得救济的程序权利，把当事人申请提升为启动再审程序的主要途径，并对再审程序的具体构造进行了细化规定，规定再审程序管辖级别向上提一层的管辖制度。然而，对于这次修改取得的效果，理论界的评价褒贬不一：大部分学者都认为2007 年对审判监督程序的修改主要涉及对再审程序的进一步完善和对再审事由的重新设定，其中对再审事由的重新设定是该次修改审判监督程序的亮点，其试图破解"申诉难"所作出的努力应该给予积极评价；[3]但也有相当多学者认为 2007 年《民事诉讼法》的修订是"闭门造车"的产物，并没有充分考虑此前学界对于有关问题的深入且较为成熟的讨论，也没有详细斟酌具体情况，修订的科学性和力度并不大；[4]还有一部分学者指出再审程序在此次修改中仍然被定位为"纠错"，而其价值应当是当裁判的公信力由于某种外在形式上的

---

〔1〕 汤维建："从模式比较的视角看我国民事再审制度的改革与完善"，载《时代法学》2006 年第 4 期。

〔2〕 江必新、孙祥壮、王朝辉：《新民事诉讼法审判监督程序讲座》，法律出版社 2012 年版，第 4页。

〔3〕 汤维建：《民事诉讼法全面修改专题研究》，北京大学出版社 2008 年版，第 370、371、377页。

〔4〕 赵钢："仓促的修订，局部的完善——对关于修改中华人民共和国民事诉讼法的决定的初步解读"，载《法学评论》2008 年第 1 期。

瑕疵而受到动摇时对裁判公信力的恢复，"纠错"只能被认为是在原审裁判被改变时的附加功能。[1]

仅仅过了不到 5 年时间，第十一届全国人大常委会第二十八次会议便于 2012 年 8 月 31 日通过了《关于修改〈中华人民共和国民事诉讼法〉的决定》，再审程序又一次成为修改对象。此次修改进一步规范了当事人申请再审的途径和要求，强化了检察监督的范围、方式、手段，明确了"法院纠错先行，检察监督断后"的有限再审模式等。[2]经过此次修改，我国再审程序的构造呈现为明显的"二阶段性"特征，即"三种再审启动方式+本案再审程序"的基本结构，从"诉访不分"且强调职权性纠错的状态转化为诉讼程序与信访申诉相对分离。[3]

但凡修改从未缺席的现象，固然体现了再审程序在民事诉讼法当中的重要地位，却也从另一个侧面反映出了其"永远在路上"的无所适从状态，而一次次的自我否定更是暴露出了我们对再审程序任务与使命的理解还存在明显不足。毋庸讳言，我国民事再审程序一贯是以"实事求是，有错必纠"原则为指导思想的，对此各个历史时期的民诉法学界代表性人物都有过清晰阐述：如柴发邦教授在其主编的《民事诉讼法教程》中就指出，民事诉讼规定的再审程序，从制度上保证了有错必纠原则的实现；[4]江伟教授在其主编的《中国民事诉讼法教程》中也说，再审程序体现了我国审判工作中的实事求是、有错必纠原则；[5]张卫平教授在《民事诉讼法教程》中亦表明，设立再审程序是实事求是、有错必纠原则在我国民事诉讼中的具体表现。[6]

在此思想引导之下，再审程序的功能理所当然地被概括为"纠错"，即民事再审程序的核心功能在于有限纠错，针对那些满足法定情形的、造成实体权益或程序权益之严重损害且具有救济的必要性与可能性的生效裁判，提供特殊

---

〔1〕 陈桂明："再审事由应当如何确定——兼评 2007 年民事诉讼法修改之得失"，载《法学家》2007 年第 6 期。

〔2〕 江必新、孙祥壮、王朝辉：《新民事诉讼法审判监督程序讲座》，法律出版社 2012 年版，第 2 页。

〔3〕 王亚新："民事再审：程序的发展及其解释适用"，载《北方法学》2016 年第 5 期。

〔4〕 柴发邦：《民事诉讼法教程》，法律出版社 1983 年版，第 370 页。

〔5〕 江伟：《中国民事诉讼法教程》，中国人民大学出版社 1990 年版，第 334 页。

〔6〕 张卫平：《民事诉讼法教程》，法律出版社 1998 年版，第 349 页。

性、非通常性的事后补救。[1]于是，这些年翻来覆去修法的进步意义主要在于，从职权型的"有错必纠、全面纠错"向诉权型的"依法纠错"转变。这种浓郁的"纠错"氛围造成了民事纠纷的解决向来缺乏"终局性"意识。即使我国现已基本建立起近代的司法制度体系，司法实务中践行裁判的既判力等理念依然存在障碍，易于推翻或改变生效裁判无疑是对裁判结果终局性和司法程序严肃性的冲击，使得相关当事人长期处于不稳定的法律关系之中，并带来司法成本的增加。加之法院依职权再审、检察机关抗诉再审的渠道存在，应当作为"非常规"救济方式的审判监督案件大量存在，由此也引发了多种弊端。北京大学潘剑锋教授认为，正是因为我国现行的制度设计和司法实践都没有体现出审判监督程序的特殊性，导致了司法实践中"再审通常化""终审不终"等问题长期存在。[2]

与此同时，随着民事诉讼法逐步向现代化迈进，以合作而非对抗为价值取向的崭新诉讼理念开始渗透民事诉讼制度的各个方面，无时无刻不在提醒我们有必要超越以先验主观为基础的、建立在伪唯物主义之上的，以"对错"作为裁判评价标准的狭隘视野。因此，我国民事再审程序这么多年依然没有发育完全，症结就在于落后的指导思想导致其始终停留在以"纠错"为核心功能的初级阶段上，不仅无法为更为广义的民事裁判提供正当性基础，而且也无助于建立国民对司法权能的合理期待，甚至能否如愿实现接近正义的最低限度目标都颇为可疑。

公允地说，在探寻再审程序功能的过程中，为了摆脱"纠错说"的约束，学者们也做出了很多尝试，主要形成了以下几种观点：一是"权利救济说"，该说相信再审程序的功能在于"克服瑕疵裁判、实现权利救济的客观需求"；[3]二是"维护裁判权威说"，即再审的功能是维护裁判的公正和权威；[4]三是"补充性权利救济说"，该说在反对"纠错说"和"维护裁判权威说"的基础上，提出再审的功能是补救一审、二审中权利保障的不足之处。[5]应当说，上

---

〔1〕 韩静茹："错位与回归——民事再审制度之反思——以民事程序体系的新发展为背景"，载《现代法学》2013 年第 2 期。

〔2〕 潘剑锋："程序系统视角下对民事再审制度的思考"，载《清华法学》2013 年第 4 期。

〔3〕 邵明："现代民事再审原理论——兼论我国民事再审程序的完善"，载《人民大学学报》2007 年第 6 期。

〔4〕 陈桂明："再审事由应当如何确定——兼评 2007 年民事诉讼法修改之得失"，载《法学家》2007 年第 6 期。

〔5〕 任俊琳："民事再审功能的重新审视——兼评我国民事诉讼法第 179 条的再审条件"，载《法学杂志》2012 年第 10 期。

述多样化观点的形成源于不同主体各自出发点和基本视角的差异，事实上，再审程序的正当化运行，对于纠正裁判错误、维护司法权威、救济民事权益、实施公权监督等均具有不同程度的正面作用。因此，还有一些学者综合以上观点提出了"多元说"，将"纠正错案、维护司法公正、保护当事人合法权益"等均列为再审程序的功能，并渐渐为多数民事诉讼法学教科书所采纳。[1]但不得不说，这样和稀泥式的主流见解除了由于目标分散而进一步模糊了再审程序的任务定位以外，对于揭示其功能实质没有更多的意义。或许在整个中国民事审判制度向现代化转型完成以前，任何试图将再审程序的使命从为个案正义托底方面转移开来的努力都是在缘木求鱼。

二、再审程序实践的困境

（一）混乱的再审启动程序

再审程序在我国设置之初就被认为是一种特殊的救济程序，旨在起到消除和纠正已形成的裁判中的错误的积极作用。[2]既然是救济程序，就意味着再审程序的适用标准应当比一审、二审的标准更为严格，但裁判终局性作为诉讼审判基础属性观念的缺失，使得再审作为一种常态化救济程序遭到频繁启动，这不仅威胁到我国两审终审制的审级制度，使民事案件陷于"终审不终"的困境，同时还使再审程序沦为常设性程序，影响民事诉讼法的根基。

就启动主体与方式而言，1982 年制定的《民事诉讼法（试行）》将再审程序提起的主体局限于法院，对生效裁判不服的当事人仅可以申诉的方式寻求纠错的救济，开启再审程序的钥匙牢牢掌握在法院的手中，法院从中发现裁判错误，并依职权裁定再审。这种"申诉+依职权再审"的程序构造，导致了诉讼程序与诉讼外程序的交织，致使裁判的稳定性乃至社会的安定性受到了申诉这一无限制行为的极大冲击。到了 1991 年，在保留了法院依职权提起再审规定的基础上，《民事诉讼法》将关于审判监督程序的规定扩张到了 12 条，并将当事人申诉改为了可以向原审法院或者上一级法院申请再审，同时也增设了检察院提起抗诉引发再审程序启动的规定，在立法上首次出现了三种再审程序启动方式并行的局面。2007 年《民事诉讼法》修法时，立法者则将目光集中在了再审程序上，包括对当事人提起再审程序法定事由的扩张、申请再审材料的审查等，自

---

〔1〕 王晨光："民事再审程序的思考"，载《法律适用》2013 年第 4 期。

〔2〕 齐树洁："再审程序的完善与既判力的维护"，载《法学家》2007 年第 6 期。

此，我国民事再审程序的构造已经具备较为完备的形态。2012 年，《民事诉讼法》再一次修改，该法尽管对当事人申请再审的法院级别、应当再审的法定情形、对调解书的再审、提起再审期限等进行了补充规定，但对于再审程序中早已存在的疑难问题并未起到显著的解决作用。

具体说来，现行法上我国民事再审程序已呈现出诉讼与申诉状态相分离且以当事人申请再审为主，辅之以人民法院内部监督纠错以及人民检察院外部监督纠错的三位一体的制度形态。[1]法院、检察院和当事人均可以依法启动再审程序，三个主体启动再审的方式在程序逻辑或环节上有先后之分。原则上，当事人应先向法院申请再审，经相应的处理之后才能向检察院申请抗诉或提出检察建议。虽然从法理上看，无论是法院依职权再审还是检察院抗诉或提出检察建议，都无须以当事人的救济诉求作为制度上的前提（例如，因双方当事人恶意串通的虚假诉讼而导致生效裁判给国家或公共的利益造成损害，就属于法院或检察机关主动纠错的情形），但我国的实际情况却是，由公权力机关行使的审判监督绝大部分都只因当事人或利害关系人强烈甚或反复不断地要求才会启动。再审启动后，对生效裁判已解决的民事纠纷重新进行审理的再审程序，则成了审判监督制度的第二阶段。显而易见，完善再审程序，首先应当完善其准入程序，即如何能在民事诉讼理念框架下更加合理地启动再审程序。而启动主体过多及其导致的职权干预犹存恰恰是目前再审程序最为人所诟病的地方。

不同于大陆法系与英美法系中的程序设置，我国民事再审程序由于受到苏维埃俄国的影响，从权力监督和权力制衡的角度考虑，在规定了当事人申请再审之外，还将法院、检察院共同列为启动再审程序的主体。尽管从积极的方面看来这极大地增加了再审程序的覆盖面积，但过多的启动主体也必然会导致资源错配与程序投机的现象盛行，尤其是为国家公权力机关保留主动介入私权的渠道，几乎等同于为后来的职权干预打开了方便之门。

首先，法院作为再审启动主体存在极大的不合理之处。第一，法院作为审判权的主体能够依职权启动审判监督程序，不仅不符合审判权的独立原则，而且也是对"诉审分离"基本原理的背离。审判权是消极、被动的权力，其中立性是公正裁判的基础，法院作为居中的裁判者不能成为程序的发动者，而应当由当事人基于诉权行使启动程序的权利，法院行使的是基于审判权对当事人的诉讼请求进行审理裁判的权力。第二，民事诉讼解决的是当事人之间的私权纠

---

[1] 王亚新："民事再审：程序的发展及其解释适用"，载《北方法学》2016 年第 5 期。

纷，当事人在诉讼过程中享有处分权，可以自由处分自己的权利，法院主动决定再审，严重侵犯了当事人的处分权。对此，杨秀清教授明确指出，法院基于审判监督权主动发动再审程序的实质是法院的"自诉自审""诉审合一"的行为，是无视当事人处分权的极致体现。[1]第三，根据审监分离的原则，对于法院作出的裁判应当由其他主体进行监督，由法院系统实行自我监督，监督效果可想而知。更何况，在各类诉讼案件中，民事案件的数量多、比例大，上级法院主动对几十万甚至上百万份民事判决实施监督根本就不具有现实可能性。从司法实践来看，法院通过主动审查发现错误启动再审的案件很少，这也不符合法律规定的初衷。第四，既判力理论强调维护终局裁判的稳定性，它要求法院不得任意撤销、变更终局裁判，以达到司法对纠纷的终局性解决的目的，而法院依职权启动再审正是对终局裁判稳定性的否定，与既判力理论存在冲突。同时，法院推翻自身裁判后重新进行裁判的行为，也实在有损司法公信力。第五，法院依职权提起再审最初的重要性主要建立在"诉访不分"的现实状况之上，其强烈的职权性与我国民事诉讼日益强调意思自治、向当事人主义转型的趋势存在深刻的矛盾。

自20世纪90年代以来，法院依职权再审应如何规定或者是否应当取消已成为理论界和实务界的热门话题。由于法院主动发起再审存在上述多方面的缺陷，不少学者和司法实务部门人士认为应当取消依职权再审。[2]通过横向比较，我们也可以发现关于法院是否可以作为提起再审的主体，大陆法系国家多采取否定态度。《德国民事诉讼法》规定原判决的当事人双方在符合法律所规定的再审理由的情况下，均可向法院提出再审申请，由法院决定是否进行再审。[3]《法国民事诉讼法》规定可以提出再审申请的人应当是一审诉讼中的当事人或者在一审诉讼中由他人代理诉讼的人，应当有诉讼能力与诉讼利益，若原判决仅仅是一审判决，可以提出再审申请的人与可以向上诉法院提出上诉的人相同。[4]日本法认为提起再审的当事人必须具有提起再审之诉的权利，一般来说，再审原告是接受确定判决的效力，但对此享有不服并有权请求撤销利益

〔1〕 杨秀清："民事再审制度的理论阐释"，载《河北法学》2004年第5期。

〔2〕 江必新：《新民事诉讼法理解适用与实务指南》，法律出版社2015年版，第758页。

〔3〕 乔欣：《外国民事诉讼法学》，厦门大学出版社2008年版，第265页。

〔4〕 ［法］让·文森、塞尔日·金沙尔：《法国民事诉讼法要义》（下），罗结珍译，中国法制出版社2001年版，第173页。

的人，通常认为是败诉一方当事人，在特定情况下，也扩展到其他主体。[1]我国台湾地区"民事诉讼法"关于再审程序的提起主体亦是限制在当事人的范围之内。[2]

我国立法机关坚持将法院作为再审程序提起的主体之一，可能与我国职权主义诉讼模式观念根深蒂固有关。法院奉行有错必纠的原则，当事人即使未对生效判决提出异议，法院自行发现错误的，也可以提起再审。有学者对此提出了批判，认为"处分权和处分原则的设置，关系到整个民事诉讼程序的价值目标，关涉到法院和当事人在民事诉讼中的地位和作用，承载着整个民事诉讼程序的价值目标，规定这项基本原则就是为了摆正当事人和法院之间的关系，确立当事人诉讼权利对法院审判权力的制约地位，这是全部民事诉讼法的基础"。[3]从理论上来说，法院依职权启动民事再审违背了当事人处分权原则以及民事裁判的既判力。司法实务上也有人认为既然立法上已确立再审之诉，当事人申请再审已有合法途径，那么，法院依职权决定再审的权力就应当受到限制。在2007年修改《民事诉讼法》的过程中，有人建议取消法院依职权再审的规定，但立法机关认为法院依职权启动再审可以为当事人提供更充分的救济。在2012年修改《民事诉讼法》的过程中，最高人民法院也曾试图提出取消法院依职权启动再审的建议，但立法机关仍以同样理由驳回了该建议。总之，就目前的立法意图而言，立法机关依旧倾向于不宜直接剥夺法院依职权提起再审的权力，而在制度设置上将当事人的再审诉权置于绝对优先的地位，并辅之以法院依职权再审。易言之，法院启动再审的救济途径不应过于频繁地使用，而应尽量"悬而不用"。[4]

区别于当事人申请再审以及检察机关抗诉再审的标准为是否具有法定再审事由，法院依职权再审以"确有错误"为启动标准，该标准显然具有过于笼统、模糊的浓厚主观主义色彩。最高人民法院的观点是在依职权提起再审中的"确有错误"标准，应当接近或者等同于改判的标准，但实际上改判的标准本身亦是不明确的。

其次，现行民事诉讼法允许当事人申请启动再审程序，一方面是把申请再

〔1〕 乔欣：《外国民事诉讼法学》，厦门大学出版社2008年版，第277页。
〔2〕 参见我国台湾地区"民事诉讼法"（2014年修订）第496~507条。
〔3〕 肖建国：《民事诉讼程序价值》，中国人民法学出版社2000年版，第151页。
〔4〕 江必新、孙祥壮、王朝辉：《新民事诉讼法审判监督程序讲座》，法律出版社2012年版，第33页。

审视为当事人针对生效裁判寻求纠错救济的权利；另一方面，相比其他两个主体，又对当事人主体在提起时间、再审事由、申请程序等方面进行了严格约束，并使其受制于其他两大主体。当事人申请再审需要经过法院的审查程序，而并不必然启动民事审判监督程序，与法院依职权和检察院抗诉必然会启动审判监督程序不同。这是因为在对应权利（权力）上，当事人的提起依据仅为尚未上升到诉权层面的"申请再审"，而法院、检察院依据的则是根源于国家权力的监督权。可见，在我国民事审判监督程序的制度设计中，当事人主体实际上被置于三大主体中的次要地位。

然而，从实践上来看，我国绝大多数的民事再审案件都是由当事人的申请行为或申诉行为引起的，由法院主动决定再审的情况极少发生，检察院的抗诉案件也大都来源于当事人的申诉。1991 年《民事诉讼法》修改时，立法者将"申诉"修改为"申请再审"，是对当事人诉讼权利保障的表现，开启了再审程序启动诉权化的先河。当事人的诉权与处分权制约着法院的裁判权，意味着法院不仅不能随意对其进行干预，还应当充分保障诉权与处分权的行使。张卫平教授认为，司法裁判的消极性决定了法院不应当主动纠正错误的判决，而检察院的抗诉理由几乎全部来源于当事人，因此，深入到制度的内在层面，应当将再审制度的基础置换为当事人的再审诉权。[1]2007 年《民事诉讼法》虽已认识到了这个问题，并通过对当事人申请再审权利进行诉权化改造的方式，以当事人进行诉讼的模式完善再审程序的各项制度，使申请再审诉权化、程序化，[2]但不可否认的是，理论界普遍认为现行法对当事人诉权的实质保障远未实现。

诉权是当事人请求法院对其民事权益进行司法保护的权利，是使民事诉讼程序发生的权利。对于当事人来讲，诉权是进行诉讼的前提，也是当事人是否能够获得法院胜诉判决的关键。对于法院审判权来讲，诉权是审判权行使的条件，审判权是诉权行使的结果。因此，我国《民事诉讼法》必须明确再审之诉的诉权的性质，并由此构成再审制度设立的基础。大陆法系的代表性国家均在民事诉讼中设置了再审程序，并将再审程序视为再审之诉，目的在于维护法律上受保护之利益。如德国在《德意志联邦共和国民事诉讼法》中将再审程序分为两种形式：取消之诉、恢复原状之诉。取消之诉主要针对因程序瑕疵而导致

---

〔1〕 张卫平："民事再审：基础置换与制度重建"，载《中国法学》2003 年第 1 期。

〔2〕 江必新："最为核心的改革理念是建立了再审之诉"，载《法制日报》2008 年 12 月 7 日。

判决不当的情形，恢复原状之诉主要在于弥补因实体问题导致判决瑕疵的问题。[1]《法国民事诉讼法》将有重大瑕疵的确定判决进行补救的程序称为"非常上诉途径"，其中包括重审即再审之诉、第三人异议、向最高法院上诉三部分内容。法国法上的申请再审"旨在撤销已经发生既判力的判决，以期在法律和事实上重新作出裁判"。[2]《日本新民事诉讼法》第 380 条第 1 款规定："对于确定的终局判决，可以以再审之诉提出不服声明。"由此不难看出，日本民诉法对再审的理解是"当事人对已经确定生效的终局判决，以法律规定的事由，请求法院对其进行重新审判的救济方法"。[3]

若再审申请权为诉权，则意味着当事人有诉存在是再审程序启动的前提，法院必须对此种诉加以审查并作出回应，同时，当事人诉权可对法院审判权形成制约，在对此种诉的形式审查之后，法院即应当开启诉讼程序。至于再审之诉中实体问题的错误，依赖于通过再一次的审判加以修正。从此种意义上来说，我国的再审申请与再审之诉相差甚远。根据我国《民事诉讼法》第 199 条与第 200 条的规定，当事人申请再审后，由法院认定再审事由是否成立，属于《民事诉讼法》第 200 条的法定的再审事由，人民法院才应当裁定再审。对于第 200 条的法定再审事由，其中不乏涉及实体争议的部分，如主要证据的认定等。这一立法意味着当事人只有申请的权利而案件是否会重新进入到审理程序，则由法官进行裁定。尽管《民事诉讼法》规定当事人申请再审处于再审申请三大主体中的优先地位，当事人的再审申请权依旧未走出原有的申诉权的范畴，这对正当权益当事人的救济保护是完全不够的。

再审事由是再审程序的另一个重要问题，其构成是再审启动的关键。张卫平教授认为："再审事由涉及两个方面的问题，一是再审事由的范围问题，二是再审事由的表述或具体化问题。"[4]前者涉及再审制度适用范围的问题，再审事由范围越大，适用再审程序的范围也越大，后者则与再审制度价值有着紧密联系，如果对再审制度价值缺乏基本的认识和判断，在确定再审事由时就会出现偏差，导致再审制度适用范围扩大或限缩，或导致救济过度，冲击裁判的既判力；或导致应当救济而未救济，突破民事诉讼实体正义与程序正义。有学

---

〔1〕 谢怀栻：《德意志联邦共和国民事诉讼法》，中国法制出版社 2001 年版，第 79 页。
〔2〕 沈达明：《比较民事诉讼法初论》，对外经济贸易大学出版社 2015 年版，第 575~583 页。
〔3〕 谭兵：《外国民事诉讼制度研究》，法律出版社 2003 年版，第 283 页。
〔4〕 张卫平："再审事由构成再探讨"，载《法学研究》2000 年第 5 期。

者直言，从目前民事再审事由规范的设置及其运行状况来看，其不足之处显而易见："就运行现状而言，有些民事再审规范需要进一步明确或细化、有些则应调整表述，还有一些极少使用甚至根本不用，将其取消也并无不妥，与再审事由相关的程序设计亦有待于改进。"〔1〕

民事再审事由是法院审查是否应启动民事再审程序的理由或根据，被视为是"打开再审程序之门的钥匙"。〔2〕1991 年《民事诉讼法》不仅用当事人申请再审取代了当事人申诉，更为重要的是，该法还首次对当事人申请再审的法定事由作出了细化的规定。虽然此次修法充实了当事人申请再审的法定事由，但偏重于对证据和事实以及实体法的认定，反映了重实体轻程序的思想倾向。〔3〕2007 年《民事诉讼法》对民事再审事由的重塑则较之以前有了很大的进步，立法机关根据司法实践的推进和经验的积累，认为再审事由应从主观标准向客观标准转化，从概括性标准向具体标准转化，尽可能地增加申请再审事由的可识别性和可操作性。〔4〕2007 年修法后，我国再审事由规范从原先的 5 项增加到了 15 项，就形式上而言，达到了细化、明确的要求。2012 年《民事诉讼法》对再审事由进行修改，再一次调整了当事人申请再审的法定事由，将"违反法律规定，管辖错误"的程序性事项和"违反法定程序可能影响案件正确判决、裁定"的兜底性条款予以排除。总结来说，目前我国民事诉讼法上关于再审申请的理由主要包括三个方面：实体处理不当引发再审、程序进程不当引发再审、法官违法行为不当引发再审。

早在 2007 年《民事诉讼法》修改时，理论界就普遍担心出现再审事由扩大化的趋势，并导致再审程序成为一种普遍的纠错程序，使得"再审普适化"。但也有一小部分学者不以为然，觉得细化再审事由有助于减少再审、强化裁判权权威性。〔5〕再审事由的细化，对于司法实践中法院审查当事人再审申请，决定是否应当启动再审程序固然具有较好的指导作用，但再审事由的技术性细化并未完全消除其宽泛且不易操作的缺陷。比如"有新的证据，足以推翻原判决、裁定的"是从 1991 年《民事诉讼法》以来一直保留的当事人申请再审的事

---

〔1〕 冯浩：《民事再审事由研析》，中国法制出版社 2016 年版，第 2 页。
〔2〕 张卫平："再审事由构成再探讨"，载《法学研究》2000 年第 5 期。
〔3〕 刘家兴："关于审判监督程序的回顾与思考"，载《中外法学》2007 年第 5 期。
〔4〕 汤维建、毕海毅、王鸿雁："评民事再审制度的修正案"，载《法学家》2007 年第 6 期。
〔5〕 陈桂明："再审事由应当如何确定——兼评 2007 年民事诉讼法修改之得失"，载《法学家》2007 年第 6 期。

由之一。何为新证据？法律上即存在不同的见解。2001 年《最高人民法院关于民事诉讼证据的若干规定》将再审程序中的新证据定位于"原审庭审结束后新发现的证据"，且主观上当事人对未能及时提出该证据不存在过错，客观上要求该证据在原审中未曾提出过且足以推翻原审裁判。而 2008 年《最高人民法院关于适用〈中华人民共和国民事诉讼法〉审判监督程序若干问题的解释》第10 条则认为："从既判力理论中以原审辩论终结之时作为既判力的基准实践来看，对于在原审庭审或辩论终结后形成的证据，不是再审新的证据。"[1]同时，该司法解释还认为当事人在原审中提供的主要证据，原审未予质证、认证，但足以推翻原判决、裁定的，应当视为新的证据。2015 年《解释》第 388 条第 1款第 3 项进一步扩大了审监程序司法解释中新出现的证据的范围，将"证据系原审庭审结束后形成且无法据此另行提起诉讼的情形，规定为未在原审提供证据的正当理由"[2]。事实上，另外还存在着《最高人民法院关于适用〈关于民事诉讼证据的若干规定〉中有关举证时限规定的通知》中关于新证据的认定，其也有自己的一套认定规则。基于上述法律法规的规定就可探知我国当前对于再审新证据认定的矛盾与冲突，以及由此导致的个案认定不一致的现状。但审判监督程序作为特殊的救济程序，为使得当事人之间的权利义务关系处于稳定的状态，保障法律裁判的稳定性和权威性，需要对审判监督程序的适用加以严格限制，防止盲目的扩张或限制，所以恰恰最需要构建起一套可靠、可控、可行的再审事由体系。

张卫平教授认为，确定再审事由应当把握几个基本点：其一是裁判主体不合法，包括裁判机构不合法，如应当组成合议庭而未组成、法官对案件没有审判权、参与案件审判法官的基于与案件有关的违法犯罪行为等；其二是裁判根据不合法，包括事实根据不合法和法律根据不合法；其三是法院严重违反法定程序。[3]

汤维建教授认为，出于更好地实现再审的目的和价值考虑，有必要根据再审事由所涉权利在权利体系中所处的等次来对其进行分层和划分，并主张将再

---

〔1〕 最高人民法院审判监督庭编著：《最高人民法院关于适用民事诉讼法审判监督程序司法解释理解与适用》，人民法院出版社 2008 年版，第 84 页。

〔2〕 最高人民法院修改后民事诉讼法贯彻实施工作领导小组编著：《最高人民法院民事诉讼法司法解释理解与适用》，人民法院出版社 2015 年版，第 1026 页。

〔3〕 张卫平："再审事由构成再探讨"，载《法学研究》2000 年第 5 期。

审事由划分为绝对性再审事由、相对性再审事由和复合性再审事由[1]：绝对性再审事由所涉及的权利属于当事人所享有的程序基本权的范畴，一旦出现侵犯当事人此种权利的情形，则法院不论该事由最终是否会影响到裁判结果，均应当引发再审程序，不允许法院进行自由裁量，这一说法背后的理论基础在于未经合理程序进行的审判是无效的；而相对性再审事由所涉及的权利则包含多种意思，但此类事由必定是要对生效裁判结果产生影响才可以引发再审程序的，法院对此享有一定的自由裁量权。[2]

陈桂明教授则认为，重构再审功能是再审事由的基础，但无法否认的是将实质性事项列入再审事由是民事诉讼法修改的一个失误，因为实质性的事项是无法在再审前做先入为主式的认定的。的确，大陆法系典型代表国家均没有关于实质性事项作为再审程序启动的事由，而我国再审事由之所以会规定实质性事项，存在两个认识上的原因：一是满足群众寻求司法救济的要求，充分实现再审的监督、纠错、维权和化解矛盾的综合功能；二是对我国司法质量仍然存在担忧，意在保留实质性的再审事由扩大法院启动再审改变原判的权力。[3]不过，实质性再审事由审查带来的弊端是显而易见的，法律赋予法院越大的权利就意味着再审诉权越加边缘化。

再审事由的重新构建，也引发了一些学者对于再审管辖法院的思考。例如，汤维建教授就建议，应当根据再审事由的类型进一步划分管辖法院，主张绝对性再审事由，即原生效裁判严重违反诉讼程序导致的再审不应当发回原审人民法院，理由在于这种情况是对于原审法院权威性的否定和质疑，即使重新审理的结果公正，也不能平息当事人对法院的怀疑。而对于相对再审事由的案件，应根据实体上的错误是由于法院的原因还是客观原因导致的来确定管辖法院。为了恢复裁判公信力，前者不应当发回原法院，而后者则可以由原审法院再审。[4]

最后，检察院有权对民事诉讼实行法律监督。检察院在再审程序中的抗诉

---

〔1〕 笔者注：2012 年《民事诉讼法》修法删除了 2007 年民诉法中关于再审事由的兜底条款的规定，因此复合性再审事由的划分已无意义，因而无须赘述。

〔2〕 汤维建、韩香："民事再审事由分层（类型化）理论研究"，载《政治与法律》2012 年第 6 期。

〔3〕 陈桂明："再审事由应当如何确定——兼评 2007 年民事诉讼法修改之得失"，载《法学家》2007 年第 6 期。

〔4〕 汤维建、韩香："民事再审事由分层（类型化）理论研究"，载《政治与法律》2012 年第 6 期。

与检察建议权在一定程度上是解决长久以来的申诉难的一种变通，检察机关较为深入地介入民事诉讼，符合"审判监督程序"中的监督要求，也是我国法律制度的特色之一。然而，对于检察机关作为启动再审主体的争议，从确立检察机关抗诉再审制度以来就从未中断过。理论界和实务界目前主要有四种观点：一是不再将检察机关确立为启动再审的主体；二是进一步加强和完善抗诉再审制度；三是将对生效裁判的抗诉扩大为对整个民事诉讼活动的全面监督；四是重新规定检察机关参与民事活动、启动再审的范围。即检察机关仅对涉及社会公益的民事案件有权提起诉讼、启动再审。另有学者认为，对抗诉再审制度的规定应当分两步走：第一步，在肯定保留抗诉再审的基础上，针对检察机关抗诉启动再审权力的特权性和权责不对等性，以及抗诉再审程序规定的疏漏之处，进行规范和完善。第二步，取消检察机关对一般民事案件的抗诉权，转而专门监督公益类案件的民事诉讼。[1]

　　总而言之，三种再审启动方式的制度设置，尽管从形式上增加了当事人获得救济的渠道，为其提供了更多的救济机会，但该制度的运行也会产生了一系列弊端。第一，多元化启动主体使得民事再审程序的启动变得颇为不确定，每一个权力或权利主体都有可能提起民事再审程序，每一份生效裁判的效力都面临着被改判的风险。第二，法院、检察院都拥有启动再审的权力，在某些特殊情况下，难免会导致二者对一些棘手的案件互相推诿，使得当事人申诉无门的情况屡见不鲜，从而一定程度上又激起了当事人继续申诉乃至缠诉的欲望，加剧了社会公众对司法权威的怀疑。第三，两个公权力主体同时享有启动再审程序的权力，难免会产生两主体因受利益驱动等因素的影响而争抢案源，以及在实践中因缺乏信息沟通渠道而重复受理和审查所带来的浪费司法资源、增加无谓的司法冲突等一系列负面影响。[2]第四，社会形势急剧变化，民事案件日益复杂，加之立法具有滞后性，会导致法院和检察院对各自工作的定位存在差别，使得二者在再审案件的范围、事实认定及法律的理解等方面存在诸多分歧，从而导致对同一案件的处理不尽相同，危及国家机关工作的正常进行和法律的权威。

　　（二）缺位的再审审理程序

　　无论是以当事人申请、检察院抗诉还是法院依职权提起启动再审，进入再

---

〔1〕　江必新、孙祥壮、王朝辉：《新民事诉讼法审判监督程序讲座》，法律出版社 2012 年版，第 28 页。

〔2〕　张学武："我国民事再审程序启动主体的反思与重构"，载《法学论坛》2008 年第 4 期。

审程序即意味着审判监督程序第二阶段的展开。再审审理程序的特点首先在于其并没有独立的审理程序，而是根据作出原审裁判的法院的审级来确定适用第一审还是第二审程序。同理，如果再审的对象是生效的调解书，也要看该调解书是由原审哪一审级的法院作出的。此外，最高人民法院或上级法院对下级法院作出的生效裁判予以提审的，则无论原审裁判处于何种审级，再审均适用第二审程序，且最高人民法院或上级法院经提审作出的裁判为终审的判决、裁定。对此，理论界的普遍观点是，未给再审程序配备独立的程序类型，而是根据作出原审裁判的程序适用一审或二审程序，容易造成再审程序与一审、二审程序之间的角色错乱，不符合再审程序"紧急出口"的特殊性。[1]

再审审理程序的另一特点也与审级有关。原则上，当事人都可以向原审法院的上一级法院申请再审，即至少可向中级以上的法院提出申请。进入再审审理程序后，需要重新审理的案件通常由裁定再审的法院再审，若是最高人民法院裁定再审的案件，则既可由本院提审，也可指令其他下级法院再审，还可交由原审法院重新审理。因抗诉启动的再审原则上也由接受抗诉的法院进行再审。若抗诉是基于《民事诉讼法》第 200 条第（一）到（五）项规定的法定事由的，可以将案件指令下一级法院再审。法律作出这样的规定，其理由在于这些情形属于原审在事实、证据认定方面的错误，指令作出生效裁判的下级法院再审便于其在了解案情的基础上纠错。

《民事诉讼法》过去长期规定当事人的再审申请可以向原审法院或者上一级法院提出，这一具有灵活性的申请再审管辖制度虽然给予了当事人和上下级法院较大的自主性，但由于缺乏管辖冲突解决规则，造成了现实中申请管辖的混乱局面。2012 年《民事诉讼法》在修改时主要考虑到避免多头申诉、重复审查以及避免当事人担心原审法院不能自行纠错的疑虑，出于增强再审纠错的有效性，也增强上级法院对下级法院监督力度的目的，将申请再审案件的管辖权上提了一级。2012 年的这一规定无疑是正确的，尽管有人认为"由于再审案件管辖上提一级带来了上级法院任务量的巨大攀升，由此带来了中心城市的维稳压力，引发了上级法院审查再审申请的质量危机等问题"。[2]需要明确的是，适用审判监督程序的案件的多寡取决于民事审判案件合理合法性的程度有多

---

[1] 韩静茹："错位与回归：民事再审制度之反思——以民事程序体系的新发展为背景"，载《现代法学》2013 年第 2 期。

[2] 江必新：《新民事诉讼法理解适用与实务指南》，法律出版社 2015 年版，第 766 页。

高，法律必须给予当事人申请再审的诉求以合理的保障基础。对于所谓的"上级法院任务量的巨大攀升"问题，法院可以通过实行对案件的分流进行解决。事实上，2012 年《民事诉讼法》第 204 条第 2 款即对案件分流作出了规定，且"将矛盾纠纷解决在基层、化解在当地"问题首先是要通过提高审判质量以进一步减少再审的数量，而非强行将申请再审的管辖限制在原审法院。

我国民事诉讼实行两审终审制，没有第三审的审级，再审是纠正已经发生法律效力的错误裁判的程序，而非一个审级。在此存在一个问题，即未经二审程序审理的案件，直接申请提起再审程序是否能够被允许。从 2012 年《民事诉讼法》第 207 条来看，立法上倾向于认为即使案件未经过二审，也应当赋予当事人再审的救济权。日本法上亦规定再审之诉的程序，除法律有明文规定以外，以不违背该程序的性质为限，准用与之相对应的各审级程序的诉讼程序。[1]多数学者认同即使案件未经过上诉审程序，亦应当允许其提起再审程序。首先，从救济当事人的角度而言，不管之前是否已经穷尽了诉讼法上的救济手段，在正当权利当事人未得到法律完全的保护之前，必须赋予其救济手段；其次，上诉审并非再审的必经程序，我国民诉法规定对判决的上诉期为 15 日，对裁定的上诉期为 10 日，这段时间是十分短暂的，而不少再审申请事由的法定情形，并非是当事人能够及时发现的。因此，只要存在当事人救济的必要性，法律即需作出积极的回应。

但也有部分学者觉得允许未经通常救济程序进入再审，易造成再审程序的"通常化"。而根据我国《民事诉讼法》第 207 的规定，没有穷尽二审救济程序的一审生效裁判，也可以成为提起审判监督的对象，这一规定违背了再审程序的核心功能，将再审程序等同于通常程序，是对再审补充原则的背离。其中，以李浩教授的看法最具代表性。他强调，既然我国的再审程序独立于两审终审的审级制度，那么再审相对于上诉、申请复议等常规救济方式应被视为是一种补充性的救济方式，如果当事人在能够提起上诉的情形下选择不上诉，选择申请再审，则应当产生失权的效果，即不允许申请再审或提出再审之诉。为了维护生效判决的稳定性，再审应当被限定在较小的范围之内。[2]可以说，如何正确认识及处理通常救济程序与再审救济程序之间的关系一直以来都被学界和实

---

〔1〕 ［日］中村英郎：《新民事诉讼法讲义》，陈刚、林剑锋、郭美松译，常怡审校，法律出版社 2001 年版，第 285 页。

〔2〕 李浩："再审的补充性原则与民事再审事由"，载《法学家》2007 年第 6 期。

务界所关注。

在我国民事审判司法实务中还有一种常见的现象是，当事人由于各种原因不服同一生效裁判而向多方"投诉上访"，既向法院提起再审申请，同时也向检察院申请监察监督，这也是我国司法实践中"终审不终"现象的原因之一。于是，现行《民事诉讼法》第 209 条、2015 年《民诉法解释》第 383 条规定当事人在被法院驳回再审申请或法院逾期未对再审申请作出裁定后才能够向检察院申请审判监督，而对法院作出的"再审判决、裁定"不服的，当事人应当依法向检察院申请审判监督。这一规定明确了"法院纠错先行，审判监督断后"的有限再审原则，目的就在于限制当事人反复、同时向检察院和法院提出再审申请，试图通过明确法院与检察院对于同一生效裁判在审判监督程序中的衔接，在此方面缓解"终审不终"的压力。但是广西壮族自治区高级人民法院法官潘庆林却认为，在实践中，该原则得以有效运行的前提是法院和检察院对于何为"再审的判决、裁定"的认定是统一的，而认定的标准、范围在立法中没有明确涉及，从而成了实务中不可回避的问题。[1]

再审的审理结果除了当事人达成和解之外，大致可分为对原审裁判予以维持或者依法改判、撤销或者变更等不同情形。关于是否有必要确定再审改判的原则和标准，目前理论界主要存在两种不同观点：一种观点认为只需要根据个案中案件事实和法律适用来判断是否改判即可，不需要再另设再审改判的原则和标准。[2]另一种观点认为，首先，由于再审改判直接影响到当事人的利益，是对生效裁判的直接否定，所以应当对其予以规制；[3]其次，如果没有再审改判的原则和标准，那么法官在再审决定是否改判时就有较大的自由裁量权，而又由于部分法官自身的法律修养有限、司法腐败的发生等原因的综合影响，原本是救济、改错程序的审判监督程序很有可能会与其初衷背道而驰，所以应当规定再审改判的原则和标准。[4]还有其他学者补充指出需要确立再审改判的原则和标准，但是目前尚有一些亟待解决的问题：第一，要在司法实践中真正做

〔1〕 潘庆林："再审判决，裁定的认定问题——对民诉法解释第 383 条的再解释"，载《法律适用》2016 年第 4 期。

〔2〕 宋建立："对再审立案标准与再审改判标准若干问题的思考"，载《法律适用》2001 年第 7 期。

〔3〕 潘昌锋："试论民事再审审理程序中的几个问题"，载沈德咏主编：《审判监督指导与研究》，人民法院出版社 2002 年版，第 210~218 页。

〔4〕 张剑锋、陈丛蓉："民事案件的再审改判标准探析"，载江苏省高级人民法院编：《审判监督改革论文选》，第 169~170 页。

到"兼顾有错必纠和维持既判力"；第二，进一步协调好有错必纠和维持既判力二者之间的辩证统一关系；第三，目前尚没有对既判力定性定量的分析；第四，目前即使有关制度对再审改判的标准进行了部分规定和细化，但其内容和二审改判标准的内容也几乎无异；第五，难以制定较为客观的标准，始终带有一定程度的主观色彩。[1]因此，我们在今后的理论研究和司法实践中需致力于解决这些问题，确立思路和原则，细化标准。

三、再审程序发展的展望

（一）启动方式的改良

审判监督程序作为一种特殊的救济程序，虽然在民事诉讼法的几次修改中进行了不断的完善，但其依旧存在一些问题。在完善审判监督程序的过程中，必须抓住核心的问题，即再审程序启动主体和再审事由问题，对之加以不断完善，使得审判监督程序成为实质意义上的救济程序。

根据现行《民事诉讼法》的规定，我国民事再审程序的启动方式呈现出多元且分散的特点，理论界对此存在较大的异议，并提出了重构再审启动方式的意见，主要有以下几种：

第一，我国可以实行"三审制"。每次民事诉讼法修改征求意见时，都有建立有限"三审终审制"的强烈呼声。提议在"三审终审制"格局下，单纯涉及法律适用问题的案件由第三审法院审理，而事实认定有错误的案件仍由原审法院审查、处理。主张实行"三审终审制"的理由如下：首先，"三审终审制"增加了一个审级，提高了审理法院的级别，加强了司法程序实现公正的保障，同时能使案件的审理排除地方保护主义的不正当干预，更有利于实现公平正义；其次，"三审终审制"可以使高级别法院摆脱繁杂的再审申请审查事务，便于提高其审判工作效率；最后，"三审终审制"符合公众"正义在上级"的心理，有助于维护生效裁判的既判力。

第二，废除法院、检察院作为再审启动主体的资格，对当事人启动的权利作"诉权化"改造。毋庸置疑，现代市场经济条件下的民事纠纷解决模式，应当是以私权自治为基本原理而构建的，在民事诉讼过程中应当充分保障当事人的主体地位，尊重当事人的处分权，以法院、检察院为代表的国家公权力的介

---

[1]　江必新、孙祥壮、王朝辉：《新民事诉讼法审判监督程序讲座》，法律出版社 2012 年版，第 183 页。

入不应当违背民事诉讼基本原理和结构。因此，废除公权力对民事再审程序的介入是历史的必然。

第三，废除法院的再审启动资格，对检察院启动再审加以限制，以当事人启动再审为主。部分学者参考比较法等领域的研究成果，提出了彻底废除法院依职权再审，将再审启动方式统一整合为当事人提起"再审之诉"并保障相关程序权利的有力主张。[1] 首先，法院启动再审有损司法独立。在当前司法环境还有待改善的前提下，一些上级党政机关的领导，甚至有业务关系单位的人员，会找各种理由给法院施加压力，要求其纠正所谓的"冤假错案"。长此以往，法官在审理案件时便不得不考虑外来因素的影响，司法独立的步伐必定会受到阻碍。其次，法院启动再审会导致再审审理形同虚设。法院对"确有错误"的裁判可以决定再审，可见，在进入再审的具体审理前，法院已对该案的原生效裁判下了"确有错误"的结论。有这样一个先验的结论作导向，之后的再审过程难免仅为履行手续，并无实质意义。还应注意的是，实践中，绝大部分再审案件都是由当事人申请再审引起的，也就是说，法院依职权再审在司法实务中也并没有起到应有的积极作用。

第四，检察院一元启动，其他两者废除。还有学者主张我国再审程序的启动主体应由目前的三元机制向一元机制即检察院转换，将再审程序的启动权完全赋予检察院，由检察院作为启动再审程序的唯一主体。其理论依据主要体现为：其一，因受既判力理论的拘束，法院作出生效裁判后，不得擅自改变自身的审理结果；其二，当事人向法院申请再审的对象为原审法院或其下级法院作出的生效裁判，请求改判难以得到实现，不妨转换思路，引入另一个公权力主体作为中立的第三方，就当事人是否享有启动再审的权利进行判断，同具司法属性的检察院无疑是此公权力主体的首选；其三，从再审程序运行过程来看，由检察机关专门审查申请再审案件更具有可操作性。建立检察机关一元化审查再审申请案件的模式，由检察机关负责前两个阶段的流程，能使法院有更多的精力投入再审案件的审理中，在现有司法体制框架内最大限度地化解涉诉矛盾。[2]

事实上，考虑到民事诉讼法中有关再审程序的规定刚刚经历过 2007 年与

---

〔1〕 宋朝武："关于民事再审程序的几点思考"，载《法学评论》2003 年第 2 期。

〔2〕 肖森华："刍议民事抗诉再审启动一元机制"，载《重庆交通大学学报（社会科学版）》2008 年第 2 期。

2013 年两次修改，近期内再次进行大幅度的调整基本上没有可能，而且由于法院与检察院在我国政治生态中的特殊地位，三主体并行的启动模式应该还会延续很长一段时间，但我们必须明确，当事人申请再审应处于绝对优先的地位，即强化保障当事人之再审诉权。民事纠纷是发生在平等主体的自然人、法人和其他组织之间的有关财产权和人身权的纠纷，当事人不服生效裁判所确认的权利义务关系，自然需要通过各种途径加以救济。我们说再审程序原则上也是一种特殊的救济程序，那么如同二审程序不应当主动审理一审裁判中的错误那样，再审程序一般也应当由当事人决定是否提起，赋予当事人再审之诉权，这实际上是将民事诉讼制度回归到民事诉讼本质。

而且，我们也能明显看到，从 1991 年《民事诉讼法》修法开始，当事人再审申请权的保障便在不断加强，立法在不断强调再审申请诉权化的发展方向，法院依职权提起再审已经被边缘化，并且实务中也是以当事人提起再审申请的居多。此外，最高人民法院也在立法意见书中明确指出，自 2007 年《民事诉讼法》修改以来，其一直致力于将当事人申请再审权利作为诉权的地位通过立法加以完善和落实，确立当事人的诉讼地位，使申请再审诉权化、程序化。作为这种努力的结果，2015 年《民诉法解释》第 375～386 条对当事人申请再审的程序进行了一系列细化，这无疑是立法上的一种进步。但是因为再审程序的最终决定权依旧在法院手中，在当事人申请再审的法定事由中也存在实体问题与程序问题相杂糅的现象，而法院在审查决定是否开启再审程序时，还必须对再审事由进行实质上的审查。这一特殊规定与大陆法系其他国家的惯常做法并不一致，受到了诸多学者的诟病。其显然会对当事人的再审诉权形成冲击，要知道，再审诉权的体现就在于当事人在多大程度上能够决定案件进入重新审理程序，或者说是法院在再审程序启动方面的权力有多大。可以这么说，要保障当事人的再审诉权，重构民事诉讼法上的再审事由是第一要务。

（二）再审事由的重构

2012 年《民事诉讼法》中关于再审事由已经扩展到了 13 项。立法者认为："结合我国目前的政治、经济、文化和法治发展水平等现实国情，较为宽泛地对民事再审事由进行设计，采用列举主义，尽可能地为受到错误裁判损害的当事人提供救济机会。"[1]实际上，从大陆法系国家普遍的立法来看，对于再审事由的规定均是采用列举式的。以《德国民事诉讼法》为例，其规定了 4 项程

---

[1] 江必新：《新民事诉讼法理解适用与实务指南》，法律出版社 2015 年版，第 781 页。

序类事由〔1〕，凡声明具有此类事由之一者，当事人便可以提出取消之诉，对于另外规定的 7 项事实类事由，凡声明具有此类事由之一者，当事人便可以提出恢复原状之诉。值得注意的是，《德国民事诉讼法》上规定的可提起再审之诉的 11 项事由均为审判实践中较为重大的错误，具有客观性的特征，一般不易因个人的主观判断而导致分歧。反观我国对再审事由的规定，不仅将事实性事由与程序性事由混杂，在词意表达上亦存在诸多问题，因此必须对此进行重构。

民事再审事由重构的核心理念是实体公正与程序保障的平衡，就民事再审事由的立法本意而言，实体公正应当是核心价值诉求，但对实体公正的追求不能完全忽视程序的保障价值，否则又将使得民事再审回到"实事求是、有错必纠"的范畴。就目前立法而言，我国民事诉讼法当中的再审事由包括实体违法事由、审判主体违法事由以及程序违法事由三个方面。

1. 实体性再审事由的取舍

尽管涉及实体性事项的再审事由是否应当保留在理论上仍存在争议，但从我国目前的司法实践上来看，再审案件主要还是由实体方面的事由引起的。〔2〕因此需要在保留实体性再审事由的基础上进行明确和细化。

（1）"新证据"的准确界定。民事再审程序的修改尽管保留了"新证据"作为申请再审的事由，但却一直未能进一步明确何为再审中的新证据。如前文所述，最高人民法院尽管先后出台了多部司法解释对其进行界定，但各部司法解释之间并不统一，新证据的认定问题悬而未决。理论界主流意见认为，对再审新证据的认定，应当解释为庭审结束前已经存在但原审庭审结束后当事人才发现的证据，排除在原审庭审结束前已发现，当事人未能及时提出的证据类型。〔3〕

---

〔1〕 此 4 项事由包括："作为判决的法院不是依法组成的；依法不得执行法官职务的法官参与裁判的；法官应当回避，并且回避申请已经宣告有理由，而该法官仍参与裁判的；当事人一方在诉讼中未经合法代理的。"7 项事实类事项包括："对方当事人宣誓作证，判决又以此证言为基础，但该当事人在作证中犯有违反宣誓义务的；作为判决基础的证书是伪造或变造的；判决系以证言或鉴定为基础，而证人或鉴定人犯有违反真实义务罪的；当事人的代理人、对方当事人或其代理人犯有与诉讼事件有关的罪行，而判决是基于这种行为作出的；参与判决的法官犯有与诉讼事件有关的罪行，不利于当事人的违反职务义务罪的；该判决以某一判决为基础，而此判决已被撤销的；当事人发现以前就同一事件所作的确定判决或者另一种证书，而这种判决和证书可以使自己得到有利裁判的。"参见常怡：《比较民事诉讼法》，中国政法大学出版社 2002 年版，第 238 页。

〔2〕 冯浩：《民事再审事由研析》，中国法制出版社 2016 年版，第 197~199 页。

〔3〕 陈桂明："再审事由应当如何确定——兼评 2007 年民事诉讼法修改之得失"，载《法学家》2007 年第 6 期。

同时，为保障证据提出一方的合法权益，若该证据在庭审结束时会形成且无法据此另行提起诉讼，也应当认定为新证据。以证据产生的时间节点作为新证据的认定标准，排除当事人恣意利用程序漏洞的可能性，平衡双方当事人的程序利益，同时也限制了法官在再审程序开启上的裁量权，且法院在审查时，可以有效地以"庭审结束"为时间点，使得主观标准客观化，便于认定。值得注意的是，2015 年《民诉法解释》关于再审新证据的认定标准是"再审申请人提供的新证据，能够证明原判决、裁定认定基本事实或者裁判结果错误的，应当认定为再审中新证据"。这种以纠错为出发点的新证据的认定，弃证据失权制度于不顾，同时也让本处于稳定状态的权利义务关系易于陷入法律上的不安状态，此种立法规定极为不妥。

（2）基本事实缺乏证据证明的界定。"原判决、裁定认定的基本事实缺乏证据证明"是我国民事再审制度所独有的，同时也是司法实践中难以把握的再审事由。在此需明确界定案件的基本事实属于何种事实，最高人民法院的看法是：案件的基本事实也称为案件的主要事实，是实体法规定的据以确定当事人之间民事法律关系性质、各自的权利义务和民事责任等主要内容的事实。在运用此规则时要明确基本事实与次要事实之间的界限，次要事实对案件性质及当事人的权力义务和责任不起决定作用，即使是法院的判决、裁定对这样的事实认定有误，也不会影响案件的正确处理。其次，缺乏证据证明应当与案件证据不足相区别，缺乏证据证明是无主要证据支持，而证据不足是无足够证据支持，前者是质的问题，后者是量的问题。缺乏证据证明明显比"证据不足"更具有客观性，在法院裁断的过程中，必须坚持缺乏证据证明的标准，即在缺乏能够证明案件基本事实所必不可少的证据时，方能启动再审程序。对于补强证据，由于不涉及案件基本事实的判断错误，一般不应当理解为缺乏证据证明。

（3）原判决、裁定适用法律确有错误的再审事由。在大陆法系国家立法中几乎找不到关于适用法律错误引发再审的规定，背后的原因是大陆法系国家普遍实行三审终审制，适用法律正确与否是通过第三审程序得到解决的，被称为上告程序。同样，作为二审终审制的法国，当事人对经过一审或者二审生效裁判中适用法律问题不服的，可以在 2 年内向法国最高司法法院提出上诉。[1]我国作为两审终审制国家，为纠正已生效裁判中适用法律错误的情形以及保证适用法律的统一性，有规定此再审事由之必要。针对这一再审事由需要注意的

---

〔1〕《法国新民事诉讼法典》，罗结珍译，中国法制出版社 1999 年版，第 121~126 页。

是，需要明确何为"确有错误"，对此问题，《最高人民法院关于适用〈中华人民共和国民事诉讼法〉审判监督程序若干问题的解释》第 13 条以及 2015 年《民事诉讼法》第 390 条作出了详细的规定，具有可操作性。

2. 程序性再审事由的细化

在程序正义价值日益受到重视的情形下，任何未经正当程序的审判都是无效的，在程序性再审事由中存在的一个较大的问题是"违反法律规定，剥夺当事人辩论权利"。民事诉讼不仅是两造当事人进行辩论、攻击防御的过程，更是法院居中进行裁断的过程，程序的进行离不开法院的诉讼指挥。所谓的剥夺应当被认定为在原审开庭审理过程中根本就没有赋予当事人辩论权利。"剥夺"与"限制"不能作同一认定。在原审庭审中，对于当事人与案件无关的陈述或者反复陈述，法院行使诉讼指挥权进行及时制止，以及第二审程序中采用书面形式审理的，并不属于剥夺当事人辩论权的范畴。

尽管 2015 年《民诉法解释》第 391 条在《最高人民法院关于适用〈中华人民共和国民事诉讼法〉审判监督程序若干问题的解释》第 15 条的基础上细化了剥夺当事人辩论权利的具体情形，但其也无法涵盖剥夺当事人辩论权的所有情形。如《民诉法解释》第 391 条第 1 款第 1 项规定"不允许当事人发表辩论意见的"，如果在原审庭审中法院限制当事人对案件的主要事实发表辩论意见，此时是否就不符合"剥夺"的含义呢？故也有学者主张"与其保留此项过于抽象的再审事由，需要进一步细化和明确，毋宁将其取消"。[1] 当事人辩论权的保障固然必要，但是关于剥夺辩论权的再审事由，还是需要不断细化的。

3. 新设再审事由的思考

（1）证人、鉴定人或翻译人员的违法行为。证据裁判主义要求法官利用证据认定案件事实，但前提是证据必须真实可靠。正如李浩老师所说："如果主要证据本身存在重大问题，裁判便是沙上之塔。"[2] 我国民事诉讼法虽规定了主要证据是伪造的这一法定再审情形，但法院所认可的所有证据并非都来自诉讼当事人或其代理人，还可能源于证人证言、鉴定结论等。大陆法系国家普遍将证人、鉴定人员或翻译人员作伪证的行为纳入再审事由，我国在民事诉讼法

---

〔1〕 冯浩：《民事再审事由研析》，中国法制出版社 2016 年版，第 197~199 页。

〔2〕 李浩："民事再审程序改造论"，载《法学研究》2000 年第 5 期。

修改建议稿中曾提出过此种观点，但最终未被采纳。[1]公允地说，立法不予采纳是由我国民事诉讼实际情况决定的：我国民事诉讼法上证人证言的采纳程度不高，证人出庭率也很低，证人即使作伪证，也不会对案件的审判造成实质性的影响。对于鉴定人员而言，我国民事诉讼中涉及的需要鉴定的事项一般都是由法院选定鉴定机构，因此，鉴定机构的居中性质明显，出具虚假的鉴定报告的情形较少。翻译人员作为诉讼参与人之一，一般认为也是由法院选任，同鉴定人一样，居中性较强。结合我国民事诉讼的实际情况，将证人、鉴定人与翻译人员作伪证的行为列入再审事由并无多大意义。

（2）举证责任分配不当导致不应承担举证责任者败诉。民事诉讼的裁判必须基于证据，在法律上获得更多证据优势的当事人显然更有机会获得胜诉判决。在民事诉讼中，证据优势的获得并非完全依赖于当事人，当待证事实处于真伪不明的状态时，法官不得拒绝裁判，只能根据举证责任分配的一般原则确定由哪一方当事人承担不利后果。因此，举证责任分配对当事人实体权利的影响巨大。我国民事诉讼法赋予了法官依据公平原则和诚信原则，综合当事人举证能力等因素，在当事人之间公平分配举证责任的自由裁量权。立法赋予法官自由裁量权的出发点固然是好的，却会不可避免地导致不同案件中适用举证责任分配的情形不同。法官自由裁量不当会导致案件突破举证责任的一般规则，使本不应承受举证负担的当事人承担该证据上的负担，最后可能导致该当事人因为举证不能而承担败诉的后果，侵害正当当事人的合法权益。因此，此种情形完全有理由被列为再审事由之一。

（3）法官释明不当导致当事人的主张未被支持。最高人民法院江必新副院长主张应当将法官释明不当作为再审事由之一，[2]但理论界多对此持否定态度。关于释明权的性质目前在学理上仍存在诸多争议，有权利说、义务说、权利义务说、职权说等等。而且虽然法律规定了法官应当予以释明的事项，但对法官释明的广度和深度并未加以限制，释明"不当"的界限是模糊的。若将法官释明不当作为再审事由之一，则必然会影响法官主动释明，毕竟"不当"的规定容易使法官陷入"多做多错"的情境之中。释明过度为不当，释明过少亦

---

〔1〕"作为判决依据的证据是经过伪造或变造的或者证人、鉴定人、翻译或经宣誓的当事人或者法定代理人的虚假陈述作为判决的依据的，可以申请再审。"参见江伟：《民事诉讼法典专家修改建议稿及立法理由》，法律出版社2008年版，第301页。

〔2〕江必新："民事再审事由问题与探索——对民事诉讼法有关再审事由规定的再思考"，载《法治研究》2012年第1期。

为不当，法官只可局限在现行法律规定的框架之内进行释明，防止越界。如此，法院的释明权这一通常意义上具有自由裁量性的权利或职权，便丧失了其存在的意义。

对于法律人来说，现今可能是一个最美好的时代，"三千年未有之大变革"余音袅袅，在这风起云涌的时代里不知疲倦地搅动起层出不穷的新型纠纷与复杂诉讼。身处漩涡最中心的我们欣喜若狂地享受着一场立法实验的丰收盛宴，几乎每天都有新的法律工具披着解释、规定或者决定、通知甚至意见、纪要的外衣，奋不顾身地加入到制度供给的角逐博弈当中，有关再审程序的种种充其量只是这片大海里的一簇浪花。

现今也可能是一个最糟糕的时代，四十年疾风骤雨般的改革历程带给中国的，不仅有经济结构的迁跃与社会阶层的嬗变，更有人际关系的钝化和利益诉求的纠葛。然而，作为一切矛盾冲突最终交汇点而屡被推向风口浪尖的司法改革，面对法理与情理、制度与理想、规则与异化、逻辑与经验的重重迷雾，实际上已处于拔剑四顾心茫然的窘境当中，尤其是当自我怀疑、自我批判乃至自我否定渐渐成为一种习惯的时候，对未来不确定性的彷徨不安反过来又催化了我们对现实感到焦灼，再审程序在立法层面的游移未必不是这种焦灼情绪牵引下的一种冲动。

但毫无疑问，这是一个属于变革的时代，因循与革新、坚持与变通、激进与持重、尖刻与圆润，在司法哲学的较量没有尘埃落定之前，指导司法改革进路的话语权不可能被某一司法政策所长久裹挟。既然至今不乏摸着石头过河的勇气，就更应该具备试错、认错、改错的实事求是精神，面向未来无限可能的再审程序究竟会发展成怎样，我们既应该保持充分的想象力，又必须具备足够的分寸感，但最重要的是永远不忘服务人民的初心，他们并不是改革的对象，而是改革的主人。

论我国民事再审制度之缺陷及完善

康万福*

一、我国民事诉讼再审理论基础缺陷

在我国民事诉讼法的教科书中，关于审判监督程序的定义是指具有审判监督权的法定机关，即人民法院和人民检察院认为此前已经发生法律效力的民事判决、裁定、调解书本身有错误，或者审理过程违反法律规定，因而依法决定再审，或者依法提出抗诉从而引起再审所应遵循的程序。[1]

一般认为，审判监督程序即再审程序，我国《民事诉讼法》也将规定再审程序的章节命名为审判监督程序。事实上，再审程序是民事诉讼法中一种独立的审判程序，既不是法院审理民事案件的必经程序，又不同于民事诉讼法中的一审程序、二审程序。[2]

从审判监督程序的名称分析，可以解析出这样的内涵，即审判监督程序是国家机关对民事审判所实施的一种法律监督。[3]从权力的性质来讲，其是一种法律监督权。法律监督权包含审判主体的内部监督即审判监督权和检察机关的外部监督权。法院的内部监督表现为上级法院、最高人民法院可以指令下级法院和地方各级法院再审和提审。作为一种法律监督的方式，其显然是与当事人通过行使诉权要求通过司法裁判寻求司法救济的方式不同的。[4]在立法上就不

---

* 康万福，中国政法大学副教授，法律硕士。

[1] 赵钢、占善刚、刘学在：《民事诉讼法》，武汉大学出版社 2015 年版，第 309 页。

[2] 张卫平：《民事诉讼法》，中国人民大学出版社 2015 年版，第 333 页。

[3] 常怡主编：《民事诉讼法学》，法律出版社 1991 年版，第 321 页。

[4] 张卫平："民事再审：基础置换与制度重建"，载《中国法学》2003 年第 1 期。

应当将二者进行混同。

这种立法上的混同必然存在一种紧张关系，即在民事诉讼中当事人自由处分与国家干预的紧张关系。尽管审判监督程序是一种民事诉讼中的特殊程序，但其仍然属于民事诉讼范畴，仍然是解决对立当事人之间民事权利义务的争议程序。案件是同一个案件，然而在审判监督程序阶段却不适用当事人处分原则，而代之以国家干预，与民事诉讼的基本原则是相冲突的。这种冲突表现在以下几个方面：

（一）司法机关依职权提起再审违背诉审分离的原则

司法权的被动性是司法独立的必然要求。为了保证其被动性，人民法院实行不告不理的原则，人民检察院依照法律对诉讼行使审判监督权，人民诉讼程序必须由当事人申请才得启动。诉和审环节必须分离，法院的审判权须受当事人诉权的制约，不仅在当事人未提出诉讼的情况下，法院也不得主动介入纠纷的处理，在已提起诉讼的情况下，法院不得超出诉的范围进行裁判，并且在法院审判终结后，除非当事人要求对案件进行再审，否则法院不得对其认为有错误但裁判已生效的案件进行再审。

基于一般诉讼理论，司法审判权是作为国家审判机关的法院依法享有的对当事人基于私权争议提出的诉讼请求，依据当事人所提出的证据资料，居于中立地位进行审理并作出公正裁判的权力。为保证作为司法审判权结果体现的裁判的正当性，对诉讼中的权力进行分工并设置相应的制约机制非常关键。而在民事诉讼中，这一权力的分工与制约机制只能体现为当事人诉权与法院司法审判权的分工，以及当事人诉权对法院司法审判权的制约。因而，人民法院所享有的司法审判权从其性质上来看，应当是一种消极的、被动的权力，而不应当是一种积极、主动的权力。

为保证司法审判权所具有的被动性、消极性特质的实现，民事诉讼程序的设置必须遵循"诉审分离"的原则，即基于诉权发动程序的权利由当事人行使，而基于司法审判权对当事人的具体诉讼请求进行审理并裁判的权力由法院行使。[1]依据"诉审分离"的原则，必须做到审理者无发动诉讼的权利，起诉者不能干涉案件的具体审理过程。按照我国现行的法律规定，法院可以基于审判监督权主动发动再审程序，其实质是种法院的自诉自审、诉审合一的行为，是与"诉审分离"的诉讼原理相违背的行为。在人民法院依职权启动再审

---

[1] 杨秀清："民事再审制度的理论阐释"，载《河北法学》2004 年第 5 期。

程序的情况下，握有审判权的人民法院却"客串了"案件当事人的角色，形成审者兼诉的局面，可能会影响裁判结果，造成当事人的诉讼权利得不到充分保障和具体实现，妨碍司法公正的实现。

（二）司法机关依职权启动再审程序违背审判权的中立性

司法程序的启动离不开权利人或特定机构的提请或诉讼，但司法者特别是案件的审理者从来都不应当主动启动一个诉讼程序，因为裁判者直接启动诉讼程序的行为与司法权的本质是相悖的，这样做只能使司法机关混同于主动实施管理、调查或处罚等职务行为的行政机关。人民法院作为司法机关，在司法实务中所应做的事情是：在保持绝对中立立场的前提下，受理原告、公诉人、自诉人就争议所提出的控告、请求，并根据相对方的申辩，依照法律或判例，对案件作出终局判断。[1]司法权在某种意义上就是判断权，是对有关一方提交事项作出的回应，法官就是决断人，没有公诉人、自诉人或原告的起诉，法官就不能主动地发动诉讼或主动审理案件。否则，司法者离开中立立场，超越司法权限，就会背离司法所固有的价值目标要求。

根据我国于1998年10月签署承认的《政治权利和公民权利公约》第14条的规定，司法公正的最低要求是法院独立、法官中立、审判公开，这是涉及人权保护的基本问题。遗憾的是，我国现行民事诉讼法的许多规定与这一国际通行规则并不协调，由法院主动启动民事再审程序也在某种意义上违背了国际条约的一般原则。

人民法院在整个民事诉讼中的地位应当是中立的裁判者，裁判者的中立性是程序正义的基本要求。法院如果依职权主动启动再审程序，就不能超然于争议之外，无法保持处于当事人之间的中立地位，损害法院应有的公正形象。再审程序也难以释解受到判决不利影响的一方当事人的不满，不利于纠纷的最终解决。所以，法院依职权启动再审程序的权力与法院裁判者的地位是相悖的。

（三）司法机关依职权提起再审程序违背处分原则

民事诉讼所要解决的是"私权纠纷"，奉行"意思自治"原则。在市民社会中，任何民事主体都是自己利益的最佳判断者，因而法律必须充分尊重当事人的民事主体地位，充分保障当事人对自己民事权利的处分权，排斥来自于当事人意思表示之外的不当干预。处分原则的基本含义有两个层面：一是当事人有权自主处分其程序性权利与实体权利，在一定范围内选择解决纠纷的途径和

---

〔1〕 冀祥德、苏宁雪："再审程序反思性检讨"，载《东岳论丛》2003年第6期。

方式，避免因为纠纷解决的途径、方式的不同而导致不必要的成本支出，减少实体利益不必要减损与消耗。为此，当事人有权主动发动诉讼，确定诉讼对象和选择诉讼行为。二是只要当事人对自己所享有的诉讼权利的处分行为符合法定条件，法院就不应干涉，而应当悉听当事人对权利处分的意思表示。处分权的享有和自主行使，是当事人在民事诉讼中的程序主体地位的体现。

现代民事诉讼理论认为，民事诉讼调整的是当事人之间的民事权益纠纷。在私法范围内，民事权益纠纷是平等主体之间权利义务的纠纷，其解决方式应遵循私权处分原则。民事诉讼作为用国家公权力解决私人纠纷的司法活动，应尽量减少和避免国家权力的介入。然而，法院依职权启动再审程序这种以权力为主导的"国家职权干预主义与意思自治、私权处分等内容为构成要素的现代民事诉讼品格的不兼容性，其结果导致了审判监督权的扩张与当事人诉讼权利之间的紧张与冲突"。[1]

在私法领域，私权处分原则是指民事当事人在法律范围内依自己意思支配、处分自己的民事实体权利和民事诉讼权利。民事诉讼中的诉权是国民所享有的请求国家给予民事诉讼保护的权利，亦即国民请求法院行使审判权解决民事纠纷或保护民事权益的权利。[2]其在不同诉讼阶段上的具体表现形式就是当事人的诉讼权利。诉权以及当事人所享有的诉讼权利涉及的事项均属受当事人意志自主支配的自治领域，国家司法机关的公权力不仅不能侵犯这一领域，而且应该充分保护这一领域的独立性和完整性。

对诉权的自由处分不仅包括民事纠纷主体依自身意思表示决定是否起诉、是否提起上诉，而且也涉及在法院作出生效裁判后，民事诉讼当事人可自主决定是否对案件申请再审。由人民法院依职权主动提起再审的法律设计不仅违背了私法领域当中最为重要的意思自治原则、处分原则，而且侵害了当事人的诉权和诉讼权利。民事诉讼当事人是民事纠纷的利害关系人，是民事诉讼程序的参与者，也是人民法院作出的生效裁判确定的法律权利义务的直接享有者或承受者，由于与自身利益密切相关，民事诉讼的当事人能够直接并敏感地感受和发现生效裁判的错误，因而，允许当事人申请再审是对其实体权益最有效的保护。而如果民事诉讼当事人没有申请再审则表示他已接受和服从该生效裁判的拘束力，或者考虑到诸如诉讼成本、胜诉概率等其他因素经过价值的权衡而放

---

〔1〕 迟日大："论我国民事再审程序的重塑"，载《当代法学》2002年第10期。
〔2〕 江伟主编：《民事诉讼法学》，复旦大学出版社2002年版，第52页。

弃申请再审。此时，人民法院或者人民检察院主动启动再审程序实际上违背了当事人的意思表示，民事诉讼的当事人并没有发动再审程序，但由此导致的诉讼负担和可能的不利后果却由当事人承担，这既有悖于法理，也不符合公平正义原则。

因此，依据私法自治的原理，只要不涉及损害国家利益、公共利益和他人的合法权益，当事人可以在私权的范围内根据自己的意思表示自主行使其处分权。当事人有权自主决定是否提起诉讼，向哪些主体主张权利，主张什么权利等，法院不得随意干预。但受我国民事再审程序超职权模式的影响，法院恰恰在这些方面被赋予了相当大的权力，法院可以在当事人未提出申请的情况下主动依职权引发再审程序；法院可以超越当事人的诉讼请求对案件进行全面审查；法院可以自行追加案件的当事人。立法上这样规定，目的在于给法院纠正裁判中一切可能存在的错误的机会，事实上，我们也不能排除一些裁判或裁判所涉的部分内容确有错误存在的可能。但问题在于，如果当事人对此并未提出异议，这就说明绝大多数当事人对这些裁判的结果是接受的，或者虽不满意，但从包括诉讼成本在内的各种因素考虑，权衡利弊，决定放弃再审请求权的行使。而此时法院若强行予以干预，就会构成对当事人处分权的侵犯，有违"私权自治"的基本原则。

（四）司法机关依职权启动再审与生效判决效力发生冲突

随着社会的不断发展，人类社会的法治体系也在不断完善，当纠纷发生时，人类已经逐渐摆脱了血腥残暴的同态复仇的私力救济方式，进而转向以国家强制力为后盾的公力救济——司法救济。社会公众之所以对诉讼解决社会纠纷寄予了深切的期待，是因为诉讼作为解决社会纠纷的最后一道防线，其作出的司法裁判具有最终的权威性和稳定性，这就是传统理论上的判决的既判力。[1]

在当代，既判力是指，在法院作出的生效判决中，关于诉讼标的的判断所具有的通用力或确定力。[2]其效力表现为在确定的终局判决作出后，"当事人不能就判决确定的法律关系另行起诉，也不得在其他诉讼中就同一法律关系提出与本案诉讼所作出的确定判决相反的主张"。[3]由此可见，既判力理论旨在维护法院裁判的安定性和稳定性，从而树立法律的权威性，正因为如此，世界

---

〔1〕 蔡军："论民事再审程序的价值冲突"，载《黑龙江省政法管理干部学院学报》2004年第1期。

〔2〕 刘荣军：《程序保障的理论视角》，法律出版社1999年版，第279~280页。

〔3〕 王甲乙、杨建华、郑建才：《民事诉讼法新论》，三民书局2004年版，第552页。

各国高度重视既判力理论，并将其作为树立本国法律权威的基石。

对于既判力，日本学者认为："诉讼是根据国家审判权做出的权威的法律判断，是以解决当事人之间的纠纷为目的，而终局裁判正是这种判断，因此，一旦终局裁判使之在诉讼程序中失去以不服声明方法被撤销的可能性而被确定，就成为最终解决纠纷的判断，它不但拘束双方当事人服从该裁判的内容，使之不得重复提出同一争执，同时作为国家机关的法院当然也必须尊重自己作出的判断，即使是把同一事项再次作为问题在诉讼中提出时，也应以该裁判为基础判断当事人之间的关系。"[1]我国台湾地区学者认为："判决因宣告或送达而成立后，就产生一定的形式效力，其中对法院的效力称为羁束力，即判决有使为判决之法院，在同一审级内，不得任意将已宣示之判决，自行撤销或变更之效力。"[2]纵使判决有不当或违法之瑕疵，法院也不得自行废弃或变更，否则判决将始终处于不稳定状态。可见，既判力理论赋予了生效裁判实质意义上的确定力。否定生效裁判效力，要求对生效裁判进行重新审判的审判监督制度与既判力理论存在明显的冲突。

既判力存在的合理依据是讼争不应该无止境地拖下去。当事人已享受司法组织审理层次的保障，法官的判断会有差错，新的判决同样会有差错，所以最好的办法是，如果第一次判决是在所有正规的保证都已经做到的情况下作成的，就视为讼争已经得到了一次性的解决。[3]只有这样，才能使当事人的权利义务关系建立在稳定的基础上，使社会主体在交易过程中具有安全感，使社会关系处于一种平衡状态，社会的发展也才能有序进行。如果生效的判决、裁定"朝令夕改"，就会破坏这种"稳定性""安全感"和"平衡状态"，让人们感到无所适从，使社会秩序走向紊乱。一般而言，法院的判决一旦作出即产生"既判力"，当事人不得以通常程序，就该案再作争执，以维护审判的权威性与稳定性。但是如果判决所认定的事实或适用法律明显错误却不允许纠正则会违背公平正义的宗旨。

因此，"尊重和维护审判的权威性与稳定性"与"实现实体真实，追求公正"，两项价值目标必将在纠正错案时产生抵触。纠正错案的目的是追求正义，其与审判权威性与稳定性是矛盾的，很难实现两者的统一。但是，基于正义为

---

〔1〕 ［日］兼子一、竹下守夫：《民事诉讼法》，白绿铉译，法律出版社 1995 年版，第 55 页。

〔2〕 王甲乙、杨建华、郑建才：《民事诉讼法新论》，三民书局 2004 年版，第 549 页。

〔3〕 沈达明：《比较民事诉讼法初论》（上册），中信出版社 1991 年版，第 156 页。

法律的最高价值目的，对于已经确立的判决有时仍需要予以推翻，以纠正错误。显然，再审程序的纠正错案，是为了追求公平和正义，但足以破坏审判的权威性与稳定性。

在我国民事诉讼中，由于再审程序以"实事求是，有错必纠"为指导思想，所以我国民事诉讼追求的必然是客观真实，换言之，即追求绝对的实体公正。这在保护当事人的实体权益、保障法院判决的公正以及判决错误的纠正上有一定积极意义，但这种对实体公正追求的绝对化必然会导致法院的任何裁判只要存在错误，不管错误性质如何，相应的各级人民法院和各级人民检察院均可在任何时候、任何条件下提起再审程序。

民事再审程序启动的扩大化和随意性使得法院生效判决随时面临变更和撤销的危险，使已经稳定的社会关系重新处于不稳定状态，使社会纠纷长期得不到最终解决。这不仅与民事诉讼目的定纷止争的原则相违背，而且严重损害了法院裁判的严肃性和稳定性，使已经胜诉的当事人的合法权益长期得不到有效的保护，同时也为败诉的当事人逃避法律追究、拖延诉讼提供了合法的借口。其结果只能是削弱法律的权威，降低人们对司法的信赖和预期，促使人们寻求诉讼以外的纠纷解决方式，这与"依法治国"的方略、法治的理念是背道而驰的。

裁判的既判力强调法院和司法权的权威以及程序的安定性，所有这一切都是现代法治的必然要求，尤其是在我国法治水平不高的情况下，强调裁判的既判力更具有现实意义。而再审程序则是通过撤销已经发生法律效力的裁判来实现其纠错功能的，两者难免会发生价值上的冲突。我们既不能为了保障裁判的稳定性而有错不纠，也不能为了纠正错误而牺牲判决的稳定性。西方各国对再审制度作了严格而谨慎的规定。所以，如何在纠正错误的判决和维护生效判决的稳定性之间找到一个价值平衡点是当前理论界和实务界在探讨改革民事再审制度时要认真思考的难点和重点。

（五）司法机关依职权提起再审有损于司法权威

任何社会都要靠权威来维持，因而也需要维持权威，但是真正的权威并不单纯仰仗强力。法律是否被普遍遵守也不仅仅取决于国家的物理性制裁，其在得到人们内心认同的时候，才会有充分的实效。权威来源于确信和承认。[1]

司法权威至少应该包括两层意思：一是在解决纠纷的裁判领域，法院及法官具有最高的地位，享有最高的威望；二是法院及法官的裁判活动和裁判结果

---

〔1〕 季卫东：《法制秩序的建构》，中国政法大学出版社 1999 年版，第 53 页。

具有使人信服的力量，能使人们自愿服从裁判活动并自觉履行裁判结果。[1]笔者这里所讲的司法权威主要是指后一个层面。只有当事人和社会对裁判的活动和结果从内心表示信服，司法权威才能真正得到体现，而对法院及法官的信任则是其必要的前提。

但在我国的民事再审程序中，一方面，由于对于公正价值的过分苛求，已经危及到了诉讼公正自身的生存。因为，再审程序对司法终局性和权威性的破坏已威胁到了整个社会对司法的信心，从而从根本上动摇着司法的正当性。[2]另一方面，当事人的申请再审权受到许多制约。在司法实践中，申请再审很少能直接引起再审程序。大多数再审案件均是由法院内部监督和检察院抗诉引起的，而且这两条途径，仅凭当事人申诉也难以走得通，人大、党政机关等在其中起了很大的作用。因此，启动再审程序或者影响再审程序启动的，往往是当事人以外的主体，而且途径众多。这就使得法院生效裁判的稳定性与权威性被肆意践踏，大量的诉讼资源被浪费，而且，由于人大、党政机关的"过问"常能够使裁判有所改变，部分满足甚至完全满足了当事人的请求，也使得当事人对法院判决的正确性和终局性产生疑问，申请再审或向有关机关请求再审成了情理之中之事。

民事再审程序启动主体的混乱和再审事由的不确定性，使得人民法院的执法工作应当具有的严肃性和可能出现的随意性发生了冲突，严重地损害了人民法院的威信。笔者认为："既然法官的裁判可能错误，那么有什么理由使人相信监督者的指示和意见就一定正确呢？"[3]如果我们对原审法官的能力表示怀疑，那么对其上级法院的法官也不能够持绝对信任的态度。因为原审法院的法官是法官，上级法院的法官也是法官，两者在案件处理过程中不应当出现实质性的差别。如果说裁判错误不可避免的话，在案件错误率方面再审程序并不必然比原审程序低。因为没有不犯错误的人，也不存在不犯错误的法官，如果一个人自认为不会犯错误，这种信念就是一种迷信，它很容易导致一个结果——只有自己才不会犯错误，但是法官的意见并不总是拥有这样的通行证。[4]案件经过再次的审理，从客观角度上分析，完全有可能出现"改正为错""一错到

〔1〕 贺日开："司法权威关系论纲"，载《江苏社会科学》2002 年第 6 期。

〔2〕 傅郁林："审级制度的建构原理"，载《中国社会科学》2002 年第 4 期。

〔3〕 薛阿平、姚旭斌："从监督走向制约——法院内部审判监督制度改革初探"，载《法学》1999 年第 9 期。

〔4〕 ［美］本杰明·卡多佐：《司法过程的性质》，苏力译，商务印书馆 2000 年版，第 14 页。

底"甚至是"错上加错"的情况。[1]那种认为上级法院审理的次数越多，就越能保证案件的审判质量更高、正义更多的观念，实质上是"上级即权威"和"以多取胜"等观念的体现。因此，出于对司法权威的维护和司法公正衡平的考虑，我们应当对再审程序的启动予以必要的规范。

（六）司法机关依职权提起再审威胁社会秩序的稳定，损害民事诉讼效率

民事诉讼是解决民事纠纷的最后一种制度设置，生效的裁判是国家对双方当事人权利义务关系的最终判定，具有法律约束力，受国家强制力的保障，其本质要求是稳定性、终局性。只有这样，才能使双方当事人从诉讼中及时解脱出来，以生效裁判确定的权利义务关系为基础，安排自己的民事、经济活动，在市场交易活动中具有安全感，使社会关系处于一种平衡状态，社会秩序趋于稳定。程序的及时终结使得当事人能尽快摆脱诉讼的影响，理性地对待生效裁判，避免无谓的诉讼成本。[2]

法院裁判生效后，发生争议的民事关系因确定裁判的效力而重新趋于稳定，法院主动提起再审程序和检察院抗诉提起再审程序，会使民事关系重陷纷争。尤其是，公权力提起再审无时间上的限制，但如对已生效多年的民事判决进行再审，不仅会造成当事人间民事关系的变动，也可能动摇已建立在该民事关系上的业已稳定的其他关系。这样，即使纠正了错误，实现了公正，但因为牺牲了诉讼效率及经济秩序的安定，代价也是极为高昂的。

司法公正是诉讼程序的第一要义，再审程序的提起对保障司法公正无疑是有积极作用的。但我们在建构民事再审制度时，诉讼经济成本也是不得不考虑的因素。在很多情况下，当事人在民事诉讼中主要是为了获取经济利益，如果法院主动再审给当事人增加的诉讼成本支出大于再审而获得的利益，那么，这种损失该由谁来负担？因此，无论审判能够怎样完善地实现正义，如果付出的代价过于昂贵，则人们往往只能放弃通过审判来实现正义。[3]

在经济社会的当今，诉讼当事人必定会考虑成本与收益之间的问题，过高

---

〔1〕 从司法实践来看，这种"改正为错"的情况时有发生。有的案件一审判决正确，二审改变一审判决，当事人申请再审，再审判决又改回一审判决结果；有的案件二审判决正确，经过再审改判，反而改错了，受到错误判决影响的一方当事人申请再审，经过第二次再审，又改回二审判决的结果。

〔2〕 蒋集跃、杨永华："论我国民事再审制度的完善——兼谈申诉问题的理性解决"，载《政法论坛》2003 年第 2 期。

〔3〕 [日]棚濑孝雄：《纠纷的解决与审判制度》，王亚新译，中国政法大学出版社 1994 年版，第266 页。

的诉讼成本会使当事人放弃诉讼。而由人民法院主动启动再审程序，不但会增加当事人的诉讼成本支出，而且也会造成法院司法资源的浪费，这与民事诉讼的经济与效益目标是相矛盾的。再审程序虽然能达到一定程度的"纠错"效果，但同时也不可避免地会给当事人造成过度诉讼的后果，浪费宝贵的诉讼资源。现代司法理念要求贯彻诉讼经济的原则，即用小的投入实现司法效益的最大产出。但对案件的频繁再审，使这一原则很难实现，诉讼成本的高额化在某种程度上也是司法不公正的表现。

（七）司法机关职权提起再审影响程序的安定性

"法律必须是稳定的，但不可一成不变。"罗斯科·庞德的这句话揭示了一个永恒且无可辩驳的真理。一个完全不具有稳定性的法律制度，只能是一系列仅为了对付一时性变故而制定的特定措施。它会缺乏逻辑上的自洽性和连续性。[1]

法律应当具有安定性，不仅指其规范本身的稳定与连续，同时其内部结构及运作结果也应当具有同样的精神。法的安定性应当包含程序（过程）的安定。所谓程序安定，是指民事诉讼应依法定的时间先后和空间结构展开并作出终局决定从而使诉讼保持有条不紊的稳定状态。[2]

程序安定是民事诉讼程序价值的一项重要内容，它包括程序规范的安定和程序运作的安定两个方面。设立再审制度的宗旨，在很大程度上是对实现实体正义所作的考虑，但基于这一理想的制度设计却极可能对程序安定性造成破坏。国外一些学者认为："裁判既为公权性、强制性解决纠纷的制度，则其中必然一方面存在着必须合乎正义的要求；另一方面又随之出现另一种要求，即既然已经作出裁判，则裁判的存在及其判断的内容就绝对不能轻易被动摇。"[3]在对待法的正义与程序的安定的问题上，存在着制度设计上的价值选择。正如某些学者所认为的那样："如果说，一种制度可以容忍同样的纠纷作出不同的裁判，或者允许同一项纠纷可以反复作出多次的裁判，则公权性、强制性解决纠纷的制度将不复存在。反之，民事诉讼制度属于公权性、强制性的制度，并能提高该制度的实效，则理所当然地应当删除上述可能性，这是制度

---

〔1〕〔美〕E. 博登海默：《法理学——法律哲学与法律方法》，邓正来译，中国政法大学出版社1999年版，第325~326页。

〔2〕陈桂明：《程序理论与程序规则》，中国法制出版社1999年版，第1页。

〔3〕〔日〕三月章：《日本民事诉讼法》，汪一凡译，五南图书出版有限公司1997年版，第29页。

的内在要求。裁判效力属于程序法中最为核心的问题，盖源于此。"[1]以正义性要求与安定性考虑的关系来评价我国民事诉讼再审程序的结构，显然是注重了正义性的要求。在构建再审程序时，我们应当在观念上有所改变，在保证正义得到实现的同时，最大限度地保持程序的安定性。

当然，一般来讲，相对于法的权威性和程序的安定性，在具体案件上忍受错误判决的危害性要小得多。但这不等于我们为了维护法的权威性和程序的安定性而可以置个案的公正于不顾。这是因为："安定价值也同样不是一种绝对的价值，安定价值的实现本身受到其对个人有益又对社会有益这个条件的限制。"[2]况且个案的公正也是司法具有权威性和程序具有安定性的保障。因此，法的权威性和程序的安定性不应绝对排除个案正义，在严格的法定条件下也可以排除既判力。正如日本学者所说的："判决被确定以后如仅仅因为判断不当或发现新的证据就承认当事人的不服声明，则诉讼是无止境的；但另一方面，从做出正确公正的裁判的理想出发来说，不管有什么样的瑕疵一律不准撤销已确定的判决，也是不合理的。于是，法律规定在判决里有特别重大并且对当事人也有严重瑕疵时，应准许再审。"[3]

因此，从对法的权威性和程序安定性与个案正义之间的价值平衡出发，在再审程序中，对正义（实体）的追求与程序安定的考虑应当作出合理的安排，不能顾此失彼。我们既不能只讲法的正义而不顾及法的安定性，也不能只讲法的安定性而忽略正义性的要求，必须在两者之间建立一种适度的平衡。

二、我国民事再审制度缺陷

（一）再审启动主体的制度缺陷

根据我国《民事诉讼法》第 198、199、208 条的规定，我国现行民事再审程序有三种启动机制。一是当事人申请再审程序，即当事人对已经发生法律效力的民事判决、裁定认为有法律规定的再审事由的，可以向原审人民法院或者其上一级人民法院申请再审，对于符合法定条件的申请，人民法院应当再审。二是人民检察院提起民事抗诉引起的再审程序，即最高人民检察院对各级人民

---

[1] ［日］三月章：《日本民事诉讼法》，汪一凡译，五南图书出版有限公司 1997 年版，第 30 页。
[2] ［美］E. 博登海默：《法理学——法律哲学与法律方法》，邓正来译，中国政法大学出版社 1999 年版，第 327 页。
[3] ［日］兼子一：《民事诉讼法》，白绿铉译，法律出版社 1995 年版，第 249 页。

法院发生法律效力的判决、裁定，上级人民检察院对下级人民法院发生法律效力的判决、裁定，发现有法定再审事由的，应当按照审判监督程序提出抗诉，人民检察院提起抗诉的案件，人民法院均应当再审。三是人民法院主动依职权提起的再审程序，即各级人民法院院长对本院已经发生法律效力的判决、裁定，发现确有错误，认为需要再审的，提交审判委员会讨论决定；最高人民法院对地方各级人民法院已经发生法律效力的判决、裁定，上级人民法院对下级人民法院已经发生法律效力的判决、裁定，发现确有错误的，有权提审或者指令下级人民法院再审。

与其他国家（地区）的再审立法相比，我国提起再审程序的主体十分广泛。从表面上看，我国民事再审启动程序是相当完备的，当事人可以提出再审申请，经法院审查申请理由成立的，可以启动再审程序，人民检察院可以根据法律监督权启动审判监督程序，还有人民法院系统内部的审判监督程序。我们似乎有理由相信再审程序启动主体的广泛性可以更进一步保证错误得到纠正、司法公正和效率得到实现，但事实证明，现行再审启动程序不仅违背了民事诉讼基本法理，而且引发了司法实践中的诸多问题，成了再审制度立法完善的重点。

1. 法院提起再审存在的问题

根据《民事诉讼法》第 198 条的规定，各级法院对生效的民事判决、裁定都有权提起再审。该规定当然有其理论渊源和现实理由，而且从立法者和学者的角度考察，其目的也是为了更好地实现公平和正义，使确有错误的民事判决、裁定得到最大限度的纠正。但事实上，这一规定不仅违背了民事诉讼基本法理，而且在实务上也产生了很多问题。

第一，法院依职权发动再审，与既判力原则背道而驰。根据既判力原则的基本精神，为了维护法的安定性、效率性，作出终局裁判的法院及其他法院不得随意对同一案件进行再次审理，以防止作出与终局裁判相矛盾的新裁判，保证生效判决的实际效力。如果赋予法院依职权发动再审的权力，法院认为裁判确有错误的即可重新启动审判程序，对案件进行再次审理。这样一来，当事人之间的法律关系及权利义务关系永远得不到确定，裁判的权威性也就荡然无存。

第二，法院依职权发动再审，有违程序公正。法院依职权发动再审，一方面使当事人申请再审而无法直接启动再审，从而影响再审功能的发挥，造成再审制度的混乱；另一方面，限制性条件还不十分完善，再审法定事由的语言表述还不十分明晰，再审申请的审查程序运作机制随意性很大，从而容易造成司法不公，也会为司法权力留下腐败的温床。

第三，法院依职权发动再审，会破坏已被接受的权利义务关系。法院发动再审不受时间限制，如果法院对一件判决已生效多年的案件进行再审，使得已经通过原有判决在案件双方当事人或第三人之间建立的权利义务关系发生改变，很有可能会造成司法资源的浪费，在一定程度上给案件当事人带来诉讼负担。因为结果改变的可能是存在的，这将十分不利于对法的稳定性和司法权威的保护。

第四，法院依职权发动再审，成了目前再审启动困扰各级法院的根源。根据山东省高级人民法院的统计，每年由于各级领导机关、各级领导过问而引发的再审案件数量，占再审案件总数量的72%以上，真正由当事人申诉、申请再审引发的复查案件数量仅占总复查案件数的20%左右，至于占再审数量的比例则更低。这一渠道为社会各界对司法机关施加影响提供了权力角逐的场所，也成了目前再审启动困扰各级法院的制度性根源。正因为法院依职权发动再审在理论上违背了不告不理、诉审分离、既判力等基本法理，在实践中造成了再审秩序的混乱、侵犯当事人的处分权、损害司法的权威性，加上没有法定事由的限制，使法院依职权发动再审完全失去了制度的控制与制约。所以，改变法院有权依其职权提起再审的制度也成了理论界的一致呼声。

2. 检察院作为再审启动主体所存在的问题

根据《民事诉讼法》第208条的规定，最高人民检察院和上级人民检察院对生效的民事判决、裁定都有权通过抗诉的方式启动再审程序。关于检察机关的再审启动权问题，理论界与实务界均有争议。持肯定意见的人认为，检察院的抗诉监督作为一种事后监督，对保障民事审判活动的公正是十分必要的。首先，当事人势单力薄，其再审申请不一定能够启动再审，而由检察院提起，则必然进入再审；其次，检察院的监督是一种来自法院外部的监督，它体现了检察权与审判权的互相制衡。

实践表明，缺乏外部的、直接针对个案的监督不足以保障当事人的合法权益。另外，由于对司法腐败现象进行监督是检察机关的分内事务，所以，检察机关的抗诉监督也有利于督促法官严格遵循法律程序办案，使其保持公正廉洁。[1]上述几种理由都是建立在对法院和法官不信任或者说至少是不完全信任

---

[1] 张作顺："民事再审程序基本问题研究"，载《法律适用》2000年第12期。

的基础之上的，而从程序的规范化和目标的理想化角度来说，它们完全不应当作为支持检察机关再审启动权的理由。笔者认为，应当通过理性的、完善的和合乎逻辑的制度设计对检察机关的再审启动权作出合理的、必要的限制。从理论上和实务上考察，检察机关启动再审存在着诸多弊端。

第一，检察院主动提起抗诉启动再审程序违背民事诉讼处分原则。民事诉讼处分权的享有和自主行使是当事人在民事诉讼中的程序主体性地位的要求和体现。基于此，当事人可以通过行使其程序性和实体性处分权，在一定范围内选择解决纠纷的途径、方式，决定如何取舍自己的程序利益和实体利益，以避免因使用该解决纠纷的途径、方式而导致不必要费用的增加和系争实体利益的减损、消耗。

可以说，当事人的处分权是私法自治向民事纠纷解决领域的直接延伸，保障了当事人的意志自由、独立和自主。然而，在我们的司法实践中，对于生效的民事裁判，一旦人民检察院发现"确有错误"或认为符合法定条件，即可依法启动再审程序，不仅不受时效、既判力和案件范围的限制，而且更关键的是它不以当事人申请再审为前提，这就意味着在这种情况下，哪怕当事人并没有甚至是不愿意提起再审，作为公权力主体的检察院也可强制启动再审程序。这充分体现了作为检察监督权的国家公权力对当事人依法享有并行使的包括对民事实体权利和诉讼权利的处分权等私权利的不当干预。

检察院发动再审，在有当事人申请的情况下，检察院的抗诉与当事人的意思可能一致，此时当事人的民事诉讼权利似乎需要通过检察院的抗诉才能行使，这与我国民事诉讼法关于人民法院审理民事案件，应当保障和便利当事人行使诉讼权利的规定精神不相吻合。在没有当事人申请的情况下，检察院的抗诉与当事人的意思可能不一致，这样有悖于民事诉讼法关于当事人依法有权处分自己诉讼权利的规定。[1]

同时，需要注意的是，虽然我国民事诉讼法在审判监督程序中，对法院已经发生法律效力的判决、裁定，检察院提出抗诉的情形作出了规定。但在工作实践中，检察院提出抗诉的案件也多是源于当事人申请，由检察院自行发现民事诉讼法规定情形而抗诉的，并不多见。其原因之一就是由于被大量的刑事侦查、起诉任务所累，不堪重负的人民检察院对于并不熟悉的民事案件的监督"心有余而力不足"。所以，合理的做法应当是，加强当事人申请再审的制度设

---

[1] 吉瑞田："实现民事案件有限再审的对策"，载《人民司法》2004 年第 1 期。

计，在一定范围内限制人民检察院提起抗诉的再审。

第二，检察院提起抗诉启动再审程序打破了民事诉讼的平等格局。民事诉讼法规定，在民事诉讼中当事人享有平等的诉讼权利，人民法院审理民事案件，应当保障和便利当事人行使诉讼权利，对当事人在适用法律上一律平等。但在检察机关提出抗诉的情形下，其位置总是处在申诉一方当事人这边的，有"当事人+检察院"对付另一方当事人之嫌，事实上也确实不能排除这种嫌疑。

检察机关提出抗诉，必定是其认为人民法院的裁判存在着法律规定的可由其行使抗诉权的情形，对其自身的主张其必定要加以说明，并提供相关的证据予以支持，其目的与申诉一方当事人所希望的相一致。

在目前的审判监督程序中，检察机关通过抗诉的方式对法院的审判活动实行监督，在监督过程中，检察院很多时候会不自觉地站在提出再审申请的某一方当事人的立场上，而且有的还参与证据调查、举证等活动，从而使检察机关在本应由平等主体进行的民事诉讼活动中具有倾向性，使本应该由当事人自己履行的权利和义务被转嫁给了检察机关。[1]实践中，检察机关将抗诉案件数量以及抗诉案件改判率作为衡量工作实绩和水平的一项指标，更加驱使检察机关去努力追求达到这一目标。这样，一方当事人有检察院的支持，另一方则没有，导致主体资格和诉讼能力失衡，破坏了当事人之间的平等。

第三，检察院抗诉启动再审程序违背审判独立要求。审判独立是实现司法公正的前提和保证，只有在独立的情形下，法官才能依照法律合乎正义地作出判决。美国学者亨利·米斯指出："在法官作出判决的瞬间，被别的观点，或者被任何形式的外部权势或压力所控制或影响，法官就不复存在了。……法院必须摆脱胁迫，不受任何控制和影响，否则他们就不再是法院了。"[2]

在我国，完整意义上的审判独立，应包括三方面的内容：一是针对法院的司法权与其他国家机构行使的不同性质的权力和各种外部社会力量的不当干预而言，"人民法院依照法律规定独立行使审判权，不受行政机关、社会团体和个人的干涉"；二是针对外部法院和上级法院而言，特定法院审理案件不受任何其他法院的干预，包括不受上级法院的干预；三是就法院内部而言，法官独

---

〔1〕 邓岩、高晓君："论纠正错案与维护审判权威性、稳定性的关系"，载《辽宁商务职业学院学报》2002 年第 2 期。

〔2〕 〔美〕罗杰·科特威尔：《法律社会学导论》，潘大松等译，华夏出版社 1989 年版，第 236页。

立对案件进行审判，不受法院内部其他法官包括上级法官或领导的干预。[1]

近代司法独立概念起源于孟德斯鸠的三权分立学说。孟德斯鸠将国家权力分为立法权、行政权和司法权，认为这三种权力只有在分立和制衡中才能不被滥用，"如果司法权不同立法权和行政权分立，自由也就不存在了。如果司法权同立法权合而为一，则将对公民的生命和自由施行专断的权力，因为法官就是立法者。如果司法权与行政权合而为一，法官便将具有压迫者的力量"。[2]

这段话明确阐明了司法独立原则。根据各国宪法和法律的普遍要求和精神，司法独立原则的核心内容是审判独立，即从事法庭审判的人员在进行审理活动和司法裁判方面拥有独立性和自主性，遵循法律，以事实为根据，以法律为准绳。因此，独立审判不是随意性的，而是依据法律的规定行使审判权，依法审判是独立审判的核心。在现代法治社会，审判独立是至关重要的，也是诉讼制度体系当中不可缺少的要件。审判权不独立，法院裁判的公正性就无从谈起。

因为法院裁判的公正性是以法院审判权的独立性为其逻辑前提和现实条件的。公正的裁判是法官主观意志认识客观案件的产物，不独立的人是不可能有独立的主观意志的，或者说，当他的头脑长在别人的肩膀上的时候，就不可能形成独立的主观意志，也就无法保证裁判的公正。

根据民事诉讼法的规定，笔者认为，检察院抗诉制度的立法宗旨是：检察监督为事后监督，即人民法院依法终结诉讼程序、裁判发生法律效力后，检察机关始得行使监督权，依法提出抗诉；检察机关抗诉的法律后果是引起再审程序的发生；因检察机关抗诉引起再审的案件，人民法院再审时，应当通知检察机关派员出席法庭，检察机关也应当派员出庭。如此而已。

任何对民事诉讼法关于检察抗诉的扩大解释都不符合民事诉讼法的规定，也有悖于民事诉讼法的立法宗旨。但在审判实践中，人民法院审理检察机关抗诉的案件时，出席法庭的检察人员询问当事人、发表监诉词、对法院的审理活动作出评价等做法均不符合宪法和民事诉讼法的规定，是对人民法院审判权的侵犯。[3]同时，由于检察机关在我国司法体系中的特殊地位以及抗诉后果的确

---

〔1〕 江启疆、彭孟東："论建立我国审判独立制度的若干问题"，载《广东社会科学》2003年第3期。

〔2〕 [法]孟德斯鸠：《论法的精神》，张雁深译，商务印书馆1961年版，第156页。

〔3〕 郑学林："民事抗诉再审案件中抗诉机关不承担举证责任"，载《人民司法》2000年第3期。

定性，法院在再审案件时必然会顾及检察机关的"意见"，进而影响法院对案件独立、中立地作出判断。

从法理和实证角度而言，没有任何理论可以说明检察机关的判断就一定比法院的判断更高明。如果说检察机关的判断是基于外部审查，不受制约的话，法院对再审理由的审查也往往不是由作出裁判的法院进行的，因此，抗诉成立的理由就显得不够充分了。从应然的角度审视，检察机关对民事诉讼的法律监督还面临许多问题。

第四，检察院抗诉启动再审程序扰乱正常的审级关系。我国现行《民事诉讼法》规定："人民法院审理民事案件，依照法律规定实行合议、回避、公开审判和两审终审制度。"我国现行法律所确立的审级制度是两审终审制，其主要考虑在于：民事案件经一审程序，如果当事人对裁判结果不服，可依法上诉寻求二审救济，避免一审错误的裁判对当事人利益的损害。同时，第二审法院可以通过审理上诉案件监督一审法院的审判工作，发现一审法院审判工作存在的问题并及时指导下级法院的工作。虽然两审终审制在现实中存在一些问题，主张改革者有之，主张取消者有之，但由于历史传统和现实国情都有支持两审终审制继续存在的理由，故简单地取消恐怕不是解决问题的最终途径。在现行的审判监督体制下，如果当事人放弃上诉权回避二审，待一审裁判生效后仍可寻求申诉、抗诉或人大个案监督等启动再审程序，必然扰乱正常的审级关系，使已经完毕的一审程序的所有工作功亏一篑，重新开始与第一审程序没有很大差异的再审程序。这样做，一方面会造成一审法院工作量额外增加；另一方面将使二审程序形同虚设，弱化了二审法院的审判监督职能。

3. 当事人申请再审存在的问题

根据《民事诉讼法》第200条的规定，当事人有权对已经发生法律效力的判决、裁定申请再审。但在司法实践中，职权主义的实际运行"除在法理上导致了对民事私法自治原则的破坏和背离外，在制度设计上则造成了对当事人诉权的忽视与否定，导致了民事再审程序的粗糙与滥用，乃至民事再审启动机制的随意性和非规范性"。[1]其直接结果就是当事人申请再审难。

由于当事人申请再审的程序规定过于概括和笼统，也没有建立严格的再审之诉，所以当事人申请再审并不能确定的启动民事再审程序，当事人不能产生

---

〔1〕 蔡军："论民事再审程序的价值冲突"，载《黑龙江省政法管理干部学院学报》2004年第1期。

像起诉、上诉那样明确的诉讼预期。再加上人民法院和人民检察院基于职权主义的传统，往往漠视当事人的诉权，使当事人申请再审难上加难，当事人申请再审的规定也因此流于形式。

第一，当事人申请再审条件限制过多。虽然当事人申请再审是启动再审的方式之一，而且当事人理应是唯一或者最重要的启动主体，但法律对当事人申请再审的限制非常严格。申请再审并不必然引起再审程序，须经人民法院审查，而检察机关提起抗诉，法院就应当再审，不仅没有时间限制，而且案件直接进入再审程序；当事人申请再审必须具备法定事由，而人民法院只要认为裁判确有错误即可提起再审等，都反映出现行民事诉讼法依然未赋予当事人申请再审应有的法律地位。

究其原因，在于立法未严格区分当事人申请再审与申诉，未从诉讼程序的角度规范和保障当事人申请再审的权利。从当事人的角度看，其再审申请权只不过是表达不服判决的一种"申诉"，并不能直接引发再审程序。虽然规定申请再审符合法定条件的，人民法院应当再审，但并未设置相应的诉讼程序。实践中，当事人向原终审法院申请再审，须经人民法院审查，其审查过程并不公开，也没有特别详细的标准。当事人的再审申请并没有得到实质上的程序保障，虽能为法院发现错案提供线索，但并非启动再审程序的主要和最有力的方式。

第二，当事人申请再审的法定理由过于原则和模糊。我国民事诉讼法规定的申请再审的法定理由过于原则，缺乏必要的限制。比如，法律规定当事人能够提出新的证据足以推翻原裁判的，法院应当再审。实践中存在当事人故意隐瞒某项重要证据，在一审、二审程序中都不提出而在再审时提出的情形。这不但使法院已进行的程序归于无效，也使得对方当事人的利益受到侵害，程序极为不公正。同时，由于法定再审事由的模糊不清与不合理，可随意掌握，法院的主导地位过于突出，当事人的诉讼权利不能有效地行使。

另外，没有明确再审事由的审查程序能否启动再审在当事人看来具有很大的随意性。我国民事诉讼法规定"人民法院接到当事人的再审申请后，应当进行审查"，但对当事人提出的再审申请，人民法院应当如何"进行审查"未设立程序规范，形成了对当事人申请再审权利的立法保障缺憾，致使长期以来，对当事人申请再审的复查方式无程序、无规范、无依据而处于随意、草率、无序的"暗箱操作"之中。

第三，当事人申请再审缺乏必要的程序保障。民事诉讼法规定了当事人申请再审的范围、事由、途径等，但这一规定存在着明显的不足。具体表现为法律既未明确当事人申请再审的方式及申请再审时应写明哪些内容，又未规定法院在收到再审申请后的处理方式、审查标准，使得"当事人在申请再审时，犹如进入了一个没有法定程序的'雾区'，完全感觉不到自己诉权的存在"。[1]

申请再审的行为对人民法院的约束力较弱，虽经数次修改，我国现行民事诉讼法规定了当事人申请再审的事由、范围以及人民法院对当事人申请的审查期限、回复方式等，但由于在审查过程中法院依旧占据主导地位，对再审申请的审查程序和当事人在此期间享有的权利也并为作明确规定，这就造成了一方面立法完善了当事人申请再审的权利，而另一方面实践中却造成了再审申请权难以实现而不得不求助于法院自身监督权、检察监督权甚至人大监督权来发动再审程序的尴尬境地。

造成该种困境的原因在于：一是没有建立再审之诉，对当事人提出的再审请求未被纳入诉讼轨道加以保护。二是法院对再审申请的审查及立案标准没有公开化，当事人无法捉摸，完全由法院封闭运行；原审法院的上级法院对再审申请的处理标准也不确定，什么案件可以再审，什么案件由原审法院自行再审，什么案件由上级法院提审，当事人根本无法知晓，更无权介入。因此，如果我们在再审程序中不能遏制司法权的膨胀，不能将当事人的诉权法定化、规范化，则难以消除目前再审程序中的司法不公现象。

第四，未赋予案外利害关系人对于生效裁判声明不服的权利。《民事诉讼法》规定："当事人对已经发生法律效力的判决、裁定，认为有错误的，可以向原审人民法院或者上一级人民法院申请再审。"第 201 条规定："当事人对已经发生法律效力的调解书，提出证据证明调解违反自愿原则或者调解协议的内容违反法律的，可以申请再审。"即只有当事人才是申请再审的主体。

当事人是指因民事权利义务发生争议，以自己的名义到人民法院起诉、应诉，并受人民法院民事判决、裁定、调解书约束的利害关系人，具体是指一审的原告、被告；二审的上诉人、被上诉人；一、二审有独立请求权的第三人，人民法院判决其承担民事责任的无独立请求权的第三人。此外，无民事行为能力、限制民事行为能力当事人的法定代理人，可以代理当事人提出再审申请。司法实践中当事人的具体标准即其是否被列于生效民事判决书、裁定书、调解书上，生效民事判决、裁定、调解书上没有列名的人，即无权对该生效民事判

---

〔1〕 章武生："我国民事再审程序之检讨与重构"，载程波主编：《湘江法律评论》（第 4 卷），湘潭大学出版社 2001 年版。

决书、裁定书、调解书申请再审。

从理论上来说，立法者将申请再审的主体限定为在生效民事裁判文书上列名的当事人无可厚非。但是，现实生活并不这么简单，有的人虽然没有在某生效民事裁判文书上列名，但该民事判决、裁定或调解书却偏偏与其有法律上的利害关系，并对其产生约束力。如宋某瞒着其妻以夫妻共有房屋为齐某向某农经站借款作抵押。齐某未还借款，农经站向法院起诉，要求齐某归还借款、宋某承担担保责任，却未将宋妻列为被告。诉讼中，原被告达成协议：齐某归还借款，宋某继续以夫妻共有房屋作抵押，法院制作了调解书。嗣后，齐某未按调解书确定日期归还借款。执行中，法院准备将宋某夫妻的共有房屋拍卖，宋妻得知夫妻共有房屋被抵押，遂提出异议。很明显，宋妻与本案有法律上的利害关系，调解书也对其有约束力。[1]

当事人最本质的特点是同案件处理结果有法律上的利害关系并受法院判决、裁定、调解书的约束，判断再审案件中当事人的标准应当是实质标准而不是形式标准。现行民事诉讼法对案外第三人能否申请撤销已生效的裁判没有具体规定，但如上文案例所述，在司法实践中，人民法院生效的判决、裁定或调解书涉及第三人利益，给第三人造成损害的现象时有发生，案外人提出异议并申请法院裁处的案件并不少见，但因其不是生效裁判文书上列名的当事人，现行法律缺乏对其申请再审权利保护的规定，致使此类情形下的申请再审案件很难依法及时得到处理。案外人在已有生效裁判损害其利益时，也不能通过另行起诉来改变原有生效判决，致使受损害的合法权益得不到必要的救济。[2]因此，在再审程序中有必要增加第三人异议制度。

第三人异议制度是指案件当事人以外的第三人，为了维护本人的利益，对人民法院生效的判决、裁定或调解书提出异议，认为该生效的裁判文书确有错误且损害了自己的合法权益，要求全部或部分撤销该生效的判决、裁定或调解书，重新作出处理。[3]

虽然现行法律和司法解释都没有赋予案外人申请再审的权利，但现实的复杂性迫切需要其做出改变。赋予"有法律上利害关系的人"提起再审之诉的权利，是司法公正的需要，是保护国家利益、公共利益和他人利益的需要。"有

---

[1] 王克先："对民事诉讼申请再审主体的新思考"，载《法治论丛》2003年第2期。

[2] 沈德泳："关于再审之诉改革德几个问题"，载《人民司法》2005年第9期。

[3] 潘盛礼："再审程序中应建立第三人异议制度"，载《法律适用》2003年第6期。

法律上利害关系的人"实际上是民事诉讼法中规定的第三人。从程序上讲，他们是应该作为第三人参加诉讼的，如果以第三人的身份参加诉讼，他们就取得了诉讼当事人的地位，但由于客观的原因他们没能参加已经结束的诉讼程序，法律不能因非当事人的原因而使其利益受到损害。[1]因此，立法应当对此作出规定，与发生法律效力的裁判有法律上利害关系的人，认为该裁判错误的，可以向作出该生效裁判法院的上一级法院提起再审之诉。

（二）我国民事再审审查程序的立法缺陷

再审申请的审查受理对于民事再审制度的良性运转具有至关重要的意义。我国现行民事诉讼法对这方面的规定很不完善，主要表现在：一是再审申请的审查受理违背了程序公开的一般要求，不公开、不透明，不仅无法让再审申请人相信审查受理的公正性，而且容易滋生司法腐败。二是民事诉讼法没有规定审查受理的法律程序，审查受理具有非程序化、不规范的特征，再审申请人缺乏有效的程序保障，结果也就出现了"申诉状"满天飞、申诉难等社会问题。[2]这一系列的问题只是制度设计缺陷的外部表现，其背后的实质原因才是我们关注的重点所在。

再审程序是法院对生效裁判因出现法定事由再次予以审理的特殊救济程序。启动这一程序的决定力量有两个，首先是法院司法裁量权的运用，其次才是当事人诉权的作用。这一特点意味着：从审查客体方面看，由于立法对适用再审程序的条件规定了严格的限制，因而立案审查需要对再审申请进行严格的甄别和筛选，而这只有通过实质审查才能确定。这一审查过程严格而复杂，案件甄别过程和审判过程紧密结合，并且加入了审查决定者的价值判断，是适用和解释法律的过程，因而，仅仅从形式上进行简单审查无法实现这一职能。而且，在再审立案程序中，由于当事人的诉权和法院的司法裁量权相互作用，再审立案的审查绝不可能仅仅是形式上的审查。[3]

在再审程序中，首先应是当事人诉权的作用，其次才是法院的司法裁量权的运用，但需要注意的是，由于再审程序是特殊救济程序，故再审诉权和一审诉权、二审诉权有所不同，当事人诉权应受到司法裁量权的一定制约。从我国

---

〔1〕 段成华、武丽霞："对民事诉讼利害关系人应赋予申请再审权"，载《检察日报》2004 年 9 月 1 日。

〔2〕 蒋集跃、杨永华："论我国民事再审制度的完善——兼谈申诉问题的理性解决"，载《政法论坛》2003 年第 2 期。

〔3〕 冯旭峰："民事再审立案与立审分立"，载《司法制度改革》2003 年第 9 期。

现行审判监督程序立法来看，民事诉讼法对再审的审判程序作出了规定，却没有对再审事由的审查和初步确认的程序加以规定。

日本于1996年对实施了近百年的民事诉讼法进行了世纪性修改。其中再审制度中最大的修改就是将过去的"一阶结构"改为"二阶结构"。《日本民事诉讼法》原来只规定了本案再审这一个阶段，修改以后，《日本民事诉讼法》将再审事由的审查程序纳入法定的阶段，构成再审制度的"二阶结构"。这一改革具有重要意义。在日本，有关民事诉讼法修改的许多内容往往难以在学术界、司法界和律师界达成统一，但在再审制度构造的这种改革方面三方却几乎达成了一致同意。国外的立法例有更为先进的东西值得我们学习。后文中，笔者将首先分析现行法律体制下的审查程序的诸多弊端，并结合比较法和现实因素的考察，对构建再审案件审查程序进行研讨。

依照我国现行《民事诉讼法》的规定，对当事人的再审申请人民法院应当进行审查，符合再审条件的应当再审。但对当事人的再审申请如何进行审查，至今还没有法律规范，以至于长期以来对当事人申请再审的复查方式无程序、无规定、无依据，非常随意、草率和无序。从传统的复查方式演进过程来看，最早是书面审查定输赢，办案法官与当事人不见面。这样，当事人意见很大，认为有话还没说，有理还没讲，也不知为什么被驳回或改判，暗箱操作的特点十分明显。[1]

后来，过渡到法官会见再审申请人，听取申请再审的意见，但被申请人仍被排斥在复查之外，剥夺了被申请人的申辩权利，仍没有解决暗箱操作的问解。随着改革的进一步推进，法官分别与申请人与被申请人见面，直接单方面听取双方的意见，虽然有所进步，但也存在先入为主的弊端，而且其透明度仍不够高，且缺乏必要的监督机制。目前，不少法院已经采取了听证方式审查再审申请，由申请人和被申请人当面陈述申请再审的理由和答辩理由，进一步提高审查工作的透明性，但这种做法尚未普遍推广。

1. 立案审查模式缺乏统一性

目前，再审立案审查主要有三种模式：一种是立审不分但加大审查的公开性和透明度，如海南法院实行申诉立案由审判监督庭听证复查的再审审查制度；另一种是立案庭仅对再审主体、提出再审的时效、再审的管辖等进行程序审查，后移送审判监督庭对再审的事由进行审查，然后决定是否立案再审；第

---

〔1〕 纪敏主编：《法院立案工作及改革探索》，中国政法大学出版社2000年版，第309页。

三种是立案庭除对程序进行审查外，对再审事由亦进行一定程度的审查，认为案件有错误的，移送审判监督庭进一步审理。[1]

上述三种模式各有利弊。

第一种模式是只要当事人来访申诉或申请再审，法院须当即以一定的组织形式听取其申辩，审查其举证材料，当场作出评议，决定是否受理。该模式有效地解决了当事人申诉和申请再审难的问题，改革了申诉、再审立案不及时、不规范、不依法的状态，提高了审判的效率，树立了司法的权威。但在实际执行过程中，仅听取申诉人或再审申请人一面之词即作出再审评断，请主管院长批准或提交审判委员会讨论决定对案件提起再审，势必会增加再审案件的数量，加重审判委员会的工作负担。第二种模式采取了类似一、二审立审分离的形式，虽然看上去可以避免审判法官在立案时先入为主，但却忽视了再审案件的特殊性。同时，由于立案门槛的降低，很可能造成有理没理均申诉或申请再审的局面，增加法院的工作量，耗费大量人力、财力、物力及有限的司法资源。第三种模式采取程序审查和部分实体审查相结合的方式，符合民事诉讼法的规定，可以有效地减少当事人的滥诉，亦可减少审判委员会工作负担。

2. 有权审查立案的法院过多

根据民事诉讼法的规定，作出生效裁判的法院有权对当事人的再审申请进行审查立案，该法院的任何上级法院都有权指令该法院立案再审。审查主体的多层化，既导致了当事人越级申诉、滥诉现象突出，扰乱了正常的诉讼秩序，增加了上级法院的负担；同时由于管辖界限不清，各级法院对当事人的再审申请往往不是相互依赖就是相互推诿，谁都有权管，但谁都不管，形成申诉者投诉无门而又申诉不止的恶性循环。[2]这种状况造成的更严重的后果是可能会产生许多"寻租"现象，使得少数当事人想方设法地疏通各种关系，以换取各级法院不正常地提起再审的机会，进而严重地影响司法廉洁和司法公正。

3. 审查的透明性不够

从再审程序本身来看，存在着严重的非程序化倾向，主要表现在再审程序的条件过于原则，启动再审程序的透明度、规范性较差等方面。具体表现为：一是法院对再审事由的审查不公开，不具有透明性，违背了程序公开的一般原则。由于审查的不公开，导致了审查程序的神秘和灰色，容易滋生司法腐败。

---

〔1〕 陈学芹："论民事再审立案审查法定化"，载《人民司法》2003年第3期。
〔2〕 冯旭峰："民事再审立案与立审分立"，载《司法制度改革》2003年第9期。

在司法实践中，通过拉关系等手段启动再审程序的事经常发生，即使欲达到的目的和行动的动机是正常或道德的，但由于各种原因，为了实现这一目的当事人也不得不实施不道德的行为和手段。二是由于程序的非法定化，必然使审查程序不能统一和规范，给当事人的申诉造成困难，使错误的判决、裁定不能得到有效的纠正。[1]审查程序的不透明是司法专断的表现之一，它在很大程度上剥夺了当事人在审查程序中的知情权和发言权，使得当事人感觉不到自己的存在，只有法院单方说了算，这样对司法公正和司法权威都会产生不利的影响。

4. 再审事由过于宽泛

民事诉讼法对当事人、人民检察院提起再审的理由作出了规定，总共有 13 种事由。再审事由在整个再审程序的运行过程中都起着非常重要的作用，但由于我国再审立法理念的偏差和制度设计的疏漏，民事诉讼法规定的再审事由存在较为严重的缺陷。从宏观方面来看：

第一，再审事由的表述不够准确、合理；再审事由的规定过于笼统，具有相当的不确定性，实践操作的可行性差。关于何为"确有错误"，"确有错误"的标准是什么，"新的证据"如何界定等问题都没有统一的解释，以至于各地法院在审查再审事由时都"严格恪守"自己的标准，长此以往，必将有损于法律的统一适用。

第二，忽视了程序正义作为再审事由的独立性。我国现行民事诉讼法所规定的 13 种法定再审事由都是关于实体正义方面的，"发现确有错误"和"有新的证据，足以推翻原判决、裁定的"等事由属于实体事由无疑，这种模糊性的法律语言表述，是由我国长期以来"重实体，轻程序"的观念影响所致。而其他国家（地区）立法中的再审事由都包括实体事由和程序事由两个方面，并且程序事由占重要地位。

诚然，并不是所有违反程序法的行为都会影响到该行为在诉讼法上的效力，但是无论违反法定程序的行为性质如何，只要不妨碍诉讼实体结果的正确性，就可以不予追究，否则必然会影响对一审、二审程序独立价值的重视。

第三，遗漏了应当作为再审事由的诸多事项。通过比较法考查可以得知，许多国家的再审事由都是比较全面、具体的，包括实体事由和程序事由或绝对的再审事由和相对的再审事由。而我国现行法的规定不仅标准不明确，缺乏可操作性和统一性，同时全面性也严重欠缺。如无权审判的法官参加了审判、作

---

[1] 章武生："我国民事审级制度之重塑"，载《中国法学》2002 年第 6 期。

为裁判根据的主要证据是虚假的等都没有列入再审事由。这些情况的存在不利于再审制度的有效运行和再审目的的实现。

第四，各种再审主体启动再审的事由都不相同。法院提起再审的唯一事由是"发现确有错误"。当事人可以申请再审的法定事由包括以下几个方面：一是证据类事由，我国《民事诉讼法》第200条第1~4项规定在案件审理过程中，用于证明案件事实的证据如果存在遗漏、伪造、程序性瑕疵等情形，当事人提出再审申请后，法院就应当再审；二是程序性错误，是指因为错误或者瑕疵诉讼程序而作出的裁判结果经当事人申请，人民法院应当启动再审程序修正有可能存在的错误；三是法律适用错误，案件审理和判决过程中，具体依据作出裁判的法律条文出现错误会直接导致裁判结果的不公正，人民法院应当再审；四是司法腐败情形的纠正。从以上内容可以看出，我国现行的民事诉讼法经过几次修改，完善了部分申请再审的事由，但仍然存在表述模糊和逻辑不周延的情况，这在一定程度上给案件当事人提出再审申请带来了困难。

从微观方面来看：

第一，关于"确有错误"的再审事由。根据民事诉讼法的规定，人民法院对已经发生法律效力的判决和裁定决定再审、提起再审和指令再审的理由是原判决、裁定必须确有错误。

因此，"确有错误"就成了人民法院对生效判决、裁定提起审判监督程序所必须具备的前提条件。有些学者认为，"确有错误"不能也不应作为人民法院对生效判决、裁定提起审判监督程序的条件。"不能"是指"确有错误"的规定不科学；"不应"是指"确有错误"的范围太笼统，其标准模糊不清，难以把握。"确有错误"的条件违背了诉讼原理。人民法院已经发生法律效力的判决和裁定是经过法定程序作出的，具有稳定性、排他性和权威性，不得随意变更和撤销。如果生效判决、裁定有错误需要纠正，也只能依照法定的审判监督程序提起，进行审理后证明其确有错误才能改变。因此，已经生效的判决或裁定的"确有错误"只能是再审的结果，而不能是再审的原因。如果以"确有错误"作为再审的前提，那么再审就只能是走过场，再审程序也就仅仅流于形式罢了。其实质就是"先定后审"，或曰"先判后审"，严重违背了"诉审分离"及"先审后判"的原则。[1]

---

〔1〕 周安平、殷雁鸣："人民法院提起民事审判监督程序的两个问题"，载《江南社会学院学报》2001年第1期。

笔者比较赞同上述观点，认为将"确有错误"作为再审事由完全是从"实体正义"的标准出发的，是"实事求是、有错必纠"观念的延伸，违背程序正义诉讼观。而且由于立法技术的欠缺，导致该标准与当事人申请再审的标准还有所不同，法律规范内部的不协调也是造成实践混乱的原因之一。

同时，对法院来说，"确有错误"不仅是一个难以把握的标准，主观任意性太强，而且不能排除给上级法院和有关人员以审判监督之名行不公正之实的机会，可能滋生司法腐败，同时也会导致发动再审程序的泛滥。对当事人来说，人都有"趋利避害"之本性，人们提起诉讼总想要得到有利于自己的裁判，二审终局裁判一旦作出，即产生法律效力，即使他没有得到预期的结果，仍应尊重裁判，执行生效的判决。然而，法律仅规定"认为有错误"就可以申请发动再审程序，严重威胁二审终局裁判的法律效力。

第二，关于"有新的证据，足以推翻原判决、裁定的"再审事由。我国民事诉讼法允许当事人随时提出证据，在保证案件的客观、公正方面具有一定的合理性，但同时也存在难以克服的弊端。具体表现为：一是对于所谓"有新的证据"应当如何理解未作明确界定。实践中，只要是在原审中未提出的证据，无论什么原因，都可以作为新证据提出，这样就无法避免再审的随意性、诉讼迟延以及当事人滥用权利等，与目前正在推行的证据失权制度也有冲突。而且，正如学者所言："判决被确定，如仅仅因为判断不当或发现新的证据就承认当事人的不服声明，则诉讼是无止境的。"[1]这与程序的及时终结性是不相符的。二是对方当事人的诉讼权利受到了侵犯，因为法院在决定再审的裁定中已经直接认定了新证据的效力，再审时对方当事人提出的任何质证意见，对证据效力的认定并不起作用，再审开庭是以原判决确有错误为前提条件的，在司法实践中往往导致双方当事人在再审程序中诉讼权利处于不平衡的状态。三是由于设定了新证据足以推翻原判决、裁定和调解这一条件，为一些当事人实施"诉讼伏击"提供了可能，某些怀有恶意的当事人在案件的一、二审中故意隐瞒证据，在再审中出人意外地出示某种关键证据，通过再审一次性达到胜诉的目的，这对另一方当事人而言，也是极其不公平的。针对这些弊端，一些学者和司法实践部门纷纷呼吁建立举证时限制度。

第三，关于"因原判适用法律确有错误的"再审事由。关于原判适用法律确有错误，一般认为有以下情形：应适用此法却适用了彼法；应适用此条款却

---

〔1〕〔日〕兼子一、竹下守夫：《民事诉讼法》，白绿铉译，法律出版社1995年版，第249页。

适用了彼条款；应适用新法却适用了旧法；应适用的法律未予适用；适用了已被废除或尚未生效的法律；断章取义地适用法律等。[1]

但比较其他立法例，绝大多数国家未将适用法律错误作为再审事由。因为在西方法学经过对早期"法律形式主义"或"规则主义"法学的批判，早已形成了法律具有不确定性的基本认识。理论上认为，法律的不确定性源于以下几个方面：一是语言的不确定性，立法者在制定法律条文时不可避免地会有认识上的局限性，以及条文制定者有意识地适用模糊含混的语言；二是社会生活的变化使法律条文的实体内容过时；三是法官等适用法律的人员基于不同的知识水平和个人因素，而对法律产生不同的理解；四是其他诸如政策、意识形态、社会地位、权力结构和利益冲突等社会因素对法律解释的影响。[2]

如果以法官个人的理解来判断原判决、裁定是否存在错误，就有可能导致再审提起的随意性。因此，我们在重构再审事由时，必须防止以"原判适用法律确有错误"的事由随意提起再审。如果法律条文适用错误则可以引发再审程序，对于适用法律的其他情形，则应注意尊重原审法官的自由裁量权，除实体结果显失公正以外，一般不应以适用法律错误为由轻易启动再审程序。

第四，关于"审判人员在审理该案件时有贪污受贿、徇私舞弊、枉法裁判行的"再审事由。该项事由的立法宗旨是强调审判人员审理案件必须清正廉洁、秉公执法，保证案件得到正确处理。有人主张取消该条，其理由有以下几点：首先，该条在实践中绝少引用，基本属于闲置条款；其次，当事人申请再审只有 2 年时间，而该条的引用必须有涉及该审判人员的刑事判决，而等到该判决作出时，申请再审的时效可能已经超过，故意义不大；最后，审判人员存在上述行为，关键是看申请人的实体权利是否因此受到影响，申请人如认为原审不公，自会引用前述条款申请再审。[3]

笔者认为，上述理由是站不住脚的。实践中以此条申请再审的有之，法院以此款为由决定再审的亦有之，该款并非闲置条款；虽然从发现审判人员在审理案件中受贿、徇私舞弊、枉法裁判到判决，需要一段时间，但并非所有的类似案件都需要 2 年，何况该款只要求有此三种行为，而并非要求达到犯罪程度，如果是党纪政纪查处认定，岂不更快？笔者主张有修正地保留该款。首

---

〔1〕 张卫平："民事再审事由研究"，载《法学研究》2000 年第 5 期。

〔2〕 梁治平主编：《法律解释问题》，法律出版社 1998 年版，第 255~256 页。

〔3〕 李汉、马玉根："民事再审案件立案标准探秘"，载《人民法院报》2000 年 7 月 25 日。

先，应取消"贪污"二字。一般而言，审理案件时的贪污是不存在的，因为审判人员并不负责收取、保管诉讼费用，即使在个别法院诉讼费用的收缴、保管不按操作规程办事，而出现贪污，也与裁判结果无关。其次，"有受贿、徇私舞弊、枉法裁判行为"前应加"经确认"三个字，以免发生歧义。[1]

同时，审判人员经查实在审理案件时有受贿行为的，也并不一定就要一律启动再审程序。当前，受社会一些不良风气的影响，合法权益受侵犯的一方当事人，为自身利益考虑，也有可能通过贿赂审判人员的方式来达到胜诉的目的。因此，在存在审判人员受贿情况的案件中所作的裁判，有"确有错误"的情况，也有裁判正确的情况，不能一概而论。

5. 管辖法院混乱

依据我国民事诉讼法的规定，针对不同的再审案件，原审法院、原审法院的上级法院和最高法院在各自的范围内都有一定的管辖权。对民事再审案件进行管辖的权力，在各级法院之间的界定和分配具有如下特点：

第一，管辖机制多层次。由于存在着提审、指令再审和原审法院决定再审等不同的情形，故从最高人民法院一直到基层法院，各级法院都可以对再审案件予以管辖。

第二，管辖权力无限制。从理论上而言，每一法院的再审案件的管辖权都是广泛的。最高人民法院对各级法院、上级法院对下级法院终审案件的再审均有管辖权，各院对本院终审案件的再审均有管辖权。

第三，管辖交叉问题多。再审发动程序和发动者的多渠道，既与不同的管辖法院对应，又使对某一具体案件有多个法院可以管辖，各法院的管辖之间出现交叉。概括起来说就是多层、交叉、复杂，现行再审管辖制度试图把司法的监督权和当事人的诉权处分权统一起来，使自行启动再审程序和被动启动再审程序相结合，使对再审案件的主动（自行）管辖和被动管辖结合起来，呈现出一种较为复杂的局面。同时，对同一案件，再审管辖表现出一定的随意性，包括原终审法院自审、上级法院提审和指令再审多种情况。[2]

以上几个特点反映了再审管辖的复杂和混乱，法律规定的不一致性和不确定性是其根源所在。对于再审案件到底应当由哪级法院管辖，学界仁者见仁，智

---

[1] 李祖军："论民事再审程序"，载《现代法学》2002 年第 2 期。

[2] 万国海："民事案件再审管辖问题之探讨"，载《徐州师范大学学报（哲学社会科学版）》2003 年第 2 期。

者见智。

有些学者认为，再审案件可以由原审法院管辖。原审法院的法官更接近案件事实，并对案件的事实已经进行过较为细致的审查；而且并没有证据表明上级法院的法官比下级法院的法官水平更高；许多再审案件本身较为复杂，原审法院在很多时候都向上级法院请示过，很多案件处理的结果都是按照上级法院的指示或批示作出的，这些理由都说明由原审法院管辖可能更为有利。同时，国外也有类似的立法例。[1]上述理由有一定的合理之处，但无论是在理论上，还是在实践上，原审法院管辖都存在着一些问题：

第一，原审法院级别低，难以矫正出现的误差。根据我国民事诉讼法关于管辖的规定，一般情况下，基层人民法院管辖第一审民事案件，故绝大多数民事案件经基层人民法院审理即告终结，即使当事人上诉，其终审法院也只能是中级人民法院，终审法院的级别低，审判水平相对较低，如由其再审，很难保证错判得以纠正。[2]

第二，本院进行再审在事实认定及适用法律等方面都有一定的局限性，特别是当本院发生错误的生效裁判原本就是由本院院长审批过的或是由本院审判委员会讨论过的案件时，再审裁判的公正性就成了问题。[3]而且让原审法院纠正自己的错误比较困难，也不太现实。在很多情况下，再审申请人往往不信任原审人民法院，若由其受理再审申请，不利于发挥再审程序消解、平息民事纠纷的功能。

第三，原审法官对再审案件施加不当影响。有些法官在审判案件时由于主观、盲目、自以为是，并非出于故意而出现了错案。但由于法院目前实行错案追究制，作出错误裁判的法官怕被追究责任，往往要想方设法地争取维持原判，为自己作出的错误裁判进行百般的辩解，这是很令人无奈的。[4]将案件交由原审法院管辖很可能由于法官之间相互比较熟悉而产生不适当的影响和干预。

但是值得注意的是，在这种主张中，实际上还隐含着对法官自我纠错道德水平的否定评价，这固然与目前法官队伍的现状有关，具有一定的针对性，但对人的道德品行的关注高于对制度的信任，这显然是深受我国传统诉讼观念潜

---

〔1〕《日本民事诉讼法》第 422 条第 1 款规定："再审专属作出经声明不服的判决的法院管辖。"

〔2〕朱和平、邓承立："论民事再审程序的弊端与完善"，载《当代法学》2003 年第 10 期。

〔3〕常怡、唐力："民事再审制度的理性分析"，载《河北法学》2002 年第 5 期。

〔4〕金雨杰、张英霞："再审民事案件若干问题探讨"，载《法律适用》2004 年第 3 期。

在影响的结果。理论与制度设计固然不能脱离国情与审判实际，但认真研究和借鉴他国的经验，总结诉讼规律，从整体上完善诉讼制度应当是更为妥当的做法。

第四，错案追究制有碍于原审法院纠正错误。我国法院实行错案追究制度，错案率经常同评先进、晋升甚至调任等相联系。再审改判是判断错案并追究责任的一种重要的参考因素，法官压力很大，不希望裁判出现错误，更不情愿再审纠错。因此，当事人不信任原审法院，宁愿舍近求远，去较超脱的上级法院寻求公正的再审。所以，尽管上级法院再审会增加诉讼成本，且不一定能够根本解决问题，但考虑到目前的情况，再审案件应该由终审法院的上一级法院管辖。

针对原终审法院管辖再审案件的诸多问题，有些学者认为，应在取消地方各级法院的再审权之基础上，设立专门的再审法院并独立于现行的地方法院体系，使再审制度更好地发挥其程序价值。具体设想为，在最高法院下设中央再审法院，受理由高级人民法院终审案件的再审之诉；在各省级辖区设立再审分院，受理由中级人民法院终审案件的再审之诉。各再审分院独立于现行的地方法院体系，仅与中央再审法院之间存在审级监督关系。也有学者主张，应规定只有最高人民法院才有权受理再审之诉。[1]这两种主张都是基于确保再审案件质量的考虑，其出发点无疑是好的，但在目前的司法体制下，其不现实性也是显而易见的。而且如果仅由最高人民法院受理再审案件，其负担之重很可能会影响最高法院所承担的其他重要功能的发挥。

依据现行民事诉讼法的规定，当事人对已经发生法律效力的判决、裁定，认为有错误的，可以向原审人民法院或者上一级人民法院申请再审。但按照最高人民法院的有关规定和审判实践，实际上大多数案件都是由原审法院再审或由原审法院复查，当事人对原审法院的再审或复查结果不服的，再向上一级法院申请再审。[2]

---

〔1〕 陈磊、卢椰枫："论在 WTO 法境下构筑科学完善的民事再审制度"，载《福建政法管理干部学院学报》2002 年第 2 期。

〔2〕《最高人民法院关于规范人民法院再审立案的若干意见（试行）》第 6 条规定："申请再审或申诉一般由终审人民法院审查处理。上一级人民法院对未经终审人民法院审查处理的申请再审或申诉，一般交终审人民法院审查；对经终审人民法院审查处理后仍然坚持申请再审或申诉的，应当受理。对未经终审人民法院及其上一级人民法院审查处理，直接向上级人民法院申请再审或申诉的，上级人民法院应当交下一级人民法院处理。"

这种管辖规定对于重复再审和再审案件数量的居高不下现象的产生具有直接的影响。目前，要求提高再审案件管辖法院的级别、取消原审法院再审权的呼声比较高。之所以这样，主要是由于学术界和社会公众依据法院目前的管理体制，对原审法院是否具有纠正裁判的能力与勇气表示忧虑，此外也是希望借此对导致我国目前实际存在的司法不统一问题如司法地方化、地方保护主义等进行遏制。[1]基于解决现实问题的需要，同时立足于我国的现状，笔者认为再审案件由原审法院的上级法院管辖较为适宜。

当然，有些学者对此提出异议，他们认为，上级法院并未参加过案件的直接审理，其认为下级法院的生效裁判确有错误的主观判断是否妥当存在疑问。"在认识客观事物的过程中，主体之间不可避免地存在着诸如观察问题的角度、评价事物的标准等差别，因此，不同主体对同一问题的认识常会产生意见分歧或观点争议。"[2]同样的案件交由不同的主体加以判断，会得出不同结论的可能性是非常大的。而上级法院并未经过严密的审理程序，仅凭所能获得的案件的极少一部分资料便得出"错案"的结论，缺乏严肃性。笔者不否认由上级人民法院审理再审案件会出现上述问题，同时也承认，并没有确切证据表明上级法院的法官比下级法院的法官更有水平。但从实际情况来看，上级法院法官的法律素质和审判水平还是相对高一些，而且上级法院远离案件发生地，受到的干预也会比较少，有利于案件的公正裁判。

6. 当事人在审查程序中的主体地位不明显，基本的诉讼权利缺乏保障

所谓程序主体性，是指当事人在纠纷解决过程中应当居于主体而不是客体的地位，主要是当事人的诉讼行为而不是法院的职权行为推动着诉讼的进程。之所以在民事诉讼中坚持当事人主导，固然可以从其有利于查清纠纷事实的角度进行论证，但更重要的依据却在于诉讼过程本身的正当性。有实证研究显示："一个人在对自己利益有着影响的判决制作以前，如果不能向法庭提出自己的主张和证据，不能与其他各方及法官展开有意义的辩论、证明和说服等，就会产生强烈的不公正感，这种感觉源于他的权益受到了裁判者的忽视，他的道德主体地位遭受了法官的否定，他的人格遭到了贬损。"[3]

程序主体性对于当事人人格的尊重及纠纷的最终解决都有着重要的积极意

〔1〕 张丽霞："日本民事再审程序中值得借鉴的几个方面"，载《河南社会科学》2002 年第 1 期。

〔2〕 晋荣东："论的逻辑分析"，载《华东师范大学学报（哲学社会科学版）》2001 年第 6 期。

〔3〕 陈瑞华：《刑事审判原理论》，北京大学出版社 1997 年版，第 63 页。

义，同时也能真正满足当事人"讨个说法"的心理，最终达成当事人息讼的理想状态。但我国现行《民事诉讼法》对再审程序中当事人的诉讼权利几乎没有作出任何规定，这与现代民事司法理念所要求的程序保障是极不相称的。诚然，我们可以借鉴一审和二审中的规定赋予再审程序当事人以诉讼权利，但现实中具体规定的不足可能会给某些法官创造专断的空间，不利于保护当事人的合法权利。由于再审程序不仅是独立的程序，更具有其自身的特殊性，这就要求我们在将来的立法中明确规定当事人所享有的诉讼权利，当事人即使最后没有得到所希望的改判结果，也可能会因为程序权利的实现而心服口服。

7. 审查后的处理方式不当

我国现行《民事诉讼法》对再审申请受理后的审查方式和对原审判决的执行方式规定得并不明确，对审查后的处理方式并没有作出明确规定，虽然民事诉讼法对当事人的再审申请作出了应当立案受理或者驳回申请两种处理方式，这两种处理方式是符合民事诉讼的基本法理的，但就其具体的措施和形式而言，却存在着不恰当之处：

第一，裁定再审附加中止原判决执行的规定不当。《民事诉讼法》第206条规定了按照再审程序决定立案再审的案件，裁定中止原判决的执行。这一规定无疑提升了决定再审的法律效力，尤其需要注意的是，在司法实践中，正是由于决定再审具有如此附加的法律效力，很多当事人申请再审，主要就是为了追求这一法律效力，至于案件本身是否有错误、是否需要重新审理，并不在其关心之列，这便使得再审程序意在纠错的法律价值被人为地扭曲。在司法实践中，已有法院意识到了这一点，如广东省高级人民法院制定的《广东省法院再审诉讼暂行规定》中明确规定对已决定再审的案件，如被执行人提供担保则中止执行，否则不中止原判决的执行。

再审程序原本只是为了回应当事人权利特殊救济的需要，决定再审也并不意味着原生效裁判当然失去效力，因为即使原案进入再次审理的程序，仍有可能维持原判而并不当然地改变原裁判结果。如此说来，裁定再审附加中止原判决执行的规定没有什么恰当的理由，有些当事人甚至会借此转移、隐匿财产，使得再审维持原判后的执行陷入更糟糕的境地。

第二，再审申请受理后，法院在审查过程中并未给再审申请人充分的诉讼权利保护。如前文所述，我国现行的民事诉讼法体系，并未将再审程序当作一个独立的诉讼程序加以规定，所以其对再审申请人的权利保护机制不如案件一审和二审程序那么充分。再审申请被法院受理后，我国民事诉讼法只对受理期限、审查期限和回复形式作出规定，并未对再审申请书的内容、格式、审查程序及在审查过程中当事人的相关权利作出规定，这也就使得当事人再审申请仍然没有充分暴露在阳光下，容易造成司法不公，妨碍司法公平正义价值目标的实现。

（三）我国民事再审审理程序的缺陷

根据我国现行《民事诉讼法》的规定，对于需要通过再审程序审理的案件，如果生效裁判是由案件一审法院作出的，按照第一审程序审理，所作裁判当事人可以上诉；如果生效裁判是由二审法院作出的，或者上级法院依再审程序提审的，按照第二审程序审理，所作裁判是发生法律效力的裁判。由此可见，立法者对民事再审案件并没有设置独立的审理程序，只是有区别地套用一、二审程序，再审审理程序缺少应有的独立性。简单地套用不仅造成了审判逻辑上的混乱，而且导致司法实践中的"拉锯式"审理，严重破坏了法院裁判的权威性和稳定性。如前所述，再审程序是对生效裁判的一种特殊救济程序，因而应比一般程序所作出的裁判具有更强的稳定性和权威性。但依据上述规定，一审裁判生效的案件，再审时适用一审程序，并允许当事人对作出的裁判上诉，这就使得一个原本生效的裁判，经过再审的审理，非但没得出确定性的结论，反而又恢复到了不具有法律效力的初始状态，这在逻辑上无论如何都是解释不通的。[1]

如果当事人提起上诉，案件就会进入二审程序，此时除了必须经过二审法院的又一次审理之外，还有可能会被二审法院发回重审，如果允许后一种情形出现，案件则又会回到原地，此种循环往复的可能性将会严重影响当事人间民事法律关系的稳定性，严重浪费司法资源。如果生效裁判是由二审法院作出的，或者上级法院依再审程序提审的，按照第二审程序审理，也会出现发回重审的可能，与再审程序的立法宗旨和所追求的价值追求相去甚远。

我国民事再审审理程序的缺陷具体表现有以下几点：

1. 审理范围的规定缺失

关于再审程序的审理范围，我国现行《民事诉讼法》没有明确地加以规定，因为我国的再审程序是建立在审判监督权基础之上的，而不是基于当事人的再审诉权，因此，就不存在受当事人再审请求范围限制的问题。检察机关提起抗诉所引发的再审和法院依职权提起的再审都不存在审理范围的问题，而是

---

〔1〕 郑全成："论现行民事再审制度之不足与完善"，载《商丘师范学院学报》2003 年第 1 期。

通过全面审理确定原判决是否存在错误。因当事人申诉所引发的再审，也由于当事人的申诉请求只是法院发现再审事由的信息渠道，不能构成直接启动再审程序的诉讼请求。[1]

事实上，虽然我国现行民事诉讼法对民事再审的审理范围没有作出规定，但根据民事法律中的类推原则，再审审理范围应比照一审、二审审理范围。我国现行法律没有对一审审理范围作出规定，至于二审审理范围，《民事诉讼法》规定为"上诉请求的有关事实和适用法律"，《最高法院若干意见》第 180 条却规定，"第二审人民法院……如果发现在上诉请求以外原判确有错误的，也应予以纠正"。

因此，法院再审时可能会参照不一样的标准，让当事人无所适从。在审判实践中，无论是一审还是二审，法院超出当事人的请求范围进行审理并作出裁判的情况比较普遍，对当事人提出的事实和请求未能全部审理的也绝非少数。在再审程序中这个问题更为突出，为了追求绝对的实体公正，法院往往会不遗余力地对全案事实重新进行审查，而置当事人的请求于不顾，以至侵犯当事人的处分权。

2. 审理方式不明确

根据民事诉讼法，第二审程序原则上应当开庭审理，但经过阅卷和调查、询问当事人，在事实核对清楚后，合议庭认为不需要开庭审理的，也可以径行判决、裁定。也就是说，再审适用第二审程序的，原则上应开庭，例外情况下可以不开庭审理。在审判实践中，再审案件开庭审理的很少，绝大多数都是径行判决、裁定的，当事人基本的诉讼权利得不到保障，违背起码的程序公正。

3. 审理期限不明确

对于再审的审理期限，民事诉讼法没有作出明确规定，仅由司法解释对此作了简要规定。《最高法院若干意见》第 213 条规定："再审案件按照第一审程序或者第二审程序审理的，适用民事诉讼法第一百三十五条、第一百五十九条规定的审限。"即按一审程序审理的，6 个月内审结，有特殊情况需要延长的，报请上级法院批准；按二审程序审理的，3 个月内审结，有特殊情况需要延长的，由本院院长批准。根据这一规定，适用不同程序进行再审的期限不同，难免造成实践运行中的混乱。此外，上级法院究竟可以批准延长几次，延长的期限是多少，本院院长批准延长的次数和期限是多少，都没有明确规定，在实践

---

〔1〕 张卫平："民事再审：基础置换与制度重建"，载《中国法学》2003 年第 1 期。

中易造成一些案件久拖不决，严重影响诉讼效率和社会关系的稳定。

由于再审程序没有设置独立的运作程序，且大多数人认为纠正错误不应当受审限的约束，因此在实践中多数再审案件未依照法律规定进行审理。加之，再审案件免交诉讼费用，对审理期限和审理次数都没有明确的限制，导致当事人的再审路漫漫，一些再审案件的审理长达几年。因此，明确再审案件的审理期限是再审程序改造的重要部分。

4. 审理无次数限制

民事诉讼法对再审次数无任何限制性规定，在实践中往往出现终审之后有再审，再审之后仍有再次再审的情况。从某种意义上说，不仅二审无法终审，甚至连再审也无法终审。因为立法的疏漏，以及"实事求是、有错必纠"这一指导思想的存在，只要有新的证据、新的事实出现，已生效的裁判随时都有被推翻重新审理的可能。有的案件经过 6 次、7 次审判，最终还是回到最初的结果，更极端的是有个案件前后居然经过 12 次审理。[1]这必会使人们产生这样的疑问：我国法院的判决何时才产生终局性的效力？不难看出，民事诉讼法在设计再审程序时重正义、轻效益价值取向的不平衡性是明显的。过分追求实体正义而忽略程序的效益价值，就意味着纠纷有可能长期得不到解决，使人对整个法律体制产生怀疑，进而动摇整个法律秩序的基础。[2]

这里显然存在一个认识上的误区，即多一次审理，案件质量就多一层保障，这一制度设计不仅会对法院判决、裁定的权威性、稳定性构成严重破坏，而且由于任何一方当事人在终审裁判后都可以无数次地提出再审申请，导致诉讼久拖不决，终审不终，违反了诉讼效益和经济原则。无休止的诉讼使当事人之间的民事关系始终处于不稳定的状态，会动摇建立在此关系基础之上的其他民事关系，非但没有"息讼止争"，反而可能扩大矛盾、增加损失，与民事诉讼解决纠纷的目的背道而驰。从不少案件中我们都可以发现，案件终审后裁判被不断改来改去，再审这一最后救济屏障的裁判有时也难逃厄运，司法权威难以树立。

早在罗马法中就有"既判的事实，应视为真理"的认识，而在将依法治国作为崇高目标的中国，却还不能清醒地认识到这一点，着实令人忧思。正如有

---

〔1〕 马文庆："诉讼十八年，裁判十二次——一起反复申诉反复再审的离婚案件引发的思考"，载沈德咏主编：《审判监督指导与研究》（2001 年第 3 卷），人民法院出版社 2002 年版，第 284 页。

〔2〕 薛红喜："民事诉讼的'怪圈'与民事再审程序的重构"，载《法律适用》2001 年第 2 期。

些学者所认为的："如果允许作为司法者的法院频繁轻率地改变其裁判，法律还有何安全性和预见性？法律终将是一座在海洋中漂浮不定的冰山，法律至上的理念亦永不能深入人心。"[1]

5. 审理结果的规定不准确

就审理结果而言，依现行民事诉讼法的规定，再审案件分别适用一、二审程序，则再审裁判有维持原判、依法改判和发回重审三种形式。前两种形式的合理性自不待言，但发回重审的形式却有待商榷。

发回重审是指二审人民法院认为一审人民法院的判决、裁定认定事实错误或事实不清、证据不足或违反法定程序的，将案件发回一审人民法院，由其另行组成合议庭进行审理的制度。它既不是一种审理案件的方式，也不是一种审级制度，而是二审法院处理案件的一种方式。在上级法院提审或者原裁判系二审裁判的情况下，再审应按照二审程序审理，因而，再审也存在发回重审的可能。发回重审虽然对于厘清案件事实有一定作用，但将其作为再审案件的一种处理方式，存在以下显而易见的弊端：

第一，再审发回重审不利于程序效益和程序安定性的实现。如前文所述，理性的民事再审程序除了追求公正价值的实现外，也非常注重程序效益和程序安定性价值的实现。但对发回重审的案件，原审人民法院应另行组成合议庭依照第一审程序进行审理，所作的判决裁定，当事人可以提起上诉。由于现行法律对发回重审没有次数限制，在上诉、抗诉过程中，案件还可能再次被发回，这就会产生如下问题，即上级法院两次发回的理由不一致。如上级人民法院在第一次发回时，原审人民法院按上级法院指出的问题做了更正，当事人仍不服上诉，上级人民法院另一合议庭又裁定发回重审，发回的理由与第一次发回的理由正好相左，这样一来，下级人民法院就会无所适从。同时，案件几次被发回重审，会造成案件诉讼周期长、诉讼效率低，不符合经济原则，也不利于当事人间社会关系的稳定。

第二，再审发回重审不利于使当事人服判息讼。当事人申请再审就是为了寻求纠纷得到更为公正的解决，希望法院能够给予更严密的程序保障和更为公正的裁判。而再审发回重审却使案件又回到原审法院重新审理，这种处理方式会使多数当事人一开始就持排斥的态度，当然对重审的结果也不会彻底信服，

---

[1] 章武生、孙永军："再审程序之重构"，载陈光中主编：《依法治国司法公正——诉讼理论与实践》（1999年卷），上海社会科学院出版社2000年版，第51页。

从而再次提起上诉。

三、完善民事再审制度之总体思路

（一）确立既判力本位观念

确定既判力本位的核心是维护程序公正、程序刚性、程序安定。

1. 程序公正

倡导判决既判力本位的一个前提是，这种作为本位的程序应当是公正的。不公正的程序既不能保证实体权利的实现，也无法产生一种程序正义的效果，而只能带来混乱，甚至是恣意的更大范围的扩张。另一方面，这里谈论的程序公正是程序自身的公正，也就是作为程序独立价值的公正，而不是程序的实现实体公正方面的工具性价值。

这个层面上的程序正义，近年来在我国诉讼法学界获得了较多的关注。程序公正的两个最基本的要求是，当事人在诉讼程序中的主体性地位与法官的中立性。

作为当事人之间权益纠纷的官方解决机制，诉讼程序只有充分体现和保障了当事人的程序主体性，才能被认为是公正的。

所谓程序主体性，是指当事人在解决纠纷过程中应当居于主体而不是客体的地位，主要是当事人自主意思表示决定的诉讼行为而不是法院的职权行为推动着诉讼的进程。坚持当事人程序主体性的依据，既可以从纠纷解决的实体结果出发进行论证，也可以从诉讼过程本身的正当性出发进行论证。从前者出发，因为纠纷是发生在当事人之间的事情，当事人对纠纷的事实最为了解，同时为了捍卫自己的权益，当事人也最有积极性进行举证、攻击和防御，因此由当事人主导诉讼程序比较有利于查明事实和解决纠纷。从后者出发，由于当事人在纠纷解决过程中充分发挥了作用，最后的纠纷处理结果在某种程度上就被认为是当事人自己行为的结果，所以即使对此结果不满意，也没有什么好说的了——这就是程序的所谓"作茧自缚"的效应。[1]

在再审诉讼中，当事人的程序主体性体现在程序运行的各个环节。在诉讼启动阶段，应当是当事人决定是否起诉以及如何起诉，以谁为被告，起诉事由，起诉法院以及诉讼请求等；在诉讼进行中，是当事人决定主张哪些事实，

---

〔1〕章武生、孙永军："再审程序之重构"，载陈光中主编：《依法治国司法公正——诉讼理论与实践》（1999年卷），上海社会科学院出版社2000年版，第51页。

并由当事人为其主张提出证据进行陈述、展开辩论。而法院最后的裁判，应当建立在这些请求、主张和证据的基础上。这就是现代民事诉讼通行的"当事人主义"的法理。具体言之，又可以根据其适用的阶段，分别用处分原则和辩论原则加以概括。

程序公正的另一个基本要求是法官的中立性。中立性的原则是程序的基础，而民事诉讼程序中法官的中立性比其他程序更为重要。与调解、仲裁之类的以一定程度的合意为前提的纠纷解决机制相比，诉讼程序更多地依靠法官的权威判断。虽然程序主体性原则保证了当事人能够对诉讼进程施加充分的影响，但在审理结束时根据已经查明的事实作出判决却是法官独享的权力。考虑到许多案件中事实是无法"查明"的，并且自由心证是现代民事诉讼中法官认定事实的基本方式，法官能否保持严格的中立就显得尤为关键了。法官的中立性可以通过两个方面得到保证：其一，平等对待当事人。比如在程序安排上，原告享有某项诉讼权利，被告也应享有相应的权利；原告有陈述、举证的机会，被告也应获得相应的辩驳、防御的机会。其二，法官保持一定的消极性。法官过于积极地介入纠纷，当事人怀疑该法官是否对案件存在先入为主的印象，由于法官的特殊身份，这种怀疑既难以证实，也难以证伪。所以在现代民事诉讼中，法官的消极性是保持诉讼程序正当性的要素之一。

2. 程序刚性

要在再审诉讼中确立既判力本位的理念，首先必须使诉讼程序成为一种具有"刚性"的程序。所谓程序的刚性，一方面是指程序具有法定刑，当事人在诉讼程序中所有享有的权利和需要履行的义务应由法律规定，不得随意突破和更改。另一方面是指法律关于民事诉讼各个环节的规定都应当是严肃的、权威的，诉讼参与者不根据规定行事，就会有特定的不利后果对其进行制裁或者惩戒。程序刚性是国家强制力介入纠纷解决过程的必然结果，是民事诉讼程序区别于其他的纠纷解决机制的基本特征之一。

基于程序刚性的要求，立法者在设计一项程序制度时，不仅要考虑通过这项制度要达到什么样的目的，还要考虑为了达到既定的目的需要哪些强制性的措施来保障它。比如，规定了期间制度，就应相应地规定逾期不作为的后果；规定了当事人、法官、证人等的诉讼义务，就应有相应的制约手段来促使这些主体履行义务。

在一种刚性程序中，不履行特定的诉讼义务一定会带来相应的后果，这种后果既可能是直接的强制手段、制裁措施的适用，也可能是诉讼上的失权和败诉的风险。一种诉讼程序只有具备了起码的刚性，才能得到诉讼主体的尊重，相应地，法院的权威地位才能树立，诉讼的效率才能得到保证。不仅如此，过于灵活的程序还会助长恣意，成为腐败和偏袒的根源。由此可见，一定的刚性也是程序公正的内在要求。

3. 程序安定

所谓程序安定，"是指民事诉讼应依法定的时间先后和空间结构展开并作出终局决定，从而使诉讼保持有条不紊稳定状态"。程序安定的概念本身即体现了对恣意的抵制和对秩序的尊重。因此，既判力本位的立法理念本质上具有对程序安定的内在要求。程序安定主要体现在程序的不可逆性和程序的及时终结性方面。[1]

程序的不可逆性，是指民事诉讼程序的各个环节在先后顺序上是单向的、不可逆的，经过一个环节就会产生相应的后果，除了法律严格限定的例外情形，不能再恢复到该环节进行之前的状态。程序的及时终结性，是指诉讼经过了法定的时限，完成了法定的程序步骤，应以一个具有终局性的裁决及时地了结纷争，而不能任由当事人无止境地争执下去。也就是说，即使争议事实尚未完全查清，但只要相应的程序已经进行完毕就应在法律上对争议下一个权威的、不可更改的结论。不可逆性从先后顺序不可动摇的角度对程序安定提出了要求，及时终结性则从程序结论的及时性和不可更改性的角度对程序安定提出了要求，这两个方面基本上构成了程序安定的完整内涵。

作为程序公正与实体公正这对矛盾体一个侧面的体现，程序安定与个案的正义之间也存在着内在紧张关系。如果坚持诉讼程序是不可逆的和及时终结的，那么，总有一些实体上可以得到救济的案件最终会失去获得救济的机会，反过来，如果把实体上的救济看得胜过了一切，那么诉讼程序的反复和审理期限的推延就在所难免了。在两难之间的不同选择，导致了西方法律传统与中国法律传统的一个重大差别。正如学者所言："强调'法的安定性'这一价值高于对具体案件的处理结果进行事后救济的价值可以视为西欧法制和法学传统的特点之一。"

（二）再审制度基本架构的转换

1. 再审制度构建的权利基础：当事人的诉权与处分权

在现代法治国家的民事诉讼中，当事人的诉权、处分权对法院审判权的制

---

〔1〕　章武生、孙永军："再审程序之重构"，载陈光中主编：《依法治国司法公正——诉讼理论与实践》（1999 年卷），上海社会科学院出版社 2000 年版，第 51 页。

约是各国普遍遵守的一项基本规则。在具体程序制度的构筑中，作为对受法院行使审判权已作出但欠缺合法性的生效裁判损害的当事人私权利益予以"特殊救济"的再审程序，其程序的启动与进行，毫无疑问需受到当事人诉权与处分权的制约。也就是说，民事诉讼当事人的诉权与处分权应成为民事再审制度构筑的权利基础。

诉权，其词义来源于罗马法，是当事人在民事诉讼过程中的基本权利，即当事人基于民事纠纷向法院请求裁判的权利。诉权概念自罗马法产生以来，关于其内涵各家众说纷纭，形成了诸如私法诉权说、抽象诉权说、具体诉权说、二元诉权说等学术观点，尽管各家学说均有其产生的理论基础，但是诉权学说离不开其产生的社会基础。法治国家的特征之一，就是限制权利人通过"自力救济"来实现自己的权利，而权利人所享有法定权利受到侵犯时，应当运用宪法赋予的诉讼权，通过国家设置的争议解决机构借助于法定程序完成对私权的救济，在公力救济私权过程中发挥作用的规则即为民诉法律制度。可见，诉权不仅对公民请求法院予以裁判的权利加以确认，而且也直接制约法院审判权的行使。当然，这种诉权对法院审判权的直接制约在民事诉讼中实质上是借助以私法自治原则为基础的当事人所享有的处分权来实现的。

关于私法自治原则，有学者认为，指的是"私人之生活关系原则上应由个人依其自由意志予以规律，国家只要消极地加以确认，而界以拘束力，不宜妄加干涉"。也就是说，根据私法自治原则，当事人可以依照自己的理性判断，去设计自己的私法关系，管理自己的私法行为。在民事诉讼中，以私法自治原则为其基础的处分权，是指民事诉讼当事人在法律规定的范围内有权根据自己的内心意愿处分其民事权利和诉讼权利。

当事人诉权与处分权制约法院审判权这一现代民事诉讼的基本规则，决定了法院经过审理对当事人之间争议的民事权利义务关系作出的一审裁判因当事人未上诉而生效，或者法院基于当事人的上诉，对上诉案件经过审理作出具有法律效力的裁判后，如果当事人不基于其诉权对该生效裁判提出再审申请，也必然意味着当事人接受该生效裁判，从而处分其民事权利与诉讼权利。由此可见，当事人的诉权与处分权必然成为构筑民事再审制度的权利基础。

2. 再审制度设计的现实要求：当事人的权利救济

没有救济就没有权利。法律不仅应宣示权利，而且还应同时配置救济的程序。用诉讼的方法救济权利是权利救济的最合法、最公正、最彻底和最权威的方式。正因为如此，法院裁决无论在哪一个国家都代表着一种神圣的权威，是国家意志的具体体现。法院作出的裁判和调解书发生法律效力后，具有确定约束力，在通常情况下，不许当事人再行争议，也不许法院随意变更或撤销。

但由于纠纷的发生有错综复杂的客观原因和人为因素，纠纷发生后，各当事人为求得有利于自己的裁判，往往有意无意地扭曲事实或掩盖事实真相，加上法官的认识能力和水平有限，有时不能从证明事实的证据材料中去粗取精、去伪存真的获得正确认识，作出错误裁判在所难免。另外也不排除个别法官在适用法律时，不依法办事、独断专行，或屈从于外界压力，以权谋私、枉法裁判。必须最大限度地消除错案，特别是把对生效错误裁判的纠正纳入诉讼的轨道，才能确保受损害的权利得到最终救济。

为此，各国都毫不例外地设置了纠正终审裁判错误，救济被忽略的正当权利的各种制度。这是权利救济发展史的必然选择，也是诉讼制度不断完善的最终结果。

3. 再审制度的固有功能：补救

一般来看，再审具有纠错、监督、统一法律适用以及补救等多种作用和功能，对再审进行功能分析，最重要的是从这些作用和功能中分离、理晰出再审的固有功能。因为这种固有功能最能反映再审的根本属性，最能表明再审的不可替代性。

作为固有功能，其固有性应当体现在两方面：其一，它是各国再审程序共同具备的。这就是说，横向地看，尽管各国的再审制度各有不同，且在设计再审制度时各国立法根据需要可能赋予了再审特别的目的，但有一种目的和功能期待是都保留了的，各国再审制度也都实际不可少地发挥着这种功能。其二，它是不可替代的，这是纵向地看的结果。就是说，在一审、二审或者三审及再审构成的整个诉讼程序系统中，再审程序发挥的这一功能是其他程序无法替代的。

从以上两个标准看，再审的固有功能不是纠错，也不是监督，更不是统一法律适用，而应当是补救。一个明显的理由是只有补救是不可替代的，而纠错或者监督实际上主要是上诉审的功能。这一结论表明，从最本原的意义上讲，再审程序不应当是什么审判监督程序，为审判监督的需要而存在；也不应当是什么特别的纠错程序，为特别的纠错需要而存在。它只是一种补救程序，为了补救的需要而存在。

（三）再审制度改革的约束条件

再审制度是我国诉讼制度的重要组成部分，诉讼制度改革是司法改革的核心组成部分。诉讼制度改革的成败在一定程度上关系到司法改革的成败，真正把我国的诉讼制度改造成结构合理、运转高效、充分体现公正的理性化的诉讼制度已成为司法改革的重中之重。

因此，诉讼制度的改革必须从实际出发，积极、稳妥、慎重地进行，充分注意与相关制度的协调、配合，"头疼医头、脚疼医脚"的方式只会带来更大的混乱，急功近利、标新立异的方式则可能带来公正与效率的缺失。而且，制度往往是妥协的产物，对制度的改革也不例外。因此，对于再审制度的改革，除了考虑其自身的要求之外，还要充分考虑我国再审制度改革的环境。

1. 诉讼程序内法官权力与当事人权利的配置模式

在我国传统的职权主义诉讼模式下，法庭的权力没有受到来自程序主体当事人权利的有效制约。具体表现在：一是在实体权利范畴内，当事人的处分权仅受到法律的有限承认，不足以形成对法官权力的制约，相反却合法地受制于法官所掌握的广泛的国家干预权力；二是在证明责任范畴内，当事人及其律师在主观证明责任（提出证据的行为责任）和客观证明责任（证明不能的结果责任）——及其相应权利——两个方面均受到职权主义的庭审模式的控制，当事人双方不能自主地形成诉讼结果并对法官的权力构成制约；三是在推动程序进展方面，职权主义模式几乎完全否定了当事人双方积极参与程序事务并决定程序进度的权利，当事人对于程序事项几乎完全听命于法院和法官的程序控制权，而不能对之构成任何制约。

2. 审级制度中上下级法院之间的职能和权力配置模式

在我国两审终审审级结构中，行政化监督和管理模式妨碍了程序内部的监督机制，即上诉程序制度的功能发挥。具体表现在：一是在审级职能分工方面，我国没有事实问题与法律问题的概念，也没有根据"程序不可逆转性"这样的理念所设计的上诉职能和审查范围限制，上级法院对下级法院的审判行为的审查是全方位的，换言之，上级法院自身的权力是没有边界的；二是在司法行政管理方面，传统上的请示汇报制度、错案追究制，从两个方面妨碍了司法独立，并最终损害了当事人的上诉权，下级法官在一审审判过程中会受制于上级法官，上级法官考虑到下级法官的处境会减少通过上诉程序纠正错误的机会。

3. 宪制体制内"权利-权力"和"权力-权力"配置模式

在我国"一切权力属于人民"的宪制体制下，一方面，在配置权利与权力的模式上，代表"人民"全面行使国家管理权的国家覆盖了"人民"本身所依存的社会的自治权，形成"国家即人民"的一元结构，从而取代了"国家-社会"的二元结构。另一方面，在国家机构内部，直接代表"人民"行使权力的人大及其常委会作为国家权力机构，对包括法院在内的所有国家机构的具体职能和行为行使具体的干预权和监督权，其作为国家机构之一，自身的权力却可以不受诸如司法审查权等反向权力的制约。此外，检察院作为国家"法律"的代表，对于除权力机构——人大及其常委会——以外的其他国家机构行使法律监督权。由此观之，我国宪政体制内的权力结构不是权力独立和职能分明基础上的相互/双向或多向制约，而是一种权力等级制。

法院在这一权力结构中地位最低，权力力度最弱（职能范围却最大、社会触角最广）。其他任何国家机构对于司法机构都享有某种方式的资源控制权，唯法院没有可以构成反向制约的资源配备，人大基于权力监督机构对法院享有人事任免权、质询权、工作报告审查通过权，乃至由此派生的个案监督权等多项权力，法院对于人大的立法却没有司法审查权；行政机构掌握作为法院生存命脉的财政权和人事权，法院对于行政机构的抽象行为（行政法规和规章）却没有司法审查权。

以上内容就我国再审制度的一些环境因素进行了分析。正如日本著名诉讼法学家棚濑孝雄所指出的："无论什么样的纠纷解决制度，在现实中其解决纠纷的形态和功能总是为社会的多种条件所规定的。"[1]影响我国再审制度改革的因素绝不会限于以上几项，我们应该在综合考虑的基础上稳步推进再审制度改革。

四、完善民事再审制度之设想

（一）建立再审之诉

1. 建立再审之诉的必要性

从域外民事申请再审制度与我国民事申请再审制度比较来看，在日本、德国和我国台湾地区等具有完善的再审之诉制度的大陆法系国家和地区，"无限申诉""无限再审"和"申请再审难"等问题都是不存在的，原因之一就是这些国家都建立了再审之诉，以一种诉讼维护了司法的权威和裁判的既判力，这在前一节已经进行了详细分析。相比较而言，我国再审之诉的建立就显得尤为必要，具体理由如下：

建立再审之诉是"私权自治"保护当事人再审诉权原则的要求。由于我国

---

〔1〕 章武生、孙永军："再审程序之重构"，载陈光中主编：《依法治国司法公正——诉讼理论与实践》（1999 年卷），上海社会科学院出版社 2000 年版。

现行民事程序中当事人申请再审并不必然启动再审程序，这就形成了一个怪异的现象，即同样是启动再审的三种主要形式，法院决定、检察院抗诉的再审，就直接进入再审诉讼，而与案件结果关系最为密切的当事人申请的再审反而要进行审查。这种现象不利于保障当事人的申请再审权，因为当事人的再审申请只有经过法院审查，裁定进入再审后才能够启动再审程序，所以说，这样的申请再审权实际上是残缺的，是不全面的。而与之相对应的法院、检察院，其本身作为国家司法、检察机关，利用公权力启动再审程序却明显比当事人具有优势，从这一方面看，这样的规定侵犯了当事人对权利的处分，违反了"私权自治"原则。那么要解决这个问题，保护当事人的再审诉权，就有必要建立再审之诉。

建立再审之诉是提高司法效率、节约司法资源原则的要求。由于我国没有再审之诉，而真正的再审监督审判是在法院审查立案之后才可能进行的，那么，在对再审申请的审查中，就必须对申请是否具有再审的法定事由进行听证和审理，而这个审理过程则完全是按照审判程序进行的，而且是对实体的审理，这就意味着当事人申请再审的，其中需要先在审查时审理一遍，如果进入再审环节，则还要再按审判监督程序再审一次，这种重复劳动既浪费司法资源，又变相延长了再审案件的审理期限。而且，由于在审查中已经对当事人的再审申请做出了初步判断，在再审后的审判中也存在"先入为主"的问题。为了解决上述问题，建立再审之诉就成了必由之路。

建立再审之诉还是维护司法权威原则的要求。由于不是一个诉讼，再审申请经审查被驳回后，当事人完全可以依照规定，以其他事由再次提出再审申请，甚至出现"无限申请再审"现象，这既造成了申请再审权的滥用，导致缠诉滥诉大量存在，也损害了司法权威，损害了法院裁判的既判力。再审之诉，则可以对当事人的争议进行法律上的解决，或者给当事人一个从法律上解决问题的路径，并确定其终局既判力，从而不但使司法权威得以维护，而且可以有效疏导当事人的缠诉滥诉行为。

综上，与域外民事申请再审之诉的机制相比较，在我国现行再审制度下，当事人的申请再审权既不受诉讼程序的约束，也得不到诉讼程序的保障。由于当事人的合理要求不能够通过正常的再审诉权渠道得以主张，对生效判决不满的当事人不得不各显神通，通过人大、政府、媒体等其他非程序化的渠道来实现再审的愿望，从而使得绝大多数裁判的既判力都受到了威胁。鉴于此，构建民事再审之诉，改革现行再审制度，以诉权的形式来确保当事人的合理再审需求，并有效控制申诉泛滥的局面，已经成了理论界和实务界的共识，这样还可以有效地化解社会矛盾，促进社会和谐稳定。

2. 建立再审之诉的意义

各国对再审制度的规定各不相同。在大陆法系的许多国家，如德国、日本等国家，再审程序均是由当事人的再审之诉而引起的。既然把当事人申请再审的权利当作诉权，即再审是一个"诉"，就决定了再审程序的发动者只能是享有诉权的当事人，而不应当是法院或者检察院，即使检察院以法律监督者的身份提起抗诉引起再审程序，也应当是基于当事人的请求，除非案件涉及国家利益或者社会公共利益。与上诉程序相比，适用于生效裁判的再审程序则是一种"非常程序"。

随着诉讼程序的展开，当事人的选择受到越来越多的限制，法官对案件的自由心证则渐渐形成。同时，纠纷处理结果的不确定性逐渐减弱，当判决获得完全效力时，这种不确定性基本消失，取而代之的是"法律"关于该纠纷的权威性判定。裁判一旦生效，就不仅凝结着双方当事人、法官和其他诉讼参与人的智慧和劳动，而且宣示着法律自身的权威和尊严。[1]

正因为此，在法治社会，维护生效裁判的安定性具有不言自明的价值。这决定了再审程序在法治国家诉讼程序中的"特殊性"，它应只适用于极其例外的情形。正如前文所述，在我国现行民事诉讼程序中，当事人申请再审的权利并没有从实质上得到保障，而法院对再审申请进行审查的权力非常大。再审程序中无可避免的"权力－权利"的逻辑结构表现为：权力的扩张与权利的萎缩。

再审程序中，当事人的再审申请权没有得到尊重。作为诉权的重要内容，当事人的处分权和平等抗辩权得不到审判权或监督权的尊重，其深层次的原因仍然是职权主义的立法观念。因此，为了缓解申请再审难的现状，更好地满足市场经济条件下民事权利救济的要求，我国民事再审制度应适时完成从职权主义向当事人主义的转变。实现这一转变的根本手段是在我国参照大陆法系国家的做法，建立再审之诉制度，加强当事人在再审程序中的主体地位。而且，确立再审之诉制度，让当事人以诉的方式提出自己对生效裁判的不满，并要求对案件进行再一次审理，以体现对当事人程序主体地位及处分权的尊重，符合私权自治原则。同时，诉比申请更为有力，更符合现代法治理念的要求。[2]

---

〔1〕 江伟、吴泽勇："论现代民事诉讼立法的基本理念"，载《中国法学》2003年第3期。

〔2〕 杨荣馨主编：《民事诉讼原理》，法律出版社2003年版，第492页。

　　总之，确立再审之诉制度，有利于维持诉讼结构的平衡，保障当事人平等的诉讼地位，同时也利于充分实现再审制度的功能和价值。

　　3. 再审之诉的概念及构成要件

　　再审之诉，是指当事人对法院已经生效的裁判不服，依照法定理由，以起诉方式提起的请求撤销原判，并对案件再次审理的诉讼。与起诉和上诉相比，再审之诉具有下列特征：一是再审之诉为独立的新诉。再审程序作为非常之诉，是对已终结案件的再次审理，与原审程序无继受关系。二是从请求撤销原判的角度看，再审之诉为形成之诉。三是从请求对已终结的案件进行再审的角度看，再审之诉为附带之诉。四是再审之诉为救济之诉。再审之诉作为对有瑕疵判决的补救措施，客观上是对既判力的限制。

　　再审之诉的成立须具备一定的要件。首先，必须具备法定的再审事由，这是提起再审之诉的实质要件。再审制度的理念在于：宁愿有损既判力的权威和稳定，也要追求裁判结果的公平与正义。然而生效裁判的既判力也必须得到维护，因此，只有在裁判存在特别重大的瑕疵，并且对当事人的权益也构成严重损害的情形时，才应当准许再审，以防止滥诉。这些情形通常在法律中被规定为法定再审事由。再审事由是再审制度的核心问题。[1]同时，由于再审之诉是一种区别于起诉、上诉的非常之诉，它还应当具备以下几项特有的特别形式要件：一是提出再审的期间。二是再审诉状。再审之诉应以诉状方式进行，口头提起再审之诉的，应视为未诉。诉状不合格的，法院应裁定不予受理。三是再审之诉诉讼费用的缴纳。

　　基于再审之诉的补救性，为避免再审程序从特殊救济程序异化为普通程序，应当对再审之诉的提起进行适当限制。我们可以借鉴大陆法系国家的再审制度立法，明确规定如果威胁裁判既判力的程序瑕疵或其他再审事由，是当事人可以通过上诉这一正常审级程序主张的，但由于当事人自身原因没有主张的，则不得提起再审之诉。同时，通过明确规定提起再审之诉的主体、事由、期间、管辖法院等，规范再审诉权的行使，限制再审诉权的滥用，确立再审的一审终审制，使当事人的诉权实在化，法院的程序规范化，确保当事人诉讼权利的实现。

---

　　〔1〕 洪更强："试论我国民事再审程序启动权"，载《北京市政法管理干部学院学报》2001 年第 1 期。

（二）提起民事再审主体的改造

1. 提起民事再审主体制度基础的改造

争议的解决方式应当与所解决的争议的性质相适应，一种法律争议的解决方式，也应当与该法律争议的性质相适应。不同的诉讼对象，其诉讼程序的具体设计也是不同的，我们所知的三大诉讼方式和程序就是根据各自不同的实体法律领域的争议性质即不同的诉讼对象来设计的。民事诉讼作为解决民事争议的主要形式，也必须与民事法律关系争议的质的规定性相适应。民事争议是关于平等主体之间财产关系和一定人身关系的争议。争议的主体之间是平等的，因为交往是以当事人独立意思自由为前提的。当事人的平等地位不过是为民事主体的意志自由制造条件。因此，平等的落脚点必须是在有关的当事人的意思自由上。

民法调整的社会关系的性质决定了民法的平等自愿这一"公理性原则"，而民事法律关系的这种特性又决定了民事诉讼的特性，即平等民事主体之间的争议解决过程。实体法领域中的"公理性原则"也必然在民事纠纷解决领域中得到具体体现和延伸，主要体现在：当事人在民事诉讼程序中同样享有意思自治的权利。当事人不仅在实体法领域有权处分自己的实体权利，而且在诉讼领域也同样可以自由处分自己的实体权利。由于当事人在诉讼领域对民事权利的处分必须通过特定诉讼行为的实施来加以实现，因此当事人能够主动或被动、积极或消极地实施特定诉讼行为的权利也同样被法律所肯定，即肯定当事人对诉讼权利的处分。没有当事人对自己诉讼权利的自由支配，民事主体对民事实体权利的自由支配也就不能实现。基于这一规范的重要性，现代民诉法均将处分原则作为民事诉讼的一项基本原则。

虽然我们承认处分原则是民诉法中的一项基本原则，审判监督程序却将处分原则排除在外。尽管没有学者提出审判监督程序在处分原则规制的范围之外，但是在我们的认识中，审判监督程序似乎是处分原则适用的例外情形。问题在于审判监督程序能够排除适用处分原则吗？再审案件如果只是一般的民事案件，那么在审判监督程序中与在一审程序和二审程序中一样，案件的性质并没有因为程序的不同而发生任何变化，不同之处仅在于前者的裁判已经发生法律效力，后者没有发生法律效力而已。

问题还在于，我们的审判监督程序是以国家干预理论作为制度基础的，而这种理念又是以有错必纠、实事求是的理论为基础的，因此，只要有错就要启动，至于这种纠错程序由谁启动就无所谓了。这里应当注意的是，一个法治国家恰恰必须考虑国家的机能、作用范围和方式。在民事诉讼中，错案是客观存在的，应当如何纠正错案则必须考虑民事诉讼的特性和民事案件的特性。民事诉讼要求充分体现当事人自治的特性。按照当事人处分原则，充分尊重当事人的意思，赋予当事人启动再审程序的权利，这样同样可以实现依法纠错的理念要求。

我们希望由法院主动提起审判监督程序或通过检察院提起抗诉启动审判监督程序，似乎是基于对当事人正当权利的"关怀"，但实际上却否定了当事人的意思自治，而这种否定常常使我们处于尴尬的境地。诚然，在民事诉讼实践中，在当事人没有提出申诉以及当事人没有向检察院申请的情形下，法院主动提起审判监督程序、检察院主动提起抗诉的情形极少，但现行民诉法中既然存在这样的主动干预机制，就使这种主动干预成为可能。

也许有人会指出，已经生效的裁判确有错误，当事人没有申诉的，法院主动提起审判监督程序纠正有错误的裁判不是合理的吗？另外，虽有当事人申诉，但法院不理睬时，检察院提出抗诉也同样具有其合理性。

对于第一点，即当事人没有申诉的场合，不外乎有以下几种情形：其一，当事人知道裁判的法律后果，也认为确有错误，但权衡各种因素，最后选择不申请再审；其二，当事人没有意识到裁判有错误，也就不申请再审；其三，当事人认为裁判确有错误，基于外部压力，不申请再审。不管属于哪一种情形，从本质上看都是当事人的处分行为，法院不应当干预当事人的自由处分。另一方面，在当事人没有主张权利救济时，法院也不应当主动去纠正错误的判决，这是由司法裁判的消极性（被动性）所决定的。审判监督程序也是法院行使裁判权的体现，因此也应当得到遵循。如果裁判机关主动"打抱不平"，那么裁判机关也就不再是裁判机关，而是行政机关或其他什么机关了，消极性是司法裁判机关的基本特性。对于检察机关的抗诉，将当事人申诉与检察院抗诉置于同等层面来考虑，同样是以确有错误为理由，为什么会因为主体的不同而有差异呢？虽然这里的一个认识是检察机关更具有可靠性，但问题在于两点：其一，实际上，检察院抗诉的理由依据（包括事实依据和法律依据）几乎全是由当事人提供的，因为检察院不是案件当事人，不可能对案件拥有更多信息，也不应当对民事案件动用侦查手段，检察机关不过是对当事人提供的材料进行判断而已；其二，没有理由证明检察机关的判断就一定比法院的更高明。

如果说检察机关的判断是基于外部审查，不受制约的话，法院对再审理由的审查也不是由作出裁判的原合议庭进行的，因此，抗诉成立的理由就显得很不充分，而且，民事检察监督同样有违民事诉讼中的当事人平等原则和处分原则。《民事诉讼法（试行）》颁布后，理论界还进一步讨论过检察机关是否应当提起民事诉讼和参与民事诉讼。赞成者的观点是："我国民事法律关系、经济法律关系的主体，主要是全民所有制企业和集体所有制企业，它们的民事活动都会直接地或间接地涉及国家和社会的利益。社会主义的国家除了通过人民法院的审判活动对它们的民事活动实行干预外，人民检察院也应代表国家对它们的民事活动实行干预。"[1]

2. 取消法院依职权提起再审

法院依职权主动启动再审程序，既与司法的被动性和中立性不相符，也违背了诉审分立原则，还不适当地侵犯了当事人的处分权。在诉讼实践中，法院主动再审的案件在再审案件中实属少见，在理论上和实务上的弊端都很大。法院有这种权力，又没有相应的制约措施，这种权力就很容易被滥用，最终将是以法院而非以当事人为主发动再审。因而，取消法院依职权发动再审既合乎法理，又合乎实际。从实践看，由法院主动提起再审的案件大多也缘于当事人的申诉，很少是由法院自身发现"确有错误"而提起的。造成这种状况的原因不仅在于我国司法资源短缺，更是在于法院在发现自身判决存在错误时，基于错案追究制度和新的案件登记制度，会有掩盖错误的倾向，而且法院要考虑自身的社会形象和本身的司法权威性，在主动纠正自己作出的错误裁判上缺乏积极性和主动性，所以说，法律的这项规定没有存在必要，完全可以通过当事人提起再审之诉来替代。

此外，在司法实践中，各级法院也都想取消此项职责：原因在于：①法院依职权启动再审的权力已经成为有关机关和个人干预法院审判工作、妨碍司法独立的重要途径。②法院依职权启动再审的法律效果和社会效果都不好，有时反而会造成双方当事人均不满意的后果，扩大甚至激化矛盾。③法院依职权启动再审的权力如果继续存在，则我们所有试图建立再审之诉的努力都将付之东流。因为，即使当事人的再审之诉已经不符合法定条件，其仍可以通过各种途径达到启动再审的目的。④法院依职权启动再审也会给某些人以权谋私、滥用权力开启方便之门。

因此，人民法院依职权启动再审程序不符合民事诉讼法的基本原理和基本

---

[1] 柴发邦主编，常怡、曾昭度、江伟副主编：《民事诉讼法学》，法律出版社 1986 年版，第 94 页。

目标，而且实际效果和社会反响较差，可以考虑在将来的立法中取消法院依职权提起再审的规定。

3. 检察院抗诉制度的改革

我国现行民事诉讼法将当事人申请再审的事由与检察机关的抗诉事由同一化，诉权性再审与检察监督性再审是混同的。下一步，我国审判监督程序改革不仅仅是应当建立再审之诉制度，同时应将基于诉权的再审与基于检察监督权的再审各归其位，回归其本源特性。

第一，将申请再审程序与检察监督程序独立分章。刘家兴教授认为，在现行法规定的基础上，将章改为编，编名可为"再审程序"，下设审判监督程序和当事人申请再审程序两章，细化各章的内容，采取双轨制的再审制度，这未必不是一种选择。[1] 将审判监督程序改为再审程序，再审程序只处理两类不同性质的民事案件，一类是基于法官行为导致裁判不公的案件，另一类是基于诉讼参与人行为及情势变化出现了导致必须改判的因素的案件。俄罗斯、越南等国的民事诉讼法也将这两类不同程序独立分章。《俄罗斯联邦民事诉讼法典（2002）》第四编为"已经发生法律效力的法院裁判的再审"，下分两章，即第四十一章"监督审法院的程序"、第四十二章"根据新发现的情节对已经发生法律效力的法院判决、裁定进行再审"。《越南民事诉讼法典（2004年）》第四编为"重新审理已经发生法律效力的判决、裁定的程序"，下分第十八章"审判监督程序"、第十九章"再审程序"。

第二，管辖。申请再审案件应由原审法院管辖，这是各国再审之诉的一般规定。这是因为再审之诉是原审的继续，并不具有监督性。申请抗诉案件则应由原审法院的上级人民检察院受理、审查。现行民事诉讼法有关上级人民检察院对下级人民法院已经发生法律效力的判决、裁定进行抗诉的规定符合检察监督权的监督特性。

第三，申请时限的起算。再审之诉是根据新发现的事实和证据启动的，因此，申请再审案件的申请时限应当自当事人发现或应当发现再审事由之日起计算。检察监督权是对原审裁判是否合法的监督，因此，申请抗诉案件的申请时限应当自原判决、裁定生效之日起计算。

明确申请再审的"补充性原则"。当事人提出的再审事由可以在原审中提出而没有提出或者已经提出而被原审法院驳回的，应不予支持。

---

〔1〕 刘家兴："关于审判监督程序的回顾与思考"，载《中外法学》2007年第5期。

第四，明确申请抗诉的诉权救济优先及消极行使诉权不予支持原则。除涉及国家利益、社会公共利益外，当事人无正当理由放弃上诉，对一审生效裁判申请抗诉的；未在法定期限内向法院申请再审，而向检察院申请抗诉的；申请再审被驳回后，无正当理由未在合理期限内申请抗诉的等，检察机关应不予支持抗诉。

4. 赋予案外人提起再审之诉的权利

如果生效的民事裁判涉及当事人之外的其他人（未参加已经终结的诉讼程序的案外人）利益时，尤其是对案外人的利益带来不利影响时，案外人有无获得救济的权利？对案外人应当如何救济？这不仅是诉讼理论研究关注，也是司法实务迫切需要解决的问题。对于案外人是否应当获得救济，答案是不容置疑的，有权利就应当有救济，这是基本的诉讼理念。那么，对这一权利应当如何救济？这是我们应当研究的问题。笔者认为，案外人利益因确有错误的生效裁判受到损害的，只能通过再审程序解决，不可以也不应当有其他的救济渠道。因此，在将来的立法中，应当对现行民事诉讼法有关条款进行修改，赋予受到生效的错误裁判不利影响的案外人提起再审之诉的权利。

当然，案外人并不是在任何情况下都可以提起再审之诉的。案外人提起再审之诉应当具备一定的条件：①判决既判事项所涉之权利为该案外人管领、支配或保护，也就是案外人对判决既判事项有法律上的利益；②其应当参加先前进行的诉讼而非因自己的原因没有参加；③限于法律的规定或者生效裁判的效力，不能以起诉的方式获得救济；④关于该案的审理没有得到合理的通知，或者没有合理理由知道该案先前被审理；⑤该案审理已经终结，并且判决已确定。案外人提起再审之诉，必须同时具备上述各项条件，因为如果享有权利的案外人知道或应当知道该案先前正在审理的，其可以作为有独立请求权或无独立请求权的第三人参加诉讼，而不必后来又提起再审之诉。

如果没有参加先前的诉讼是出于案外人怠于行使权利，他就丧失了提起再审之诉的权利。有些实务部门的同志指出，在生效的判决中，由于案外人非原案件的当事人，以及我国实行两审终审制度等因素，案外人提出的再审之诉如果通过再审程序来处理的话，有可能剥夺当事人的诉讼权利，牺牲当事人的程序利益。因为，对案外人和原案的当事人而言，其提出的再审之诉是一个新的诉讼请求，如果由终审法院的上级法院直接审理，基于再审一般只能进行一次和再审裁判为终局裁判的规定，那么就案外人的诉讼请求而言，其实际上就变成了一审终审，这样显然与民事诉讼的基本制度是相违背的。

学者的这种担心并非没有道理，这确实是值得研究和探讨的问题。对于此种情形，可以考虑先由原终审法院审理，原终审法院可以生效裁判认定事实不清为由，撤销原一、二审判决，发回原一审法院重审，对一审法院作出的判决，当事人可以重新提起上诉。这样，案外人的实体利益和程序利益都能够得到保障。而在案外人明确表示放弃审级利益的前提下，由作出生效裁判法院的上级法院直接审理，作出裁判，也不失为解决此问题的一种方式。

（三）建立再审申请审查程序

关于建立再审事由审查程序应注意的问题，借鉴大陆法系和其他国家及地区的做法，笔者认为，再审事由审查程序应由两个阶段构成。

1. 再审申请的合法性的形式审查

当事人对生效裁判不服，向法院提起再审之诉，法院首先应对其申请再审之诉是否合法进行审查。

第一，审查内容。一是当事人再审申请是否规范。民事诉讼法对再审申请诉状未作规定，实践中，立案人员要花费大量时间指导当事人书写再审申请，因此，对再审申请进行规范是非常必要的。在形式上，再审申请应以书面形式提起，同时按对方当事人人数提交副本。有学者指出，再审申请以书面形式提出，彰显了再审程序的严肃性和权威性，笔者同意这种观点。在内容上，再审申请应包括以下方面：一是再审案件当事人及其代理人的基本情况。二是原审裁判文书的案号和制作日期。三是再审的诉讼请求，诉讼请求是当事人提起再审之诉想要达到的目的，是变更原审裁判的意思表示。当事人要求全部还是部分变更，如何变更，应在诉讼请求中标明。四是提出再审申请所根据的再审事由及事实依据。当事人应说明提起再审之诉所根据的法律规定的再审事由并提供相应证据。[1]再审事由必须严格按照法律规定提出，不允许笼统地称"因为裁判不公正"等。

第二，审查提起再审之诉的主体是否符合要求。再审之诉只能由原确定裁判的诉讼当事人提起，当事人非完全民事行为能力人的，可由其法定代理人提起。

第三，审查是否在再审期间内提起。笔者认为，我国可借鉴日本和我国台湾地区"民事诉讼法"关于再审之诉的相对时效和绝对时效的规定，既可以充

〔1〕 章武生、孙永军："再审程序之重构"，载陈光中主编：《依法治国司法公正——诉讼理论与实践》（1999年卷），上海社会科学院出版社2000年版，第51页。

分保护当事人的诉权，又可以督促当事人及时申请再审，使生效裁判确定的社会关系尽早确定。

第四，审查是否属于不得或不宜提起再审的情形。民事诉讼法规定，再审之诉首先应对生效裁判提起。已经发生法律效力的解除婚姻关系的判决，按照督促程序、企业法人破产还债程序审理的案件以及依照审判监督程序审理后维持原判的案件不得申请再审。上述规定是从案件类型的角度作出的，有许多不合理之处。为充分保障当事人的再审权利，笔者建议应在考虑再审之诉制度的法律宗旨的基础上，斟酌案件本身的性质，对再审之诉作出限制规定，如无纠正可能的案件不能提起再审等。

第五，审查是否属于本院管辖。民事诉讼法规定，当事人可以向原审法院或者上一级法院申请再审。鉴于不宜由作出错判的法院自己纠正自己，笔者认为，再审之诉原则上应由作出生效裁判的上一级法院受理，这也可以解决审判实践中基层法院一审案件多、再审案件非常少而审监庭的人员设置却至少得满足组成合议庭的需要从而占用审判力量的矛盾。

审查以后如果当事人的起诉符合上述条件，予以登记立卷，转入下一个阶段即对再审事由的审查。如果不符合上述条件，则分别情况予以处理：

其一，再审申请不规范、能够补正的，告知当事人在一定期限内予以补正。当事人逾期不补正的，裁定不予受理。这里必须指出的是，补正程序是裁定不予受理的前置程序，不得未经补正而径行裁定不予受理。我国台湾地区和日本都有类似规定。

其二，再审案件不符合管辖、期间要求的，告知当事人向有管辖权的法院起诉或申诉。

其三，再审之诉的主体不合法或属于不得提起再审的情形的，告知当事人有关法律规定。当事人坚持申请再审的，裁定不予受理。

其四，未按照法律规定的再审事由提起的，告知当事人应按法律规定的事由提起。当事人逾期不更正的，裁定不予受理。

2. 再审诉请合法性的实质审查

当事人的再审之诉通过形式审查之后，应立即进入对再审诉请合法性的实质审查。第一是审查内容，审查当事人据以提出再审之诉的法定再审事由是否存在和是否成立。第二是审查形式，由于对再审事由的审查，将决定案件最终能否重新审理，因此，其审查程序应遵循公开、透明、效率、言辞原则。为改革原审查方式的弊端，目前有些法院试行了听证方式，在实践中取得了很好的效果。笔者认为，应对听证这种审查方式予以规范化、法定化，内容包括：

（1）听证5日前向当事人发出听证通知书，通知书应载明听证合议庭人员名单、听证时间、地点等事项。

（2）听证应遵循公开、回避原则。除涉及国家机密、商业秘密或个人隐私外，应以公开方式进行。当事人对合议庭组成人员有申请回避的权利。

（3）参加听证会的人员为双方当事人及其代理人。原承办法官在必要时可出席听证会。

（4）听证应遵循效率与公正原则，既要充分听取双方当事人的陈述，又不能等同于庭审。听证应只对再审事由进行程序性和技术性审查，不能搞成全面审查和实质审查，否则就又回到了原来的老路。

应当指出，对于一些再审事由明显不成立的再审之诉，合议庭有权不经听证程序径行做出决定。

（5）审查结果。经过审查，认为存在法定事由的，则裁定予以进入再审程序；不存在的，裁定驳回再审之诉。对驳回的裁定，当事人可以上诉。对予以立案的裁定，当事人不可上诉。

（6）审查组织。应组成合议庭进行，原案件的承办法官不得进入合议庭。

（7）再审立案的效力。根据《最高人民法院关于适用〈中华人民共和国民事诉讼法〉的解释》的规定，再审立案后，原生效裁判中止执行。这显然动摇了生效裁判的稳定性。一般情况下，再审申请人是原生效裁判的债务人和被执行人，再审被申请人是原生效裁判的债权人和申请执行人，再审立案后，原生效裁判中止执行，会影响申请执行人即再审被申请人的利益。为尽量避免再审立案对生效裁判稳定性和再审被申请人利益的影响，在实行再审立案不中止执行原生效裁判的原则的同时，应规定被申请执行人提供担保可以成为中止执行的例外。

建立再审申请审查程序，使得人民法院对再审申请的审查能够法定化、程序化，明确和保护当事人在再审程序环节的相应诉讼权利，是对当事人再审诉权的有力保护，从而能有效地实现我国司法程序公平正义的价值目标。

（四）我国民事再审事由的完善

申请再审事由与抗诉事由回归各自的本源属性。诉权性再审是因为新发现的证据和事实必须赋予当事人新的诉权救济，没有涉及对原审审判权判断方面的监督，而检察监督性再审恰恰针对的是原审审判权是否依法行使、依法判断，纠正的是审判权违法导致的裁判不公。这是诉权性再审和检察监督性再审本源属性最重要的不同，应当在当事人申请再审事由与检察机关抗诉事由上予以清晰地区分化体现。我国《民事诉讼法》第 200 条规定的 13 项民事再审事由中，第 2 项"原判决、裁定认定的基本事实缺乏证据证明"、第 6 项"原判决、裁定适用法律确有错误"，涉及的是对原审审判权判断的监督，既是实体监督，也是实质监督，在本源属性上与诉权性再审完全背离，与上诉审监督也没有清晰区分。

重构再审之诉的当事人申请再审事由，最重要的就是剥离以上两项事由，而检察机关抗诉事由，恰恰应在以上两项主要涉及原审审判权是否依法行使的事由改造基础上重构，使检察监督性再审纠错与上诉审纠错能明晰区分，同时剥离新证据等诉权性再审事由。当事人申请再审事由应主要是：①有新的证据，足以推翻原判决、裁定；②据以作出原判决、裁定的法律文书被撤销或变更；③原判决、裁定的主要证据是虚假的（包括原裁判依据的主要书证是伪造的，当事人、证人、鉴定人和翻译人员在诉讼中的陈述和意见是虚假的）；④原裁判遗漏或超出诉讼请求的；⑤被声明不服的判决与此前的确定判决相抵触；⑥审判人员在审理该案件时有贪污受贿、徇私舞弊、枉法裁判行为；⑦原判决、裁定严重违反法定程序，包括现行《民事诉讼法》第 200 条第 1 款第 4、5、7、8、9、10 项情形等。检察机关抗诉事由应主要是：①原判决、裁定事实、证据认定不符合法律规定，基本事实认定错误的；②原判决、裁定法律适用确有错误的；③原判决、裁定损害国家利益、社会公共利益；④审判人员在审理该案件时有贪污受贿、徇私舞弊、枉法裁判行为；⑤原判决、裁定严重违反法定程序。其中，第④⑤项当事人既可向检察机关申请抗诉，也可向人民法院申请再审。

非讼程序理论与制度研讨

刘芝祥*

一、非讼程序基本概念探讨

境外的非讼程序教材和著作，几乎都从非讼案件入手研究非讼制度，很少论及非讼程序概念，原因可能是其起点较高，对非讼程序的理解不成问题。而我国由于立法中一直没有非讼程序的概念，只提特别程序及适用特别程序的案件，所以，非讼程序的概念在法律界充满了陌生感和认知歧义，本文有必要开宗明义，重笔予以说明。界定非讼程序的基本概念，绕不开非诉程序、诉讼程序、特别程序这几个概念及相互之间的关系。

（一）非讼程序与非诉程序

1. 非诉与非讼的法律词义辨析

诉与讼这两个汉字，自古以来，常常一并使用。例如，《后汉书·陈宠传》："西州豪右并肩，吏多奸贪，诉讼日百数。"《辞源》对诉讼的解释："因纷争告于官署，以分曲直。"[1]此意义沿用至今。古今的区别在于：我国古代诉讼多民刑不分，现代则区分为民事、刑事、行政等诉讼形式；我国古代告之于官府，地方上没有专门的法院系统，现代有完善的司法系统。

诉与讼分别使用时，是有一些细微差别的。诉，在我国古代法制史上意为控告，类似现代诉讼中的起诉、上访、上告的意思。例如《汉书·成帝纪》鸿嘉元年诏："刑罚不中，众冤失职，趋阙者告诉不绝。"[2]再如，《旧唐书·张

---

* 刘芝祥，中国政法大学民事诉讼法研究所副教授，法学学士。

〔1〕 商务印书馆编辑部编：《辞源》（修订本），商务印书馆 1983 年版，第 2886 页。

〔2〕 商务印书馆编辑部编：《辞源》（修订本），商务印书馆 1983 年版，第 2886 页。

镒传》：“自此奴婢复颜，狱诉稍息。”[1]诉的古意至今仍在使用，只是诉的法律意义更加多义了，如狭义的诉（某个具体的诉求或案件）、广义的诉（当事人向法院提起的一般意义上的请求）等等。在我国古代法制史上，讼有两个含义：其一，作诉讼案件解。例如，《周礼·地官·大司徒》：“凡万民之不服而又狱讼者与有地治者，听而断之。”其二，作民事诉讼解（我国古代虽然没有民、刑诉讼的程序之区分，但在诉讼性质上已经有了初步区分），古人在前述条目的注解中说明“争罪曰狱，争财曰讼”（东汉郑玄注）。[2]在我国现代民事诉讼意义上，讼的含义与古代没有很大的区别，只是相较彼时“争财为讼”的狭窄范围，现代争讼的范围扩展到了人身以及其他权益。

古汉语的使用习惯为，诉与讼常通用，也经常通作诉讼之简称。例如，《论语·颜渊》：“听讼，吾犹人也，必也使无讼乎。”这种通用，是否意味着非诉与非讼也可以通用？从前述引证与论述可以看出，非诉与非讼实际上是既有联系又有区别的。非诉，可作不起诉、不诉讼解；非讼，既可作不诉讼解，也可作不争讼解。由于现代法律的遣词用语特别需要含义明确、精准，故，去其同义、用其异义，现代意义自明：非诉作不诉讼解，非讼只作非争讼解。那么，不诉讼与不争讼有什么不同呢？不诉讼就是不使用诉讼形式解决争端，不争讼则专指没有争议的案件。在现代民事诉讼程序制度中，争讼案件与非讼案件，不是诉讼与不诉讼的区别，而是有争议的民事案件与没有争议的民事案件的区别。没有争议的民事案件，通常没有双方当事人，只有一方当事人向法院提出申请，法院用裁判确认是否存在某种法律事实。

2. 非诉程序与非讼程序的异同

基于上述论证与解读以及学界的一般认识，非诉程序是解决民事争端的非审判程序，而非讼程序则是法院审理非争议的民事案件的审判程序。

两者的主要共同点：都是为了解决民事案件，都适用民事程序制度。按照先师杨荣鑫先生的观点，民事程序制度是个系统工程，诉讼程序、仲裁程序、调解程序、公证程序等程序制度，都是解决和预防民事纠纷的程序制度，它们之间既相互配合、相互协调，又各自分工、各行其责。[3]民事程序制度包括诉

---

　[1]　《辞海》编辑委员会编：《辞海》，上海辞书出版社1980年版，第385页。

　[2]　商务印书馆编辑部编：《辞源》（修订本），商务印书馆1983年版，第2879页。

　[3]　杨荣鑫：《杨荣鑫法学文选》，中国政法大学出版社2011年版，第39页（原载于《中国当代社会精华》，黑龙江出版社2001年版）。

讼程序制度、非讼程序制度和非诉程序制度。非诉程序是除诉讼程序和非讼程序之外，所有解决和预防民事纠纷案件的程序制度的总称。

两者的主要区别：其一，处理的案件性质不同。古典的非讼案件[1]是没有争议的民事案件（但现代的非讼程序也适用于解决一部分有争议的民事案件），非诉案件一般都是有争议的民事案件。其二，适用具体程序不同。各国的非讼案件一般都适用专门的非讼程序制度（有的包含在民事诉讼法中，有的单独立法），非诉案件则适用各种具体而不同的非诉程序。其三，程序性质不同。非讼程序属于司法审判程序范畴，非诉程序中只有仲裁程序属于准司法程序范畴，其余均不属于司法程序。其四，适用的主体不同。非讼案件只有法院可以审理，非讼程序只能由法院依法适用；非诉案件的当事人可以自由选择不同的主体解决，不同的主体（如仲裁机构、调解组织、公证机构等）分别适用不同的非诉程序制度。

3. 非诉程序与非讼程序的混淆与纠正

当代法律文献中，非诉与非讼、非诉程序与非讼程序混淆使用的情况时有发生，尤其严重的混用发生在两个方面：其一，是在对国外文献的译介上；其二，是在一些知名学者的著述中。这两种情况下的混淆，后果特别严重，对后生学者的误导作用特别大。混用的原因也可以归类为两个方面：其一，对古汉语诉与讼通用的误解；其二，对现代民事程序制度汉语用词的无知。

古汉语中虽然诉与讼常常可以通用，但非诉、非讼的使用极其罕见，更不存在非诉与非讼的通用。古汉语中经常使用的是"无讼"一词。无讼就是没有诉讼、没有人告状喊冤、没有人上访，最早是作为理想的社会模式提出的。无讼作为国家和地方治理的最高境界，一直为我国古代统治阶级所推崇，以至于最后演变成为考核官员政绩的重要指标之一。官员们为了保住乌纱帽，也就逐渐使这个理想化的境界变了味，压制争讼、控制上访的手段层出不穷。所以说，古代汉语中无讼与现代汉语中的非讼，表达的意思完全不同。

现代汉语中的非讼案件主要是指法院审理的没有权利争议的民事案件；非讼程序则是审理这种案件的程序制度。古汉语中的无讼与现代汉语中的非诉，虽有联系，但也不完全相同。现代汉语中所称的非诉，是作为一个法律概念存

---

[1] 非讼案件一词，在日本汉字中表达为非讼事件。我国台湾地区由于被日本殖民时期较长，学者多遵从日本汉字的表达习惯。我国有些学者认为，有些申请确认的事件，不属于案件，故一概使用非讼事件的表达方式。笔者认为，递交法院审理的所有事件都是案件，案件的提法也符合我国立法的习惯。笔者的观点获得留日博士、资深民诉法学者张弘教授的认可。

在的，其实则是非诉案件和非诉程序的简称。非诉案件，更确切地说应该是指没有进入司法程序的权益争端事件；非诉程序则是解决这些争端的程序制度。近几十年来，国外倡导并盛行的替代诉讼的纠纷解决方式（所谓的 ADR 方式），实际上就是非诉方式，而不是什么非讼的方式。这种方式与我国古代的无讼思想不谋而合，也与我国早期就开始盛行的人民调解等模式相互契合。无讼与非诉在理念上也有根本的区别：无讼强调的是因社会和谐而没有争讼、没有上访的理想，非诉是为了迅速疏导争端、减少诉讼之累、预防各种争端的社会治理工程及其相关的制度安排。

（二）非讼程序与诉讼程序

1. 非讼程序与诉讼程序的设计理念

在漫漫的法制史长河中，现代诉讼程序制度的发展只有短短一百多年的历史。[1]在现代诉讼程序制度的设计理念中，首先是实体法与程序法的分离（独立的程序价值的确立），然后是民事程序法与刑事程序法的分离（独立的民事程序价值的确立），最后是程序正义与实体正义的分离（独立的程序正义价值的确立）。至今，公平正义成为民事诉讼的基本价值追求，也是民事诉讼程序制度立法与司法的最基本理念。

古代法制史上，非讼程序制度的制定可能略晚于诉讼程序制度，但是资料显示，这两者几乎是同步出现的。[2]现代非讼程序制度也出现同样的状况，继 1806 年世界上第一部成文的民事诉讼法典出台后，1854 年世界上第一部成文的非讼程序法典《奥地利非讼案件法》也问世了。这两种同时或先后问世的程序制度在设计理念上存在明显的不同。非讼案件以其内容相对简单而不同于诉讼案件，这就决定了非讼程序出现以来一直奉行着一个重要设计理念——简便与快捷，以至于所有的非讼程序制度设计几乎都围绕着这个理念展开。[3]

---

〔1〕 在大陆法世界里，1806 年颁布的《法国民事诉讼法》是世界上第一部成文的民事诉讼法典。在英美法世界里，民事诉讼程序制度的演进与发展是经历数百年时间渐进完成的，其现代民事诉讼制度改革比较具有标志性的事件是：1848 年美国《纽约州民事诉讼法典》（史称菲尔德法典）。1938 年美国《联邦民事诉讼规则》、1933 年英国颁布的三部程序法（《统一诉讼程序法》《不动产时效法》《民事诉讼程序法》）。

〔2〕 迄今有文字可考的第一部成文法典、公元前 450 年古罗马颁布的《十二铜表法》第 5 表已有"继承与监护"等具体的非讼程序制度规定。

〔3〕 非讼程序的设计理念（价值追求、程序原则等）其实是多元的，尤其是部分现代争讼案件开始适用非讼程序以来，这种现象日益明显。但它们有些共同的追求，比如都适用职权审理原则。然而，简便快捷是自古以来非讼程序的优先理念。

2. 非讼程序与诉讼程序的制度安排

为了保障公平正义的诉讼程序理念的实现，在制度安排上，一般实行两审终审制或三审终审制，有些国家还实行再审制度以纠正程序和裁判的错误。同时，公开审理、当事人主义、辩论主义等基本原则，言辞辩论、当事人举证、非法证据排除、当庭质证等制度，都是诉讼程序的基本标配。

为了保障简便快捷的非讼程序理念的实现，在制度安排上，一般实行一审终审制；不适用再审制度；一般不公开审理，不一定开庭审理；法院采用职权探知、职权干预，不受辩论主义约束；等等。

3. 非讼程序与诉讼程序的相互关系

非讼程序与诉讼程序为了实现各自的诉讼理念，在制度安排上显然有很大的不同。但是，它们之间的关系却又是如此密切。由于历史上非讼程序略晚于诉讼程序的产生，现代各国的非讼程序制度中都带有明显的诉讼程序制度的痕迹，所以，我们有理由相信，非讼程序制度实际上是借鉴并脱胎于诉讼程序制度的。在很大程度上，非讼程序是诉讼程序的简化版。但非讼程序与诉讼程序的这种密切关系，并不影响它们在各自领域里完成各自的任务。

从德国、日本的非讼程序立法变迁观察，现代非诉程序制度出现以后，很快就发生了一个更为有趣的变化：一部分诉讼案件逐渐移入非讼程序审理范围，德日学者称其为诉讼案件非讼化。随着一部分有权益争议的民商事案件开始适用非讼程序，法院在审理这部分民商事案件时，也适当地引入诉讼程序制度中的一部分制度。因而，非讼程序在适用过程中就变得有些不那么纯粹了。但是，并不能就此认为，传统的非讼案件就可以一概适用诉讼程序的有关规定了。本文将在其后就此问题展开进一步讨论。

（三）非讼程序与特别程序

1. 特别程序与非讼程序的纠缠

在民事诉讼法典中专门设立特别程序以替代非讼程序的国家和地区很少，世界上只有：苏联（已解体）、俄罗斯、意大利、中国（民国时期、共和国时期）有这样的规定。其中，已经完全放弃专门的特别程序立法模式的有：自称承继中华民国法统的我国台湾地区。[1]我国现行民事诉讼法典中特别程序规定的设置，受民国时期和苏联时期的立法模式影响颇深。

我国现行民事诉讼法典特别程序规定的主要内容，与德国、日本以及我国

---

[1] 参见王强义、宋军：《民事诉讼特别程序研究》，中国政法大学出版社1993年版，第73页。

台湾地区在专门的非讼程序法典中规定的部分内容类似，但现行特别程序适用的案件范围很窄而且程序规范性也远不及这些国家和地区。即便与仍然坚持特别程序立法模式的俄罗斯相比较，在内容、范围和规范上也无以望其项背。

此外，督促程序、公示催告程序究竟是否属于非讼案件？应否适用非讼程序？其与非讼程序、特别程序之间有何关联？在这些问题上也常存困惑，有讨论的必要。目前，各国立法并不完全相同，有的将其列入非讼程序法典，有的在民事诉讼法典里单独规定；有的将其归入非讼程序，有的将其归入其他程序。这就形成了特别程序、非讼程序、其他类似程序在立法模式上的纠缠不休状况。

2. 特别程序是非讼程序的异化

特别程序是对非讼程序的异化，其主要表现有三：

其一，程序名称的异化。在汉语的使用习惯里，特别与一般相对应。民事程序中的一般程序，应当是指最经常、最广泛使用的处理争讼案件的诉讼程序。然而，非讼案件也是比较广泛、较常发生的民事案件。从这个意义上讲，处理非讼案件的程序似乎并不特别。如果只有诉讼程序可以称之为一般程序，那么所有其他程序就都可以称为特别程序。唯独把这几类案件的程序称为特别程序，不符合汉语使用的常态。

其二，程序内容的异化。细察我国特别程序，有一种争讼案件夹杂其中：选民资格案件。这不仅不是寻常意义上的非讼案件，而且也不是民事案件。有关选举的案件，应属于宪法诉讼案件。这就使得我国的特别程序显得特别别扭。教科书上一方面要大讲特别程序的特点是一方申请、独任审判、一审终审、不适用再审等等，另一方面又每每需要重申这些个特点不包括选民资格案件。

其三，程序容量的短板。特别程序除了并不特别的一般性弱点外，还存在容量有限的缺陷。首先是适用案件的范围容量有限。虽然近几年修订民事诉讼法典时，为适应司法实践的需要，已经在特别程序中增加了两种类型的非讼案件，但还是有更多的非讼案件没有纳入（比如监护案件、强制治疗案件等等）。其次，其程序制度的简陋导致适用面偏窄。现代法治国家，非讼程序适用范围日渐扩展，一些新的非讼案件和一些传统的争讼案件也开始准用非讼程序。就我国目前超简化的特别程序立法状况，根本无法适应这样的变化。

3. 特别程序的归位之路

法律制度为了适合本国本地区的情况，保持一定的优良特色是必要的，但是，我们也不能因为过分地强调本国特色而拒绝跟随正常的世界潮流。我国的特别程序就存在并行于世界正常潮流的问题：参照法治国家的立法经验，重设并整合非讼程序制度体系。具体立法建议及论证在本文的制度部分详述［非讼程序理论与制度探讨（下）］。

可以预见，非讼程序制度的完善和整合，必将使我们的程序制度乃至法律制度整体产生大的飞跃式提升效应。目前，我国司法改革中遭遇的许多瓶颈难题，实际上都与非讼程序制度的缺陷有关，比如法官员额制度改革中发生的审判资格问题、登记立案制度改革面临的"案多人少"的灾难、家事审判改革面临的审判程序制度的限制等等。容后细述。

小　结

非讼程序是指法院处理民事非讼案件及部分争讼案件的简便快捷的裁判程序，其与诉讼程序等一并构成民事审判程序的有机组成部分。[1]这里之所以强调非讼程序之审判程序的性质，是因为在非讼程序适用过程中审判权的配置比较强力，职权主义是其普遍原则和基本特色。从各国立法例观察，在非讼程序制度中，除了比较讲求简便快捷之外，还强调法院职权审理，以达到一定的社会效果。此外，非讼程序虽然注重简便快捷，但不是简易程序，更不是有些学者提到的略式程序。简易程序是审理诉讼案件的通常程序的简化，不适用于非讼案件。略式程序是国外学者对简化程序的通称，不能作为非讼程序的代称。

二、非讼程序基本价值探讨

非讼程序基本价值在非讼程序制度的设立、运行以及修订和完善过程中，具有引领性、指导性、评价性等作用。学界目前尚无论述非讼程序基本价值问题者。本文在揭示哲学价值、法哲学价值、诉讼程序价值核心内涵的基础上，推论出非讼程序的价值。

（一）哲学意义上的价值

价值，最初为经济学专业术语，是商品的一种属性，指商品在一般等价物

---

〔1〕 目前，国内学界对非讼程序的定义主要有两种：其一，是从现行法典出发，认为非讼程序是指法院审理非讼案件所适用的特别程序（王强义、宋军：《民事诉讼特别程序》，中国政法大学出版社1993 年版，第 98 页）；其二，是从完善程序制度的角度出发，认为非讼程序就是法院用以解决民事非讼案件的审判程序［蔡虹："非讼程序的理论思考与立法完善"，载《华中科技大学学报（社会科学版）》2004 年第 3 期］。笔者比较赞同蔡虹教授的观点。

上的数量值。其后，价值的含义逐步推广到社会生活和社会学科的方方面面，一般是指客体对主体的有用性或有效性，比如我们称赞某事物或某现象时，常常会说，其文化价值不可度量。其中，价值的主体是人，价值的客体是价值评估的对象。该客体可能是某种具体的事物，也可能是某种社会现象，还可能是某种精神。19 世纪以来，价值学的研究日益兴旺，经济学、政治学、历史学以及社会学、心理学、法学等学科都在研究价值。国人耳熟能详的当数卡尔·马克思（Karl Heinrich Marx，1818~1883）在政治经济学领域所做的价值与使用价值的研究成果（但李德顺教授与世界上多数学者的观点不同，认为马克思在一般意义的价值哲学方面也有很高的建树[1]）。

哲学上的价值，有两种理解：其一，是关于价值现象的哲学原理和研究学说；其二，是把价值研究归结为哲学对象的哲学学派。前者在诸多哲学著作中都有论述；后者发展成为价值哲学。最早把价值范畴引入哲学的是德国学者赫尔曼·洛采（Rudolf Hermann Lotze，1817~1881），后经其弟子文德尔班以及文德尔班的弟子李凯尔德的研究和传播，逐步奠定了价值哲学的基础，同时还形成了影响甚广的号称新康德主义的西南学派（又称海德堡学派、弗莱堡学派、巴登学派，代表人物为文德尔班、李凯尔德、拉斯克等）。[2]

在洛采那里，价值概念不仅包括道德的要求，而且包括审美要求以及意志、情感、评价的要求，是一个广泛的哲学概念，被置于哲学体系的最高和最终的位置。[3]洛采把目的、意图、理想、意义等领域都归诸价值。价值的首要特征就是它的理想性和合目的性，这正是价值与事实的主要区别所在。[4]洛采认为，世界可划分为三个可供观察和研究的领域：事实、普遍规律和价值。这三个领域相互区别、相互关联：价值是目的，事实和普遍规律是达到目的的手

---

[1] 参见李德顺：《价值论——一种主体性的研究》（第 3 版），中国人民大学出版社 2013 年版，第 13~18 页（该书的核心思想最早现于李德顺 1986 年的博士论文）。李德顺的价值哲学思路，从其先后出版的同类著作中可见端倪：《价值论》，中国人民大学出版社 1987 年版；《价值论》（第 2 版），中国人民大学出版社 2010 年；《新价值论》，云南人民出版社 2007 年版；《价值论——一种主体性的研究》（第 3 版），中国人民大学出版社 2013 年版。但笔者并不完全赞同李德顺教授的"价值实践说"的观点（笔者持修正的"价值观念说"），特别不赞同他关于价值客观性的论述。

[2] 张珂："洛采：20 世纪德国哲学的关键因素"，载中国社会科学网：http://www.qstheory.cn/freely/2014-12/15/c_1113645137.htm，访问日期：2017 年 8 月 4 日。

[3] 赵修文、童世骏：《马克思恩格斯同时代的西方哲学——以问题为中心的断代哲学史》，华东师范大学出版社 1994 年版，第 568 页。

[4] 韦朝烈："价值哲学的兴起——从洛采到尼采、文德尔班和李凯尔特的哲学思想之路"，载《中山大学研究生学刊（社会科学版）》（第 22 卷）2001 年第 1 期。

段，人们通过经验事实和因果必然规律去寻求和识别价值。[1]

洛采的学生文德尔班进一步认为，哲学就是关于价值的一般理论。在他的意识中存在着两个不同的世界，即事实的世界和价值的世界。与此相适应，知识也只有事实的知识和价值的知识：事实的知识的命题是普通逻辑判断，价值的知识命题完全取决于主体的感情和意志（但不包含必然性，属应然性范畴）。价值的世界不是现实的、不是存在的，只是意义。

文德尔班反对尼采的个人权利意志及其"超人"的天才创造观，也反对同时代哲学家提出的相对论及价值相对主义。他明确指出："超人"的观点不能使尼采找到从个人的权力意志走向"普遍自我"的道路，无法走向肯定"价值有效性高于一切"的观点；相对论必将导致哲学的解体和死亡！为了防止价值哲学落入相对论的圈套，为了避免价值的评判落入所谓"超人"的随意指令和掌控，文德尔班提出了他的价值规范理论。他认为存在着两种价值：一种是特殊价值，即与特殊的评价主体的特殊意识相适应的价值，属于心理学研究的对象；还有一种是普遍价值，即标准价值或价值规范，它是与一般评价主体的普遍意识或标准意识相适应的价值，是哲学要研究的对象。普遍的价值标准是以康德的先验主义为原则，追求理性的普遍规律。它是一种公认的价值标准，个别人的决定必须服从它，必须与它一致。[2]同时，他还认为，"我们相信存在着人类进行评价的绝对标准"，这是"最高的理性，即上帝的内容"。[3]

其后，李凯尔德继承和发扬文德尔班的价值哲学思想，同时也修正老师的世界观。他认为，世界由现实（包括主体和客体）和价值所构成。哲学的目标是要"建立、创造一种世界观"，以便帮助我们理解生活的"含义"和"自我"在"世界"中的意义。所以，哲学希望把整个世界作为自己的对象。但这并不意味着要分别去研究现实和价值，哲学只是解决现实和价值的关系与统一的问题。"一切纯粹存在的问题都是专门科学的对象。哲学（只是）开始于价值问题开始的地方。"[4]"哲学只能希望接近超历史的东西"，从而去发现"哲

〔1〕 江畅：《现代西方价值理论研究》，陕西师范大学出版社 1992 年版，第 37~38 页。

〔2〕 ［德］文德尔班：《哲学史教程》（下），商务印书馆 1993 年版，第 466~473 页。

〔3〕 ［德］文德尔班：《哲学概论》，转引自王玉樑：《价值哲学》，陕西人民出版社 1989 年版，第 36 页。

〔4〕 ［德］李凯尔德：《论哲学的概论》，转引自赵修文、童世骏：《马克思恩格斯同时代的西方哲学——以问题为中心断代哲学史》，华东师范大学出版社 1994 年版，第 583 页。

学应当解决的广泛的客观文化价值系统"。[1]

至此，哲学上的价值理念，已经完全有别于经济学上的价值观，导入了的崭新的思路和途径。从价值哲学先贤的论述中，我们至少可以导出哲学价值观的以下两个定律：

第一，价值存在于主观意识世界，因评价客观事实而与客观世界发生联系。被评价的事实是价值的客体，不能与价值混为一谈。[2]价值不仅不是事实本身，而且还可以先验于事实。

第二，价值是存在于多数人思想中的理想，是人类最高理性的体现。这种公认的价值观念，在同一个时代、同一评价客体、同一价值层次上，具有普遍性和应然性，因而也具有绝对性。只有在历史评价与现实评价之间、总体评价与具体评价之间，价值才可能出现相对性的问题，但这也只是价值评价标准的变化，无涉价值目标。

（二）法哲学意义上的价值

法哲学意义上的价值，又称法的价值或法律价值。[3]法的价值问题的提出究竟源于何时，学界有不同的认知[4]，但法的价值的研究主要是近代才兴起的，20世纪在西方学界达到鼎盛，学说纷呈、学派林立。由于意识形态的原因，法的价值在中国内地长期被视为禁区，近三十年才开禁，近年逐步升温渐成热门。较早涉入此领域的学者有严存生教授（1987年以来先后出版了《法律与自由》《法律的价值》《论法与正义》《法的价值问题研究》等著作）、乔克裕、黎晓平教授（1991年出版《法律价值论》）、卓泽渊教授（1987年的

---

〔1〕 ［德］李凯尔德：《文化科学和自然科学》，涂继亮译，商务印书馆1986年版，第128~129页。

〔2〕 在李德顺和肖建国那里，两者可以互相转换。（参见李德顺主编：《价值学大词典》，中国人民大学出版社1995年版，第695页；肖建国：《民事诉讼程序价值论》，中国人民大学出版社2000年版，第64~65页。）

〔3〕 按照李德顺教授的观点，某某价值与某某的价值是有精细的区别的。比如，法律价值与法的价值，前者仅仅是指满足人的法律需要，后者是指法律作为客体能够满足人的什么需要。（参见李德顺：《价值论——一种主体性的研究》（第3版），中国人民大学出版社2013年版，第77~81页。）但法律学者对此区别基本不予理会，常常将两者通用。例如，张文显的《法哲学范畴研究》（修订版）（中国政法大学出版社2001年版）、卓泽渊的《法的价值论》（法律出版社2006年版）等等。这些著作中基本对这两种用法未予区别。笔者对法律价值与法的价值习惯性的通用不持异议，并且也不同意价值满足人的需要说。

〔4〕 卓泽渊认为，法的价值的研究源起于古希腊和古罗马。（卓泽渊：《法的价值论》（第2版），法律出版社2006年版，第21~22页。）严存生认为，法的价值的研究，只是近代西方学者发起的。（严存生：《法的价值问题研究》，法律出版社2011年版，第16~21页。）

硕士论文《中国的法律价值观》及其后的博士论文《法的价值总论》、1994 年至今先后出版《法律价值》《法的价值论》《法的价值总论》等），此外还有杜飞进等学者（1993 年出版《法律价值论》）、谢鹏程（2000 年出版《基本法律价值》）等等。这些学者对法哲学意义上的价值做出了可贵的探索，各有自己的观点和理论，相互间的分歧和争议也比较大。限于篇幅，本文暂不展开具体介绍和评论。

法理学学者张文显认为，就完整意义的法学研究而言，包括三个研究领域：第一，对法的必然性的研究，主要揭示法的产生、发展、消亡的一般规律、条件、过程和途径；第二，对法的实然性的研究，主要分析法的本质，法与其他社会现象的关系，法的构成要素、结构、层次，法的实施，法的实现，法制与法治；第三，对法的应然性的研究，主要研究法的价值，揭示法的价值取向、价值目标，评判法的价值标准，为改革和完善法律制度提供指导原则和理想模式。[1]通过张文显教授的这段精彩论述，结合哲学先贤、法哲学先贤的论述，启示我们对法的价值观做出如下的思考：

首先，法的价值的范畴，属于法的应然性的范畴。[2]法的价值是源于现实又高于现实的法的理想状态，包含了人们对法律的信仰和追求，是人们对法律所能达到的方向与目标的一种期待性，即所谓法的理想王国。法是上层建筑领域的产物，对法的信仰和追求只能是精神层面的理想，不可能是物质的，也不可能是事实本身。理想与现实、精神与物质、思想与事实，均有一定的联系，但不能混同。

因此，这里就不能再仅仅套用价值是指满足人类生存和需要的基本性能，即对人的有用性或有效性的概念，来界定法的价值的概念了，[3]而应采用国际

---

〔1〕 张文显：《法哲学范畴研究》（修订版），中国政法大学出版社 2001 年版，第 187~189 页。

〔2〕 据李德顺教授介绍，到了 18 世纪，休谟和康德先后提出了"实然"与"应然"的事物的因果性与人的目的性、事实判断与价值判断的划分。这种区分后来多用"存在与价值"或"事实与价值"来表示。休谟和康德实际上确立和推广了哲学上的价值概念，使之具有形而上的意义。（李德顺：《价值论——一种主体性的研究》（第 3 版），中国人民大学出版社 2013 年版，第 3 页。）

〔3〕 国内许多学者都这样认为，比如张文显："根据这一基本思路和马克思主义一般价值观，可试把法律价值界定为"在人（主体）与法（客体）的关系中体现出来的法律的积极意义或有用性。"（张文显：《法哲学范畴研究》（修订版），中国政法大学出版社 2001 年版，第 192 页。）法的价值的"有用性"的定义，偏重经济学的本意，可能受实用主义哲学的影响，脱离了价值哲学的主流；"有用性"的界定，否定并掩盖了法的价值"应然性"的特征，并且混淆了法的目的与法的价值的区别（笔者认为，法的目的才是法的"有用性"的直接体现）。

学界公认的哲学价值观的理念来定义法的价值。法的价值，实际上就是人们对法的应然性状态的追求，是被抽象了的、理想化的、超然的法的理念。法的价值是一种法律精神，是纯主观的法的理想。法的价值可以超越阶级、种族和地域，是人们达成的普遍共识，是人类对法的目标的共同追求。[1]

其次，既然法的价值属于法的应然性范畴，当然就具有指引法的制定的功能了。法的制定只有在法的价值的指引下，才能合乎人们对法的期许。因而，法的价值具有对法的引领性功能。为了实现这个功能，法的价值就必须在法律制定之前被发现、被选择、被确定。从这个意义上而言，法的价值具有一定的先验性。[2]

再次，法的价值还可以指导法在应然性的轨道上顺利实施。其一，我们可以利用法的价值标准对法施行评价，进而有效地指导法能够合价值性、合目的性地顺利实施。其二，我们还可以在利用法的价值标准对法施行评价的过程中，发现法的漏洞，进而利用法的价值指导法官弥补或填充法的空白，并最终有效地促成法的完善。实定法的具体制度往往具有一定的滞后性，现实世界中"并没有什么法律规范能够总揽无遗甚至能够包罗各种各样的、只是有可能产生的情况。人类的预见力还没有完善到可以可靠地预告一切可能产生的事这种程度，况且，人类所使用的语言也还没有完善到可以绝对明确地表达一切立法意图的境界"。[3]

最后，法的价值也不是一成不变的，先验的法的价值在法的制定、实施过程中得到反馈与反思，然后自身也可以进行合理的调整或修正。这就是一定时期法的价值依据社会关系的需求而发生微调或转向的现象。但是，这种调整应该只是法的价值的具体的、局部的调整，不会也不应该是对既定的总的价值取向和价值标准的革命。

此外，由于人的价值取向具有多元性，因而法的价值也是多元的。在多元的法的价值体系中，可以区分不同的价值层次。在法的一般价值中可以包含法

---

〔1〕 国内一些学者秉着阶级斗争的哲学以及法律为统治阶级服务的观点，强调法律价值的阶级性。（比如张文显：《法哲学范畴研究》（修订版），中国政法大学出版社 2001 年版，第 193 页。）笔者反对关于法的价值的阶级性论述，认为，既然我们的所有法律都有与其他国家互联互通的必要性和可能性，我们就必须抛弃阶级论，选择人类共同的法律价值观念。

〔2〕 国内学者一般只承认法的价值对法的评价功能，不承认法的价值在指导立法上的功能。

〔3〕 ［英］彼得·斯坦、约翰·香德：《西方社会的法律价值》，王献平译，郑成思校，中国法制出版社 2004 年版，第 5 页。

的多种价值目标，但我们应当识别出最高级别的也就是最基本的价值。秩序、公平、正义、自由、效率、效益等等价值，它们都指导着法的制定、实施和完善，但是，正如英国学者斯坦和香德在 20 世纪 90 年代中期出版的著作中指出的：秩序、公平和个人自由是法的价值的最高层次、最基本的目标。这三个基本价值作为一个整体，相互之间不可或缺、相互平衡，十分微妙。它们统率其他价值，其他价值目标无以与其比肩，都在它们之下。[1]这两位英国学者的认识与国内大多数学者的认识虽然不完全相同，但笔者对此持赞同态度。[2]在同一个层次的价值目标中，往往还会有先后顺序之区分。以法的三大普遍性基本价值为例：秩序是法的首要价值，"必须先有社会秩序，才谈得上公平"[3]；在公平和自由这两个法律价值中，公平优先于自由，"公平的第一条原则就是要求每个人都应在最广泛的基本自由权利体系中享有平等的权利"。[4]

一般意义上的法具有总的价值目标，每一个部门法又同时具有其自己独特的价值目标。法的基本价值目标是所有法的普遍性的价值追求，法的普遍性的价值追求是在宪法和所有部门法的基础上提炼出来的。我们在承认法的规律性的价值的同时，也必须承认具体部门法有其自身特有的价值取向和具体的价值目标。部门法在法的普遍性的价值目标的统率之下保有其各自独特的价值需求、价值目标和价值标准，以完成各部门法具体的法的功能。

综上，我们有必要对法的价值做出这样的区别和划分：法的基本价值和一般价值的区别和划分、所有法的价值和部门法的价值的区别和划分。划分前者的目的，既在于找出法的所有价值，也在于确定法的最基本的价值。划分后者的目的，既在于避免所有法的总价值混同于特别法的分价值，也在于可以避免

---

[1] ［英］彼得·斯坦、约翰·香德：《西方社会的法律价值》，王献平译、郑成思校，中国法制出版社 2004 年版，第 2~3 页。

[2] 国内一些学者，一方面基本赞同或直接借鉴境外学者的论点，另一方面又高调批评境外学者的观点。比如，"笔者认为秩序、正义、自由和效益应作为法律的基本价值"。（张文显：《法哲学范畴研究》（修订版），中国政法大学出版社 2001 年版，第 195 页。）"但是，由于他们是在唯心主义的或剥削阶级偏狭的价值观的指导下进行价值研究的，所以，总是在抽象的人性、情感、公平、正义等观念圈子里打转而很少有所前进。"（张文显：《法哲学范畴研究》（修订版），中国政法大学出版社 2001 年版，第 191 页。）

[3] ［英］彼得·斯坦、约翰·香德：《西方社会的法律价值》，王献平译、郑成思校，中国法制出版社 2004 年版，第 45 页。

[4] ［美］约翰·罗尔斯：《公平原理》，牛津大学 1992 年版，第 150 页，转引自［英］彼得·斯坦、约翰·香德：《西方社会的法律价值》，王献平译、郑成思校，中国法制出版社 2004 年版，第 203页。罗尔斯在《正义论》（中国社会科学院出版社 2009 年版）第 196 页也有类似的论述。

以所有法的总价值取代特别法的分价值。

（三）民事诉讼程序法意义上的价值

广义的民事诉讼程序法实际上是由狭义的民事诉讼程序制度（主要用于解决民事争讼案件的程序制度）和民事非讼程序制度（主要用于解决民事非讼案件的程序制度）组成。这两种制度虽然都规定在广义的民事诉讼程序法之中（法国、俄国、中国规定在狭义的民事诉讼法典中），但是从程序性质、案件性质以及适用的原则、规则等等来看，两者具有很大的不同。在价值追求上，二者也存在一定的区别，因而民事诉讼程序法意义上的价值，也应相应区分为民事诉讼程序制度价值和民事非讼程序制度价值。由于两者之间的关系密切且常常被混淆，故在描述民事非讼程序制度的价值观之前，有必要对处理争讼案件的民事诉讼程序制度的价值先行简要梳理。

19 世纪以来，西方学者率先探讨诉讼程序价值理论，主要学说有：①程序工具主义理论（又分为以边沁为代表的绝对工具主义程序理论和以德沃金为代表的相对工具主义程序理论。工具理论将诉讼程序视为追求外在目标的手段）；②程序本位主义理论（广泛盛行于英美，该学说把诉讼程序看作自身价值的运行过程）；③程序经济效益主义理论（以波斯纳为代表的经济分析法学派认为，效益是法律活动的唯一宗旨）。[1]近年来，我国学者对诉讼程序价值理论也进行了可贵的探索。最早深入探讨法律程序价值理论的是季卫东教授[2]，最早系统探讨刑事诉讼程序价值理论的是陈瑞华教授[3]，最早系统探讨民事诉讼程序价值理论的是肖建国教授[4]。期间，陈光中教授、江伟教授、陈桂明教授、张卫平教授、齐树洁教授、王万华教授等也著文探讨过诉讼程序价值理论。由于起步较晚，国内学者对诉讼程序价值理论的探讨基本是在西方学者创设的理论基础上展开的，所持观点各异，或持程序工具主义理论，或持程序本

---

〔1〕 参见陈瑞华：《刑事审判原理论》，北京大学出版社 1997 年版，第 27 页；陈瑞华："程序价值理论的四个模式"，载《中外法学》1996 年第 2 期；肖建国：《民事诉讼程序价值论》，中国人民大学出版社 2000 年版，第 2~3 页。

〔2〕 季卫东："法律程序的意义——对中国法制建设的另一种思考"，载《中国社会科学》1993年第 1 期（其于《比较法研究》1993 年第 1 期上刊发的"程序比较论"与前文是内容相同的同一篇论文）。

〔3〕 陈瑞华："刑事审判原理论"，中国政法大学 1995 年博士学位论文（后由北京大学出版社于1997 年同名出版）。

〔4〕 肖建国："民事诉讼程序价值论"，中国人民大学 1999 年博士学位论文（后由中国人民大学出版社于 2000 年同名出版）。

位主义理论，或持程序经济效益主义理论，或持各学派的调和主义理论。对诉讼程序价值的取向、分类及评估，取决于学者各自的理论立场与方法。

本文赞成程序本位主义理论观点，反对一切程序工具论、反对经济效益至上论。理由如下：①从历史的发展和选择看，诉讼程序制度从诸法合体中分离之时、民事诉讼法等程序法从实体法中独立之时，标志着现代法治的开端。民事诉讼法等程序法具有其应然性的独立价值，因而毅然摆脱了附庸实体法的困境。从程序工具理论看，无论是绝对工具论还是相对工具论，都把程序法看作是实体法的工具，这种无视程序法独立价值的理论，与"重实体、轻程序"的封建制法统实属一脉相承，其在摆弄程序工具时，直接导致程序正义的丧失，最终伤害到实体正义自身。②用法治系统工程的观点看，各基本法之间既相互独立又相互配合，共同实现法治的基本目的，践行法治的核心价值。近现代的实体法与程序法既相互依存又相互独立。其相互依存性表现为，谁离开谁都无法独立实现其立法的目的和功能。其相互独立性表现为，各自独立立法、自成体系，各自有独立的法律原则和制度设计。用马克思的法谚名句来讲，两者的关系犹如植物的茎和叶的关系。两者之间，谁也不是谁的工具，但谁也离不开谁。如果一定要讲工具论的话，至多只能说它们之间互为工具。③程序经济效益主义理论是实用主义、功利主义在价值理论上的直接体现。程序效益至上的理论，直接损害法的公平正义的核心价值。把程序效益价值与其他核心价值并列或调和的理论，也是有害而无益的。任何时候，程序效益都不能取代法的核心价值，也不能随心所欲地与法的核心价值并列、勾兑或调和，在诉讼程序制度中也是如此。只有在法的公平正义等核心价值之下考量程序效益等其他次要价值时，才是有益而无害的。[1]

基于以上理论立场和观点，民事诉讼程序价值应该在法的一般价值之下考量，但是法的一般价值能否完全地、直接地应用于民事诉讼程序制度，应予充分论证。考量法的一般价值能否直接用于民事诉讼程序制度，首先应该从其以下个性特点入手：①民事诉讼程序制度特别强调法定性、稳定性、可操作性。

---

〔1〕 肖建国教授在《民事诉讼程序价值论》（第6~7页）中，表面上认可程序本位主义，但其所列的五点理由，均不能自圆其说，更无法以理服人。在该书最后的篇章中，参照其他学者的观点，作者把民事诉讼程序价值区分为：目的性价值（内在价值），包括自由、公正和效益等具体形态；工具性价值（外在价值），包括实体公正、秩序等具体形态（参见《民事诉讼程序价值论》，第95~99页）。笔者不甚同意其套用法理学者对法价值的一般区分（目的性价值与工具性价值），更反对其把效益价值与公正价值并列，同时也反对其把自由价值列为民事诉讼的核心价值（本文其后将进一步论证）。

我们从现代立法例上可见一斑，两大法系均不约而同地选择成文的立法模式，不厌其烦地对诉讼程序制度做出极其详尽的立法规定；除了必要修补外，很少做出重大的调整和废立；各国均禁止或限制法官在程序制度上的恣意和裁量权。②现代诉讼程序制度特别强调程序的正当性，公平和正义是诉讼程序的应然性和必然性的选项。边沁以降，实用主义、功利主义甚嚣尘上，以至于诉讼效率、诉讼效益竟然被列为诉讼程序第一层次的价值选择。但是，丹宁、罗尔斯以来（他们之间也有区别），逐步回归古典理想主义，正当的法律程序思想重新深入人心。

据此，法的三大核心价值（秩序、公正、自由）与民事诉讼程序法的关系如下：①法的秩序价值追求社会关系和社会活动的有序性。民事诉讼法律关系和民事诉讼活动具有预先法定、循规蹈矩、有序运行的特点。所以，法的秩序价值与民事诉讼程序法的价值目标不仅相容，而且一致。②法的公平与正义价值追求社会公义（正义）、平等、平权等。现代民事诉讼程序制度在强调正当的法律程序的同时也特别重视当事人诉讼地位的平等与公平等。因而，法的公正价值也当然可以成为民事诉讼程序法的价值。③法的自由价值主要追寻并保障社会个体的自由。自由不是民事诉讼程序法的主旋律。诉讼程序制度法定、既定，对于程序主体而言并没有什么自由可言。行使审判指挥权的法官须在既定的诉讼程序中履行职权，不得恣意妄为，其程序操作的自由度极小。参与民事案件的当事人和关系人，必须严守程序制度，其享有的所谓程序自由也是极其有限的。在诉讼程序中，确实规定了一些程序选择权、撤诉权等等，那只是一般性的程序权利，只是在强势审判权力之下做出的微调整和微平衡，不是诉讼程序的主流，不可能成为诉讼程序的主要价值取向。此外，诉权曾被误读为自由的理念进而误解为程序价值。诉权是宪法和法律应予保障的基本权利，既不属于自由的范畴，也不属于程序法上的基本价值取向。退一步说，即便我们可以把法定的权益都列为自由的范畴，即便我们可以把法律还没有规定应予保障的利益也列为自由的范畴，然而诉权问题确实不是诉讼法自身能够解决的问题。因此，把自由价值列为民事诉讼程序基本价值是毫无意义的。综上，在法的一般价值（或称核心价值）中，只有秩序价值和公正价值才是民事诉讼程序法的基本价值，自由价值不是民事诉讼程序法的基本价值。我们必须注意，秩序价值和公正价值在实体法与程序法中具有不同的考量，程序法中只考量程序秩序价值不考量实体秩序价值、只考量程序公正价值不考量实体公正价值。把程序法的价值区分为内在价值和外在价值，把自由、效益和实体公正价值任意纳入程序法价值范围的做法也许是可行的，但对民事程序法基本价值的考量肯定会产生不利的影响。

我们有必要继续考察一下其他价值应否成为民事诉讼程序法的核心价值。在法的其他价值中，有些完全不能套用到程序法上，比如有学者主张的生命价值、生存价值，程序法从不直接解决这些问题，因而也不必考量这些价值（即便在非讼程序中有宣告失踪、宣告死亡等案件，虽然也涉及生死与生存，但仅仅是对既存状态做出公信力的加持而已）。在法的其他价值中，有些可以在刑事程序法中予以考量，比如有人提出的人权价值，在刑事诉讼中表现为禁止刑讯、沉默权等等，民事程序法基本不涉及此价值问题。有些价值虽然可以在程序法中加以考量，比如诉讼效率和效益价值，但它们不应是程序法的第一层次的核心价值（或称基本价值），而应该是在核心价值统率之下的第二层次或第三层次予以考量的价值。

具体而言，民事诉讼程序法的核心价值只有两个：

第一，程序秩序价值，这是最重要的民事诉讼程序基本价值取向。程序秩序不是追求实体上的秩序，而是追求程序法定、程序安定，排除任性适用程序、排除任性变更程序的程序神圣的理想。基于这一理想，民事诉讼程序制度设立时，就应当尽可能详尽、严谨、完善；民事诉讼程序制度设立之后，就应当尽可能地严格实施，这是设立一切程序制度包括民事诉讼程序制度的初衷和最终的目的。而且，程序本身就有与生俱来的内在的秩序性，程序秩序价值是其天性的表达。因此，程序秩序价值应该列为最基本的程序价值。程序秩序价值既不是一般目的性价值（而是基本价值），也不是什么工具性价值。把程序秩序价值列为工具性价值的想法，贬低了程序法的基本地位、曲解了程序法的基本功能、忽视了程序法的基本目的。

第二，程序公正价值，它是与程序秩序价值同等重要的民事诉讼基本程序价值取向。严格意义上的公正，包含公平和正义两义。程序公平或公平的程序，强调诉讼当事人的诉讼地位平等，公平地享有诉讼权利，公平地承担诉讼义务。但是，有两点值得注意：程序公平追求的是一般意义上的总体公平，不是绝对的个体公平；程序公平只是当事人之间的公平，执掌审判权力和审判职能的法院只起到保护或保障当事人之间程序公平的作用。程序正义相对于程序公平而言，更加抽象。正义的程序不仅是公平的，而且是正当的。程序正义内置于各项程序制度中，并在程序制度的评价以及修正过程中起作用。

在民事诉讼程序制度价值中，一般而言，程序秩序价值第一，程序公正价值第二。但两者之间，有时并不完全以谁为第一、谁为第二，而是常常互为补充、共同作用。

（四）民事非讼程序法意义上的价值

在法的价值研究中，有两个现象值得注意：其一，现时法哲学家们公认的、一般意义上的法的价值，总结并考量了几乎所有的法，但主要是从宪法和实体法的角度去考量，很少从程序法的角度考量，更少从民事程序法的角度考量；其二，在研究民事程序制度价值的著述里，基本上都是围绕处理争讼案件的民事诉讼程序制度价值展开的，几乎从不涉及民事非讼程序制度价值的研究。

民事非讼程序制度的价值，是基于非讼程序制度的性质、功能，是人们对非讼程序制度达成目标的应然性期待及评价。非讼程序制度价值几乎具有法哲学意义上价值的所有基本含义和基本价值目标，但是非讼程序制度价值具有自身的价值取向、自己的价值表达方式和具体的价值目标。在适用现代非讼程序的案件中，按照案件性质划分，可分为三大类型：一般非讼案件、家事案件和商事案件；按照有无争议性划分，又可区分为两种类型：无争议的古典非讼案件和有争议的现代争讼案件。无论哪一种划分，其程序功能、目的、原则、制度，都具有独自的特色，以至于其程序制度价值追求也有差异。为简化价值考量的复杂性，本文试从后一种分类入手，即适用非讼程序的古典非讼案件和现代争讼案件入手。

1. 适用非讼程序的古典非讼案件的程序制度价值取向

适用非讼程序的古典非讼案件，没有争讼是其基本特征，多数情形下甚至于没有双方当事人（少数案件有双方当事人但无争议）。申请人提起非讼申请，只是基于预防、照护、公信力加持等因素考虑。笔者认为，适用非讼程序的古典非讼案件程序制度的价值取向如下：

第一，程序秩序价值。秩序价值是所有法的共有基本价值，程序秩序价值是所有程序法的共有基本价值，适用非讼程序的古典非讼案件程序制度也没有例外。前文已经对此做出充分论证，不再赘述。

第二，程序正义价值。为什么本文在此只称程序正义价值，不再强调程序公正价值了？严格意义上的公正，实际上是公平和正义的合称。狭义上的公平的主体至少需要两个，而古典非讼案件中，多数是没有双方当事人的，何来公平之需要？！在少数古典非讼案件中也有双方当事人，但申请人不是为了追求公平而来的。即便假设这些少数当事人之间也有公平的需求，这也不是古典非讼案件的主流。因此，公平价值不是古典非讼案件程序的价值追求。但是，程序正义仍然是古典非讼案件程序的价值追求。首先，程序正义是人们对程序制度永恒的应然性期许和选择；其次，程序正义是对全社会和全体人民的合法性承诺和广义公平。

第三，程序效率价值。此前效率价值已经被我们从民事诉讼程序制度的核心价值中剔除了，为什么又出现在这里，而且还与秩序价值和正义价值并列了呢？这里有三点理由：其一，历史上非讼程序出现之初，就是为了程序上的简便、高效而产生的；其二，现时各国的非讼程序制度仍然保留了简便、高效的程序特点；其三，因其公平价值的退场，效率价值不再成为喧宾夺主妨碍其他基本价值的麻烦了。

2. 适用非讼程序的现代争讼案件的程序制度价值取向

在现代程序制度中，为什么要规定一些争讼案件适用非讼程序？把这类案件纳入非讼程序适用范围，并不是它们与古典非讼案件有多少共同之处，而是它们与其他诉讼案件实在是没有太多的共性。出于社会效果的考量，处理此类案件时，普遍需要适用职权干预、职权调查等原则和特点，这就与古典非讼案件的程序有了一些共性。然而，它们又有一些自己的特色原则和特色制度，因为"基于效率、弹性、裁量权扩大化及保留调整可能之需要"，这些案件一方面要追求简便、高效的审判程序效果，另一方面又追求法院调解、委托调解甚至引入社会协作机制（社区、专业协会等）。这些特色，使其既区别于适用非讼程序的古典非讼案件，又区别于适用诉讼程序的普通争讼案件，这就决定了此类案件在适用非讼程序制度时具有一些特别的价值追求。

"对于非讼事件法制之理解，从早期重于预防、照护、公信力加持等考虑因素，迄近世对于部分具讼争性事件，基于效率、弹性、裁量权扩大化及保留调整可能之需要，也被接纳入非讼事件法之适用范围，以至非讼事件之类型也有扩大化之倾向。"[1]这里所引台湾学者称"非讼事件（案件）之类型扩大化倾向"，实际上在德、日等国，已经正式在非讼程序制度立法中接纳了一些具有争讼性的家事案件、商事案件等等。本文所称"适用非讼程序的现代争讼案件"，主要即指此类案件（但此类案件中包含的非争讼案件除外）。实际上它们仍然是以传统的争讼案件为主的，只是为了对应古典非讼案件的称谓才称其为现代争讼案件。所以解决此类案件时适用诉讼程序的价值追求，似乎是最恰当

---

〔1〕 姜世明：《非讼事件法新论》，新学林出版股份有限公司 2011 年版，第 5 页。

不过的。但是，诉讼程序制度的价值追求是否能够完全合于适用非讼程序的现代争讼案件，仍然需要论证。

本文认为，此类案件具有以下的价值追求：

第一，程序秩序价值。程序秩序价值是包括诉讼程序和非讼程序制度在内的所有程序制度的价值追求，理由如前，不赘述。

第二，程序正义价值。这里虽然也强调程序正义价值而不是程序公正价值，但理由与前稍有不同。在适用非讼程序的现代争讼案件中，一般都有双方当事人、都具有一定的利害纷争，似乎公平价值应当有所体现。但是这类案件（尤其是家事案件），往往具有社会伦理和社会稳定的双重需求和价值选择，职权干预成为其基本的原则和制度，解决矛盾、息事宁人往往是其主要的价值取向，比如家事案件中，既要说理又不一定非要说理，既要讲求公平又不需要太追求公平。所以，公平价值就不再是其主要的价值追求了。因此，这里仍然只保留程序正义价值，使其区别于适用诉讼程序的争讼案件的程序价值追求（理由与前文同）。

第三，有限程序效率价值。在适用民事诉讼程序的争讼案件那里，效率价值不是其核心价值，为什么在适用非讼程序的争讼案件这里，效率价值就可以成为其核心价值？其理由与古典非讼案件中的效率价值是基本一致的，是由非讼程序的设计理念和特点所决定的。同时，也是由这些争讼案件适用非讼程序所追求的简便、高效的程序目标所决定的。但是，同样是追求效率价值，在古典非讼案件那里和现代争讼案件这里，仍然是有一定区别的。古典非讼案件在追求快捷、高效的价值时，几乎所有的程序期间都是法定的、固定的。而现代争讼案件在追求效率价值时，却表现出两面性：一方面追求高效和快捷，享受非讼程序的红利；另一方面则常常为了解决纷争而设法搁置、不断地调解甚至拖延并延长审理期限（这种状况在中国尤为明显和突出），这就不免令人怀疑，效率价值还是不是此类案件的核心价值追求。笔者的答案是肯定的，仍然是的。因为，此类案件的程序目的与其他非讼案件有很大的不同，其主要目的是为了解决纠纷。围绕解决纷争的目的，其选择性地追求效率价值，利用非讼程序简便性的同时，根据处理特定个案的需要，或追求程序上的高效和快捷，或放弃程序上的高效和快捷。所以，适用非讼程序的现代争讼案件在程序效率价值的追求上是有选择性的，因而也是有限的。

综上，非讼程序制度的价值追求有别于诉讼程序制度的价值追求，在适用非讼程序的古典非讼案件与现代争讼案件中，其程序价值追求有一些细微的差异。

小　结

秩序、公平、自由，是法的三大基本价值。

民事诉讼程序基本价值只有两个：程序秩序价值、程序公正价值。

民事非讼程序基本价值依古典非讼案件与现代争讼案件之不同而有所区分：前者的基本价值为程序秩序价值、程序正义价值、程序效率价值，后者的基本价值为程序秩序价值、程序正义价值、有限程序效率价值。两者在程序正义价值和程序效率价值上均有所区别。

三、非讼程序基本原则探讨

正如麦考密克教授所说："原则表达了详细的法律规则和具体的法律制度的基本目的，因为，人们把原则看作使这些基本目的始终如一、紧密一致、深入人心，从而使其完全理性化的东西。因此，法律原则正是规则与价值的交汇点。"[1]

（一）非讼程序基本原则概述

1. 非讼程序基本原则的基本原理

成文法典究竟要不要明确内设基本原则条款，在学者中曾经有过不同的意见。反对者的主要理由是：第一，法的基本原则滥觞、基本制度粗疏，导致法官裁量权过大，不利于大陆法国家成文法制的制定和实施。第二，"基本原则只具有指导立法的功能，不能承载规制诉讼主体的行为准则和司法准则的功能。同时，诉讼法典规定基本原则，与程序法定主义和严格规则主义相冲突，加大了立法成本和将来修改法典的难度；……（而且）把目前学界在基本原则上的重大分歧带进法典中去。"[2]

笔者认为，以上观点尽管有一定道理，但是也存在矫枉过正、因噎废食的问题。基本原则滥觞、基本制度粗疏、法官裁量权过大，固然应当预防和避免。基本原则不能承载规制诉讼主体的行为准则和司法准则的功能的现象，也

---

〔1〕　麦考米克："作为既成事实的法律"，在爱丁堡大学的就职演说，1973 年版，第 28 页。（转引自［英］彼得·斯坦、约翰·香德：《西方社会的法律价值》，王献平译，郑成思校，中国法制出版社 2004 年版，第 306 页。）

〔2〕　陈桂明、李仕春："诉讼法典要不要规定基本原则——以现行《民事诉讼法》为分析对象"，载《现代法学》2005 年第 6 期。

是不可容忍的。在法律的现实世界里，有两种现象是常态发生的：其一，法律规则总是滞后于现实社会关系的发生和发展，不可能超前于现实；其二，法的制定还不可能做到尽善尽美、面面俱到，总有表达不清、考虑不周之处。在这两种情形下，法官没有现成的、具体的法律条文可以适用，如果没有法定的基本原则条款指导和规制法官，任其凭空造法，岂不更加危险，司法尺度将更加难以得到统一，公正的法的价值将更加难以得到实现。

法的基本价值作为一种法的理想，比较注重宏观的社会效果，因而比较抽象。作为承载法的价值理念的基本原则，是对法的价值的具体化，其主要功能在于指导更加具体化的法的制度的制定、实施和修正。日本和我国台湾地区把我们所说的基本原则称之为立法主义，道出了基本原则的基本功能。基本原则实质上就是对基本制度背后的立法宗旨、立法原理的抽象（与法的基本价值的抽象性相比，还算是比较具体的）。但是，日本和我国台湾地区的说法偏于狭隘，限缩了基本原则的功能，笔者不能完全认同。

在成文法中直接明确内设基本原则是必要的，在民事诉讼程序法内设法定的基本原则，也应当没有任何例外。基于民事诉讼程序与非讼程序的巨大差异，其基本原则也有很大的不同。笔者认为，与诉讼程序制度和实体法律制度比较而言，非讼程序制度更需要基本原则的指导，主要理由如下：第一，各国的非讼程序制度的规定起初都比较简单，这应该与非讼程序追求简便、快捷的程序效果有关；另一个原因是，由于非讼程序制度的立法普遍晚于诉讼程序，非讼程序制度往往是以诉讼程序为样本，简化而成的。第二，非讼程序制度中常常夹杂着部分实体法的规范，这部分的实体规范比起民法等实体法的精细立法技术有较大差距，比较粗疏，往往给予法官较大的自由裁量权。第三，由于非讼程序自身的特殊性，决定其不能完全照搬其他法律原则和制度的规定。

2. 非讼程序基本原则的学界构论

我国内地目前还没有明确、完善的非讼程序制度立法，更没有专门的非讼程序基本原则的规定。我国学者关于非讼程序基本原则的论述，有的是依据我国特别程序，有的是参照国外立法，且多从应然性角度展开畅想。学者的论述各有不同，归纳起来，主要有以下几种学说：二原则说、三原则说、四原则说、七原则说。

持二原则说的是赵蕾博士，她认为：非讼程序的基本原则是以职权主义为主线展开的，具体包括职权探知主义和职权进行主义两个原则。[1]持三原则说的蔡虹教授认为，非讼程序基本原则应该包括：职权原则、书面审理兼言词审理原则、不公开审理原则[2]。持四原则说的学者主要有四位：王强义研究员、郝振江博士、廖中洪博士和安晨曦博士，他们四位的观点既有相同点、也各有不同点。王强义研究员早在20世纪80年代就对特别程序和非讼程序已经有了相当的研究心得，其总结了四项外国立法中的原则性规则：不公开审理原则、兼采言辞审理原则与书面审理原则、职权原则、申请人负担费用原则（王强义的四原则中，费用负担是基本制度不是原则，故实际上与蔡虹一致）。[3]郝振江博士认为，非讼程序的基本原则应该包括：职权主义（原则）、不公开审理及书面审理原则、保障关系人程序基本权原则。廖中洪博士认为，非讼程序基本原则应包括：职权探知主义、程序特定主义、不公开审理主义、国家干预主义四原则；[4]安晨曦博士认为，非讼程序基本原则包括：职权主义、相对非公开审理主义、书面审理主义、国家干预主义四原则。[5]持七原则说的是我国台湾地区的学者姜世明教授。姜教授从德国和我国台湾地区非讼程序立法现状出发，总结了以下七个基本原则[6]：职权原则（程序开启、程序标的、程序终结、裁判变更）、职权探知原则、职权进行原则、书面审理或言词审理原则、间接审理或直接审理原则、不公开审理为主原则、争讼案件相宜适用非讼程序原则。[7]

本文认为，确定非讼程序基本原则，应该从四个方面考量：其一，在广义诉讼程序中，明确区分非讼程序基本原则与诉讼程序基本原则；其二，在非讼程序中，明确区分审理古典非讼案件的基本原则与审理现代争讼案件的基本原则；其三，从非讼程序的立法目的、功能和价值取向考察；其四，不拘泥于我国目前的制度，立足于非讼程序的发展趋势，立足于法治国家先进的立法技

---

〔1〕 赵蕾：《非讼程序论》，中国政法大学出版社2013年版，第72~89页。

〔2〕 蔡虹："非讼程序的理论思考与立法完善"，载《华中科技大学学报（社会科学版）》2004年第3期。

〔3〕 王强义：《民事诉讼特别程序研究》，中国政法大学出版社1993年版，第108~109页。

〔4〕 廖中洪："制定单行《民事非讼程序法》的建议和思考"，载《现代法学》2007年第3期。

〔5〕 安晨曦："中国民事非讼程序法的构建"，载《西华大学学报（哲学社会科学版）》2014年第5期。

〔6〕 姜教授的原文为文言文，较难阅读。此为笔者阅读原文后据其本意概括。内地一些学者引用姜教授观点，不是没有阅读原文，就是没有读懂原文，故多引用错误。

〔7〕 姜世明：《非讼程序新论》，新学林出版股份有限公司2011年版，第14~38页。

术，特别是要参考德、日等国最新的非讼程序制度和家事程序制度。

目前，学者们在总结非讼程序基本原则时，基本都没有对适用非讼程序的两种不同性质的案件做出明确的区别。有的学者虽然隐约意识到这两种案件的基本原则应当有所区别，但往往予以混合论述，使得作者容易误写，读者容易误读。

本文认为，法院在适用非讼程序审理古典非讼案件时，应当坚持以下三个基本原则：职权审理原则、不公开审理原则、书面审理原则。

法院在适用非讼程序审理现代争讼案件时，应当坚持以下三个基本原则：职权审理原则与处分权主义、辩论主义、当事人进行主义并行；不公开审理原则；言辞审理原则。

3. 非讼程序基本原则分类构论

（1）本文确立审理古典非讼案件三原则的理由：

第一，确立非讼职权审理原则。对此各家学说均无异议，但具体内容有一定分歧，主要分歧在于，"职权探知"和"职权进行"这两个内容是单独设立，还是合并到"职权原则"之中。姜世明教授将其分别划为三个具有职权内容的原则，对古典非讼案件的审理原则和现代争讼案件的审理原则未加明确区分，其文意上比较繁复，常常穿越于两种类型的案件。本文认为，二者既然都是法院职权项下的内容，合并较为合理，更为符合逻辑。至于职权原则与处分权的关系，这不是审理古典非讼案件需要考虑的问题，应当列入现代争讼案件审理原则内讨论。

第二，确立非讼书面审理原则。诉讼程序中，只有特殊情况下才会采取书面审理，而在非讼程序中一般情形下都可采用书面审理。各国非讼程序的立法例中，并不强调必须言辞审理，通常采用书面审理还是言辞审理由法官视具体案件需要裁量进行。但"其裁量基准何在？系以讼争性凸显为基准或以涉及人之自由或身份等类似重大法益为基准？恐须进一步提出精确之权力行使界限为准"[1]。蔡虹、姜世明两教授关于书面审理和言辞审理并重或选择适用的主张，实际上通盘考虑了古典非讼案件和现代争讼案件的审理。如此考量不是很恰当，这里只需考虑古典非讼案件的审理需求，现代争讼案件的审理需求应当另行区别考量。遇有涉及重大法益的非讼案件如何处理？笔者认为，为保证法官正确裁判，此类案件可以在立法中予以例外处理。此种例外处理，不是处理古典非讼案件的主流原则。

---

〔1〕 姜世明：《非讼程序新论》，新学林出版股份有限公司 2011 年版，第 34 页第 63 注释。

第三，确立非讼不公开审理原则。与民事诉讼程序以公开审理为原则相反，民事非讼程序以不公开审理为原则，这与非讼案件的公益性、隐私性、非争议性有关，也与非讼程序的快捷、简便、随时进行有一定关系，更与非讼程序实行书面审理原则有直接联系。

笔者反对前述学者将其他原则列为非讼程序基本原则，理由如下：

第一，间接审理不宜作为非讼程序的基本原则。所谓间接审理，是指"容许由审理法院以外之人（法院或机关）听取辩论或调查证据，并基于其报告而为裁判者，乃间接审理主义"[1]。如果把间接审理作为原则性规定，法院自己不审理案件，动辄委托他人审理，这样很难保证办案质量，是非常危险的举动。如果只是作为一般性规定，已然具有怠于行使审判权的嫌疑了，若作为基本原则规定，更是万万不可。值得注意的是，此种情形在我国内地现行立法和司法中已有表现，比如委托调查，但委托的主体只限于法院，一般不能委托其他机构；再比如委托调解，法院自己不行使调解职能，却委托其他机构或人员进行调解，简直荒唐之极！

第二，国家干预不宜作为非讼程序的基本原则。首先，国家干预理论是在否定公法、私法区分的基础上的原苏联的传统理论，已不适用于现代法治国家；其次，职权原则在法治的基础上可以替代部分所谓国家干预的功能。所以，现在重提国家干预老调，完全没有必要。

第三，保障关系人程序基本权也不宜作为非讼程序的基本原则。现代法治国家确实在保障非讼程序的关系人的程序基本权方面做出了很大的立法改进（比如德国、日本）。但这种立法上的改进有两个主要原因：其一，较多的家事案件特别是争讼案件进入了非讼程序，这种改进实为适应审理这类案件的需要；其二，原来非讼程序关系人权益保障和救济不足，改进是为避免重大法益的损害。但这个问题不是审理非讼案件的普遍性问题，只需要在立法中做出一般性制度安排或者特殊案件中的特别安排即可，没有必要列为一般非讼案件审理的基本原则。

（2）本文确立审理现代争讼案件三原则的理由：

为了借助非讼程序及其法理所具有的"弹性、合目的性及裁量权等特质"，争讼案件开始适用非讼程序的立法例越来越多。而这些被日本和我国台湾地区学者称之为"真正争讼案件"的现代争讼案件，因其本质上具有很强的争讼

---

〔1〕 姜世明：《非讼程序新论》，新学林出版股份有限公司 2011 年版，第 32 页。

性，所以在适用非讼程序时，难免也还需要运用诉讼程序中的一些基本原则。这就出现了境外学者所称的"程序法理交错适用"的现象，即法官根据案件审理的需要，选择或交替适用非讼程序的基本原则和诉讼程序的基本原则。[1]当下有不少学者，对此状况不加具体区分，试图用一套基本原则适用于所有应用非讼程序审理的案件，这在法论上说不通，在实务中也行不通。

本文据此提出，法院在适用非讼程序审理现代争讼案件时，应当遵循以下基本原则：职权审理原则与处分权主义、辩论主义、当事人进行主义并行；不公开审理原则；言辞审理原则。以下篇幅将予进一步论证。

（二）适用非讼程序审理古典非讼案件的基本原则

1. 职权审理原则

我国学界在过去相当长的时期内，曾经把大陆法系一概贴上职权主义的标签，经过这些年的中外学术交流和研讨，终于弄明白这是一个错误的认识。[2]但是，这也未必是个完全的错误，只是把局部的立法主义以偏概全地推及所有大陆法的法典和整个法系了。在大陆法系的证据制度和非讼程序制度中确实存在着一些比较明显的职权主义倾向。主要大陆法系国家在审理古典非讼案件时，就是以职权主义为基本原则的。非讼程序奉行的职权审理原则，体现在以下两个具体原则上：

（1）职权探知原则。在大陆法系国家的民事案件的审理中，法官对于案件事实的获得，主要有两个渠道：当事人举证或者法官依职权调查。在民事诉讼案件的一般审理程序中，法官通常不会主动调查案件事实，而是由当事人承担举证负担并相互质证。只有在特殊情形下，法官才会主动依职权开展对事实和证据的调查或核实。因此，在民事诉讼的事实和证据调查方面，主要实行当事人主义（原则），职权探知不是其主流。

与此相反，在非讼程序中，尤其是在审理古典非讼案件时，法官对案件事实的获得，主要采取职权探知的方式。法官主动调查、核实案件事实和证据，是审理古典非讼案件的常态。因而，职权探知就成为审理古典非讼案件的基本原则了。究其原因在于古典非讼案件往往没有双方当事人，因此，没有双方质证的环节，更没有对方反证的环节。况且，古典非讼案件的申请人常常与申请

---

〔1〕 姜世明：《非讼程序新论》，新学林出版股份有限公司2011年版，第34~39页。

〔2〕 20世纪90年代，北京市高院正义路礼堂举办过一场中德法律界的高层研讨会，德国专家对中国学者提出的德国是职权主义诉讼模式的说法，当场予以有理有据的长篇反驳。笔者当时在场听得真真切切、句句入耳。但是国内的学者多年仍然坚持这种无稽的论调，近几年才有所改观。

的事项具有相当的利害关系，这样的申请人客观上是有可能存在误导法官的动机和可能性的。如果法官不对申请人陈述的情形和提供的证据进行认真细致的调查、核实，就无法正确判断该事实是否属实，很有可能会据此做出错误的判断和裁决。

法院审理非讼案件实行职权探知原则，是有相当的立法例依据的。比如，在德国的《家事案件与非讼案件程序法（2008 年颁布）》第 26 条中规定："为确认对裁判具有重要意义的事实，法院可依职权进行必要的调查。"[1] 日本的《非讼案件程序法（2011 年颁布）》第 49 条第 1 款规定："法院应当依职权进行事实调查，并且依据申请或者职权进行认为有必要的证据调查。"[2]

（2）职权进行原则（职权推进程序原则）。一般认为，在民事诉讼程序中，实行当事人进行主义（原则），即对诉讼的提起、进行、中止或撤回等事项，当事人有绝对的主导权和影响力。在多数国家，这种当事人进行主义是在法官的诉讼指挥权之下实施的，特殊情形下法官有一定的干预权。只不过，在充分尊重当事人处分权的基础上，这种干预权力很小，有时显得微不足道。

19 世纪末 20 世纪初，随着诉讼迟延现象的日益显著，法治国家开始谋求程序推进中的法院作用。发展至今，在程序进行方面，强化职权主义的做法渐成趋势。但是，在民事诉讼程序中，推行职权进行主义有悖于当事人主义的初衷和立场，对其只能做些微调整和微平衡。而在非讼程序中，这种理论和立法找到了出路。法院在审理非讼案件时，"原则上不承认当事人任意停止非讼程序，尤其就职权事件，法院进行程序之主导权更为凸显。非讼程序中职权进行主义的采用，颇能迎合迅速处理非讼事件的特殊要求，具有重要意义"。[3]

与诉讼程序相比，非讼程序中的诉讼指挥权更加强势。诉讼指挥权的内容主要包括谋求程序进行的行为、对期日中辩论及证据调查的整理、案件审理方法的变更及整理、释明权以及有关促进诉讼及解决方法的措施。[4]

在非讼程序的职权进行原则的实施过程中，有两点特别值得注意：其一，该原则不仅适用于古典非讼案件，也常常适用于非讼程序中的现代争讼案件；

---

〔1〕《德日家事事件与非讼事件程序法典》，郝振江、赵秀举译，法律出版社 2017 年版，第 30 页。

〔2〕《德日家事事件与非讼事件程序法典》，郝振江、赵秀举译，法律出版社 2017 年版，第 199 页。

〔3〕 邱联恭："诉讼法理与非讼法理之交错适用——从民事事件之非讼化审理及诉讼化审理论程序保障之机能"，原载"民事诉讼诉讼法学会"：《民事诉讼法之研讨（二）》，三民书局 1990 年版，第 440 页。（转引自赵蕾：《非讼程序论》，中国政法大学出版社 2013 年版，第 83 页。）

〔4〕 ［日］新堂幸司：《新民事诉讼法》，林剑锋译，法律出版社 2008 年版，第 289~291 页。

其二，法官应当适时、适当地对关系人进行释明并听取关系人的意见，以防止裁判突袭、防止错判。

2. 不公开审理原则

对公开审理，素来有两种理解：其一，对当事人或者关系人公开；其二，对社会公众公开。法院审理案件当然应当对当事人公开，这是不言而喻的。在学理上，这个问题通常划入言辞审理、合法听审权等范畴，并不将其列为公开审理的内容。公开审理一般只是指法院开庭审理诉讼案件时，应该对公众开放，允许公众旁听，这是公开审理的本意或者基本内容。有些教材和著作将其进一步解释为，允许记者或媒体采访，这是对公开审理的另一种误读。一般法治国家，记者只能与普通公众一样进入法庭旁听，没有摄影、拍照、记录的特权（个案经法庭特别允许的除外）。各国诉讼法基本都规定，在审理民刑案件的诉讼程序中，公开审理是基本原则、不公开审理是例外（民刑诉讼法分别都有一些特别规定的例外）。

与此相反的是，在审理古典非讼案件的非讼程序中，不公开审理是基本原则，而且基本没有例外。这不仅仅出于非讼程序简便、快捷的程序需要，更出于古典非讼案件一般都没有公开审理的必要，而有些涉及隐私的案件就更不能够公开。诉讼程序中的诉讼案件公开审理是程序正义和公平的价值体现和需求，是置庭审于民众监督之下的需要。古典非讼案件一般只是出于预防、照护、公信力加持等因素考虑，通常没有上述的价值考量。

但是，无论是诉讼程序还是非讼程序，无论是公开开庭审理还是不公开开庭审理，法院的所有裁决都应当公开公示，不得仅仅置于密卷存档，这是出于正当法律程序的考量。

综上，公开审理有两个指标：公开开庭审理、公开裁判文书。不公开审理只是不公开开庭审理，但仍必须公开裁判文书。诉讼程序中的诉讼案件一般公开开庭审理，非讼程序中的古典非讼案件则一般不公开开庭审理。以上立论，有以下立法例可资佐证：日本的《非讼案件程序法（2011 年颁布）》第 7 节"非讼案件的审理等"之第 30 条明确规定，"非讼案件程序非公开进行"。可见，日本在非讼程序的审理中，是以不公开审理为基本原则的。该法在该条款后面补充了一个尾巴："但是，法院可以允许其认为适当的人旁听"。[1]笔者

---

〔1〕《德日家事事件与非讼事件程序法典》，郝振江、赵秀举译，法律出版社 2017 年版，第 193 页。

的理解是这不属于例外的规定，只是一个特别规定，因为这种做法并未使庭审对公众全面开放而致公开审理的地步。

3. 书面审理原则

众所周知，在法治国家的民事诉讼法中一般均规定，审理民事诉讼案件时，以言辞审理为基本原则，以书面审理为例外（我国仅在第二审中有此例外，有些国家则在第三审中才有此例外）。民事诉讼实行言辞审理原则及其制度，是法治国家的强制性规定。

法院在适用非讼程序审理古典非讼案件时，是否必须以言辞审理为基础，目前没有一个国家对此有全面的强制性规定。"就此，在非讼程序中并未有法律作一般性明文宣示，仅在部分规定要求讯问关系人，而与直接审理主义相连接时，乃较能解为言辞审理主义之适用程序。而一般为保障关系人听审权或法院为调查事实所须之通知关系人陈述意见，除非系以传讯方式，否则，似亦未排除当事人书面陈述之可能。"[1]

在审理非讼案件时，究竟是采用言辞审理原则，还是采用书面审理原则，在学界是有一定的争议的。还有一些意见认为，应该采用言辞审理原则与书面审理原则并用。在并用的学说中又可以区分：言辞审理原则与书面审理原则并行论，言辞审理原则为主兼采书面审理原则论，书面审理原则为主兼采言辞审理原则论，等等。

笔者认为，在审理古典非讼案件时，法院应该以书面审理为基本原则，以言辞审理为例外。理由如下：其一，言辞审理原则最核心的含义在于，只有经过言辞辩论的事实及其资料才可以作为裁判的依据。古典非讼案件中，一般是不存在双方当事人的，无从对案件事实及诉讼资料进行言辞辩论。在非讼程序中，一般未经言辞辩论的所有资料均可作为裁判的基础，即全部的书面资料均可以作为裁判依据。其二，言辞审理原则的另一个含义是，当事人应当到庭听审，法庭应对诉讼资料予以当面的言辞讯问。而在法治国家的非讼程序中，只有在部分的程序中，对比较特别重要的事实才传讯关系人当面讯问。非讼程序法并不要求所有案件的关系人均出庭接受当面的言辞讯问。对一些重要的事实，法庭可以依据职权探知原则，自行调查、核实，并不必须讯问关系人。其三，法治国家在审理非讼案件时，并不一味追求书面审理原则，必要时也规定关系人须到庭听审。比如德国的《家事案件与非讼案件程序法（2008 年颁

---

〔1〕 姜世明：《非讼程序新论》，新学林出版股份有限公司 2011 年版，第 31 页。

布）》第33条规定："当有助于阐明案情时，法院可以命令参加人亲自出席期日并听审参加人。"第34条规定："在下列情形下，法院应当听审参加人本人：（1）为保障参加人的法定听审权而有必要时；（2）本法或其他法律对此有规定时。"[1] 从这些规定看，至多只是对书面审理的例外规定，并不具有全局性，并不涉及全面强制关系人到庭听审，也无任何意思表示采用了书面审理与言辞审理并重或并行的一般性规定。因此，审理古典非讼案件时，以书面审理为基本原则、以言辞审理为例外或补充的立论是可以成立的。

（三）适用非讼程序审理现代争讼案件的基本原则

1. 职权审理原则与处分权主义、辩论主义、当事人进行主义并行

适用非讼程序的现代争讼案件，其性质仍然是诉讼类案件，因此仍然可以并且应当适用诉讼程序中的处分原则（处分权主义）、辩论原则（即辩论主义，并非我国立法中的辩论权原则）、当事人推进诉讼程序原则（当事人进行主义）。但是，在适用非讼程序审理此类案件时，因为此类案件的特殊性质、非讼程序的特点，这些诉讼原则的应用必然受到一定的限制。

（1）非讼程序中的处分原则与职权审理原则。在诉讼程序中，当事人享有充分的处分权利，职权干预只是在必要时才予以启动。所以，处分原则是民事诉讼的基本原则。在非讼程序中，当事人的处分权利则要受到法院较多的职权干预，其处分权利的自由度受到限制。这是因为，适用非讼程序的争讼案件，往往具有很强的社会性、伦理性和保障性，此类案件的当事人或者关系人的自由处分权限，在实体法中就受到了很大的限制。因此，在非讼程序中对其处分权予以限制也就顺理成章、理所应当了。所以，虽然我们可以说，在适用非讼程序审理争讼案件时，实行职权原则与处分原则并行，而在实际运用中，则以职权原则为主兼顾处分原则。

（2）非讼程序中的辩论原则与职权审理原则。国际学界所称的辩论（主义）原则，是一种约束性原则，是指法院的审理和裁判活动受当事人诉请、抗辩及辩论范围的限制，法院不得越权、不得超范围行使审判权和裁判权。这是法治国家在诉讼程序中普遍采用的基本原则，是当事人主义最核心的内容和根基。利用非讼程序审理争讼案件时，辩论原则仍然应当坚持，否则，必将动摇当事人主义的根基。但是，非讼程序处理争讼案件时，其辩论原则的运用与在诉讼程序中是否完全相同？答案是否定的。笔者认为，有一定区别。基于对社

---

[1] 《德日家事事件与非讼事件程序法典》，郝振江、赵秀举译，法律出版社2017年版，第32页。

会利益和公序良俗的考量，基于对争讼案件当事人、关系人及案外人利益的特殊保障考量，利用非讼程序处理争讼案件时，辩论原则的运用必将受到一定的限制，比如涉及家事纷争中的妇女、儿童、残疾人等弱势群体利益的特殊保护时，法院在审理和裁判中可以适当突破辩论原则的限制。但是，这种现象应该是一种特殊的制度安排，属于辩论原则的例外规定。所以，在审理争讼案件的非讼程序中，实行辩论原则与职权原则并行，但在实际运用中，则是以辩论原则为主、以职权审理原则为例外。

（3）非讼程序中的当事人推进程序原则与职权审理原则。当事人推进程序原则，即当事人进行主义，是民事诉讼中的又一个重要原则。如本文之前所述，当事人在推进诉讼程序中的作用是占据绝对的主导权和影响力的。

我们知道，在民事诉讼程序中，不告不理是基本原则，即法院不得依职权启动任何诉讼程序。在非讼程序中虽然存在一些特殊现象，存在法院依职权启动程序的立法例，比如德国《家事案件与非讼案件程序法（2008 年颁布）》第 2 章"第一审程序"中规定的非讼程序启动有两种形式：申请人申请启动非讼程序（第 23 条）；经建议人建议法院依职权启动非讼程序（第 24 条）。但是该法典在争讼案件的相关规定中，并没有关于法院依职权启动程序的规定，反而规定家事争讼案件都应当由当事人申请（或起诉）才能启动。

我们能否依此认定在审理争讼案件的非讼程序中，也是实行比较纯粹的当事人进行主义的呢？其实不然。在日本，2011 年以后，一般非讼案件程序和家事案件程序实行分别立法，即《非讼案件程序法》与《家事案件程序法》（也译作《非讼事件程序法》与《家事事件程序法》）。其《家事案件程序法》虽然脱离了《非讼案件程序法》下位法的地位，处于与《非讼案件程序法》同阶位的独立地位，但从其整体规定和具体制度上看，仍具有非讼程序的特点和本色。在其家事争讼程序的规定中，有一个特别值得注意的制度：调停制度（类似我国的法院调解制度）。其家事调停制度有两个特别的规定：其一，可以调停却未经调停程序的案件，法庭可以依职权中止审理程序，提交法院设立的专门的调停委员会调停；其二，法庭审理争讼案件过程中，认为可以调停的，随时可以依职权启动调停程序。[1]调停及调停程序，究其实质，仍然是非讼行为和非讼程序，国际法律界尚没有把它归为诉讼程序的。

---

〔1〕 参见《日本家事案件程序法》第三编"家事调停程序的有关规定"。（《德日家事事件与非讼事件程序法典》，郝振江、赵秀举译，法律出版社 2017 年版，第 304~318 页。）

据此，我们有理由相信，在审理争讼案件的非讼程序中，实行当事人推进程序原则与职权审理原则并行。但是在实际运用中，则由法庭依据法律规定、视具体个案的情形、具体程序环节的需要，来裁量确定究竟是优先适用当事人推进程序原则，还是优先适用职权审理原则。

2. 不公开审理原则

从德国和日本的立法例看，无论是一般非讼案件，还是家事案件（含争讼案件），都采用不公开审理的方式。所以，在适用非讼程序审理争讼案件时，实行不公开审理原则。其具体法理，与古典非讼案件不公开审理基本相同，不赘述。

3. 言辞审理原则

近年以来，德日相继修订非讼案件程序和家事案件程序法典。其修订中的一个非常重要的变化，就是开始重视非讼程序关系人的听审权，并强调言辞审理。但是，在一般非讼程序中，特别是在古典非讼案件的审理中，并不强制适用言辞审理原则。而在家事案件的审理程序中，几乎每一种家事案件都强调听审当事人或关系人。所以，在家事案件的审理中，特别是在争讼案件的审理中，实际上已经普遍增设了言辞审理的规定，并成强行性适用的趋势。

本文从争讼案件的当事人程序权益保障角度出发，从便于法院全面查明案件事实的角度出发，从处理争讼案件的审判效果出发，强调适用非讼程序或者类似程序的争讼案件，必须坚持言辞审理原则。至于，家事案件及其他涉及重大权益的非讼案件，是否适用言辞审理原则，则由法律作特别规定或交由法官对个案裁量适用。

小　结

非讼程序立法中内设基本原则条款，有利于弥补立法之不足，有利于指导法官依法审理和裁判相关案件。

适用非讼程序审理的古典非讼案件和现代争讼案件的性质差异很大，审理原则必须加以区分。

本文关于探索并论证审理非讼案件的分类基本原则的观点未必完全妥当，旨在抛砖引玉，欢迎各家批评指正。

执行权、审判权、司法权关系

——以强制执行为核心

邱星美*

～～～～

一、执行权之性质

本文讨论的执行权是指民事执行权，也即民事强制执行权，是指根据我国民事诉讼法的规定，由我国人民法院行使的强制性权能，即执行机关依申请执行人（债权人）的请求，强制被申请执行人履行生效法律文书确定的法律义务，实现申请人根据执行依据所应当获得的权益之权能。

执行权的性质，即民事执行权性质问题曾经是十几年前理论界的热门话题，至今尚未停歇。在关于执行权性质的讨论和理论交锋中，学者们提出了几种不同观点。另外，还有学者提出了与"性质"问题不同的"执行权定位"理论，并获得了一些学者的响应。[1]虽然我国民事诉讼法与强制执行法合一立法，但是执行权毕竟与审判权有着本质的不同，它们是两项有关联的，然而却在性质、功能、目的上有所不同的权能。

（一）执行权性质的不同观点

关于执行权的性质，即执行权的定位，理论界主要有以下几种不同观点：

1. 司法权说

执行权的概念在我国法学界提出得比较晚，对其性质的研究也比较晚。早期学界对执行权性质的认识，多数人认为属于司法权，现在仍然有很多人持司

---

* 邱星美：中国政法大学教授，博士。

〔1〕 童兆洪先生在其《民事执行权研究》中提出了执行权的定位理论，谭秋桂教授在其《民事执行权配置、制约与监督的法律制度研究》中也采用了这一理论。

法权说，但是，早期的司法权说的与后期的司法权说的内容有所不同。因此，有学者将不同时期的司法权说分类，分为"传统的司法权说""修正的司法权说""新司法权说"。[1]

"传统的司法权说"受泛司法权说的影响，认为司法权是一个内容十分广泛的概念，是指包括我国公安机关、检察院、法院、仲裁委员会、公证处、监狱管理机关等与执行法律、实施法律措施有关的组织机构所享有的权力。强制执行权是由人民法院所行使的强制性权能，是我国《民事诉讼法》规定的由人民法院行使的权能。人民法院是我国的司法机关，人民法院享有当然的司法权。因此，强制执行权的性质属于司法权，强制执行行为属于人民法院行使司法权的司法行为。

更有甚者认为，因执行权由人民法院行使，强制执行规范规定在我国《民事诉讼法》之内，执行权属于司法权，而人民法院是行使审判权的国家机关，因此执行权实际上又具有审判权的性质。目前持这种观点的学者仍然不少，持这种观点的学者大多没有充分论证司法权的范畴，仅以司法权的传统学说为基础研究执行权，得出的结论就会有问题。

"修正的司法权说"虽然也认为执行权属于司法权，但是这种观点是在剖析执行行为的基础上提出来的。此说认为执行行为可以分解为单纯的执行行为和执行救济行为，故而执行行为可以分为行政行为和司法行为，单纯的执行行为为行政行为，执行救济行为为司法行为，因此执行权包含司法权和行政权两方面的内容。尽管许多执行行为具有行政行为的特点，但是从整体上看执行行为应属于司法行为，执行权应当属于司法权。[2]

这种学说提出于十几年前，当时，我国学界对执行法学的研究刚起步不久，对执行法学一些理论认识难免有局限性。这种学说看到执行过程中有执行救济行为的发生，但是局限于当时我国《民事诉讼法》和执行司法解释中关于执行救济的制度虽然有规定，但尚未形成一个完整的体系，理论界对执行救济的认识尚不清晰，对执行救济的定位尚不准确，法院执行人员对当事人提出的执行救济不分实体与程序，均有权裁判，因此，将法院执行人员对执行救济的裁判行为不分实体问题还是程序问题视为应然，在此基础上得出上述结论，有

---

〔1〕　参见童兆洪：《民事执行权研究》，法律出版社 2004 年版，第 48~50 页。

〔2〕　参见江伟、赵秀举："论执行行为的性质与执行机构的设置"，载陈光中主编：《依法治国，司法公正——诉讼法理论与实践》（1999 年卷），上海社会科学出版社 2000 年版，第 530~534 页。

失偏颇。

有一种不同于上述两种司法权说的"新司法权说",该说采广义的司法权概念,认为执行权应当是由法院行使的,有别于法官审理裁判诉讼案件的审判权的,属于司法权的权能,是"司法权下的独立于审判权的一项法院强制权"。[1]理由有二:一是民事执行法律关系,即执行机关与被执行人之间关系具有多面性,与一面关系(或线性关系)的行政法律关系有天壤之别。二是民事司法权是一个复合性的权力体系,除审判权外还包含了民事执行权。即使在西方法治国家中,司法权并非单一的审判权,而是一个内涵丰富的权力体系,包括审判权和与审判权相关的或用于辅助审判权的一系列权力。[2]对此,有学者进一步提出"强制执行是司法行为而非行政行为","强制执行的性质是司法而非行政。因为:第一,强制执行原则上采取消极主义,非依申请不得启动,可依申请人的处分而中止、终结,不同于行政行为的积极主义;第二,执行法律关系是三方关系、三面关系,不同于行政行为是两方关系、两面关系;第三,强制执行作为纠纷解决末端程序,其目的和功能依然是解决纠纷,而非像行政那样是为了管理和秩序;第四,强制执行行为不具有可诉性,一如法院的审判行为,而不同于行政行为。"[3]

这种可以被称为"新司法权说"的学说比较有道理,此说将法院的权能归属于司法权,在这司法权之下包含有审判权、执行权以及为审判和执行必需的辅助性权能。其审判权中包括诉讼事件审判权和非讼事件审判权。

2. 行政权说

行政权说看到了执行行为与法院裁判行为的本质区别,他们在分析比较司法权与行政权的区别的基础上提出了执行权属于司法权的观点。这种观点一度成为热点,虽然有其不足之处,之后又受到一些学者的反对,但是对强制执行理论的研究和发展起了推进的作用,激发了学界研究执行权的热情。他们认为执行权的行使与审判权的行使有质的不同,执行以执行实施权行使为主,故属于行政行为性质。持行政权说的学者对行政权的认识又有不同之处,因此有学者将不同的行政权说分为"传统的行政权说"和"修正的行政权说"。[4]

"传统的行政权说"早于"修正的行政权说",自然如此。传统的行政权

---

〔1〕 肖建国:"民事执行权和审判权应在法院内实行分离",载《法制日报》2014 年 11 月 26 日。
〔2〕 肖建国:"民事执行权和审判权应在法院内实行分离",载《法制日报》2014 年 11 月 26 日。
〔3〕 雷运龙:"民事强制执行之基本定位",载《人民法院报》2016 年 9 月 7 日。
〔4〕 参见童兆洪:《民事执行权研究》,法律出版社 2004 年版,第 52~53 页。

说认为执行工作与审判工作不同，执行人员执行法院的判决的行为属于行政活动，与行政行为性质相同，还提出"我们应当看到，作出司法判决是司法行为，然而执行判决却是一种行政行为"，进而得出结论"因此，合理的制度安排应当是，法院只管判决，而把执行判决的工作交由作为行政机关的公安局去完成"。[1]

传统的行政权说产生的历史背景：执行难成为社会所关注的问题，成为法院亟须克服的痼疾，大家纷纷为之献计献策。理论界出现一种观点，认为在有些国家法院判决是由警察局执行，或者由法院之外的机构执行的，这种做法值得我国学习，有利于避免司法腐败，有利于调动行政机关的力量，增强执行力度等等。学者们提出了各种改革方案应对"执行难"，不少学者提出改革现行执行机构在法院内的设置，将执行权交给行政机关、公安机关或者司法行政管理部门实施的"良方"。又如有的学者这样认为："执行权本质上是行政权，根本不是司法权，这个观点如果不确立起来，执行活动搞得再扎扎实实也是一种畸形的怪胎。执行为什么是一种行政行为呢？首先很简单，从英文 administrative power 字面上理解，执行的权力就是一种行政权；再一点，执行权具有司法权所不具备的特征，比如主动性、单方面性，甚至于对公民权利的主动限制，而且是以不开庭的方式来进行的，各方也不一定都参与，总之是一种非常主动性的，能够积极地介入社会生活、干预民事经济法律关系的一种活动，哪有司法权的半点性质？所以说，执行难就难在定位错误。以美国为例，美国的联邦系统有联邦执行官，各州有各州的执行官，都设在法院之外。我们从来没有听说过美国联邦最高法院的九名大法官为执行难而操过心。"[2]这种学说在提出不久后就遭到质疑。反对者认为，在我国，将对裁判文书的执行权交由法院之外的行政机关去执行会有种种不便、不利、弊端，弊大于利。不应将司法权简单等同于审判权，因为司法权是一个内涵丰富的权力体系，包括审判权和与审判权相关的或用于辅助审判权的一系列权力，即使在西方国家也是如此。在西方，通常法院不仅行使对诉讼案件的审判权，还行使非诉讼案件裁判权，以及不动产登记权等非讼事件处理权。其次，如果将执行权定位为行政权，将执行机构设在行政机关内，将导致国家权力分配的严重失衡，特别是在中国，行政

---

〔1〕 贺卫方："又见执行难"（原载《工人日报》1998 年 7 月 10 日），载贺卫方：《司法的理念与制度》，中国政法大学出版社 1998 年版，第 264 页。

〔2〕 陈瑞华在北京大学研究生院举办的《法治之路：司法改革的对话》论坛上的主题发言："司法权的性质"，载北大法律信息网：www.chinalawinfo.com，访问日期：2012 年 12 月 29 日。

机关行使民事执行权必然造成行政权的过度膨胀，会进一步贬损人民法院的司法权威，损害执行效率。另外，域外民事执行立法和实践充分证明了执行权的司法性特征。域外执行体制模式，无论是集中法院一元模式还是分散法院与法院外的二元模式，其重大的执行行为、巨额财产的执行、其他财产权的执行、执行裁决事项等几乎被法院垄断；而法院外的执行员或行政官员只能介入价值较低的动产的执行，行政官员需要取得法院的命令后才能实施执行行为。[1]

反对者还纠正了这种观点所依赖的根据，指出主张"传统的行政权说"的是对外国执行机关设置的认识有误。一是误认为英美法系国家由警察来执行民事判决，警察是独立的执行机构，其实不然。在英美国家司法权威高于行政权威，警察执行判决是在法院的命令下进行的，并非警察独立行使民事执行权。二是误认为瑞典和瑞士这两个国家的执行体制为大陆法系国家执行体制的代表，其实也不然。这两个国家的执行权由行政机关实施，执行机构为行政机关仅是特例，而这种特例产生于它们独特的社会和地理背景。它们人口稀少，人口密度小，民事诉讼案件数量也相对较少，执行案件更少，人居集中，由行政机关享有执行权较之由各个法院分别执行效率更高。[2]

"修正的行政权说"与"传统的行政权说"立足点不同，"修正的行政权说"立足于执行权由法院实施，而非立足于执行权应当改革由行政机关行使。该说认为执行权"既包含司法权性质的执行裁决权，也包含行政权性质的执行实施权。而且从本质上说是一种行政权"。[3]

笔者认为这两种行政权说的出现时间间隔不久，前者难以成为传统学说，根据其所表达的内涵，称之为"早期的行政权说"与"修正的行政权说"为宜。"早期的行政权说"立足于执行权机构应当改革设置在行政机关内，由行政机关享有执行权，幻想以此革除现行执行制度的缺陷、弊端和执行难的痼疾。但是，其理论根据不足，甚至根据错误，误以为国外执行机构多设在法院外、行政机关内，对我国法院所处国家政权体系中的实然地位的状况未予充分考虑，过于乐观并充满幻想。"修正的行政权说"有其合理性，持这种观点的学者看到了执行权不同于司法权的特性，看到了其与行政权相同的特性。

---

〔1〕 参见肖建国："民事执行权的司法权本质之我见"，载中外民商裁判网：http://www.2wmscp. con/index. html，访问日期：2013 年 1 月 1 日。

〔2〕 肖建国："民事执行权和审判权应在法院内实行分离"，载《法制日报》2014 年 11 月 26 日。

〔3〕 高鸿宾："执行权性质与执行改革"，载张启楣主编：《执行改革理论与实证》，人民法院出版社 2002 年版，第 101~103 页。

3. 行政权与司法权双重属性说

一些既不赞同司法权说，也不赞同行政权说者认为："强制执行权在国家分权（分工）属性上具有司法权和执行权的双重性。在执行工作中，司法权和行政权的有机结合构成了复合的、相对独立的、完整的强制执行权。"[1]持这种观点的学者借鉴国家分权理论，分析研究并指出司法权与执行权是各具有不同特征的国家分权，认为"司法权由法院行使，但并非法院行使的所有权力都是司法权"。强制执行工作中的部分职权具有司法权的特点，例如外国法院法官下达执行令状；我国法院执行人员发出执行通知，特别是我国法院执行法官对执行中的各种异议作出裁决。[2]持此说的学者还认为强制执行工作中的部分职权还具有行政权的特点，例如调查被执行人财产、指令协助执行单位协助执行等执行行为。因此，强制执行权具有司法权和行政权的双重属性。[3]

4. 二重权力说

严仁群教授在其2006年完成的博士论文中提出了"二重权力说"，这是一种不同于"双重属性说"的学说。此说认为民事执行权由执行实施权与执行裁判权两部分构成。执行实施权分为简单的执行实施权和复杂的执行实施权两种。简单的执行实施权是一种单纯的负责具体执行事务实施的权力，例如送达执行文书、命令、通知、催告等，实施扣押、搜查或拘留，进行拍卖、变卖，办理证照转移、过户等行为。行使这种简单的执行实施权不涉及对复杂事项的判断。而复杂执行实施权则涉及对当事人的请求、执行程序的进行等事项的准予、决定、命令或裁决等等。执行裁判权是指对执行程序中发生的涉及当事人、案外第三人实体性纠纷和程序性纠纷居中裁断的权能，这种权力是一种司法权。[4]

以现在学界对法院执行程序中所行使的各种权力的性质的通说看，这种观点有严重的缺陷，该学说将执行程序中涉及审判权，应当通过行使审判权解决

---

〔1〕 刘瀚、张根大："强制执行权研究"，载信春鹰、李林主编：《依法治国与司法改革》，中国法制出版社1999年版，第432页。

〔2〕 刘瀚、张根大："强制执行权研究"，载信春鹰、李林主编：《依法治国与司法改革》，中国法制出版社1999年版，第435~436页。笔者注：这篇文章写于20世纪90年代末期，我国《民事诉讼法》中还未规定"案外人异议之诉"，最高人民法院司法解释也未规定"许可执行之诉""分配表异议之诉"这类制度。执行中所涉及的这些实体权利争议由执行人员直接行使裁决权处理。

〔3〕 刘瀚、张根大："强制执行权研究"，载信春鹰、李林主编：《依法治国与司法改革》，中国法制出版社1999年版，第435~436页。

〔4〕 严仁群：《民事执行权论》，法律出版社2007年版，第21~31页。

的争议，例如案外人异议之诉、许可执行之诉、分配方案异议之诉、债务人异议之诉等归于执行权之下。2006年我国《民事诉讼法》执行程序部分尚未修改，1年之后修改的《民事诉讼法》在执行程序中增加了案外人异议之诉，再1年之后，最高人民法院作出《关于适用〈中华人民共和国民事诉讼法〉执行程序若干问题的解释》，增加规定了许可执行之诉、分配方案异议之诉。修改之后，不仅在学术上开始纠正以往执行权与审判权界限混乱的认识，明确了执行中实体性争议事件应当通过行使审判权解决，程序性事件由执行法官解决；而且立法和最高人民法院司法解释的修改弥补了以往的缺陷，规定了以往我国民事诉讼法从来没有过的几个执行救济之诉。但是，"二重权利说"也指出了执行中发生的有些争议属于实体性争议，应当通过行使裁判权解决，却将此种的裁判权归属于司法权。如果就此打住就对了，然而，该学说却将执行中的这两种权力一并纳入民事执行权之内，认为"民事执行权的内容比较丰富，现行司法解释中对它作了两分法的划分，即一是执行实施权，一是执行裁判权"。[1]这种观点令人感觉存在逻辑上的问题。

5. 司法行政权说

与"行政权与司法权双重属性说"不同的是"司法行政权说"。该学说代表学者认为：执行行为具有不同于审判行为的行政性，而民事执行的目的在于强迫债务人履行债务以实现债权人债权；执行人员的职责就是依法将执行根据的内容付诸实现以保护债权人的利益；执行人员围绕执行根据确定的义务，主动采取强制性措施，强制债务人履行义务，与审判行为完全不同。民事执行具有确定性、主动性、命令性、强制性等行政行为的特征，但是其又异于一般意义上的行政行为，因此，"可以得出民事强制执行是一种以保证人民法院实现司法职能为基本任务的行政行为，即是一种司法行政行为"。[2]

"行政权与司法权双重属性说"的特征是认为执行权同时具有两种不同属性，而"司法行政权"说的特征是认为执行权具有一种属性——行政权，是大司法权概念下的行政权。关于司法权范畴下的行政权，学者蒋惠岭首先将其定义为："法院的司法行政是指为法院实现宪法赋予的审判职能而存在的行政作用。"然后指出："在某种程度上，审判权与司法行政权在性质上同属于大的司法权的范畴，有时是不可分的，有相当一部分司法行政工作是在同一个法院或

---

〔1〕 严仁群：《民事执行权论》，法律出版社2007年版，第21~31页。

〔2〕 常怡、崔婕："完善民事强制执行立法若干问题研究"，载《中国法学》2000年第1期。

统一的法院系统控制之下。"[1]常怡教授和崔婕教授的上述观点就是在肯定学者蒋惠岭观点的前提下论证分析的结果。

6. 不确定说或不能独立存在说

"不确定说"是一种观点，没有形成学说。持这种观点的人认为："执行工作中体现的国家权力不能独立存在称为强制执行权，它是依附于执行依据作出时所体现的家权力性质的。如果执行依据是法院的生效判决，那么执行生效判决的国家权力如同作出生效判决的权力的性质一样，属于司法权，后者是前者的必然延伸，在执行中没有国家权力的配合，作出法院判决的司法权是不完整的。如果执行依据是行政处罚或处理决定，那么执行行政处罚或处理决定的国家权力如同作出行政处罚或处理决定的权力一样，属于行政权，没有强制执行予以保证的行政权也是不完整的行政权。"[2]

这种观点鲜有人赞同，因为它将法院的强制执行权割裂开了，使一种权力在不同客体下变幻出不同的性质，合理性不足。另外，如同介绍此观点的刘瀚、张根大先生否定此观点时所指出的那样，法院的执行依据，除了法院自己作出的裁判文书和行政机关作出的法律规定由法院强制执行而非行政机关自己执行的行政处罚决定和行政处理决定以外，尚有仲裁机构作出的仲裁裁决和公证机构作出的赋予强制执行效力的公证债权文书，难道说法院强制执行这些执行依据时所行使的权力还会摇身一变演化为仲裁权和公证权吗？显然不可能。

7. 司法权与行政权交叉地带边缘性权力说

这是谭秋桂教授提出的一种学说，早在 2001 年，谭教授在其《民事执行原理》一书中提出"民事执行权大概是处于行政权和司法权之间的权力"。[3] 2003 年他在其《民事执行权定位问题探析》[4]中进一步指出：民事执行权"既不是纯粹的司法权，也不是完全的行政权，而是一种相对独立的国家公权力，它在国家权力结构中介于司法权与行政权之间，具有明显的边缘性"。谭教授认为：民事执行权是一项相对独立的，处于司法权和行政权边缘地带的边缘性公权力。"分权的相对性决定了纯粹的司法权和纯粹的行政权可能发生交

---

〔1〕 蒋惠岭："论法院司法行政体制改革"，载《人民司法》1998 年第 8 期。

〔2〕 刘瀚、张根大："强制执行权研究"，载信春鹰、李林主编：《依法治国与司法改革》，中国法制出版社 1999 年版，第 431~432 页。作者注：这不是作者刘瀚、张根大的观点，是他们文中介绍的他人的观点。

〔3〕 谭秋桂：《民事执行原理》，中国法制出版社 2001 年版，第 23 页。

〔4〕 谭秋桂："民事执行权定位问题探析"，载《政法论坛》2003 年第 4 期。

叉，进而形成该两种权力的'中间地带'，民事执行权恰好处于这种'中间地带'而成为一种相对独立的国家权力；民事执行权与司法权、行政权的区别，决定了民事执行权既不是纯粹的司法权，也不是纯粹的行政权，它既不依附于司法权而存在，也不依附于行政权而存在，在国家权力体系中具有相对独立的地位。"[1]此说声明执行权非三权之外的"第四权"，"第四权"是对此说的误读。此说的前提是立法、司法、行政三权分立，但是这三权并非绝对界限分明，三者之间有交叉地带，"分权的复杂性和困难性决定了分权不可能是绝对的，只可能是相对的"。[2]

笔者赞同上述第五种学说——司法行政权说，理由是：可以肯定法院所享有的权力不仅仅是以裁判为目的、特征的司法权，法院同时必然享有一定范围内的行政权，以助力司法权的运行。这种司法行政权可以称为法院司法的行政权，更便于理解。

（二）"执行权定位"与"执行权性质"异同之辨

执行权的定位，是指执行权在国家权力体系中的地位和作用，即执行权在国家权力体系中的位置和界域。提出执行权定位理论的童兆洪先生认为，执行权的定位与执行权的性质是两个不同的范畴。他在其著作中将执行权的定位定义为："民事执行权定位，是指民事执行权在国家权力体系中的地位，即民事执行权在国家权力体系中所处的位置。"[3]关于执行权的定位是否与执行权的性质属于同一问题，学界有分歧，以童兆洪先生为代表的学者认为执行权的定位问题不同于执行权的性质问题，不应当将两者混淆，不应当以定位替代性质。相反的观点认为"定位与性质实质上是同一问题的不同表述，定位问题实际上就是性质问题，或称性质定位，没有分开论述的必要"。[4]以童兆洪先生的观点，执行权的定位所论述的内容实际上就是他人关于执行权的性质内容，但是童先生认为：根据"定位"的汉语语义分析，"定位"的定义是"把事物放在适当的位置并作出某种评价"，[5]而"性质"一词的定义是"一事物区别

[1] 谭秋桂：《民事执行权配置、制约与监督的法律制度研究》，中国人民公安大学出版社2012年版，第70、73页。

[2] 谭秋桂：《民事执行权配置、制约与监督的法律制度研究》，中国人民公安大学出版社2012年版，第65~67页。

[3] 童兆洪：《民事执行权研究》，法律出版社2004年版，第45页。

[4] 童兆洪：《民事执行权研究》，法律出版社2004年版，第45页。

[5] 中国社会科学院语言研究所词典编辑室编：《现代汉语词典》，商务印书馆2002年版，第297页。

于其他事物的根本属性"。[1]"近年来，定位一词在社会科学领域被广泛应用，用来阐述事物在一定的社会关系领域中所处的地位，并作出适当评价，……鉴于定位和性质问题内涵不同、意义有别，在研究民事执行权理论时不应将两者混淆，而应分别研究。"[2]

根据童先生的执行权定位理论，执行权定位分为宏观定位和微观定位，宏观定位是研究执行权在国家权力体系中属于司法权还是属于行政权的问题，微观定位是研究执行权在司法权体系中属于哪种权力及其与其他司法权的关系问题。童先生将民事执行权宏观定位为司法权，微观定位为民事执行权，是独立于民事审判权的民事司法权的下位权。[3]而关于民事执行权的性质问题，童兆洪先生认为其具有强制性，为民事司法强制权。

笔者赞同童兆洪先生关于民事执行权的定位内容的精辟阐述，其论证是对法院、检察院、行政机构等各方面相关领域考察后的内容论证，同时，笔者也赞同其"定位"所讨论的是执行权在国家权力体系中的位置问题的观点。但是笔者仍以为将执行权定位的问题，即执行权究竟是司法权还是行政权，还是其他什么权的问题"定位于"执行权的性质为宜。因为，以汉语不同词义释解为依据来证明学说的合理性不太科学，在法学中我们往往会发现很多的概念与其所使用的汉语词义有出入，例如"既判力的积极作用"和"既判力的消极作用"，此处的"积极"和"消极"与汉语通常使用的含义一样吗？显然不一样。法学中有很多术语不可以根据汉语表面语义去理解，这是其一。其二，如果说行政权的定位所讨论的是民事执行权是属于司法权还是执行权抑或其他什么权的问题，执行权的性质是司法强制性，那么执行权的特点或者特征该如何表达？笔者注意到在童先生的《民事执行权研究》一书的体系中没有执行权的特点或特征的内容，而特点或特征是一般法学问题的理论组成部分。

二、执行权性质理论缘起与价值

1. 缘起于"执行难"与"执行乱"

执行权性质研究曾经很热门，尤以 2007 年我国《民事诉讼法》修法之前

---

[1] 中国社会科学院语言研究所词典编辑室编：《现代汉语词典》，商务印书馆 2002 年版，第 1412 页。

[2] 童兆洪：《民事执行权研究》，法律出版社 2004 年版，第 46 页。

[3] 参见童兆洪：《民事执行权研究》，法律出版社 2004 年版，第 48~76 页。

为盛，主要起因于令我国法院倍感棘手的"执行难"和"执行乱"问题。"执行难"是指我国法院存在的胜诉当事人（包括经法院判决胜诉的当事人、经仲裁机构裁决胜诉的当事人，以及赋予强制执行效力的公证债权文书的债权人等等执行程序中的所有债权人）的债权应当实现而难以实现的状况。"执行难应当是指按照法律规定应当执行、可以执行的案件难以执行"，"现在要解决的'执行难'，其着眼点是要排除各种干扰和阻力，下大力解决那些依法应当执行、被执行人又有偿付能力而因为种种原因没有执行的案件"。[1]中发［1999］11号文件，即《中共中央关于转发〈中共最高人民法院党组关于解决人民法院"执行难"问题的报告〉的通知》中将"被执行人难找，执行财产难寻，协助执行人难求，应执行财产难动"作为导致执行难的外部因素。"执行乱"则包括违法执行、该执行不执行、执行腐败等问题，也包括民事强制执行立法严重滞后，许多强制执行制度缺乏，执行工作缺乏系统完善的程序规则，从而难免"执行乱"，加剧"执行难"。"民事'执行乱'的表现，可归纳为两种类型。一种类型是社会上出现的违法性民事强制执行的另一种类型就是有些法院内部出现的违法性民事强制执行。这种'执行乱'现象的出现，增加了'执行难'的难度，影响了'执行难'的解决。"[2]正如学者所指出的："当前民事'执行难'现象无法有效缓解，与'执行乱'息息相关。从近年来的民事执行申诉案中，我们不难看到以下现象：被执行对象确有错误，执行财产错误，执行手段粗暴，滥用拘留、罚款等强制措施，任意变更执行主体，执行过程中乱收费，个别法官侵吞执行款，为相关人员通风报信等等，而由此涉及的被查处的执行人员也有增无减。"[3]为了提高执行工作效率，尽量满足当事人的需求，满足社会的需要，社会也呼吁亟待解决这俩问题。

2. 带动了执行权配置研究

执行权的配置有两重含义：一是讨论研究我国民事强制执行权应当由法院行使，还是交给行政机关行使，笔者认为可以称之为执行权的法院外部配置。二是讨论研究根据我国民事诉讼法规定，由法院行使的民事执行权应当由哪几部分权力构成，笔者认为可以称之为执行权的内部配置。

关于执行权的外部配置讨论，理论界及实务界形成两种不同的观点：一是

---

〔1〕 景汉朝、卢子娟："'执行难'及其对策"，载《法学研究》2000 年第 5 期。

〔2〕 黄双全："我国民事'执行乱'的情况与对策"，载《政治与法律》1996 年第 1 期。

〔3〕 陈鸣东、张齐爱、陈玉璜："从'执行乱'谈新民事诉讼法下的民事执行监督"，载《西部法学评论》2008 年第 2 期。

执行权仍然应当由法院行使，二是执行权应当交由行政机关行使，或者在法院之外由国家另行设置专司民事强制执行的行政机关行使。

研究执行权的性质，带动了执行权在现代国家权力架构中配置的研究，学者们纷纷研究如何合理配置执行权，以期科学有效地行使执行权能。执行权应当交由行政机关行使的观点曾经比较流行。"近些年来，由于民事案件'执行难'问题的凸现，学界在民事执行理论的研究中，将目光投向民事执行权配置这一直接关系到国家机关权力分工的问题。并试图在界定民事执行权性质基础上，审视民事执行权配置的合理性问题，思考我国民事执行体制和民事执行机构改革。"关心我国民事强制执行改革与发展的学者纷纷撰文献计献策，为解决我国"执行难"和"执行乱"寻求去疾良药。20世纪90年代，学界一度误言国外90%以上的国家执行权均非由法院行使，而是由法院外的警察或其他机构行使，这一判断似乎使我们在黑暗中看到了光明，似乎为困扰我国的"执行难"找到了良方——将执行权从法院交出来，交由行政机关或公安机关行使的观点纷纷涌现。"执行难是中国司法的一个老大难，一般都搞执行大会战，常动用武警战士，但其根源是什么？根源是执行权属于行政权，根本不应该由法院来行使，法院行使执行权只会使法院更加不独立。""由于我国的刑罚执行机构设在行政系统，相应地，我国的民事、行政判决和裁定的执行机关亦应设在行政系统。"

后来，持执行权仍然应当由法院行使观点的学者，通过具体阐述、分析外国执行权行使、配置的立法例，逐渐澄清了国外执行权大多数由行政机关行使的错误认识，方使执行权应当由行政机关行使的外部配置论热潮冷静下来。

执行权的外部配置问题也是审执分离的问题，即审判权与执行权的分离不仅是指两权各自分别由法院不同机构行使，而且还应当将执行权从法院分离出去，将审判权交由法院行使，执行权交由行政机关行使。

关于执行权的内部配置讨论，是指执行权由法院专门的执行机构行使，但是"为了促进执行权的公正、高效、规范、廉洁运行，实现立案、审判、执行等机构之间的协调配合，完善执行工作的统一管理"，[1]应当将执行权分权运行。关于执行权下可以分为哪几部分子权力，理论界提出了二分说、三分说、四分说几种不同观点。二分说认为执行权应当分为执行实施权和执行裁决权两部分，分别运行。三分说认为执行权应当分为执行实施权、执行命令权和执行

---

[1] 参见《最高人民法院关于执行权合理配置和科学运行的若干意见》（法发〔2011〕15号）。

裁决权三部分。四分说认为执行权应当分为执行调查权、执行命令权、执行实施权、和执行裁决权四部分。[1]对执行权的内部分权配置，我国人民法院进行了几年的改革试验。2011年最高人民法院印发的《关于执行权合理配置和科学运行的若干意见》中将执行权分为执行实施权和执行审查权，确定了我国人民法院执行权的分权运行机制，并确定"执行实施权的范围主要是财产调查、控制、处分、交付和分配以及罚款、拘留措施等实施事项。执行实施权由执行员或者法官行使"。"执行审查权的范围主要是审查和处理执行异议、复议、申诉以及决定执行管辖权的移转等审查事项。执行审查权由法官行使。"[2]

3. 打开了执行权与审判权界线问题之门

执行权性质研究带动了沉寂的强制执行法学研究，通过对执行权性质的剖析，强制执行学术视野豁然打开。在这个发展的进程中，执行权与审判权的界限问题被提出并日益突出，两者之间的不同属性、不同职能在理念上日益清晰。"审执分离"已经超越了以往简单的同一审判员不得同时也是执行员，不得既负责审判案件又负责执行的简单问题。问题研究进入执行程序中引发的争议，有些是否应当由审判权裁判，即是否应当由发生争议的当事人或案外人提起诉讼解决？并且进一步提出，哪些异议或争议应当由执行机关行使执行权裁断？哪些异议或争议应当由法律设计诉讼救济途径，予以诉讼救济？

对执行程序中发生的问题，应当以提出程序救济还是实体救济来解决的问题的阐述，在我国诉讼法学领域，最早的以常怡教授主编的《强制执行理论与实务》为代表。该书"执行救济"之"执行异议"中，提出执行异议应当是指案外人对执行标的物提出的实体权利主张，法律应当以诉讼的方式予以救济。但是，当时我国民事诉讼法未设置这种救济途径。作者提出应当参照德国民事诉讼法的规定，允许案外人进入诉讼。[3]然而，由于当时科研条件局限，作者将执行救济之诉与执行根据错误应当再审混同，仅着眼于因执行根据错误引起了案外人异议的案件。

执行程序中发生的问题，应当通过程序救济还是实体救济的问题，若干年后引起了最高人民法院的关注。最高人民法院在研究制定《执行规定》时，有

─────────

〔1〕 参见肖建国主编，赵晋三、谭秋桂副主编：《民事执行法》，中国人民大学出版社2014年版，第20页。

〔2〕 参见《最高人民法院关于执行权合理配置和科学运行的若干意见》（法发〔2011〕15号）。

〔3〕 参见常怡主编：《强制执行理论与实务》，重庆出版社1990年版，第194~199页。

专家学者提出了应当考虑给予当事人或案外人诉讼救济的主张，但是最终未被采纳。[1]

三、审判权构成与特征

（一）审判权构成或分解

如果将审判权分解，审判权应当包括哪些内容？对此学界有几种不同观点。

观点一认为：审判权包括审理权和裁判权。"审判权是国家权力不可分割的组成部分和国家司法权的主要内容，它主要由案件的审理权和裁判权构成。"审理和裁判对应的是当事人的诉讼，审判权是与当事人的诉权所对应的权能。执行是诉讼结果的强制实现程序，执行权所对应的是胜诉当事人的申请执行权。[2]有学者将审理权和裁判权再分解，其中审理权包括过程控制权、询问权、调查取证权、释明权、证据审查权和事实认定权；裁判权包括程序事项裁决权和实体争议裁决权。[3]

观点二认为：审判权包括事实认定权、法律适用权、调解权、判决权和程序管理权、裁决权等五大方面。[4]

观点三认为：审判在广义上包括了民事强制执行，即审判权中包括有强制执行权。有很多学者认为民事审判权的内容除了民事诉讼的那几项权能外，还包括强制执行权。[5]

观点四认为：审判权包括事实认定权、法律适用权和诉讼程序指挥权三项权能。[6]

观点五认为：法院在诉讼中的权能，在此可以理解为审判权，包括程序控制权、程序异议裁决权、调查取证权、证人询问权、释明权、事实认定权和实

---

〔1〕 黄金龙：《〈关于人民法院执行工作若干问题的规定〉实用解析》，中国法制出版社 2000 年版，第 219 页。

〔2〕 谭兵、李浩主编：《民事诉讼法学》，法律出版社 2009 年版，第 31 页。

〔3〕 张卫平：《民事诉讼法》，法律出版社 2004 年版，第 54 页。

〔4〕 李浩：《民事诉讼法学》，法律出版社 2011 年版，第 59 页。

〔5〕 参见谭兵、李浩主编：《民事诉讼法学》，法律出版社 2009 年版，第 32~33 页；江伟主编：《民事诉讼法学》，复旦大学出版社 2006 年版，第 139~140 页；王圣诵、王成儒：《中国司法制度研究》，人民出版社 2006 年版，第 32 页。

〔6〕 参见黄松有：《中国现代民事审判权论——为民服务型民事审判权的构筑与实践》，法律出版社 2003 年版，第 91 页。

体争议的裁决权这七项权能。[1]

笔者认为审判权的核心权能就是案件审理权和案件裁判权，即审判权包括对争议、事件的事实的审理权和对法律关系或法律责任适用法律的裁判权。审判与审理不同，审理仅指法院法官传唤双方当事人到法庭，对他们的争议主持陈述、举证证明、质证、辩论等的过程，不包括法官的裁判过程。审判包括审理与裁判两个程序。因此，若分解审判权的结构，审判权就应当包括审理权和裁判权两部分。

审判权不应当包括法院执行权，审判权与执行权是性质不同的两种权能，虽然我国《民事诉讼法》规定审判权和执行权均由人民法院行使。我国强制执行法律规范规定在《民事诉讼法》中，是立法形式的问题，并非因审判权与执行权同质，审判权包括执行权的原因。审判权不包括执行权之理由如前所述。

诉讼程序指挥权不应当属于审判权范畴，但它又是法院诉讼程序中必不可少的权能。笔者主张法院的诉讼程序指挥权属于审判权附带的一项权能，性质属于法院行政权。因为诉讼指挥权是法官所享有的，为诉讼程序的进行管理诉讼的权能。这种权能不是裁判当事人之间的实体法律争议，而是为解决争议的诉讼程序的进行、中止、终结，以及附带程序开始、进行、终结等等事项所必要的权能。附带程序是指那些诸如证据交换、法庭审理、财产保全、先予执行、委托司法鉴定等程序。

关于法官诉讼程序指挥权的性质问题，学界在讨论、阐释审判权的构成时，大多数学者认为它属于审判权范畴内的权能之一。[2]

调解权是否属于审判权，学界有争议，形成了不同观点。传统观点认为，法院对民商事案件进行调解是其行使审判权的行为，但这种观点已经过时。时下通说认为，调解是法院行使审判权与当事人行使民事处分权的结合物。也有观点认为，调解就是当事人行使处分权的行为。笔者认为，调解是我国法院法官的一项附带权能，因调解必须当事人自愿，法院不得强迫或变相强迫，所以不宜被视为法院的审判权，否则容易强迫调解。有观点认为法院是以审判为主旨的机构和机制，调解不应当被过分强调。但在我国"调解型审判"的传统

〔1〕 张卫平：《转换的逻辑——民事诉讼体制转型分析》，法律出版社 2004 年版，第 319~364 页。
〔2〕 参见黄松有：《中国现代民事审判权论——为民服务型民事审判权的构筑与实践》，法律出版社 2003 年版，第三、四、五章；江伟主编：《民事诉讼法学》，复旦大学出版社 2006 年版，第 139~140 页；谭兵、李浩主编：《民事诉讼法学》，法律出版社 2011 年版，第 32~33 页。

下，将调解视为审判权性质的权能缺乏合理性。

裁决权，是指法院对程序事项的裁断权能，是诉讼程序中不可缺乏的权能。裁决权是诉讼程序依法进行的保障，也是诉讼当事人程序合法权利的保障。虽然裁决权适用于程序事项判断，但因有些程序事项涉及实体权益，故，裁决权当属裁判权范畴。判决权的职能是适用法律作出判断。适用法律与作出裁判是互为关联的关系，故适用法律权是裁判权所包括的内容。笔者支持观点二中的事实认定权、法律适用权、判决权和裁决权是审理权和裁判权的分解表述。[1]

（二）审判权的特征

1. 审判权之裁判性

审判的实质是解决当事人之间发生的法律争议，通过审理的程序，达到判断对错胜负的目的。审理是裁判的必要前提，裁判是审理之后的结果。国家设置法院的目的就是因私力救济被禁止，要为社会提供公力救济，裁断纠纷，解决争议。民事诉讼法律包括诉讼程序与非诉讼程序。就非诉讼事件而言，法院所行使的也是判断权，不过这种判断权与对诉讼争议事件的判断权不同。前者非因两方不同的主体之间产生争议引致，而是申请人请求法院审理确认法定的、特定的具有法律意义的事项，以判决的方式作出宣告。法院行使的这种权力也有判断权的性质。

与执行权相比，审判权之裁判性，裁判实体问题争议为其实质性特征。论执行权与审判权之界线，论两权之本质区别即在于此。执行权不可能涉及当事人以及当事人与案外人之间的实体性争议，否则不仅仅是权力范畴混乱，更重要的是当事人的实体权利无程序权保障。审判权的设置充分考虑了当事人的程序保障，以辩论权设置为标志。

2. 审判权之中立性

公正是司法审判的根本属性，也是民事纠纷公力救济的根本属性。公正要求裁判者必须不偏不倚，不得有任何偏见，不得有一点倾向。因此，行使审判权的法官必须中立，对当事人之间的争议，通过审理，根据事实居中裁判。审判的中立性要求法律应给予当事人双方平等的诉讼权利，使他们承担平等的诉讼义务，此举之目的是使双方当事人都能够充分陈述、举证、辩论，为法官作出公平裁判提供充分的条件和相当的基础。审判者及审判权的中立性是公正裁

---

〔1〕 李浩主编：《民事诉讼法学》，法律出版社 2011 年版，第 32~33 页。

判的必要条件，是公正裁判的基础条件。与执行权不同，执行权不以中立为特征。强制执行的目的是通过公力救济机关行使强制性的权力，使债权人的债权实现，使债务人依法履行裁判文书确定的义务。

3. 审判权之独立性

审判权之独立性问题即司法独立。司法独立是具有法律理念的人们的共识，因为司法权主要是裁判权，是由法官对当事人之间发生的法律权利义务争议，根据审理后证据证明的，并且经其内心确认的事实，通过适用法律作出法律的权威评判。法院法官认定事实，适用法律规范作出权威判断时，必将服从法律规则，遵从司法良知，恪守法律道义，担负法律责任。在这个过程中，法官或法院不受任何其他权力机构和权力掌握者的影响、干预。法院之外的任何权力部门和任何权力掌握者应当具有不得干预司法的意识。司法独立不同层面和不同角度的表现形式被我国学者总结为司法独立、法院独立与法官独立。美国耶鲁大学法学教授欧文·费斯（Owen Fiss）在其著作《如法所能》中，对司法独立的三种表现形式做了详尽的分析。他说："第一种独立的形式——对当事人保持中立（party detachment）——涉及庭审中法官和当事人的关系。这种中立根源于人们对公平对待的渴望。它要求法官不能和当事人有亲缘关系，不能被当事人以任何方式控制和影响。……第二种司法独立形式——法官的自主性（individual autonomy）——涉及司法和司法系统其他成员的关系。它要求法官在决定事实和法律问题时，不受法学界和其所在机构所施加压力的限制。根据这一原则，司法判决是个人良心和责任的体现。……第三种司法独立形式——隔绝于政治影响（political insularity）——可能是最复杂的。它要求司法独立于由公众控制的政府部门，具体指行政和立法机关。……隔绝于政治影响是需求司法公正必不可少的因素。"[1]

4. 审判权之终局权威性

矛盾是人类社会发展进步的动力。早先人类解决争端的机制注意依靠自行和解或第三方居中调解，但是随着社会财富的日益积累，随着人们对财富的占有争夺，和解与第三方调解往往抵不过强者公开的抢夺、暴力，在斗争中逐渐产生了法律、执法者及其法律裁判者。私力救济被公力救济替代，司法裁判成为解决争端的最终站点。至现代文明和民主社会，民事权利义务纠纷由司法最终解决，因此，法院行使审判权的结果是权威的、最终的结果。

---

[1] ［美］欧文·费斯：《如法所能》，师帅译，中国政法大学出版社2008年版，第75页。

（三）审判权与执行权之区别

虽然我国民事诉讼法典中包括了民事执行程序规范，规定审判权与执行权均由人民法院行使，但是审判权与执行权是两项不同的权能，主要区别如下：

（1）审判权是法官行使的对当事人之间的争议居中裁断的权能，执行权是被赋予实施国家强制力的主体，对法院生效判决、仲裁裁决或赋予强制执行效力的公证债权文书确定的，以及其他法定的执行根据确定的应当履行民事义务者，强制其履行对债权人的义务的权能。

（2）审判权由审理和裁判两部分权能构成。审理是裁判的基础，裁判必须在审理的基础上作出。审理以对抗的双方当事人诉答、辩论为核心，而诉答、辩论以证据为武器，此乃法律的必经程序。而强制执行，是以法院的生效判决、裁定、命令（支付令），以仲裁裁决、赋予执行效力的公证债权文书、法律规定由法院执行的行政处罚决定或行政处理决定为依据，由法院执行人员采取强制措施，强制被申请执行人（债务人）向申请执行人（债权人）履行执行依据确定的法律义务的行为。与审判程序不同，执行当事人不得就他们之间的争议再行主张、辩论、证明。法院执行法官或执行人员不得就执行当事人之间已为执行依据确定的实体法律权利义务擅自裁断。

（3）我国法院的执行法官或执行人员所应当享有的权能包括执行实施权、执行中程序事项的裁判权，不应当包括实体争议的裁判权即判断权。

（4）执行权具有裁断性、中立性、独立性及终局性，同时执行权正如有学者所总结的具有单向性，即执行机构针对被执行人采取的执行行为，均以限制或禁止被执行人处分执行物、最终满足债权的清偿为目的；而审判权是消极的、被动的权力，"……②民事执行的不平等性与审判的平等性；③民事执行主体的主动性与审判主体的中立性；④民事执行的强制性与审判的和平性；⑤民事执行的职权主义与审判的当事人主义；⑥民事执行的效率取向与审判的公正取向"。[1]

总之，审判权与执行权是两种不同性质的权力，虽然同在司法权这个范畴之下，但这两项权力行使的程序不同、目的不同，它们所针对的客体不同。前者目的在于作出公平公正的裁判，后者目的在于运用国家强制性强制实现申请执行人以执行根据所应获得的权利。应当区别对待，分别行使，不应混同。

---

〔1〕 参见肖建国："审执关系的基本原理研究"，载《现代法学》2004 年第 5 期。

四、审判权、执行权与司法权之关系

（一）司法权的不同解读

1. 司法权在西方国家与我国的不同解读

司法权在西方国家法律和法学背景下的语义与在我国法律和法学背景下的语义中有所不同。在西方国家法律和法学的语义中，早期的司法权被认为是在行政权之下的权力。三权分立理论确立以后，司法权才与行政权区别，才从行政权中独立出来。"在实行诸权合一的年代里，立法、行政和司法并没有进行严格地界分，古今中外概无例外。所以一直到了启蒙时代，洛克还是认为司法权隶属于行政权。到孟德斯鸠那里，三权分立的理论才最终得以完整确立。资产阶级革命以后，人们运用孟氏理论建立了分权制衡的宪政体制，司法权才独立出来。"[1]现代司法权与国家审判权等同，司法是与法院相关联的概念，法院是唯一的司法机关，除此之外别无其他。因此，可将其定义为："现代意义上的司法权（justice power）是指国家制度化了的第三方——法院——来行使的社会权力。……它的法定目的就是合法地裁定冲突中的事务和利益，以实现正义，履行司法的国家义务。"[2]因此，人们在西方法律语境下谈论司法权时，通常是指向国家建构中法院的审判权。关于司法权，现代法制国家都在宪法中确定由法院或法院和法官行使。例如：《德国基本法》第 9 章第 92 条规定："司法权力应被授予法官，它应由联邦宪法法院、本《基本法》规定的联邦法院及各州法院行使之。"[3]《日本 1946 年宪法》规定："一切司法权属于最高法院及由法律规定设置的各级法院。"[4]该宪法第 76 条第 3 款规定："所有法官，均依其良心，独立行使职权，仅受本宪法及法律之约束。"[5]《西班牙宪法》第六章"司法权"第 117 条规定："司法权来自人民，司法权的行使代表国王，法官和大法官是独立的、不可触动的、负责的、只服从法律。任何形式的司法权，都要通过审判和执行判决，由法律确定的法庭和法院根据法律规定

---

[1] 石茂生："司法及司法权含义之探讨"，载《河北法学》2012 年第 2 期。

[2] 陈春明：《司法权及其配置——理论语境、中英法式样及国际趋势》，中国法制出版社 2009 年，第 288 页。

[3] 薛小建主编：《外国宪法》，北京大学出版社 2007 年版，第 225 页。

[4] 薛小建主编：《外国宪法》，北京大学出版社 2007 年版，第 91 页。

[5] 薛小建主编：《外国宪法》，北京大学出版社 2007 年版，第 201 页。

的权限及程序行使。"[1]

西方国家真正实行三权分立的是美国，虽然有很多国家实行议会制。司法权的模式或者内涵在不同国家有所不同，有的国家的司法权是指法院所享有的对诉讼案件的审理裁判权，有的国家的司法权则是指由法院和行政机关共同行使的职权。对此胡夏冰博士专有研究，胡夏冰博士认为："从各国司法的总体模式来看，世界上主要存在着两种基本的司法模式类型：一是美日的一元主义司法模式，二是德法的二元或多元司法模式。"[2]美国为一元主义的司法模式代表，按照《美国联邦宪法》第3条第1款中的规定："合众国的司法权属于最高法院以及由国会随时下令设立的低级法院。"[3]美国的司法权是由法院行使的，包括对民事、刑事和行政诉讼事件和争议审理裁判的权能。从美国的司法实践对"司法"的诠释来看，法院司法的权能还包括法律解释以及对适用法律是否符合宪法、是否合法予以裁决的权能。[4]与此相同，日本和我国台湾也为司法权一元化模式，司法权由法院行使，包括审理并裁判民事诉讼、刑事诉讼和行政诉讼的权能。而德法有所不同，法院的司法权限为审理裁判民事、刑事诉讼案件，法院不享有法律解释权和违宪审查权。违宪审查权由专门的宪法委员会行使，法律解释权由立法机关行使。德国与法国类似。"在欧洲大陆法系国家，司法的任务并不是由司法机关单独来完成的，其他具有立法和行政性质的机构实际上也在行使司法的职权。这种司法职能由不同的国家机关行使的司法模式，被称为司法二元或多元主义。"[5]

我国古代的司法传统中没有明确的司法权观念。这是因为我国长期实行行政司法合一体制，行政权与司法权由同一主体掌握及行使，而这一主体的主要面目为行政官，次要面目才是司法官，这是其一。其二，司法与行政的界限不太清楚，边缘有些模糊。正如有学者对中国司法独立问题考察后所做的总结："有学者从不同的话语层次对我国古代司法作出过精辟的描述：1. 从职权的范围而言，古代司法被赋予了国家最为重要的管理手段的地位——全能性的司法。……2. 中

---

[1] 《西班牙宪法典》，潘灯、单艳芳译，[厄瓜多尔] 美娜审定，中国政法大学出版社 2006 年版，第 42 页。

[2] 胡夏冰：《司法权：性质与构成的分析》，人民法院出版社 2003 年版，第 195 页。

[3] 来自百度网：https://baike. baidu. com/item/美利坚合众国宪法/3455012? fromtitle＝美国联邦宪法 &fromid＝11192271&fr＝aladdin，访问日期：2012 年 11 月 20 日。

[4] 参见胡夏冰：《司法权：性质与构成的分析》，人民法院出版社 2003 年版，第 195 页。

[5] 胡夏冰：《司法权：性质与构成的分析》，人民法院出版社 2003 年版，第 197 页。

国古代司法是一种伦理性的司法。……3. 司法的'非讼'追求。"[1]而在我国现代论及司法权时，其指向不仅仅是法院所行使的权力，往往还包括检察院，甚至包括更多与法律有关的机关行使的权力。

2. 司法权在我国的不同解读

关于司法权的概念与范畴，我国学界有几种不同观点：[2]

泛司法权说。"泛司法权说"是笔者对这种学说的概括，学界将这种学说称为"大司法权说"或者"广义的司法权说"。这种学说认为司法权是指我国公安机关、检察院、法院、司法行政机关在处理诉讼案件和非诉讼案件所享有的权力，其中包括律师、公证、仲裁这几类组织机构办理诉讼案件和非诉讼案件时所享有的权力。持这种观点的学者认为："鉴于司法制度在目前已发展成为结构复杂、功能多样的系统，那种把司法制度仅仅限于审判制度的概念早已过时，它不符合我国人民司法的理论和实践。根据我国的实际情况，我们把司法制度定为审判、检察、侦查、劳改、律师、调解、仲裁、公证八项制度。"[3]这种观点是在批判三权分立的基础上产生的理论。他们认为："那种认为司法仅指法院和法官的审判活动，是受资本主义国家的所谓'三权分立'的影响而产生的观念。即使在资本主义国家，由于'委任立法'和'跨权体制'的出现和发展，它们的立法权、司法权和行政权已不为议会、法院和政府所各自专享了。"[4]持这种观点的学者在批判和否定西方国家司法制度和法院系统设置的基础上认为：我国司法权的统一性正是我国司法制度优越于西方司法制度的地方。司法权的统一行使，在我国历史上是空前的，并为其他国家所不及。美国司法机关由联邦法院和州法院两套系统构成，实体法和程序法也因此分为联邦法和州法两套。德、法等大陆法系国家在普通法院外还设置了隶属于行政系统的行政法院，司法权极不统一。[5]这种观点在我国20世纪80、90年代之前盛行。众所周知，那时，我国法学理论研究的深度和广度还很有限，理论上对公

---

〔1〕 陈春明：《司法权及其配置——理论语境、中英法式样及国际趋势》，中国法制出版社2009年，第175页。作者注：陈春明系总结韩秀桃著作《司法独立与近代中国》（法律出版社2000年版，第47~67页。）之结论。

〔2〕 参见王圣诵、王成儒：《中国司法制度研究》，人民出版社2006年版，第32~33页；石茂生："司法及司法权含义之探讨"，载《河北法学》2012年第2期。

〔3〕 鲁明健主编：《中国司法制度讲义》，人民法院出版社1987年版，第1页。

〔4〕 鲁明健主编：《中国司法制度讲义》，人民法院出版社1987年版，第1页。

〔5〕 参见鲁明健主编：《中国司法制度讲义》，人民法院出版社1987年版，第61、46页。

安机关、检察院、法院、司法行政机关和律师事务所、公证处、仲裁委员会各自的职能、性质等等基本属性问题的研究尚未全面展开，例如关于公证机构的性质问题，当时被定位为行使国家证明权的机构，对其法律服务性还未公开认可，公证当事人因公证纠纷对公证处提起诉讼还属于行政诉讼，而非如今的民事诉讼；律师事务所也还隶属于司法局，自负盈亏，合伙制律师事务所也刚开始酝酿。因此，当时这种观点流行不足为奇。如今这种学说基本被否定。理论界对司法权的研究发展迅速，司法权的本来面目逐步显现，司法权的本质属性逐步被发掘出来。这种观点主要为我国学界过去所主张，同时，外国也有少数国家法律将司法权定位为法院、检察院及其其他机构行使的权能，例如保加利亚和科威特。[1]

"泛司法权说"在我国法学界理论界还有一种表现，即研究中国司法制度的学者均认为司法制度包括审判、检察、狱政等等与执法关联的制度。中国司法制度教材均包括这些内容。

公检法三元说。"公检法三元说"以及下述"法检二元说"和"法院一元说"是笔者对这些学说的概括，笔者认为这种概括简洁明了，可以使人望文晓义。"公检法三元说"即学术界所称的"三权说"或者"比较狭义的司法权说"，与"泛司法权说"同时代，此说认为司法权是指我国公安机关、检察院、法院在司法活动中代表国家所行使的权力，而且公安机关仅在刑事侦查中行使司法权。"不过，就像一个简单的过渡一样，这种观点在还没有被广泛讨论和接受的情况下，就迅速被更为狭义的'司法权说'所取代或吸收。"[2]这种学说因主张公安机关属于行政机关而遭质疑，但是又因主张公安机关在刑事案件中的侦查职能而存在。

法检二元说。此学说即"两权说"，此说认为司法权是法院和检察院适用法律履行审判、检察职责所享有的权力。公安机关、司法行政机关及国家安全机关属于国家行政机关而不属于司法机关，不享有司法权。虽然公安机关享有刑事侦查权，参与司法活动，但其权力性质本质上不属于司法权。司法权仅指法院的审判权和检察院的检察权。在我国，"这种观点不但得到了学界主流的支持，而且得到检察机关的自我认同，并获得了党和国家立法机关的某种认

---

〔1〕 参见陈光中等：《中国司法制度的基础理论问题研究》，经济科学出版社 2010 年版，第 12～13 页。

〔2〕 石茂生："司法及司法权含义之探讨"，载《河北法学》2012 年第 2 期。

可。"〔1〕石茂生教授在研究了共产党的十五大、十六大和十七大报告后得出结论："如果进行语义分析，这里明白无误地表明执政党和立法机关所认可的司法机关包括检察院。"〔2〕"在中国，按照宪政的安排，这样的专门司法机关就是人民法院和人民检察院。人民法院和人民检察院是代表国家行使司法权的专门机关。这样，国家司法权就等于交给了司法机关，国家的司法权就演变成了司法机关的司法权，具体而言，就是人民法院的审判权和人民检察院的检察权。"〔3〕"法检二元说"是在我国学界普遍否定"泛司法权说"之后兴起的，是获得最多认同的，特别是获得我国司法界及党和政府认同的主流学说。

国外也有法律规定将司法权定位为法院和检察院行使的权力，例如意大利和俄罗斯。《意大利宪法》第 102 条规定："司法职能由关于司法体制的法律规范所创设和规范的普通司法官行使。"而意大利的司法官既包括法官，又包括检察官，司法机关既包括法院，又包括检察院。《俄罗斯 1993 年联邦宪法》第七章关于司法权的规定之下包括法院和检察院两机构的职权。〔4〕但是这样的国家为少数，大多数国家还是将司法权定位为法院或法官行使的职权。

法院一元说。"一元说"是最狭义的司法权说，此说认为司法权仅是法院审判案件所享有和行使的权力。这一学说在以三权分立为国家权力制度基础的西方国家为主流学说。我国学者也越来越多地主张这一学说，但是反对者评论道："持有该观点的学者们通过重返司法权的'本源'，对检察机关的司法属性提出质疑和挑战。他们认为所谓的司法权具有'中立性、消极性、判断性、独立性和终局性'等特性，从此标准出发来审视检察机关，试图将其排除出'司法权'的范围之外，即司法权只应当属于法院。"〔5〕这一观点与西方国家法学界的观点相同，将我国检察机关排除在"司法机关"之外，认为检察院应当属于行政机关，否定检察院在我国法律体系中的"法律监督者"的角色。此学说认为："侦查、起诉这类刑事活动充其量只是一种行政活动：侦查不过是行政活动向司法领域的延伸而已，本质就是一种行政活动；就检察而言，无论提起公诉也好，准备起诉也好，因为它要代表国家维护社会治安、打击犯罪、保障社会的正常秩序，所以也是一种行政活动，它符合所有行政权的基本特征，如

---

〔1〕 石茂生："司法及司法权含义之探讨"，载《河北法学》2012 年第 2 期。

〔2〕 参见前引石茂生文《司法及司法权含义之探讨》尾注 11、12。

〔3〕 刘作翔："司法权属性探析"，载《法制日报》2002 年 9 月 22 日。

〔4〕 参见陈光中等：《中国司法制度的基础理论问题研究》，经济科学出版社 2010 年版，第 14 页。

〔5〕 石茂生："司法及司法权含义之探讨"，载《河北法学》2012 年第 2 期。

主动性、扩张性以及一系列其他方面的特征。"[1]此观点在我国提出之后引起了我国学者激烈的争论。

有学者将应当属于"一元说"，但两者略有区别的"判断权说"和"裁判权说"与"大司法权说""三权说""两权说"并列为五种不同学说。笔者认为这种分类发生了逻辑上的错误，因为"大司法权说""三权说""两权说"都是以司法权的主体为标准的划分，而"判断权说"和"裁判权说"是以权力的性质为标准的划分。"判断权说"和"裁判权说"应当同属于"法院一元说"，即"法院一元说"可以分为两种不同学说，一是"判断权说"，二是"裁判权说"。判断权说认为，司法权是指法院和法官对当事人之间的争议进行判断的一种权力。"何谓'判断'？判断是一种'认识'。……判断的前提是关于真假、是非、曲直所引发的争端的存在。司法判断是针对真与假、是与非、曲与直等问题，根据特定的证据（事实）与既定的规则（法律），通过一定的程序进行认识。"[2]"裁判权说"认为，司法权是法院在审理案件的过程中所行使的审判权。"司法权的本质是裁判权，它以争端的发生为前提，然后给争端的参与者一个公平的解决，而且这种方式是采取一种论辩式的结构，最后以整个过程为基础得出结论，解决了争端，实施了法律。"[3]笔者认为"判断权说"与"裁判权说"其实是在论证司法权的性质，在分析研究司法权的性质的基础上得出的结论。可以说"判断权说"与"裁判权说"是在一致认为司法权是法院审判案件时所行使的权力的前提下，关于司法权性质的不同侧重点的不同观点。他们都认为诉权是法院审判案件时所行使的权力，但是对这种权力的性质如何定位，两者的观点不同。

另外，还有学者提出司法权"多义说"，即司法权有广义与狭义之分，广义的司法权是指"泛司法权说"，狭义的司法权是指"法院一元说"。该学者认为："司法权有狭义和广义两种解释。狭义的司法权指的是审判权，即司法机关通过诉讼案件的审讯、判决以执行法律之权；广义的司法权则除审判权外，还包括仲裁、调解、公证对公务员的惩戒以及对法官和律师的培训与任用等方面的权力，有的国家还把法律的违宪审查权置于司法权之内，称为司法审

---

[1] 陈瑞华："司法权的性质——以刑事司法为范例的分析"，载《法学研究》2000年第5期。

[2] 孙笑侠："司法权的本质是判断权——司法权与行政权的十大区别"，载《法学》1998年第8期。

[3] 陈瑞华："司法权的性质"，载豆瓣网：https://www.douban.com，访问日期：2013年2月7日。

查。"〔1〕"多义说"符合我国的实际情况。"司法"一词在我国的应用广泛，通常情况下意指与适用法律有关的职能部门，包括公安、检察、法院、公证、律师、狱政管理部门、司法行政管理部门等，甚至包括仲裁。司法权仅指法院所行使的权能的观点则局限于学术理论研究。

3. 笔者主张司法权一元说

笔者主张司法权"法院一元说"，在司法权一元说前提下，就可以从法院审判案件的角度总结其性质。对此，我国理论界主要有两种不同观点，一种观点主张司法权是判断权，另一种观点主张司法权是裁判权。主张司法权的性质是判断权的学者从将司法权与行政权比较的视角，认为判断是司法权的本质内容，"判断的前提是关于真假、是非、曲直所引发的争端的存在。司法判断是针对真与假、是与非、曲与直等问题，根据特定的证据（事实）与既定的规则（法律），通过一定的程序进行认识"。〔2〕判断权说"是我国法理学界部分学者近年来对司法权本质的一些认识，认为司法权实质上是司法人员对争议的行为进行判断的一种权力。这种权力被赋予法院和法官，以区别于立法权和行政权"。〔3〕主张司法权的性质是裁判权的学者认为："相对于立法权而言，司法权是一种裁判权，并且是通过将一般的法律规则适用于具体案件上，来发挥其裁判案件这一功能的。"〔4〕"裁判权说"将司法权定位为法院审理裁判案件的权力，将审判权的主体界定为法院，从而司法权就等同于法院对诉讼案件的审判权。"裁判权说"不仅提出了司法权威法院享有对诉讼案件审理裁判的主张，而且持这一观点的学者还从刑事诉讼的角度，具体分析了公安机关行使侦查权的行为和检察院行使检察权行为在性质上应当属于行政权，不应当属于司法权，不具有司法权以中立者的身份，就案件争议的事实和权利义务，通过调查、审理，然后给予裁判的性质特点。

"判断权说"与"裁判权说"具有同样重要的理论价值，它们廓清了司法权与行政权各自不同的范畴，厘清了司法权与行政权的界限；它们否定了之前理论界的多元说、三元说和二元说，对主流"法检二元说"勇敢挑战，将检察院排除在司法权主体之外，突破了我国司法权理论以往的框架，对我国司法制

---

〔1〕 何华辉：《比较宪法学》，武汉大学出版社 1988 年版，第 306 页。

〔2〕 孙笑侠："司法权的本质是判断权——司法权与行政权的十大区别"，载《法学》1998 年第 8 期。

〔3〕 王圣诵、王成儒：《中国司法制度研究》，人民出版社 2006 年版，第 33 页。

〔4〕 陈瑞华："司法权的性质"，载《法学研究》2000 年第 5 期。

度改革有重要价值。有学者评论道：按照"法检二元说"，司法权的主体包括法院和检察院，我国的司法制度改革应当包括法院和检察院制度的改革，但是将法院审判权与检察院检察权视为同一种性质的国家权力，在实践上严重地制约了我国的司法改革进程。[1]因此，只有在将司法权定位为法院审理裁判案件的权力的基础上，才能继续那个有效的司法制度改革。

"判断权说"与"裁判权说"相比，"判断权说"侧重于司法的过程，而"裁判权说"侧重于司法的结果，这两种学说没有本质上的区别，仅有观察和分析视角上的区别。相比之下，"裁判权说"的概念和视角更加合理。

（二）审判权

现代意义的审判权通常是指国家这里的法院所行使的对民商事、刑事、行政案件所争议的事件予以审查判断，对当事人所争议的权利义务关系，经审理后予以裁判的权能。与司法权的概念范畴相比较，审判权的概念范畴的内涵与外延比较明确，其权利主体为法院，不像司法权那样分歧较多。司法权的概念即使外国学者也认为不易确定。正如英国学者詹宁斯所言："要准确地界定'司法权'是什么从来都不十分容易。"[2]

但相比之下，司法权的概念范畴在西方国家比在我国容易界定。在西方国家，许多情况下司法权即指法院所享有的司法裁判权，其司法权由法院行使。在有些国家，例如德国与法国，因法律解释权和违宪审查权不属于法院，属于性质为行政机关的组织或宪法法院，所以其司法权不仅仅指法院对民事和刑事案件的审理裁判权，还包括法院以外的国家机构行使的法律解释权和违宪审查权这两部分司法权。在我国则产生了"泛司法权说""公检法三元说""法检二元说"和"法院一元说"等不同认识。

审判权在法制史上的概念有两种不同指向，一种是非国家专门机构对纠纷的裁决，例如人类社会初期的神明裁判制度，封建社会的氏族审判制度、长老审判制度、家族审判制度等等；一种是指我们现代意义上的国家专司审判职能的法院对纠纷的审理裁判。

关于审判及审判权的定位，我国学者间的理解大致相同，通说认为是属于法院的职权。但也有少数学者错误认为，在我国审判不仅包括法院对案件的审

---

〔1〕 参见胡夏冰：《司法权：性质与构成的分析》，人民法院出版社 2003 年版，第 189~190 页；陈瑞华："司法权的性质"，载《法学研究》2000 年第 5 期。

〔2〕 ［英］詹宁斯：《法与宪法》，龚祥瑞、侯健译，生活·读书·新知三联书店 1997 年版，第 165 页。

理裁判，还包括法院对其作出的裁判的执行。有学者认为："在我国，审判不特指初审法院的民事或刑事案件诉讼程序和判决，而是指人民法院的审理、判决和民事执行等有关行使国家审判权的所有活动。""不仅如此，审判还在广义上包括了民事强制执行。虽然审判是诉讼程序的中心阶段，但是，我国法院还拥有民事执行职能，法院在组织强制执行阶段，还在一定程度上审查已经生效的执行文书，民事诉讼法对此有相当的章节予以规定，具有相当的审判性。"[1]

这种错误认识源于作者对我国民事诉讼法的错误解读。笔者认为不能因为我国民事诉讼法法典中包括了强制执行法，就误认为审判在我国既包括法院对诉讼案件的审理裁判，又包括法院对其所作出的裁判的执行。民事诉讼法与强制执行法是两部不同性质的部门法法律，虽然两者在诉讼案件法律进程中是先后顺序的关系，而且关系密切。从世界上比较法的横向角度和从强制执行法逐步从民事诉讼法中分离出来分立的比较法纵向角度来看，强制执行法从民事诉讼法中分离并单独立法者日众。像目前我国这样的强制执行法尚未从民事诉讼法中分离，强制执行法尚未单独立法的国家已经很少。而且，我国法学界和司法界就强制执行法单独立法的努力已经很久，强制执行法单独立法已经是大势所趋，学界和司法界潜心研究后提出的强制执行法专家建议稿早已问世、出版。审判权与执行权是两个不同性质的权力，尽管我国法学界对执行权性质的认识有分歧，有几种不同的观点，但也鲜有人将执行权视为审判权的内容，鲜有人主张审判包括了执行。

"我国法院还拥有民事执行职能，法院在组织强制执行阶段，还在一定程度上审查已经生效的执行文书。"[2]产生这种错误认识有一定缘由。根据最高人民法院当时的司法解释，三十年前，我国执行法官还行使着审查作为执行根据的生效法律文书的权力。这种权力在 1992 年《最高人民法院关于适用〈中华人民共和国民事诉讼法〉的若干问题的意见》（以下简称《民诉适用意见》）中已经被取消，之后的二十年多来最高人民法院又制定了一系列关于强制执行的司法解释，特别是 2007 年和 2012 年民事诉讼法两次修订都涉及的强制执行部分。执行人员可以行使执行根据监督权的司法解释与意识已经荡然无存。

另外这种观点还断言："民事诉讼法对此有相当的章节予以规定，具有相

---

〔1〕 王圣诵、王成儒：《中国司法制度研究》，人民出版社 2006 年版，第 430~431 页。

〔2〕 王圣诵、王成儒：《中国司法制度研究》，人民出版社 2006 年版，第 431 页。

当的审判性质"，[1]这更为错误。首先，强制执行法规范在我国民事诉讼法中的条文稀少。2007年民事诉讼法修订之前，民事诉讼法中仅有16条强制执行的条文，故1992年《民诉适用意见》中用50个条文以司法解释的方式补充立法的严重不足，哪里有"相当的章节予以规定"和"相当的审判性质"？真是奇怪的论断。其次，无论是修订前的《民事诉讼法》，还是修订后的《民事诉讼法》，都没有规定执行法官有"一定程度上审查已经生效的执行文书"的权力。最高人民法院制定的《民诉适用意见》中仅规定"执行员在执行本院的判决、裁定和调解书时，发现确有错误的，应当提出书面意见，报请院长审查处理。在执行上级人民法院的判决、裁定和调解书时，发现确有错误的，可提出书面意见，经院长批准，函请上级人民法院审查处理"。而且这条规定在1998年最高人民法院的司法解释《关于人民法院执行工作若干问题的规定（试行）》（以下简称《执行规定》）中被取消，以"案外人异议制度"取而代之。该《执行规定》第133条虽然规定："上级法院在监督、指导、协调下级法院执行案件中，发现据以执行的生效法律文书确有错误的，应当书面通知下级法院暂缓执行，并按照审判监督程序处理"，但并非指有行使"审查已生效法律文书"的权力。

在此澄清上述错误认识很有必要，否则容易发生执行权与审判权界域混乱的问题。

（三）审判权与司法权的关系

在西方国家，简单而论，通常司法权即为审判权。司法权是由法院或者法院与法官行使的职权，审判权是由法院行使的职权。西方国家司法权与审判权通常为同一概念，司法权的主体与审判权的主体为同一主体，仅有少数国家的司法权主体范围不限于法院，如前所述。然而进一步研究，问题并不简单，因司法权除了传统上由法院享有之外，行政机关实质上也部分地享有司法权，即西方许多国家司法权的边缘比较模糊。有学者这样评价国外的现状："在现实的法律秩序中，法院以外的其他机关行使司法职能的形象大量存在，这些非司法机关必须对不法行为进行确认，同时按照法律的规定作出相应的制裁。尤其是税务机关和警察机关，它们履行的职能实际上具有司法或准司法（quasi-judicial）的性质。当社会情势的发展要求行政机关更广泛地介入和干预社会经济

---

〔1〕 王圣诵、王成儒：《中国司法制度研究》，人民出版社2006年版，第431页。

和文化生活时，行政机关行使与行政职能有机联系的司法职能的倾向也就兴起。"〔1〕因此，严格而论，审判权的范畴与司法权的范畴当有所区别，审判权为法院及法院法官所行使的权力，而司法权除了为法院及法院法官所行使外，还有国家其他一些机关部分行使。

我国不实行三权分立的政治体制，在人民代表大会政权体制下，法律规定所体现出的司法权的主体为法院和检察院，虽然《宪法》没有这样明确规定，但是根据《宪法》解释系如此，所以司法权概念以"法检二元说"为主流，并且为官方所认肯并使用。但是在很多情况下，官方的行为似乎又认为司法权概念为包括公检法司的"泛司法权说"，例如在党中央四中全会《中共中央关于全面推进依法治国若干重大问题的决定》中的"四、保证司法公正，提高司法公信力"中，"司法权"的概念就包括法院的审判权、检察院的检察权、公安机关的侦查权和司法行政机关的执行权。"法院一元说"尚停留在理论讨论的层面上，虽然支持者日众。

与西方国家不同，在我国的法律规范中审判权是与司法权不同的概念，司法权的范畴大于审判权。按照主流观点，司法权的主体范畴大于审判权的主体范畴；司法制度的范畴大于审判制度的范畴。审判权在我国是指由法院行使的对诉讼案件审理裁判的权能，包括事实认定、证据调查、适用法律予以裁判等权能。审判权是我国《宪法》所明确规定的权能，与司法权未予明确规定不同。我国《宪法》第128条规定："中华人民共和国人民法院是国家的审判机关。"第131条规定："人民法院依照法律规定独立行使审判权，不受行政机关、社会团体和个人的干涉。"并且第132条第1款规定："最高人民法院是最高审判机关。"另外《人民法院组织法》第2条进一步具体规定："中华人民共和国的审判权由下列人民法院行使：（一）地方各级人民法院；（二）军事法院等专门人民法院；（三）最高人民法院。"

（四）执行权是法院司法权的下位权能及审判权的衍生权能

如前所述，笔者主张司法权一元说，即司法权是法院行使的权力，审判权是法院审理裁判诉讼案件和非讼案件的权能，司法权的范畴大于审判权范畴。因为在我国，民事强制执行权完全由法院行使，执行权与审判权是各自独立的、不同的权能，故执行权为法院司法权下位的权能。

根据我国民事诉讼法的规定，执行权与审判权是法院行使的两项性质不同

---

〔1〕 胡夏冰：《司法权：性质与构成的分析》，人民法院出版社2003年版，第205~206页。

的权能，但是，毋庸置疑，执行权与审判权具有密切联系，仅有国家公权力审判，没有公权力强制执行，审判的结果难以真正实现，审判的权威是以公权力强制执行为依靠的，故而执行权是审判权的衍生权能。在执行权由法院行使的我们这种国家，执行权是审判权衍生职能的特征很明显。而在执行实施权由法院之外的行政机关行使的国家，其衍生性似乎不明显，但是，笔者认为同样也具有衍生性特征，因为强制执行法院生效判决、仲裁机构裁决、公证机关赋予执行效力的公证债权文书，以及法律规定的行政机关作出的裁决或决定，在义务人拒不履行义务的情况下，由国家公权机关强制执行是审判权的必要保障。

小　结

执行权与审判权是两项性质、目的不同的权能，在法律规定执行权由法院行使的国家和地区，这两项权力也分界行使。虽然执行权中包括对程序事项异议、请求的裁决权，但是与审判权也根本不同。司法权在我国有各种不同的含义，不论哪种，法院总是行使司法权的主体，执行权是法院司法权属下的职权，又是审判权衍生的权能。

"未成年子女交出请求权"及其司法裁判类型研析

杜　闻[*]

> "监护为亲权之补充延长。"
> ——史尚宽[1]

一、"未成年子女交出请求权"——"亲权（监护）"的有机 组成部分

（一）大陆法系亲权及监护制度的关系辨析

"亲权（elterliche Gewalt，puissance paternelle，parental power）在近代立法，谓以教养保护未成年子女为中心之职能。"[2]亲权具有人身专属性，正常情况下应由父母共同行使。父母的分居或离婚本身并不影响其对亲权的行使。《德国民法典》第 1626 条规定："父母有照顾未成年子女的义务和权利（亲权）。"[3]《日本民法典》第 818 条第 1 款也规定："未成年的子女，服从父母的亲权。"[4]父母对成年子女无亲权，"亲权会因子女取得完全民事行为能力或父母、子女死亡而消灭"[5]。在性质上，一般认为亲权具有权利义务混合性

---

* 杜闻，中国政法大学副教授，法学博士。
〔1〕史尚宽：《亲属法论》，中国政法大学出版社 2000 年版，第 695 页。
〔2〕史尚宽：《亲属法论》，中国政法大学出版社 2000 年版，第 657 页。
〔3〕《德国民法典——全条文注释》（下册），杜景林、卢谌译，中国政法大学出版社 2015 年版，第 1016 页。
〔4〕《日本民法典》，王爱群译，法律出版社 2014 年版，第 129 页。
〔5〕魏振瀛主编：《民法》，北京大学出版社、高等教育出版社 2000 年版，第 665 页。

与对象专属性。例如，《法国民法典》第 371-1 条第 1 款即规定："亲权是以子女的利益为最终目的的各项权利与义务的整体。"[1]"其权利义务既有不可分离之关系，即不得抛弃其权利。"[2]

在大陆法系国家及地区，亲权确立的基础为"亲子关系"。"民法所谓亲子关系，依上所述可分为三种：（1）婚生父母子女关系，（2）非婚生父母子女关系，（3）养父母子女关系。除有极少例外，三者效力大致相同。"[3]

在大陆法系国家及地区，"亲权包括对子女人身的照顾（人身亲权）和对子女财产的照顾（财产亲权）"两部分［《德国民法典》第 1626 条（1）］。[4]其中，"身上监护（Sorge fuer die Person）包括教育（惩戒）、监督、指定居住处所之权、交付子女之请求权（《德国民法典》旧及新第 1631、1632 条）。"[5]

与德国法类似，在《日本民法》中，亲权也划分为"身上监护"与"财产管理"两部分。其中，身上监护包括：①监护、教育的权利义务（内含子女交付请求权）（第 820 条）；②居所指定权（第 821 条）；③惩戒权（第 822 条）；④营业许可权（第 823 条）。[6]

在大陆法系国家及地区，所谓"监护（tulela，Vormundschaft，tutelle，guardianship），谓为不在亲权下之未成年子女或被宣告禁治产人，为身体财产之照护所设私法上之制度。为监护者，谓之监护人（Tutor，tutor，tuteur，Vormund，guardian），受监护者谓之受监护人（Bevormundete，Muendel，puille ou interdit）"。[7]

启用监护制度的必要前提之一为：相关未成年人客观上无法得到亲权制度的照顾和保护。"监护为亲权之补充延长。"[8]例如，《德国民法典》第 1773 条规定："（1）未成年人不处于亲权之下的，或父母既非在涉及人身、亦非在涉及财产的事务上有权代理未成年人的，未成年人获得监护人。（2）未成年人

---

〔1〕《法国民法典》，罗结珍译，北京大学出版社 2010 年版，第 114 页。

〔2〕林纪东等编：《新编六法参照法令判解全书》，五南图书出版公司 2015 年版，第贰~254 页。

〔3〕史尚宽：《亲属法论》，中国政法大学出版社 2000 年版，第 655 页。

〔4〕《德国民法典——全条文注释》（下册），杜景林、卢谌译，中国政法大学出版社 2015 年版，第 1016 页。

〔5〕史尚宽：《亲属法论》，中国政法大学出版社 2000 年版，第 506 页。

〔6〕《日本民法典》，王爱群译，法律出版社 2014 年版，第 130 页。

〔7〕史尚宽：《亲属法论》，中国政法大学出版社 2000 年版，第 693 页。

〔8〕史尚宽：《亲属法论》，中国政法大学出版社 2000 年版，第 695 页。

的家庭状况不能确定的，未成年人亦获得监护人。"[1]又如，《日本民法典》第 838 条第 1 款也规定："监护在下列情形下开始：（一）没有对未成年人行使亲权的人或行使亲权的人无管理权的。"[2]《法国民法典》第 390 条第 1 款也规定："父母二人均已去世，或者……'被剥夺亲权'时，设立监护。"[3]

由于监护制度是亲权制度失灵时的"替补"，因此，一方面，大陆法系民法原理大都认为：监护的内容与亲权的内容大致重合。"监护制度，以未成年人或无能力人之身体及财产之保护监督为其目的。监护亦可分为身体上之监护与财产上之监护。"[4]这一学理见解在相关国家的法条中多有体现。例如，《德国民法典》第 1793 条第 1 款规定："监护人有照顾被监护人的人身和财产的权利和义务。"[5]又如，《法国民法典》第 408 条规定："监护人应关注未成年人的人身，在所有的民事生活行为中代理未成年人……监护人管理未成年人的财产。"[6]再如，《日本民法典》第 857 条也规定："未成年人的监护人，就第八百二十条至第八百二十三条规定的事项，与行使亲权人有同样的权利义务。"[7]另一方面，基于同样的理由，大陆法系国家及地区的实体法及程序法规范往往将"亲权"与"监护""混为一谈"。例如，我国"《民法通则》未采用欧陆法系区分'监护'与'亲权'的传统模式，其监护制度隐藏或者说混淆了亲权的概念"。[8]我国台湾地区的情况也非常相似，史尚宽先生即认为："德、法、日、瑞士皆有'亲权'之标题……我民法则避用此名称，然第 1084 至第 1090 条之规定实具有亲权之内容。"[9]又如，《法国民法典》第 389-4 条规定："对于第三人，父母中每一人……均视为得到另一方准许，因而有权力单独进行任何监护人无需经任何批准即可实施的行为。"[10]再如，《日本民法典》第 766 条第 1 款规定："父母协议离婚时，子女的监护人、父母的探望

〔1〕《德国民法典——全条文注释》（下册），杜景林、卢谌译，中国政法大学出版社 2015 年版，第 1064 页。

〔2〕《日本民法典》，王爱群译，法律出版社 2014 年版，第 132 页。

〔3〕《法国民法典》，罗结珍译，北京大学出版社 2010 年版，第 131 页。

〔4〕史尚宽：《亲属法论》，中国政法大学出版社 2000 年版，第 693 页。

〔5〕《德国民法典——全条文注释》（下册），杜景林、卢谌译，中国政法大学出版社 2015 年版，第 1073 页。

〔6〕《法国民法典》，罗结珍译，北京大学出版社 2010 年版，第 135 页。

〔7〕《日本民法典》，王爱群译，法律出版社 2014 年版，第 135~136 页。

〔8〕李世刚："《民法总则》关于'监护'规定的释评"，载《法律适用》2017 年第 9 期。

〔9〕史尚宽：《亲属法论》，中国政法大学出版社 2000 年版，第 656 页。

〔10〕《法国民法典》，罗结珍译，北京大学出版社 2010 年版，第 131 页。

及其他交流和监护子女所需费用的分担及有关监护的其他必要事项，通过协议确定。"[1]

可能正是基于亲权与监护之间的这种既有所区别[2]，又有所"交融混合"的复杂关系，为避免在立法上同时规定两者所可能导致的"事倍功半的名学之辨"问题，我国民事实体法法理及相关法条常用"监护"概念，避免同时使用"亲权"概念。[3]例如，2017年3月新颁布的《民法总则》未规定单独

---

[1] 《日本民法典》，王爱群译，法律出版社2014年版，第120页。

[2] 笔者认为，亲权与监护之间确实存在着明显的区别，这至少表现在以下几个方面：①监护为亲权之补充延长，然亲权之行使，以亲子间自然之爱出于天性，故民法原则上采取放任主义，监护则不必有此基础，鉴于人之常情，不得不加以限制。如《日本民法典》第863条第1款即规定："监护监督人或家庭法院，可以随时要求监护人报告监护事务或提出财产目录，或者对监护事务或被监护人的财产状况进行调查。"②监护人与受监护人间之身份关系，并非亲属法上之身份关系，故是否应以监护置于亲属法之内，颇成问题。例如，《法国民法典》第437条即指出："监护是对儿童的保护，属于公共性质的责任。"③"监护的对象范围（无法获得亲权保护的未成年子女、成年精神病人及其他禁治产人等）"要大于"亲权的对象范围（处于亲权保护下的未成年子女）"。④"监护的权利主体范围"要明显大于"亲权的权利主体范围"。后者主要为"生亲""养亲"与"有抚养关系的继亲"等人，而前者的范围要大得多。例如，我国《民法总则》第27条第2款规定的主体（祖父母、外祖父母；兄、姐；符合法定条件的其他愿意担任监护人的个人或者组织）及该法第28条规定的主体（配偶，父母、子女，其他近亲属，符合法定条件的其他愿意担任监护人的个人或者组织）。⑤大陆法系实体法一般都规定：亲权人对未成年子女的财产享有使用、用益的权利。在这方面，监护人则要受到更多的限制。如《德国民法典》第1805条［为监护人使用］即规定："监护人既不得为自己亦不得为监护的监督人使用被监护人的财产。"⑥台湾地区"民法"规定：监护人对于受监护人之财产，非为受监护人之利益，不得使用、代为或同意处分（第1101条第1款），监护人不得受让受监护人之财产（第1102条），而亲权人则仅有应为子女之利益为处分之限制。⑦台湾地区"民法"规定：监护开始时，监护人对于受监护人之财产，应依规定会同当地直辖市县（市）政府指派或法院指定之人，于2个月内开具财产清册，并陈报法院（第1099条），而亲权人则否。⑧在是否要向监管机构定期提出被监护人的财产管理账目方面，亲权人及监护人所享受的待遇不同。例如，《德国民法典》第1667条第1款规定："家事法院可以命令父母提交子女财产的目录和提出有关管理的账目。"该法第1840条则规定："（2）监护人应当向家事法院提出其财产管理的账目。（3）账目应当按年提出。会计年度由家事法院确定。"⑨监护人得请求相当之报酬，而亲权人则否。如《日本民法典》第862条【监护人的报酬】规定："家庭法院可以根据监护人和被监护人的资力及其他情况，从被监护人的财产中，支付给监护人一定的报酬。"《德国民法典》第1836条及我国台湾地区"民法"第1104条也有类似规定。我国《民法总则》虽未直接规定这一权利，但第34条第2款所谓"监护人依法履行监护职责产生的权利"应包含"报酬权"在内，应属无疑。⑩我国台湾地区"民法"规定了"亲权停止制度"。如其第1090条规定：父母之一方滥用其对于子女之权利时，法院得依他方、未成年子女、主管机关、社会福利机构或其他利害关系人之请求或依职权，为子女之利益，宣告停止其权利之全部或一部。该制度不能适用于监护人。其替代做法为"法院选定或改定监护人"（第1094条之一）、"监护人之辞职"（第1095条）、"监护人资格之限制"（第1096条），以及"监护人之改选"（第1106条）。

[3] "在我国的民事法律中，也没有亲权的概念。"魏振瀛主编：《民法》，北京大学出版社、高等教育出版社2000年版，第666页。

的亲权制度，而是将其容纳在广义的"监护"制度中。该法第 27 条第 1 款规定："父母是未成年子女的监护人。"又如，我国《妇女权益保障法》第 49 条第 1 款规定："父母双方对未成年子女享有平等的监护权。"再如，我国《未成年人保护法》第 10 条第 1 款规定："父母或者其他监护人应当创造良好、和睦的家庭环境，依法履行对未成年人的监护职责和抚养义务。"尽管有学者主张，《婚姻法》第 23 条为"亲权"在我国法条中的具体体现[1]，但该条文中并未出现"亲权"字样。[2]笔者认为，以"监护"来涵盖该法条规定内容也未尝不可。

基于以上分析，在下文论述中，除确有必要外，本文将"混用"亲权及监护的概念，以"监护"或"监护人"的表述方式就相关程序法问题展开论述。笔者认为，一旦涉诉，作为"监护"之组成部分的"财产亲权"诸内容仅涉及对相关财产的强制执行，不会涉及对交出未成年子女之行为的强制执行，故后文中对其略去不述。在组成亲权之"身上监护"诸权利中，一般的监护教育、居所指定、惩戒、职业许可、身份上行为代理权等虽涉及相关主体的行为，但其在本质上却是无法强制执行的。只有"未成年子女交付请求权"及与其相关的"探望权"才会涉及要求有关主体交付涉案未成年子女的行为。下文将以此为重点问题，展开研讨。

（二）未成年子女交出请求权的含义及内容

如上文所述，"未成年子女交还请求权"在大陆法系学理上属于其"监护"制度中之"身上监护"的组成部分。"子女交还请求权，是指当未成年子女被人诱骗、拐卖、劫掠、隐藏时，亲权人享有的请求交还该子女的请求权。"[3]德国法理认为，在组成"身上监护"的诸权利中，"子女交还请求权"属于"未成年子女居所指定权"的组成部分。[4]在本质上，该权利类似于

---

〔1〕"亲权与监护权是有区别的。亲权规定在《婚姻法》第 23 条，监护权则规定在《民法通则》第一章第二节。"王利明等：《民法学》（第 4 版），法律出版社 2015 年版，第 657 页。

〔2〕我国《婚姻法》第 23 条规定："父母有保护和教育未成年子女的权利和义务。在未成年子女对国家、集体或他人造成损害时，父母有承担民事责任的义务。"

〔3〕王利明：《民法学》（第 4 版），法律出版社 2015 年版，第 659 页。

〔4〕"父母有义务决定未成年子女的居所（Aufenthalt ihres minderjährigen Kindes zu Bestimmen，第 1631 条第 1 款），也就是说决定子女应该或可以在某地点或某居所临时或持续的停留。行使此种权限的行为，对子女而言不具有法律意义，但对第三人有法律约束力。如果第三人将子女留在权利人指定之外的地方，就侵害了受法律保护的绝对权利（第 823 条第 1 款）。另外，对于违反权利人意愿非法扣留子女的人，照顾权利人可以根据家庭法上的特殊规定提出返还子女（Herausgabe des Kindes）的请求权。""该项请求权产生于居所决定权。"［德］迪特尔·施瓦布：《德国家庭法》，王葆莳译，法律出版社 2010 年版，第 320、341 页。

"物权性的请求权"，但并非"物权性的请求权"。其原因很明确：未成年子女绝非权利客体，其享有人格权。[1]"现代亲权最终是自然人人格平等原则的产物。现代亲权不仅蕴涵男女平等的观念，确认夫妻地位平等，而且蕴涵自然人人格平等的观念，确认父母和未成年子女人格平等。"[2]如《法国民法典》第371-1条第2款即明确规定："父母，直至子女成年或者解除亲权，应当保护子女的安全、健康与道德，确保其教育，使子女能够得到发展，人格受到尊重。"[3]又如，《德国民法典》第1626条（2）也规定："父母在照料和教育时，应当考虑子女对独立并且有责任意识之行为的增长的能力和增长的需要。在依子女的发展情况为合适的限度内，父母应当与子女商议亲权的问题，并谋求一致。"[4]该条也体现出尊重未成年子女之意愿及人格的立法趣旨。

在正常的监护中，"未成年子女交还请求权"为一项"备而不用"的具体权利，只有当对方当事人侵害"监护人"之"身上监护"的圆满实施时，该请求权才从"备用"状态转化为实际可用的状态。大陆法系各国及各地区民事实体法对"未成年子女交还请求权"及其主张方式都有所规定。例如：

（1）《德国民法典》第1632条（1）规定："人身亲权包括向不法对父母或父母一方扣留子女的任何人请求交出子女的权利。"该条（3）则规定："对于涉及依第1项或第2项的事务的争议，由家事法庭依父母一方的申请裁判。"[5]

（2）依《瑞士民法》，子女不得违法地由父母夺去（《瑞士民法》第273条），对于子女之掠夺或抑留，父母有交出请求权（Herausanspruch），得请求警察及法院之保护。此请求权不因时效而消灭。此外并有基于人格权侵害所生之请求权（Egger, z § 273, N. 12）。

（3）《日本民法》虽无此明文，然学说及判例均认为基于身上之监护，应

---

〔1〕 例如，对《德国民法典》第1632条的注释即认为："交出请求权原本作为物权法上的物权请求权（第985条），但子女非为物权客体，故此项立法安排并不合适。第1款现今具有亲属法的性质，故始终应当注意，子女为法律主体。"《德国民法典——全条文注释》（下册），杜景林、卢谌译，中国政法大学出版社2015年版，第1023页。

〔2〕 江平主编：《民法学》，中国政法大学出版社2003年版，第304页。

〔3〕《法国民法典》，罗结珍译，北京大学出版社2010年版，第114页。

〔4〕《德国民法典——全条文注释》（下册），杜景林、卢谌译，中国政法大学出版社2015年版，第1016页。

〔5〕《德国民法典——全条文注释》（下册）杜景林、卢谌译，中国政法大学出版社2015年版，第1023页。

有此权。

（4）在我国台湾地区"民法"中，亦应为同样之解释。①在父母亲权下之子女由他人违法被掠夺或抑留，为亲权人保护教养权之侵害（"父母对和诱未成年子女之人得提出自诉，因其侵害亲权之监护权"，二十七年院字第1717号），自得由亲权人对于该他人请求交还，即带出子女。[1]

（5）《罗马尼亚家庭法》规定，父母有权要求任何非法占有其子女的人返还子女。[2]

笔者认为，大陆法系国家及地区民法所规定的"未成年子女交还请求权"在本质上为一种民事请求权，其行使并非只能通过诉讼方式。"监护人"完全可在日常生活中对义务人主张该权利，以维护自己对未成年人的有效身上监护。但如对方无理拒绝交出未成年子女，则"监护人"可行使诉权，请求法院判令义务人履行交出行为。该案属于身份权侵权纠纷，其诉求为典型的给付之诉，其对应之给付判决的主文判项所确定的给付内容为"交出特定未成年人的行为"。

正常情况下，"未成年子女交还请求权"的权利主体是该未成年人的父母，而其义务主体则是那些实施了侵害父母实施监护职责的外人。在特殊情况下，涉案未成年人的父或母一方也可能成为该请求权的义务人。例如，"离异的父母，其未成年子女由一方抚养，行使亲权。当不行使亲权的另一方强行将该子女夺走归自己抚养时，亲权人有子女交还请求权，可以请求人民法院判令交还子女"。[3]

在此，还需注意的是：探望权（探视权）也是"身上监护"诸权利中的一种。然而，其本质上是对"未成年子女交还请求权"的一种法定制约，而非后者的组成部分或具体表现。最高人民法院《关于贯彻执行中华人民共和国民法通则若干问题的意见》（法（办）发〔1988〕6号，1988年1月26日最高人民法院审判委员会讨论通过）（以下简称为《民法通则司法解释》）第21条规定："夫妻离婚后，与子女共同生活的一方无权取消对方对该子女的监护权。"该条所说"对方对该子女的监护权"中，显然包含"探望权"在内。笔者认为，这一"两种权力相互独立并相互制约"的情形在《德国民法典》第1632

---

〔1〕 本部分第2至第4项内容，参见史尚宽：《亲属法论》，中国政法大学出版社2000年版，第666页。

〔2〕 魏振瀛主编：《民法》，北京大学出版社、高等教育出版社2000年版，第668页。

〔3〕 王利明等：《民法学》（第4版），法律出版社2015年版，第659页。

条的表述方式上也有鲜明的体现。[1]

如父母双方对未成年子女都享有抚养权时，探望权是没有存在的意义和必要的。仅当根据父母双方的约定或法院的裁判，由父母中的一方行使未成年子女之抚养权时，另一方才会因与该子女有交往及交流之迫切需要而产生探望权之主张。例如，德国法理即认为："照顾权利人还有权决定子女和其他人的交往（Umgang des Kindes mit anderen Personen zu bestimmen），即确定子女可以或应当和哪些人进行或保持人身及电话接触。这种决定权对第三人也有法律拘束力（第 1632 条第 2 款）。此种决定权也受到一定限制：法律对子女与父母一方的交往权（第 1684 条第 1 款）……第 1626 条第 3 款规定，通常情况下，与双亲的交往属于子女的最佳利益。"[2]笔者认为，对未成年子女而言，探望权更像一种权利，而对主张探望权之父或母而言，则该权利更像一种法定义务。

所谓"探望权，是指夫妻离婚后，不直接抚养子女的父或母有探望子女的权利。直接抚养子女的一方有义务协助非抚养一方行使探望的权利"。[3]例如，我国《婚姻法》第 38 条第 1 款即规定："离婚后，不直接抚养子女的父或母，有探望子女的权利，另一方有协助的义务。"又如，《德国民法典》第 1684 条〔子女与父母的交往〕也规定："（1）子女享有与父母的任何一方进行交往的权利；父母的任何一方均有与子女进行交往的义务和权利。（2）父母不得实施侵害子女与父母另一方的关系或者妨害教育的任何行为。"[4]一般认为，"没有直接和未成年子女一起居住生活的状态"可能是由夫妻离婚、分居或依法解除同居关系[5]等情形导致。因而，国内有关民法学者就"探望权"所下定义

---

〔1〕 该法第 1632 条〔交出子女；交往的确定；家庭养育情形之命令不领回〕规定："（1）人身亲权包括向不法对父母或者父母一方扣留子女的任何人，请求交出子女的权利。（2）在此之外，人身请求权还包括以效果亦及于第三人的方式确定子女之交往的权利。"《德国民法典——全条文注释》（下册），杜景林、卢谌译，中国政法大学出版社 2015 年版，第 1023 页。

〔2〕 ［德］迪特尔·施瓦布：《德国家庭法》，王葆莳译，法律出版社 2010 年版，第 320 页。

〔3〕 王利明等：《民法学》（第 4 版），法律出版社 2015 年版，第 638 页。

〔4〕《德国民法典——全条文注释》（下册），杜景林、卢谌译，中国政法大学出版社 2015 年版，第 1036 页。

〔5〕 如《最高人民法院关于适用〈中华人民共和国婚姻法〉若干问题的解释（二）》（法释〔2003〕19 号）之第 1 条："当事人起诉请求解除同居关系的，人民法院不予受理。但当事人请求解除的同居关系，属于婚姻法第三条、第三十二条、第四十六条规定的'有配偶者与他人同居'的，人民法院应当受理并依法予以解除。当事人因同居期间财产分割或者子女抚养纠纷提起诉讼的，人民法院应当受理。"

存在着适用范围过窄的问题。[1]

从强制执行法角度来看，有可能涉及"未成年子女交还请求权"及"探望权"执行的民事案件类型共有以下几种："监护"案件（含指定、变更或撤销"监护"的案件）、离婚案件中的抚养权争议、婚姻无效纠纷所涉及的抚养权争议、撤销婚姻纠纷所涉及的抚养权争议、同居关系所涉及的子女抚养权纠纷，以及探望权（探视权）纠纷等。就这些案件或纠纷，本文下一部分将系统分析法院作出的生效裁判是否涉及对"交出未成年子女之行为"进行强制执行的问题。

二、涉及"监护"的司法裁判类型

（一）涉及"监护"的非讼司法裁判

"在现代立法思想，亲子关系不仅为亲子之私法的关系，同时为'国家'所应保护之公法上关系，故父母如对于子女不尽其为亲权人之义务或滥用其权利时，'国家'应依声请或依职权，予以干涉。"[2]据此，有关主体可申请法院指定、变更（含监护人辞职）或撤销"监护"。在我国大陆地区，法律将此类问题识别为"非讼事件"。例如，最高人民法院《关于修改〈民事案件案由规定〉的决定》（法〔2011〕41号）（以下简称为《民事案由规定》）专门规定了3个"监护权特别程序案件"的案由：申请确定监护人、申请变更监护人，以及申请撤销监护人资格。

我国《民事诉讼法》第15章并未规定"监护人"的指定及变更制度。该制度实际为另一种非讼案件——"宣告某人无行为能力或限制行为能力"的配套制度。当法院宣告某人为无民事行为能力人或限制民事行为能力人后，司法机关并不必然会接着启动确定"监护人"的程序。一般的做法是：先由相关人员协商。可参与协商的适格人员范围及顺序，参见《民法总则》第27条第2款、第28条，以及《民法通则司法解释》之第14条的内容。在协商不成的情况下，由有关单位指定。对该指定不服的，则可由被指定担任"监护人"的主

---

〔1〕 例如，在德国，"父母分居还会产生如何安排父母与子女交往的问题（第1684条）；有时需要法院就此问题作出裁判"。[德]迪特尔·施瓦布：《德国家庭法》，王葆莳译，法律出版社2010年版，第183页。

〔2〕 史尚宽：《亲属法论》，中国政法大学出版社2000年版，第686页。

· 407 ·

体向法院提出相关的申请。[1]《民法通则司法解释》第 19 条第 1 款规定："被指定人对指定不服提起诉讼的……此类案件，比照民事诉讼法（试行）规定的特别程序进行审理。"

除上述涉及"监护人"的两种非讼事件外，我国有关法律法规也将"撤销监护人资格的案件"作为非讼事件处理。如《民法通则司法解释》之第 21 条即规定："夫妻离婚后，与子女共同生活的一方无权取消对方对该子女的监护权；但是未与该子女共同生活的一方，对该子女有犯罪行为、虐待行为或者对该子女明显不利的，人民法院认为可以取消的除外。"又如，最高人民法院、最高人民检察院、公安部及民政部《关于依法处理监护人侵害未成年人权益行为若干问题的意见》（2014 年 12 月 18 日发布，2015 年 1 月 1 日正式实施，法发〔2014〕24 号）之第 32 条也规定："人民法院审理撤销监护人资格案件，比照民事诉讼法规定的特别程序进行，在 1 个月内审理结案。有特殊情况需要延长的，由本院院长批准。"

就以上有关法条及司法解释的内容来看，沈德咏主编的《最高人民法院民事诉讼法司法解释 理解与适用（上）》中有关 2015 年《最高人民法院关于适用〈中华民国民事诉讼法〉的解释》（以下简称《民诉法解释》）（法释〔2015〕5 号）第 10 条（不服指定监护或者变更监护关系的案件，可以由被监护人住所地人民法院管辖）之含义的解读是错误的。[2]如上文所述，由于"指定、变更或撤销监护关系的案件"在性质上为"非讼事件"，此案件根本不可能由"被告住所地法院管辖"，而只可能由"被监护人住所地法院""监护人住所地法院"或"侵害行为地法院"管辖。而且，由于此类案件为非讼事件，因此，只能由有关基层法院进行级别管辖。

---

〔1〕《民法总则》第 31 条第 1 款规定："对监护人的确定有争议的，由被监护人住所地的居民委员会、村民委员会或者民政部门制定监护人，有关当事人对指定不服的，可以向人民法院申请指定监护人；有关当事人也可以直接向人民法院申请指定监护人。"笔者认为，由于《民法总则》为国家基本法律，因此，与其规定发生冲突的《民法通则司法解释》第 16 条之（对于未经有关机构指定而直接向人民法院起诉（申请）的，人民法院不予受理）即被上述《民法总则》第 31 条第 1 款所取代。

〔2〕例如，"从民法通则的上述规定看，被监护人并不是当然的不服指定监护或者变更监护关系诉讼的当事人，如，甲作为未成年人乙的近亲属，被乙住所地的 A 居民委员会指定为监护人，甲不服指定监护向法院提起诉讼。在这种情况下，A 居民委员会是被告，而作为被监护人的乙并非原告或被告，只是与案件有着直接的利害关系。"又如，"本条规定'可以'由被监护人住所地法院管辖，并非排斥被告住所地法院管辖，因此，与第九条相似，如果原告坚持向被告住所地法院起诉，根据民事诉讼法第二十一条的相关规定，被告住所地法院当然具有管辖权"。沈德咏主编：《最高人民法院民事诉讼法司法解释理解与适用》（上），人民法院出版社 2015 年版，第 139 页。

与上述三种非讼事件不同，如"监护人"不履行监护职责，或者侵害了被监护人的合法权益，《民法总则》第 27 条第 2 款、第 28 条规定的其他有监护资格的人或者有关组织（该法第 34 条第 3 款及第 36 条第 2 款）向人民法院起诉，要求"监护人"承担民事责任的，按照普通程序审理；要求变更"监护"关系的，按照特别程序审理；既要求承担民事责任，又要求变更"监护"关系的，分别审理（《民法通则司法解释》第 20 条）。

以民事诉讼法理观之，上述各类非讼裁判都是既没有实质既判力，也没有强制执行力的。因此，针对法院指定、变更或撤销"监护"的进一步司法救济方法既非申请再审，也非检察院抗诉，而是特地为非讼事件设计的专用程序。例如，《民诉法解释》（法释〔2015〕5 号）第 374 条即规定："适用特别程序作出的判决、裁定，当事人、利害关系人认为有错误的，可以向作出该判决、裁定的人民法院提出异议。人民法院经审查，异议成立或者部分成立的，作出新的判决、裁定撤销或者改变原判决、裁定；异议不成立的，裁定驳回。"

在此，需要注意的是，有些单纯涉及财产和金钱纠纷的非讼事件裁判，却是具有类似于既判力之"妨诉效力"及"强制执行力"，从而可以申请强制执行的。例如《民诉法解释》第 462 条即规定："发生法律效力的实现担保物权裁定、确认调解协议裁定、支付令，由作出裁定、支付令的人民法院或者与其同级的被执行财产所在地的人民法院执行。认定财产无主的判决，由作出判决的人民法院将无主财产收归国家或者集体所有。"显然，有关"指定、变更或撤销监护的裁定"并非其中的一类。

尽管父母双方可就孩子的抚养权变更或探望权安排等事项达成和解协议或妥协，且双方可就此类问题申请人民调解，但根据最高人民法院《关于人民调解协议司法确认程序的若干规定》（法释〔2011〕5 号）第 4 条第 2 款[1]的规定，以及《民诉法解释》第 357 条[2]的规定来看，父母双方就此类问题达成的和解协议或人民调解协议是不能申请司法确认的。"身份关系涉及社会伦理道德和当事人的基本权益保护，不允许当事人任意处分……而且身份关系往往还涉及亲属等第三方的权益，通过诉讼等法律规定的程序来确认，更为

---

〔1〕 该第 4 条第 2 款规定："有下列情形之一的，人民法院不予受理：……（二）确认身份关系的；（二）确认收养关系的；（四）确认婚姻关系的。"

〔2〕 该第 357 条规定："当事人申请司法确认调解协议，有下列情形之一的，人民法院裁定不予受理：……（三）申请确认婚姻关系、亲子关系、收养关系等身份关系无效、有效或者解除的。"

稳妥，故请求确认涉及身份关系的调解协议的，不应当受理。"[1]既然此类问题不得申请司法确认，则相关和解协议或人民调解协议也就无缘发生强制执行力了。

综上所述，在中国大陆地区，仅有部分单纯涉及金钱财产的非讼判决才会依法产生强制执行力，而对于涉及"监护"之指定、变更或撤销等非讼裁判，根本不存在对相关人员的行为进行强制执行的可能性。

（二）涉及"监护"争议案件的司法裁判

在《民事案由规定》中，只有下列案由可能涉及与"未成年子女交出请求权"相关的强制执行问题，它们是："11. 离婚纠纷；14. 婚姻无效纠纷；15. 撤销婚姻纠纷；17（2）同居关系子女抚养纠纷；18（2）变更抚养关系纠纷；22. 监护权纠纷；21（1）确认收养关系纠纷；21（2）解除收养关系纠纷；23. 探望权纠纷；341.'监护人'责任纠纷。"

在这些案件中，由于抚养费纠纷、有关因"监护人"侵害（含积极的侵害及消极的"怠于行使监护职责"两种情况）被监护人权益所引发的损害赔偿纠纷、"监护人"责任纠纷（即因被监护人造成他人损害时，由"监护人"承担侵权损害赔偿责任所导致的纠纷等），以及因行使探望权受阻而引发的精神损害赔偿的纠纷等都仅涉及对有关财物和金钱的执行，与本文主题关系不大，故在文中不再赘述。

就上列各种纠纷而言，明显涉及对"交出未成年人之行为"进行强制执行的案件主要有以下四种：①有关变更抚养权的案件（含同居关系子女抚养权变更纠纷）；②探望权纠纷；③确认或解除收养关系纠纷；④在"监护权纠纷"中，"监护人"认为其依法行使的"监护"被他人侵害时（如涉案未成年人被他人非法扣留时）所引发的纠纷。

此外，需要注意的是：在涉及婚姻关系的案件（如撤销婚姻、离婚、婚姻无效、确认婚姻成立或不成立等）中，也存在着下列"附带性请求"，即当法院认定"主请求（如离婚请求、撤销婚姻的请求、宣告婚姻无效的请求等）"成立时，该法院会紧接着依请求对"未成年子女抚养权的归属"作出相应的判定。例如，《民诉法解释》第329条即规定："一审判决不准离婚的案件，上诉后，第二审人民法院认为应当判决离婚的，可以根据当事人自愿的原则，与子

---

[1] 杜万华、胡云鹏主编，最高人民法院研究室编：《最高人民法院 民事诉讼法司法解释 逐条适用解析》，法律出版社2015年版，第687页。

女抚养、财产问题一并调解；调解不成的，发回重审。双方当事人同意由第二审人民法院一并审理的，第二审人民法院可以一并裁判。"

法院对此类"附带性请求"的处理可能会涉及"命令义务人将涉案未成年子女交付抚养权权利人"的问题。就此问题而言，我国大陆地区有学者持一种"过分简单化的观点"，即认为"离婚判决书中有关婚生子女之抚养权判给哪一方的判项在性质上为确认判决，无执行力。因此，无法强制执行"。[1]就此问题而言，我国台湾地区学者陈世荣却主张："定监护人之判决为形成判决，不得为执行名义。"[2]此处，所谓"定监护人之判决"即为我国大陆地区的"离婚案件中有关抚养权归属的判项"及"变更抚养权的判项"等。

诚然，根据诉讼法理，具有确认效力及具有形成力之生效判决主文的判项确无强制执行力。然而，在涉及婚姻关系的案件中，当事人除了提出身份关系确认性或撤销性（变更性）的主请求外，还会在这些主请求得到法院肯定的前提下，提出相关的"附带性请求"。例如，未成年子女的抚养权归属问题及夫妻共有财产的分割问题。在这两项"附带性请求"中，夫妻共有财产分割的请求确为给付之诉，应无异议。对比而言，从表面上看，法院对抚养权的判定似乎是一种"确认"，或说是一种"变更"，而实际上其仅为对父母双方行使"监护"的具体方式做出的一种调整。申言之，获得孩子抚养权的一方有权主张"交换未成年子女请求权"，而失去抚养权的一方则以主张"探望权"相对抗。此外，法院将抚养权判给一方并不意味着"彻底剥夺或消灭了另一方对孩子的监护资格"。不享有抚养权的另一方当事人依然是孩子的"监护人"之一，照样要依法承担孩子的"监护责任"。例如，我国《婚姻法》第36条即规定："父母与子女间的关系，不因父母离婚而消除。离婚后，子女无论由父或母直接抚养，仍是父母双方的子女。离婚后，父母对于子女仍有抚养和教育的权利和义务。"退一步讲，就算有关个人或组织依据《民法总则》第36条的规定，申请法院撤销了"监护人"的"监护"资格，依据该法第37条的规定，该被撤销"监护"资格的主体照样还得"继续履行负担的义务"。由此可以看出：由于涉及人身及伦理等"非物质利益"，法院对"监护"及作为其具体表现形态的"抚养权"的"确认"或说"形成"与一般只涉及"物质利益"之民事权利的"确认"或说"形成"确有明显之不同。

---

[1] 邱阳："抚养权纠纷能否申请执行"，载《江苏经济报》2015年3月11日。
[2] 吴光陆：《强制执行法》（修订第3版），三民书局2015年版，第531页。

法院将孩子的抚养权判给一方，仅意味着该方承担"人身亲权"及"财产亲权"中的日常照管责任。而孩子生活、学习中的重大事项抉择等问题，还应由父、母双方共同讨论和决定。当法院就此问题作出的判项生效后，如无抚养权的一方无理拒绝将涉案未成年人交给对方抚养时，根据其享有的"未成年子女交出请求权"，权利人可申请法院对该"不可替代的行为"实施强制执行。例如，最高人民法院于 1993 年颁布的《最高人民法院关于人民法院审理离婚案件处理子女抚养问题的若干具体意见》（以下简称《意见》）（法发〔1993〕30 号）对抚养权的强制执行问题进行了规定。根据该《意见》中的第 21 条，人民法院可以依照《民事诉讼法》第 102 条的规定，在抚养权执行中采取强制措施。又如，"从《最高人民法院关于公布失信被执行人名单信息的若干规定》……第一条所设定的公布条件来看，虽然拒绝执行抚养权法律文书不属于单独列举的情形，但无疑属于第（六）款兜底条款所包含的范围"。[1]

此外，就算在此类判项中，法院仅"确认"一方有抚养权，但未能明确表述义务人有作出该"交付行为"的义务时，法院还是可据此启动强制执行。台湾地区"最高法院"作出的两份裁定（1955 年的台抗字第 573 号及 1978 年的台抗字 367 裁定）即为典型例证。前者认为："确定离婚判决载明子女由某造监护，虽未更为应由他造将该子女交出之宣示，除有该子女原不在他造保护之情形外，亦认为有此含义，当然得据以为执行名义，而声请强制执行。"[2]后者也规定："请求行使负担对未成年子女权利义务事件之确定判决，经判命未成年子女权利义务之行使负担由一造任之，而未为他造应交付子女之宣示者，倘子女犹在他造保护下，该一造将无从行使负担其对子女之权利义务，故解释上即应认该确定判决所命由一造行使负担对于未成年子女权利义务之内涵，当然含有他造应交付其保护下子女以使另一造得行使监护权之意义。苟其不交付子女，该一造得自依上开确定判决声请强制执行交付子女，始符该确定判决之意旨。"[3]

笔者认为，就离婚诉讼等涉婚姻案件中有关子女抚养权的判项到底是"确认判决"还是"形成判决"的问题来说，学界很可能最终不会"博弈"出一个能够"放之四海而皆准"的统一见解。为妥善处理此类"附带请求"，我国

---

〔1〕 刘征峰："我国抚养权执行的困境、成因和出路"，载《江汉学术》2016 年第 4 期。

〔2〕 吴光陆：《强制执行法》（修订第 3 版），三民书局 2015 年版，第 531 页。

〔3〕 沈建兴：《强制执行法逐条释义》（下），元照出版有限责任公司 2014 年版，第 600 页。

台湾地区"民事程序法"为我们提供了"另一种有启发性的解题思路",即将这些"附带请求"识别为身份权纠纷案件中的关联性"亲子非讼事件"。例如,台湾地区"家事事件法"第3条规定:"确认婚姻无效、婚姻关系存在或不存在事件"属于甲类事件;"撤销婚姻事件"及"离婚事件"为乙类事件;"定对于未成年子女权利义务之行使负担事件"及"交付子女事件"为戊类事件。其中,上述甲类、乙类事件为身份权纠纷案件,而戊类事件则为"亲子非讼事件"。该法第41条规定:"数家事诉讼事件或家事诉讼事件及家事非讼事件请求之基础事实相牵连者,得向就其中一家事诉讼事件有管辖权之少年及家事法院合并请求,不受'民事诉讼法'第53条及第248条规定之限制。前项情形得于第一审或第二审言辞辩论终结前为请求之变更、追加或为反请求。"作为上述第41条的配套规定之一,在该法第三章"亲子非讼事件"中,第105条规定:"婚姻或亲子诉讼事件与其基础事实相牵连之亲子非讼事件已分别系属于法院者,除另有规定外,法院应将亲子非讼事件移送于婚姻或亲子诉讼事件系属中之第一审或第二审法院合并裁判。"该法第107条则进一步规定:"法院酌定、改定或变更父母对于未成年子女权利义务之行使或负担时,得命交付子女,容忍自行带回子女、未行使或负担权利义务之一方与未成年子女会面交往之方式及期间。"[1]

上述法条内容表明:第一,将"交付未成年子女"定性为"亲子非讼事件",有效避免了一个对执行实际操作助益不大的学理性论辩问题,即"交付未成年子女"的判项是"确认判项"呢,还是"形成判项"?第二,在台湾地区的婚姻类纠纷审理中存在着诉讼制度与非讼制度的交错适用。第三,除了法律应有规定外,为保护未成年子女的最佳利益,法院应将婚姻诉讼事件与密切相关的亲子非讼事件合并审理。第四,在婚姻类诉讼程序中,法院就非讼性质之"附带请求"所作的生效裁判之判项也会涉及"交付未成年子女"及"探望权行使"的内容,而且也可作为执行名义。具体来说,实现"未成年子女交出请求权"的法律依据是台湾地区"强制执行法"第128条第3款,而实现"探望权"的法律依据则是台湾地区"家事事件法"的第194条及第195条。

---

〔1〕 有关我国台湾地区"家事事件法"第3条、第41条、第105条及第107条的内容,参见林纪东等编:《新编六法参照法令判解全书》,五南图书出版公司2015年版,第4~121页,第4~124页,第4~130页。

就此问题而言，《日本人事诉讼法》第 15 条也做了类似的规定。[1] 日本法与我国台湾地区"法律"在此的主要区别表现为：就此"附带性请求"而言，日本法只有"依申请"这一种提出方式。此外，日本法明确规定，有关此项"非讼问题"的判定"应写在判决的主文里"。

笔者认为，与上述"确认判项"与"形成判项"的论辩相比，台湾地区"民事程序法"的规定更有利于涉婚姻诉讼案件中抚养权人对未成年子女日常照管权利的实现，有一定的研究及借鉴价值。但其缺陷也较明显：诉讼与非讼制度的交错适用会带来程序构造设计的复杂化及相关学理冲突的化解问题。如我国大陆地区不考虑借鉴该做法，则可继续沿用既有的涉婚姻案件审判模式，但在裁判此类"预备性请求"时，应注意以下问题：其一，"抚养关系之变更与监护关系之变更在性质上具有相似性，自应适用特别程序审理，而不能适用普通程序审理。"[2] "人民法院审理无效婚姻案件，涉及财产分割和子女抚养的，应当对婚姻效力的认定和其他纠纷的处理分别制作裁判文书。"[3] 其二，在做出判定前，法官应给双方当事人提供就此问题展开辩论质证的机会。至于说该"预备性请求"是当事人申请还是法院依职权提示的，则在所不问。其原因在于：对该"预备性请求"的判定涉及"未成年子女最佳利益"的判断，属公共利益的一种具体表现。其三，由于此"预备性请求"涉及未成年人最佳利益的保护问题，法院应对其采取"职权探知"方法。具体来说，在审理此类"预备性请求"时，如有必要，法院应适用 2015 年《民诉法解释》第 92 条第 2 款（对于涉及身份关系的事实，不适用自认）、第 96 条第 2 项（法院依职权收集调查涉及身份关系的证据）、第 117 条第 2 款（法院依职权通知证人出庭作证）、第 121 条第 3 款（法院依职权委托鉴定的情形），以及第 252 条第 4 项

---

[1] 《日本人事诉讼法》第 15 条规定："第一款 对于夫妻一方所提出的撤销婚姻或离婚的诉讼，根据申请，法院应决定监护子女的人及其他监护子女所必要的事项，或使当事人一方同对方分割财产。第二款 在前款规定的场合，法院可作出当事人交出子女、支付金钱、交付物及其他的给付命令。第三款 依前两款规定所作出的裁判，法院应写在判决的主文里。第四款 前款的规定，不妨碍家庭法院变更子女的监护人及其他适当的监护处分。第五款 前三款的规定，准用于法院在撤销婚姻或离婚的诉讼中决定父母的一方为亲权人的场合。"《日本新民事诉讼法》，白绿炫编译，中国法制出版社 2000 年版，第 146~147 页。

[2] 阳贤文："抚养权权利义务之逻辑解构——我国《婚姻法》中亲权制之反思与建构"，载《法律适用》2005 年第 10 期。

[3] 奚晓明主编，最高人民法院民事案件案由规定课题组编著：《最高人民法院民事案件案由规定理解与适用》（2011 年修订版），人民法院出版社 2011 年版，第 66 页。

（强制反诉）等规范。

此外，我国学者所持"婚生子女之抚养权判给何方的判项为确认判决，无执行力"的观点也可能与我国司法实践中的一种通行的裁判方法有一定关系，即一般孩子在哪一方的手里，离婚案件的法官就会判决该方对未成年人具有抚养权。这样做，不但下判容易，而且也避免了将来执行时面临的巨大困难，是一种非常取巧的裁判方法。但这一裁判方法也可能会"放纵"我国目前离婚案件中常见的一种违法现象，即在起诉离婚前或离婚诉讼过程中，双方当事人用各种手段"抢孩子"。谁能想方设法把孩子掌控起来，谁就很可能在相关的离婚诉讼中获得孩子的抚养权。

离婚诉讼虽主要涉及夫妻双方身份关系的解除问题，但孩子的抚养权归属问题也不能掉以轻心。假如法官从"保护未成年人利益最大化"的角度出发，结合双方在"抢孩子"过程中的过错情况，坚持将孩子的抚养权判给未实际掌控孩子的一方，则必然会带来一个执行方面的难题，即如何迫使执行义务人履行"交出未成年人"的义务。如果审案法官不这样判，而是将孩子抚养权判给"抢得孩子"的一方，强制执行的难题虽得以避免，但另一个必须面对的问题就会浮现：这么判是否有违民事诉讼制度的基本价值追求之一——"在个案中实现实体正义"？

笔者认为，在这一问题上，我国台湾地区"民法"的有关规定值得我国大陆地区学习和借鉴。例如，该法第 1055 条之一（最佳利益之提示性规定）明确："法院为前条裁判时，应依子女之最佳利益，审酌一切情状，尤应注意下列事项：……六 父母之一方是否有妨碍他方对未成年子女权利义务行使负担之行为。"台湾地区判解对本款作出的解释为："有鉴于父母亲在亲权酌定事件中，往往扮演互相争夺之角色，因此有时会以不当之争取行为（例如：诉讼前或诉讼中隐匿子女、将子女拐带出国、不告知未成年子女所在等行为），获得与子女共同相处之机会，以符合所谓继续性原则，故增列第一项第六款，供法院审酌评估父母何方较为善意，以作为亲权所属之判断依据。"[1]笔者认为，上述对第 1055 条的"判解解释"中，所谓"亲权所属"的术语，用我国大陆地区的法律语言来说，即为法院判决未成年子女的抚养权应归属于父、母中的哪一方之意。尽管其在司法实践中的实施效果无从知晓，但从台湾地区"民法"的上条规定内容来看，其法官是有可能将未成年子女的抚养权判给"抢孩

---

［1］ 林纪东等编：《新编六法参照法令判解全书》，五南图书出版公司 2015 年版，第 2~247 页。

子大战"中的失败一方的。笔者认为，这一规定充分考虑了"未成年子女利益最大化"的因素，值得我国大陆地区学习和借鉴。

结　论

在学理上，"监护"与"亲权"既有联系，也有所区别。然而在实际立法方面，出于方便实用的目的，我国相关实体法（如《民法总则》等）只规定了"监护"制度，而未规定"亲权"制度。全国人民代表大会常务委员会副委员长李建国在其"关于《中华人民共和国民法总则（草案）》的说明"中，即明确表达了这一观点。[1]

在实体法所规定的"监护"制度的各项具体权利中，只有"未成年子女交出请求权"及作为其法定限制的"探望子女的请求权"才会涉及依据生效裁判，对义务人交付未成年子女之行为进行强制执行的问题。在《民事诉讼法》意义上，涉及"监护"的案件分为两大类：一类是以指定、变更及撤销"监护"等为代表的特别程序非讼案件。法院就此类案件作出的非讼裁判既无既判力，也无执行力。就这些非讼案件而言，其并不存在法院强制义务人做交付未成年子女的强制执行活动。另一类则是以离婚纠纷、婚姻无效纠纷、撤销婚姻纠纷、同居关系子女抚养纠纷、变更抚养关系纠纷、监护权纠纷、探望权纠纷等为代表的身份权纠纷案件。在法院就此类纠纷所作的生效判决中，如有关于交付未成年子女的判项，则其可作为强制执行的依据。笔者认为，此类判项带有比较浓重的"非讼色彩"。在对其进行处理时，法院应适用"职权探知"原则及制度。然而，应特别注意的是：此类案件的执行标的为交付有关未成年子女的行为，而非该未成年子女的人身。

---

〔1〕 "监护是保护无民事行为能力人或者限制民事行为能力人的合法权益，弥补其民事行为能力不足的法律制度。草案以家庭监护为基础，社会监护为补充，国家监护为兜底，对监护制度作了完善。明确了父母子女间的抚养、赡养等义务，扩大了被监护人的范围，强化了政府的监护职能，并就监护人的确定、监护职责的履行、撤销监护等制度作出明确规定。"全国人民代表大会常务委员会副委员长李建国："关于《中华人民共和国民法总则（草案）》的说明——2017 年 3 月 8 日在第十二届全国人民代表大会第五次会议上"，载 http://www.npc.gov.cn/npc/xinwen/2017-03/09/content_ 2013899.htm，访问日期：2018 年 3 月 1 日。

论"未成年子女交出请求权"案件中的执行标的

杜 闻[*]

"自然人的人身自由、人格尊严受法律保护。"

——我国《民法总则》第 109 条

"保护未成年人的工作，应当遵循下列原则：（一）尊重未成年人的人格尊严。"

——我国《未成年人保护法》第 5 条

一、"未成年子女交出请求权"为"监护（亲权）"的组成部分

在学理上，"监护"与"亲权"既有联系，也有所区别。然而在实际立法方面，出于方便实用的目的，我国相关民事实体法只规定了"监护"制度，而未规定"亲权"制度。例如，"我国《民法通则》无亲权概念，以监护权包含亲权。我国民法中的父母对未成年子女的监护权就是亲权。"[1]这一理念在2017 年颁布的《民法总则》中也得以继承（参见该法的第 26 条、第 27 条及第28 条的内容）。

所谓"未成年子女交出请求权"为"监护（亲权）"中"身上监护"的组成部分。在正常的监护中，"未成年子女交还请求权"为一项"备而不用"的民事权利，只有当对方当事人侵害"监护人"之"身上监护"的圆满实施时，该请求权才从"备用"状态转化为实际可用的状态。

大陆法系国家及地区民法所规定的"未成年子女交还请求权"在本质上为一种民事请求权，其行使并非只能通过诉讼方式。"监护人"完全可在日常生

---

* 杜闻，中国政法大学副教授，法学博士。

〔1〕 江平主编：《民法学》，中国政法大学出版社 2003 年版，第 304 页。

活中对义务人主张该权利，以维护自己对未成年人的有效人身监护。但如对方无理拒绝交出未成年子女，则亲权人（监护人）可行使诉权，请求法院判令义务人履行交出行为。该诉为典型的给付之诉。然而，法院相应生效判决的主文判项所确定的给付内容到底是什么呢？是"涉案未成年子女的人身"？还是"交出该未成年人的行为"？为解决这一疑问，有必要对此类案件中的执行标的作出学理上的澄清。

二、执行标的的判断取决于"民事法律关系客体"的范围

一般而言，"执行标的就是执行机关强制执行行为的对象。"[1]这个"执行行为的对象"并非由执行法院所任意决定，而是原则上由生效之司法裁判文书（含判决及裁定）中具有执行力的主文判项、生效之民事调解书中确定的给付义务、生效的仲裁裁决书、符合法定条件的经公证的债权文书等来加以确定的。此外，执行法院作出的一些生效执行裁定的内容也可用以确定案件的执行标的，如变更或追加申请执行主体的裁定、变更或追加被执行主体的裁定、人民法院在执行程序中作出的拍卖成交裁定书、以物抵债裁定书等。笔者认为，不论司法实践中执行名义的表现形式有多么的"花样繁多"，由于强制执行程序之宗旨在于实现有关权利人的民事权益，因此，"万变不离其宗"，执行标的范围应小于等于"民事权利客体"的范围。

一般来说，民事诉讼法（含强制执行法）的重要任务之一是协助实现民事实体法的相关规定。因而，研究执行标的的对象和范围时，必然要涉及民事实体法的相关内容。"财物或者行为作为民事执行标的是由民事权利义务关系标的所决定的，并且也反映了民事执行的特色。"[2]因此，研究执行标的的范围须结合"民事权利客体的范围"。

"民事权利客体又称民事法律关系的客体，通指民事法律关系主体享有的民事权利和承担的民事义务所共同指向的对象。民事法律关系建立的目的，总是为了保护某种利益、获取某种利益，或分配转移某种利益，因此，民事权利客体所承载的利益，是民事权利和民事义务联系的中介。"[3]民事权利的客体

---

〔1〕 谭秋桂：《民事执行原理研究》，中国法制出版社 2001 年版，第 198 页。

〔2〕 祝发东："关于人身能否成为民事执行标的的思考"，载《广西政法管理干部学院学报》2003年第 S1 期。

〔3〕 魏振瀛主编：《民法》，北京大学出版社、高等教育出版社 2000 年版，第 117 页。

实际上是各种合法的物质利益和非物质利益，其范围包括：①物；②行为；③智力成果；④有价证券；⑤权利；⑥非物质利益。[1]

其中，需要特别指出的是：作为"民事法律关系的客体"的"权利"是不包含"人身权"的。其理由有三：其一，"人身权的客体为非物质利益，亦称精神利益。人格权的客体是人格利益，自由权的客体是自由价值，身份权的客体是身份利益"。[2]人身权"仅以民事主体自身的人格利益和身份利益为客体。人身权这一特征主要表明，人身权是不能用金钱来计算和衡量的"。[3]因此，这些涉及人身权的利益都是"不能用金钱来衡量的非物质利益"。第二，作为一种具体的"人身权"，亲权的客体是亲权人的身份，而非任何人的人身。"在传统的家长权法律关系中，子女既是一方主体，和家长形成法律关系；又是家长权的客体，家长可根据自己的意志，为实现自己的人格和利益，在一定程度上支配其人身。这是自然人人格不平等的产物，是人身依附关系的表现。现代法理学认为，主体是意志的载体，主体不能成为客体。……在亲权法律关系中，权利客体是父母的身份，义务客体形式上是未成年子女的身份。父母作为权利人，通过支配自己的身份，行使自己的权利。未成年子女作为形式上的义务人，通过支配自己的身份，履行自己的义务。权利主体和义务主体的共同客体，或者说亲权法律关系的客体，是父母和未成年子女的身份关系。"[4]这种"父母和未成年子女间的身份关系"也是一种"不能用金钱来衡量的非物质利益"。第三，如成年人一样，未成年人也是享有人格权和身份权的。这意味着未成年人的人身不可能成为他人"民事权利的客体"。例如，我国台湾地区的"民法"即明确规定："同居之人为生父生母，子女之亲权人亦得为交出之请求。如子女随妻至岳家，夫得对于岳父母请求交还。关于所支出教养费用，被请求人所可请求偿还，然不得留置子女，盖子女非留置权之标的也。"[5]申言之，所有生存之自然人的人身及人身自由，不论是成年人的，还是未成年人的，都不能成为任何民事权利的客体。在此问题上是没有例外的。

由上述分析可以看出，上述第5种"民事法律关系的客体"——"权利"应指那些仅涉及金钱、物质利益或者可以以金钱加以计算和衡量的民事权利

---

〔1〕 魏振瀛主编：《民法》，北京大学出版社、高等教育出版社2000年版，第117~118页。

〔2〕 魏振瀛主编：《民法》，北京大学出版社、高等教育出版社2000年版，第118页。

〔3〕 魏振瀛主编：《民法》，北京大学出版社、高等教育出版社2000年版，第632页。

〔4〕 江平主编：《民法学》，中国政法大学出版社2003年版，第306页。

〔5〕 史尚宽：《亲属法论》，中国政法大学出版社2000年版，第666~667页。

（如依《担保法》的规定，土地使用权可成为抵押权的客体，知识产权可成为质权的客体等），而不能包含体现着，"不能用金钱来衡量的非物质利益"的人格权和身份权在内。否则，就容易导致一种典型的错误认识，即"强制执行之客体可分为财产执行（按：指物、权利）及人身执行（按：指以人为客体）……交付子女或被诱人者，如以直接强制方法取交权利人，实系以该子女、被诱人为执行客体"。[1]

在现代社会，"人格（Personlichkeit）较之财产，尤为重要。其应保护，盖无疑义"。[2]在民法意义上，"人格权是指民事主体固有的，由法律确认的，以人格利益为客体，为维护民事主体具有法律上的独立人格所必备的基本权利"。[3]民事主体的人格权，尤其是自然人的人格权，不是法律赋予的，而是与生俱来的固有权利。换言之，人格权在性质上为绝对权，且为专属权。

我国法律一贯注重保护未成年人的人格权。例如，《未成年人保护法》第5条第1项规定："保护未成年人的工作，应当遵循下列原则：（一）尊重未成年人的人格尊严。"又如，该法第52条第2款规定："人民法院审理离婚案件，涉及未成年子女抚养问题的，应当听取有表达意愿能力的未成年子女的意见，根据保障子女权益的原则和双方具体情况依法处理。"再如，最高人民法院、最高人民检察院、公安部及民政部《关于依法处理监护人侵害未成年人权益行为若干问题的意见》（2014年12月18日发布，2015年1月1日正式实施，法发〔2014〕24号）第2条也规定："处理监护侵害行为，应当遵循未成年人最大利益原则，充分考虑未成年人身心特点和人格尊严，给予未成年人特殊、优先保护。"

"在人格权中，根据权利客体不同可分为物质性人格权和精神性人格权。物质性人格权包括身体权、健康权、生命权；精神性人格权包括姓名权（名称权）、肖像权、自由权、名誉权、隐私权、贞操权、信用权、婚姻自主权以及其他人格权。"[4]在这些具体的人格权中，与本文主题密切相关的是"自由权"，具体来说，是自然人的身体自由权和精神自由权。"身体自由权也称为运动的自由权，是指自然人按照自己的意志和利益，在法律规定的范围内作为和

---

〔1〕 吴光陆：《强制执行法》（修订第3版），三民书局2015年版，第129~130页。
〔2〕 史尚宽：《民法总论》，中国政法大学出版社2000年版，第123页。
〔3〕 魏振瀛主编：《民法》，北京大学出版社、高等教育出版社2000年版，第636页。
〔4〕 魏振瀛主编：《民法》，北京大学出版社、高等教育出版社2000年版，第632页。

不作为的权利。身体自由权所包含的，是自然人自由支配自己外在身体运动的权利。"[1]而"精神自由权也称为决定意思的自由。自然人按照自己的意志和利益从事正当的思维活动，观察社会现象，是进行正确的民事活动的前提"。[2]成年人依法享有"身体自由权"和"精神自由权"。未成年人也享有相应的"身体自由权"和"精神自由权"。

尽管对"无民事行为能力人"及"限制民事行为能力人"来说，其"身体自由权"及"精神自由权"是受到"监护人"有效限制的。例如，"亲权人对子女的人身和财产具有支配权利，可以对子女财产进行处分，必要情况下也可以对子女进行惩戒"。[3]然而，就本文主题而言，第一，如上文所述，亲权法律关系的客体，是父母和未成年子女的身份关系，而非后者的人身。"权利人只能支配身份利益，而不能支配对方亲属的人身。"[4]尽管从现象看，在现代亲权法律关系中，父母好像是在"支配"未成年子女，"但这种支配以维护未成年子女的利益为宗旨，父母通过这种支配，履行自己对未成年子女的义务，实现未成年子女的人格和权利。这种以实现支配对象的人格和利益为宗旨和内容的支配不是主体对客体的支配。"[5]第二，"身份权不及人格权"。[6]"在人身权体系中，身份权与人格权的地位并不相同。人格权是人身权中的主导性权利，而身份权事实上是以人格权为存在前提，在人身权体系中处于次要地位。"[7]因而，相对于"监护人"的身份权而言，未成年子女的"自由权"是处于优先保护地位的。第三，在司法实践中，法院生效裁判所确定的交出行为义务主体已经丧失了有效支配涉案未成年人"身体自由"及"精神自由"的身份权。在此情况下，不但该交出行为义务主体不得干预未成年子女的"身体自由"及"精神自由"，而且执行法院在对该交付行为直接执行时，也应采取慎重态度，充分顾及未成年子女的该两项人格权。对于法律上的限制行为能力人，尤其如此。例如，《最高人民法院关于适用〈中华人民共和国婚姻法〉若干问题的解释（一）》（以下简称《婚姻法解释（一）》，法释〔2001〕30

〔1〕 王利明等：《民法学》（第4版），法律出版社2015年版，第191页。
〔2〕 王利明等：《民法学》（第4版），法律出版社2015年版，第191页。
〔3〕 魏振瀛主编：《民法》，北京大学出版社、高等教育出版社2000年版，第667页。
〔4〕 王利明等：《民法学》（第4版），法律出版社2015年版，第622页。
〔5〕 江平主编：《民法学》，中国政法大学出版社2003年版，第306页。
〔6〕 魏振瀛主编：《民法》，北京大学出版社、高等教育出版社2000年版，第632页。
〔7〕 王利明 等：《民法学》（第4版），法律出版社2015年版，第172页。

号）第 26 条即明确规定："未成年子女、直接抚养子女的父或母及其他对未成年子女负担抚养、教育的义务的法定监护人，有权向人民法院提出中止探望权的请求。"该法条明显体现出法律对"未成年子女"之"精神自由"的尊重。又如，我国《民法总则》第 35 条第 2 款及第 3 款也规定："未成年人的监护人履行监护职责，在作出与被监护人利益有关的决定时，应当根据被监护人的年龄和智力状况，尊重被监护人的真实意愿。成年人的监护人履行监护职责，应当最大程度地尊重被监护人的真实意愿，保障并协助被监护人实施与其智力、精神健康状况相适应的民事法律行为。对被监护人有能力独立处理的事务，监护人不得干涉。"再如，台湾地区之强制执行法理即认为，对交付未成年子女之行为进行直接执行时，"难免损及该子女……之自由权利，须其所在明确，使用强制力，亦不得违背公序良俗者，始得为之。否则，仅可采用间接强制方法，解除债务人之控制力，以恢复该子女……身体之自由，听任其自行去留"。[1]

如上文所述，未成年人依法享有人格权。在此情况下，其人身、身体自由及精神自由不得成为强制执行的标的应属毫无疑义。李浩教授在其《强制执行法》一书中，将执行标的界定为："用以实现债权人债权的债务人所有或有权处分的物、权利或债务人的行为。"[2]就此问题，台湾学者杨与龄也持类似的观点，即"强制执行之标的，指得以实现债权人请求之债务人所有之物或权利而言。强制执行，系强制债务人履行其义务，可供强制执行而实现债权人请求之资料，则为债务人所有之物或权利"。[3]

对于李浩教授及杨与龄先生有关"权利"可作为强制执行标的观点，笔者却难以苟同。笔者所持理由除上述"未成年人也享有人格权"一点外，还包括以下两个方面：

首先，在大陆法系国家及地区的民事实体法中，"亲权"及作为其"备份替代物"的"监护"都由"身上监护"与"财产管理"这两大部分组成。例如，在《日本民法》中，亲权即划分为"身上监护"与"财产管理"两部分。身上监护包括：①监护、教育的权利义务（内含子女交付请求权）（第 820条）；②居所指定权（第 821 条）；③惩戒权（第 822 条）；④营业许可权（第

---

〔1〕 杨与龄编：《强制执行法论》，三民书局 1956 年版，第 518 页。
〔2〕 李浩主编：《强制执行法》，厦门大学出版社 2005 年版，第 220 页。
〔3〕 杨与龄编：《强制执行法论》，三民书局 1956 年版，第 30 页。

823 条）。财产管理包括：财产管理权及代表权（第 824 条）。[1]

其中，组成"身上监护"的多数具体民事权利（如"居所指定""营业许可权""子女交付请求权"等）与未成年人的人身密切相关，但其并非直接指向未成年人的人身，而是指向父母和未成年子女之间的身份关系。然而，需要特别指出的是：在"监护"的诸项具体权利集合中，"惟亲权人对于其子之护养教育权，以及应此之惩戒权（民 1084 条、1085 条），确以相对人之身体为权利之标的"。[2]但就算亲权人滥用该两项权利，其所导致的后果很可能"构成对子女的侵权行为，应当承担赔偿责任，严重的可以构成虐待、遗弃等罪行"。[3]笔者认为，这些情形都不会涉及依据"权利"，对涉案未成年子女之人身进行强制执行的问题。与此同时，由于"监护"的本质是对未成年人进行持续不断和长年累月的培养和教育，因此，作为"身上监护"之组成部分的绝大多数具体"权利"不具有可强制执行性。换言之，作为其组成部分且具有类似特征的两项具体"权利"——"教育看护权"及"惩戒权"——在本质上也都是无法强制执行的。对比而言，作为"财产管理"权组成部分的各项具体"权利"（如对于子女财产之管理权、财产法上之代理权，以及财产法上对于子女行为之同意权等）确实可以作为执行标的，但由于其主要涉及对相关财物的强制执行问题，与本文主题无关，因而不再赘述。

其次，如上文所述，"身上监护"诸权中，比较特殊的是"未成年子女交出请求权"。在"身上监护"的权利体系中，该权利并非"监护人"日常频繁使用的权利，而是一种附带而生的救济性权利。当未成年子女处于"监护人"的正常教养和管控之下时，"未成年子女交还请求权"是一种"备用的权利"，具有"备而不用"的特点。只有当他人非法干预或侵害监护人（亲权人）对未成年子女的"身上监护"时，该权利才会"实质化"。如相关纠纷不能私下解决，则"监护人"有权提起诉讼。而法院作出的相应生效判决之判项则也是具有强制执行力的。但须注意的是，依据该"权利"所进行的强制执行的客体并非未成年子女的人身，而是侵害"身上监护"之人交出该未成年人的"不可替代行为"。申言之，在法院作出之相关生效裁判的主文判项中，只会涉及对物、智力成果、有价证券、物质性民事权利的确认和交接的判定，以及义务人

---

〔1〕《日本民法典》，王爱群译，法律出版社 2014 年版，第 130 页。

〔2〕 史尚宽：《民法总论》，中国政法大学出版社 2000 年版，第 24 页。

〔3〕 魏振瀛主编：《民法》，北京大学出版社、高等教育出版社 2000 年版，第 668 页。

应做出特定的行为或不得做出特定行为的判定，根本不可能出现"对人身的占有、控制、交付或所有"等判定。

由上述论证可以看出：并非所有的民事权利都可作为强制执行中的执行标的。人身权的客体是各种"不能用金钱来衡量的非物质利益"，而不可能是人身或人身自由。构成"监护"之"身上监护"中的大部分具体"权利"都不具有对人身或人身自由进行强制执行的可能性和可行性。因而，一方面应对上述李浩说及杨与龄说中所表述的，作为执行标的之一的"权利"做限定性处理，即将其限定表述为"物质性民事权利"，而非"非物质利益的民事权利（如人格权及身份权）"。另一方面，笔者认为，对交出未成年人行为的强制执行仅为一种对"不可替代行为"的执行，而非对该未成年人人身的执行。这一点在我国有关的司法解释及规范性文件中有着明确的体现。例如，《婚姻法解释（一）》（法释〔2001〕30号）第32条规定："《婚姻法》第48条关于对拒不执行有关探望子女等判决和裁定的，由人民法院依法强制执行的规定，是指对拒不履行协助另一方行使探望权的有关个人和单位采取拘留、罚款等强制措施，不能对子女的人身、探望行为进行强制执行。"又如，《最高人民法院执行工作办公室关于人身可否强制执行问题的复函》（〔1999〕执他字第18号）也态度鲜明地强调：不得强制执行未成年子女的人身。

三、"民事（执行）强制措施"适用的对象并非"执行标的"

笔者认为，最广义的"强制执行行为的客体"既包括生效法律文书所确定的"执行标的"，也包括那些为保障执行活动顺利进行，而由执行人员实施的"执行保障性措施"所针对的对象。而"执行保障性措施"的对象则由两部分组成：一是各种具体执行措施的适用对象。如作为查封、扣押、冻结、划拨、拍卖、变卖等适用对象的，属于被执行人的财产及物质利益等。二是针对各种妨害执行顺利进行的违法行为人所适用的"民事（执行）强制措施"。如作为罚款、拘留等"民事（执行）强制措施"适用对象的被执行人或案外人妨害执行活动正常进行的违法行为（作为或不作为）或其财产等。

这五个范畴之间的关系，如下图所示：

```
          最广义的"强制执行行为的客体"
                 /              \
                /                \
          "执行标的"          "执行保障性措施"
                              /           \
                             /             \
                  "各种具体的执行措施"    "民事（执行）强制措施"
```

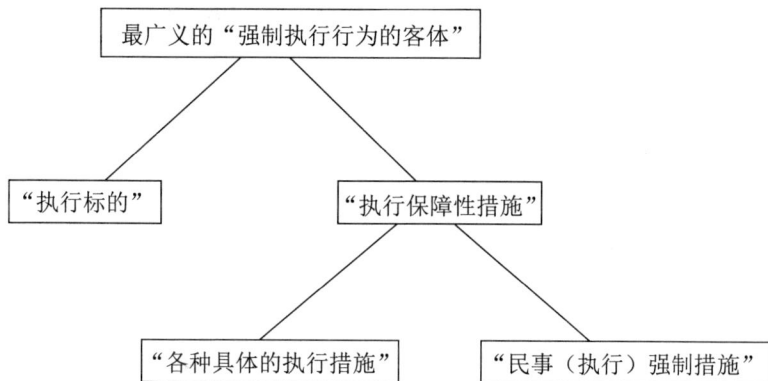

在强制执行法上，各种具体执行措施是用以实现生效法院裁判文书等执行依据所确定之给付的手段和工具。如前文所述，"执行标的"的范围受制于"民事法律关系客体"的范围，而后者的范围并不包括人身。因而，各种具体执行措施的适用对象也不会包含人身，而局限于物、行为、智力成果、有价证券、物质性民事权益等事项的范围内。

除适用于收缴违法行为人的财产（如民事罚款）外，"民事（执行）强制措施"也可适用于该人的人身及人身自由。在这方面，最典型的例子是司法拘留。所谓"司法拘留，是指人民法院依法在一定期限内限制妨害民事诉讼行为人的人身自由，以防止其继续实施妨害民事诉讼行为的强制措施"。[1]然而，各种"民事（执行）强制措施"的适用对象（含违法行为人的人身）却并非本案的"执行标的"。其理由主要表现在"执行标的"及"民事（执行）强制措施"的差异上：

第一，该两项制度的设置目的不同。"民事执行的目的在于使法定权利转变为实有权利，以实体权利的安定性确保法的安定性。"[2]申言之，民事执行的目的在于使各种执行依据所判定的实体权利落到实处。只有达成此效果后，才能保障经济、社会及家庭关系的安定和稳定。对比而言，适用"民事（执行）强制措施"的制度目的"在于保证人民法院审判执行活动得以正常运行，保证人民法院对已经发生法律效力的判决、裁定得以顺利执行的保障措施"。[3]

第二，两者适用后，所获收益的归属不同。法院对"执行标的"实施强制

---

〔1〕 宋朝武主编：《民事诉讼法学》（第4版），中国政法大学出版社2015年版，第263页。

〔2〕 谭秋桂：《民事执行原理研究》，中国法制出版社2001年版，第66页。

〔3〕 江必新主编：《新民诉法解释法义精要与实务指引》，法律出版社2015年版，第1184页。

执行所获得的民事利益最终归属于申请执行人（执行债权人）。而"民事（执行）强制措施""是程序法上的一种制裁措施，具有处罚性"。[1]其适用所获得的物质收益（如民事罚款所得金钱）却并不归于申请执行人，而是收归国库。申言之，法院对有关违法行为人所适用的拘留措施并不直接有利于增加申请执行人的实体权益。正是基于这一点，常怡教授才在其《民事诉讼法教程》中，将"民事（执行）强制措施"定性为"法院对妨害民事诉讼的人所采取的一种强制性的司法行政制裁手段，是人民法院的一种司法行政行为"。[2]

第三，各种执行依据中不会出现适用"民事（执行）强制措施"的判项或要求。"妨害民事执行的强制措施不是民事执行的必有措施。"[3]只有当相关主体的违法行为干扰或阻碍了执行活动的正常进行时，法院才会对这些主体适用相应的"民事（执行）强制措施"。"从法学的角度来看，执行标的的最重要的特点就是要得到诉中或者诉前裁判文书的确认。而这种妨碍民事执行的行为发生在裁判之后、执行之中，法官不可能预测到执行中被执行人会有隐匿、转移、销毁财产的行为，因而也无法对其行为在判决书中进行规制。"[4]实际上，无论是审判过程中，还是执行过程中，人民法院对有关违法行为人适用"民事（执行）强制措施"的依据都既非生效的民事判决书，也非生效的裁定书，更非生效的民事调解书等"执行依据"，而是决定书。

第四，到目前为止，在中国大陆地区，能够作为执行依据的法院生效决定书只有两种。它们分别是：①"法院作出的民事罚款决定书。"②"法院指令当事人交纳诉讼费用的决定书。"其法条依据为《民事诉讼法司法解释》（法释〔2015〕5号）第207条第2款："当事人拒不交纳诉讼费用的，人民法院可以强制执行。"由此可见，除上述两者之外的其他强制措施的决定书并非执行依据。因而，它们所适用的对象也就不是"执行标的"了。

由上述分析可以看出，尽管"执行标的"与"执行保障性措施的适用对象"（尤其是"民事（执行）强制措施"的适用对象）有着密切的联系，而且两者同为"强制执行行为的客体"的组成部分，但它们毕竟是两回事，不能画等号。如果将"执行保障性措施的适用对象"等同于"执行标的"，则非常容易导致出现下面的两种典型"误解"：第一，"上述规定虽然在表面上是以对妨

---

〔1〕 江必新主编：《新民诉法解释法义精要与实务指引》，法律出版社2015年版，第1184页。

〔2〕 江伟主编：《民事诉讼法学原理》，中国人民大学出版社1999年版，第560页。

〔3〕 谭秋桂：《民事执行原理研究》，中国法制出版社2001年版，第270页。

〔4〕 刘畅："人身能否成为民事执行的标的"，载《中国商界》2010年第1期。

害执行的强制措施的形式出现的，但在实质上与对人执行并无区别，其中的拘留、搜查、拘传乃至于刑事处罚，直接针对的均是债务人的人身和人身自由，而并非财产或行为，目的也都在于通过这些人身强制手段的运用来迫使债务人履行生效法律文书确定的义务"。[1]第二，"应当明确规定，以人的身体作为直接执行的标的之情况，应仅限于交付未成年子女案件的执行。也就是说，对于这类案件，当义务人拒不履行生效裁判确定的交付未成年子女之义务时，人民法院可直接采取强制方法，将该未成年子女抱领走并交付给权利人"。[2]

结　论

由于民事诉讼法（含强制执行法）的重要功能之一是落实实体法的规定，因此，执行标的的判断必然取决于"民事法律关系客体"的范围。申言之，执行标的的范围只能小于等于"民事法律关系客体"的范围，而不能大于其范围。在当代社会，任何人的人身或人身自由都不可能成为民事法律关系的"客体"之一。其原因在于：成年人和未成年人均享有人格权。具体来说，未成年人也享有身体自由及精神自由。出于对未成年人人格权的尊重，就涉及"未成年子女交出请求权"之裁判的执行而言，其执行标的并非涉案未成年人的人身，而是债务人交出该未成年人的"不可替代的行为"。

在学理上，最广义的"强制执行行为的客体"既包括生效法律文书所确定的"执行标的"，也包括那些为保障执行活动顺利进行，而由执行人员实施的"执行保障性措施"所针对的对象。"执行保障性措施"的对象又可进一步分为两类：其一，各种具体执行措施的适用对象；其二，用以排除各种妨害执行活动顺利进行的"民事（执行）强制措施"所针对的对象。

由于人格权的限制和制约，各种"具体执行措施"的适用对象仅限于那些属于被执行人的金钱、财产等物质利益，而不涉及任何人的人身或身体自由。而"民事（执行）强制措施"的适用对象则为发生于案件审理或执行过程中的违法行为人及其财产。尽管"民事（执行）强制措施"适用的对象确实包括违法行为人（含有违法行为的执行债务人）的人身及人身自由，但由于其制度设计的目的在于以法律强制力排除违法行为对审判及执行活动的妨害，因此，除了两项例外情形，适用"民事（执行）强制措施"的决定书是不可能

---

〔1〕 赵钢："对人执行之辨析与执行立法之完善"，载《法学评论》2001年第5期。
〔2〕 赵钢："对人执行之辨析与执行立法之完善"，载《法学评论》2001年第5期。

成为执行依据的。相应地，就多数"民事（执行）强制措施"而言，其针对的对象也就不可能成为"执行标的"了。此外，就上述两项例外（"民事罚款决定书"及"法院指令当事人交纳诉讼费用的决定书"）来说，其强制执行的"标的"也是仅限于被执行人所有的金钱，而非其人身或身体自由。

总之，由于"'法律的力'不适用于各种人格权"[1]，且"子女有独立的人格尊严和人格权益"[2]，因此，在民事强制执行中，任何人的人身及人身自由都不得作为"执行标的"。

---

〔1〕 ［德］卡尔·拉伦茨：《德国民法通论》（上册），谢怀栻等译，法律出版社 2003 年版，第 278 页。

〔2〕 ［德］迪特尔·施瓦布：《德国家庭法》，王葆莳译，法律出版社 2010 年版，第 263 页。

论实现"未成年子女交出请求权"之"执行保障性措施"

杜　闻[*]

> 活着的人的身体仍然不能是一个权利客体，不是法律意义上的"物"。
>
> ——［德］卡尔·拉伦茨［1］

一、"执行保障性措施"的含义解析

在强制执行中，法院执行行为所针对的对象（客体）种类繁多。从最广义的角度看，所谓"强制执行行为的客体"既包括生效法律文书所确定的"执行标的"，也包括那些为保障执行活动顺利进行，而由执行人员实施的"执行保障性措施"所针对的对象。而"执行保障性措施的客体"由两部分组成：一是各种具体执行措施的适用对象。如作为查封、扣押、冻结、划拨、拍卖、变卖等适用对象的，属于被执行人的财产及物质利益等。二是适用于各种妨害执行顺利进行的违法行为人的"民事（执行）强制措施"。如罚款、拘留等。

在"执行保障性措施"中，各类具体执行措施所适用对象的范围直接受限于"执行标的"的范围。而"执行标的"范围则直接受限于"民事法律关系客体"的范围（也即局限于物、行为、智力成果、有价证券、物质性民事权益等范围内）。"现代法理学认为，主体是意志的载体，主体不能成为客体。"［2］

---

* 杜闻，中国政法大学副教授，法学博士。

［1］　［德］卡尔·拉伦茨：《德国民法通论》（上册），谢怀栻等译，法律出版社 2003 年版，第 380 页。

［2］　江平主编：《民法学》，中国政法大学出版社 2003 年版，第 306 页。

所有有生命的自然人皆享有人格权。因而，他们的人身及人身自由，不论是成年人的，还是未成年人的，都既不能成为任何民事权利的客体，也不能成为任何强制执行中的"执行标的"。在此问题上是没有例外的。

作为"执行保障性措施"的另一组成部分，"民事（执行）强制措施"又称为"妨害执行的强制措施"。它是指"在民事执行程序中，执行机关为了排除干扰，保证民事执行程序的顺利进行，对实施了妨害民事执行行为的人采取的强制手段"。[1]笔者认为，"执行标的"的识别标准是看其是否为"执行依据"所记载。在我国，能够作为"执行依据"的是具有给付内容的下列生效法律文书，即民事判决书、特定的民事裁定书（如先予执行的裁定、财产保全的裁定、变更或追加申请执行主体的裁定、变更或追加被执行主体的裁定等）、民事调解书、仲裁裁决书、符合法定条件的经公证的债权文书等。在这些能够作为"执行依据"的生效法律文书中，没有一件含有对做出妨害强制执行之人处以"民事（执行）强制措施"制裁的主文判项。根据我国法律规定，"民事（执行）强制措施"的适用裁判形式并非上述各类法律文书，而是"决定书"。除了两种特殊情况外[2]，人民法院制作的"民事（执行）强制措施决定书"是不能成为强制执行中的"执行依据"的。因而，其适用的对象也就无法顺理成章地成为"执行标的"了。

在民法意义上，"未成年子女交还请求权"属于其"监护（亲权）"制度中之"身上监护"的组成部分。所谓"子女交还请求权，是指当未成年子女被人诱骗、拐卖、劫掠、隐藏时，亲权人享有的请求交还该子女的请求权"。[3]在正常的监护中，"未成年子女交还请求权"为一项"备而不用"的民事权利，只有当对方当事人侵害"监护人"之"身上监护"的圆满实施时，该请求权才从"备用"状态转化为实际可用的状态。"监护人"完全可在日常生活中对义务人主张该权利，以维护自己对未成年人的有效人身监护。但如对方无理拒绝交出未成年子女，则监护人（亲权人）可行使诉权，请求法院判令义务人履行交出行为。该案属于身份权侵权纠纷，其诉求为典型的给付之诉，其对应之给付判决的主文判项所确定的给付内容为"交出特定未成年人的行为"。

在下文中，笔者将就适用于此类案件的"执行保障性措施"问题展开论述。

---

〔1〕 谭秋桂：《民事执行原理研究》，中国法制出版社 2001 年版，第 269 页。

〔2〕 笔者认为，到目前为止，在中国大陆地区，能够作为执行依据的生效法院决定书只有两种，它们分别是：①"法院作出的民事罚款决定书"。②"法院指令当事人交纳诉讼费用的决定书"。

〔3〕 王利明等：《民法学》（第 4 版），法律出版社 2015 年版，第 659 页。

二、在此类案件中，不得对执行债务人的人身实施直接的强制执行

笔者认为，不可对债务人的人身实施直接的强制执行。其理由体现在以下几个方面：其一，此类案件中的执行标的是"被执行人必须做出的特定交付行为"，而非其人身。在性质上，该"交付行为"属于一种"不可替代的行为"。"不可替代的行为因与债务人的特别学识、技能、身份或资格密不可分，使该行为具有不可替代性，必须由债务人亲自为之，否则债权人的权利即不能实现或不能完全实现。这也决定了对不可替代行为的执行不能采用直接执行或替代执行的方法，而应另辟他径。"[1]其二，作为法院执行依据的生效判决之判项所确定的是"交付未成年子女的行为"，而非"被执行人（执行债务人）的人身"。未经法律的正当程序，执行法院无权将生效裁判所确定的"移交未成年子女的行为"变更为"对被执行人人身的执行"，这种转变涉嫌非法变更生效判决主文判项的内容，有违程序保障的基本原理（the Due Process Guarantee）。其三，如未成年子女一样，作为成年人的被执行人（执行义务人）也是享有人格权的。"活着的人的身体仍然不能是一个权利客体，不是法律意义上的'物'。"[2]因此，被执行人（执行债务人）的人身不得作为执行标的。其四，对人身自由进行限制并不等于人身就是强制执行的执行标的。"人身作为执行标的与被执行人因有妨害执行的行为而被拘传、拘留判刑是两个不同性质的问题。"[3]在学理上，所谓人身作为民事执行标的的含义是：通过对被执行人人身的直接强制，如羁押、监禁等来迫使其履行义务或干脆替代其对义务的履行，而不管其是否有妨害执行的行为。笔者认为，这一"对人执行"的观念恰恰违背了现代强制执行程序启动的必要前提，即被执行人（执行债务人）具有履行能力，但无故拒绝履行自己的给付义务。《民事诉讼法》第111条第1款第6项虽提到该必要前提，但其规定比较原则。该前提条件在相关司法解释中却有着更为明确的表达。例如，《最高人民法院2015年民关于适用〈中华人民共和国〉的解释》（以下简称，《民诉法解释》）（法释〔2015〕5号）第188

---

〔1〕 江必新主编：《新民事诉讼法理解适用与实务指南》，法律出版社2015年版，第1027页。

〔2〕 ［德］卡尔·拉伦茨：《德国民法通论》（上册），谢怀栻等译，法律出版社2003年版，第380页。

〔3〕 祝发东："关于人身能否成为民事执行标的的思考"，载《广西政法管理干部学院学报》2003年第S1期。

条规定："《民事诉讼法》第 111 条第 1 款第六项规定的拒不履行人民法院已经发生法律效力的判决、裁定的行为，包括：……（四）有履行能力而拒不按照人民法院执行通知履行生效法律文书确定的义务的。"又如，《最高人民法院关于审理拒不执行判决、裁定刑事案件适用法律若干问题的解释》（法释〔2015〕16 号）之第 1 条也规定："被执行人、协助执行义务人、担保人等负有执行义务的人对人民法院的判决、裁定有能力执行而拒不执行，情节严重的，应当依照刑法第三百一十三条的规定，以拒不执行判决、裁定罪处罚。"由此可见：现代强制执行中，人身并非执行标的之一。"施加外部压力并不是执行的目的，所以不能'以押代执'。总之，对行为执行与对人身执行存在本质区别。"[1]

三、不宜对此类案件中的被执行人适用"管收"制度

我国台湾地区"强制执行法"第 128 条第 1 款规定："依执行名义，债务人应为一定之行为，而其行为非他人所能代为履行者，债务人不为履行时，执行法院得定债务人履行之期间。债务人不履行时，得处新台币三万元以上三十万元以下之怠金。其续经定期履行而仍不履行者，得再处怠金或管收之。"[2]我国台湾地区强制执行学理认为："所谓'管收'，指就债务人或有为债务人清偿债务职务之人之身体自由，予以拘束之强制处分而言。"[3]

在大陆法系的强制执行法中，管收属于一种"间接执行"措施。所谓"间接执行：即执行机关不直接以强制力实现债权人之权利，而予债务人一定之不利益，以迫使债务人自行履行债务之执行"。[4]我国台湾地区"强制执行法"所规定的拘提、管收、处怠金等即为典型的间接执行措施。

对比而言，中国大陆地区的"民事诉讼法没有明确规定间接执行措施"。[5]我国《民事诉讼法》第 111 条第 1 款第 6 项规定，可以对拒不履行已经发生法律效力的判决、裁定者处以罚款与拘留。通过适用该条文，同样可以达到与适用间接执行措施相同或类似的效果。为使这一规定更具可操作性，近

---

〔1〕 谭秋桂：《民事执行原理研究》，中国法制出版社 2001 年版，第 215 页。

〔2〕 林纪东等编：《新编六法参照法令判解全书》，五南图书出版公司 2015 年版，第肆-196 页~第肆-197 页。

〔3〕 杨与龄编：《强制执行法论》（最新修正），中国政法大学出版社 2002 年版，第 232 页。

〔4〕 杨与龄编：《强制执行法论》（最新修正），中国政法大学出版社 2002 年版，第 10 页。

〔5〕 沈德咏主编：《最高人民法院民事诉讼法司法解释理解与适用》（下），人民法院出版社 2015 年版，第 1337 页。

年来，最高人民法院颁布了一系列配套性的司法解释。例如，《民诉法解释》第184、505条，《最高人民法院关于人民法院执行工作若干问题的规定（试行）》（法释〔1998〕15号）第60条第3款等。这些法条也都明确规定：对于只能由被执行人亲自完成的行为，如果被执行人不履行该义务，法院可依照修改后之《民事诉讼法》第111条第1款第6项的规定，对被执行人采取罚款、拘留等强制执行措施。

到目前为止，我国"广义的民事诉讼（含审判程序及执行程序）中的强制措施"共有11种：拘传、训诫、责令退出法庭、民事罚款、司法拘留、适用于民事公益诉讼中的依法收缴原告（有关社会团体）之非法所得、限制出境、（强制执行中的）依法搜查、（强制执行中的）公布失信被执行人名单信息、（强制执行中的）限制高消费令及限制非生活或者经营必需的有关消费的法院命令等。

其中，"单纯用于审判（含审查）程序中的强制措施（民事强制措施）"有：训诫、责令退出法庭、适用于民事公益诉讼中的依法收缴原告（有关社会团体）之非法所得。而"单纯用于强制执行程序中的强制措施（执行强制措施）"有：依法搜查、公布失信被执行人名单信息、限制高消费令及限制非生活或者经营必需的有关消费的法院命令等。民事审判中及执行中都可适用的强制措施有：民事罚款、司法拘留及限制出境等。

从学理上看，我国的"民事（执行）强制措施"与大陆法系国家及地区的"间接执行"虽是两种不同的制度，但其制度功能却是非常接近的。"采取间接执行措施和对妨害民事强制执行行为采取制裁措施的目的是相同的，手段是相似的，都是为了督促债务人履行债务，进而通过国家公权力保证债权人的私权得到保障和实现，以便维护正常的社会生产生活秩序。"〔1〕在此情况下，就本文所涉"未成年子女交出请求权"的强制执行而言，应继续运用及完善现有的执行强制措施及刑法上配套规定的"拒不履行判决、裁定罪"，而不是在现有"民事（执行）强制措施"制度之外，另起炉灶，再搞出一套"间接执行制度"。因而，笔者不建议我国大陆地区学习和借鉴台湾地区的管收制度，其主要理由分述如下：

第一，这样做，涉嫌制度重复及浪费司法资源。如新设"管收"制度，那么，如何界定"管收"与现有司法拘留的关系？如果只保留"管收"，而废止

---

〔1〕 霍崇卓："刍议人身不能作为民事执行标的"，载《法制与社会》2009年第25期。

司法拘留，那么，对于有轻微违法行为的人，适用"管收"是否太重？如何解决这一问题？如既新设"管收"，又保留原有的司法拘留时，当两者发生适用竞合时，如何处理？如被适用主体对"管收"措施表示不服时，其如何寻求进一步的救济？该救济方式能否套用适用于司法拘留的救济方式？能，为什么？不能，为什么？……这些问题往往没有现成及固定的答案，处理协调起来可能比较困难。妥善解决此类问题所要消耗的司法资源可能也较大。

第二，设置管收制度的立法难度较大。我国《立法法》第 8 条规定："下列事项只能制定法律：……（五）对公民政治权利的剥夺、限制人身自由的强制措施和处罚；……（十）诉讼和仲裁制度。……"就《立法法》第 45 条的规定[1]来看，不但最高人民法院及最高人民检察院不能以"司法解释"的方式来确立新的"管收"制度，甚至连全国人大常委会也不能以"立法解释"的方式来确立这一制度。如果要新设"管收"制度，只能通过正规的立法程序进行。这样做，制度立法成本太高，见效也太慢。从提高诉讼程序效益价值的角度看，还不如设法完善现有的执行强制措施来得方便和快捷。

第三，我国台湾地区尽管有"管收"制度，但由于其确实有损于被执行人的人格权，因此，其"办理强制执行事件应行注意事项"第 12 条第 2 项也明确提示："债务人或本法第二十五条第二项各款之人，虽合于管收条件，但依其他执行方法，足以达到强制执行之目的者，不得率予管收。"[2]

第四，人性是靠不住的，执行人员也概莫能外。管收制度难免会在实践中被滥用。这不但无助于"执行难"的解决，反而会加重"执行乱"的问题。此外，对该制度的滥用也会引发一些导致民情不稳的社会事件。对负有交出未成年子女之义务的被执行人而言，如对其适用"管收"，假如管收后，执行债务人死在"管收所"里时，又该如何妥善处理这种情况？现代社会是一个人人都可随时用手机上网报道的"自媒体时代"，在这一网络时代背景下，学习和借鉴管收制度时，应特别地谨慎和小心。

第五，对于负有交出未成年子女之义务的债务人来说，如将其长时间管收，剥夺其人身自由，那么，在这种情况下，实际上由其掌控的未成年人的日常照管责任又由谁来承担？笔者认为，在对直接照管子女的一方采取强制措施

----

〔1〕 我国《立法法》第 45 条规定："法律解释权属于全国人民代表大会常务委员会。法律有以下情况之一的，由全国人民代表大会常务委员会解释：（一）法律的规定需要进一步明确具体含义的；（二）法律制定后出现新的情况，需要明确适用法律依据的。"

〔2〕 林纪东等编：《新编六法参照法令判解全书》，五南图书出版公司 2015 年版，第肆~205 页。

前，应注意对该未成年子女予以妥善安置。或许根据执行依据的内容来看，该被执行人已丧失了对未成年人的抚养权，但其并未丧失对该未成年人的"监护"资格。就算以非讼程序撤销了该被执行人的"监护"资格，其还是应负担养育和照顾未成年人的相关费用的。《婚姻法》第36条第1款即规定："父母与子女间的关系，不因父母离婚而消除。离婚后，子女无论由父或母直接抚养，仍是父母双方的子女。离婚后，父母对于子女仍有抚养和教育的权利和义务。"最高人民法院、最高人民检察院、公安部及民政部《关于依法处理监护人侵害未成年人权益行为若干问题的意见》（法发〔2014〕24号）第42条也规定："被撤销监护人资格的父、母应当继续负担未成年人的抚养费用和因监护侵害行为产生的各项费用。相关单位和人员起诉的，人民法院应予支持。"由此看来，对被执行人适用"管收"很可能违背有关"应当遵循未成年人最大利益原则，充分考虑未成年人身心特点和人格尊严，给予未成年人特殊、优先保护"的要求（《关于依法处理监护人侵害未成年人权益行为若干问题的意见》第2条）

第六，有台湾学者认为，管收的适用效果是有局限性的，远非完美。例如，原本对执行债务人适用管收的目的"系以此使债务人产生畏惧，从心理压迫其为一定行为，管收应无次数限制，直至其履行为止，兹适用总则规定而有次数时间限制，遇有心之人，拖过管收之六个月，即无可奈何……又若债务人抵死不从，亦难无限期管收，此时，仍应谕知债权人另行请求损害赔偿诉讼。"[1]

第七，我国《刑法》规定了两种主刑："管制"和"拘役"。该法第38条第1款规定："管制的期限，为3个月以上2年以下。"该法第42条规定："拘役的期限，为1个月以上6个月以下。"对比而言，针对同一强制执行程序而言，"管收"第一次执行的时间为3个月，两次执行的累加时间为6个月。此外，我国台湾地区"并无同一执行名义之执行不得超过二次之限制，故债权人收受债权凭证后，发见债务人有财产而再行声请强制执行时，债务人前后两案之管收次数并不合并计算"。[2]由此看来，作为间接执行方法的"管收"的累计执行时间竟然有可能超过作为大陆地区法定刑的"管制"及"拘役"的期限?!笔者认为，这种状况明显有违程序保障之基本原理。

---

〔1〕 吴光陆：《强制执行法》（修订第3版），三民书局2015年版，第530页。

〔2〕 杨与龄编：《强制执行法论》（最新修正），中国政法大学出版社2002年版，第234页。

四、债务人拒不履行时，执行法院不宜直接判定相关之怠金及债不履行所致赔偿金数额

我国台湾地区 1996 年之前的"强制执行法"第 128 条第 1 款规定："执行名义系命债务人交出子女或被诱人，债务人不履行时，执行法院得定债务之履行期间及逾期不履行应赔偿损害之数额，向债务人宣示，或处或并处债务人以一千元以下之过怠金。"[1]

笔者认为，我国大陆地区不宜借鉴该两项制度。其理由如下：第一，"怠金属行政罚，不仅不可转交债权人，应缴交国库"。[2]这对执行债权人的权利直接救助意义是很有限的。此外，怠金制度并非"万能"，其适用效果有局限性。例如，"惟若债务人已不可能执行，或无力缴怠金，再采此方法已无执行实益，不得再用此方法"。[3]还有，如引进"怠金"制度，那么，其与现有的"民事罚款"是何种关系？两者有何区别及联系？如引进"怠金"后，要废除"民事罚款"，其理由及合理性又何在？如引进"怠金"后，并不废除"民事罚款"，那么，应如何处理两者之间的适用竞合适用问题呢？笔者认为，在这些问题得到较为妥善的解决前，不应草率引进该制度。第二，在我国台湾地区，"1996 年修正前之旧法规定，执行法院可定逾期不履行之损害赔偿额，如此由债务人支付债权人，以为结案。修正理由以此损害赔偿额难以计算，易滋争议，实务未见适用，予以删除。笔者以为强制执行属非讼事件，而债务不履行之损害赔偿额计算，须诉讼判断，执行法院无权决定，尤其债权人未请求赔偿，仍请求依债务本旨由债务人为一定行为，岂可随意变更，故此删除应属有理。然而该规定在实践中不能解决问题，故宜规定，在科处怠金于一定次数后，命债权人另行请求损害赔偿，不再执行"。[4]笔者认为，在执行交出未成年子女的行为受阻时，这也是我国大陆地区很多学者强调执行债权人可另行起诉，或是主张有关的精神损害赔偿，或是主张"变更抚养权"等制度设计背后的一个主要的原因。

就执行法院是否可判定逾期不履行之损害赔偿额的问题，笔者认为，我国

---

[1] 杨与龄编：《强制执行法论》，三民书局 1956 年版，第 518 页。
[2] 吴光陆：《强制执行法》（修订第 3 版），三民书局 2015 年版，第 529 页。
[3] 吴光陆：《强制执行法》（修订第 3 版），三民书局 2015 年版，第 529 页。
[4] 李浩主编：《强制执行法》，厦门大学出版社 2005 年版，第 605~606 页。

大陆地区应借鉴德国法的规定，但不应借鉴日本法的规定。就不可替代行为的执行问题，《德国民事诉讼法》第 888 条及第 888 条之一做出了规定。该法第 888 条第 1 款规定："（1）一种作为不能由第三人实行，而且是完全取决于债务人的意思时，第一审受诉法院依申请可以宣告，债务人如不实行该项作为时，将处以强制罚款，如仍不实行，将处以强制拘留。"[1]从其内容看，德国执行法院应不能直接就逾期不履行之损害赔偿数额问题作出判定，其只能对相关的债务人给予"间接执行"的制裁。这一解读可得到该法第 888 条之一的佐证。该条规定："在第五百一十条之二的情形，判令被告支付损害赔偿时，不得依第八百八十七条与第八百八十八条的规定实施强制执行。"[2]该法第 510 条之二规定："【对履行行为的判决】判决命履行某种行为时，可以同时依原告的申请，判令被告如不于一定期间内履行时应支付损害赔偿；损害赔偿，由法院依自由裁量确定之。"[3]结合这几条规定，可以看出：在德国，是对案件进行审判的法院（该第 510 条之二规定在《德国民事诉讼法》"第二编 第一审程序 第二章 初级法院的程序"中），而非执行法院对此类损害赔偿数额作出判定。此外，由于审理法院所确定的"损害赔偿数额"为"金钱债权"，则其强制执行自然不能套用该法第 887 条【可以替代的作为】及第 888 条【不可替代的作为】之规定来进行，而应依据该法第 803 条【扣押】的方法来执行。

笔者认为，这样做的好处体现为以下几点：第一，提高诉讼效率，防止受损害的执行债权人另行起诉所可能导致的诉讼资源浪费的问题；第二，由于审理案件的法院直接接触案卷材料及案件当事人，因此，由其做出这种"附生效条件的判决主文判项"是更为方便和适当的；第三，由于该第 510 条之二已写明"同时依原告的申请"之要求，因此，审理法院如此判决并不会违背"不告不理"的原则。笔者认为，德国法的上述规定符合我国大陆地区"审执分立"的背景，值得学习和借鉴；第四，就学习和借鉴德国法的规定而言，我国实际上已有类似制度作为"底子"，而非"白手起家"。例如，《最高人民法院关于在民事判决书中增加向当事人告知民事诉讼法第二百三十二条规定内容的通知》（法〔2007〕19 号）即规定："一、一审判决中具有金钱给付义务的，应当在所有判项之后另起一行写明：如果未按本判决指定的期间履行给付金钱义

---

〔1〕《德国民事诉讼法》，丁启明译，厦门大学出版社 2016 年版，第 217 页。
〔2〕《德国民事诉讼法》，丁启明译，厦门大学出版社 2016 年版，第 217 页。
〔3〕《德国民事诉讼法》，丁启明译，厦门大学出版社 2016 年版，第 112 页。

务，应当依照《中华人民共和国民事诉讼法》第 232 条（新法之第 253 条——笔者注）之规定，加倍支付迟延履行期间的债务利息。二、二审判决作出改判的案件，无论一审判决是否写入了上述告知内容，均应在所有判项之后另起一行写明第一条的告知内容。"当然，在制度设计时，应设法使上述规定的适用对象扩张到"未成年子女交出请求权"的判项上来。此外，审案法院在做此类"附条件之判项"前，不但应为双方当事人提供专门的辩论质证机会，以维持程序保障之基本要求，而且对此事项的判定应适用"职权探知"。

对比而言，《日本民事执行法》第 172 条是适用于"不可替代行为之执行"的法条。[1]该条前两款规定："对于不能以前条第一款的强制执行的方法对作为或不作为强制执行的，执行法院根据拖延的时间或者认为适当的一定期间内不履行时，为确保债务的履行应立即命令债务人向债权人支付认为适当的一定数额的金钱。如情况有变化，执行法院根据申请，可变更依前款规定所作出的决定。"从上述规定可见：不是日本的案件审理法院，而是其执行法院对"逾期不履行之损害赔偿额"作出判定（决定）的。尽管该条第 3 款进一步规定："依前两款规定作出决定时，执行法院应当讯问申请人。"但执行法院毕竟不是案件审理法院，其对案件情况是比较生疏的，难免会作出不适当，甚至是错误的判定。此外，与上述台湾地区"法律"存在的弊端类似，这种由执行法院未经正规审判程序而直接作出的实体权益认定确实有违程序保障的原理，再加上这种做法有违我国大陆地区的"审执分立"体制，因此，不建议我国学习和借鉴日本法的此类规定。

五、应对此类案件中的被执行人适用"列入法院执行失信名单"制度

为了破解"执行难"问题，《中共中央关于全面推进依法治国若干重大问题的决定》（2014 年 10 月 23 日中国共产党第十八届中央委员会第四次全体会

---

〔1〕 结合《日本民法典》第 414 条第 2 款及第 3 款的内容（债务性质不容许强制履行，其债务以作为为标的的，债权人可以向法院请求，以债务人的费用，使第三人为之。但是，就以法律行为为标的的债务，可以通过诉讼代替债务人作出意思表示。以不作为为标的的债务，可以请求用债务人的费用，消除债务人行为的结果或者请求为将来作适当处分。）以及《日本民事执行法》第 171 条第 1 款的规定（对于民法 414 条第 2 款正文第 3 款所规定的有关请求权的强制执行，由执行法院按照民法规定以作出决定的方式进行）来看，《日本民事执行法》第 171 条所适用的对象是"可替代行为的执行""意思表示的拟制"，以及"不作为的执行"。而"对不可替代行为的执行方法"则规定在下一法条，即第 172 条之中。《日本民法典》，王爱群译，法律出版社 2014 年版，第 74 页；《日本新民事诉讼法》，白绿炫译，中国法制出版社 2000 年版，第 259~260 页。

议通过）明确指出："制定强制执行法，规范查封、扣押、冻结、处理涉案财物的司法程序。加快建立失信被执行人信用监督、威慑和惩戒法律制度。依法保障胜诉当事人及时实现权益。"[1]作为这一要求的具体落实，《民事诉讼法》第255条规定："被执行人不履行法律文书确定的义务的，人民法院可以对其采取或者通知有关单位协助采取限制出境，在征信系统记录、通过媒体公布不履行义务信息以及法律规定的其他措施。"《民诉法解释》第518条则配套规定："被执行人不履行法律文书确定的义务的，人民法院除对被执行人予以处罚外，还可以根据情节将其纳入失信被执行人名单，将被执行人不履行或者不完全履行义务的信息向其所在单位、征信机构以及其他相关机构通报。"从上述法条的文意来看，"法律文书确定的义务"包含的范围很广，其既包括给付金钱、财物、动产及不动产的义务，也包括要求债务人作为或不作为的行为义务。而此类行为义务自然也包括"作出不可替代行为"的义务。在沈德咏主编的《最高人民法院民事诉讼法司法解释理解与适用（下）》中，其对第518条作出的"条文理解"中，并未将该条的适用对象"局限于金钱及物质利益的强制执行"中。[2]

为填补法律漏洞，规范该执行强制措施的操作行为，最高人民法院颁布了《最高人民法院关于修改〈最高人民法院关于公布失信被执行人名单信息的若干规定〉的决定》（法释〔2017〕7号）。该司法解释第1条规定："被执行人未履行生效法律文书确定的义务，并具有下列情形之一的，人民法院应当将其纳入失信被执行人名单，依法对其进行信用惩戒：（一）有履行能力而拒不履行生效法律文书确定义务的。"其第2条则规定："被执行人具有本规定第一条第二项至第六项规定情形的，纳入失信被执行人名单的期限为二年。被执行人以暴力、威胁方法妨碍、抗拒执行情节严重或具有多项失信行为的，可以延长一至三年。失信被执行人积极履行生效法律文书确定义务或主动纠正失信行为的，人民法院可以决定提前删除失信信息。"

笔者认为，将"拒不履行交出未成年子女的义务人"列入"失信被执行人名单"的好处表现在以下几个方面：①修法成本小。当须对此类执行债务人适用列入"失信被执行人名单"时，只需将《最高人民法院关于修改〈最高人

---

〔1〕 载 http://www.guancha.cn/politics/2014_10_28_280526.shtml，访问日期：2018年3月1日。

〔2〕 沈德咏主编：《最高人民法院民事诉讼法司法解释理解与适用（下）》，人民法院出版社2015年版，第1366~1369页。

民法院关于公布失信被执行人名单信息的若干规定〉的决定》中的第 2 条第 1 款内容修改为："被执行人具有本规定第一条第一项至第六项规定情形的……" 即可。其他配套规定可维持不变。②适用该执行强制措施不会长期限制或剥夺 "被执行人"的人身自由，从而有效避免因采取"管收"所带来的一系列棘手 的问题。③根据有关司法解释规定，人民法院应当将失信被执行人名单信息， 向政府相关部门、金融监管机构、金融机构、承担行政职能的事业单位及行业 协会等通报，供相关单位依照法律、法规和有关规定，在政府采购、招标投 标、行政审批、政府扶持、融资信贷、市场准入、资质认定等方面，对失信被 执行人予以信用惩戒。在重重信用制裁的综合作用下，此类"失信被执行人" 必然会感受到经济方面的巨大压力，这有利于促使其自觉履行交出未成年子女 的义务。④绝大多数情况下，此类"失信被执行人"对须交出的未成年子女还 是有"监护"资格的，因此，在其拒绝作出交付行为时，其"监护人"的身 份还是要求其对自己有效控制下的未成年人继续履行监护教养职责。这种状况 可避免因"管收"被执行人所可能导致的涉案未成年子女得不到充分看护的 弊端。

六、可对"交付未成年子女的行为"实施直接的强制执行

我国台湾地区的强制执行法理认为："关于交付儿童请求权之执行，系依 间接强制外亦得依直接执行之方法。"[1]其理由为："盖子女或被诱人在债务 人手中，通常均被控制而失去身体行动自由，有时因离婚而争取对子女之监护 时，常将子女加以藏匿，故若能获取该子女或被诱人之所在，应以迅雷手法直 接强制将之取交予债权人。"[2]为此，其"强制执行法"第 128 条第 3 项相应 规定："执行名义，系命债务人交出子女或被诱人者，除适用第一项规定外， 得用直接强制方法，将该子女或被诱人取交债权人。"[3]我国台湾地区"强制 执行须知"第 14 条第 2 款、"办理强制执行事件应行注意事项"第 68 条（四） 也都有类似的规定。需要注意的是：上述诸"法条"适用的对象为"涉及未成 年子女交付请求权的判项"。与此同时，我国台湾地区"家事事件法"第 194 条及第 195 条的规定则专用于"探望权判项"的直接强制执行。在这里，需要

〔1〕 陈世荣：《强制执行法诠解》，国泰印书馆有限公司 1958 年版，第 429 页。
〔2〕 耿云卿：《强制执行法释义》（下册），黎明文化事业股份有限公司 1957 年版，第 975 页。
〔3〕 林纪东等编：《新编六法参照法令判解全书》，五南图书出版公司 2015 年版，第肆~197 页。

再次强调的是：上述所有直接执行的标的不是涉案未成年人的人身，而是转交该未成年人的行为。

与我国台湾地区情形相仿，我国大陆地区的强制执行实践中，执行法院也可"采取强制措施解除生效法律文书确定的非抚养方对子女的控制，将该子女领出并交给抚养方抚养"。[1]其具体的操作流程为：

（1）向被执行人发出执行通知书，责令其在一定期限内履行生效法律文书确定的交付未成年子女的义务，并告知不履行义务的后果。此类执行通知书以直接送达为宜。

（2）被执行人在执行通知书确定的期限内未履行交付未成年子女的义务，如果未成年子女可以找到，执行法院可以直接采取强制措施解除非抚育方对该子女的实际控制，将该子女领出并交付给申请执行人。

（3）如未成年子女被执行人或看护人藏匿致使执行法院无法找到的，执行法院可以对被执行人、看护人予以罚款、拘留，促使其交出未成年子女。

（4）如被执行人、看护人拒不履行的情节非常严重，已触犯刑律，依照《刑法》的有关规定追究其刑事责任。[2]

但进行此类强制执行时，执行人员须遵守下列基本原则，即出于对未成年人人格权的尊重，应优先适用相关"民事（执行）强制措施"（如罚款、拘留等）。在这些执行强制措施实施效果较好的情况下，抓紧劝说被执行人自觉履行其义务，或者在这些执行强制措施效果较好的情况下，抓住时机采取直接执行措施，完成未成年人的移交。因此，"交付子女的执行时机十分重要。在有些执行场合，如送达执行通知书、做思想工作时，该需要交付的子女可能也会在场。此时应该对此情况进行证据固定，必要时可直接执行，立即解除被执行人、看护人对子女的实际控制，交付申请执行人"。[3]但如果被请求交出之未成年人本人，"不愿受债权人之请求，或有特别情形，而须依强制力拘束其身体之自由，或须加不相当之暴力，始得完成交付者，则仍不得执行也"。[4]做如此处理的原因也一样：执行人员必须尊重该未成年人的身体自由及精神自由。

在对交付未成年子女的行为做直接强制执行时，应注重探望权案件自身的

---

〔1〕 金平强主编：《执行工作实务技能》，人民法院出版社2013年版，第242页。

〔2〕 金平强主编：《执行工作实务技能》，人民法院出版社2013年版，第242~243页。

〔3〕 金平强主编：《执行工作实务技能》，人民法院出版社2013年版，第243~244页。

〔4〕 陈世荣：《强制执行法诠解》，国泰印书馆有限公司1958年版，第431页。

特点。涉及"未成年子女交出请求权"的执行往往是"一锤子买卖"，也即对移交未成年子女的行为只需执行一次。对比而言，探望权的执行可能是长期性和反复性的，如几周一次、每月一次或几个月一次等。就这种每隔一段时间就要执行一次的"不可替代行为"，原则上还是要优先适用罚款、拘留等其他执行强制措施。在这些执行强制措施不起作用时，可考虑适用将被执行人"列入失信被执行人名单"。如"列入失信被执行人名单"的效果不佳，还不应考虑实施直接的强制执行，而应当告知申请执行人其有权另行起诉，或主张有关的精神损害赔偿，或主张变更涉案未成年子女的抚养权为好。

如此"逐渐升级"安排背后的理由为：与涉及"未成年子女交出请求权"的执行相比，探望权的反复执行更有可能损害未成年人的人格权及"最佳利益"。"一般而言，交往权纠纷是双方用来延续敌对态度的工具，而不是为了照顾权或维护子女的最佳利益。聪明的法律会尽量避免有关子女交往的争议，所以不应当刻意强调交往权的法律属性。无论哪一方父母在争议中有道理，通过强制力获得交往对子女而言总是有害无益。令人伤感的是，一旦父母就照顾权和交往发生争议，真正的失败者通常是子女，对此法律也无能为力。"[1]

结　论

就涉及"未成年子女交出请求权"案件的强制执行而言，我国大陆地区采取的是完善和强化各种执行措施及执行强制措施，否定对人身执行的路子。笔者认为，其背后的原因主要有以下几个方面：第一，如上文所述，涉案的未成年子女享有人格权。他们都是权利主体，而非权利客体，因此，不得对其人身及人身自由进行强制执行。同理，法院也不得对执行债务人的人身及人身自由进行强制执行。第二，传统的意识形态优越性的体现。"执行民事案件用羁押当事人的办法为强制手段，是侵犯人权，违反国家法律的行为。……同时，强制执行是指对当事人的财产而言，并非对当事人的人身。如果当事人对执行人员的执行工作实施反抗并构成犯罪时，才能依刑事处理，这种依法保护当事人合法权益的原则，同伪国民党法院采取强暴手段以保护反动统治阶级的利益，

---

〔1〕　［德］迪特尔·施瓦布：《德国家庭法》，王葆莳译，法律出版社 2010 年版，第 387 页。

不顾劳动人民死活的反动本质截然不同。"[1]第三，与西方国家相比，中国的司法活动（包括审判活动及执行活动）一贯强调：要做到"法律效果"和"社会效果"的统一。例如，《最高人民法院关于开展家事审判方式和工作机制改革试点工作的意见》（法〔2016〕128号）也强调："坚持以人为本，发挥家事审判的诊断、修复、治疗作用，实现家事审判司法功能与社会功能的有机结合。"[2]就交出未成年子女之行为的执行而言，这种要求则更为明确和迫切。其原因在于：在这种执行中，"债务人表演自杀或子女滚地号啕大哭不止者，乃属常事，往往惨不忍睹，但又不能忽略当事人及子女或被诱人之生命安全，是以过分的不相当的强力，宜尽量避免"。[3]第四，在此类案件的执行过程中，还应确保尊重公序良俗。强制执行确以强制力为后盾，但毕竟此类案件牵涉的不是纯粹的财产问题，而是与父母及未成年子女的血缘、伦理及情感等复杂因素有着"剪不断，理还乱"的关系。此时，简单、生硬或不恰当地行使国家强制力，会给他人一种执行法院"不近情理、不讲情理"的感觉。因此，在执行交出未成年子女的行为时，执行法院一定要注重做好说服教育工作，"晓之以理，动之以情"，切忌工作方式简单粗暴。此外，基于类似的理由，对此类案件中的债务人而言，也不宜对其适用"管收"，而应将其"列入失信被执行人名单"为宜。

笔者认为，就执行法院是否可定逾期不履行之损害赔偿额的问题，可学习和借鉴《德国民事诉讼法》第888条、第888条之一，以及第510条之二所规定的"附生效条件的判决主文判项"制度。与此同时，因其涉嫌背离我国"审执分立"体制及违反"程序保障"之基本原理，不建议学习日本法及我国台湾地区1996年前所规定的"执行法院直接确定逾期不履行之损害赔偿额"的做法。

就"执行保障性措施"的改进和完善，笔者持一种英式保守主义的态度，即凡是能利用现有制度的，尽量利用现有制度完成任务。尽量不另起炉灶，以免制度创新成本过大、叠床架屋之弊。自改革开放起，到目前为止，我国的民事（执行）强制措施已逐渐形成了自己的体系，其内容也渐趋丰富和完善。在

---

〔1〕《民事诉讼法参考资料》（第2辑·第2分册），法律出版社1981年版，第735~736页，转引自刘晓源："人能否为民事执行标的之思辨"，载《法学杂志》2006年第2期。

〔2〕参见 http://www.court.gov.cn/fabu-xiangqing-37372.html，访问日期：2018年3月1日。

〔3〕耿云卿：《强制执行法释义》（下册），黎明文化事业股份有限公司1957年版，第975~976页。

这种情况下，出于司法实用、避免引起重复和混乱，以及节约司法资源的目的，今后强制执行改革的重点应放在逐步完善现有制度的角度上，而非将现有制度放置一边，重新引进一套功能接近的"间接执行制度"。笔者如此安排的道理与《民法总则》中只设置"监护"，而并不同时规定"亲权"制度的设计有类似之处。

最后，为解决未成年子女交出的问题，我们还可转换思维方式，"另辟蹊径"。例如，我们完全可以利用现行有效的法律及规范性文件的规定，借助公安民警的权力来达到"迫使"义务人做出移交行为的目的。例如，就指定、变更或撤销监护的生效非讼判决或涉婚姻纠纷判决中有关"附带性请求"的判项而言，如确需有关人员将涉案未成年子女交给新确定的"监护人"，而前者拒绝作出该交付行为时，则该"监护人"可依据《未成年人保护法》第50条的规定（公安机关、人民检察院、人民法院以及司法行政部门，应当依法履行职责，在司法活动中保护未成年人的合法权益），向有关公安机关提出协助交付申请。

从《未成年人保护法》第50条的文意分析，该条所言的"在司法活动中"应既包括"审理纠纷案件的司法活动"，也包括"审理非讼事件的司法活动"。而从语义上讲，其所说"司法活动"应为一广义范畴，其应既包括"法院的审理活动"，也包括"法院的执行活动"。此外，《未成年人保护法》第5条、第6条第1款、第7条、第49条、第60条及第62条，《治安管理处罚法》第40条第3项也可作为这种"借助行政执法机关权力"，从而顺利完成涉案未成年子女交付行为的法律依据。

笔者认为，为了使上述《未成年人保护法》第50条的规定发挥其应有的效用，防止其成为具文，建议由全国人大常委会就其具体的适用细节作出立法解释，或者至少由最高人民法院、最高人民检察院、公安部及民政部联合发文（规范性文件）来加以具体细化。值得一提的是，在这方面，实践已"先行一步"了："部分地方法院已经开始试点将执行系统对接到公安预警系统。一旦预警系统发现被执行人有住宿登记、上网登记、办理暂住证和出入境等记录，公安民警将及时进行处理，控制被执行人并移交法院处理。这一经验值得在全国进行推广。"[1]

---

〔1〕 刘征峰："我国抚养权执行的困境、成因和出路"，载《江汉学术》2016年第4期。

在新《民事诉讼法》语境下试论涉外民事诉讼程序

——以涉外民事诉讼管辖程序为主

张 弘 *

2012 年新修订的《中华人民共和国民事诉讼法》在涉外民事诉讼程序方面进行了结构和内容上的双重调整，涉及管辖、送达、保全等多方面，采用分章、合并等多种方式，以期规范涉外民事诉讼程序，完善国内立法。考虑到涉外民事诉讼程序其特殊的涉外因素存在，法律条文设置上立法更多地需要平衡国内外多方的利益，在维护国家公共政策的同时，借鉴国际社会通行之办法，从而公平、公正地解决国际民事纠纷。

总结来说，新修订的《中华人民共和国民事诉讼法》在体系及内容上主要表现为以下几个方面：首先，删除了有关涉外协议管辖的规定，与国内协议管辖条款相一致；其次，在送达方式上，新增加了传真、电子邮件等方式，缩减了公告期间；最后，将原第二十六章有关财产保全的内容删除，有关涉外财产保全的内容将参照国内保全的相关规定。从体例内容上的变化可知，涉外民事诉讼程序的发展呈现出与国内民事诉讼趋同的趋势，在相关内容的规范上更多是参照国内条款抑或是与国内条款相整合。这一定程度上精简了条文设置，使得法律条文的适用更具针对性，另一方面国内外诉讼程序上的部分趋同，亦反映了立法发展的大趋势。立法者意图借新《民事诉讼法》的修订实现国内民事诉讼程序与涉外民事诉讼程序的统一，但不可避免的是，涉外民事诉讼程序相关条款的削减，一定程度上也削弱了涉外民诉的地位，使得本就单薄的涉外民诉部分更难发挥作用，造成在实践中实施的困难。本文将在新《民事诉讼法》

---

* 张弘，中国政法大学副教授，法学博士。

修订的背景下，对涉外民事诉讼程序进行简要的总结介绍，并以管辖程序为主，针对修订内容作出新旧对比解析，在对现实实施困境的分析基础上提出进一步的改进意见，从而促进我国《民事诉讼法》的全面落实，保障其适用性。

一、涉外民事诉讼程序概述

（一）涉外民事诉讼的定义分析

涉外民事诉讼，简单来讲，就是具有涉外因素的民事诉讼。依据《最高人民法院关于适用〈中华人民共和国民事诉讼法〉若干问题的意见》第 522 条规定，涉外民事诉讼即为当事人一方或双方是外国人、无国籍人、外国企业或组织，或者当事人一方或双方的经常居住地在国外，或者当事人之间民事法律关系的设立、变更、终止的法律事实发生在外国，或者诉讼标的物在外国的民事案件等其他可以认定为涉外民事案件的其他情形。

涉外民事诉讼与国内民事诉讼单从构成要件上来分析，具有诸多相同之处，但涉外民事诉讼由于有涉外因素的参与，又使得自身具有与国内民事诉讼相区别的特性。涉外民事诉讼与国内民事诉讼作为民事诉讼重要的组成因素，二者的区别主要表现在以下几个方面：

首先，涉外民事诉讼与国家主权紧密相连。国家主权作为政治因素的存在，与法律法规的制定、实施存在密不可分的关系。正是由于涉外因素的存在，涉外民事诉讼在进行过程中不可避免地涉及与他国的主权或司法权关系，这便突破了一国领域范围，更多地呈现出横向国家之间的联系。法院在审理过程中不仅要考虑当事人与人民法院间的民事诉讼法律关系，还要考虑到国家与国家之间的高层次关系，这便极有可能涉及政治、经济等多方面的因素。而与之相较，国内民事诉讼更多是限于一国范围之内，所体现的是一国法律体制之内的纵向联系，审判机关更多是依据国内民事诉讼规则去确定当事人与人民法院间的民事诉讼法律关系，从而确保程序正义。通过二者之间的比较，在涉外民事诉讼过程中应注重强调国家主权的维护，充分考虑因素的多元性。因此，维护司法的独立性，互相尊重主权和领土完整，是处理涉外民事诉讼时一贯坚持的原则。

其次，涉外民事诉讼涉及对外国法的适用。国内民事诉讼不必言说，自是在本国领域内依据本国民事诉讼法的规定进行诉讼程序，无论是在程序法还是实体法方面均是以本国法为依据。而涉外民事诉讼基于涉外特殊因素的存在，在程序法与实体法的选择上，多是区分设置、区别对待。在法律适用问题上，涉外民事诉讼程序法方面除国际协议的特殊约定外，一般适用受诉法院所在地法，便于受诉法院的效率性审理。而在实体法方面，涉外民事诉讼更多地强调当事人自治，充分尊重当事人自由意志的表达，在某些问题上其对于实体法律选择具有自决性，或可能由于纠纷种类的多样而有所不同，并且在法律冲突的情形下，可能还会涉及准据法确认的问题，这与国内民事诉讼的法律冲突状况完全不同，是涉外民事诉讼较为突出的一个特点。

最后，涉外民事诉讼往往离不开司法协助。国内民事诉讼中的司法权由于其独特的地域性，往往将诉讼行为的实施限定在本国范围之内。国内民事诉讼有关程序上的规制多仅适用于一国范围之内，更多的是对本国诉讼程序的统一与规范，比如在庭前准备程序及举证阶段的规则设置等。而对于涉外诉讼而言，其更多地体现其涉外性，强调国与国之间的交流与协作，诉讼程序不可避免地需要超出一国范围，例如文书送达、执行等都需要外国法院的配合与协助，涉外裁判等也都需要外国法院的承认及执行，因此司法协助在涉外民事诉讼的进行过程中发挥着不可替代的作用。司法协助的实施过程更多地体现国家间的合作互助，其在涉外民事诉讼中的价值不可估量。

（二）涉外民事诉讼程序的一般原则

民事诉讼程序的进行离不开基础性的原则指引。涉外民事诉讼程序的一般原则指的是在涉外民事诉讼过程中具有指导意义的根本性规定。[1]此类一般原则基于涉外民事诉讼程序的特殊性多以维护国家主权为核心，对当事人行为和法官行为进行规范，维护司法公正性。《中华人民共和国民事诉讼法》第二十三章集中规定了涉外民事诉讼程序的一般原则，主要包括：

1. 适用本法原则

"在中华人民共和国领域内进行涉外民事诉讼，适用本编规定。本编没有规定的，适用本法其他有关规定。"适用本法原则优先强调了本法的适用性，民事诉讼法作为诉讼程序的关键规制法律，在处理国内诉讼案件和涉外诉讼案件时都应体现其价值及地位。具体到司法实践中，这一原则包括以下三项基本要求：第一，外国人、无国籍人、外国企业和组织在我国起诉、应诉，适用我国民事诉讼法；第二，依照我国民事诉讼法规定，凡属我国人民法院管辖的案件，人民法院均享有司法管辖权；第三，任何外国法院的裁判和外国仲裁机构

---

〔1〕 张卫平主编：《民事诉讼法》，法律出版社 2009 年版，第 377 页。

的裁决，必须经我国人民法院审查并承认后，才能在我国发生法律效力。[1]适用本法原则这一规定不仅体现了对于国家主权的维护，也遵循了法院地法原则的国际惯例，从立法层面对国家司法主权给予肯定和保护。在司法实践中亦便于诉讼程序的顺利开展及纠纷的效率性解决。

2. 信守国际条约原则

此处国际条约系国家之间、国家和地区之间，约定相互间对于特定国际事务的权利及义务的协定，对于所有参加该协定的国家和地区而言，均负有信守该协定的义务。涉外民事诉讼程序由于主体的多元性，在程序法及实体法方面规定各不相同，为促进国际民事纠纷的解决及维护和平稳定发展，各国针对涉外民事案件多采用协议或条约的方式，以达成统一认识，充分发挥法律的引导性功能。信守国际条约原则便是基于此而创设，约束各国遵循条约约定，平等公正地促进矛盾纠纷的解决。由于涉外民事诉讼涉及司法协助，国家之间关系的协调离不开条约的规范。一方面，我国对于参加或缔结的国际条约，除声明保留的之外，都予以遵守适用。我国《民事诉讼法》第260条明确规定："中华人民共和国缔结或者参加的国际条约同本法有不同规定的，适用该国际条约的规定，但中华人民共和国声明保留的条款除外。"另一方面，该原则亦体现了我国赋予国际条约的优先适用性，充分体现我国对涉外司法协作的重视及国际社会责任的承担。

3. 司法豁免原则

司法豁免作为外交特权的表现形式之一，强调一个国家根据本国法律或者参加、缔结的国际条约，赋予在本国的外国代表和组织免受司法管辖或者司法审判的权利。司法豁免原则是指一个国家或国际组织派驻他国的外交代表享有的免受驻在国司法管辖的权利，[2]是主权平等原则在司法领域的突出体现，其设置旨在保障各国代表及国际组织职务的顺利履行，促进派驻国与驻在国司法交往与协作。在对司法豁免原则的设置上，我国涉外民事诉讼程序编以法条形式确立相关人员的司法特权。《民事诉讼法》第261条规定："对享有外交特权与豁免的外国人、外国组织或者国际组织提起的民事诉讼，应当依照中华人民共和国有关法律和中华人民共和国缔结或者参加的国际条约的规定办理。"此

---

〔1〕 王增辉："律师文集——涉外民事诉讼的一般原则"，载 http：//www. lawtime. cn/article/lll1036 04791103609885oo344170，访问日期：2017 年 11 月 3 日。

〔2〕 齐树洁主编：《民事诉讼法》，中国人民大学出版社 2013 年版，第 355 页。

处的有关法律主要是指 1986 年的《外交特权与豁免条例》和《领事特权豁免条例》，对于未涉及部分将参考国际条约的相关内容，比如 1946 年的《联合国特权与豁免公约》、1949 年的《联合国各专门机构特权与豁免公约》、1961 年的《维也纳外交公约》以及 1963 年的《维也纳领事关系公约》等。司法豁免原则是国家外交在司法领域的具体反映，体现了国家间主权的平等，对于各国交往有着特殊意义。

司法豁免原则具体来说分为刑事司法豁免和民事司法豁免。刑事司法豁免权系完全的司法豁免权，即外交代表触犯其驻在国的刑法，依法不受驻在国的刑事司法管辖。而民事司法豁免相对而言则是不完全的，司法豁免的范围并非同刑事司法豁免一样具有完全性，其在适用人员及适用范围上是有一定界限的，依据我国加入的《维也纳外交关系公约》以及《外交特权与豁免条例》的规定，外交代表民事管辖豁免的例外主要表现在以下几个方面：①派遣国政府明确表示放弃民事管辖豁免（不包括对判决的执行也放弃豁免，如要放弃，必须另作出明确表示），此种情形驻在国法院有权受理对其所提起的民事诉讼。②享有豁免权的外交代表主动提起诉讼，对与本诉直接相关的反诉不享有豁免权。③外交代表以私人身份进行的遗产继承诉讼，这包括其作为遗嘱执行人、遗产管理人、继承人或者受遗赠人所引起的诉讼。④外交代表因从事公务范围以外的职业或商业活动而引致的诉讼。⑤外交代表以私人名义所涉及的在我国的不动产的诉讼。⑥因车辆、船舶或者航空器在中国境内造成的事故而引起的诉讼。

司法豁免的范围限制是对外交人员的行为规范，在充分体现国家主权平等的同时，也维护了各国的司法秩序，避免因外交人员行为所造成的纠纷解决困难。在涉外民事诉讼程序过程中，司法豁免作为各国外交人员的保护措施，对于国家间利益维护及争议解决起到了不可或缺的作用。

使用我国通用语言、文字原则。《中华人民共和国民事诉讼法》第 262 条规定："人民法院审理涉外案件，应当使用中华人民共和国通用的语言、文字。当事人要求提供翻译的，可以提供，费用由当事人承担。"该原则旨在说明在我国进行的民事诉讼程序的语言、文字规范。民事诉讼程序的进行需要司法工作人员及案件当事人的交流与配合，在通用语言、文字方面，涉外民事诉讼不免会涉及语言、文字的使用问题。依据该规定的精神延伸，外国当事人提交诉状时，应附有中文译本，其在诉讼过程中应适用我国通用的语言及文字。这在诉讼实践当中是具有十分的必要性的。涉外民事诉讼过程中使用受诉法院所在地的语言、文字，一方面有利于提高法院审理效率，促进纠纷解决，另一方面也体现了对于国家主权的维护。我国涉外民事诉讼程序中另规定，对于不通晓我国语言、文字的外国当事人，人民法院可以为其提供翻译，以此来维护当事人之间的平等地位，促进争议案件的有效解决。

委托中国律师代理诉讼原则。涉外民事诉讼程序中如果涉及委托律师的问题，根据我国民事诉讼法，委托范围应限定在本国律师范围内。法条中明确表述："外国人、无国籍人、外国企业和组织在人民法院起诉、应诉，需要委托律师代理诉讼的，必须委托中华人民共和国的律师。"律师制度作为国家司法制度的重要组成部分，理应适用司法制度的相关规定，故律师制度也仅适用于一国范围之内，而没有延伸至国外情形的存在。也就是说，任何国家的律师只能在本国领域内从事诉讼代理业务，而不能到外国法院以律师身份代理诉讼。[1]这并非强制外国当事人委托中国律师，而是在需要委托律师代理的情形下，对于律师选择范围进行限制。在无需委托律师代理诉讼时，当事人当然可以委托本国公民或中国公民代理诉讼。外国驻华使节、领馆官员，在受到本国公民委托时，也可以个人名义担任诉讼代理人，但其在诉讼中则不再享有外交特权与豁免权。另外，在委托律师或者其他人代理诉讼时，我国法律亦规定了相关授权委托程序，《中华人民共和国民事诉讼法》第 264 条规定："在中华人民共和国领域内没有住所的外国人、无国籍人、外国企业和组织委托中华人民共和国律师或者其他人代理诉讼，从中华人民共和国领域外寄交或者托交的授权委托书，应当经所在国公证机关证明，并经中华人民共和国驻该国使领馆认证，或者履行中华人民共和国与该所在国订立的有关条约中规定的证明手续后，才具有效力。"委托中国律师代理诉讼原则，多是出于对我国司法权独立性的维护，律师作为诉讼进行过程中的必要辅助角色，很大程度上将会影响诉讼的进展及结果。涉外民事诉讼程序将人民法院审理案件的委托律师范围限定在本国律师范围内，一方面有利于案件的纠纷解决，避免他国律师由于对我国法律的生疏而拖延诉讼进程，另一方面也与上一原则相辅相成，解决了交流障碍，更有利于维护案件当事人的合法权益。

---

〔1〕 王增辉："律师文集——涉外民事诉讼的一般原则"，载 http://www.lawtime.cn/article/lll1036 04791103609885oo344170，访问日期：2017 年 11 月 4 日。

二、涉外民事诉讼程序相关问题的修订

（一）涉外民事诉讼的期间、送达问题

1. 涉外民事诉讼的期间

由于涉外民事诉讼当事人包含涉外因素的特殊性，很可能存在文书送达或权利落实的困难，在我国，无住所的当事人的权利维护难以保障。因此，《民事诉讼法》中对于涉外民事诉讼的期间做了特别的规定，来充分保障涉外当事人的合法诉讼权益。

《民事诉讼法》第268条对涉外当事人的答辩期间规定为："被告在中华人民共和国领域内没有住所的，人民法院应当将起诉状副本送达被告，并通知被告在受到起诉状副本后三十日内提出答辩。被告申请延期的，是否准许，由人民法院决定。"相较于国内民事诉讼被告15日的答辩期间，涉外民事诉讼程序中30日答辩期的设置更多考虑了涉外民事诉讼的独特性。对于在我国领域内没有住所的当事人而言，30日使其有更多的时间去考虑分析答辩意见，更有利于对当事人利益的维护，并且这对于涉外民事案件的公正审理有着重要意义。答辩期间的延长，从理论上来讲，是对涉外当事人权利的重视和保障，不仅是个案正义实现的前提，也是国际社会司法平衡的重要体现。

另外，《民事诉讼法》第269条规定："在中华人民共和国领域内没有住所的当事人，不服第一审人民法院判决、裁定的，有权在判决书、裁定书送达之日起三十日内提起上诉。被上诉人在受到上诉状副本后，应当在三十日内提出答辩状。当事人不能在法定期间提起上诉或者提出答辩状，申请延期的，是否准许，由人民法院决定。"区别于第268条的规定，此条是对一审法院判决、裁定的上诉期间的规定。同样，对于上诉期间的规定，涉外民事诉讼相较于国内民事诉讼仍多设置了15日的考虑期限，对于涉外当事人上诉权利的维护起到了一定的作用。

最后，在审理期间的问题上，《民事诉讼法》第270条规定："人民法院审理涉外民事案件的期间，不受本法第一百四十九条、第一百七十六条规定的限制。"第149条和第176条分别是在充分考虑涉外案件的复杂性基础上，给予人民法院处理涉外民事案件的特许，亦是对于涉外民事诉讼案件公平、公正性的更高水平的要求。但立法也应考虑到，无具体限制在实践中将会给当事人合法权益的维护造成不利的影响，也一定程度上会降低诉讼效率，给案件审结带

来困难。新《民事诉讼法》保障涉外当事人利益，最大限度维护个案公正性的初衷是好的，但在条款的具体应用上，仍欠缺一定的考虑。因此，在涉外审理期间这个问题上，审限规定仍有讨论的空间。

2. 涉外民事诉讼的送达

涉外民事诉讼的送达，是指在涉外民事诉讼中，人民法院依照法定方式向当事人或其他诉讼参与人送交诉讼文书的行为。[1]涉外民事诉讼的送达，基于涉外案件当事人的涉外因素的存在，包括域内送达和域外送达两部分，在考虑送达方式及送达效果方面亦应将二者区别对待。域内送达部分，鉴于其与国内民事诉讼的送达无异，仍应按照国内民事诉讼程序的相关规定，参照《民事诉讼法》第七章的内容完成送达，因为此时的当事人与国内民事诉讼当事人并无不同；而域外送达，考虑到地域上的差异、送达的困难性及所涉及案件的复杂性，《民事诉讼法》第267条对它进行了特别规定，送达方式如下：

（1）依照受送达人所在国与中华人民共和国缔结或者共同参加的国际条约中规定的方式送达。其中，我国已参加《关于向国外送达民事或商事司法文书和司法外文书公约》，并就送达问题与多国签订有司法协助协定，在向公约参加国的当事人送达诉讼文书时，可按照公约或协定的内容进行。[2]以事先约定方式规定国家间的送达义务，减少了涉外民事诉讼过程中的不必要纠纷，有利于促进国际司法协作，给案件双方当事人给予最大可能的权利保护。

（2）通过外交途径送达。这是对第一种送达方式的补充。对于受送达人所在国与我国没有签订有关送达的司法协助条约或协定，也非《关于向国外送达民事或者商事司法文书和司法外文书公约》的缔约国的情况，依据国家间的互惠原则，两国外交机关可给予送达协助。具体程序，依照《关于我国法院和外国法院通过外交途径相互委托送达法律文书若干问题的通知》："经我国高级人民法院将应送达的诉讼文书，送交我国外交机关，然后由外交部领事司送交当事人所在国驻我国的外交机构，再由其转交给该国的外交机关，按照该国法律规定送达给当事人。"由此可见，外交送达途径程序较为繁琐，须经多个国家机关的协助，所耗费时间、精力较长，从效率上来说不利于送达行为的有效实施，很可能影响到涉外案件的处理进程，不利于双方合法权益的维护。

（3）对具有中华人民共和国国籍的受送达人，可以委托中华人民共和国驻

---

〔1〕 江伟主编：《民事诉讼法学》，复旦大学出版社2002年版，第153页。

〔2〕 齐树洁主编：《民事诉讼法》，中国人民大学出版社2013年版，第362页。

受送达人所在国的使领馆代为送达。该方式所针对的是受送达人具有我国国籍的情形，由我国驻外使领馆代为送达，是最为直接的方式之一。

（4）向受送达人委托的有权代其接受送达的诉讼代理人送达。此种送达方式强调诉讼代理人的有权性，即能够享有代收诉讼文书的权利。诉讼代理人本身在无特别约定排除该权利的前提下，均享有对诉讼文书的代收权。以代收方式完成法律文书的送达，方便快捷，有利于审判程序的推进和终结，是较为普遍的方式之一。

（5）向受送达人在我国领域内设立的代表机构或者有权接受送达的分支机构、业务代办人送达。涉外案件当事人仍存在不同的类型，针对企业或组织的送达在方式选择上应区别于自然人的送达。对于在我国境内没有住所的外国企业或组织，向其代表机构或分支机构、业务代办人送达是一种较为有效的代为送达方式。

（6）邮寄送达。《民事诉讼法》对于邮寄送达的方式有较为严格的判断标准。首先要求受送达人所在国的法律允许；其次，对于邮寄送达，以3个月为最大期限。"自邮寄之日起满三个月，送达回证没有退回，但根据各种情况足以认定已经送达的，期间届满之日视为送达。"

（7）采用传真、电子邮件等能够确认受送达人收悉的方式送达。这是新《民事诉讼法》修订中新增加的一项送达方式。在电子信息技术如此发达的今天，应充分发挥电子送达的便捷作用，使之服务于涉外民事争议的解决。

（8）公告送达。公告送达在送达方式中为兜底条款。对于用尽上述七种方式仍无法送达的情形，适用公告送达。法律规定，自公告之日起满3个月，即视为送达。

以上是《民事诉讼法》中对于涉外民事诉讼的送达方式的规定。送达作为诉讼程序的重要辅助行为、庭前准备阶段必不可少的阶段，其有效实施对于案件的公正、快捷审理有着不可忽视的作用。

3. 新《民事诉讼法》下期间、送达条款的修订

新《民事诉讼法》在涉外民事诉讼程序期间、送达部分的修订多集中在第267条，即在送达方式上。新《民事诉讼法》在原规定送达方式上新增加了传真、电子邮件等新通讯方式的送达，并且将邮寄送达和公告送达的期限，由原来的6个月缩短为3个月。这充分体现了法律的与时俱进。新送达方式的增加体现了法律条款设置的灵活性，积极通过新的通讯方式来提高送达效率，进一步保障涉外民事诉讼送达的有效性，做好庭前准备的必需工作。

以法律形式肯定新通讯方式的送达可以说是民事诉讼法与时俱进的显著标志。随着社会通讯的发展，传真、电子邮件等为代表的新通讯方式广为流行，逐渐替代信件成为主流通讯方式。新通讯的产生和发展，大大提高了送达效率，对于案件的审理、终结起到了巨大的帮助作用。但另一方面，由于发展的不完备，在对新通讯方式的规范上仍有很大的空白。

送达，作为诉讼程序的重要环节，关系到双方当事人的合法权益保护，理应采取严谨方式来确保送达的实施。[1]传统的直接送达、委托送达、邮寄送达等方式经过实践检验，是当前较为安全且具有保障性的通讯方式。而新通讯方式处于发展的最初阶段，其服务质量、安全性等方面都难以有充足的保障。传真和电子邮件都不同程度上要依赖于网络媒介，而网络在实践中的安全性却很难保障。在实践中，网络的不安全性事件也多有发生，这便很容易造成涉外民事诉讼送达的风险，给双方当事人的合法权益造成一定程度上的损害。因此在对新通讯方式的利用上应采取谨慎态度，合理利用新通讯方式，将其与其他送达方式相配合，共同服务于诉讼中的送达环节，从而在保障送达安全性的基础上提高送达效率，促进涉外民事诉讼的顺利进行。

另外，从条文中可以看出，新《民事诉讼法》对于电子送达还是考虑到其安全性问题的，故设置了部分必要条件来限制送达方式。具体来说，一是采用传真、电子邮件等新通讯方式；二是受送达人收悉。也就是说，新通讯方式的采用要建立在能够确认受送达人收悉的基础上，并不是任意送达方式，这就一定程度上确保了送达的安全性。但对于如何判断收悉的问题，新《民事诉讼法》并没有给出具体的解释。收悉更多地强调当事人主观上的知晓，而非客观上的收到，而对于当事人主观上的判断法律很难给出明确的判断标准。在判断收悉的问题上，新《民事诉讼法》虽考虑到了安全保障性却对具体标准的设置无能为力。因此在实际的适用问题上，第267条的适用仍有很大的争议空间。

电子技术发展是时代发展的需要，新《民事诉讼法》有关送达方式上的修改也是适应社会进步的体现，但应注意对新技术、新方式的合理规范，有效地推行电子送达制度，实现涉外民事诉讼程序的效率性发展。

（二）司法协助问题

1. 司法协助的定义

司法协助是指发生在不同国家法院之间，依据缔结或者参加的国际条约，

---

[1] 李军："新民事诉讼法中涉外编的修改及适用探析"，载《中国海商法研究》2013年第4期。

或者根据互惠原则，互助实施一定诉讼行为的制度。[1]司法协助是服务于涉外案件的审理的，对于案件的及时审结及当事人合法权益的保护具有重要意义。然而，司法协助制度的实施是有一定限制的，并非需要司法协助的国家间都可以进行互助的诉讼行为，其需要在国家主权的基础之上，秉承互惠互利的原则，依据有关国际条约来进行。

我国《民事诉讼法》第 277 条第 1 款的规定："请求和提供司法协助，应当依照中华人民共和国缔结或者参加的国际条约所规定的途径进行；没有条约关系的，通过外交途径进行。"司法协助的法律基础首先要求有缔结或者参加相关的国际条约。我国截至 2005 年已先后加入了《承认及执行外国仲裁裁决公约》《关于向国外送达民事和商事司法文书和司法外文书公约》《关于从国外调取民事或商事证据的公约》等国家公约。其次在没有国际条约关系的情形下，可通过外交途径，依据互惠原则进行。

2. 司法协助的类别

基于诉讼审判程序的不同阶段，司法协助也表现为不同的类别。

（1）一般司法协助。一般司法协助是指不同国家法院之间依据对方提出的请求，代为送达诉讼文书、调查取证等诉讼行为。[2]

首先，一般司法协助要求两国之间存在共同缔结或者参加的有关司法协助的国际条约，或者根据互惠原则两国之间存在事实上的司法协助关系；其次，所请求的司法协助事项不得损害被请求国主权、安全或者社会公共利益；最后，请求书及所附文件需附有被请求国的文字译本或者国际条约规定的其他文字文本。只有在上述条件的基础上，司法协助才能顺利进行。

一般司法协助更多的是侧重于审判进行过程中的诉讼行为，对于推动审理过程，维持审判公正有着重要意义。

（2）特殊司法协助。与一般司法协助侧重有所不同，特殊司法协助是指，两国法院互相承认和执行对方发生法律效力的法院裁判和仲裁机关的裁决。法院的生效裁判仅在本国领域内发生效力，而特殊司法协助所涉及的承认和执行外国法院裁判是指在法律层面承认外国裁决的有效性，从事实上减少不必要审判程序，促进纠纷的解决。

特殊司法协助的进行也要求建立在共同缔结或者参加的国际条约基础上，

---

〔1〕 宋朝武主编：《民事诉讼法学》，厦门大学出版社 2007 年版，第 225 页。
〔2〕 徐宏：《国际民事司法协助》，武汉大学出版社 2006 年版，第 163 页。

或者秉承互惠原则实施，且承认和执行的裁决不得损害被请求国主权、安全或者社会公共利益。当然，在文本文字使用上应采用被请求国文字或者国际条约规定的其他文字。

依据特殊司法协助的概念可将其分为两部分，一是对生效法院裁判的承认和执行；二是对生效仲裁裁决的承认和执行。

有关对外国法院生效裁判的承认和执行，规定在新《民事诉讼法》第281条和第282条。第281条规定："外国法院作出的发生法律效力的判决、裁定，需要中华人民共和国人民法院承认和执行的，可以由当事人直接向中华人民共和国有管辖权的中级人民法院申请承认和执行，也可以由外国法院依照该国与中华人民共和国缔结或者参加的国际条约的规定，或者按照互惠原则，请求人民法院承认和执行。"这其中便暗含对于生效判决、裁定的判断，即对于争议案件原判决法院应具有合格的管辖权，并依照正当诉讼程序作出合法、确定的判决。如果原判决法院在审理过程中对争议案件的公正性不能保障，势必会影响他国的承认和执行，这对于双方当事人的利益维护，纠纷争议解决影响重大。第282条则规定了我国承认执行外国法院裁判的标准："依照中华人民共和国缔结或者参加的国际条约，或者按照互惠原则进行审查后，认为不违反中华人民共和国法律的基本原则或者国家主权、安全、社会公共利益的，裁定承认其效力，……违反中华人民共和国法律的基本原则或者国家主权、安全、社会公共利益的，不予承认和执行。"对于承认和执行外国法院裁判，法律强调尊重本国的主权、安全和社会公共利益，即对于外国法院的生效裁判的承认执行，不得影响本国利益，在此大前提之下再去考虑个案程序及实体上的公平正义。

另一方面，有关外国仲裁裁决的承认和执行，新《民事诉讼法》第283条规定如下："国外仲裁机构的裁决，需要中华人民共和国人民法院承认和执行的，应当由当事人直接向被执行人住所地或者其财产所在地的中级人民法院申请，人民法院应当依照中华人民共和国缔结或者参加的国际条约，或者按照互惠原则办理。"虽然有关外国仲裁裁决的承认和执行，民事诉讼法规定较为简单，无过多限制，但在实际司法过程中，法院仍要参考有关判决承认执行的规定，衡量公共利益、程序正义等因素对裁决进行判断。近年，我国法院对外国仲裁裁决的司法监督呈现出宽松的态度，充分尊重当事人双方的意思自治，尽可能地承认仲裁裁决的有效性，推动非诉讼纠纷争议解决机制的发展和完善。[1]

司法协助的进行，总体来说应遵从主权原则、互惠原则的指导，这是两国在司法合作领域的重要体现。司法协助能够保证及时解决涉外民事、经济纠纷，维护双方当事人的合法权益，为两国经济合作发展创造良好环境；并且，司法协助也是法院充分行使审判权的具体体现，有利于巩固法院在司法权行使中不可替代的地位。

（三）涉外民事诉讼保全问题

原《民事诉讼法》以单章形式规定了涉外民事诉讼保全的相关内容，而在新民事诉讼法修订过程中，取消了涉外民事诉讼保全的全部内容，使其与国内诉讼保全内容合并，形成统一的"保全和先予执行"一章。新《民事诉讼法》在诉讼保全制度中新增加了有关行为保全[2]的规定，并且增加了仲裁前保全制度，延长了国内诉前保全后起诉的期限等。涉外民事诉讼保全一章的取消，一定程度上保证了国内立法的统一性，对于法条的实际适用具有帮助；但也应考虑到涉外诉讼的特殊性，其在诉讼程序中的保全能否适合于国内保全规定的问题，仍具有探讨的空间。

三、我国有关涉外民事诉讼管辖程序的规定

正如上文所述，鉴于涉外民事诉讼其特殊涉外因素的存在，其内涵的诸多方面会给国家社会带来不可磨灭的影响。单从涉外民事诉讼管辖程序上来说，涉外民事诉讼的管辖就直接关系到国家主权的维护问题。国际上各国在确定涉外管辖的实践中，普遍奉行国家主权的原则，并要求案件事实与本国具有联结因素，切实维护本国独立司法权，进而上升到维护主权的高度。另外，在相关管辖权的界定上，不仅要区分国内法院管辖与外国法院管辖，还要区分国内各层级、各地区法院的具体管辖权，以便确保审判活动的顺利进行，提高审判效率，从而实现公平正义。

（一）涉外民事诉讼管辖的概念

涉外民事诉讼管辖是指我国人民法院对一定范围内涉外民事案件的审判权限和各级各类人民法院受理第一审涉外民事案件的分工权限。其包含协议管

---

[1] 王福华：《民事诉讼法学》，清华大学出版社 2012 年版，第 25 页。

[2] 行为保全是指人民法院作出责令一方当事人作出一定行为的裁定，以或者禁止其作出一定行为的裁定，以防止该当事人正在实施或者将要实施的行为给申请人造成不可弥补的损害。

辖、应诉管辖、专属管辖等各不同类别。

单纯从概念解释上分析，涉外民事诉讼管辖不仅包括我国人民法院受理涉外民事案件的范围，也包括人民法院对所受理案件的分工和权限设置，即涉及横向及纵向两方面的问题。一方面涉外民事诉讼管辖要平衡与外国法院管辖权之间的关系，衡量具体案件与我国事实与法律上的关联性；另一方面也要解决国内法院之间的管辖争议问题，具体确定由何地何级的人民法院受理。作为案件受理的开端，有关民事诉讼管辖的相关规定关系到双方当事人的合法权益维护，并将直接影响到案件进程，对于社会稳定乃至国际关系都有十分重要的影响。

（二）涉外民事诉讼管辖的类别

我国《民事诉讼法》对涉外民事诉讼管辖程序的规定，是在充分考虑国际惯例的基础上，加强对管辖关联性因素的考查后，所建立起的适合于涉外案件管辖区分的一套制度。根据我国《民事诉讼法》第二十四章的规定，涉外民事诉讼管辖可分为一般地域管辖、特殊地域管辖和专属管辖。

1. 一般地域管辖

一般地域管辖是指依据被告住所地来确定管辖法院，在涉外民事诉讼过程中，即是以被告住所地所在国法院为管辖法院。我国有关一般地域管辖的规定多是依据民事诉讼法第二章的具体条文来进行规制。在有关住所地的认定上，国际上多依赖于两个因素：久居的意图和久居的事实。后随着立法的发展，惯常居所地概念也逐渐被接受，成为影响管辖法院确定的又一必要因素。比如，在《美洲国家关于国际私法中自然人住所的公约》第 2 条规定，自然人的住所应依下列顺序予以确认：①其惯常居所所在地；②其主营业所所在地；③在无上述所在地的情况下，其单纯的居所所在地；④在无单纯的居所所在地的情况下，其人所在的地方。

一般地域管辖的确定有利于涉案法院第一时间调查、核实证据事实，推动争议纠纷的效率性解决，并且依据一般地域管辖更加接近被告住所地或居所地，有利于传唤应诉等程序问题的解决，也给诉讼原告增加一定的诉讼负担，避免其滥用诉权，给对方造成不必要的损失。

2. 特殊地域管辖

特殊地域管辖又称特别地域管辖，是指以被告住所地、诉讼标的物所在地、法律事实所在地为标准而确定的管辖规范。在涉外民事诉讼管辖程序中，特殊地域管辖被规定在《民事诉讼法》第 265 条。表述如下："因合同纠纷或者其他财产权益纠纷，对在中华人民共和国领域内没有住所的被告提起的诉讼，如果合同在中华人民共和国领域内签订或者履行，或者诉讼标的物在中华人民共和国领域内，或者被告在中华人民共和国领域内有可供扣押的财产，或者被告在中华人民共和国领域内设有代表机构，可以由合同签订地、合同履行地、诉讼标的物所在地、可供扣押财产所在地、侵权行为地或者代表机构住所地人民法院管辖。"

首先，特殊地域管辖的适用范围限定于合同纠纷或者其他财产权益纠纷，对于其他纠纷的管辖解决另参照相关规定；其次，特殊地域管辖中要求被告是在我国领域内没有住所的，反之可参照"被告住所地"原则确立管辖；最后，条文规定了管辖的联结因素，将具体案件所涉及因素与管辖地相连，便于当事人起诉，也有利于法院审判的进行，从而维护我国的司法管辖权。

特殊地域管辖弥补了一般地域管辖的不足，使得涉外民事诉讼管辖范围进一步扩大，其所涉及的具体要素给涉外管辖的确立提供了指引，并细化了理论上的联结因素，使得法条本身更具实施可能性，促进纠纷的效率性解决。

3. 专属管辖

专属管辖在法律设置上具有优先性、排他性和强制性，它强调基于案件的特殊类型只能由法律强制规定的特定法院管辖，其他法院不享有管辖权，亦不受协议管辖的影响。除一般和特殊的管辖规则外，《民事诉讼法》另对某些特殊类型的合同设置了专属管辖。专属管辖意味着该类特定民事案件仅限于我国法院管辖，外国法院无管辖权，且当事人也不得以协议方式选择其他法院管辖。国内民事诉讼案件的专属管辖限于不动产纠纷、港口作业，以及因继承遗产所产生的纠纷，而在涉外民事诉讼领域，适用专属管辖的诉讼包括在中华人民共和国履行的中外合资经营企业合同、中外合作经营企业合同、中外合作勘探开发自然资源合同发生的纠纷。前两类合同所成立的企业从法律上来讲仍是我国的企业法人，理应由我国人民法院行使管辖权；中外合作勘探开发自然资源合同则由于涉及资源的主权性，经由国内法院管辖更多的是考虑到对环境的保护和可持续发展。另外，专属管辖规则的设定并不排斥当事人的协议仲裁，双方仍可通过协议仲裁的方式解决纠纷。

专属管辖的设置多是针对法律制定之初中外经济合作可能产生的问题，而随着改革开放的深化，中外经济合作领域形式多样，条文中所规制的三类合同纠纷在实践中出现的频率逐渐降低，而对于新合作形式在管辖方面的规定仍有空白。因此，专属管辖仅涉及的三类合同已不能适应现今中外经济合作形式的发展，应重新审视经济发展的大环境，不断完善涉外诉讼法对于中外经济合同纠纷的管理规范。

专属管辖的规范虽然一定程度上限制了当事人选择管辖法院的自由权利，但从实践角度分析，更有利于法院调查案件事实、勘验取证，对于纠纷的解决、诉讼效率的提高具有积极意义。

（三）新《民事诉讼法》下管辖条款的规定

原《民事诉讼法》在协议管辖方面对国内案件和涉外案件进行了区分，分别规定在第 25 条和第 242 条。涉外管辖在修改之前，表述为"涉外合同或者涉外财产权益纠纷的当事人，可以用书面协议选择与争议有实际联系的地点的法院管辖。选择中华人民共和国人民法院管辖的，不得违反本法关于级别管辖和专属管辖的规定"。其中，对"实际联系"的判断并无法律标准，而且在法院的选择上也并无本国和外国之分。之后的修订将原涉外管辖规定的第 242 条删去，与国内管辖条款相整合，形成了新《民事诉讼法》的第 34 条。新《民事诉讼法》第 34 条规定："合同或者其他财产权益纠纷的当事人可以书面协议选择被告住所地、合同履行地、合同签订地、原告住所地、标的物所在地等与争议有实际联系的地点的人民法院管辖，但不得违反本法对级别管辖和专属管辖的规定。"新规定对于原 242 条中的实际联系进行了解释，以五个典型——被告住所地、合同履行地、合同签订地、原告住所地、标的物所在地作为法条适用的参照，给予了法律适用更明确的指引。另外，在法院的选择上，新规定将管辖法院限定为人民法院，即协议管辖所选择的法院只能是我国法院。一方面通过缩小涉外民事诉讼协议选择管辖法院的范围，加强了国家司法权的独立性，有利于涉外案件本国当事人利益的维护；但另一方面，如此修改反映了我国在涉外管辖问题上的谨慎态度，由原法律中的开放法院管辖到新修订的限于本国法院管辖，实际上是涉外管辖的一种倒退。协议管辖本强调当事人的意思自治，法律应尊重合同双方的本意，新法如此表述略有不妥。

应诉管辖作为涉外民事诉讼管辖程序的必要组成，新《民事诉讼法》第 127 条承继了原《民事诉讼法》对其的规定："人民法院受理案件后，当事人对管辖权有异议的，应当在提交答辩状期间提出。人民法院对当事人提出的异议，应当审查。异议成立的，裁定将案件移送有管辖权的人民法院；异议不成立的，裁定驳回。当事人未提出管辖异议的，并应诉答辩的，视为受诉人民法院有管辖权，但违反级别管辖和专属管辖规定的除外。"新《民事诉讼法》有关应诉管辖的规定并未解决实践中既提出管辖异议又应诉答辩的问题，对于原民事诉讼法应诉管辖在适用过程中所反映的不足没有进行及时的弥补，给法律条款的适用造成困难，不利于法律引导性原则的发挥。

专属管辖作为涉外民事诉讼管辖程序的特别存在，是涉外民事纠纷解决不可或缺的一部分。新《民事诉讼法》第 266 条规定："因在中华人民共和国履行中外合资经营企业合同、中外合作经营企业合同、中外合作勘探开发自然资源合同发生纠纷提起的诉讼，由中华人民共和国人民法院管辖。"将此三类合同划为专属管辖，排除其他国家法院对其进行管辖，当前已不再符合国际通行做法，也与新增专属管辖案件存在一定程度的重叠，可以说已不再适应我国涉外民事诉讼管辖程序的实际。

四、涉外民诉管辖程序的实施困境

（一）立法角度

首先，在涉外民诉管辖程序立法模式的设置上，我国传统倾向于涉外与国内管辖权分置，对涉外和国内管辖权进行分别立法、分别规制，但从新《民事诉讼法》的设置来看，如今涉外民诉管辖程序立法模式则呈现向单轨制发展的趋势，国内管辖权范围不断扩大，涉外协议管辖及应诉管辖逐渐归入其中。此种设置一定程度上忽略了国内管辖权与涉外管辖权的区分。涉外管辖权实际上是国际上国家之间对涉外民事案件行使管辖权的一种分配性规则，其与国内因种类、地域、级别而划分的管辖类别具有明显不同。[1]更深层次来说，国内管辖权更多的是考虑案件在一国领域范围内的分配，考虑在地区之间、法院级别之间的管辖差异，而涉外管辖权的确定更重要的是考虑主权问题，涉及一个国家司法主权的确立与保护。新《民事诉讼法》在涉外民诉管辖程序立法模式上的单轨制趋势，很大程度上模糊了国内管辖与涉外管辖之间的区分，可能会影响我国司法工作的进行。

其次，新《民事诉讼法》在涉外民事诉讼管辖权的规定上欠缺系统性。民事诉讼管辖的规定多是以一般管辖、特别管辖、专属管辖、协议管辖和管辖权冲突来作具体划分，而新《民事诉讼法》在这些部分均不够完整、系统。在一般管辖条款的设置上，涉外编缺乏相应的条款规定，而是以援引国内编的方式进行规制。另外，在涉外管辖权的例外规定上，新《民事诉讼法》设置也较为混乱，零散地设置在国内编的各章节内。条款设置的系统性缺乏破坏了立法体

---

〔1〕 刘仁山主编：《国际私法》，中国法制出版社 2012 年版，第 380 页。

系的衔接性，也会影响日后司法实践中的具体落实。管辖权冲突这部分在新《民事诉讼法》中并没有得到很好的解决，仍然缺乏一个强有力的立法支持。尽管依据现有的不方便法院原则可以一定程度上解决管辖权冲突，但立法层面上的明确规定仍十分必要。

最后，在具体管辖权立法内容上，新《民事诉讼法》的修改存在一定的瑕疵。在协议管辖范围上，原《民事诉讼法》第 242 条规定："涉外合同或者涉外财产权益纠纷的当事人，可以用书面协议选择与争议有实际联系的地点的法院管辖。选择中华人民共和国人民法院管辖的，不得违反本法关于级别管辖和专属管辖的规定。"新《民事诉讼法》具体限定了协议管辖的地点，限定为"被告住所地、合同履行地、合同签订地、原告住所地、标的物所在地人民法院"，并规定应选择由"与争议有实际联系的地点的人民法院管辖"。原法条仅强调法院，而新规定则强调人民法院，这极易对司法工作人员和当事人造成误导，将选择范围限定在中华人民共和国人民法院范围内，对当事人的选择权利造成一定的影响。并且，"与争议有实际联系的地点的人民法院管辖"这一表述并不明确，对于"实际联系"的界定也由于司法工作人员的认识不同而造成适用上的差异，学界对于"实际联系"多采用分类方式进行释明。比如，将实际联系分为表面形式上的联系和内在的实际联系。[1]表面形式上的联系意指协议约定的管辖法院与双方争议所具有的外在的事实上的联系，而内在的实际联系则侧重于强调法律上的联系，约定的管辖法院与争议之间并不存在明显的事实上的联系。另外，也有将实际联系分为事实联系和法律联系的，事实联系强调无论在外在表现还是内在表现上均应体现约定管辖法院与所发生争议之间的密切联系，而法律联系则不仅要求选择该法院，还要求选择该法院所属国法律为准据法。[2]此类有关"实际联系"的探讨一定程度上引导了对于法律条文的理解，但还是有诸多抽象、模糊之处存在，使得法律适用更加困难。实践中很难对管辖法院作出明确判断，这在一定程度上限制了当事人选择法院的权利。

在涉及应诉管辖的规定中，新《民事诉讼法》综合了涉外应诉管辖和国内应诉管辖，简化规定、提高效率，但同时也忽略了相当一部分的问题。应诉管

---

〔1〕 孙南申："论国际私法中协议管辖的法律效力"，载《政治与法律》1999 年第 2 期。

〔2〕 刘力："我国国际民事诉讼协议管辖中'实际联系'辨析"，载《法律适用》2008 年第 12 期。

辖又称默示协议管辖、推定管辖，是指当事人之间在无明确管辖协议的情况下，因一方当事人在一国法院起诉，相对方在不提出管辖异议的情况下进行应诉或向该法院提出反诉，均视为相对方默示接受该国法院的管辖。从定义上推知，应诉管辖必须满足两个条件：一是相对方对管辖权未提出异议，二是及时参与应诉答辩。而在如何判断应诉答辩的问题上，新《民事诉讼法》并未释明。答辩形式是多样的，可能是递交答辩状，也可能是由律师代理出庭等方式表现，这就使得实践中对应诉答辩的形式判断难度加大。原法在应诉管辖的规定上虽确立了管辖权的异议制度，但并未言明不提异议的情况是否构成默示协议管辖。新《民事诉讼法》出台后并未解决这一问题，在学界仍存有异议。新《民事诉讼法》有关应诉管辖的规定设置在第 127 条，与原《民事诉讼法》第 38 条内容完全相同，存有的缺陷并未得到有效弥补。新《民事诉讼法》对于应诉答辩并未给出一个明确的界定，在形式和内容上都缺乏一个严谨的规定，并且在应诉管辖的适用范围上，新《民事诉讼法》亦缺乏权威的划分。

在专属管辖的规定中，正如上文所述，随着我国社会主义市场经济的发展及改革开放的不断深化，中外合资经营合同、中外合作经营合同、中外合作勘探开发自然资源合同已不具备特殊性，与一般涉外合同无异。将此三类特殊经济合同继续列为专属管辖范围已经不符合国际社会的通行做法。另外，港口作业及遗产继承纠纷作为专属管辖，在涉外案件中依法应适用国内编的相关条款，而这两项纠纷更多涉及的是私权利，与国家主权、政治经济利益等方面联系较弱，将其作为专属管辖设置在涉外民诉专属管辖中，略有不妥。

（二）司法实践角度

我国涉外民事诉讼管辖权的相关规定对司法实践中的管辖处理案件起到了直接的引导作用，但立法中的瑕疵也直接影响到了法院对涉外案件的审判。以协议管辖为例，综合上文所述，新《民事诉讼法》第 34 条规定协议管辖的法院范围除其所列举的五个具体行为地点外应限定在"与争议有实际联系的人民法院"。何为"与争议有实际联系的人民法院"这一点在法条中并未言明，这就造成司法实践中司法工作者对法律条文的理解困难。具体到个案中，鉴于争议的发生具有不确定性，双方当事人很难在前期约定协议管辖时确定与争议有实际联系的人民法院，这便容易导致双方约定的协议管辖法院成为"形式"，很难保证该约定的实现。在实际纠纷解决的过程中，实际管辖法院的选择则更多地依赖于司法工作者的依法裁量，该协议约定很难实现立法预期目的。法条条律设置的模糊性，一方面有违合同当事人意志，不利于具体涉外纠纷的解决，另一方面也使得协议管辖的立法初衷流于形式，不利于涉外民事诉讼管辖程序的完善发展。

五、涉外民诉管辖程序的完善

随着涉外交流的发展和来往的密切，涉外编民诉程序的设置应适应国际社会的发展需要，及时呼应司法实践中的立法诉求，以期发挥更大效用。依据上文所提到的涉外民诉管辖程序在立法及司法实践中的实施困难，下文将从体例及具体条文内容两方面对涉外民诉管辖程序的完善与改进提出意见，从而推进立法的严谨与全面，提高适用性，充分发挥法律条文在涉外民事诉讼进程中的指引性、规范性作用。

（一）体例系统化的完善

新修民事诉讼法在涉外民事诉讼管辖权方面重点保留了两条规定，虽然在涉外民诉管辖程序结构框架上有一定的创新性，但忽略了与其他章节的协调性，一定程度上破坏了民事诉讼法的整体性，不利于立法思维的连贯。另外，正如上文所述，鉴于涉外民诉案件与国内案件的差异性，从立法层面上来说，应对涉外民诉管辖程序进行单独立法，依据国际社会通行的立法体例，按照"一般管辖、特别管辖、专属管辖、协议管辖和管辖权的冲突解决"来进行设置，[1]从而实现涉外民诉管辖程序的全面性、系统性、科学性，也更加符合司法工作者的查阅顺序，便于发挥立法对司法实践的指导作用。

（二）内容充分性的完善

涉外民诉管辖程序内容上的完善主要指协议管辖、应诉管辖及专属管辖这三方面。

在协议管辖上，可以适当扩大协议管辖的适用范围，使之并不仅限于一般合同。伴随涉外交流的频繁，合同类型多样化发展，法律条文也应及时作出相应回应，可以从一般合同扩展到所有合同领域，进而扩大到委托代理、信托等领域。[2]当前协议管辖的形式要件还限于书面形式，这与当前电子数据的发展显得有些不太协调。互联网及其他通信的迅猛发展应给予立法修订一个新的思

---

〔1〕 李双元、徐国建主编：《国际民商事新秩序的理论建构——国际私法的重新定位于功能转换》，武汉大学出版社 1998 年版，第 143 页。

〔2〕 刘懿彤："我国涉外民事诉讼管辖权制度存在的问题及完善"，载《法制研究》2015 年第 3 期。

路，将其灵活地应用于形式要件规范，比如 2005 年《海牙选择法院协议公约》就明确提出，允许当事人进行协议管辖时可以以其他通讯方式或者数据传文等可以明确表示双方当事人意思的方式。新《民事诉讼法》可考虑适当扩大书面形式的内涵，将除书面形式外，其他如双方通常惯例中所用的形式、双方事先知道或应当知道并通常遵守的惯例等形式均予以确认，以此适应涉外民事交易的现状及发展，促进进一步的交流与合作。另外，针对上文所提到的协议管辖的第 34 条，"实际联系"这一管辖法院限定条款实无必要，协议管辖本就是合同当事人双方自由意志的体现，法条的如此设置一定程度上限制了当事人自治，并不利于矛盾纠纷的解决，应考虑在充分保障当事人权利的基础上，引入公共秩序保留限制，保护弱方当事人的合法权利。[1]最后，在法律条款措辞问题上，新《民事诉讼法》的"人民法院"表述略有不当，在众多涉外案件中，当事人基于选择权利，完全可以协议由其他外国法院或国际法院进行管辖，并不仅仅限于中华人民共和国法院。

在应诉管辖上，新《民事诉讼法》在内容设置上将应诉管辖放在了审判程序一章中的审理前准备，有违传统诉讼程序设置，司法实践中不利于司法工作者的查询及援引，应考虑变更其位置，可置于管辖一章协议管辖之后，以确保管辖体系的完整性，有利于法律适用效果的保障。另外，基于对当事人意思自治的维护，应赋予法院一定的告知义务。应诉管辖权并不应依靠当事人默示承认而单纯确立，法院应及时告知应诉管辖的行为后果及相应救济措施，充分尊重当事人的真实意思表示。立法方面还可进一步考虑补充应诉管辖的内容判断，从出庭形式及答辩内容两个方面综合判断当事人意图。参照《海牙国际有体动产买卖协议管辖公约》第 3 条的规定，被告出庭目的不是就案件实质问题进行辩论，而是对管辖权表示异议或要求解除扣押物等，这种出庭不能作为法院行使管辖权的依据。若被告既对管辖权提出异议又对案件实质问题作出了答辩，则应视为承认法院管辖权。司法实践中，当事人由于法律知识的缺乏进行出庭答辩，很容易被法院推定其享有涉案管辖权，而这很可能与当事人的意志是相违背的，此时法院作为居中裁判者应当及时告知当事人行为后果，积极引导，以保障案件程序上的公正性。

在专属管辖上，新《民事诉讼法》法第 266 条规定的三类涉外合同——中

---

〔1〕 刘懿彤："我国涉外民事诉讼管辖权制度存在的问题及完善"，载《法制研究》2015 年第 3 期。

外合资经营企业合同、中外合作经营企业合同、中外合作勘探开发自然资源合同已不具备特殊性，可考虑参照国内编的相应规定进行规制。比如，对于前两者所涉及的在我国领域内的公司设立、解散等纠纷，可参照国内编由公司所在地人民法院管辖，而对于中外合作勘探开发自然资源合同所引起的纠纷，应从自然资源的属性出发，以动产和不动产作区分，分别依据国内不动产合同的相应条款及另设条款进行规制。自然资源勘探合同纠纷很大程度上将涉及国家经济利益，对国家利益将产生重大的影响，应明确进行划分，进行区别规制、区别保护。另外，可以考虑在专属管辖范围内增加知识产权保护类的诉讼案件、法人机构存续形式的诉讼案件。前者基于权利保护的特殊性，多受到知识产权注册国或登记国的地域限制，采取专属管辖的设置更能适应该种权利的保护需要，积极有效地促进矛盾纠纷的解决。后者是指有关受我国法律支配的法人有效、无效或解散的诉讼案件，法人机构的决定有效、无效的诉讼案件，公司合并无效诉讼案件和股份有限公司发行新股无效的诉讼案件，[1]此类案件与法人本身联系密切，综合国际经验而言，也多是建议根据法人属人法，由所属国法院专属管辖。

结　论

新《民事诉讼法》的修订完成，精简了法条内容，促进了涉外民事诉讼程序与国内民事诉讼程序的统一，一定程度上体现了与时俱进、改革创新。但在相关内容的修订问题上，仍有争议。例如，新增电子送达方式的规范及安全性保障、管辖条款的限缩等，仍需后续司法解释、司法意见进一步完善。涉外民事诉讼程序的立法与国际社会发展的需要紧密相关，在经济合作化发展的今天，我国涉外民事诉讼程序的立法与实践进程都不可避免受到国际社会大形势的影响，因此涉外民事诉讼程序的改革发展应在维护国家主权的基础上更加关注与他国的互动，以期更好地服务于涉外纠纷解决，维护当事人合法权益，实现国家利益同个人利益的和谐统一。

---

〔1〕　邵明："我国涉外民事诉讼程序之完善"，载《中国人民大学学报》2012 年第 4 期。

以司法视角析民事诉讼与仲裁的关系

乔　欣[*]

引　言

民事司法制度最主要的功能在于民商事纠纷的解决，以国家司法权威介入当事人私权纠纷，以民事诉讼制度作为司法最终解决的途径，使当事人之间错位的权利义务得以回归，社会得以和谐。仲裁的横空出世打破了司法对纠纷解决的垄断，当事人自由意志下的自我救赎形成了与国家司法权的抗衡。民事诉讼与仲裁在司法视角下的和平相处即成为无法回避的现实。

2017 年 12 月 29 日，《最高人民法院关于审理仲裁司法审查案件若干问题的规定》（以下简称《司法审查规定》）和《最高人民法院关于仲裁司法审查案件报核问题的有关规定》（以下简称《报核问题规定》）终于正式公布，这是继 2006 年实行的《最高人民法院关于适用〈中华人民共和国仲裁法〉若干问题的解释》（以下简称《仲裁法解释》）、2016 年 6 月最高人民法院发布《关于人民法院进一步深化多元化纠纷解决机制改革的意见》之后，司法最高系统传达出对仲裁更为积极的声音。其中《司法审查规定》共有 22 条，主要包括仲裁司法审查案件的类型、受理、关联案的管辖法院、承认与执行外国仲裁裁决应提供的材料及审查程序等内容，特别是在法律适用方面引入了"有利于协议有效"原则（in favorem validitatis），规定仲裁机构所在地法和仲裁地法对仲裁协议效力有规定时，人民法院应当适用确认仲裁协议有效的法律。《报核问题规定》共 8 条，一改我国对于仲裁协议和仲裁裁决的司法审查程序长期

＊　乔欣，中国政法大学教授，法学博士。

采取"内外有别"的方式，即对于非涉外仲裁司法审查案件可以通过中级人民法院作出最终决定，而对于涉外仲裁裁决撤销、不予执行和仲裁协议无效认定则需要层报至最高人民法院的"报告制度"或"内请制度"，明确了国内案件也采取类似的报告制度，如中级人民法院认为仲裁协议有效，同意执行或者不予撤销非涉外仲裁裁决，可以径行作出终局裁定；如中级人民法院拟认定仲裁协议无效，不予执行或者撤销我国内地仲裁机构的仲裁裁决，应当向本辖区所属高级人民法院报核；待高级人民法院审核后，方可依高级人民法院的审核意见作出裁定；在特定情况下，如仲裁司法审查案件是当事人住所地跨省级行政区域、以违背社会公共利益为由不予执行或者撤销我国内地仲裁机构的仲裁裁决，高级人民法院拟认定仲裁协议无效、不予执行或者撤销裁决的，还要报最高人民法院审核。对于非涉外仲裁协议和仲裁裁决，采取"以上报高院为原则，以上报最高院为例外"的做法，有助于统一司法意见，确立仲裁裁决的一裁终局性，特别是以违背社会公共利益为由上报最高院的规定，对于界定仲裁司法审查中的"公共利益"具有重大意义。

年终岁末之际最高法院司法解释的出台，不仅使国内案件和涉外案件得以平等对待，统一了对相关规定的适用，符合对国际、国内仲裁司法审查案件统一归口管理的趋势，也有利于从根本上保证案件裁判尺度的统一和法律适用的正确性，特别是在原内请制度的基础上，明确细化了操作程序、上下级法院的职能等内容，使得仲裁司法审查制度更加透明和规范。

纵观最高人民法院一系列关于司法与仲裁关系的司法解释，体现了我国仲裁司法审查方面的进步，体现了我国尊重仲裁，发展仲裁，善待仲裁及不断完善仲裁法律制度的态度，对于进一步提升仲裁的公信力、加快我国仲裁制度的腾飞步伐起到积极意义。尽管最高院司法解释的出台对理顺民事诉讼与仲裁的关系起到指引作用，但在理论与实务中如何践行有利于仲裁制度发展的原则，则任重而道远。以司法视角审视和调整民事诉讼与仲裁的关系，源自或裁或审制度以及仲裁独立性原则，交叉于诉讼管辖权与仲裁管辖权的确定、对仲裁裁决的司法审查以及仲裁保全程序与民事诉讼程序的衔接。

一、或裁或审制度下的民事诉讼与仲裁

（一）或裁或审制度含义及意义

或裁或审制度是仲裁法的基本制度，是规范具体纠纷以诉讼抑或仲裁方式

解决所适用的制度，也是标志仲裁作为独立的纠纷解决方式的制度。或裁或审制度是指双方当事人对所发生的争议，或者通过仲裁方式解决，或者通过诉讼方式解决的制度。我国《仲裁法》第5条规定："当事人达成仲裁协议，一方向人民法院起诉的，人民法院不予受理，但仲裁协议无效的除外。"这是我国《仲裁法》对或裁或审制度的肯定，也是或裁或审制度的法律依据。或裁或审制度的含义主要体现在如下两个方面：

对于当事人来说，或裁或审制度意味着当事人对纠纷解决方式具有选择权。当事人之间发生的争议只能由双方当事人在仲裁或者诉讼中选择其一加以采用。双方当事人之间达成的仲裁协议，必然排斥在纠纷发生时任何一方当事人就该争议向人民法院提起诉讼的权利，而应当依据仲裁协议向仲裁机构申请仲裁。仅在双方当事人未能就争议的解决方式达成一致，或者所达成的仲裁协议依据我国法律的要求为无效时，就该争议才能通过诉讼方式解决，同时亦不能强迫对方当事人进行仲裁程序。

对仲裁机构来说，仲裁机构不能受理当事人之间没有仲裁意愿的纠纷案件；对法院来说，人民法院不能受理当事人之间已经达成仲裁协议的纠纷案件。根据我国《民事诉讼法》第124条第2项的规定，双方当事人达成书面仲裁协议申请仲裁、不得向人民法院起诉的，人民法院应当告知原告向仲裁机构申请仲裁。由此可见，仲裁协议是确定纠纷解决方式的唯一根据，也是确定或裁或审的基础。

（二）民事诉讼与仲裁关系的解读

民事诉讼与仲裁的关系历来是各国仲裁法的核心内容之一。民事诉讼，作为社会争议形成后对权利的公力救济手段，从其产生之日起，就充分体现了解决社会争议方面国家司法权的绝对权威。然而，随着社会经济的迅猛发展，特别是国际经济贸易的广泛展开，民商事争议日渐增多，人们开始重新审视司法在解决社会争议方面的作用，司法审判与生俱来的程序繁琐、周期过长等特点也使得一些当事人不敢轻易起诉。在此情形下，仲裁作为一种司法外的纠纷解决方式应运而生，也使得原来的司法最终解决机制被打破，变为司法与司法外争议解决机制并存。

1. 仲裁的独立性

仲裁的独立性是仲裁作为一种纠纷解决方式独立于其他纠纷解决方式的根本属性，其所体现的是仲裁终局性解决纠纷的体系。几乎所有国家在界定商事仲裁与民事诉讼关系时都采用了或裁或审，裁审择一的原则，而这一原则的广泛适用恰是对仲裁独立性的最好诠释。仲裁的独立性由仲裁的性质决定。仲裁的根本属性是契约性，体现为仲裁以双方当事人的合意为基础，通过双方达成的仲裁协议，授权仲裁庭解决他们之间的纠纷。这种契约授权的方式是在双方当事人完全自主，没有任何强制性约束的情况下进行的，是一种自由的、民间性的契约行为。

仲裁的独立性首先表现为仲裁机构和仲裁庭的独立性。仲裁机构是指管理仲裁案件，进行仲裁程序的组织机构，具有民间性和独立性的特征，即在法律上属于独立于政府的民间组织，其运作功能亦独立于任何其他组织。在我国特定的仲裁体制背景下，法律上所确定的仲裁委员会是仲裁机构有中国特色的冠名。仲裁委员会的独立性是我国《仲裁法》第14条所确定的，"仲裁委员会独立于行政机关，与行政机关没有隶属关系。仲裁委员会之间也没有隶属关系"。仲裁庭是行使仲裁权的主体，基于当事人的选定，或者仲裁机构的指定，对当事人提交仲裁的纠纷进行审理，并作出仲裁裁决。仲裁庭的独立性是其独立解决纠纷的属性，即根据法律和当事人授权公平合理解决纠纷，任何其他组织、机构，包括仲裁委员会无权对其进行干涉。其次，仲裁的独立性表现为仲裁程序的独立性。程序的独立性意味着程序的完整性和功能控制性。完整性是独立性的基本属性，只有程序的开始、进行和结束是完整的，才可言程序的独立性。仲裁的运作过程中，从当事人申请仲裁到仲裁庭作出终局裁决是一个完整的纠纷解决过程。在这一过程中，仲裁庭以当事人授权和法律授权为基础行使仲裁权，独立解决纠纷。所谓功能控制性是仲裁程序的根本属性，是指通过程序本身，以程序主体自身的主动行为实现程序的功能，具有不被干涉、不被替代的属性。最后，仲裁独立性表现为仲裁裁决的终局性。仲裁裁决的终局性是仲裁独立性的核心，表明凭借其自身的程序和功能即可对纠纷作出最终的定夺，仲裁具有完全的解决纠纷的权力和功能。裁决的终局性是与司法判决的终局性并行的功能特性，都具有强制执行的法律效果。虽然仲裁与司法的功能都是解决双方当事人之间的争议，但仲裁毕竟不是司法，不具有司法的以国家公权力解决纠纷的强度。然而之所以仲裁这种民间性的纠纷解决方式能够解决当事人之间的纠纷，并不仅仅在于仲裁本身是否具有强制力，主要在于仲裁能够独立解决纠纷的优势，在于争议主体对仲裁基于独立性而产生的公正性的渴望和信任，正是在这种渴望与信任基础上产生的公信力，使得仲裁具有了非国家意志的权力功能，并进一步体现了仲裁独立性的属性。

2. 司法支持与监督

仲裁的独立性并不意味着仲裁应完全脱离司法。尽管仲裁具有灵活、便捷、经济等司法审判所无法比拟的优势，然而，追及仲裁制度的本源就不难发现，若要保持仲裁的生命力经久不衰，离不开司法对仲裁的支持与监督。作为司法外的一种解决纠纷的制度化形式，[1]仲裁的司法支持与监督，即利用司法审判权从外部制约、监督仲裁权，并对合法的仲裁行为予以保障和支持，是仲裁程序获得正当性的必然要求。在仲裁立法与实践中，世界上几乎没有任何一个国家放弃对仲裁的司法支持与监督。当然，各国对仲裁进行司法支持与监督的形式、范围等都有所不同。但总的来说，对仲裁的支持与监督都是以实现仲裁的公正和效率价值为目标的。司法对仲裁的支持与监督，对于保证仲裁权的正确和顺利行使，防止仲裁员的恣意，实现仲裁裁决所具有的效力等都发挥着积极作用。

从仲裁机理来看，仲裁并不排斥国家公权力的介入，但同样是公权力介入仲裁，"确认、支持"与"监督、控制"既存在联系，其本质又存在区别。仲裁的发展离不开法院的支持，也需要法院的监督，司法对仲裁的支持与监督难以截然分开。可以说，司法对仲裁的监督正是立足于其对仲裁的支持基础上，保证仲裁制度的优化。合理定位司法与仲裁关系的出发点应当是对公正与效率最优平衡的追求。效率是仲裁制度蓬勃发展的原动力，公正则是灵魂，是人们选择仲裁的出发点和归宿点，是仲裁制度能够保持经久不衰生命力的前提。无论是放弃效率抑或是丧失公正，都将使仲裁制度遭受致命打击，而过度强调效率或公正又难免使另一方受损，也将阻碍仲裁的健康发展。司法支持与监督，实质上正是如何处理仲裁裁决的终局性和司法审查权关系的问题，也就是如何维护仲裁制度公正与效率的问题。因此，基于适度监督理念，司法对仲裁的监督应在承认仲裁裁决终局性，体现仲裁独立性的基础上，以支持和协助的宽容态度确定正当程序监督标准；遵循程序主体性原则，以当事人意思自治为本位，以当事人或仲裁庭的申请事由为法院介入仲裁的范围；确定仲裁庭的适当仲裁权，原则上不审查或者严格限制审查裁决的实体内容；在当事人与仲裁庭都不需要法院协助时，协调当事人合意及法院司法的强制性，以"不干预主义"为指导思想，以坚持促进仲裁发展为指导原则。

---

〔1〕 参见［英］施米托夫：《国际贸易法文选》，赵秀文译，中国大百科全书出版社 1993 年版，第 666 页。

构建民事诉讼与仲裁关系的两部主要法律《民事诉讼法》和《仲裁法》在仲裁制度发展之初起到极大的促进作用。但随着市民社会的繁荣，它们已逐渐显示出一些明显缺陷。与仲裁制度发达国家及国际仲裁立法实践相比，我国民事诉讼与仲裁的关系定位不清，严重影响到仲裁制度化进程。尽管《仲裁司法解释》的实施是最高人民法院对改善仲裁与司法关系的一次有力尝试，统一了各地司法支持仲裁、监督仲裁的标准，从总体上确立了司法支持仲裁的原则，为仲裁制度提供了一个良性发展环境，而《司法审查规定》《报核问题规定》进一步统一了规则，更显对仲裁的友善，但有些规定仍有待于进一步探讨。值得提及的是，第十届全国人大常委会五年立法规划公布后，仲裁法的修订正式启动，可以说上述仲裁法的解释的实施是一个契机，为《仲裁法》重构民事诉讼与仲裁关系进行了有力的探索。

（三）民事诉讼与仲裁相互关系的发展趋势

在传统的仲裁立法和仲裁实践中，司法的参与更多地体现为对仲裁的监督，监督的范围不仅包括对程序问题的监督，而且涉及某些实体问题，几乎覆盖了仲裁的全过程。随着仲裁制度的迅速发展，仲裁中的司法参与已经发生了或正在发生着显著的变化。总的来说，司法对仲裁权监督的变化趋势是向着减少法院的司法参与的方向发展的，即在肯定仲裁庭独立行使仲裁权的基础上，缩小法院的参与范围和程度，在不可缺少的司法参与中，严格法院对仲裁监督的程序。司法对仲裁监督的这种变化，不仅反映在国际仲裁规则中，也体现在各国国内的仲裁立法以及仲裁实践中。

国际仲裁规则作为国际商事纠纷仲裁中所适用的程序规则，也往往成为各国仲裁立法的参考或依据。联合国《国际商事仲裁示范法》（以下简称《仲裁示范法》）是联合国大会 1985 年 6 月 21 日通过的，是推荐给各国当事人进行仲裁时所选用的仲裁法律规范。虽然该示范法不是国际公约，但它影响到了各国的仲裁立法，目前已有许多国家参照该示范法修订了自己的仲裁法和仲裁规则。可以说《国际商事仲裁示范法》代表了各国仲裁的发展趋势，是一个重要的国际仲裁规则。该仲裁示范法在处理法院对仲裁程序的参与问题上明确规定：法院对仲裁程序的干预是有限度的，"由本法管辖的事情，任何法院均不得干预，除非本法有此规定"。[1]仲裁庭可以对它自己的管辖权包括对仲裁协议的存在或效力的任何异议作出裁定。即使一方当事人要求法院对仲裁庭的管

---

〔1〕 联合国《国际商事仲裁示范法》第 5 条。

辖权作出决定，在等待对这种要求作出决定的同时，仲裁庭仍可以继续进行仲裁和作出裁决。在采取临时措施方面，仲裁庭有命令采取临时措施的权力，而无须法院的参与。在对仲裁裁决的追诉方面，仲裁示范法将当事人向法院申请撤销仲裁裁决作为唯一的追诉手段，也就是说该示范法承认法院有权撤销仲裁裁决，但对法院行使这项权力又作了较为严格的限制，即只有在下列情况下仲裁裁决才得以被法院撤销：①提出申请的一方当事人必须提出证据证明：订立仲裁协议的一方当事人欠缺行为能力或仲裁协议是无效的；或者提出申请的一方当事人未得到有关指定仲裁员或仲裁程序事项的适当通知，或因其他理由未能陈述其案情；或者仲裁裁决处理了不属于仲裁协议规定的提交仲裁的争议；或者仲裁庭的组成或仲裁程序与双方当事人的协议不一致。②如果法院认为根据本国的法律，争议的标的不能通过仲裁解决；或者该裁决与本国的公共政策相抵触，也可撤销仲裁裁决。

法院对仲裁权的监督，在各国的国内仲裁立法中表现出极大的差异性。有些国家，特别是英美法系国家通常赋予法院以较大的监督权和干预权，而大陆法系的一些国家中，法院对仲裁权的监督则相对较少。随着仲裁的不断发展，特别是《国际商事仲裁示范法》的生效实施，各国在修订或制订国内仲裁法时，往往都会顺应仲裁发展的趋势，进一步减少法院对仲裁的监督。而在各国仲裁立法中，最能反映出法院对仲裁监督和干预的减少这一发展趋势的要属英国仲裁立法的发展变化。一向以对仲裁进行严格控制的英国法院，通过1996年《英国仲裁法》，改变了以往过度干预仲裁的态度，将有限的法院干预作为一项基本原则加以规定，明确了在依据仲裁协议进行仲裁的过程中，除非另有规定，法院不得进行干预。这使得法院的职能已更多的成为对仲裁权的支持而不是对它的监督、干涉或者取代。仲裁立法的不断完善，必然带来仲裁实践的迅速发展。在解释和适用仲裁法律时，已经形成了法院对仲裁监督的宽松氛围。

二、仲裁司法审查中相关问题探究

仲裁的司法审查包括法院对仲裁协议效力的审查以决定诉讼管辖权或仲裁管辖权、法院对仲裁裁决的审查以决定仲裁裁决的撤销或不予执行。

（一）诉讼管辖权与仲裁管辖权的确定原则

诉讼管辖权与仲裁管辖权的确定实质上是对仲裁协议效力的审查与确认。

从司法的角度，对仲裁协议效力的确认权往往又是对司法管辖权的决定权。因此，当双方当事人因仲裁协议的效力发生争议，继而对纠纷案件解决方式的选择产生异议时，便首先涉及第一个问题：谁有权确定仲裁协议的效力，进而确定仲裁/诉讼管辖权？继而引发第二个问题：面对或裁或审，管辖权的确定原则应如何适用？

依据我国现行法律规定，对第一个问题的解答似乎并不困难，民事诉讼法中虽然没有具体规定，但《仲裁法》第 20 条明确规定："当事人对仲裁协议效力有异议的，可以请求仲裁委员会作出决定或者请求人民法院作出裁定。"一方请求仲裁委员会作出决定，另一方请求人民法院作出裁定的，由人民法院裁定。这一规定赋予了仲裁委员会和法院共同享有对仲裁协议效力的确认权。无论这是否中国特色，法律既已明确规定，余下的就是执行问题。而对第二个问题，在民事诉讼与仲裁实务中，当事人对仲裁协议效力提出异议并对管辖权提出异议的案例绝不是少数，法院对此的认定结论也各不相同，尽管有相当的案例倾向于认定仲裁协议有效并确定仲裁管辖权，但倾向于认定仲裁协议无效而确定诉讼管辖权的更不在少数。从充分尊重当事人的真实意愿出发，以鼓励仲裁、发展仲裁为契机，给予仲裁更大的发展空间是一种不可逆的趋势，仲裁管辖权优先适用原则更应当成为我们在确定诉讼管辖权及仲裁管辖权的不二适用原则。

2017 年 11 月 27 日，香港高等法院就一起涉及仲裁条款效力的诉讼案件作出了判决。该案中，各方当事人在先订立的合同中载有仲裁条款，在后订立的补充合同中则约定由香港法院排他管辖。各方围绕缔约时的真实意思表示进行了争辩，高等法院最终适用"表面证据原则"对该案作出了裁判。本案中，各方当事人对两份协议的争议解决程序作出了不同的安排。其中，协议一约定协议方有权将争议提交香港国际仲裁中心，根据 UNCITRAL 仲裁规则进行仲裁；协议二则约定："因本补充协议的成立、效力、解释及履行所引起的任何争议应受中华人民共和国香港特别行政区法律管辖，各缔约方一致同意将该等争议提交由香港特别行政区行使排他性管辖权。"2017 年 5 月 12 日，原告在香港法院提起了针对四位被告的诉讼。随后，四位被告根据《香港仲裁条例》第 20 条的规定，共同向香港法院申请中止诉讼程序，并主张有关争议应根据仲裁条款进行仲裁。审理该案的谢林顿法官首先指出，在审理此类是否中止诉讼程序的案件中，香港法院通过判例形成了比较稳定的分析路径，即申请程序中止一方只需在表面上证明各方受到仲裁条款的约束；除非各方显然不受仲裁条款的约束，否则香港法院应当中止程序，将争议交由仲裁庭解决。循着这一分析路径，法官在作出判断前，应当考虑如下四个问题：①当事人之间是否订有仲裁协议；②涉案的条款是否可以被执行；③当事人之间是否确有争议或分歧；④该等争议或分歧是否属于仲裁协议范围之内。经过审理，谢林顿法官认为，本案系争的二份协议之间不具有替代关系：协议二仅是对协议一内的部分条款的变更或补充，除此之外，协议一内的条款效力丝毫不受影响。原告以协议二签署日期晚于协议一为由，认为各缔约方通过协议二放弃了协议一内原已订立的仲裁条款项下的权利，这一观点不能成立。协议一内的仲裁条款内容具体，要求缔约方在有争议的情况下先行协商，协商不成的再根据具体的仲裁程序进行仲裁。协议二的"由香港特别行政区行使排他性管辖权"条款则形式简单，缔约方的真实意思表示应当是将协议二置于香港法律管辖之下，并以此为目的要求"由香港特别行政区行使排他性管辖权"。无论如何，该条款不构成各缔约方对协议一内仲裁条款的清楚的、无有歧义的放弃。因此，在未有证据证明各方显然不受仲裁条款约束的情况下，谢林顿法官裁定中止诉讼程序，相关争议由仲裁庭行使管辖权，包括自裁管辖权（Competence-Competence）。[1]

上述香港高等法院的判例给了我们非常重要的启示，在判定诉讼管辖权与仲裁管辖权的问题上，双方当事人之间是否有仲裁协议或者是否存在仲裁的意愿，以及仲裁协议是否具有可执行性应当作为应否仲裁管辖的标准。双方当事人发生争议后，事实上很难要求当事人仍然保有初心，遵守已经达成的仲裁协议，因此，只要有表面证据承认存在仲裁的意愿，即使仲裁协议是不完整的，或者存在瑕疵，仍应坚持仲裁管辖权的优先适用。

（二）仲裁裁决司法审查的程序性标准

对仲裁裁决司法审查主要是以法院为主体的司法监督，包括对仲裁裁决的撤销和不予执行。从各国商事仲裁立法及仲裁实践来看，法律均规定了对仲裁裁决的司法审查条款，各国法院也都在不同程度上，采用不同的方式对仲裁进行着种种干预。之所以如此，不仅因为构筑于市场经济基础之上并服务于市场经济的纠纷解决方式中存在着可能导致不公正的因素，也在于仲裁裁决需要通过司法途径予以执行，而执行的前提就是仲裁裁决的合法性审查。对仲裁裁决司法审查最核心的问题就是审查范围，即对仲裁裁决的司法审查是只应限于程

---

〔1〕 "【国际仲裁资讯】香港法院适用'表面证据原则'支持仲裁庭行使自裁管辖权"，载 http:// mp. weixin. qq. com/s/14B5ZV8CopJcvaFg9V7vKw，访问日期：2017 年 12 月 29 日。

序上的审查，还是同时包含程序和实体的全方位审查。

首先，对仲裁裁决的审查，既可能涉及实体问题，又可能涉及程序问题，既可能涉及事实问题，又可能涉及法律问题。因此对仲裁裁决的司法审查便形成了"全面监督论"和"程序监督论"两种模式。全面监督论主张仲裁裁决的审查应实行"程序运作和实体内容的双重监督"，而不是实行"只管程序运作，不问实体对错"的单一审查。其理论基础在于：在公平与效益之间，公平居于第一位，效益服从于公平；与裁决的合法性与公正性相比，裁决的终局性应当居于第二位。程序审查论主张对仲裁裁决的审查只应限于仲裁程序，而不应过问仲裁裁决的实体内容。其理论基础在于：法院对仲裁裁决的审查实质上是如何处理仲裁裁决的终局性和司法审查权之间的关系，也就是如何维护仲裁制度在效益与公平之间的平衡问题。法院对仲裁实行监督的目的，是为了纠正仲裁员可能发生的错误，求得对双方当事人都公正的判决，最终实现社会的公平。实践表明，当事人选择仲裁解决争议，最主要的期望是获得一份终局裁决，以避免繁琐、漫长的诉讼程序。尽管仲裁裁决的终局性意味着当事人丧失了通过诉讼程序纠正裁决可能发生的错误从而获得公平裁决的可能性，但仲裁裁决的终局性能给当事人带来巨大的潜在效益，它显然比诉讼程序带给当事人的利益要大得多。在商人们看来，以放弃诉讼权力为代价来换取仲裁裁决的终局性是完全值得的。因为他们更注重追求经济上的效益。法律应当对当事人的这种谋求裁决终局性的合理期待给予保护。各国立法者的任务，就是要在当事人充分的意思自治和适当的司法监督之间寻求平衡。[1]

其次，关于仲裁裁决司法审查的程序性标准也存在"双轨制"与"单轨制"之说。"双轨制"主要表现为，法院对涉外仲裁裁决或国际仲裁裁决的审查仅限于程序方面，而对国内仲裁裁决的审查，不仅包括对程序方面的审查，也包括对某些实体方面的审查。"双轨制"理论认为，国际商事仲裁，要求适用不同于解决国内争议的仲裁规则，国际仲裁规则应比国内仲裁规则更加自由。"单轨制"，即对国内仲裁裁决与涉外仲裁裁决的审查范围相统一。在主张"单轨制"体制中，一种观点从商事仲裁的独立性等特点出发，倾向于将一国国内仲裁与涉外仲裁统一于仅对程序问题的监督，如法国、瑞士、意大利等国仲裁法属于这一体制；另一种观点从公正的角度出发，倾向于将一国国内仲裁

---

〔1〕 参见肖永平："也谈我国法院对仲裁的监督范围——向陈安先生请教"，载《仲裁与法律通讯》1997 年第 6 期。

和涉外仲裁统一于对实体和程序的全面监督。例如美国商事仲裁立法中对于在本国境内作出的仲裁裁决，不论其为国内裁决或为涉外裁决，均采取同样的监督机制。监督的对象、项目或要点，既有程序方面的，又有实体方面的。仲裁裁决的所属区内的管辖法院除了有权审查一般仲裁程序上的错误、违法情事外，还重视审查仲裁裁决是否以贿赂、欺诈或者不正当的方法取得，仲裁庭各成员是否显然有偏袒或贪污情事。一旦认定确有上述情事之一，管辖法院即可作出裁定，撤销原仲裁裁决。《德国民事诉讼法》中设有仲裁程序的专门规定，其中对本国境内作出的仲裁裁决，不论国内或涉外裁决，也不论是裁决的程序或实体内容，均一视同仁地进行监督。如当事人申请因下述事项撤销裁决，而该事项又被法院认定，则法院应撤销原仲裁裁决：①承认裁决显然违背德国法律的基本原则，特别是不符合德国的基本法；②对方当事人宣誓作证而又犯有故意或过失伪证的罪行，裁决却以其虚假证言作为根据；③作为裁决基础的证书是伪造的或变造的；④证人或鉴定人犯伪证罪行，裁决却以其虚假证言或鉴定作为裁决根据；⑤当事人的代理人或对方当事人（或其代理人）犯有与本仲裁案件有关的罪行，而裁决是基于该行为做出的；⑥仲裁员犯有与本仲裁案件有关的，不利于当事人的渎职罪行；⑦裁决是以某项法院判决为基础，而该项判决已被依法取消。

随着仲裁的日益广泛应用及仲裁法制、仲裁规则的健全，特别是一些具有很大影响的国际性仲裁公约的订立，使得司法对仲裁裁决的审查更多的缩减到单纯的程序领域。1958年《纽约公约》和1965年《关于解决各国和其他国家的国民之间投资争端的公约》都否定了法院对于仲裁裁决的实体审查。在同样具有重要国际影响的《国际商事仲裁示范法》中也有类似规定。其中第5条明确规定："由本法管辖的事情，任何法院均不得干预，除非本法有此规定。"在对仲裁裁决的追诉方面，仲裁示范法承认法院拥有撤销仲裁裁决的权力，但对此做出了非常严格的限制。只有在特定情况下，仲裁裁决才得以被法院撤销。当前，大多数国家的商事仲裁立法也把司法对于仲裁的监督限定在程序监督的范围之内。例如，《美国统一仲裁法》规定，经一方当事人申请，具有下列情形之一时，法院可以撤销仲裁裁决：①裁决以贿赂、欺诈或其他不正当方法取得；②指定应公正审理的仲裁员有显失公允、贪污受贿或因失职而损害一方当事人权利的情况；③仲裁员超越其权限或没有充分运用其权力；④仲裁员拒绝确有充分理由的延期审理申请，或者拒绝审问适当的和实质的证据的错误行为；⑤既没有仲裁协议，也没有按照该法第2条（强制进行或停止进行仲裁程序）的规定做出与此相反的决定，当事人没有无异议的参加仲裁审理。可见，美国法院在对仲裁裁决进行司法审查的问题上，尽管审查证据和仲裁员违法的问题，但主要还是从程序的角度进行的。法国法院对仲裁裁决的审查也是控制在程序问题上。主要表现在《法国民事诉讼法》第 1484 条规定："当事人舍弃向上诉法院提起上诉，或者当事人在仲裁协议中没有明确保留上诉权利时，即使有任何相反条款，仍然可以对称之为仲裁裁决的文书撤销请求。此种途径仅在以下场合成立：①如仲裁员是在没有仲裁协定的情况下进行仲裁；或者仲裁员进行仲裁所依据的是无效或过期的仲裁协定；②如仲裁法庭的组成不合规定，或者独任仲裁员之指定不符合规则；③如仲裁员未按照交付的工作任务进行仲裁；④在言词原则未得到遵守之时；⑤第 1840 条所指之情形；⑥如仲裁员违反公共秩序原则。"此外，瑞士、加拿大、比利时等国家对于法院行使商事仲裁监督权的问题，都在其仲裁法律中做了相似的限定，从而将这种监督的范围缩小到程序监督。这也是商事仲裁发展过程中，减少法院对仲裁的干预这一主流趋势的一个重要体现。

笔者坚持仲裁裁决司法审查的程序性标准，认为：司法对仲裁裁决的程序审查，首先是由仲裁的独立性决定的。仲裁独立于行政、司法而存在，这是仲裁制度中一项重要且基本的原则。虽然仲裁的民间性特点决定了司法对仲裁的监督不可或缺，但司法在仲裁中的角色仅仅是对仲裁的监督，而不是代替，这也就意味着法院只能就仲裁程序问题进行审查与监督。如果承认法院对仲裁实体问题的审查与监督，就等于否定了仲裁独立的法律地位。其次，只对仲裁程序问题进行监督，是由"或裁或审"和"一裁终局"的仲裁基本制度决定的。"或裁或审"和"一裁终局"的仲裁基本制度决定了仲裁监督体系的确立和仲裁监督的必要性，也决定了法院不得对仲裁进行实体上的审查，而只能限于程序上的审查。因为实体上的审查意味着对仲裁裁决实体否定的或然性存在，或对当事人实体权利和义务重新进行分配的可能性存在，这实际上破坏了"或裁或审"和"一裁终局"的仲裁基本制度，有悖于仲裁的宗旨。正如国际贸易法学主要创始人之一施米托夫教授所言："承认对仲裁裁决的是非曲直进行复审，无异于使仲裁程序从属于法院程序，同仲裁程序的终局性相抵触。"[1]再次，只对仲裁程序进行监督，是由国际上仲裁监督的发展趋势决定的。不论是国际

---

[1] [英]施米托夫：《国际贸易法文选》，赵秀文译，中国大百科全书出版社 1993 年版，第 681 页。

公约还是各国的国内立法，不论是英美法系国家还是大陆法系国家，在对商事仲裁进行监督的问题上均倾向于缩小法院对仲裁的监督范围，只对其程序性进行监督。这是商事仲裁制度的发展趋势，是纠纷解决系统完善的标志，也是当事人意思自治原则的充分体现。最后，不论国内仲裁还是涉外仲裁都是一种纠纷解决方式，他们之间的区别不是仲裁本质上的区别，而只是形式上的差异，即涉外仲裁是具有涉外因素的仲裁。然而，在涉外仲裁案件中，从对仲裁裁决司法审查角度看，涉外因素并不是必须实行"双轨制"的必要条件。从我国不同性质的仲裁委员会的仲裁规则中关于仲裁管辖权的范围来看，仲裁管辖权正在趋于融合，走向一体化。根据有关法律规定，按照《仲裁法》所组建的国内仲裁委员会可以受理涉外仲裁案件，而原有意义上的涉外仲裁委员会亦可以受理属于国内纠纷的仲裁案件。笔者主张仲裁裁决司法审查的"单轨制"，是主张仲裁司法审查范围的统一性，并不是否定涉外仲裁的特殊性及在立法上对涉外仲裁的单独规定。

总之，对仲裁程序问题进行监督，对仲裁裁决的司法审查限于程序性审查，实质上是通过对仲裁程序公正性的保障，进而达到仲裁解决纠纷的公正性。在这一前提下，对于那些不构成影响仲裁公正性的程序事项也应排除在仲裁裁决审查的范围之外。构成对仲裁公正性瑕疵的事项应该包括：没有仲裁协议，仲裁协议无效或者失效；仲裁庭的组成方式及仲裁员的指定不符合法律规定的程序；仲裁庭行使仲裁权超出其权限范围或违反了法定程序。

三、仲裁保全程序与民事诉讼程序的衔接

以司法视角探讨民事诉讼与仲裁的关系，仍然有一个无法回避的问题，即仲裁中的保全程序与民事诉讼程序的衔接。根据现行《民事诉讼法》和《仲裁法》，仲裁程序启动之前，当事人可以申请仲裁前的财产保全、行为保全和证据保全（以下统称"仲裁前保全"），而在仲裁程序中，当事人可以申请仲裁财产保全、行为保全和证据保全（以下统称"仲裁保全"）。仲裁前保全的法定程序为利害关系人直接向有管辖权的人民法院申请，仲裁保全则由当事人向仲裁委员会提出申请，仲裁委员会将当事人的申请转交有管辖权的人民法院，并由法院决定是否采取保全措施及具体实施。因此，不论是仲裁前保全程序还是仲裁保全程序，实际上都是通过民事诉讼程序来实现的，仲裁保全程序所涉及的与民事诉讼程序的衔接即为仲裁委员会毫无实际内容的所谓转交行为。鉴

于仲裁前保全程序并不涉及仲裁机构，以下讨论主要围绕仲裁保全程序展开。

（一）我国仲裁保全决定机构面临的困惑

在我国的仲裁程序中仅能由人民法院决定保全措施的做法在学界曾引起很大争议。尽管人民法院对仲裁保全的介入在一定程度上突出了人民法院对仲裁工作的支持，符合我国的国情，不仅为仲裁裁决得以顺利执行提供了可靠的法律保障，也增强了当事人选择仲裁方式解决争议的信心。但仲裁的独立性在于其自成体系，除执行外，不必另寻外界力量帮助即能实现自身目的。在仲裁保全制度设计中，人民法院对仲裁保全的决定在实践中往往加剧仲裁对司法的依赖以及仲裁保全的徒有虚名。保全运作一般需要从实体方面对案件进行初步审查，法院处理保全申请，仅能收到仲裁委员会转来的当事人保全申请书，其对案件完全不了解，倘若要求仲裁委员会提供相应证据，一来于法无据，二者也存在人民法院对实体问题进行审查之嫌，人民法院对仲裁保全的决定往往处于两难之间。仲裁庭无权决定是否保全，当事人求助于人民法院又不能直接申请，通过仲裁委员会这个中间环节转交和传递也极易导致不必要的延误。经济分析法学初期倡导者之一科思曾说过：权利在未经法律界定或者界定不明的情况下，交易无法进行，相关行为效益最差。仲裁委员会无权直接裁决仲裁财产保全却只能转请法院决定，从经济性的角度审视，这种法律资源配置不符合经济的精神，静态规定的不足易导致动态运作难以正常进行，很可能会否定和削弱仲裁体系效能。

诉讼程序的构建必须有足够的理论支撑。仲裁程序进行中人民法院与仲裁机构究竟何者更适合作出保全决定，仲裁机构中的仲裁庭和仲裁委员会权力又应如何界定，诸多仲裁保全中所出现的问题亟待我们进行更理性的思索。研究程序主体资格，必须对主体运作的相关法律意义予以澄清，从根本上真正帮助程序的自省与梳理，探索适合实践具有可操作性的程序运作机制与理念。

（二）不同主体决定仲裁保全的法律意义

1. 对于人民法院决定与实施仲裁保全的主体资格存在不同声音

一种观点认为，仲裁协议仅剥夺了人民法院对实体事项的管辖权，并未排除其对保全措施的管辖。另一种观点与之相反，认为当事人约定交付仲裁，意在排除人民法院的管辖，故它不仅排除法院对案件实体问题的介入，也排除了法院为主体采取保全措施，法院介入管辖，违反了仲裁协议。对此笔者认为，仲裁协议并不能约束人民法院对仲裁保全的决定，除非当事人之间另有明确约定。通常而言，当事人之间在订有仲裁协议的情况下，确实排除了人民法院对仲裁案件的管辖权，但仲裁管辖的授权，不仅是仲裁协议约定，更来源于一国法律之允许。国家法律允许当事人将争议提交仲裁，实际上是让渡了一部分管辖权。纠纷的救济，关系到被破坏的法律关系的恢复，潜在影响着整个社会的稳定。仲裁作为司法外纠纷解决方式，不能规避法院这种公权力对它的支持与监督，而仲裁保全作为一种较严厉的处分当事人权益的临时强制措施更不能完全拒绝法院的介入。另外，保全为解决争议过程中一个组成部分，就实质而言，应当属于程序法上的问题，实体审理中，仲裁机构与法院界线明晰，但在程序处理上，二者权力很难真正泾渭分明。就像仲裁协议并不能隔断人民法院对仲裁的监督与支持，在仲裁保全这种程序性问题上也不是仅因协议的存在而可以拒绝人民法院的介入。至于人民法院究竟是以监督还是协助的身份介入，因目前仲裁发展趋势为弱化法院的监督和审查，强化支持和协助功能，人民法院作为仲裁保全的决定机关其介入身份在理论上更倾向于支持性。著名国际仲裁专家伯格博士对此评价："就司法对仲裁的干预而言，《纽约公约》所排除的只是当事人约定将争议提交仲裁解决时法院对仲裁实体问题的干预，而并不排除有管辖权的司法机关通过准许采用扣押的方式来支持仲裁。"对此，笔者认为深究人民法院介入的性质不具有研究的实证价值，其一，人民法院对仲裁保全的决定权，来源于体现一国国家政策法律的授权，公权力进入仲裁不仅可以支持仲裁程序顺利运作，对于仲裁保全这种较严厉的处置当事人权益的强制措施也可起到潜在的监督作用，不能机械的认定。其二，不论其究竟是监督还是支持，只要这种决定权通过合理的程序在适当范围内采取，在国家允许的条件下进行，即不是对仲裁协议的违背。《联合国国际贸易法委员会仲裁规则》第26条第3款规定："当事人中任何一方向司法机关要求采取临时措施不得被认为与仲裁协议的规定有抵触或认为是对该协议的摒弃。"《国际商事仲裁示范法》第9条也规定："仲裁程序进行前或进行期间，当事人一方请示法院采取临时保护措施和法院准许采取这种措施，均与仲裁协议不相抵触。"

理论上对法院究竟能否介入仲裁保全虽有争议，但实践中法院对保全措施的决定权却取得戏剧般的一致共识，目前世界范围内对财产保全的决定主体可分两种模式，其一是以奥地利、丹麦、芬兰、希腊、泰国、日本、新西兰、意大利、摩洛哥、巴西、土耳其、新加坡等国家为代表，由法院决定财产保全的"公权力决定制度"，其二是美国、卢森堡、瑞典、德国、保加利亚、墨西哥、荷兰、西班牙、澳大利亚、比利时、加拿大、英格兰、法国、瑞士等国家和我国香港地区所采取的仲裁庭和法院均可作出保全决定的"并存权力制度"（Concurrent Authority）。两种模式虽存在诸多差异，但肯定法院对保全决定权的主体地位却是共同的。

值得注意的是，虽然法院与仲裁机构在理论上或许都能成为一般情况下的仲裁保全机构，但某些特定环境中，法院的决定作用更应受到重视。比如作出的财产保全牵涉第三方，因仲裁机构的权利来源于仲裁协议的授权，该第三方与仲裁机构没有任何约定或授权，仲裁机构无法对超出当事人授权的范围实施保全，法院的介入理所难免。另外，在国际商事仲裁中，很大一部分争议不是提交常设仲裁机构解决，而是由当事人约定临时仲裁庭仲裁，临时机构的组建会因对方当事人恶意阻挠耽误很多时间，即使争议由常设仲裁机构处理，争议发生后，从一方当事人提出仲裁请求到仲裁庭的组成也需要一定时间，另一方当事人任意处分财产的威胁或争议物易腐烂变质的性质都要求保全的快速与及时。仲裁庭尚未建立，法院先行处理也是合适的选择。根据《国际商事仲裁示范法》第 9 条的规定，无论是在仲裁程序前还是在仲裁程序进行过程中，任何一方当事人均可请求法院采取临时措施，如符合条件，法院应予准许。以仲裁示范法为蓝本进行仲裁立法的国家大都作出了同样的规定，如德国、加拿大、埃及等国。按照 1996 年《英国仲裁法》第 99 条的规定，如果情况紧急，当事人可在仲裁前直接向法院申请实施保全措施。

2. 既然法律已经让渡了部分管辖权，允许当事人将特定的争议提交仲裁解决，那么，仲裁机构理应有权就仲裁协议项下的争议发布其所认为适当的保全措施

《国际商事仲裁示范法》第 17 条规定："除非当事人各方另有约定，仲裁庭经一方当事人请求，可以命令任何一方当事人就争议的标的采取仲裁庭可能认为有必要的任何临时性保全措施。"仲裁示范法作为体现现代国际商事仲裁基本精神和趋向的国际条约，成为许多仲裁机构制定和修改仲裁规则的蓝本。国际商会国际仲裁院《仲裁规则》第 23 条、世界知识产权组织仲裁与调解中心《仲裁规则》第 46 条、伦敦国际仲裁院《仲裁规则》第 25 条、美国仲裁协会《国际仲裁规则》第 21 条、《韩国商事仲裁院商事仲裁规则》第 40 条纷纷肯定了仲裁庭在保全中的权力。不仅仲裁规则中有此规定，在世界各国仲裁立法的财产保全决定机构模式中，采用第二种并存权力模式的国家也支持仲裁庭可决定财产保全举措，韩国、德国等在立法中甚至还确认了法院对仲裁的"配

合"地位。[1]而采用第一种模式的国家，虽然将保全措施决定权赋予法院，但在具体操作中也在某些条件下不禁止仲裁庭作出保全裁定。如《芬兰仲裁法》第 5 条第 2 款规定，法院对仲裁财产保全享有专属权，而其仲裁庭仍可以经双方当事人同意，以临时裁决的形式对此作出裁定。

如同上述法院决定仲裁保全法律意义中所分析的那样，保全决定的程序性因素导致法院与仲裁机构职能区分不可能像实体问题一样明晰，在仲裁保全决定机关之领域，仲裁机构与法院的权力划分界限模糊。随着仲裁事业的兴盛发展，自 20 世纪 90 年代以来，越来越多的国际和国内立法文件中出现赋权当事人有权选择由谁来决定并实施保全措施的趋势。当事人若有约定，则从其约定；当事人未有约定的，则适用法律的规定。因为法院的决定权一般在立法中不存在异议，因此，这种仲裁保全决定机构发展的新趋势，在一定程度上正是仲裁机构财产保全裁决决定权受到重视的表现。1996 年的《英国仲裁法》第 44 条规定：除非当事人另有约定，法院有权就财产保全发出命令（第 1、2 款）；如果案情紧急，法院可以在当事人或者在可能成为当事人的申请下，在必要时，采取财产保全（第 3 款）；但若案情不紧急，法院只有经一方当事人的申请（经通知对方当事人和仲裁庭）并得到仲裁庭的准许，或其他当事人的同意后方可采取保全措施（第 4 款）；该条第 5、6 款进一步明确，若当事人已授权仲裁庭或者仲裁员此项权力，即使法院作出了保全，该命令也将全部或部分地失效。与之对比，在新仲裁法颁布前，仲裁员不享有决定财产保全的权利，即使有仲裁协议双方当事人特别授权，仲裁庭可以采取的唯一办法也只能是在当事人提供担保的前提下，作出仅能间接产生财产保全效力的中间裁决（interim award）。

仲裁机构保全决定权的命运不同于法院，法院在仲裁程序中的保全决定权虽然受到理论界的诟病，却在实践中得到各国立法的一致默认。仲裁机构的保全决定权理论上似乎批诘不如法院激烈，在实践中也受到承认，但在各国操作中所得到的认可却远不如法院广泛。究其原因，主要立足点在于仲裁保全是一个较严格的临时强制措施，仲裁机构自身的民间性决定其不宜行使这种强制性权力，但仅因法院为公权力机构能更好地维护社会利益而否认仲裁机构保全的决定权未免有些失之偏颇。仲裁制度实际是对"自力救济"的否定之否定，仲裁权是以社会公权力为后盾的一种契约授权。仲裁裁决在尊重当事人意思自治

---

〔1〕 参见张斌生主编：《仲裁法新论》，厦门大学出版社 2002 年版，第 239 页。

的基础上也不能与法律禁止性规定相违背，其并非纯粹的民间纠纷解决机制。事实上，仲裁保全措施仅能由法院具体执行。在仲裁规则规定和当事人约定仲裁机构可采取特定的临时措施情况下，仲裁机构即使能作出保全裁定，此项命令能否获得执行，关键取决于仲裁协议的适用法律（lex arbitri）。为了自己的裁决能有效执行，仲裁机构作保全决定必定经过谨慎考虑并在尽量契合执行地法律的范围内作出。以仲裁机构不是公权力机构而排除其对保全的决定权是对仲裁制度的曲解。

（三）我国仲裁保全决定机构之取舍

1. 模式选择——决定权并存制的优势

建构人民法院与仲裁机构共同享有财产保全决定权，即并存制模式是改革我国现行仲裁保全决定机构单一所出现种种不足的首选。如前文所分析，法院决定仲裁保全的主体资格应予承认，但由法院作为单一主体决定仲裁保全，简单地否定了仲裁机构对仲裁保全的决定权，既违反了法学常理，也不利于发挥仲裁的经济性优势。而且随着经济的发展，日益纷繁复杂的国际交易对作为民商事争议重要解决机制之一的仲裁提出了更高的要求，仲裁机构的主体地位也日益受到重视，即使采用法院决定仲裁保全模式的国家也纷纷在实践操作上认可仲裁机构作出保全措施的有效性。我国若固守成规，僵滞地理解法院对仲裁保全的决定作用，只能束缚仲裁事业的发展。而采用决定权并存制，既考虑到法院在仲裁保全决定程序中所可能起到的作用，也兼顾仲裁机构的优势，兼收并蓄，很自然地克服与解决了仲裁保全现有的难题，符合我国国情的程序改良运作方法。

2. 法院与仲裁机构（仲裁委员会、仲裁庭）仲裁保全决定权的划分

确认了原则性模式后，法院与仲裁机构权力行使应如何协调整合还需要结合我国国情，由立法加以明确。

（1）确认仲裁机构是否具有采取仲裁保全决定的权力。应任何一方当事人的申请，仲裁机构经过必要的审查，在申请方提供了有效的担保之后，以裁定的方式决定对争议标的采取临时措施。仲裁机构对财产保全的决定作用相较于法院，应居于首位。

（2）以是否组成仲裁庭为标准划分仲裁庭与仲裁委员会的仲裁保全决定权。当事人申请仲裁被仲裁委员会受理后，组成仲裁庭之前，仲裁保全的决定权在仲裁委员会；组成仲裁庭后，仲裁保全的决定权应当交由仲裁庭。

（3）在临时仲裁中，原则上以是否组成仲裁庭为标准划分仲裁庭与法院的

仲裁保全决定权，不论该临时仲裁是否依托于仲裁机构作为程序管理机构。仲裁庭组成前的仲裁保全，当事人应当向法定有管辖权的法院直接提出申请，并由法院决定；仲裁庭组成后，仲裁保全的决定权由仲裁庭享有。

（4）以保全物为标准划分法院与仲裁机构的财产保全决定权。当保全财产为仲裁当事人所有或控制时，授权仲裁机构作出财产保全的决定，这样规定一方面符合法律逻辑，当事人协议和法律授权并确认仲裁机构对案件可作出终局裁决，对当事人所有或控制的财产作出财产保全决定，应该是仲裁权的必然延伸；另一方面有利于推进仲裁快速、有效进行。仲裁机构受理案件后，对案情最为了解，能迅速准确地判定是否需要采取财产保全。如果由不了解案情的法院作出决定，必然会造成时间上的拖延，还可能出现错误裁定。当保全的财产为仲裁当事人以外的第三方所控制时，由法院作出财产保全决定是合理的。仲裁机构处理纠纷来自于当事人授权，仲裁权的效力只能限定在当事人范围内，不能及于第三方，第三方与仲裁机构没有任何约定或授权，如对第三方发出指令，则明显超出了仲裁权的范围。在需要对仲裁案外人发出强制性命令时，也只能由法院作出保全决定才符合法理要求。

3. 由当事人合意选择法院或仲裁机构的可行性思考

尊重当事人意愿是仲裁的灵魂，在仲裁保全决定权的问题上也应如此，即当事人有约定时从其约定，无约定时遵循法律。这种趋势及做法在我国是否具有实际操作价值亟待探讨。

诚然，对当事人合意的重视体现了整个仲裁制度的精髓，充分尊重当事人对仲裁保全决定主体的选择，应当是一种发展趋势。但目前我国整体仲裁制度还不甚完善，不加区别地确认当事人授权即可决定仲裁机构对仲裁保全的决定权主体资格，排除法院的决定权，特别是承认仲裁机构有权对案外人发出强制性命令，可能对比较脆弱的仲裁体系产生过大压力并在理论上形成抵触。而且在我国实践中，仲裁保全当事人间的矛盾和对立心理强于其他诉讼程序，由其合意决定管辖机构很容易陷入一方恶意损害相对方权益的情形。基于我国的具体国情，以明确的法律规则界定仲裁保全决定主体可能更适合操作，并于当事人更公平合理。鉴于此，当事人合意选择仲裁保全决定机构的做法应谨慎考虑。